Collection « Recherches »

LA COLLECTION « RECHERCHES » À LA DÉCOUVERTE
Un nouvel espace pour les sciences humaines et sociales

Depuis le début des années 1980, on a assisté à un redéploiement considérable de la recherche en sciences humaines et sociales : la remise en cause des grands systèmes théoriques qui dominaient jusqu'alors a conduit à un éclatement des recherches en de multiples champs disciplinaires indépendants, mais elle a aussi permis d'ouvrir de nouveaux chantiers théoriques. Aujourd'hui, ces travaux commencent à porter leurs fruits : des paradigmes novateurs s'élaborent, des liens inédits sont établis entre les disciplines, des débats passionnants se font jour.

Mais ce renouvellement en profondeur reste encore dans une large mesure peu visible, car il emprunte des voies dont la production éditoriale traditionnelle rend difficilement compte. L'ambition de la collection « Recherches » est précisément d'accueillir les résultats de cette « recherche de pointe » en sciences humaines et sociales : grâce à une sélection éditoriale rigoureuse (qui s'appuie notamment sur l'expérience acquise par les directeurs de collection de La Découverte), elle publie des ouvrages de toutes disciplines, en privilégiant les travaux trans- et multidisciplinaires. Il s'agit principalement de livres collectifs résultant de programmes à long terme, car cette approche est incontestablement la mieux à même de rendre compte de la recherche vivante. Mais on y trouve aussi des ouvrages d'auteurs (thèses remaniées, essais théoriques, traductions), pour se faire l'écho de certains travaux singuliers.

L'éditeur

SOUS LA DIRECTION DE
Didier Demazière et Charles Gadéa

Sociologie
des groupes professionnels

Acquis récents et nouveaux défis

Éditions La Découverte
9 *bis*, rue Abel-Hovelacque
Paris XIIIe
2009

Si vous désirez être tenu régulièrement informé de nos parutions, il vous suffit de vous abonner gratuitement à notre lettre d'information bimensuelle par courriel, à partir de notre site **www.editionsladecouverte.fr**, où vous retrouverez l'ensemble de notre catalogue.

ISBN   978-2-7071-5214-5

Sommaire

II

L'AUTONOMIE DES PROFESSIONNELS
ET LES MÉCANISMES DE RÉGULATION

III

LA FABRICATION DES PROFESSIONNELS
ET LES PROCESSUS DE SOCIALISATION

IV

LES ACTIVITÉS PROFESSIONNELLES
PROBLÉMATIQUES, ÉMERGENTES, HYBRIDES

V

LA LÉGITIMITÉ DES PROFESSIONNELS
ET SES MODULATIONS FACE AUX CLIENTS

VI

LA RECONNAISSANCE DES PROFESSIONNELS
ET LES INÉGALITÉS DE CARRIÈRE

Préface

Howard S. Becker[1]

Depuis longtemps, les groupes professionnels ont intéressé et passionné les sociologues. Mais sur quelle sorte de problèmes et de questions leurs recherches ont-elles porté ? Pour certains, c'est le statut, le prestige, la réputation : est-ce que le groupe que j'étudie effectue un travail estimable, particulièrement noble, qui mérite à ce titre une considération et un respect particuliers ? Pour d'autres, l'autonomie est la question centrale, et il s'agit alors de savoir qui a le droit de décider si un travail est bien fait : soit les travailleurs et leurs pairs, soit un groupe ou une autorité externe, peut-être même l'employeur, comme cela arrive souvent pour les enseignants, ou encore, dans le cas des médecins et avocats, le client. Pour certains auteurs (notamment Talcott Parsons), les groupes professionnels incarnaient les valeurs de la société occidentale, et la question était alors de savoir comment ces valeurs sont mises en œuvre dans une situation donnée. Selon ce point de vue, les professions valaient mieux qu'un travail ordinaire, ce qui revenait, de la part des chercheurs, à reprendre l'image qu'elles avaient d'elles-mêmes, ou tout au moins celle qu'elles affichaient.

Le fait pour une activité d'obtenir le label de « profession » procure plusieurs avantages. Les professionnels gagnent plus que les travailleurs « ordinaires ». Une profession est davantage respectée et estimée qu'une occupation quelconque. Plus important encore, dans les cas purs, un professionnel jouit d'un degré considérable d'autonomie dans l'exécution de son travail. De nombreux groupes tentent donc de conquérir ce label. Mais, à moins que celui-ci ne soit bien établi par la tradition, il est fréquent que d'autres groupes tentent de les empêcher de l'obtenir, ainsi que les privilèges qui l'accompagnent. Cet état des choses débouche sur des discussions interminables quant aux critères permettant de décider si tel ou tel groupe de travailleurs correspond à une profession. Savoir qui aura et détiendra le

---

1. Traduction de Gabrielle Varro.

pouvoir sur le lieu de travail est finalement un problème de politique des organisations, mais cela devient aussi un problème théorique, caractérisé par la production de définitions concurrentes, et marqué par la spéculation et la polémique.

À la base de ce type de discussion se cache un critère que la plupart des gens (peut-être pas ouvertement) considèrent comme irréductible : tout membre bien socialisé de notre société contemporaine sait qu'une profession est un type de travail organisé comme celui des médecins et des avocats. S'il ressemble à la médecine ou au droit, alors c'est bien une profession. Et il serait ridicule de prétendre le contraire. Mais tout membre bien socialisé de notre société contemporaine sait aussi que ces deux groupes jouissent également d'un grand prestige auprès d'un large public. Par conséquent, pour mériter le statut de profession, il faut pouvoir exhiber les mêmes attributs que les milieux juridiques et médicaux. Les professions « émergentes », dont les porte-parole réclament ce statut supérieur, sont sommées de prouver qu'elles possèdent les caractéristiques de l'activité juridique et médicale. Si la médecine requiert une longue formation tout comme le droit, alors ceux qui revendiquent le statut de profession doivent également exiger de leurs membres une formation longue. Puisque le droit et la médecine ont des codes de bonne conduite, alors les prétendants doivent également en avoir un.

Peut-être pour cette raison, la plupart des recherches sur les professions se sont-elles centrées sur la médecine, le droit, et les professions émergentes. Depuis des années, les chercheurs n'arrivent pas à s'entendre sur les critères permettant d'identifier une profession. J'ai donné l'exemple de la durée de formation et la présence d'un code éthique, mais ce ne sont pas les seuls critères ; la plupart des tentatives sérieuses pour définir une profession en ont proposé d'autres encore. Cependant, ces tentatives se heurtent invariablement à un problème insoluble. À tout ensemble de critères proposés il est possible d'opposer un contre-exemple, un type de travail qui possède précisément les caractéristiques mises en avant mais qui ne jouit pas du prestige social accordé à la médecine et au droit. Le droit exige une formation longue ? Et bien, la plomberie aussi ! Les avocats et les médecins possèdent des codes de bonne conduite ? Les voleurs aussi, même si leur code n'est pas écrit. Aucune définition n'a jamais réussi à éviter ce piège définitionnel.

Pour résumer ce qui demanderait de bien plus amples développements, la caractéristique clé, celle qui est au cœur de la prétention à être une profession, est, comme je l'ai déjà dit, l'autonomie. Les membres d'une profession ont réussi à se faire reconnaître comme les seuls dont les connaissances et l'expérience permettent de décider ce qu'il faut faire dans une situation donnée, et de juger, en fin de compte, si ce qui a été fait a été bien fait. L'autonomie est l'enjeu principal de toute discussion concernant le professionnalisme. Les critères avancés pour définir les professions sont donc plutôt des arguments destinés à justifier la prétention à l'autonomie. Ce point mérite quelques développements.

Le travail a toujours lieu dans un contexte organisé, impliquant une diversité de travailleurs. Tous les travailleurs, même les plus humbles, détiennent une parcelle de pouvoir en situation de travail, qui limite nécessairement l'autonomie des professionnels. Les revendications que ceux-ci défendent au nom de leur compétence et de leur expertise provoquent des conflits, inévitables dans toute organisation, afin de déterminer qui a le droit de commander qui. La médecine est pratiquée dans les hôpitaux, officines et laboratoires, où divers spécialistes techniques et personnels auxiliaires se partagent le travail. Or chacun de ces groupes a ses propres intérêts, désirs et revendications, dont certains seront contraires aux intérêts des médecins. C'est la raison pour laquelle je prétends que la question du professionnalisme rejoint la question de la politique des organisations. Puisqu'il s'agit de questions politiques, qui concernent la distribution et l'exercice du pouvoir, le statut de professionnel est toujours soit en devenir, au centre d'un conflit avec d'autres, soit le résultat d'un conflit ayant trouvé une solution provisoire.

Ainsi, les infirmières souhaiteraient améliorer leur statut et leur autonomie en effectuant des tâches que les médecins estiment être les seuls à pouvoir faire. En cela les revendications des médecins contestent et limitent l'autonomie des infirmières. C'est un conflit qui autrefois fut résolu selon les souhaits des docteurs. Mais les temps changent, ainsi que les conditions de travail, et aujourd'hui des actes qui revenaient aux médecins sont finalement effectués par les infirmières.

On ne peut identifier et connaître l'ensemble des personnes qui ont pesé de quelque manière sur les efforts produits par une occupation pour se faire reconnaître en tant que profession, sans étudier empiriquement les situations de travail et les pénétrer en profondeur. Les chercheurs ne peuvent supposer qu'ils connaissent les réponses aux questions portant sur un processus de professionnalisation, sans avoir eux-mêmes enquêté auprès des personnes dont ils vont analyser le travail. Par conséquent, l'ensemble des questions auxquelles les chercheurs devront répondre pourrait inclure, par exemple, celle-ci : qui sont tous les groupes impliqués dans les situations et organisations de travail dont les activités affectent le statut du groupe étudié ? La liste doit inclure tous les autres groupes de travailleurs concernés, aussi bien ceux qui sont placés plus haut dans les hiérarchies pertinentes de l'organisation que ceux qui occupent des positions plus basses.

Un point important à souligner ici est que les personnes pertinentes pour la recherche peuvent ne pas être des participants à plein temps dans l'organisation du travail. De qui peut-il s'agir alors ? De l'homme de la rue, de clients ou de destinataires du service, comme par exemple de parents d'élèves qui ont des idées bien arrêtées sur ce qu'un enseignant doit enseigner et comment. Ou bien, de représentants d'organismes gouvernementaux, ayant la capacité de légiférer et réguler les activités d'une profession ou sollicités à l'occasion pour évaluer et juger ses activités, comme dans le cas des comptables qui révisent les comptes arrêtés par d'autres comptables employés par les grandes entreprises.

Un autre ensemble de questions porte sur le déroulement du travail. Quelle est la division du travail dans l'organisme ? Qui fait quoi ? Qu'est-ce qu'on est tenu de savoir, quelles aptitudes et compétences sont nécessaires pour remplir son contrat ? Qui effectue le travail ou les services que les clients ou patients de l'organisation s'attendent à y trouver ?

Encore une fois, qu'est-ce que les travailleurs doivent savoir, quelles compétences doivent-ils posséder, pour effectuer le travail à la satisfaction de ceux qu'ils doivent satisfaire ? Où et comment les travailleurs compétents acquièrent-ils ces connaissances et ces compétences ? Souvent, la recherche nous démontre que les compétences réellement nécessaires peuvent être différentes de celles exigées par les décideurs. Souvent aussi, elle démontre que les membres de la profession ont des avis divergents concernant les compétences cruciales et essentielles.

Quelle est la rhétorique mobilisée au cours d'un conflit ? Quelles sortes d'arguments, et quelles sortes de justifications, sont soulevées par les participants, lorsqu'ils essaient d'améliorer leur propre situation ou d'empêcher les autres d'améliorer la leur ?

Comment les conflits entourant l'autonomie professionnelle sont-ils influencés par les divers contextes nationaux, leurs cultures, leurs législations, leurs normes, leurs institutions, non seulement dans la manière dont ils sont définis mais aussi dans la manière ils sont résolus ?

Les contributions à ce volume donnent au lecteur la possibilité d'explorer ces questions à travers une grande variété de situations professionnelles et de contextes culturels. Chacune présente et éclaire un versant particulier du phénomène professionnel, en tirant partie des spécificités de chaque situation étudiée. Ainsi les recherches présentées approfondissent dans différentes directions l'ensemble des problèmes que je viens d'évoquer et en précisent encore la complexité en l'élargissant, au-delà des professions, aux groupes professionnels dans leur ensemble. Cet ouvrage est donc particulièrement bienvenu. Il représente une contribution majeure à l'étude des sociétés contemporaines, et je suis heureux de m'y associer à travers cette préface.

Introduction

Didier Demazière, Charles Gadéa

Après des décennies de désaffection ou d'ignorance, l'analyse sociologique des groupes professionnels est désormais un domaine en forte expansion de la sociologie française. Certes, les enquêtes empiriques consacrées à telle ou telle catégorie de travailleurs, exerçant le même métier, se rattachant à la même spécialité, ou occupant la même fonction sont aussi anciennes que la sociologie. La Société d'économie sociale, par exemple, a réalisé sous l'impulsion de Le Play pas moins de 136 monographies de familles définies par le métier du père ou des deux parents, entre 1856 et 1932. On pourrait citer aussi les commentaires pénétrants de Tocqueville à propos de la dignité des professions en Amérique. Mais ces documents ne se présentent pas comme des travaux de sociologie des groupes professionnels et ne sont presque jamais pris comme tels par leurs lecteurs et commentateurs. La période actuelle offre une profusion de cas similaires : un grand nombre de sociologues font de la sociologie des groupes professionnels de la même manière que Monsieur Jourdain faisait de la prose, sans le savoir. Le fait nouveau de la période contemporaine réside donc moins dans l'existence de recherches nombreuses relevant de la sociologie des groupes professionnels que dans leur affirmation comme telles. Le domaine scientifique n'est pas nouveau, c'est sa reconnaissance qui constitue un changement, de même que sa constitution en communauté scientifique organisée.

Il résulte de cette évolution une croissance rapide du nombre des publications qui alimentent ce domaine, ainsi que des colloques et manifestations scientifiques. Ce mouvement s'accompagne de changements dans les manières de formuler les questions de recherche, dans les choix des terrains d'enquête, dans les catégories théoriques utilisées, dans les perspectives analytiques privilégiées. On constate néanmoins que de manière générale, la production de connaissances s'est pour l'essentiel appuyée sur la multiplication de monographies centrées sur des activités professionnelles de plus en plus diversifiées, même si quelques livres explorent, dans des registres différents, les dimensions transversales de ce champ de recherche [Lucas et Dubar, 1994 : Dubar et Tripier, 1998 ; Menger, 2003]. Face à une telle variété des recherches et de leurs terrains, le besoin se faisait sentir de disposer d'un tableau d'ensemble, même s'il ne peut forcément être que fragmentaire, des diverses approches et des questionnements qui structurent les enquêtes. C'est dans l'intention de contribuer à la satisfaction de ce besoin que nous avons conçu le projet de ce livre.

Mais l'ouvrage vise également un autre objectif qui se comprend aisément dès qu'on adopte une perspective historique. On peut, en effet, estimer que le regain d'intérêt actuellement porté aux groupes professionnels représente le troisième temps fort d'une histoire marquée par deux périodes antérieures au cours desquelles ce domaine a pris place dans la sociologie française, mais s'est trouvé ensuite oublié ou abandonné. D'où l'enjeu et le questionnement que fait naître cette renaissance contemporaine : sera-t-elle suivie d'une éclipse aussi rapide que par le passé, ou réussira-t-elle à s'inscrire plus durablement dans la discipline ? C'est aussi cet objectif de consolidation et pérennisation de la dynamique contemporaine qui nous a poussés à entreprendre cet ouvrage.

LE MOMENT DURKHEIMIEN ET LES GROUPEMENTS PROFESSIONNELS

Reprenons donc le cours de cette histoire pour mieux percevoir les enjeux du présent. On peut situer dans les thèses de Durkheim sur l'organisation économique et la division du travail, qui le conduisent à développer un plaidoyer en faveur de l'affirmation des groupements professionnels, les débuts d'une réflexion approfondie sur la signification sociologique de la spécialisation professionnelle et du groupement en métiers. Pour lui, la division du travail est la base du lien social dans les sociétés industrielles, et il fait même de l'analyse des évolutions de la division du travail un des fondements de la sociologie [Durkheim, 1893]. Car si elle doit être source de solidarité organique et de coopération volontaire, elle ne devient pas automatiquement un ciment efficace de la cohésion sociale, en témoigne l'extension de la misère ouvrière, des conflits sociaux, de l'individualisme, de l'anomie. C'est pourquoi, dans la préface à la seconde édition *De la division du travail social* [1902], Durkheim en appelle à une emprise plus forte de la division du travail sur l'organisation sociale, à travers la création de corps intermédiaires constitués sur des bases professionnelles, et figurant des autorités morales départageant les conflits et assurant l'ordre, comme cela était déjà le cas pour « l'avocat, le magistrat, le soldat, le professeur, le médecin et le prêtre » [Durkheim, 1902, III].

Ces groupements professionnels devraient, selon lui, constituer un principe de base des sociétés modernes, dans la mesure où ils ont vocation à concerner tous les travailleurs et à exercer sur eux un pouvoir moral que l'État, trop lointain, ne peut avoir. Sorte d'antidote aux risques d'anomie véhiculés par le capitalisme, ils sont ainsi une source majeure de régulation, permettant de canaliser les pratiques individuelles dans un cadre compatible avec la préservation des intérêts collectifs et le maintien de la cohésion : « une nation ne peut se maintenir que si, entre l'État et les particuliers s'intercale une série de groupes secondaires assez proches des individus pour les attirer dans leur sphère d'action et assez reconnus par l'État pour exercer une réglementation efficace » [Durkheim, 1902, XX]. Durkheim souligne ainsi, avec d'autres auteurs classiques comme Weber, Tönnies, ou Spencer, les multiples fonctions sociales de la communauté professionnelle, à la fois instance de socialisation par transmission des savoirs et des valeurs, lien de solidarité unissant les membres du même « corps » de métier, ferment de dynamique technique et sociale, voie de mobilité sociale indivi-duelle et collective, foyer de savoirs et de formes diversifiées de culture professionnelle, etc.

Toutefois, sa posture est ici résolument normative et moraliste. Elle est déjà préfigurée dans les développements consacrés aux groupes profession-nels dans le dernier chapitre (intitulé *Conséquences pratiques*) du livre qu'il a consacré au suicide [Durkheim, 1897]. Elle est aussi présente dans des écrits à caractère pédagogique, comme ses leçons sur la morale délivrées entre 1890 et 1912, dans lesquelles, après avoir relevé le caractère particu-lier de la morale professionnelle, il renonce, au nom d'un point de vue géné-ral et normatif, à la description empirique de ses formes historiques et variables :

> Il est [...] impossible de décrire la morale propre à chaque profession [...] nous ne pouvons présenter que quelques considérations sur les questions les plus importantes qui peuvent se poser à ce sujet [Durkheim, 1950, p. 45].

C'est aussi sans doute en raison de cet intérêt qu'il leur portait que les groupements professionnels font l'objet d'une rubrique tenue par Alfred Milhaud dans le premier volume de *L'Année sociologique* (mais elle dispa-raît dès le volume suivant, vraisemblablement parce que Milhaud ayant quitté l'équipe, il ne se trouve plus personne pour la reprendre).

Ainsi Durkheim n'a pas véritablement proposé une théorie des profes-sions, mais les groupes professionnels forment une partie constitutive de sa théorie sociologique. Cette composante a été peu reprise en France, elle a même été oubliée, voire refoulée. Il est vrai que la promulgation par le régime de Vichy de lois instituant sous l'égide de l'État des instances de concertation entre branches professionnelles a disqualifié pour longtemps le « phénomène corporatiste » [Segrestin, 1985], et l'appel durkheimien à un renouveau des groupes professionnels a été assimilé, à tort, à une restaura-tion nostalgique des anciennes corporations de métier :

> Après que Pétain eut mis la doctrine corporative au service de la Révolution nationale, celle-ci devient taboue [...]. En somme, le discrédit original jeté par l'individualisme

libéral sur les groupements professionnels a été redoublé, dans la mémoire nationale, par le traumatisme de Vichy [Kaplan et Minard, 2004, p. 8].

De ce fait, le moment durkheimien n'a été que de courte durée, et a été suivi d'une assez longue éclipse.

LE TRAVAIL AU DÉTRIMENT DES PROFESSIONS

Le développement rapide des recherches portant sur le travail et les activités de production à l'issue de la Seconde Guerre mondiale n'a guère modifié cette situation. Il a débouché sur la structuration d'un domaine de recherche appelé sociologie du travail (et non sociologie des professions), symbolisé notamment par la création de la revue éponyme en 1959 [Borzeix et Rot, 2009], ou encore par la publication des deux tomes du *Traité de sociologie du travail* [Friedmann et Naville, 1961-1962]. Dans ces publications, les professions et les groupes professionnels occupent une place marginale. L'apparition épisodique de ces termes n'est même pas le signe de formulations ou d'interrogations sociologiques spécifiques. Car ils sont généralement employés dans le sens de catégories de travailleurs (ouvriers, employés, techniciens, ingénieurs...), constituées par des classifications statistiques, désignées par des conventions collectives, ou codifiées dans la nomenclature des catégories socioprofessionnelles [Desrosières et Thévenot, 1988]. Dans le *Traité de sociologie du travail,* à côté d'un chapitre très général et flou de Naville sur « Le métier, l'emploi, la profession », c'est d'ailleurs un spécialiste de la mobilité sociale et de la mesure des inégalités qui rédige le chapitre portant sur « l'évolution sociale des professions ». L'identification des groupes professionnels à des catégories de salariés constituées par les relations collectives de travail [Benoît et Maurice, 1960] est donc dominante. Et le thème des groupes professionnels reste marginal, car au cours de cette période, la sociologie du travail s'intéresse principalement au travail ouvrier de la grande entreprise industrielle, postulant la disparition des métiers laminés par le modèle productif fordien-taylorien, et thématisant les situations professionnelles comme l'expression de conflits sociaux et de rapports de classes [Collectif, 1985].

Pourtant, à la charnière des années 1960 et 1970, quelques recherches font exception, qui discutent les théories anglo-saxonnes des professions à la faveur d'enquêtes portant sur une catégorie sociale montante dans la société française : les ingénieurs et cadres [Benguigi, 1967 ; Maurice *et al.*, 1967 ; Benguigui et Monjardet, 1968]. Elles tentent d'éprouver la pertinence des outils d'analyse forgés outre-atlantique pour rendre compte de l'essor des *professionals*, même si les cadres ne se confondent pas avec cette catégorie. Mais cette ouverture fut elle aussi éphémère. En quelques années, le déferlement de la vague marxiste qui suit 1968 balaye cette curiosité suspecte envers des catégories bourgeoises. Une série d'articles, souvent des mêmes auteurs [Benguigui, 1972 ; Maurice, 1972 ; Chapoulie, 1973], proclame les vertus d'une analyse en termes de classes pour appréhender les cadres et les professions intellectuelles [Gadéa, 2003].

Peu de sociologues sont alors en mesure, comme J.-M. Chapoulie, de faire connaître aux lecteurs français le courant important de recherches qui s'est développé aux États-Unis et en Angleterre depuis les années 1930 [Carr-Saunders et Wilson, 1933], et surtout les débats qui ont surgi entre les approches fonctionnalistes, qui véhiculent souvent un présupposé normatif faisant l'apologie des professions et de leur rôle dans le corps social [Parsons, 1939], et les approches interactionnistes, qui se veulent plus distanciées et considèrent les notions de *profession* et *professionnalisation* comme des *folk concepts* relevant du sens commun [Becker, 1962] et non comme des concepts sociologiques.

En période de guerre froide et de guerre du Vietnam, la sociologie des professions, en grande partie américaine, se voit le plus souvent assimilée en bloc à l'idéologie conservatrice du fonctionnalisme. La situation est d'autant plus paradoxale que cette période est celle de la montée en puissance de la posture critique, distanciée et teintée d'humour provocateur qui caractérise les travaux de Hughes ou de Becker, associée à la volonté d'asseoir les recherches sur un travail empirique approfondi qui anime nombre d'autres chercheurs proches de l'interactionnisme, tels B. Glaser et A. Strauss [1967]. Mieux, les années 1970 verront naître des prises de position radicales, parfois d'inspiration marxiste [Johnson, 1972], dénonçant le pouvoir et la « dominance » des professions établies [Freidson, 1970] ou les privilèges et monopoles dont elles jouissent [Larson, 1977]. Mais ces travaux restent alors largement méconnus en France. Ce n'est que beaucoup plus tard que les approches néo-wébériennes seront (re) découvertes, après que Abbott [1988] a donné à ce courant une expression théorique particulièrement aboutie.

DE NOUVEAUX TERRAINS D'ENQUÊTE

Nouvelle éclipse donc. Elle ne s'achève que progressivement, au cours des années 1980, sous l'effet de recherches approfondies qui attirent l'attention sur diverses catégories de travailleurs étrangers au monde ouvrier et industriel : artisans boulangers [Bertaux-Wiame, 1982], artistes [Moulin, 1983], médecins [Baszanger, 1983], marins de commerce [Paradeise, 1984], enseignants du secondaire [Chapoulie, 1987], etc. La plupart de ces travaux se réfèrent aux théories anglo-saxonnes des professions, s'inspirant notamment des problématiques interactionnistes, en les combinant avec d'autres cadres analytiques, issus par exemple des perspectives néo-webériennes. C'est d'ailleurs le moment où sont traduites des études importantes sur les professions artistiques [Freidson, 1986 ; Becker, 1988], et où des ouvrages américains élargissent les théorisations en s'intéressant à l'institutionnalisation des marchés du travail et des professions [Freidson, 1983 ; Abbott, 1988]. Les travaux empiriques menés alors en France préfigurent la multiplication rapide, dans les années 1990, des recherches investissant de nouveaux terrains pour étudier des activités professionnelles négligées jusque-là.

Ce mouvement participe d'un décentrement plus global des approches, destiné à prendre en compte de multiples transformations du monde du travail et de la société dans son ensemble : restructurations industrielles récurrentes, recul de l'emploi ouvrier, croissance des activités de service, tertiarisation de l'économie, développement des technologies de l'information et de la communication, élévation des niveaux de formation, entrée massive des femmes dans l'activité professionnelle, diversification des contrats de travail, modifications répétées des organisations de la production, montée d'une économie de la variété, pilotage de l'activité par objectifs, prégnance des logiques de résultats et de rentabilité, précarisation de l'emploi, affaiblissement de la protection des travailleurs, déclin du syndicalisme, etc. Certains thèmes de recherche ont pris une importance croissante : les nouvelles formes d'emploi et le brouillage des statuts sociaux, les inégalités sexuées sur le marché du travail, les cheminements biographiques, l'accentuation des distances entre générations, l'hétérogénéité des travailleurs à l'intérieur du même métier, les modes de différenciation des carrières professionnelles et salariales, les articulations entre-temps sociaux, les reconfigurations des appartenances collectives, les cotations de la performance au travail, l'émergence de nouvelles activités professionnelles, le pilotage managérial des exigences et normes professionnelles, etc.

Dans le même temps, alors que certains sociologues du travail tournent de nouveau leur regard vers les métiers [Dadoy, 1989], l'analyse sociologique des professions investit de nouveaux terrains, bien différents des domaines classiques que sont les activités libérales ou prestigieuses (médecine et droit notamment). Les sociologues français étudient, aux côtés des professions et des métiers établis, des activités professionnelles nouvelles et émergentes, des activités serties dans des organisations industrielles ou de services, des activités illégitimes ou marginales, etc. Cette ouverture à de nouveaux terrains est soutenue par un référentiel théorique à dominante interactionniste. Elle est cohérente avec les préceptes méthodologiques formulés par Hughes, selon lesquels « il faut nous débarrasser de toutes les notions qui nous empêchent de voir que les problèmes fondamentaux que les hommes rencontrent dans leur travail sont les mêmes, qu'ils travaillent dans un laboratoire illustre ou dans les cuves malpropres d'une conserverie » [Hughes, 1971, p. 123].

Elle s'accompagne aussi de références répétées à un petit ensemble de concepts (licence, mandat, sale boulot, savoir coupable, segment professionnel, ordre négocié, mondes sociaux…) qui inscrivent la théorisation dans des cadres balisés par des chercheurs comme Hughes, Becker, Strauss, etc. L'intérêt pour les idées de Freidson ou Abbott se diffuse également, mais plus lentement. L'accumulation de recherches progresse ainsi dans une oscillation entre l'exploration de nouveaux territoires professionnels et le recours à des instruments théoriques éprouvés mais répétitifs. C'est pourquoi il est utile de dresser un bilan des acquis récents de ce domaine de recherche, afin d'en cerner les spécificités, qui, par rapport à son équivalent anglo-saxon, s'affichent dans son intitulé, puisque l'appellation sociologie des groupes professionnels, et non des professions, s'est désormais imposée.

LES GROUPES PROFESSIONNELS

Un des principaux acquis de la période récente est en effet le virage que représente le recours à l'expression « groupes professionnels » au lieu de « professions », alors que ce terme est souvent utilisé dans le monde anglo-saxon où l'expression consacrée demeure « *Sociology of the Professions* ». Cette différence de vocabulaire sociologique signale le caractère étroit du modèle des professions. Car les professions, au sens anglo-saxon comme il est de coutume de dire, se prévalent d'un monopole d'exercice, qu'elles défendent en contrôlant le contenu des compétences revendiquées, la transmission des savoirs et la socialisation des membres, les règles éthiques présidant à leur mise en œuvre, la valeur sociale et économique de leur activité. Elles concernent des travailleurs détenant un haut niveau d'expertise, bénéficiant d'une grande autonomie dans l'accomplissement leurs tâches, formant une sorte d'élite professionnelle située à un haut niveau de l'échelle du prestige et des rémunérations.

En France, ce sont les professions libérales qui correspondent le mieux à cette configuration, puisque, en principe, elles bénéficient d'une protection juridique de leur monopole, fondé sur un titre professionnel, une réglementation des conditions d'exercice, une organisation spécifique (un ordre) veillant au respect des règles, etc. Elles rassemblent un nombre restreint de travailleurs, même s'il faut y inclure certaines fractions du salariat qui sont inscrites dans ces professions réglementées ou établies (médecins internes dans les hôpitaux, avocats salariés dans les grands cabinets, ingénieurs…).

Inversement, le terme profession est aussi extrêmement polysémique et peut à ce titre être utilisé pour catégoriser de manière variable une position dans le système productif : plusieurs points de vue peuvent être adoptés pour déclarer sa profession, selon que l'on mette l'accent sur les composantes statutaires de l'emploi, du grade ou de la position dans les classifications, les composantes fonctionnelles des missions remplies ou des responsabilités dans l'organisation du travail, les composantes cognitives des métiers, des spécialisations ou savoir-faire, les composantes identitaires des appartenances ou des valeurs [Kramarz, 1991 ; Dubar et Tripier, 1998].

Le recours à l'expression « groupes professionnels » permet de contourner ces deux difficultés attachées au terme profession, en élargissant le champ d'analyse au-delà du périmètre étroit des professions libérales ou réglementées, mais sans en diluer les significations. Elle désigne alors des ensembles de travailleurs exerçant une activité ayant le même nom, et par conséquent dotés d'une visibilité sociale, bénéficiant d'une identification et d'une reconnaissance, occupant une place différenciée dans la division sociale du travail, et caractérisés par une légitimité symbolique. Ils ne bénéficient pas nécessairement d'une reconnaissance juridique, mais du moins d'une reconnaissance de fait, largement partagée et symbolisée par leur nom, qui les différencie des autres activités professionnelles. En l'absence de réglementation et de codification formelles, les groupes professionnels sont des ensembles flous soumis à des changements continus, caractérisés à la fois par des contours évolutifs et une hétérogénéité interne.

L'usage de cette expression a eu deux conséquences majeures, l'une empirique, l'autre théorique. La première, nous y avons déjà insisté, concerne l'extension du domaine d'étude, par l'ouverture à de nombreux métiers et activités, du haut jusqu'en bas de la hiérarchie sociale, du haut jusqu'en bas des degrés d'organisation ou de protection de l'activité et du marché du travail. La seconde conduit à envisager les groupes professionnels non comme des ensembles protégés, fermés ou codifiés, mais comme des processus évolutifs, vulnérables, ouverts, instables. La consolidation de ce champ de recherches s'appuie alors de manière privilégiée sur l'exploration de dynamiques professionnelles, c'est-à-dire des processus d'émergence, de différenciation et d'autonomie d'activités professionnelles, et, plus largement, des mouvements diversifiés, ambigus et contradictoires de transformation des activités professionnelles (émergence, identification, délimitation, catégorisation, légitimation, invalidation, érosion, segmentation, destruction et disparition…).

Cette problématisation conduit à reconsidérer un grand nombre de questions, autour des logiques de monopolisation des actes de travail et des concurrences entre catégories de travailleurs, autour de la recomposition de la division du travail et des déplacements dans les spécialisations professionnelles, autour des mécanismes de sélection et des procédures d'accès aux positions professionnelles, autour de la restructuration des compétences requises et de la transmission des savoirs, autour des modalités de contrôle des comportements et de la concurrence interindividuelle, autour des clivages et inégalités internes et des formes d'appartenance collective, autour de la multiplication des prescriptions et pilotages externes et de la maîtrise endogène de l'activité, etc.

Nous espérons contribuer, par le rapprochement de multiples objets d'étude et par le croisement des angles de vue, à cette expansion des connaissances, et c'est dans cet esprit que s'organise le plan du présent ouvrage. Il s'agit de faire ressortir les questionnements propres à la sociologie des groupes professionnels, qui lui ont permis de devenir un champ de recherches identifiable et spécifique, et de montrer qu'elle fournit des éclairages originaux et pertinents sur le monde du travail, qui peuvent être utiles non seulement aux chercheurs, mais à beaucoup d'acteurs du monde social. Dans cette perspective, nous avons divisé l'ouvrage en six parties, même si les interrogations sur l'autonomie, la reconnaissance et la légitimité des activités professionnelles et de ceux qui les exercent constituent une trame qui traverse l'ensemble des contributions.

Nous partons, dans la première partie, du constat d'une tendance majeure : les professionnels contemporains travaillent le plus souvent dans des organisations auxquelles ils sont liés par un contrat de travail salarial, ou en tout cas par des formes d'exercice éloignées du modèle libéral qui a souvent servi de modèle aux théoriciens des professions. Il en résulte alors des tensions (ou des articulations originales visant à parer à ces tensions) entre des professionnels qui cherchent à préserver et améliorer leur emprise sur leur propre travail et des mécanismes de contrôle externe, portés par des réformes managériales, des responsables hiérarchiques, d'autres catégories de travailleurs. Ces questions sont nourries par des enquêtes conduites dans des univers variés et à différents niveaux hiérarchiques : depuis les aides soignantes à l'hôpital jusqu'aux juges consulaires des tribunaux de commerce, en passant par les chefs d'établissement scolaire, les commissaires de police, les cadres du travail social et de la santé, ou les métiers industriels. Les enjeux de ces luttes sont variables selon les cas (définition des tâches à accomplir, mesure de la performance, prescription des objectifs…), mais ils concernent au plus près les référents professionnels qui donnent sens aux activités.

Sans se confondre avec elle, cette thématique rejoint celle de la deuxième partie, consacrée aux formes de régulation mises en œuvre par les professionnels, pour définir et contrôler leur espace spécifique d'intervention et obtenir des formes de reconnaissance ou de protection de la part d'autorités publiques, dans un contexte mouvant, caractérisé notamment par les changements que provoquent la construction européenne et la globalisation des marchés. Les activités exercées sur un mode libéral sont ici particulièrement prises en compte, tant pour constater la préservation des formes d'autonomie professionnelle que pour voir se mettre en place des mécanismes renouvelés de régulation, où s'accroît l'emprise des autorités externes. Les terrains étudiés prennent en compte les psychologues, les commissaires-priseurs, les huissiers de justice, les notaires, les comptables, les architectes, ou encore, dans une perspective historique, les herboristes ou les officiers de santé. Les stratégies développées par les groupes professionnels pour contrôler leur avenir ne leur assurent pas toujours une maîtrise renforcée de leur histoire et de leur condition, mais sont souvent assez friables ou incertaines.

Dans un tel cadre, la possibilité de former de nouveaux membres à l'exercice professionnel constitue un enjeu capital, exploré dans la troisième partie de l'ouvrage. S'il est courant de mettre en avant le contrôle exercé par la profession sur ses futurs membres, à travers les barrières à l'entrée (titres, diplômes, concours, droit d'exercice) les analyses privilégient ici l'étude des processus de socialisation professionnelle. À partir de cas divers (musiciens, dresseurs de fauves, clergé catholique, élus politiques, ingénieurs), elles montrent combien la socialisation professionnelle s'inscrit dans le temps long d'apprentissages par paliers et dans une multiplicité d'interactions et d'échanges, pour aboutir à une véritable conversion identitaire. Pour autant, la socialisation professionnelle n'assure pas nécessairement une homogénéité des pratiques et des conceptions du travail, même si elle marque les recrues, en les dotant de savoirs spécialisés, de valeurs particulières, de référents symboliques.

Certaines activités sont sujettes, à des titres divers, à des interrogations, des mises en cause, des difficultés à appréhender et faire reconnaître leur caractère professionnel. Ce cas de figure est abordé dans la quatrième partie autour d'activités dont le statut est ambigu ou problématique, soit par manque de légitimité morale (prostituées), soit pour des raisons économiques ou institutionnelles (écrivains publics, médiateurs sociaux, éducateurs médico-sportifs), soit encore parce qu'elles chevauchent la frontière entre la sphère professionnelle et le monde militant ou bénévole (conseillers prud'hommes, experts associatifs, développeurs de logiciels libres). Cette variété permet de montrer l'épaisseur des frontières délimitant les groupes professionnels : dans nombre de cas l'incertitude sur la qualité de professionnel est persistante, parce que l'activité exercée puise à des registres de légitimité concurrents et considérés comme incompatibles, ou bien est confrontée à des formes variables de stigmatisation ou de dévalorisation.

Pour une grande part, c'est en trouvant leur public que les groupes professionnels identifient leur place dans le monde social et justifient leur activité. Comme le montre la cinquième partie, les relations avec les clients ou les usagers sont éminemment variables, mais elles mettent toujours en jeu la légitimité et la compétence des professionnels qui y sont engagés. Qu'il s'agisse des conseillers funéraires, des commerciaux des banques, des agents administratifs, des enseignants, des infirmières, les relations avec les destinataires du service ne sont ni simples ni stables. Le plus souvent, elles sont problématiques parce que les clients réels résistent, formulent des demandes inattendues, adressent des exigences jugées douteuses. La légitimité des professionnels est donc régulièrement mise à l'épreuve, plus ou moins durement selon que les normes professionnelles se cristallisent ou non dans une communauté d'interprétation et d'action.

Enfin, la reconnaissance des professionnels peut également être renseignée par l'analyse des carrières, comme l'illustre la sixième partie. Elle explore en effet les mécanismes de différenciation des conditions d'emploi, des niveaux de rétribution, et des formes de valorisation, et interroge ainsi les modalités de fixation de la valeur du travail professionnel et de production d'inégalités entre professionnels d'un même domaine. Les travaux empiriques portent ici sur les artistes, les experts des services aux entreprises, les cadres et ingénieurs, les chercheurs en biologie, les médecins et avocats, les médecins scolaires. Ils montrent le rôle de la concurrence entre professionnels dans la différenciation des conditions d'exercice et dans le renforcement ou la persistance d'inégalités, notamment entre hommes et femmes.

BIBLIOGRAPHIE

ABBOTT A. (1988), *The System of Professions*, University of Chicago Press, Chicago.

BASZANGER I. (1983), « La construction d'un monde professionnel : entrée des jeunes praticiens dans la médecine générale », *Sociologie du travail*, 3.

BECKER H. (1962), « The Nature of a Profession », *in Education for the Professions*, National Society for the Study of Education, Chicago, p. 24-46.

BECKER H. [1982] (1988), *Les Mondes de l'art*, Flammarion, Paris.

BENGUIGUI G. (1967), « La professionnalisation des cadres dans l'industrie », *Sociologie du travail*. 2, p. 134-143.

BENGUIGUI G. (1972), « La définition des professions », *Épistémologie sociologique*, 13, p. 99-113.

BENGUIGUI G. et MONJARDET D. (1968), « Profession ou corporation : le cas d'une association d'ingénieurs », *Sociologie du Travail*, 3, p. 275-290.

BENOÎT O. et MAURICE M. (1960), « Groupes professionnels et relations collectives de travail dans une entreprise », *Sociologie du Travail*, 2, p. 151-169.

BERTAUX-WIAME I. (1982), « L'installation dans la boulangerie artisanale », *Sociologie du travail*, 1.

BORZEIX A. et ROT G. (2009), *50 ans de sociologie du travail*, à paraître.

CARR-SAUNDERS A. M. ET WILSON P. A. (1933), *The Professions*, Clarendon Press, Oxford.

CHAPOULIE J.-M. (1973), « Sur l'analyse sociologique des groupes professionnels », *Revue Française de sociologie*, 14, 86-114.

CHAPOULIE J.-M. (1987), *Les Professeurs de l'enseignement secondaire. Un métier de classe moyenne*, éditions de la MSH, Paris.

COLLECTIF (1985), *Le Travail et sa sociologie. Essais critiques*, L'Harmattan, Paris.

DESROSIÈRES A. et THÉVENOT L. (1988), *Les Catégories socioprofessionnelles*, La Découverte, Paris.

DADOY M. (1989), Le retour du métier, *Revue française des affaires sociales*, 4, 69-102.

DUBAR C. et TRIPIER P. (1998), *Sociologie des professions*, Armand Colin, Paris.

DURKHEIM E. [1893, 1902] (1973), *De la division du travail social*, PUF, Paris.

DURKHEIM E. [1897] (1983), *Le Suicide. Étude de sociologie*, PUF, Paris.

DURKHEIM E. [1950] (1969), *Leçons de sociologie. Physique des mœurs et du droit*, PUF, Paris.

FREIDSON E. [1970], *Profession of Medecine*, Harper and Row, New York.

FREIDSON E. [1983] (1994), « The theory of professions : state of the Art », *in* E. FREIDSON, *Professionalism Reborn*, Cambridge, Polity Press, p. 13-29.

FREIDSON E. (1986), « Les professions artistiques comme défi à l'analyse sociologique », *Revue Française de Sociologie*, 27, p. 431-443.

FREIDSON E. (2001), *Professionalism, the third Logic*, The University of Chicago Press, Chicago.

FRIEDMANN G. et NAVILLE P. (dir.), (1961-1962), *Traité de sociologie du travail*, Armand Colin, Paris, 2 tomes.

GADÉA C. (2003), *Les Cadres en France. Une énigme sociologique*, Belin, Paris.

GLASER B. et STRAUSS A. (1967), *The Discovery of Grounded Theory. Strategies for Qualitative Research*, Chicago, Aldine.

HUGHES E. C. [1971], (1996), *Le Regard sociologique*, éditions de l'EHESS, Paris.

JOHNSON T. (1972), *Professions and Power*, Macmillan, Londres.

KAPLAN S. L. et MINARD P. (dir.), (2004), *La France malade du corporatisme ? XVIIIe-XXe siècles*, Belin, Paris.

KRAMARZ F. (1991), « Déclarer sa profession », *Revue Française de Sociologie*, 1, p. 3-27.

LARSON M.S. (1977), *The Rise of Professionalism. A sociological Analysis*, University of California Press, Berkeley.

LUCAS Y. et DUBAR C. (1994), *Genèse et dynamique des groupes professionnels*, Lille, Presses Universitaires de Lille.

MAURICE M. (1972), « Propos sur la sociologie des professions », *Sociologie du travail*, 2, p. 213-225.

MAURICE M., MONTEIL M., GUILLON R. et GAULON J. (1967). *Les Cadres et l'entreprise. Étude sociologique des rapports entre profession et organisation parmi les cadres, les techniciens et les ingénieurs de l'industrie aéronautique*. Université de Paris, Institut des sciences sociales du travail.

MENGER P. M. (dir.), (2003), *Les Professions et leurs sociologies. Modèles théoriques, catégorisations, évolutions*, éditions de la MSH, Paris.

MOULIN R. (1983), « De l'artisan au professionnel : l'artiste », *Sociologie du travail*, 4.

PARADEISE C. (1984), « La marine marchande française, un marché du travail fermé », *Revue française de sociologie*, 25, 362-375.

PARSONS T. (1939), « The professions and the social structure », *Essays in Sociological Theory*, New York, Free Press, 34-49.

SEGRESTIN D. (1985), *Le Phénomène corporatiste. Essai sur l'avenir des systèmes professionnels fermés en France*. Fayard et Fondation Saint Simon, Paris.

I.

Les références professionnelles
et les organisations du travail

1

La rhétorique des professions libérales
au service de la privatisation de l'État :
le cas des juges consulaires du tribunal de commerce français

Emmanuel Lazega et Lise Mounier

On sait qu'Eliot Freidson différencie la logique professionnelle du contrôle du travail, d'une part, et les logiques marchande et bureaucratique d'autre part [Freidson, 2001]. Le professionnalisme est la stratégie de ceux qui ont le privilège de définir et de coordonner eux-mêmes, de manière collégiale, leur propre travail, d'en définir les conditions, car ils peuvent en théorie se permettre d'ignorer les éventuelles exigences du client ou de la hiérarchie. Une profession, dans ce sens, s'appuie sur une idéologie donnant la priorité, en théorie, à la qualité du travail plutôt qu'au gain économique. Certes les professions peuvent faire l'objet de tentatives de contrôle par les forces du marché (sous la pression des clients et des cadres d'entreprises) ou par la régulation gouvernementale (sous la pression des administrations officielles). Il reste que la logique du professionnalisme serait celle de l'autorégulation. Les professions organisées définissent elles-mêmes les conditions de leur propre travail en développant un savoir théorique et pratique, en contrôlant la formation, la sélection et l'accréditation des praticiens ainsi que le marché du travail de ces derniers et les conditions de leur exercice – c'est-à-dire la « structure sociale du travail professionnel ». Ce sont ces caractéristiques qui justifient selon lui la protection et le monopole que l'État accorde aux professions.

Dans ce chapitre, nous montrons que les distinctions freidsoniennes, bien qu'utiles analytiquement, perdent beaucoup de leur pouvoir explicatif dans un contexte où les frontières entre public et privé sont poreuses et mobiles. Notre propos n'est pas de décrire un groupe professionnel mais l'usage fait par le monde des affaires de la rhétorique des professions libérales. Dans des travaux précédents, nous avions montré que l'organisation collégiale du travail de professionnels comme les avocats d'affaires ne permettait pas à ces derniers de se conformer à la déontologie de leur profession et de respecter les principes du professionnalisme qu'elle affiche pour se prévaloir du droit de parler au nom de l'intérêt général [Lazega, 1994, 2001, 2003, 2005]. Ici nous voulons montrer que la rhétorique et les principes du professionnalisme sont utilisés par le monde des affaires avec beaucoup de facilité et de « naturel » pour légitimer les institutions au sein desquelles il participe au fonctionnement de l'appareil d'État, en particulier pour la gouvernance et la régulation conjointe de ses marchés [Lazega et Mounier, 2003a].

Nous nous appuyons pour cela sur l'étude du fonctionnement d'un corps intermédiaire, le tribunal de commerce français et ses magistrats élus, bénévoles et « consulaires ». Dans ce corps intermédiaire, les opérateurs du marché utilisent le modèle et la rhétorique du professionnalisme pour justifier leur entrée dans l'appareil d'État et leur exercice du contrôle social des marchés dans un cadre de régulation conjointe [Lazega et Mounier, 2003b ; Falconi et al., 2005]. Nous rendons compte de la proximité entre l'idéologie des magistrats consulaires (ceux-là même qui représentent le monde des affaires dans l'appareil d'État) et la rhétorique des professions libérales. Cette rhétorique et cette idéologie permettent à ces magistrats de gérer la non-congruence, dans la société française, des formes différentes de leur statut social. Notre source principale est une recherche menée au tribunal de commerce de Paris auprès de ces juges consulaires.

LE MONDE DES AFFAIRES DANS L'APPAREIL D'ÉTAT : L'INSTITUTION CONSULAIRE

En France, le rôle des tribunaux de commerce – juridiction spécialisée de premier ressort – est, depuis cinq siècles, de résoudre les conflits entre acteurs économiques, surtout entre entreprises, mais aussi entre entreprises et consommateurs, et d'exercer une certaine discipline sur l'entrée dans les marchés et les échanges économiques[1]. Le monde des affaires a toujours fait ce qui était en son pouvoir pour participer aux décisions politiques et administratives qui touchent à ses marchés. Au cours des VIe et VIIe siècles, les commerçants européens développèrent leur propre droit commercial qui en vint à coexister avec d'autres droits comme le droit canonique. L'achat, la vente, le transport, l'assurance étaient régulés par un droit issu des corporations marchandes, la lex mercatoria européenne [Berman, 1983]. La lex mercatoria du Moyen Âge a été le fondement juridique du capitalisme [Weber, 1889]. Les marchands, qui constituaient un groupe social relativement distinct des autres et aux intérêts économiques bien spécifiés, avaient

---

1. En 2007, on compte en France 3 100 juges et 184 tribunaux de commerce.

leurs propres tribunaux et élisaient des juges parmi leurs pairs, tout comme ils siégeaient dans des tribunaux de leurs propres guildes. On y délivrait une justice rapide sans argumentation juridique sophistiquée, fondée en équité, sans avocats professionnels. Les commerçants contrôlaient ce qui se passait dans leurs marchés et foires, tout en faisant appel au pouvoir d'État pour mettre en œuvre les décisions qu'ils prenaient – ce qui ne signifie pas qu'ils ne pouvaient pas compter sur d'autres moyens de contrainte comme la réputation [Milgrom, North et Weingast, 1990]. Cette *lex mercatoria* créa une série d'institutions dont le tribunal de commerce français peut être considéré comme une adaptation moderne.

Ici, l'État partage son propre pouvoir judiciaire avec la communauté d'affaires locale qui dispose de sa propre juridiction spéciale pour le commerce. Ce sont des juges consulaires, hommes et femmes[2] d'affaires, qui siègent dans ce type de tribunaux. Ils ne sont pas rémunérés pour leur travail de juge du commerce et ils sont élus pour un mandat de deux ou de quatre années (pour une durée totale maximale de quatorze ans) notamment par les juges déjà en place et par les membres de la Chambre de commerce de leur localité, les deux institutions économiques s'appuyant mutuellement et entretenant des liens étroits. Dans cette solution institutionnelle, les coûts du contrôle sont partagés par l'État, les industries ou les entreprises, et les juges individuels qui se disent volontiers représentants de la « société civile économique ». Le TC français est donc une institution de gouvernance ou de « régulation conjointe » [Reynaud, 1989 ; Lazega et Mounier, 2003b] à l'échelle interorganisationnelle. Le cas de cette institution est, dans ce cadre, particulièrement intéressant parce qu'ils représentent une des seules institutions qui a traversé presque inchangée la Révolution de 1789, tout en ayant été régulièrement – et même depuis ses débuts – remise en cause de façon fondamentale. Elle est le parfait exemple d'une institution intermédiaire dont l'existence est difficile à justifier en théorie (juridique et politique), mais dont la nécessité s'est toujours imposée dans la pratique, à la fois en vertu d'une demande (d'une partie) des intéressés et de l'État.

Ce sont les juges consulaires de cette institution qui sont porteurs d'une idéologie et d'une rhétorique « autoprofessionnalisante » dont nous cherchons à identifier les éléments principaux. Cette identification est fondée sur une étude empirique longitudinale. Nous avons mené des entretiens approfondis avec deux cents juges du tribunal de commerce de Paris en 2000, 2002 et 2005. Notre étude a consisté d'abord à écouter ces juges parler de leur travail. Le tribunal de commerce de Paris a une forte spécificité par rapport à la plupart des autres tribunaux de commerce français. Sa taille est plus importante, le nombre des chambres spécialisées plus élevé ainsi que le nombre d'affaires traitées. Il est différent également par la

---

2. La loi du 14 janvier 1933 relative à l'élection des membres des tribunaux de commerce remplace la loi du 8 décembre 1883 ; elle supprime la phrase faisant obstacle à l'éligibilité des femmes. C'est en 1947 que la première femme sera élue au Tribunal de commerce de Paris.

diversité des secteurs de l'économie représentés par ses juges (même s'il est dominé par les juges issus du monde de la banque et de la finance), par l'importance de la clientèle, puisque la demande et la défense des sociétés se fait à leur siège social – cette dernière caractéristique étant partagée avec les tribunaux de Nanterre, Bobigny, Créteil et ceux des grandes villes de province.

BROUILLAGE DE LA FRONTIÈRE ENTRE PUBLIC ET PRIVÉ

Les juges du commerce représentent ainsi une forme de « partenariat privé-public », dans le cas présent une privatisation très ancienne d'une fonction judiciaire de l'État. Or les différences qui distinguent les mondes sociaux du privé et du public soulèvent de fortes polémiques ; et les oppositions, réelles et imaginaires, entre fonctionnaires et salariés du privé s'étendent aussi bien à la vie privée qu'à la vie professionnelle. Elles radicalisent les débats, par exemple, entre admirateurs de la vertu républicaine et partisans de l'esprit de commerce dans l'économie de marché. Cette séparation sociale s'est traduite par une hétérogénéité spécifique des formes de statut social et par des risques forts de « non-congruence » entre ces formes de statut social [Lenski, 1954]. Être « important » dans le monde des affaires s'accompagne rarement d'un statut équivalent dans l'appareil d'État. Même si de nombreux corps intermédiaires existent à la frontière de ces deux mondes, la légitimité des comportements caractéristiques de chacun de ces deux mondes est plus que fragile et contrariée dans l'autre.

Entre gens du privé et gens du public, les magistrats consulaires connaissent les tensions inhérentes à la non-congruence de leurs deux types de statut social. En effet, la fonction de magistrat consulaire repose sur la coexistence des affaires et de la justice, alors même qu'il s'agit de deux univers dont la cohabitation ne va pas de soi et entre lesquels il n'existe pas d'équivalence des positions. Les magistrats consulaires sont pour ainsi dire à cheval sur deux mondes différents, régis par des règles et des valeurs différentes, et qui se délégitiment mutuellement. Par exemple, le système de l'élection des juges consulaires n'a jamais fait de la connaissance du droit une condition formelle d'éligibilité, d'où la critique qui a poursuivi par principe les juges consulaires depuis des siècles [Hilaire, 1999]. Ces sentiments sont très partagés au sein du tribunal de commerce de Paris, au point qu'ils sont parfois rattachés à la construction d'une image du juge consulaire comme un incompris luttant contre la société pour mener à bien un combat politique. Pour légitimer leurs formes de statut hétérogènes, hybrides et non congruentes dans la société française, les juges développent une légitimation rhétorique élaborée pour leur institution et pour leur exception.

LÉGITIMATION
DE L'INSTITUTION CONSULAIRE

Dans ces conditions, la légitimation s'appuie sur une rhétorique qui reflète plusieurs arguments et thématiques proches de l'idéal du professionnalisme traditionnel des professions libérales établies : le tribunal de commerce consulaire se justifie comme institution par la complexité du travail de résolution des conflits entre marchands, par un fort élitisme dans la sélection des juges consulaires resserrant le contrôle à l'entrée de leur « communauté », par une valorisation du service public désintéressé et *pro bono* (et les économies qu'il représente), par le partage collégial des compétences et de l'expérience, ainsi que par la nécessité de s'appuyer sur une organisation quasi-professionnelle, la Conférence générale des tribunaux de commerce.

La complexité des tâches et la gestion de l'incertitude

La compétence du tribunal de commerce est vaste. Elle est définie par le *Nouveau code de procédure civile*, le code de l'organisation judiciaire et le code de commerce. Les litiges qui relèvent de cette compétence sont, par exemple, les litiges entre commerçants, les contestations relatives aux actes de commerce entre toute personne, aux sociétés commerciales, les procédures relatives aux défaillances d'entreprises commerciales ou artisanales (faillites), les litiges entre commerçants et non-commerçants. Les juges sont donc amenés à développer des compétences dans le domaine du contentieux général, des procédures collectives, et plus récemment dans celui de la prévention des difficultés des entreprises.

Que font les juges du commerce ? Comme pour les professions libérales, les juges eux-mêmes distinguent pour leur travail une dimension routinière et une dimension non-routinière. La dimension routinière consiste à résoudre les conflits engendrés par des factures impayées et d'entériner des faillites non frauduleuses. Mais la dimension non-routinière réside dans la gestion des incertitudes liées aux conflits souvent très complexes entre acteurs du monde des affaires, ainsi que dans la gestion, souvent politique et politisé, des faillites engageant des licenciements et des ventes d'actifs. Tout comme les professions sont un des moyens par lequel la société gère ses incertitudes [Hughes, 1971], les juges du commerce justifient la raison d'être de leur juridiction spécialisée en insistant sur les incertitudes spécifiques auxquelles ils sont confrontés dans l'accomplissement de leurs tâches. Ce discours permet de valoriser leur expérience du monde des affaires, c'est-à-dire de l'économie et de la gestion, comme nécessaire à l'accomplissement de ce travail non routinier. Comme pour les professions, ils mettent en avant leur capacité à gérer des incertitudes fondamentales liées à la fourniture de biens publics : ici la pacification du monde âpre et complexe de la concurrence dans les affaires.

En effet, les juges du commerce ont le sentiment que, sans eux, l'économie française irait à sa perte. Lorsqu'ils se comparent aux juges de carrière ou à d'autres magistrats, ils sont persuadés que ces derniers ne peuvent pas gérer efficacement les dossiers commerciaux faute d'expérience du monde des affaires, de ses risques et de ses comportements spécifiques. On retrouve ici l'un des poncifs de la rhétorique des professions libérales : les juges de carrières, bureaucrates intéressés seulement par leur avancement personnel, ne pourraient pas faire face à ces incertitudes très spécifiques et garantir la qualité des décisions de justice dans ce domaine[3], tout comme le marché ne peut pas garantir la qualité (du point de vue du consommateur) du fait de l'existence de profondes asymétries d'information ou du fait de l'impossibilité pour le consommateur d'évaluer le service avant qu'il ne soit consommé.

L'élitisme dans la sélection avant l'élection-cooptation

Comme une profession cherchant à réguler l'entrée dans le groupe, les juges du commerce mettent en scène des débats sur la formation et la sélection des juges du commerce. La stratégie d'« auto-professionnalisation » des juges consulaires passe, entre autres, par une certaine sélectivité sociale. L'élitisme est mis au service de la légitimation. Ici les critères de sélection sont des critères de mérite, d'expertise, de probité (qui restent, dans ce contexte, élitistes) et de représentativité sociale, la rhétorique soulignant la difficulté – comme pour les professions libérales – de les concilier tous.

L'entrée comme juge au tribunal de commerce de Paris fait l'objet d'une sélection sociale[4]. Beaucoup de juges des grands tribunaux de commerce affirment une certaine supériorité sociale et la considèrent comme une garantie d'intégrité essentielle à la protection de leur fonction contre l'intéressement et la corruption. Comme dans les professions libérales traditionnelles, la quantité de travail difficile et non rémunéré est considérée parfois comme l'équivalent d'un rite de passage sans fin et de subordination à un idéal. Rares sont ceux qui, sans d'importantes ressources personnelles et organisationnelles, peuvent donc se permettre de faire partie de ce « club le plus cher de Paris » (expression de l'un des juges interviewé).

Cet élitisme est renforcé par les modalités du recrutement des juges. Les juges consulaires sont les principaux « recruteurs » de nouveaux juges.

---

3. Même si la justice commerciale est presque partout dans le monde rendue par des juges de carrière.

4. La formation initiale des juges du TCP est très souvent d'un haut niveau (X, ENA, HEC, Sciences Po, doctorat en droit). La plupart n'ont jamais été des commerçants ou entrepreneurs au sens traditionnel du terme ; ce sont des cadres ou d'anciens cadres supérieurs de grandes entreprises (un juge dira : « c'est l'ère des managers »).

À cette sélection sociale et informelle s'ajoute une forte sélection professionnelle et institutionnelle à l'entrée du processus électoral grâce à une institution de sélection des candidats : le Comité intersyndical des élections consulaires, créé en 1867. Le CIEC est un organisme représentant l'union des syndicats professionnels patronaux de Paris (300 syndicats patronaux représentant la quasi-totalité des secteurs professionnels) et des départements voisins (Hauts-de-Seine, Seine Saint-Denis, Val-de-Marne) régi par les dispositions du Code du travail. Sa fonction est « de rechercher, de susciter et de sélectionner pour les suffrages des électeurs des candidats aux fonctions de juges des tribunaux de commerce de la circonscription ».

Le CIEC choisit une liste de candidats au tribunal et à la chambre de commerce de Paris, liste généralement unique et totalement élue presque continûment depuis 1893. La difficulté de constituer cette liste, selon les membres du CIEC, est de marier plusieurs critères : équilibre entre secteurs (avec différentes façons de mesurer l'importance : nombre d'employés, chiffre d'affaires, nombre de syndiqués), enjeux géographiques (volonté de surreprésenter les activités spécifiquement parisiennes) et qualités des intéressés (richesse, carnet d'adresse, culture, probité supposée, etc.). Malgré l'intérêt qu'ont pu trouver, à peu près continûment, les organisations professionnelles à y être représentées, les tribunaux de commerce paraissent avoir été toujours marqués par une certaine difficulté à recruter leurs juges. Des compensations symboliques au temps passé dans l'institution ont toujours été recherchées.

À cette sélection des juges à l'entrée s'ajoute un travail de sélection interne au tribunal de commerce de Paris. C'est ce dont a témoigné, par exemple, la mise en place au sein du tribunal de commerce de Paris, par le Tribunal lui-même (et non par la Chancellerie), d'un « certificat d'aptitude à juger », qui a pris pour certains juges la valeur d'un « diplôme de juge consulaire », gage d'une légitimité à occuper ces fonctions. En effet, les juges consulaires – dont la moitié a fait des études de droit – bénéficient d'une formation initiale entre leur élection et leur installation. Depuis 2002[5], cette formation a été enrichie et renforcée pour donner une culture générale sur l'activité juridictionnelle du tribunal de commerce de Paris, sur la procédure, la mise en forme des jugements. Les juges ont donc saisi l'occasion de mettre en avant leur volonté de voir se renforcer la sélection pour donner une image plus valorisée de leur fonction.

Le service public désintéressé

Parmi les éléments de la rhétorique des professions libérales mobilisés pour légitimer cette institution, on trouve ensuite le discours sur le service public. Lorsqu'ils parlent de leur motivation pour entrer au tribunal de

---

5. Depuis 2006, les juges suivent une formation à l'École nationale de la magistrature.

commerce de Paris, la quasi-totalité des juges tiennent d'abord un propos général sur la satisfaction de participer à une fonction noble et valorisante. Le service public est caractérisé par le désintéressement. Dans la rhétorique consulaire, les principales preuves de ce désintéressement sont le bénévolat et son intérêt intellectuel, ainsi que la quête ou le maintien d'un statut social fondé sur le service public[6]. Une quasi-profession donc, plus pure encore et plus désintéressée que les professions libérales puisqu'elle ne donne pas le spectacle peu édifiant de négociations, marchandages et revendications en matière de rémunération de ses actes – comme c'est le cas pour les médecins ou, plus discrètement, pour les avocats vivant de l'aide juridictionnelle et autres professions libérales[7].

Ainsi, devenir magistrat consulaire est présenté comme une marque de reconnaissance et de valorisation sociales. Le simple fait d'entrer au tribunal de commerce de Paris constitue une double reconnaissance : sociale, mais aussi professionnelle – qualité au nom de laquelle le cadre salarié est en quelque sorte « promu » juge consulaire. Ainsi, lorsqu'ils racontent leur arrivée au Tribunal, les juges rencontrés soulignent combien cette entrée procède elle-même d'une reconnaissance de leurs qualités, de leurs capacités, de leurs prédispositions. Cette reconnaissance sociale peut être considérée comme l'une des principales motivations de l'entrée au Tribunal et de la poursuite de la judicature alors même que les coûts de la fonction sont élevés. Cette reconnaissance émane donc des pairs, mais elle est aussi susceptible de représenter une réussite sociale au sein d'un milieu plus large que la seule sphère professionnelle.

Enfin, une dernière source de satisfaction explicite et « désintéressée » réside dans la constitution d'un entre-soi social, d'une « communauté des juges » du tribunal de commerce de Paris. Si l'on peut parler d'hétérogénéité en ce qui concerne les origines professionnelles des juges et de la complexité de leur position entre deux mondes sociaux, celui du privé et celui du public, il reste que le tribunal de commerce de Paris constitue aussi à d'autres égards un milieu relativement homogène, concentrant des catégories sociales supérieures. Dès lors, les appréciations extrêmement positives et majoritaires portées sur la convivialité au sein du Tribunal doivent être

---

6. Lorsque l'on creuse au-delà dans les entretiens, on trouve la gestion ou la préparation de la retraite (près de 50 % des juges interrogés) et la volonté de poursuivre une vie active, voire prolonger l'exercice d'un pouvoir ; le substitut du travail comme dans les cas de « placardisation » par l'entreprise, voire dans certains cas l'exact opposé : le fait de sauver son statut et son emploi dans l'entreprise tant que l'on est consulaire ; la possibilité de valoriser une formation universitaire en droit ou l'occasion de renouer avec une vocation contrariée d'avocat ou de juge ; enfin certains juges vont chercher dans des traits de leur personnalité, de leur caractère, voire de leur psychologie, l'explication de leur motivation pour devenir consulaire.

7. La constitution d'un réseau personnel est l'une des façons dont la magistrature consulaire peut jouer un rôle de capital social, mais rares sont les juges qui l'expriment aussi explicitement.

rapportées au fait qu'il s'agit en effet de relations établies entre individus conscients d'appartenir à un même groupe social et tirant satisfaction du fait d'évoluer, au sein du Tribunal, au sein de ce groupe social.

Ainsi, les consulaires cultivent une image de représentants élus de la société civile mobilisant ses vertus et ses compétences face à l'insupportable condescendance et prétendue supériorité morale des juges de carrières, se fâchant ou ironisant lorsqu'on évoque leur éventuelle dépendance vis-à-vis des « parrains » de leur élection ou de leurs éventuels employeurs ou secteurs d'origine. Comme dans les professions libérales, se pose en effet le problème des difficultés rencontrées lorsque cette institution consulaire tente d'imposer une discipline à ses membres, en particulier lorsque se pose la question des conflits d'intérêts. On sait peu de chose sur le fonctionnement de l'appareil disciplinaire dans ce domaine, l'institution répondant aux plaintes avec un paternalisme lui aussi traditionnel dans les professions libérales. Comme pour ces dernières, le code de déontologie, la surveillance par les pairs, par les collègues seniors et par les avocats des parties en présence rendraient toute forme de déviance (en tout cas la déviance visible) peu fréquente et les sanctions formelles rarement nécessaires. Les discours des juges sur l'efficacité de leur institution font ainsi écho à ceux d'une profession libérale sur l'efficacité de son autorégulation. Les garanties d'intégrité seraient fournies par le droit, par le bénévolat, par la réussite économique, mais aussi par la déontologie.

Le partage collégial des compétences

L'institution du tribunal de commerce cherche aussi à refonder sa légitimité dans une forme de professionnalisme basée sur les compétences (économiques et juridiques) et leur partage, seules capables de permettre un dépassement de la non-congruence des formes du statut social. Le professionnalisme serait servi par une mise en commun collégiale, par les juges consulaires, des compétences et de l'expérience provenant de milieux hétérogènes [Freidson, 1999 ; Waters, 1989]. Nous avons constaté dans nos enquêtes que ce partage existe, qu'il est marqué par la structure formelle du tribunal, mais aussi par l'existence d'une petite élite de « juges de référence », dominée par les juges à la fois banquiers et juristes, et qu'il n'est pas tout à fait insensible à certains clivages internes au tribunal, par exemple entre juges en activité (mais en fin de carrière), juges cadres supérieurs et juristes, et juges eux-mêmes dirigeants de leur entreprise.

Le tribunal de commerce de Paris tente ainsi de gérer le risque de non-congruence entre ces formes économique et administrative de statut social en créant un type de statut social transversal, basé sur les compétences des juges et leur expertise, mais aussi sur la mutualisation de ces compétences au sein de l'organisation de ce tribunal. Dès lors que la compétence n'est pas conçue comme exclusivement individuelle, mais comme la caractéristique d'un collectif dans lequel on observe des pratiques d'échange d'expérience, la question du clivage entre gens du privé et gens du public ne peut être posée sans perspective organisationnelle. Cette dernière est utilisée pour crédibiliser l'auto-professionnalisation sur laquelle misent les juges consulaires pour gérer le risque de non-congruence de leur statut.

La Conférence des juges consulaires de France

Enfin, cette rhétorique et cette idéologie auto-professionnalisantes sont portées par la Conférence des juges consulaires de France qui a pris le relais de la Conférence générale des tribunaux de commerce, créée à la fin du XIXe siècle. Cette Conférence ne se présente pas comme un Barreau délivrant un droit de pratiquer. Mais elle entend :

> Faire connaître l'institution consulaire et assurer sa notoriété, représenter les juges consulaires auprès des autorités de tutelle, veiller au respect des règles déontologiques, aider les juges à se former, défendre les intérêts matériels et moraux, individuels et collectifs, et les droits des juges consulaires, y compris en étant en justice, réaliser études et travaux sur les questions liées aux activités consulaires, entretenir et développer des relations cordiales et solidaires entre ses membres.

Il arrive – bien que rarement – que les juges consulaires mentionnent explicitement, à propos de la Conférence, un ordre professionnel : « Pour moi c'est normal qu'il y ait une autorégulation professionnelle comme il y a l'Ordre des médecins, l'Ordre des avocats, comme il y a des conseils de l'Ordre. » Ces juges sont plutôt pris dans une comparaison avec le corps d'État des magistrats fonctionnaires par rapport auxquels ils défendent depuis cinq siècles leur propre légitimité contrariée. Ils cherchent sans cesse à tourner cette comparaison à leur avantage. Mais dans la mesure où ils ne sont pas, par définition, juges de carrière, la comparaison entre la Conférence et un ordre professionnel n'est jamais très éloignée, même si elle est écartée au moment même où elle est suggérée. C'est le cas par exemple lorsqu'il s'agit de la discipline qui s'impose aux juges consulaires. Dans ce cas, les juges consulaires souhaiteraient attribuer à la Conférence une fonction presque similaire à celle d'un Ordre.

CONCLUSION

Les éléments de cette rhétorique consulaire rejoignent bien, sous de multiples aspects, celle des professions libérales. Ainsi, contrairement à ce qui se dit le plus souvent dans les discours politiques, la privatisation des services publics ne s'appuie pas seulement sur les mécanismes de l'économie de marché. Elle a aussi besoin de la rhétorique des professions libérales pour se donner un sens et une légitimité. Cet apparent paradoxe, qui se fait jour dans l'usage contemporain de cette rhétorique par le monde des affaires, remet en question la distinction claire introduite par Freidson dans

The Third Logic. Entre les deux rêves du commerce [Hirsch, 1985], il semble que la construction purement individuelle – sans la rhétorique bien rôdée des professions libérales – du sens de cet engagement serait par trop difficile. L'examen de cette rhétorique utilisée pour gérer la non-congruence des formes de statut dont les juges du tribunal de commerce de Paris bénéficient nous a permis de le montrer. Les juges consulaires sont plus que de simples juges. Ce sont des « entrepreneurs judiciaires » [McIntosh et Cates, 1997] – en particulier ceux de la banque-finance – qui représentent la sensibilité du syndicat patronal qui les a initialement aidés à siéger au tribunal en parrainant leur candidature. L'institution consulaire n'en représente pas moins un régime typique de régulation conjointe où la Chancellerie d'État, le monde des affaires et les particuliers acceptent de partager ensemble les coûts du contrôle social des marchés.

Il faut certes distinguer professionnalisme et professions. L'idéologie et la rhétorique ne sont pas séparables de la réalité et des intérêts économiques, et nous n'avons pas examiné ici les forces sociales et le pouvoir économique des parties en présence. Le pouvoir discret des institutions consulaires n'est que partiellement dépendant de leur crédibilité dans les médias ou de leur légitimité auprès des justiciables ; tout comme c'est le cas pour les professions libérales. Mais nous ne prétendons pas, dans ce court chapitre, contextualiser ces discours rhétoriques d'auto-professionnalisation. Notre propos est de souligner le paradoxe des acteurs de cette expérience consulaire parlant le langage des professions libérales. Il nous semble que cette expérience est emblématique de l'interpénétration de l'État et du monde des affaires et qu'elle mérite l'attention de la sociologie des professions, mais aussi de la sociologie économique et de la sociologie politique contemporaines.

Freidson [2001] n'était pas très optimiste concernant l'avenir de cette logique du professionnalisme. Il a lui-même montré comment la logique du marché et de la bureaucratie ont compromis le professionnalisme de la profession médicale et de son engagement envers le service public. À l'inverse, la rhétorique des professions libérales accompagne aujourd'hui en France la privatisation de toutes sortes de services publics. À l'heure où le néolibéralisme économique cherche à supprimer les ordres des professions libérales, ses représentants au sein de l'appareil d'État se font l'écho de la rhétorique et de l'idéologie de ces mêmes professions. L'usage de cette rhétorique par les représentants du monde des affaires semble si « naturel » dans notre exemple que la question se pose aussi d'une révision des catégories freidsoniennes.

BIBLIOGRAPHIE

BERMAN H. (1983), « Mercantile law », in *Law and Revolution : The Formation of the Western Legal Tradition,* Harvard University Press, Cambridge, p. 333-356.

FALCONI A.M., GUENFOUD K., LAZEGA E., LEMERCIER C. et MOUNIER L. (2005), « Le contrôle social du monde des affaires : une étude institutionnelle », *L'Année sociologique*, 55, p. 451-484.

FREIDSON E. (1986), *Professional Powers*, University of Chicago Press, Chicago.

FREIDSON E. (1999), « Theory of Professionalism : method and substance », *International Review of Sociology*, 9, p. 117-130.

FREIDSON E. (2001), *Professionalism : The Third Logic*, Cambridge, Polity.

HILAIRE J. (1999), « Perspectives historiques de l'élection du juge consulaire », in J. KRYNEN (dir.), *L'Election des juges, Étude historique française et contemporaine*, Paris, Presses universitaires de France, Droit et Justice.

HIRSCH J.-P. (1985), *Les Deux Rêves du commerce. Entreprise et institution dans la région lilloise (1780-1860)*, Éditions de l'EHESS, Paris.

HUGHES E.C. (1971), *The Sociological Eye*, Aldine-Athertone, Chicago.

LAFON J. (1981), *Juges et consuls à la recherche d'un statut dans la France d'Ancien régime*, éditeur, Paris.

LAZEGA E. (1994), « Les conflits d'intérêts dans les cabinets américains d'avocats d'affaires : concurrence et autorégulation », *Sociologie du travail*, 35, p. 315-36.

LAZEGA E. (2001), *The Collegial Phenomenon : The Social Mechanisms of Cooperation Among Peers in a Corporate Law Partnership*, Oxford University Press, Oxford.

LAZEGA E. (2003), « Networks in legal organizations : on the protection of public interest in joint regulation of markets », Wiarda Chair Inaugural Address 2003, Wiarda Institute Publications, Faculty of Law, Utrecht University.

LAZEGA E. (2005), « The theory of collegiality and its relevance for understanding professions and knowledge intensive organizations », in T. KLATETZKI et V. TACKE (dir.), *Organisation und Profession*, VS Verlag für Sozialwissenschaften, Wiesbaden, p. 221-251.

LAZEGA E. et MOUNIER L. (2002), « Interdependent entrepreneurs and the social discipline of their cooperation : a research programme for structural economic sociology in a society of organizations » in O. FAVEREAU et E. LAZEGA (dir.), *Conventions and Structures in Economic Organization. Markets, Networks and Hierarchies*, Edward Elgar, Coll. New horizons in institutional and evolutionary economics, Cheltenham, p. 147-199.

LAZEGA E. et MOUNIER L. (2003a), « La régulation conjointe des marchés : Le cas du Tribunal de commerce de Paris », in B. CONVERT (dir.), *Repenser le marché*, L'Harmattan, Paris, *Cahiers lillois d'économie et de sociologie*, n° 41.

LAZEGA E. et MOUNIER L. (2003b), « Interlocking Judges : on joint (external and self) governance of markets », in V. BUSKENS, W. RAUB et C. SNIJDERS (dir.), *Research in the Sociology of Organizations*, 20, Elsevier, Paris, p. 267-296.

LAZEGA E. et MOUNIER L. (2007), « Quête de statut social, partage des compétences et néocorporatisme au Tribunal de commerce de Paris », in H. MICHEL et L. WILLEMEZ (dir.), *La Justice au risque du profane*, PUF, Paris, collection CURAPP.

LENSKI G.E. (1954), « Status crystallization : a non-vertical dimension of social status », *American Sociological Review*, 19, p. 405-413.

MCINTOSH W. et CATES C. L. (1997), *Judicial Entrepreneurship : The Role of the Judge in the Marketplace of Ideas,* Greenwood Press, Westport, CT.

MILGROM P.R., NORTH D.C. et WIENGAST B.R. (1990), « The role of institutions in the revival of trade : the law marchant, private judge, and the champagne fairs », *Economics and Politics,* 2, p. 1-23.

REYNAUD J.-D. (1989), *Les Règles du jeu,* Armand Colin, Paris.

WATERS M. (1989), « Collegiality, bureaucratization, and professionalization : a weberian analysis », *American Journal of Sociology,* 94, p. 945-72.

WEBER M. [1889] (1988), « Zur Geschichte der Handelsgesellschaften im Mittelalter », 312-443 *in Gesammelte Aufsätze zur Sozial- und Wirtschaftsgeschichte,* J.C.B. Mohr, Tübingen.

2

Les chefs d'établissement scolaire :

autonomie professionnelle et autonomie au travail

Agnès Pélage

Depuis une vingtaine d'années, les principaux de collège et les provi-seurs de lycée sont désignés comme les leviers de la « modernisation » d'un système éducatif secondaire décentralisé. Que recouvre cette moder-nisation et quelles en sont les conséquences sur les transformations du métier et des pratiques professionnelles ? S'agit-il de transformations « descendantes » ? Dans quelle mesure ces transformations sont-elles négociées et à quels niveaux ? Pour répondre à ces questions, il importe de ne pas enfermer l'analyse dans le seul cadre formel de l'établissement scolaire, au risque de lier trop étroitement les changements observés à l'évolution du contexte immédiat de travail des chefs d'établissement, aux caractéristiques de l'établissement dirigé et à celles des élèves accueillis. Ce texte propose plutôt de faire jouer deux échelles d'observation complémentaires : celle de la dynamique de transformation du segment professionnel spécifique que forment les personnels de direction au sein des métiers de l'enseignement, puis celles des carrières professionnelles, collectivement et individuellement négociées. Ce point de vue alimente la réflexion sur l'autonomie professionnelle que les chefs d'établissement en retirent.

D'UN STATUT DE CORPS À UNE POSITION DE CADRE

Depuis 2001, les principaux de collèges et les proviseurs de lycées, ainsi que leurs adjoints, appartiennent à un *corps* spécifique des personnels de direction (décret du 11/12/2001). Ce nouveau statut juridique achève un processus de séparation des personnels de direction et des personnels ensei-gnants (dont les chefs d'établissement restent majoritairement issus) amorcé quinze ans auparavant (statut du 11/04/1988). Plus largement, il s'inscrit dans une politique d'encadrement de l'éducation nationale claire-ment affirmée au milieu des années 1980.

Renforcer le rôle des chefs d'établissement : un statut de corps

Le principe d'un statut de *corps* avait déjà été retenu dans le décret de 1988, selon lequel les chefs d'établissement quittent leur statut d'origine en accédant aux corps de personnels de direction. Cependant, ce statut instau-rait deux corps de personnels de direction calqués sur les grades enseignants : un corps de première catégorie de personnels de direction agrégés et assimilés et un corps de deuxième catégorie de personnels certi-fiés et assimilés.

Il s'agissait de mettre un terme à « la fiction de l'appartenance des chefs d'établissement aux corps des enseignants » [Septours, 1992]. Car, une fois le pas franchi pour devenir chef d'établissement, rares étaient les enseignants qui retournaient dans leur fonction d'origine. L'enjeu était surtout de renforcer le rôle du chef d'établissement, essentiellement pour trois raisons [Durand-Prinborgne, 1988]. En 1985, la décentralisation de l'Éducation nationale consacre l'autonomie administrative des établisse-ments scolaires, devenus des Établissements publics locaux d'enseigne-ment et enjoint les chefs d'établissement à devenir des interlocuteurs solides des collectivités locales. Parallèlement, pour poursuivre sa politi-que de déconcentration, l'administration d'État a aussi besoin de relais fermement inscrits dans la ligne hiérarchique administrative pour mettre en œuvre localement la politique nationale d'éducation. Enfin, prévaut l'idée, diffusée dès la fin des années 1970, que les établissements doivent être dirigés sous l'autorité d'un « vrai patron » [Pélage, 1996], chargé de faire évoluer les pratiques enseignantes (un travail plus collectif, une présence accrue dans l'établissement, une adaptation aux difficultés des élèves, un engagement éducatif au-delà de l'enseignement disciplinaire). Pour cela, l'autonomie pédagogique des établissements allait être progres-sivement renforcée (un projet d'établissement rendu obligatoire en 1989, validé au niveau académique).

Cette novation juridique n'aurait pas été possible sans l'accord des deux syndicats majoritaires de chefs d'établissement, auxquels plus des trois quarts des personnels de direction adhèrent alors. Ce statut satisfait une revendication collective ancienne. Il leur procure une garantie étatique face aux risques d'arbitraire des élus et à l'influence que ces derniers pourraient exercer sur eux ou sur les autorités administratives académiques. Il repré-sente une victoire plus particulière pour les directeurs de l'enseignement professionnel qui n'ont cessé de dénoncer la hiérarchie interne aux person-nels de direction.

Renouveler le recrutement

Avec le statut de 1988, le ministère de l'Éducation nationale souhaite renouveler le vivier de recrutement des personnels de direction afin de promouvoir un nouveau modèle professionnel de « fonctionnaire de responsabilité ». Jusqu'alors exclusivement recrutés sur liste d'aptitude, les personnels de direction doivent désormais passer un concours national. Ce nouveau mode de recrutement élargit l'accès à la fonction à d'autres catégories de personnels de l'éducation nationale. Aux personnels enseignants et aux conseillers d'éducation viennent s'ajouter les conseillers d'orientation, et les instituteurs directeurs d'école ou de sections d'enseignement spécialisé des collèges. En 1992, les professeurs des écoles sont autorisés à passer le concours de recrutement.

De nouveaux principes de gestion des carrières des personnels de direction forment la seconde pièce maîtresse du statut de 1988. Le grade d'origine pèse moins dans l'avancement de la carrière. Les candidats ne postulent plus à un type d'emploi comme c'était le cas jusqu'alors (proviseur, proviseur-adjoint, proviseur de lycée professionnel, proviseur-adjoint de lycée professionnel, principal de collège et principal-adjoint) mais peuvent viser chacun d'entre eux, sachant que dorénavant c'est essentiellement dans un poste d'adjoint qu'ils commenceront leur carrière. Ce décloisonnement est en outre encouragé par un nouveau système de rémunération. La rémunération principale est complétée par une bonification indiciaire qui n'est plus liée au type d'établissement dirigé (lycée d'enseignement général, lycée professionnel, collège) mais aux caractéristiques de l'établissement (effectif, composition du public scolaire, structure pédagogique, zone d'éducation prioritaire ou pas, etc.). En cours de carrière, il devient donc possible d'être promu du corps de seconde catégorie à celui de première catégorie, sans être au préalable détenteur de l'agrégation. Cette nouvelle règle de gestion des carrières est destinée à favoriser la mobilité.

Préparer les chefs d'établissement à être des cadres

Le statut de 1988 engage bien un déplacement de la position professionnelle des personnels de direction (historiquement des *primus enter pares*) et pose les fondations d'un corps unique. Et en 2001, les deux corps de direction fusionnent en un corps unique à trois grades : deux classes de recrutement et une classe de promotion (hors-classe). Face aux difficultés persistantes de recrutement, que les modifications successives des épreuves du concours n'ont pas résolues, le ministère cherche à rendre la fonction plus attractive, en favorisant les promotions de carrière et l'accès à la hors-classe. Le défi est aussi de poursuivre les efforts de renouvellement des profils des lauréats du concours, en recrutant des personnels plus gradés, plus polyvalents, avec une expérience professionnelle plus variée, plus jeunes et plus féminin[1]. Autant de caractéristiques susceptibles de favoriser l'adhésion à la redéfinition du métier de chef d'établissement ou de faciliter le passage du métier d'enseignant à celui de chef d'établissement. Aussi ce nouveau statut de corps unique s'insère-t-il dans la politique du ministère qui, depuis la fin des années 1980, s'efforce de développer « une culture de l'encadrement ».

La création, en 1986, d'une institution de formation, initiale et continue, spécifique aux personnels d'encadrement favorise le rapprochement progressif des inspecteurs, chefs d'établissement, et gestionnaires d'établissement. Devenue en 2003 l'École supérieure de l'Éducation nationale (ESEN), elle est un instrument de coordination de la formation initiale, dans une perspective de rupture avec le modèle de formation « par les pairs », même si dans la pratique, les responsables de la formation et les formateurs restent largement des chefs d'établissement. Plus largement, l'individualisation des « parcours de formation » et des carrières est au cœur de cette refondation. Dans cette logique, les contenus de formation font une place croissante aux discours et aux techniques de management et d'évaluation de l'établissement. Toutefois, au tournant des années 2000, les bilans réalisés par l'inspection générale réprouvent des initiatives locales jugées hétérogènes et peu cumulatives, en matière de projet d'établissement comme d'évaluation des établissements [Étienne et Gauthier, 2004]. L'heure est au recentrage de la politique éducative sur les acquis des élèves, au moment où les évaluations internationales des systèmes éducatifs nationaux révèlent un relativement faible score des élèves français.

La politique d'encadrement du ministère de l'Éducation nationale, consacrée en 2003 par la création de la Direction de l'encadrement, s'empare d'un second levier de conversion des chefs d'établissement à un métier « d'encadrement fondé sur les apprentissages des élèves » [Obin, 2007]. « Le pilotage partagé » en est l'arme rhétorique. Ce mot d'ordre se traduit, dès 1989, par le rapprochement de deux pôles professionnels longtemps étanches au sein de l'Éducation nationale : le pôle pédagogique et le pôle administratif[2]. La « culture d'évaluation » de l'Éducation nationale qui devra se fonder sur des données financières, administratives et pédagogiques, cherche à faire bouger les frontières professionnelles et à transformer les pratiques enseignantes.

---

1. En 1992, 80 % des lauréats au concours de seconde catégorie sont des enseignants du second degré. En 2007, ce n'est le cas que de 58 %. Cette évolution se fait au profit des enseignants du premier degré et des personnels d'éducation, respectivement 13 et 23 % des lauréats en 2007. De plus, à partir de 2002, les personnes de moins de 30 ans peuvent concourir. Entre 2002 et 2007, la part des lauréats de moins de 36 ans passe de 18 à 24 %. *Cf.* Rapports des jurys de concours de personnels de direction (1992-2007).

2. L'Inspection générale est composée de l'Inspection générale de l'Éducation nationale avec ses correspondants académiques – les inspecteurs pédagogiques régionaux de discipline – chargée de l'évaluation individuelle des enseignants, et de l'Inspection générale de l'administration de l'Éducation nationale.

Ces orientations fixent le cadre général de redéfinition du métier de chef d'établissement, désormais conçu comme le garant d'une plus grande efficacité du système éducatif reposant en premier lieu sur la fixation d'objectifs quantifiés et sur l'obtention de résultats mesurables. Derrière les urgences quotidiennes et « la réactivité » qu'elles exigent [Barrère, 2006], les effets d'une telle orientation politique sont d'ores et déjà bien visibles sur les activités des chefs d'établissement.

CADRAGE DU TRAVAIL ET AUTONOMIE PROFESSIONNELLE

Le travail des chefs d'établissement apparaît de plus en plus étroitement encadré et leurs pratiques progressivement normalisées, à travers ce qu'il est convenu de désigner par le terme de pilotage du système éducatif. Fortement contrôlés à distance, les chefs d'établissement ne sont pas pour autant les instruments passifs d'une logique managériale. La responsabilisation visée des personnels de direction ne réduit pas les transformations en cours à une logique strictement descendante.

Le cadrage renforcé du travail des chefs d'établissement

Traditionnellement fortement réglée par le calendrier institutionnel de l'année scolaire, l'activité des chefs d'établissement est de plus en plus pilotée à distance suivant la logique descendante et budgétaire de la « modernisation de l'État » impulsée à la fin des années 1980 et consolidée par la Loi organique relative aux lois des finances (2001-2006). Le niveau académique de mise en œuvre de la politique nationale s'en trouve renforcé avec l'intention affichée de passer d'une « culture d'établissement » à un « sentiment d'appartenance académique » [Obin, 2007].

Dans cette perspective, les systèmes d'informations sur les performances de l'école sont peu à peu harmonisés aux niveaux académique et national[3]. Les chefs d'établissement sont alors tenus d'alimenter les bases de données académiques à partir d'indicateurs progressivement normalisés (taux de redoublement, taux d'absentéisme, taux de réussite aux examens, nombre d'actes de violence, collaboration avec les parents, poursuite d'étude, insertion professionnelle, etc.). Tout comme on met à leur disposition une batterie d'indicateurs « indispensables », « nécessaires » ou « utiles », partiellement différents selon qu'il s'agisse d'un collège, d'un lycée ou d'un lycée professionnel, par rapport auxquels ils peuvent et doivent situer leur établissement.

---

3. Cette évolution se lit notamment dans la transformation de la Direction de l'évaluation et de la prospective créée en 1987, en Direction de l'évaluation de la prospective et de la performance en 2006.

Par ailleurs, le projet d'établissement n'apparaît plus comme cette « coquille vide » dénoncée par nombre de travaux en sciences de l'éducation. Validé par les autorités académiques, il est de plus en plus élaboré comme un plan d'action du chef d'établissement pour atteindre les objectifs nationaux, déclinés dans les projets académiques qui fixent des priorités. Plus récemment, en 2006, les établissements scolaires sont tenus de passer des « contrats d'objectifs » avec le recteur, stipulant les programmes d'actions et les indicateurs d'amélioration retenus. Soumis au conseil d'administration de l'établissement, ce dispositif n'est pas juridiquement contraignant mais l'attribution de moyens complémentaires en dépend (heures d'enseignement, postes d'assistants pédagogiques, etc.).

De cette manière, les chefs d'établissement commencent à être outillés pour « conduire la politique pédagogique et éducative de l'établissement », selon le référentiel de métier de chef d'établissement (2000). Mais c'est la loi sur l'éducation du 23/04/2005 qui permet de franchir un pas supplémentaire dans la construction de l'encadrement pédagogique par le chef d'établissement. Puisant dans la vulgate sur « l'effet établissement » et « l'effet chef d'établissement », le ministère souhaite faire émerger les relais et les niveaux de responsabilités intermédiaires entre la direction de l'établissement et les enseignants, nécessaires à une plus grande efficacité de l'école. Constituer un « service de la vie scolaire », désigner des coordonnateurs de discipline, promouvoir un travail en commissions thématiques, tels sont les objectifs. Surtout, la loi de 2005 prévoit la mise en place d'un conseil pédagogique, présidé par le chef d'établissement, et dont la composition, le fonctionnement et les attributions laissent une grande marge de manœuvre aux chefs d'établissement. Cette instance décisionnelle prépare le volet pédagogique du projet d'établissement et discute les indicateurs d'évaluation à retenir. C'est par ce nouveau biais que les chefs d'établissement poursuivent leur travail de structuration des établissements, conformément à la « culture d'évaluation » invoquée à tous les niveaux hiérarchiques de l'organisation scolaire.

De telles prescriptions sont d'autant plus appliquées aujourd'hui par les chefs d'établissement que ces derniers sont eux-mêmes soumis à une procédure d'évaluation individuelle. Depuis 2002, les personnels de direction doivent réaliser un diagnostic de leur établissement, dans les six mois après leur arrivée dans le poste. Des objectifs de progrès de l'établissement servent de bases à une « lettre de mission » du chef d'établissement qu'ils négocient avec le recteur ou avec l'inspecteur d'académie, puis alimentent le projet d'établissement. Après trois à quatre ans d'exercice, les chefs d'établissement sont évalués au cours d'un entretien d'évaluation, dans la perspective d'une mutation éventuelle. Selon cette procédure, aujourd'hui presque stabilisée, ils doivent montrer qu'ils sont capables de faire avancer leur établissement dans des délais fixés et sur des dimensions très variées : résultats aux examens, gestion des flux d'élèves, attractivité de l'établissement, offre de formation, climat général, accueil des parents, etc.

Cependant, ils n'ont pas vraiment la maîtrise du choix des techniques managériales à mobiliser ni de la nature du diagnostic à réaliser. Pressés de renforcer leur collaboration avec les corps d'inspection territoriaux disciplinaires, pour être mieux « accompagnés » dans leur rôle pédagogique, les chefs d'établissement voient simultanément leur travail davantage guidé. En effet, ces corps d'inspection, dont les missions sont elles aussi parallèlement redéfinies, sont chargés de leur proposer des outils, des méthodes, des protocoles et de contrôler la qualité et les effets des évaluations sur l'amélioration des acquisitions des élèves. La capacité des chefs d'établissement à se conformer à ce « pilotage partagé », sur le terrain, est également au cœur de l'évaluation individuelle dont ils font désormais l'objet. L'ensemble contribue à une normalisation des pratiques des chefs d'établissement, affermie par des initiatives académiques répandues : réunion académique pour réaliser leur diagnostic, feuille de route annuelle adressée par l'inspecteur d'académie aux principaux de collèges, etc.

Si, à bien des égards, la dynamique impulsée se rapproche des mécanismes de professionnalisation « par le haut » décrits par Julia Evetts [2003], elle n'aurait pas été possible sans des négociations serrées entre le ministère et le principal syndicat des personnels de direction.

Une position collectivement négociée

L'aptitude collective des chefs d'établissement à s'imposer comme interlocuteur incontournable d'un gouvernement, quel qu'il soit, est remarquable. Leur capacité de mobilisation sur la durée s'illustre par des manifestations de rue sans précédent (en 1994 et 2006), la participation active à une réflexion ministérielle sur leur métier [Blanchet, 1999] et à l'élaboration du premier référentiel de métier de direction (2000), par la publication d'un livre blanc sur le métier, des grèves administratives larvées et une opération « résistance professionnelle » (2004).

C'est ainsi que comme en 1988, le statut de personnels de direction de 2001 a été ardemment négocié. À nouveau, il est le produit de la rencontre entre volonté politique, aspirations collectives et individuelles de promotion et garanties professionnelles. Néanmoins, la mutation de la fonction a provoqué une fissure syndicale[4]. Les dissidents dénoncent la « vision technocratique » du métier et contestent le fait que des fonctionnaires provenant d'autres administrations puissent, avec ce nouveau statut, devenir

---

4. En 1992, le SNPDLP et le SNPDES fusionnent pour devenir le Syndicat national des personnels de direction de l'Éducation nationale (SNPDEN). Rattaché à l'UNSA, ce syndicat devient largement majoritaire, y compris après la scission syndicale de 2001 qui entraîne la création d'un Syndicat de personnel de direction au sein de la FSU et du syndicat Indépendance et Direction, en pleine expansion. Le SNPDEN représente aujourd'hui près de 70 % des voix aux élections professionnelles (pour un taux de participation de près de 80 % des personnels).

personnel de direction par le biais d'un détachement. Malgré cela, les personnels de direction entrent activement dans le processus de transformation de leur fonction puisque le statut de 2001 aborde l'ensemble des aspects de la fonction.

Les avancées catégorielles sont importantes. L'unification du corps de personnels de direction s'accompagne de gratifications financières (grille de rémunération rénovée, davantage d'effectifs promus à la hors classe, reclassement de certains établissements dans une catégorie financière supérieure). Revendiquée de longue date, la possibilité de poursuivre sa carrière vers d'autres corps de l'administration (comme les corps d'inspection) est en outre acquise, bien que très rares encore (9 cas en 2006). En contrepartie, un système individualisé d'évaluation mais aussi de gestion des carrières des personnels de direction est introduit.

Le ralliement du SNPDEN, majoritaire, en 2001 à la logique d'individualisation des carrières s'éclaire en partie par un changement de modèle professionnel de référence des chefs d'établissement. Depuis une quinzaine d'années, la figure du « chef d'établissement pédagogue » était largement mise en avant. Elle recouvrait à la fois une stratégie de fermeture du recrutement des personnels de direction aux non-enseignants et la volonté de fonder la légitimité professionnelle des chefs d'établissement sur une filiation professorale. Il en allait de leur capacité à avancer sur le terrain du contrôle des pratiques pédagogiques : faire « preuve de courage » dans la notation, en finir avec les emplois du temps de « confort », renouer avec des pratiques anciennes de présence dans les classes lors des inspections individuelles des enseignants, etc. [Pélage, 1998]. Aussi, entérinée par le Référentiel du métier de chef d'établissement, annexé au protocole d'accord de 2000 précédant le statut de 2001, cette figure professionnelle se double de l'affirmation d'un nouveau modèle de référence : le « cadre autonome ».

La figure du cadre autonome ne remplace pas celle du chef d'établissement pédagogue mais la conforte. En effet, les chefs d'établissement souhaitent ainsi obtenir l'annualisation de leur temps de travail et la responsabilité de son organisation. Il est aussi question de clarifier leur position hiérarchique vis-à-vis des collectivités territoriales et des services académiques et départementaux de l'éducation nationale dans une « charte des pratiques de pilotage d'un établissement », tout en conservant la présidence du conseil d'administration de leur établissement. Enfin, la loi de 2005 offre l'occasion, en raison des charges accrues (diagnostic d'établissement, contrat d'objectifs, gestion des remplacements des enseignants, présidence du conseil pédagogique, supervision de la nouvelle note de vie scolaire en collège, etc.) de revendiquer plus fortement l'appui d'un personnel spécifique « attaché de direction », pour être dégagés de tâches administratives et mieux se consacrer au pilotage pédagogique. Cette dernière revendication, particulièrement symbolique, n'a pas encore abouti, mais les autres points ont été adoptés dans un dernier texte relatif au « statut de cadre autonome » des personnels de direction en 2007[5].

Ce tout dernier « statut » s'inscrit dans la réflexion ministérielle à laquelle le SNPDEN participe dès 2002, sur la création d'un grand corps unique d'encadrement de l'Éducation nationale qui engloberait les inspecteurs, les gestionnaires et les chefs d'établissement. D'autres étapes sont donc peut-être à venir comme en témoigne la stratégie conduite par le SNPDEN de se rapprocher de syndicats d'autres personnels d'encadrement de l'Éducation nationale. D'autant que les chefs d'établissement bénéficient de l'appui d'une grande partie des parents d'élèves, soucieux de la sécurité et de la réussite de leurs enfants, et dont les recours juridiques sont à l'origine de l'obligation de « continuité pédagogique » inscrite dans la loi de 2005. Il résulte de cette dynamique d'ensemble de transformation du métier de chef d'établissement des enjeux d'accomplissement du travail fortement articulés aux perspectives de carrière individuelle.

Mobilité individuelle et autonomie professionnelle

La nouvelle procédure d'évaluation individuelle des personnels de direction inscrit, de fait, leur action dans un calendrier de trois ans. Cette incitation à la mobilité, vers un établissement plus rémunérateur ou plus attractif (en raison de sa nouveauté, sa localisation, son public scolaire, ses formations proposées, etc.) se double d'une clause de mobilité qui contraint les chefs d'établissement à faire une demande de mutation dès la septième année d'exercice dans le poste. Au bout de neuf ans, une mutation est imposée.

Une mobilité accrue des chefs d'établissement est d'ores et déjà notable, accentuant en retour la normalisation de leurs pratiques. Car la façon dont ils accomplissent leur travail est liée aux temporalités professionnelles qu'ils anticipent et à leurs projections de carrière. En liant évaluation, mobilité et promotion, le statut de 2001 érige la mobilité en norme, dont les chefs d'établissement se saisissent à des fins de carrière individuelle. D'autant que près du quart des lauréats au concours ont désormais moins de 36 ans et une longue carrière devant eux. « Arriver » dans un établissement, « changer les choses » dans la perspective de « partir », voilà qui est au cœur des préoccupations des chefs d'établissement mais qui, tout autant qu'une contrainte, se présente comme une opportunité.

Alors qu'un quart des personnels de direction demandaient leur mutation en 2000, ils sont plus du tiers à le faire en 2007. Les nouvelles générations de personnels de direction semblent avoir particulièrement intégré l'idée de la mobilité puisque la moitié des personnels recrutés en 2004 ont demandé

5. Il ne s'agit pas d'un véritable statut mais d'un Relevé de conclusions du 24/01/2007.

leur mutation trois ans plus tard, en 2007[6]. Bien que les taux de mobilité effective soient moindres (11 % des personnels ont obtenu leur mutation en 2000 et 18 % en 2007), la dynamique de rotation des personnels est bien amorcée.

Par ailleurs, la mobilité change de forme. Elle est anticipée au gré des informations recueillies, des postes libérés, des compétences à consolider pour accéder ultérieurement à la position ou à l'établissement espérés. Sauf exception, la logique de mutation incite les chefs d'établissement à viser une mutation dans un établissement mieux classé et donc plus rémunérateur, et les adjoints à se projeter dans un poste de chef. Les filières de promotion sont plus nombreuses et les configurations de carrière se multiplient. Une mobilité géographique est alors plus souvent consentie. Si en 2000, 11 % des mutés quittaient leur académie d'origine, ils sont 25 % dans ce cas en 2007 et cette mobilité s'effectue vers une académie moins souvent limitrophe à l'académie d'origine.

Ainsi, les temporalités de travail raccourcies contraignent les chefs d'établissement à se conformer au plus vite aux manières de faire prescrites et à rendre visible leur action. Elles leur facilitent également leur rôle de « modernisateur » de l'école. En effet, la perspective d'une mutation dans des délais assez courts leur permet de prendre des risques pour impulser le changement selon les recommandations ministérielles, tout en réduisant leur durée d'exposition aux conflits éventuels avec les personnels de l'établissement que pourrait déclencher leur enrôlement managérial. Dès lors, il se dessine un modèle de chefs d'établissement interchangeables dont l'autonomie professionnelle tend aujourd'hui à se construire moins dans le poste de travail (l'établissement scolaire) qu'au niveau des carrières individuelles de plus en plus mobiles.

CONCLUSION

À bien des égards, l'activité des chefs d'établissement se retrouve alignée sur celle de nombreux « cadres » d'autres secteurs : comme eux, ils reçoivent et produisent de l'information normalisée ; ils fabriquent de l'organisation de leur propre activité ; ils pilotent le travail de ceux qui sont sous leur autorité ; ils sont soumis à des contraintes à distance mais aussi à des directives resserrées [Mispelblom, 2006]. L'autonomie des établissements ne s'est pas accompagnée d'une plus grande autonomie du travail des chefs d'établissement, tant les contraintes qui pèsent sur eux se multiplient dans un contexte de pilotage accru du système éducatif par les résultats.

---

6. *Cf.* les statistiques annuelles des commissions administratives paritaires publiées dans la revue *Direction* du SNPDEN.

Néanmoins, les personnels de direction ne sont pas les simples instruments d'une politique d'encadrement et d'une professionnalisation descendante. D'un côté, ils négocient collectivement une autonomie professionnelle avec la création d'un corps unique qui pourrait être à l'avenir plus radicalement détaché de celui des enseignants. De l'autre côté, les chefs d'établissement négocient individuellement une autonomie à travers les parcours de mobilité de carrière qu'ils réalisent. Mais cette double transaction a un coût : reporter une mutation faute de résultats suffisants et se conformer toujours plus aux prescriptions académiques et nationales ou devoir quitter un établissement bien que l'on ne le souhaite pas.

Ainsi, le cas des chefs d'établissement illustre l'intérêt pour la sociologie des groupes professionnels de mieux identifier les temporalités structurantes du travail (perspective historique suffisamment longue pour cerner la nature des changements à expliquer, temporalités des ensembles organisés qui structurent les parcours professionnels, temporalités biographiques qui affectent les vies de travail). Sans cet effort, certains enjeux professionnels restent masqués et les schémas d'analyses bien fragiles.

BIBLIOGRAPHIE

BARRÈRE A. (2006), *Sociologie des chefs d'établissement. Les managers de la République*, PUF, Paris.

ÉTIENNE J. et GAUTHIER F.-R. (2004), *L'Évaluation des collèges et des lycées en France*, ministère de l'Éducation nationale.

EVETTS J. (2003), « Explaining the construction of professionalism in the military : history, concepts and theories », *Revue française de sociologie*, 44-4, p. 759-776.

DURAND-PRINBORGNE P. (1988), « Nouveaux proviseurs, nouveaux principaux », *Revue française de Droit administratif*, 4 (4), p. 641-652.

MISPELBLOM BEYER F. (2006), *Encadrer est-ce travailler ?*, Armand Colin, Paris.

OBIN J.-P. (2007), Améliorer la Direction des établissements scolaires, Rapport de base nationale de la France à l'OCDE, IGEN, ministère de l'Éducation nationale.

PÉLAGE A. (2003), « La redéfinition du métier de chef d'établissement secondaire », *Revue française de pédagogie*, 145, p. 21-36.

PÉLAGE A. (1998), « Les chefs d'établissement pédagogues ? », *Société française*, n° 10 (60), p. 4-13.

PÉLAGE A. (1996), *Devenir proviseur : de la transformation du modèle professionnel aux logiques d'accès à la fonction de direction*, Thèse de Doctorat, UVSQ.

SEPTOURS G. (1992), « Les personnels et l'encadrement : une politique de l'encadrement au ministère de l'Éducation nationale », *in L'Administration de l'Éducation nationale*, Economica, Paris.

3

Les aides-soignantes à l'hôpital.

Délégation et professionnalisation autour du « sale boulot »

Anne-Marie Arborio

La sociologie des professions a d'abord privilégié l'étude de groupes prestigieux, élevés dans la hiérarchie sociale, aux compétences certifiées par des diplômes rares. De ce point de vue, la profession médicale a pu apparaître comme un prototype des professions ainsi définies, caractérisées par une grande autonomie. Cependant, à l'hôpital, dans la principale organisation où exercent les médecins en dehors de leur cabinet libéral, ceux-ci travaillent aux côtés de groupes de salariés aux caractéristiques tout autres. Quels modes de coopération éventuels se sont développés et quels sont les effets réciproques, pour chacun de ces groupes, de ce côtoiement ? Dans l'organisation hospitalière, telle qu'elle s'est développée dans les sociétés industrielles, s'est mise en place une division du travail réglée par la profession médicale, prenant la forme d'une hiérarchie de « paramédicaux », subordonnés aux médecins, exerçant sous leur contrôle [Freidson, 1984]. Ces groupes, et en particulier les infirmières qui en sont la figure emblématique, représentent aujourd'hui une part très importante du personnel des établissements de soins. Anselm Strauss [1963] a montré comment le caractère « professionnalisé » du milieu hospitalier, où interviennent des professionnels aux formations et aux objectifs divers, se trouvant à des étapes différentes de leurs carrières et inscrits dans des modes bien distincts d'investissement dans le métier, joue sur l'ordre qui s'y négocie ; mais aussi comment des profanes en matière de savoir médical, parmi lesquels les employés peu qualifiés comme les aides-soignantes, prennent leur part dans cette négociation autour du travail.

C'est ce type de processus qui nous a intéressé dans le cas de la France et qui nous a conduit à consacrer, dans les années 1990, un travail de recherche

à la catégorie des aides-soignantes [Arborio, 2001][1], une catégorie relativement récente dans la longue histoire de l'institution hospitalière recouvrant
une réalité massive : plus de 200 000 aides-soignantes exercent aujourd'hui
dans les seuls établissements hospitaliers. Dans la hiérarchie de para-assis-
tance observable à l'hôpital, les aides-soignantes forment une catégorie
intermédiaire, entre l'infirmière dont le rôle et les compétences techniques
sont reconnus et à laquelle le grand public associe généralement le travail
hospitalier non-médical, et l'agent de service hospitalier (ASH) chargé des
tâches les plus matérielles comme l'entretien des locaux. Le contenu de leur
travail comme leurs caractéristiques sociales (niveau de qualification, rémunération, origine sociale…) les rattachent au salariat d'exécution, même si
l'exercice dans le secteur public pour environ trois-quarts d'entre elles, avec
la sécurité de l'emploi et les règles de progression de carrière associées, leur
confère une position enviée par d'autres employées de service comme les
aides à domicile [Avril, 2003].

On se propose ici de revenir sur l'organisation du travail paramédical
dans les services hospitaliers et ses enjeux sur la professionnalisation des
différents groupes impliqués. Les tâches des aides-soignantes se situent aux
frontières entre ménage et soin : elles sont clairement séparées du travail
médical. Les aides-soignantes prennent en charge l'hôtellerie, la fonction
d'hébergement de l'hôpital (service des repas, ménage autour des malades),
l'assistance aux malades dans leurs gestes quotidiens : faire la toilette,
passer les bassins, accompagner aux toilettes, aider à téléphoner, etc. En
même temps, elles contribuent à la surveillance quotidienne de leur état de
santé : non seulement à l'occasion de leur fréquente présence aux côtés des
malades dont on vient de citer les principaux motifs, mais aussi par le
recueil des urines, le relevé des températures, etc. Ces gestes sont de faible
technicité, rappelant ceux qui sont exécutés par les familles, souvent les
femmes, lorsque le malade est soigné à son domicile. Ces tâches sont définies dans les règlements sous une formule unifiante – « soins d'hygiène et
de confort » – qui reste floue. Pour comprendre la division du travail autour
du malade, l'observation directe, combinée aux entretiens biographiques, a
fait apparaître l'importance à accorder aux processus concrets de négociation autour des contenus du travail. De ce point de vue, les processus de
délégation de tâches entre catégories, tels qu'ils ont été analysés par la
sociologie du travail, ont semblé ici primordiaux, avec pour enjeu l'attribution du « sale boulot » [Hughes, 1996].

---

1. On emploiera ici le plus souvent le terme au féminin pluriel pour désigner l'ensemble
du groupe au détriment de la règle de grammaire qui fait coïncider le pluriel mixte avec le
masculin, mais suivant l'usage courant, s'agissant d'un groupe constitué à plus de 90 % de
femmes.

DÉLÉGATION DE TÂCHES ET DYNAMIQUE
DES GROUPES PROFESSIONNELS

Dans les premiers travaux de sociologie française qui se sont intéressés à la division du travail hospitalier, les répercussions en chaîne de la délégation par les médecins de certaines de leurs tâches jusqu'aux fonctions subordonnées d'infirmières ou d'aides-soignantes apparaissent déjà, au début des années 1970, ainsi que les ambiguïtés de ce processus, notamment pour les infirmières prises entre une participation croissante à l'acte médical, certes valorisante mais les subordonnant aux médecins, et l'investissement dans la relation avec le malade [Chauvenet, 1972 ; 1973]. Ce processus de délégation des tâches et ses enjeux avaient déjà été finement analysés pour les *nurses* américaines, prenant en compte la dynamique associée des groupes professionnels [Hughes, 1996, p. 69-73]. Dans ce modèle d'analyse dynamique de la division du travail, appuyé sur l'étude empirique de l'activité infirmière, la délégation d'un ensemble de tâches spécifiques, correspondant au « sale boulot », les plus basses sur l'échelle de prestige où sont disposées l'ensemble des tâches, est centrale. La notion étant relative, il n'y a pas de définition extensive du « sale boulot » infirmier, le caractère évolutif de la division du travail rendant d'ailleurs impossible tout projet d'établir une telle définition.

Hughes montre comment des transformations de l'hôpital ont pour effet un élargissement de l'ensemble des tâches infirmières, notamment sous l'effet d'une délégation de leurs propres tâches par les médecins, celles-ci s'ajoutant au sommet de la hiérarchie pour les infirmières. Sauf à accroître leur charge de travail, les infirmières se doivent de déléguer à leur tour une partie de leurs tâches. Ce sont les moins prestigieuses qui sont visées par ce processus, en direction de catégories subalternes, que celles-ci existent déjà dans l'institution, disponibles pour prendre en charge ces tâches déléguées, ou que de nouvelles catégories sont inventées pour l'occasion. Reprendre cette analyse suppose d'observer la réalité du travail à plusieurs échelles : elle prend en compte à la fois la division pratique du travail comme processus au quotidien, avec ses négociations informelles et ses arrangements au niveau d'un service ou d'un établissement, la division formelle du travail comme inscrite dans des règles qui figent un état particulier de la négociation à un moment pour un ensemble de groupes professionnels, et un état de la structure sociale des groupes ou des catégories de personnel identifiés à une échelle plus large.

Reconstituant l'histoire de la catégorie d'aide-soignante à partir de l'exploitation des archives de l'Assistance publique des hôpitaux de Paris (AP), on ne peut qu'être frappé par les similitudes du modèle présenté par Hughes avec le processus en cours en France au même moment, alors même que les différenciations de catégories ne tracent pas les mêmes frontières dans les deux pays. En effet, l'invention de la catégorie d'aide-soignante au tournant des années 1950 se fait dans un contexte de transformations de l'hôpital et du métier d'infirmière. En dépit des premières mises en ordre de ce métier, depuis la création des premières écoles jusqu'à la création d'un diplôme d'État (DE), la plus grande diversité règne alors parmi le personnel des hôpitaux en termes d'origines, de recrutement ou de formation, aggravée par le contexte de guerre ayant nécessité l'embauche rapide de personnels auxiliaires : des infirmières diplômées d'État côtoient des infirmières quasi analphabètes, ainsi que de filles de salle sorties du rang. Face à des besoins en personnel accrus et face aux revendications de l'élite infirmière, la loi du 8 janvier 1946 impose un lien plus strict entre exercice de la profession et détention du DE d'infirmière. Pour les personnels, « infirmiers » jusqu'ici mais sans DE, des mesures transitoires sont proposées, que ce soit l'organisation d'examens de « récupération » favorisant leur accès au DE ou bien l'attribution d'autorisations d'exercer comme infirmières. La loi de 1946 ayant eu pour effet un transfert de titre sans modification *a priori* sur la division du travail, à l'épuisement des mesures transitoires, en 1949, il reste des personnels en poste privés de leur titre d'infirmière mais non de leur compétence. L'introduction du titre d'aide-soignante en octobre 1949 constitue d'abord une réponse à cette situation conjoncturelle.

Ce titre instaure une position intermédiaire dans la hiérarchie entre les ASH – on dit encore « servantes » ou « filles de salle » – et les infirmières diplômées. L'accès à ce grade se fait sur avis du chef de service : il n'est encore question ni de formation spécifique ni de position particulière dans la division du travail. Il s'agit surtout de reclasser les personnels en poste dans ces années charnière, avec un double effet : symbolique par l'attribution d'un titre plus valorisant que celui de servante ou de fille de salle, qui met en évidence leur participation au soin ou tout au moins leur assistance aux soignants, et également matériel car les aides-soignantes s'inscrivent dans une position plus favorable que les ASH dans la grille indiciaire puis disposeront d'une prime. Du point de vue des hôpitaux, cette mesure est perçue comme un moyen de retenir le personnel sinon formé du moins expérimenté dans un contexte de forts besoins en personnels. La catégorie d'aide-soignante, palliatif de circonstance dans une situation provisoire créée par une transformation des règles d'exercice du métier d'infirmière, n'est pas destinée à durer.

Pourtant, lors des débats autour de créations de postes par exemple, on perçoit qu'une situation nouvelle a été créée dans la division du travail : des aides-soignantes sont demandées dans les services et leurs attributions sont discutées. La catégorie d'aide-soignante apparaît peu à peu, pour les syndicats, comme une voie possible de promotion des personnels des hôpitaux les moins qualifiés tandis que la revendication d'une égalisation des conditions des aides-soignantes et des infirmières est, elle, rendue impossible par la question du DE. Ces revendications finissent par convaincre l'AP de maintenir la catégorie d'aide-soignante, alors qu'elle est aux prises avec des difficultés de recrutement du personnel infirmier : les perspectives de carrière qu'il ouvre aux « servantes » stabiliseront peut-être ce personnel mais surtout la présence de ces aides-soignantes garantit la réalisation d'une partie des tâches des infirmières en sous-effectifs. La mise en place d'un Certificat d'Aptitude aux fonctions d'aide-soignante en 1956 pérennise la fonction en lui associant un niveau de qualification. Il ne s'agit pas encore de formation mais seulement d'un examen pratique validant une expérience acquise sur le tas. De fait, le grade d'aide-soignante devient l'étape ultime de la carrière de nombreux ASH.

Par rapport au modèle de Hughes qui offrait deux voies de délégation selon qu'une catégorie subalterne existait ou devait être créée, c'est une solution mixte qui s'observe ici : des personnels en poste se voient attribuer ces tâches et sont renommés pour l'occasion. Ils trouvent une place dans la division du travail qui s'approfondit sous l'effet des transformations de l'organisation hospitalière dans les années 1960, dans le sens d'une « rationalisation technico-économique » qui a pour effet un éclatement de l'acte médical avec délégation en cascade aux catégories qualifiées subalternes [Chauvenet, 1973, p. 193] jusqu'aux catégories émergentes comme celle d'aide-soignante. L'unité de ces tâches tient dans leur origine avant tout – un travail infirmier délégué – et non par exemple dans l'émergence de nouveaux besoins ou de nouvelles techniques. Les aides-soignantes travaillent aujourd'hui encore « sous contrôle et par délégation » de l'infirmière, comme le précisent les règles qui encadrent ce métier. Cela renvoie ici à la distinction affirmée par la loi de 1978 entre les soins qui sont prescrits par le médecin et que l'infirmière a la charge d'exécuter, et ceux qui relèvent de son « rôle propre » pour lesquels elle dispose d'une plus grande autonomie et qu'elle est susceptible de déléguer à l'aide-soignante [Acker, 2003]. La mise en œuvre concrète de cette distinction et l'évolution des tâches ont conduit à de nécessaires précisions dans des textes ultérieurs, tant sur le contenu du rôle propre infirmier que sur les modalités de délégation et coopération entre catégories. La Direction générale de la santé est ainsi amenée à préciser les missions des aides-soignantes en 1996[2], encourageant la collaboration entre infirmière et aide-soignante dans le cadre de binôme, ou à imposer la participation des aides-soignantes aux transmissions entre équipes, laissant entendre que tel n'était pas toujours le cas dans les services hospitaliers. De même, le Conseil d'État a eu à se prononcer en mars 1999 sur la distribution de médicaments, objet de tensions aussi dans la division du travail. La prise de médicaments simples étant laissée aux malades eux-mêmes lorsqu'ils sont valides, il était difficile de comprendre pourquoi on en tenait éloignées les aides-soignantes. L'interdit n'était d'ailleurs pas effectif partout, suivant des pratiques de dépassement de fonctions dont

---

2. Circulaire DGS/PS3/DH/FH1 n°96-31 du 19 janvier 1996, relative au rôle et aux missions des aides-soignants et des auxiliaires de puériculture dans les établissements hospitaliers.

l'ampleur est difficile à évaluer. Exercer par délégation laisse les aides-soignantes dans une situation de faible autonomie quant au contenu et quant à l'organisation de leur travail. Cela leur interdit par exemple l'exercice en libéral. Cette situation est perçue comme un obstacle à la promotion professionnelle du groupe par certains syndicats ou par certaines associations d'aides-soignantes qui revendiquent depuis longtemps l'attribution d'un DE[3] et un décret de compétences. Cependant, l'essentiel de la division du travail se joue au quotidien (dans les relations avec l'encadrement, avec les collègues, etc.) et se perçoit dans l'observation directe des pratiques qui permet aussi de mettre en évidence d'autres enjeux liés à la délégation du « sale boulot ».

PRENDRE PART AU RÔLE D'UNE CATÉGORIE SUPÉRIEURE

S'intéressant au contenu du travail des aides-soignantes, qui n'était décrit que de manière assez floue dans les textes officiels et dans les discours, on a procédé à un inventaire systématique des tâches accessibles à une aide-soignante (c'est-à-dire non pas listées dans la définition du métier mais réalisées au moins une fois sur une période longue), et au repérage des groupes de tâches réellement effectuées par différentes aides-soignantes, dans différents contextes, notant les discours associés à ces tâches, et la manière dont s'est négociée leur répartition. C'est ainsi que se sont dessinés peu à peu des faisceaux de tâches, hiérarchisées pour leur prestige relatif et d'après leur charge, physique ou mentale.

L'effet du principe de délégation du « sale boulot » par les infirmières dans cette hiérarchie n'est pas facile à percevoir car le fonctionnement ordinaire d'un service hospitalier suppose une certaine routine dans la répartition des tâches : un certain nombre des actes faits par les aides-soignantes au cours de leurs journées de travail sont réalisés de manière finalement assez autonome, quand bien même ils relèvent officiellement du rôle propre délégué par l'infirmière. Ces tâches sont présentées à l'observateur comme « le travail de l'aide-soignante » sans lien avec ce processus de délégation. Les contours et les modalités d'exécution de ces tâches routinières peuvent être différents selon les contextes organisationnels, dont certains imposent des élargissements de tâches (dans les situations d'urgence ou de pénurie de personnel infirmier notamment) mais le premier effet commun repéré est la prise en charge valorisante du rôle attribué habituellement à l'infirmière.

Prendre en charge de tâches liées au travail infirmier fait de l'aide-soignante une employée qui travaille auprès des malades. La définition formelle du rôle de l'aide-soignante l'affirme et les observations du travail

---

3. Elles viennent justement de l'obtenir (décret 2007-1301 du 31 août 2007) mais cela ne semble rien changer *a priori* sur leur niveau de formation, leur statut et sur leur position par rapport aux infirmières.

le confirment : elle assure les gestes d'hygiène élémentaire, assiste le malade dans les gestes quotidiens qu'il ne peut plus assurer. Les aides-soignantes accèdent par là à la « dignité de la thérapeutique » [Freidson, 1984, p. 77] et se distinguent d'autres catégories de personnel, qui s'acquittent d'autres tâches, matérielles, administratives... qui doivent être réalisées dans les coulisses de l'hôpital, et pas forcément au contact direct des malades. Ainsi les ASH travaillent dans les mêmes services que les aides-soignantes mais pour y faire parfois des tâches bien différentes : leur cantonnement dans des tâches strictement matérielles se traduit souvent par un travail autour du malade (nettoyer le sol de sa chambre, nettoyer la chambre après son départ, etc.) sans contact avec son corps. Lorsque des tâches sont communes avec des aides-soignantes comme parfois le service des repas, c'est pour être réglées par une subtile division du travail qui fera des ASH ceux qui vont chercher les plateaux, les font chauffer et les apportent dans les chambres tandis que l'aide-soignante installe le malade et le fait manger. Si des recouvrements existent néanmoins, si des modes de coopération et des variantes locales sont nombreuses, certains établissements tendent à recentrer leurs ASH sur les tâches de ménage, les excluant de la distribution des repas, les regroupant parfois dans un service spécifique, avec son encadrement propre. C'est parfois une étape vers la sous-traitance complète de l'ensemble des tâches de ménage, cuisine, lingerie et accueil [Méhaut *et alii*, 2008].

La prise en charge de tâches déléguées par les infirmières est également valorisante par la proximité qu'elle induit avec des professionnels du soin. En effet, l'hôpital est une organisation particulière en ce qu'elle conduit des personnels assez éloignés dans la hiérarchie sociale, comme ici les aides-soignantes et les médecins par exemple, à travailler ensemble ou du moins à partager à la fois les mêmes espaces et le même « matériau » [Goffman, 1968]. Cela a des effets en termes d'estime de soi pour les catégories les plus basses : elles peuvent d'une part se glorifier de ce contact avec des catégories prestigieuses et d'autre part assigner à leur travail le même objectif socialement valorisé que l'ensemble des professionnels de santé, celui de soigner les malades. Bien sûr, elles ne tirent pas de leur contribution à cet objectif les mêmes avantages matériels ni symboliques, mais c'est une référence mobilisable dans leurs discours sur leur métier, par exemple dans le face-à-face avec le sociologue au cours d'un entretien ou dans des conversations avec des tiers.

UNE DÉLÉGATION DE TÂCHES QUI TIENT À DISTANCE

En même temps qu'elle prend quelque chose du rôle de l'infirmière, l'aide-soignante n'est-elle pas mise à une certaine distance ? La proximité dans l'espace ne doit pas laisser penser que les collaborations sont toujours effectives. Loin de rapprocher, le partage d'un espace de travail et le travail sur un même matériau contribuent ici à la mise en scène quotidienne de positions bien différenciées. Ces différences sont parfois inscrites dans des uniformes distincts, ou bien dans des manières de porter des uniformes identiques, dans l'accès à des objets emblématiques (par exemple le thermomètre ou le bassin pour l'aide-soignante, le tensiomètre pour l'infirmière et le stéthoscope pour le médecin), l'accès plus ou moins important à l'écrit pour les infirmières ou les médecins, avec des espaces et des documents réservés. Il faut aussi rappeler qu'il n'y a pas de réel *continuum*, au sein même de la hiérarchie paramédicale. Si les aides-soignantes ont souvent exercé d'abord comme ASH, les infirmières sont beaucoup plus rarement issues de ces catégories, même si des voies de promotion professionnelle ont été organisées. Dans la mise en place récente des procédures de validation des acquis de l'expérience (VAE), celle d'aides-soignants a rapidement été codifiée mais la VAE pour le diplôme d'infirmière est encore en négociation. Devenir aide-soignante est encore aujourd'hui plus souvent le point culminant d'une carrière entamée comme ASH qu'une étape intermédiaire avant l'accès au DE d'infirmière [Arborio, 2001].

Cette différence dans la proximité amène à relire le rôle des aides-soignantes dans le mouvement de professionnalisation des autres catégories de soignants. D'un côté, la délégation de ses tâches conduit l'infirmière à perdre un peu de son rôle valorisé tenant à la relation au malade, et l'approfondissement de la division du travail sous l'effet de la rationalisation technique des soins accroît cet effet dans les années récentes [Brannon, 1994]. D'un autre côté, cela la préserve aussi d'un ensemble de tâches spécifiques. Le « sale boulot » délégué est, en l'espèce, un boulot sale, au sens où il amène à s'occuper de matières universellement reconnues comme sales, notamment les excrétions corporelles, en général réservées aux catégories les plus subalternes dans une société. Ces tâches sont aussi celles qui amènent à travailler le plus directement sur le matériau qu'est le malade, sans la médiation d'aucun instrument. Elles impliquent d'enfreindre certaines règles de pudeur et parfois d'exercer une forme de violence sur les malades. Rannveig Dahle [2005] a bien montré, dans l'analyse du travail des aides-infirmières dans le contexte norvégien, l'intérêt de réintroduire le corps dans l'analyse du « sale boulot » des soignants. Dans le conflit qui les oppose aux aides-infirmières, les infirmières réclament cependant ce travail sur le corps qu'elles avaient délégué, se privant dans le même temps de leur rôle valorisé d'aide au malade, reléguant leurs aides dans des tâches plus domestiques, pour lesquelles les compétences supposées féminines ne sont pas reconnues [Dahle, 2003].

Quels que soient les contextes nationaux et les contours des catégories, ces tâches à réaliser sur le corps, de l'ordre de l'intime, peuvent donner le sentiment d'une double délégation : par l'institution, ou les catégories supérieures de l'institution, mais aussi par les familles qui assurent ce type de tâches quand le malade est maintenu à domicile. La nature de ces tâches déléguées joue un rôle dans le sentiment de relégation des aides-soignantes. En les prenant en charge, l'aide-soignante permet aux professionnels de santé comme les médecins et les infirmières de limiter leur contact avec ces matières. S'occuper du malade, l'assister, c'est aussi transformer le malade en matériau digne des professionnels. L'aide-soignante leur permet de limiter leurs activités aux soins les plus « soignants ». Le sale boulot est ici un « préalable indispensable pour que l'interaction patient-docteur ait lieu, pour que les acteurs prestigieux de la médecine puissent entrer en scène » [Peneff, 1992, p. 79]. La chose apparaît d'évidence dans un service d'urgences où les malades n'ont pas toujours pu préparer eux-mêmes leurs corps pour qu'il soit pris en charge par d'autres mais cela concerne également les autres services, suivant l'état et la condition du malade. La mise en évidence des effets de la délégation du sale boulot sur la professionnalisation des groupes voisins permet également de comprendre pourquoi la catégorie d'aide-soignante ou le travail qu'elle effectue peuvent apparaître comme invisibles. S'agissant du nettoyage et de la mise en condition du malade, le sale boulot est préalable à l'intervention ostensible des professionnels. Il est « occulté ou minimisé » en raison de sa nature : un travail sur l'intime et sur l'indigne. La prise en charge du « sale boulot » dans la discrétion permet ainsi de mettre en scène les professionnels dans leur rôle le plus honorable [*ibid.*, et Goffman, 1973, p. 48]. Ce qui pouvait faire la valeur du travail de l'aide-soignante : prendre en charge des tâches venues d'une catégorie supérieure, comme la prise en charge de gestes techniques pourrait accroître la valeur d'autres paramédicaux, ne peut donc être mis en avant du fait d'impératifs de discrétion socialement construits.

CONCLUSION

La division du travail autour du malade et la hiérarchisation du personnel paramédical hospitalier qui lui est associée apparaissent comme une sorte de cas d'école pour comprendre les processus de délégation en chaîne du « sale boulot » et leurs effets variés sur chacun des groupes professionnels impliqués. L'analyse d'autres configurations de travail laisse cependant penser que ces processus jouent dans d'autres secteurs et à d'autres niveaux. Ils sont particulièrement intéressants pour comprendre le mouvement de construction professionnelle, s'agissant de situations subalternes, à l'ombre de catégories voisines [Cours-Salies et Le Lay, 2006] : aux conditions de travail pénibles habituellement associées à ces situations s'ajoutent le caractère ingrat des tâches à réaliser et le sentiment d'indignité à prendre en charge du « sale boulot », délégué sans beaucoup de possibilité de le valoriser ni de le déléguer à son tour. C'est ce qui s'observe au « bas de l'échelle », pour les personnels des maisons de retraite, ou pour les ouvriers de l'Éducation nationale par rapport aux surveillants [*Ibid.*]. La dévalorisation des tâches est associée à une négation des compétences réellement mises en œuvre, que ce soit par la mise en avant du seul rôle d'« exécution » ou par l'assimilation de ces compétences à des qualités supposées « naturelles » et sexuées, s'agissant des métiers construits comme féminins. Restent à penser les ressorts de la restauration de l'estime de soi dans ces contextes. Le sale boulot est accepté, voire revendiqué s'agissant des aides-soignantes pour la spécificité de la relation au malade qu'il induit : ce retournement du stigmate [Arborio, 2001, p. 134-137] semble être la voie la plus empruntée pour trouver quelque estime à son travail dans ces conditions d'une difficile professionnalisation. Mais la question de la délégation des tâches est inextricablement liée à celle de la charge de travail : le sentiment de son accroissement qui apparaît dans les enquêtes sur les conditions de travail dans les établissements de santé rend encore plus difficilement supportable la délégation de tâches lorsqu'elle s'ajoute à un ensemble déjà lourd.

BIBLIOGRAPHIE

ACKER F. (2003), « Les infirmières, une profession en crise ? » *in* de KERVAS-DOUÉ J. (dir.), *La Crise des professions de santé,* Dunod, Paris, p. 281-306.

ARBORIO A.-M. (2001), *Un personnel invisible. Les aides-soignantes à l'hôpital,* Anthropos, Coll. Sociologiques, Paris.

AVRIL C. (2003), « Quel lien entre travail et classe sociale pour les travailleuses du bas de l'échelle ? L'exemple des aides à domicile auprès des personnes âgées dépendantes », *Lien social et politiques,* p. 147-154.

BRANNON R.L. (1994), *Intensifying care. The Hospital Industry, Professionnalization, and the Reorganization of the Nursing Labor Process,* Baywood Publishing, Amityville, New York.

CHAUVENET A. (1972), « Professions hospitalières et division du travail », *Sociologie du travail,* n° 2, p. 145-163.

CHAUVENET A. (1973), « La qualification en milieu hospitalier », *Sociologie du travail,* n° 2, p. 189-205.

COURS-SALIES P. et LE LAY S. (2006), *Le Bas de l'échelle. La construction sociale des situations subalternes,* Érès, Paris.

DAHLE R. (2003), « Shifting boundaries and negotiations on knowledge : interprofessional conflicts between nurses and nursing assistants in Norway », *International Journal of Sociology and Social Policy,* vol 23, n° 4-5, p. 139-158.

DAHLE R. (2005), Dirty Work in a Norwegian Health Context (The Case of Norway), *in* DAHL H.M., ERIKSEN T.R. (dir.), *Dilemmas of Care in the Nordic Welfare State,* Ashgate, New-York, p. 101-111.

FREIDSON E. (1984), (1re éd. 1970), *La Profession médicale,* Payot, Coll. Médecine et sociétés, Paris.

GOFFMAN E. (1968), (1re éd. 1961), *Asiles. Étude sur la condition sociale des malades mentaux,* Minuit, Coll. Le Sens commun, Paris.

GOFFMAN E. (1973), *La Mise en scène de la vie quotidienne. La présentation de soi,* Minuit, Coll. Le Sens commun, Paris.

HUGHES E.C. (1996), *Le Regard sociologique. Essais choisis,* Éditions de l'EHESS, Paris.

MÉHAUT P., ARBORIO A.-M., BOUTEILLER J., CAUSSE L. et MOSSÉ P. (2008), Good jobs, hard work ? the paradoxical position of nurse assistants and cleaners in french hospitals, *in* ASKENAZY Ph., CAROLI E., GAUTIÉ J. (dir.), *Low Wage Work in France,* Russell Sage, New York.

PENEFF J. (1992), *L'Hôpital en urgence. Étude par observation participante,* A.-M. Métailié, Coll. Leçon de choses, Paris.

STRAUSS A.L. (1992), *La Trame de la négociation. Sociologie qualitative et interactionnisme,* L'Harmattan, Coll. Logiques sociales, Paris.

4

Ce que la gestion de la sécurité publique
fait aux commissaires de police

Frédéric Ocqueteau

Au 1er décembre 2007, 1 748 commissaires et hauts fonctionnaires (dont environ 18 % de femmes [Pruvost, 2007]) encadrent un effectif global de 146 391 agents de la police nationale, avec l'aide de 12 137 officiers et gradés qui les assistent directement dans cette mission. Le corps des commissaires, labellisé depuis 1995 *corps de conception et de direction*, pose en France de nouvelles questions à la fonction publique d'État. Elles tiennent notamment à la défense opiniâtre d'un statut professionnel singulier hérité de l'histoire et plongé dans un contexte idéologique qui tend à le mettre à mal. Redevabilité et performances des services publics de sécurité sont en effet, comme ailleurs, les mots d'ordre triomphants du moment. C'est encore dans le domaine de la sécurité urbaine qu'agissent les plus gros bataillons des commissaires de police. C'est dans le creuset même de cette nouvelle assignation au travail de protection et de réassurance des populations que s'apprécient la plupart des résultats du management des politiques publiques de sécurité, et que se redessine l'identité professionnelle du groupe entier.

Pour mieux comprendre les défis posés aux commissaires dans leur contribution à la « productivité » de l'appareil de sécurité publique, on procédera en deux temps. D'une part, on montrera la nature particulière du statut de ces cadres au sein de la haute fonction publique d'État, un statut qui résiste à toutes les réformes de l'histoire. D'autre part, on évaluera comment l'introduction d'une idéologie de la performance et de la culture du résultat dans leurs services affecte néanmoins progressivement leur identité professionnelle.

LE POIDS DES DÉTERMINANTS HISTORIQUES
SUR LA COHÉSION DU GROUPE

Trois facteurs expliquent l'apparente cohésion du groupe professionnel des commissaires de police par-delà la diversité des « sous-cultures » qui le composent. Il bénéficie d'un statut spécial renforcé depuis la fin de la Seconde Guerre mondiale, il s'implique dans la gestion paritaire de la carrière de ses membres grâce à l'existence d'un puissant syndicat catégoriel unitaire, et il recycle les mythes les plus flatteurs de son action auprès des médias, en suscitant des héros positifs en osmose avec les sensibilités contemporaines.

Un véritable « statut spécial » des chefs de police s'élabore au sortir de la Seconde Guerre mondiale. Confirmé par l'ordonnance du 2 février 1959 lors de la refonte du statut général de la fonction publique, et la loi du 9 juillet 1966 sur les « emplois de direction dans les services actifs de police », ainsi que celle du 11 janvier 1984 dédiée à la fonction publique d'État, le statut inaugural de 1948 annonce un modèle professionnel de police de plus en plus centralisé. Ces textes devinrent tellement fondateurs qu'on oublia à quel point la police urbaine avait pu fonctionner de manière décentralisée durant tout le XIXe siècle et le premier tiers du XXe [Collectif, 2008]. Enfin, la loi d'orientation et de programmation sur la sécurité du 21 janvier 1995, accompagnant la réforme dite des corps et des carrières de la police, vint parachever le mouvement de centralisation de la police, la dérogation statutaire et le rehaussement symbolique de la fonction, en consacrant un corps dont les membres sont désormais nommés par le président de la République (1996), après l'avoir été par le Premier ministre (1975) et depuis le premier Empire, par le seul ministre de l'Intérieur.

Comment comprendre la persistance de ce statut spécial, politiquement assumé comme dérogeant au droit commun de la fonction publique d'État ? Les juristes justifient l'existence des statuts spéciaux par la nécessité de créer des fonctionnaires adaptés aux besoins spécifiques de certaines administrations, en établissant à leur égard des droits et des devoirs particuliers. Destiné à permettre aux prérogatives policières de l'État de demeurer des fonctions monopolisées, le statut de 1948, sans cesse réaménagé et renégocié à la marge, fut monnayé par de multiples sujétions ou servitudes supprimant ou restreignant certaines libertés à ses membres, en leur octroyant à titre compensateur des marques de distinction particulières. Les avantages et privilèges fonctionnels, matériels ou symboliques, des commissaires s'inscrivent dans un système d'équilibrage de contraintes et de récompenses [Quéant, 1998] : dès qu'apparaît une réforme structurelle, telle la déflation conjointe des effectifs du corps des commissaires et des officiers décidée depuis 1996, les commissaires, obligés d'en accepter le principe, négocient de nouvelles créances sous la forme de primes diverses et variées. C'est ainsi qu'un commissaire de police moyen peut voir son salaire mensuel doubler quand vient s'ajouter, à son indemnité de sujétion spéciale, une indemnité de résidence, une allocation de service (une prime substantielle pour diverses contraintes), et dans une proportion quasi systématique, une indemnité de poste difficile, voire une indemnité de sujétion exceptionnelle.

La cohésion des commissaires de la police s'explique également par leur adhésion massive à un syndicat en situation de quasi-monopole, très long-temps baptisé SCHFPN qui obtenait des scores honorables de 80 % d'adhé-rents[1]. Cette situation tranche avec le syndicalisme des autres corps policiers, beaucoup plus divisés [Loubet del Bayle, 2007]. Et le pouvoir politique peut difficilement exploiter les divisions des commissaires, car le réalisme lié à la faiblesse de leurs effectifs les oblige à rester soudés. Par ailleurs, ce qu'on a appelé le système de « co-gestion » des carrières expli-que l'enjeu de cette adhésion massive : représentants de l'administration et représentants élus du personnel des trois corps de police se retrouvent en nombre égal au sein des organismes paritaires pour négocier affectations, mutations, promotions et avancements de leurs membres respectifs.

Sur un plan plus informel, le Syndicat des commissaires constitue une instance de concertation et de négociation précieuse, préalablement à tout projet de réforme lié à la sûreté ou à la sécurité pour tous les gouvernements en place. Le secrétariat général et les membres du bureau politique du syndi-cat fonctionnent souvent comme une instance parallèle qui rassure le pouvoir « politique » sur la loyauté de ses adhérents dans la faisabilité de la mise en œuvre opérationnelle des réformes annoncées. S'il y a résistance concertée avec d'autres acteurs, elle peut prendre des allures redoutables pour le pouvoir politique. C'est ainsi qu'on a vu des fractions significatives de commissaires des Renseignements généraux œuvrer à faire capoter la réforme de la départementalisation du début des années 1990, main dans la main avec un corps préfectoral inquiet de la montée en puissance d'un chef de police dans le département [Renaudie, 1999, 206]. De même, au sujet de « l'échec » de la réforme socialiste dite de la police de proximité, certains analystes [Roché, 2005] ont montré l'importance du rôle joué par la réti-cence d'un certain nombre de commissaires se sentant insuffisamment reconnus, sinon menacés par la réforme.

Un troisième facteur de cohésion du groupe tient à l'importance du contrôle de leur image dans la société, leur capacité à susciter et entretenir des mythes. Le genre autobiographique est depuis longtemps un filon édito-rial juteux parmi la minorité d'entre eux qui ont servi en police judiciaire. Au point que cette fraction minoritaire passe encore pour exercer la mission la plus noble et pour l'unique vecteur d'identification populaire à la police. L'identité professionnelle des patrons de la Police judiciaire (PJ) a toujours

---

1. La contre-performance de l'ex SCHFPN (Syndicat des commissaires et hauts fonction-naires de la police nationale) aux élections de l'automne 2006, qui a donné naissance à deux syndicats (SNCP et le SICP, dissident), ne nous paraît qu'un épiphénomène historique sans lendemain.

été plus aisée à valoriser que celle des commissaires ayant officié dans les services de renseignements. Ces derniers sont plus ou moins suspectés d'avoir accompli des coups tordus et, par leur soumission aux exigences de préservation des secrets d'État, d'entretenir des complots imaginaires pour justifier d'avoir à les déjouer. Pourtant, depuis la fin des années 1990 s'amorce une volonté de rehausser symboliquement la légitimité des généralistes de la police du quotidien parmi des commissaires plus obscurs, ceux de la sécurité publique.

Ils avaient durablement intériorisé le caractère assez terne de leurs missions par rapport à celles de leurs collègues de la PJ, au motif que les opérations de maintien de l'ordre, à quoi la société paraissait les confiner à tort, n'auraient jamais fait rêver personne. La diversité des missions liées à la gestion de l'ordre urbain fait désormais l'objet de descriptions plus valorisantes. Des ouvrages se répandent, dédiés à l'art de diriger la « sécurité publique », entendu comme travail de maintien de la tranquillité publique et du rétablissement de l'ordre urbain. Dans la façon de romancer leur vie, une nouvelle génération de commissaires généralistes s'efforce de désacraliser leurs missions. Ils le font non pas pour minimiser leurs pouvoirs réels et symboliques, mais plutôt pour travailler à leur banalisation, en réduisant la distance de la police publique urbaine avec ses partenaires et son public [Ocqueteau, 2006, p. 74-82]. La « concurrence » apparente des autres agents locaux de sécurité et de protection (municipaux, privés), complexifie la mission des commissaires qui doivent tenir compte de ce qui paraît fragiliser ou déstabiliser le fonctionnement traditionnel de l'institution. Ils doivent en effet assimiler des défis plus complexes de gestion des désordres et de l'insécurité locale et composer en outre avec un effet de division du travail de l'ordre locale, face à la multiplication des acteurs intervenant dans le champ de la protection, au moins pour les contrôler [Ocqueteau, 2004]. Leur pouvoir d'user de la force n'est pas remis en cause ; mais ils doivent le manier avec plus de discernement que par le passé, en sachant anticiper notamment les effets matériels et symboliques du recours ultime à cette arme avec un nombre plus important de gestionnaires de sécurité extérieurs à la machine policière.

LA PERFORMANCE DES COMMISSAIRES
À L'ÈRE « SOCIALE SÉCURITAIRE »

L'appareil de police publique (que l'on croyait l'administration la plus étrangère à la pénétration des idées gestionnaires néolibérales) est désormais contaminé par le mot d'ordre du passage d'une « culture de moyens à une culture du résultat » et du « management par objectifs ». La Direction centrale de la sécurité publique est aujourd'hui l'un des fers de lance de ces nouveaux slogans. Tant à la Préfecture de police qu'au sein des services territoriaux déconcentrés, la pression politique y est de mise et s'exerce sur les commissaires de sécurité publique bien plus que sur ceux de la PJ ou des services de renseignements. Examinons, à titre d'illustrations, comment les injonctions politiques du centre transforment le rôle du directeur départemental de la sécurité publique et de ses collaborateurs en alchimistes de la rentabilité sécuritaire.

Injonctions politiques et feuille de route

Soit le contenu d'une récente note de service du ministre de l'Intérieur adressée à l'ensemble des Directeurs départementaux de la sécurité publique (DDSP) au sujet des objectifs de sécurité à atteindre pour l'année 2007[2]. L'année 2007 est intéressante dans la mesure où elle est la deuxième année de rodage d'une évaluation systématique de la mise en œuvre des préceptes de la Loi organique des lois de finances (LOLF). Cette circulaire nationale demande en effet que soit « [poursuivie] la baisse de la délinquance et [améliorée] encore l'efficacité des services de police et unités de gendarmerie dans les directions suivantes : abaisser de 2 % le taux global de la délinquance et de la criminalité, et de 4 % la part dédiée aux crimes et délits de voie publique (DVP) ; élever le taux général des élucidations des crimes et délits à 35 % » ; mettre l'accent sur une « meilleure lutte contre les diverses formes de violences urbaines et violences dans la vie quotidienne et sur des actions visant à contrer les trafics et réseaux criminels (trafics de stupéfiants et économie souterraine) ; mieux lutter contre l'immigration irrégulière, contre le terrorisme islamiste radical et contre l'insécurité routière. »

Cette circulaire apparemment anodine, véritable feuille de route politique, exige en outre l'obtention de résultats pour aller vers un service public de haute qualité. Ceux-ci se réduisent au rappel de six pétitions de principe dont il n'est pas précisé comment leur mise en œuvre sera évaluée : « 1) améliorer l'accueil du public et le soutien aux victimes ; 2) mettre au point un dispositif de plaintes renforcé à certaines heures ; 3) écouter la population ; 4) agir avec discernement – [« une force qui rassure prévient et ne cède pas aux provocations », est-il précisé] ; 5) bien utiliser les moyens alloués aux forces de sécurité ; 6) réorienter la police de proximité ». Il est vrai que ce sont des indicateurs négligés dans le débat public au motif que, de nature beaucoup plus subjective, ils seraient moins facilement standardisables, et par suite moins rentables sur le plan de la communication politique. Est-ce à dire qu'ils seraient inexistants dans chaque commissariat ? Nous n'en croyons rien. Nous pensons même qu'ils deviennent un enjeu interne plus important que les indicateurs quantifiés désormais domestiqués.

---

2. INT/C/07/00003/C, Circulaire du 16 janvier 2007 du ministère de l'Intérieur aux DGPN, préfet de police préfets et secrétaire général du MIAT (en ligne).

Le commissaire manager, rapporteur de résultats

Comment fonctionnent aujourd'hui les instruments mis au point par les directions centrales pour aider commissaires et commandants à l'emploi fonctionnel à mieux piloter et contrôler à distance la « rentabilité » des quelque 420 circonscriptions de sécurité publique où ils exercent leurs activités ?

La sociologie des professions policières, qui avait insisté sur l'autonomie relative des agents de police de première ligne confrontés aux aléas du réel, avait mis en lumière un processus d'inversion hiérarchique. Dominique Monjardet avait notamment décrit l'institutionnalisation d'un mécanisme consistant à « transcrire/traduire les choix du bas de façon à les rendre compatibles avec les cadres réglementaires et les politiques définies par le haut » [Monjardet, 1996, p. 89]. En sorte que la codification des activités policières signifiait la nécessité de filtrer l'information mise à la disposition de la hiérarchie, et notamment de « réduire les incertitudes dans les opérations de qualification univoque au sujet d'actes équivoques, ambigus et opaques, propriétés intrinsèques du travail policier.» Ce phénomène d'involution des buts est désormais à revisiter, non parce qu'il serait invalidé à la lumière de l'introduction massive des indicateurs de performance dans les services depuis la LOLF, mais parce que les mécanismes d'adaptation au réel s'en sont trouvés infléchis et complexifiés.

Dans l'écologie d'un commissariat central ou d'un simple commissariat, l'échelon intermédiaire de la hiérarchie constitue le rouage le plus déterminant de la machinerie généraliste [de Valkeneer et Francis, 2007, p. 21-48]. Le véritable chef d'orchestre peut être le commissaire et/ou le commandant à l'emploi fonctionnel. En aucun cas, ce pilote ne saurait rester enfermé dans son bureau, se tenir éloigné des préoccupations du terrain en passant l'essentiel de son temps les yeux rivés sur le remplissage des différents tableaux de bord sans jamais consulter ses collaborateurs immédiats. Il est au contraire obligé de négocier les interprétations les plus plausibles des indicateurs chiffrés avec des officiers intermédiaires, vrais interprètes du sens à accorder aux statistiques de l'activité interne et aux produits du travail des agents sur l'environnement local.

Les gardiens de la paix attendent, quant à eux, de leurs supérieurs gradés des instructions permanentes au sujet de la réorientation de leurs missions, à la lumière des chiffres de la rentabilité formulés quasiment au jour le jour. Il est certain que la culture maison s'en ressent : la figure mythique du vrai client de la police (le mis en cause par la suspicion liée au flair policier) s'efface progressivement au profit d'autres figures qui n'étaient jusque-là considérées que comme de faux ou petits clients, c'est-à-dire les plaignants et les victimes [Boussard *et al.*, 2006]. Par voie de conséquence, les officiers des hiérarchies intermédiaires se sentent de plus en plus tenus de convaincre leurs troupes du fait que la transparence chiffrée de leurs activités ne peut qu'améliorer l'image des différentes composantes de leur travail auprès de nouveaux acteurs : la hiérarchie bien évidemment, mais aussi les partenaires locaux de plus en plus sensibles à l'objectivation des facteurs de trouble de la société environnante suscitant l'insécurité de leurs administrés, et enfin, les auteurs « irrespectueux, bien trop informés de leurs droits et protégés par la justice » [Boussard, *ibid.*, p. 220]. Ce sont là des publics d'usagers plus difficiles que naguère, englobant un spectre plus large de délinquants routiers ou de jeunes incivils perturbateurs des quartiers ségrégués « bien connus des services », des publics qui exigent des traitements équitables de tous les services publics et, singulièrement, plus de respect de la part de la police. Bref, des usagers que les avancées de l'individualisme de masse et la montée de la rugosité des relations sociales dans l'espace urbain laissent de moins en moins impressionnés par le prestige de l'autorité policière traditionnelle.

Un alchimiste redevable de l'action de sécurité publique

C'est évidemment par le biais des relais extérieurs à l'institution qui lui apportent des clés de lecture de la complexité des phénomènes locaux environnants, et par sa capacité à transcrire les messages reçus dans des directives opérationnelles auprès de ses troupes, que s'évaluent désormais les nouvelles habiletés du commissaire de sécurité publique. Son rôle est devenu plus complexe que celui auquel l'analyse stratégique des systèmes d'action concrets le réduisait naguère [Thoenig, 1994]. Le personnage huile certes toujours les rouages de la confiance nécessaire entre le préfet, le procureur et l'élu. Il reste un acteur clé de la mise en musique des directives du centre retraduites pour les agents des différentes unités de son service, et un « passeur » horizontal d'informations qui circulent en permanence dans l'environnement de sa circonscription. Idéalement, son rôle serait celui d'un alchimiste ; en pratique, il confie la gestion opérationnelle du service aux officiers et travaille à gagner leur confiance. C'est aux commandants de police qu'échoie la charge de convaincre les troupes que les données requises pour alimenter les tableaux de bord ne sont pas des dispositifs de contrôle de leur travail, mais bien plutôt des occasions de transparence et de déontologie parmi des agents aux sous-cultures et savoir-faire encore trop cloisonnés. Aux hiérarchies intermédiaires revient en effet la charge pédagogique d'expliquer à chaque unité sa contribution à la rentabilité quantitative et qualitative de l'ensemble. Et au commissaire, chargé de communication des chiffres de sa circonscription aux chefs de districts et directeurs départementaux, celle de trouver des explications plausibles et convaincantes aux baisses et hausses d'efficience périodiques du service.

Les percées actuelles de la sociologie critique penchée sur le fonctionnement des organisations policières tendent à inférer de la pression politique aux résultats chiffrés de « la » délinquance, une concentration de l'action des services sur les « cibles » les plus faciles et les plus électoralement rentables. Les commissaires seraient à la tête d'une armée en ordre de bataille totalement dévouée à la chasse aux étrangers irréguliers et aux usagers de stupéfiants. La « bâtonnite » généralisée, facilité qui consiste à enregistrer les contentieux les plus « rentables » quand les indicateurs globaux sont perçus en interne comme insuffisants ou au contraire trop performants pour être crédibles, ferait des ravages. Elle conduirait à une fraude généralisée dans le recueil des données tant en police qu'en gendarmerie [Matelly et Mouhanna, 2007]. Cet argument demande à être singulièrement relativisé. Sa faiblesse est de ne pas tenir compte de considérations éthiques propres aux *street level bureaucrats* qui doivent composer avec les contraintes de qualité à l'intérieur de l'organisation du service public et de son environnement [Jeannot, 2008], et surtout avec les stratégies de longue haleine en termes de *problem solving* en partenariat [par ex. Terry et Bourguignat, 2005].

La pression, très réelle, à devoir présenter périodiquement des taux d'élucidation améliorés par rapport aux plaintes n'incite pas nécessairement à croire que tous les chefs de service mentiraient sur les activités réelles de leurs troupes. L'argument est d'autant moins défendable qu'il faudrait aux commissaires une capacité proprement diabolique pour maîtriser les anticipations stratégiques des directeurs départementaux et des préfets évaluant, à titre comparatif, la performance respective de chaque circonscription de sécurité publique de leur ressort. Il existe surtout trop de tableaux de bord diversifiés, aux mains de la direction centrale, – à commencer par la main courante informatisée [Rotival, 2006] –, trop de niveaux de lectures et d'interprétations possibles à tous les échelons d'une circonscription de sécurité publique pour qu'une maîtrise recoupée de tous les paramétrages de l'activité de l'énorme machinerie policière puisse appartenir à quiconque.

L'épreuve de la « rentabilité » locale des commissariats mis en compétition à l'échelon départemental produit en réalité de nouvelles sources de compréhension de la boîte noire et du même coup, un raffinement de lecture sur les arts de policer les cités. Indépendamment des effets de système produisant des effets politiques attendus sur certaines délinquances sans victimes à l'échelon national (détection des étrangers irréguliers par exemple ou répression de la délinquance routière), la question reste bien plutôt celle de savoir jusqu'où et avec qui cette nouvelle transparence locale est partagée [Ocqueteau et Pichon, 2008].

Ce sont moins des mécanismes généralisés de triche pour masquer de faibles performances qui s'institueront à terme, que de nouvelles stratégies d'adaptation et de communication parmi les chefs de service. On note plutôt un surcroît d'intelligence organisationnelle que d'autoritarisme ou de raidissement, puisque les « pilotes invisibles » [Lorrain, 2004] que sont les outils de gestion sont désormais très répandus. Les politiques gouvernent avec en les prenant de plus en plus au sérieux. Il n'est pas d'autre moyen alors que d'apprendre à les apprivoiser collectivement. Et cela n'est pas contradictoire avec deux autres dimensions co-présentes : chaque commis-saire reste rivé sur sa propre notation par le préfet, *via* le DDSP dont dépend l'avancement de sa carrière ; tous les agents acceptent le principe des primes collectives et individuelles au mérite comme des hochets idéologiques dont personne n'est véritablement dupe.

Quelque mal qu'on puisse penser des imperfections des indicateurs de gestion de la sécurité publique issus de la LOLF, déconnectés d'une effica-cité générale de l'appareil, relevant plutôt d'une régulation par des mythes, des rituels et des comportements tribaux partagés [Lacaze, 2007], l'intro-duction massive de ces outils a permis une notable avancée de connaissan-ces au sujet de la sécurité publique. Ils ont rendu plus transparent et plus complexe un large pan de son fonctionnement, y compris dans le processus de son alimentation judiciaire [Lévy, 2006]. Les « nouveaux indics », comme on les plaisante en interne, sont certes un prétexte de plainte rituelle et cathartique de tous les agents de la police nationale, qui s'en servent pour n'avoir pas à parler d'autres sources de malaises et de dysfonctionnements. À titre d'hypothèse provisoire, nous préférons voir en ces attitudes un effet normal de « cabrage » des troupes devant des innovations managériales, faute pour les commissaires de sécurité publique d'avoir achevé leur mission de transformateurs de consciences policières logiquement rétives à l'innovation aux rendements.

CONCLUSION

Six cent cinquante commissaires à la tête de 8 500 officiers et 70 000 agents de sécurité publique à l'horizon 2012, tels sont les objectifs défla-tionnistes affichés à l'heure actuelle. Les nouveaux commissaires, à la « direction hiérarchique, fonctionnelle, organique, conceptuelle et opéra-tionnelle des services dont ils ont la charge » (comme le stipule le nouvel article 112-2 du Règlement général d'emploi de la police nationale) chan-gent petit à petit de physionomie, au point que la figure traditionnelle s'en trouve brouillée. Ils se disaient « techniciens supérieurs de la sécurité » depuis la fin des années 1990, mais les officiers commandants leur ont ravi cette vedette. Ils se voudraient surtout des managers ressemblant à des administrateurs civils voire à des sous-préfets, ou dotés de la possibilité d'accéder à des fonctions de contrôleurs généraux de façon politiquement moins arbitraire que ce n'est le cas actuellement.

L'identité collective est un peu déboussolée. Au milieu d'un gué histo-rique de moyen terme, personne n'arrive au juste, parmi eux, à savoir préci-sément si c'est la taille de la circonscription et le nombre des agents encadrés, la compétence juridique donnée par le diplôme, l'aptitude à harmoniser le droit et l'action ou à prendre de la distance face aux événe-ments, la récompense d'un mérite ou d'une action personnelle d'éclat, ou un haut fait d'arme ayant durablement marqué la classe politique par médias interposés, qui distingueraient les commissaires des autres agents de l'encadrement policier, dans et hors la machine. Obtenir et améliorer, par des résultats mesurables, la « productivité » de l'appareil dans le champ de la protection des personnes et des biens, voilà ce que l'idéologie politique du moment attend de la plupart. On suppose que leurs habiletés managériales récemment acquises pourvoiront aux exigences de l'heure, à condition qu'aucun autre agent concurrent parmi les officiers dans la machine ou parmi des experts du privé ne vienne démontrer qu'il saurait mieux s'y prendre. C'est à une meilleure ouverture vers la société locale que le politique leur demande de s'atteler, mais sans vraiment en organiser la redevabilité au-delà des circuits hiérarchiques traditionnels.

La défense des intérêts souverains de l'État qui constitue toujours la priorité des priorités, en est la raison principale. C'est en effet aux résultats, rares mais spectaculaires, des commissaires de la haute police et de la police criminelle que le politique compare toujours en France ceux des gardiens de la paix publique au quotidien. Les commissaires généralistes n'ont ainsi que leur perpétuelle modernisation et excellence à faire valoir, ainsi qu'un savoir-être éthique conditionnant les savoir-faire pratiques de la sécurité publique. Cette marge de légitimité reste beaucoup plus étroite. Pour en élargir la surface, ils ne peuvent jouer leur partition de police administrative qu'en s'immisçant dans l'amitié ou le conflit de leurs deux puissances tutélaires, le préfet et le procureur, tout en préservant soigneusement leur propre « compétence d'attribution » statutaire [Le Clère, 2005]. Ils s'efforcent pourtant d'exister au-delà, dans un nouveau rôle de communicant auprès de différents publics ou de « messieurs bons offices » auprès des élus, avec lesquels ils apprennent une nouvelle diplomatie. L'occasion leur en est fournie par l'émergence de nombreux dispositifs de coordination de la sécurité sur le marché local, une scène où ils apprennent à rendre de nouveaux comptes.

BIBLIOGRAPHIE

BOUSSARD V., LORIOL M. et CAROLY S. (2006), « Catégorisation des usagers et rhétorique professionnelle, le cas des policiers sur la voie publique », *Sociologie du travail*, 48, p. 209-225.

COLLECTIF (2008), *Être policier : les métiers de « police » en Europe XVIIIᵉ-XXᵉ siècle,* Presses universitaires de Rennes, Rennes.

DE VALKENEER C. et FRANCIS V. (2007), *Manuel de sociologies policières,* Larcier, Bruxelles.

JEANNOT G. (2008), « Les fonctionnaires travaillent-ils de plus en plus ? Inventaire des recherches sur l'activité des agents publics », *Revue française de science politique*, 58-1, p. 123-140.

LACAZE A. (2007), *La Police de souveraineté : un clergé de l'État,* Thèse de gestion, École Polytechnique, Paris, ronéo.

LE CLÈRE M. (2005), « Commissaire de police » in M. AUBOUIN, A. TEYSSIER et J. TULARD (dir.), *Histoire et dictionnaire de la police*, Laffont, Paris, p. 619-621.

LÉVY R. (2006), « Ordre social et répression pénale : y a-t-il un tournant managérial ? » in R. LÉVY, L. MUCCHIELLI et R. ZAUBERMAN (dir.), *Crime et insécurité : un demi-siècle de bouleversements*, L'Harmattan, Paris, p. 347-360.

LORRAIN D. (2004), « Les pilotes invisibles de l'action publique, le désarroi du politique ? » in P. LASCOUMES et P. LE GALÈS (dir.), *Gouverner par les instruments*, Presses de science po, Paris, p. 163-198.

LOUBET DEL BAYLE J.-L. (2007), « Le syndicalisme policier en France », *Revue internationale de criminologie et de police technique et scientifique*, 2, p. 226-235.

MATELLY J. et MOUHANNA C. (2007), *Police, des chiffres et des doutes*, Michalon, Paris.

MONJARDET D. (1996), *Ce que fait la police, sociologie de la force publique*, La Découverte, Paris.

OCQUETEAU F. (2004), *Polices entre État et marché*, Presses de Sciences Po., Paris.

OCQUETEAU F. (2006), *Mais qui donc dirige la police ? Sociologie des commissaires*, A. Colin, Paris.

OCQUETEAU F. et PICHON P. (2008), *La Sécurité publique à l'épreuve de la LOLF*, CERSA-CNRS, Paris.

PRUVOST G. (2007), « La dynamique des professions à l'épreuve de la féminisation : l'ascension atypique des femmes commissaires », *Sociologie du travail*, 49, p. 84-99.

QUÉANT A. (1998), *Le Commissaire de police dans la société française*, Economica, Paris.

RENAUDIE O. (1999), « Police nationale, syndicalisme et alternances politiques », *Les Cahiers de la sécurité intérieure*, 37, p. 183-213.

ROCHÉ S. (2005), *Police de proximité, nos politiques de sécurité*, Seuil, Paris.

ROTIVAL J. (2006), « La main courante informatisée, une clé stratégique de la modernisation de la police nationale », *Les cahiers de la sécurité*, 61-2, p. 203-214.

TERRY J. et BOURGUINAT E. (2005), *Mille jours pour vaincre l'insécurité, policier aux Halles de Paris*, Créaphis, Paris.

THOENIG J.-C. (1994), « La gestion systémique de la sécurité publique », *Revue française de sociologie*, XXXV, p. 357-392.

5

Les cadres du travail social et de la santé face
à la rationalisation managériale des services publics

Hélène Chéronnet
Charles Gadéa

Lorsqu'il est question des cadres, on évoque souvent une banalisation de la catégorie, une « grande rupture », voire la fin de cette « figure sociale ». Ces idées complaisamment reprises des lieux communs médiatiques répètent des discours sur la « crise », la « déstabilisation » ou le « malaise », des cadres aussi anciens que la catégorie de cadres elle-même. Nous ne comptons pas prouver une fois de plus combien ces discours manquent de fondement, mais montrer que non seulement la catégorie des cadres n'est pas en train de disparaître ou de perdre toute spécificité, mais qu'elle tend, au contraire, à s'étendre là où elle n'avait pas cours auparavant.

On constate, en effet, que le processus de catégorisation aboutissant à ce que certains professionnels soient qualifiés de « cadres » s'est propagé au cours de la période récente dans le travail social, dans l'enseignement, dans les établissements de santé, bref, dans des métiers dont la raison d'être, ou plutôt le « mandat » [Hughes, 1996], était resté à l'écart des impératifs de productivité et de rentabilité habituellement inhérents à l'activité des cadres d'entreprise. Les chefs de service éducatif et les responsables d'établissement de l'éducation spécialisée, les responsables de circonscription du travail social, les principaux de collège et les proviseurs de lycée, les infirmières-chef et les surveillantes des établissements de santé, se voient ainsi rebaptisés et subsumés sous l'étiquette générale de « cadres ». Nous nous appuierons ici sur les cas spécifiques des « cadres » de l'éducation spécialisée et des « cadres » de santé, pour faire ressortir combien ce processus est lié à l'influence de l'idéologie libérale et à la diffusion de logiques de rationalisation managériale dans les administrations et les services publics.

DU TRAVAIL SOCIAL À LA RELATION DE SERVICE

La volonté de redéfinir l'idée même de service public, dans le cadre européen d'une politique de réduction des dépenses publiques et d'ouverture à la concurrence des secteurs monopolistiques, s'est progressivement inscrite au cœur des politiques sociales françaises. Chacun dans son domaine de compétence, l'État, les régions et les départements, se sont engagés dans la recherche d'une maîtrise des coûts du travail social et d'un accroissement de son efficience, en conformité avec les directives européennes[1]. De nouvelles orientations législatives et réglementaires incitent ainsi à renforcer la transparence de la gestion budgétaire, à développer la contractualisation des établissements ou services sociaux et médico-sociaux avec les financeurs mais également avec l'usager.

Directement impliqués dans la mise en œuvre de ces changements, les chefs de service et responsables d'établissement de l'Éducation spécialisée font l'objet d'un traitement particulier visant notamment à homogénéiser leur formation (en renforçant les enseignements de conduite de projet et de gestion), à spécifier leurs fonctions et à promouvoir une identité professionnelle plus distanciée envers la culture des métiers du social[2]. Si cette logique s'accompagne d'ouvertures en termes de valorisation statutaire et d'évolution de carrière, elle implique aussi une redéfinition du contenu de l'activité, non sans tensions avec un ethos professionnel qui s'est le plus souvent forgé au cours d'une longue pratique des métiers du travail social [Chéronnet, 2006].

Une refonte de la filière professionnelle

Le secteur social et médico-social offrait jusqu'à l'heure actuelle peu de perspectives de carrière. Les directeurs accèdent à ce poste après un temps d'activité professionnelle qui dépasse en moyenne les 18 ans, et la promotion interne constitue la voie principale d'accès, selon une trajectoire professionnelle type qui passe du statut de travailleur social à celui chef de service éducatif, puis de directeur. Ils peuvent être passés par des filières de formation très diverses pour atteindre ce poste, ce qui entraîne des modalités variables d'adéquation entre les diplômes acquis ou préparés et le poste, avec des incidences sensibles sur les classifications salariales.

Pour les chefs de service, il n'existait ni formation spécifique ni attributions précises régies par une convention collective jusqu'à la création en 2004 du Certificat d'aptitude aux fonctions d'encadrement et de responsa-

---

1. Directive 2006/123. CE du parlement européen et du conseil du 12 décembre 2006 relative aux services dans le marché intérieur.
2. Telles sont par exemple les préconisations d'un rapport de l'Inspection générale de l'action sociale : *La Formation des cadres du secteur social : trois écoles en quête de stratégie*. Rapport annuel de l'IGAS. Diffusion La Documentation française, 1998.

bilité d'unité d'intervention sociale (CAFERUIS). Jusque-là l'absence de formation spécifique, mais aussi l'identification des professionnels concernés à leur métier de travailleur social, laissaient libre cours à une grande hétérogénéité des pratiques et conceptions de l'activité, souvent très éloignées de la logique managériale souhaitée par les autorités de tutelle. Dans un contexte de renouvellement démographique important des quelque 15 000 chefs de service ou faisant fonction, la formation permet de recruter de nouveaux entrants à la fois dotés d'une qualification reconnue (formation homologuée de niveau II) et plus conformes au rôle qui leur est dévolu dans les nouvelles orientations de la politique sociale.

Ainsi se conforte une filière professionnelle balisée par des formations spécifiques : Diplôme d'État d'éducateur spécialisé ou Diplôme d'État d'assistant de service social à la base, CAFERUIS pour l'encadrement d'équipes et CAFDES (Certificat d'aptitude aux fonctions de directeur d'établissement ou de service d'intervention sociale) pour les directeurs d'établissement.

La diffusion de la culture managériale

La logique de métier qui a longtemps régi et donné sens à l'accès aux postes de chef de service et directeur d'établissement reposait davantage sur l'idée d'une prise de responsabilités à l'intérieur de la mission d'éducation et d'assistance aux démunis dont se sentent investis les travailleurs sociaux que sur l'exercice de fonctions hiérarchiques ou d'expertise articulées à une place donnée dans l'organigramme, telles que peuvent les concevoir les cadres d'entreprise.

Historiquement, la figure correspondant à la notion de cadre dans le monde du travail social est celle du chef, dans la tradition des mouvements de jeunesse qui contribuèrent à forger, au château d'Uriage au tournant des années 1940, cette image « moderne » d'une autorité reposant sur le leadership et l'appel à la participation active des subordonnés. Plus que les connaissances et compétences, c'est l'implication personnelle et la réalisation d'une « vocation » qui structuraient l'identité d'un tel type de « cadre », aux antipodes du « manager » contemporain. Le glissement sémantique d'intitulés d'emploi tels que « éducateur-chef » ou « chef de service » vers « cadre », de plus en plus systématiquement repris, notamment dans les « avenants cadres » des conventions collectives du secteur, n'est donc pas neutre. Il consacre un déplacement du contenu des activités et du rôle attribué à ces professionnels. Dans le contexte d'une politique sociale de plus en plus soumise aux contraintes budgétaires, il est exigé d'eux, en échange d'une clarification statutaire et d'une reconnaissance officielle de leur fonction, une contribution aux gains de productivité, quitte à ce que l'idéal de service et les principes éthiques du travail social s'en trouvent bousculés.

Les autorités de tutelle, en particulier par le biais de l'École nationale de la santé publique, tentent d'imposer de nouvelles normes et diffusent les indicateurs d'une professionnalité standardisée calquée sur les exigences de l'entreprise privée et garantissant la mise en œuvre de « bonnes pratiques ». Elles visent à unifier les pratiques, tendant à traiter l'insertion sociale et professionnelle sous l'angle du résultat et à exiger que le destinataire contribue par son implication au service qu'on lui rend [Autès, 1999]. Ainsi se généralise l'usage d'instruments valorisant une culture du résultat tels que les logiciels d'évaluation, les manuels de procédure qualité, les tableaux de bord des taux d'occupation des établissements, les procédures de prévention des risques. L'accent est mis sur la formalisation et le repérage des modes d'organisation du travail mais également des modes de traitement des demandes en faveur des usagers.

La redéfinition des pratiques d'encadrement

L'aide aux personnes se voit ainsi assimilée à une relation de service, ce qui entraîne un changement dans l'organisation du travail, poussant vers le travail en réseau, à travers la formation de collectifs temporaires de professionnels engagés dans la réponse aux besoins d'une même personne. L'innovation, le dynamisme, la réactivité sont des attitudes professionnelles valorisées par les politiques sociales et les autorités de tutelle car elles sont supposées augmenter la productivité du service. Les établissements ou services sociaux et médico-sociaux se réorganisent pour se rapprocher du modèle de l'entreprise flexible qui échangerait, contre des financements publics, de la productivité, du juste à temps, de la compétence.

Les directeurs et les chefs de service interrogés font état de la nécessité dans laquelle ils se trouvent d'avoir une action efficace et visible dans ses résultats. Il s'agit pour eux, dans un temps contraint, de gérer la complexité, d'anticiper et de communiquer, notamment en faisant la promotion des innovations censées témoigner d'une gestion rationnelle des moyens et du bon usage de l'argent public. L'analogie avec l'entreprise est d'autant plus grande que l'attribution des financements et la gestion des entrées et sorties des personnes accueillies dans les établissements d'aide sociale placent les établissements et organismes dans une véritable situation de concurrence, moins par les prix[3] que du point de vue de la capacité à négocier et à se constituer une image favorable – en donnant des signes de bonne gestion et de conformité aux orientations affichées par les tutelles – auprès des instances de décision[4].

---

3. Toutefois, la concurrence par les prix n'est pas absente. Certaines associations acceptent de créer des établissements – tels qu'un centre de placement immédiat, par exemple – à des prix de journée inférieurs à ceux habituellement pratiqués, d'autres donnent leur accord à une « norme famille » (nombre de familles suivies dans le cadre d'une Action éducative en milieu ouvert) supérieure à celle que consent une association rivale.

4. Ces effets avaient déjà été décrits notamment par Michel Chauvière et Christian Bachman [1998].

Bien que les différents textes des politiques sociales et les référentiels d'activités et de formations des cadres affirment tous la primauté de la personne et la défense de ses droits, leur travail passe de l'accompagnement des personnes, activité sur laquelle s'est légitimé historiquement le statut de « chef », à des fonctions d'encadrement des structures et des professionnels censés réaliser l'activité d'aide aux personnes, afin de contribuer à l'administration rationnelle de cette activité relationnelle.

Ils se trouvent engagés dans un exercice professionnel surdéterminé par la dimension économique, générateur de situations paradoxales dont nous donnerons quelques exemples, sans visée exhaustive. Ainsi il revient aux cadres de gérer au quotidien les tensions provoquées par une réduction du temps de travail qui s'est accompagnée d'une recherche imposée de gains de productivité : le temps de travail a été diminué de 10 % mais le recrutement de personnel supplémentaire n'a été financé qu'à hauteur de 6 % par les pouvoirs publics. Comment concilier cet impératif de productivité avec une activité essentiellement relationnelle où le professionnel ne peut aider l'usager qu'à partir du moment où celui-ci le reconnaît capable de le faire ? Comment éviter que les professionnels soumis à cette contrainte aient le sentiment que leur travail est vidé de son sens et se réfugient dans la comptabilisation de leurs actes ?

Par ailleurs le positionnement concurrentiel des établissements, sur la base de la production de référentiels de bonnes pratiques auxquels tous seront tenus de s'aligner, et l'accent mis sur le respect du droit des usagers conduisent parfois à des situations ingérables, compte tenu du manque de moyens alloués pour concrétiser ces orientations. On peut mentionner, à titre d'illustration, la mise en œuvre de droits de visite des parents dans les structures de la petite enfance où un seul professionnel doit assurer le service du week-end et se trouve ainsi confronté à des problématiques parentales qui s'accumulent et interagissent les unes sur les autres.

Plus largement, les cadres sont en première ligne face aux contradictions générées par la mise en place d'une « relation de service » qui valorise le modèle du contrat, où « l'usager captif » devient « l'usager client », censé choisir les services dont il a besoin, dans le cadre d'une prestation évaluable, mais qui dénie implicitement le droit à l'assistance au profit de l'injonction « pas d'assistance sans contrepartie ». De même, ils doivent faire fonctionner des services confrontés à l'inflation de normes et consignes, qui pousse au repli vers le principe de précaution, alors qu'il est en même temps affirmé qu'on ne peut pas éduquer sans prendre de risques. Ils sont pris entre, d'un côté, la logique des discours valorisant l'implication personnelle et l'engagement autour de valeurs morales et professionnelles et, d'autre part, l'instauration d'un nouvel ordre normatif basé sur l'obtention de résultats et performances.

Il n'est pas rare que les impératifs budgétaires les obligent à agir à l'encontre des valeurs professionnelles fondatrices, par exemple lorsqu'ils doivent accepter de procéder à des discriminations dans les populations à aider pour pouvoir préserver la santé financière de leurs structures. C'est donc leur culture et leur morale professionnelle qui est menacée par une évolution, qui leur a certes permis de gagner en légitimité et en force statutaire, mais qui au fond, selon beaucoup d'entre eux, se solde par une perte d'autonomie professionnelle.

À L'HÔPITAL : LES CADRES PORTEURS DE LA RATIONALISATION ?

Un processus globalement analogue est en cours dans les établissements de santé. La montée de la logique gestionnaire dans les hôpitaux est concomitante d'une évolution de la place des cadres dans les collectifs de travail. Bien qu'ils puissent gagner là aussi en visibilité et en pouvoir stratégique, les cadres n'ont généralement pas été les promoteurs de ce mouvement. Ils le subissent autant que les autres professionnels et nombre d'entre eux le déplorent, mais ils se trouvent de fait mis dans le rôle des « porteurs[5] » de la rationalisation managériale, garants de sa mise en œuvre dans le travail quotidien.

Montée de la logique gestionnaire

La volonté de maîtriser les dépenses, qui prend place au cœur des politiques de santé dès le début des années 1980, se traduit par des changements du mode de régulation du secteur hospitalier conduisant l'État à imposer à l'hôpital un contingentement des ressources. À partir de 1984, le budget des établissements est déterminé *a priori via* le système de dotation globale, qui contraint les directeurs d'établissement à maîtriser les systèmes d'information médicalisés et à réaliser des économies sur l'ensemble des postes de dépenses. La tutelle hospitalière tente de mettre en place pendant les années 1990 des dispositifs de régulation de plus en plus fins, adoptant de nouveaux outils de formalisation de l'activité hospitalière, désormais gérée de façon plus qualitative par l'élaboration de projets internes aux établissements. La loi de réforme hospitalière de 1991 encourage ainsi la participation de l'ensemble des personnels à l'élaboration du projet d'établissement dans le cadre de Conseils de services et renforce la représentation des personnels. Elle instaure par ailleurs le Schéma régional d'organisation sanitaire (SROS) qui prend désormais en compte la dimension régionale en tant que référence sanitaire, déléguant une partie des attributions de l'État aux

---

5. Nous reprenons ce terme par analogie avec les « porteurs de la science » évoqués par Gingras, Keating et Limoges, qui désignent de cette façon « les acteurs qui ont produit, conservé et disséminé le savoir, en insistant sur leur enracinement dans l'organisation sociale et les institutions de leur temps, sur leurs moyens de travail, intellectuels et matériels, et sur la nature et les buts des activités dans lesquelles ils étaient engagés » [1998, p. 11]

instances régionales ou locales. C'est ainsi que l'ordonnance du 24 avril 1996 institue les Agences régionales de l'hospitalisation (ARH) et régionalise les budgets dans le but de réguler l'allocation des ressources et d'améliorer la complémentarité de l'offre de soins au sein d'une même zone géographique. Une des fonctions de l'ARH est la contractualisation des établissements hospitaliers. Ce transfert des pouvoirs de gestion budgétaire et de régulation de l'activité vers l'échelon régional et vers les établissements, n'empêche nullement le maintien d'une forte centralisation en ce qui concerne l'emploi, et l'autonomie relative de l'échelon régional consiste pour une grande part à répartir un budget dont elle ne contrôle pas le montant.

Les réformes plus récentes, notamment celles du plan Hôpital 2007, poursuivent cette logique de planification régionalisée : la carte sanitaire est supprimée, le SROS devient l'outil unique de planification, les « secteurs sanitaires » sont remplacés par des « territoires de santé », toutes les autorisations sont déconcentrées au niveau des ARH. Par ailleurs, l'ordonnance unifie les formules de coopération sanitaire entre établissements publics et privés en faisant du Groupement de Coopération Sanitaire (GCS) le cadre naturel des coopérations et des réseaux de santé. Mais les budgets se font toujours plus serrés... Ces grandes directives reposent sur une décentralisation administrative, l'adoption de principes de marché et la contractualisation. Concrètement, les établissements de soins fonctionnent désormais sur la base d'une gestion par objectifs centrée sur l'efficience, la performance et la qualité, qui implique la mise en œuvre de nouvelles procédures et démarches de plus en plus formalisées, fondées sur des méthodes de travail transversales.

Les incidences pour les cadres de santé

Ces évolutions impliquent les cadres en première ligne. Il n'est pas possible de reprendre ici l'histoire de l'encadrement infirmier. Retenons simplement qu'au cours de la croissance des années 1960, le fonctionnement traditionnel des hôpitaux est remis en question par une technicisation et une spécialisation des services. Cette complexification médico-technique entraîne une division du travail accrue entre les catégories de personnel et génère un besoin de coordination entre les unités. C'est dans ce contexte qu'est créé en 1975 le statut d'infirmière générale, relevant du cadre A de la fonction publique. Il s'inscrit dans une ligne hiérarchique échelonnée sur trois grades : surveillante d'unités de soins, surveillante-chef et infirmière générale, que la loi de réforme hospitalière de 1991 désigne comme membre à part entière de l'équipe de direction hospitalière. Ces titres vont progressivement être modifiés, et vers 1985, l'appellation de « surveillante » est remplacée par celle de « cadre infirmier » pour devenir « cadre de santé » en 1995 [Acker, 2003]. Le Plan Hôpital 2007 renforce le rôle de manager des cadres de soin en les impliquant officiellement dans les « Pôles d'activités » aux côtés du médecin coordonnateur.

Des fonctions de gestion comptable sont de plus en plus couramment attribuées à des personnels médicaux et paramédicaux « de terrain », de même que les préoccupations gestionnaires imprègnent tous les métiers. Médecins, cadres infirmiers et administratifs se trouvent de plus en plus fortement engagés dans la logique des normes managériales qui se répandent dans les établissements.

Comment réagissent les cadres à cette transformation du contenu de leur travail, mais aussi de leur position dans l'hôpital ? Nous ferons principalement appel pour apporter des éléments de réponse aux observations réalisées sur le terrain dans deux sites très différents, l'un en Centre hospitalier régional, l'autre dans un hôpital local. Dans l'un des cas, on voit se mettre en place une tentative de réponse *via* l'organisation collective des cadres aux interrogations que suscitent les réformes hospitalières ; dans le deuxième, c'est plutôt en tentant de préserver des relations professionnelles fondées sur la proximité avec l'équipe de soins que la cadre de l'hôpital local fait face à ces réformes, en accord avec un directeur peu sensible au chant des sirènes managériales.

L'expérience du « Collège cadres » au CHU

Au CHU, la nouvelle gouvernance s'est traduite par l'instauration d'une contractualisation interne donnant lieu à des rapprochements entre disciplines et services, dans le but de créer les Pôles d'activités. La négociation entre médecins autour de ces appariements touche à des enjeux centraux, car elle concerne la répartition des moyens humains, financiers et matériels par Pôle. Si la prise de décisions implique très directement les médecins, les cadres de proximité et intermédiaires voient leur place dans les collectifs de travail se renforcer et gagner en visibilité. La Direction entend leur faire jouer le rôle de relais des principes gestionnaires de la nouvelle gouvernance auprès des personnels des différentes catégories.

Les entretiens réalisés à l'hôpital laissent penser que la montée des impératifs gestionnaires était génératrice d'incertitudes et de tensions. Confrontés à des injonctions contradictoires, telles que l'obligation de gérer des équipes, sans être vraiment maîtres de la situation, notamment du fait de la forte réglementation des emplois dans la fonction publique, et dépourvus de visibilité sur les intentions réelles de la direction, ils nourrissaient le sentiment de ne pas être reconnus dans leur travail. Ils estimaient en particulier qu'ils n'étaient pas suffisamment informés, en tout cas souvent moins que les syndicats, au sujet des orientations et modalités des réformes, alors qu'on leur demandait de plus en plus d'accompagner, voire de porter, les changements en cours.

Face à ces doléances, le directeur général instaure officiellement, début 2004, dans la perspective du démarrage d'un projet d'établissement, un

« Projet encadrement », conduit par un Comité de pilotage composé d'une quinzaine de cadres et de cadres supérieurs des trois filières : soignante, administrative, technique et logistique... La tenue de nombreux groupes de travail débouche sur la création d'un « Collège cadres ». Celui-ci répond à deux objectifs : d'une part associer davantage les cadres à la définition et à la conduite du changement, d'autre part les mobiliser afin qu'ils portent les messages et relaient les décisions.

Mais, ne s'étant jamais rassemblés auparavant en tant que membres de la même personne collective, les cadres ont eu d'abord à s'identifier mutuellement comme tels, comme l'explique cette directrice adjointe de la Direction de l'analyse, de la prospective et des activités médicales :

> On se dit, ça va aller vite parce qu'ils sont tous cadres, il y a quand même les mêmes valeurs, y'a un socle... Et là, vous vous rendez compte qu'entre un cadre administratif, un cadre soignant, c'est pas la même représentation. Le temps que chacun appréhende : « Ah bon, et toi tes contraintes, c'est ça ! » Et là, on voit que ça prend du temps de s'approprier ce groupe-là. Il faut qu'il crée son identité, ça prend du temps, les gens ne se connaissaient pas et les métiers des uns et des autres n'étaient pas forcément... Vous mettez un cadre à un moment donné soignant qui se retrouve dans un Collège cadres avec l'attaché qui est à la DRH, et qui explique son métier et voilà quels sont... Eh bah, vous comprenez mieux que les contraintes des uns et des autres ne sont pas connues !

L'émergence du « Collège cadres » a par ailleurs donné vie à un groupe de porte-parole qui suscite une certaine méfiance du côté des syndicats, mais aussi de la Direction des ressources humaines ou encore de la Direction des soins, inquiets du risque de voir ce nouvel acteur collectif, dont ils mesurent mal le pouvoir d'action et de décision actuel et futur, empiéter sur leurs prérogatives, au moment même où la mise en place des Pôles d'activités vient redéfinir les règles du jeu.

La tentative de fédérer les cadres en une catégorie plus homogène pour mieux les impliquer dans la mobilisation des personnels n'est donc pas sans poser problème du fait, d'une part, de leurs divisions internes organisationnelles, mais aussi, d'autre part, à cause des perturbations que leur entrée dans le jeu des rapports de pouvoir peut générer. Il en va tout autrement dans un Hôpital Local qui constitue pour ainsi dire un cas de figure opposé à celui d'un CHU, dans la mesure où l'équipe de direction est réduite à sa plus simple expression, avec un directeur et une cadre de santé.

Un îlot de résistance à la logique managériale ?

Ce petit établissement de 107 lits, implanté en zone rurale, accueille des personnes âgées dépendantes et quelques handicapés dont l'état requiert une prise en charge en institution. Il ne compte pas de personnel médical parmi ses salariés et fait appel à un généraliste en cas de nécessité. Ce qui caractérise le monde social formé par les patients, les soignants, le personnel administratif et les médecins est le fait que tous se trouvent insérés dans un dense réseau local d'interconnaissance. Les patients qui viennent finir leur vie sont des voisins, voire des membres de la famille du personnel, qui peut voir en eux l'image de son propre avenir.

Le directeur, issu du même bourg, s'est hissé progressivement jusqu'à ce poste en passant des concours internes alors qu'il partait du bas de l'échelle. Tout en baignant dans ce climat de relations familières, il préserve son autorité en déléguant de nombreuses tâches à la cadre de soins. Arrivant en fin de carrière, il mesure le contraste entre la situation qu'il a connue à ses débuts et la période actuelle. C'est avant tout comme un mouvement de bureaucratisation du fonctionnement de l'hôpital, un durcissement et une démultiplication des contraintes exercées par les tutelles que lui apparaît cette évolution :

> Il y a encore sept ou huit ans, j'allais à la DDASS, je prenais rendez-vous, on discutait du fonctionnement de l'hôpital, on discutait des orientations, on discutait du budget. Aujourd'hui, on ne discute plus ! J'y vais plus ! On me dit : « C'est pas la peine ! » Les décisions sont prises. C'est ce que je ressens, hein ! On discute plus : « Voilà votre enveloppe ! ». Ah, on a beau dire : « Mais attendez, on a des fonctionnements sur votre enveloppe... » Point !

La cadre de soins, ancienne infirmière, approche elle aussi de l'âge de la retraite. Connaissant bien la situation des cadres du CHU pour y avoir travaillé et gardé de nombreux contacts, elle commente en ces termes la mise en place du collège des cadres :

> J'ai encore plein de copines qui sont cadres au CHU, c'est de la merde hein, c'est de l'esbroufe, ça sert à rien, tout ça c'est des conneries ! C'est pipeau, c'est de l'esbroufe, c'est de la paillette, c'est de la merde tout ça ! C'est de la merde ! Au CHU, ils sont tous en train de souffrir, les cadres, ils ont qu'un truc à faire, c'est fermer leur gueule ! C'est... ils sont pressurisés, ils sont... C'est de la manipulation, c'est de la poudre aux yeux, c'est rien !

CONCLUSION

Il n'est sans doute pas indifférent que ces propos radicaux émanent d'une cadre de soins isolée dans l'hôpital local, et non du CHU où la notion de cadre de santé inclut des effectifs importants de cadres administratifs et techniques plus proches de la figure ordinaire du cadre. Ils n'en attestent pas moins que les dispositifs et discours visant à inculquer l'ethos managérial à des professionnels, comme ceux de la santé ou du travail social, qui possèdent une forte identité centrée sur des valeurs et des référents étrangers sinon opposés à la logique gestionnaire, ne vont pas sans rencontrer des résistances parfois véhémentes.

À moyen terme, quoi qu'il en soit, la greffe prend. Les travaux tendent à s'accumuler [Feroni et Kober-Smith, 2005 ; Bourret, 2006 ; Chéronnet, 2006 ; Benard-Pouleau, 2004] pour vérifier que ces procédés organisationnels et langagiers très divers mais convergents aboutissent au fil du temps à une redéfinition des pratiques et de la conscience de soi de cette catégorie spécifique d'acteurs, qui prend peu à peu de la distance envers les professionnels de terrain et assume davantage la posture gestionnaire qui est attendue d'elle. Ainsi, comme nous l'avons suggéré ailleurs [Gadea, 2003], la figure du cadre, loin de tirer à sa fin, s'élargit et se diversifie en intégrant ces nouveaux groupes transformés – fut-ce à leur corps défendant – en porteurs de la rationalisation managériale, dans laquelle on peut voir une des faces du processus séculaire de rationalisation de la vie auquel Max Weber a consacré ses recherches.

BIBLIOGRAPHIE

ACKER F. (2003), « Les infirmières : une profession en crise ? », in J. DE KERVASDOUÉ (dir.), *La Crise des professions de santé*, Dunod, Paris, p. 283-306.
AUTÈS M. (1999), *Les Paradoxes du travail social,* Dunod, Paris.
BENARD-POULEAU A. (2004), « Les cadres de l'action sociale de 1982 à 2002 : rôles et compétences des responsables de circonscription », Thèse de gestion, Versailles Saint-Quentin-en-Yvelines.
BOURRET P. (2006), *Les Cadres de santé à l'hôpital. Un travail de lien invisible*, Seli Arslan, Paris.
CHAUVIÈRE M. et BACHMAN C. (1998), « Requalifier le travail social ? Entre localisme et nouvel impératif public », *Revue de l'économie sociale*, XV, p. 133-144.
CHÉRONNET H. (2006), *Statut de cadre et culture de métier. La structuration des fonctions d'encadrement dans le secteur de l'éducation spécialisée*, L'Harmattan, Paris.
FÉRONI I. et KOBER-SMITH A. (2005), « La professionnalisation des cadres infirmiers : l'effet de l'action publique en France et en Grande-Bretagne », *Revue française de sociologie*, n° XXXXVI-3, p. 23-47.
GADÉA C., (2003), *Les Cadres en France. Une énigme sociologique*, Belin, Paris.
GINGRAS Y., KEATING P. et LIMOGES C. (1998), *Du scribe au savant. Les porteurs du savoir de l'Antiquité à la révolution industrielle*, PUF, Paris.
HUGHES E.C. (1996), *Le Regard sociologique. Essais choisis*, Éditions de l'EHESS, Paris.

6

Métiers et entreprises : une articulation en tension

Sylvie Monchatre

Qu'est-ce qu'un métier ? La question mérite d'être posée dans une société salariale qui place l'emploi au premier plan. Le métier pourrait n'avoir de validité qu'au sein de l'artisanat, à travers une forme instituée, procurant autonomie économique et technique à un groupe professionnel, et perdre toute pertinence au sein du salariat. De fait, l'usage de ce terme remplit une fonction idéologique qui masque généralement « la distance entre les pratiques effectives et l'imaginaire social » qu'il évoque [Vatin, 1999]. Le métier a une forte connotation positive tant il est associé à la maîtrise d'une technicité dans le travail [Dadoy, 1989] et à la possession d'un état qui rend libre, comme l'affirmait Proudhon. Il se prête d'autant plus à de tels usages qu'il s'agit d'une notion ambiguë. Pour Naville [1962] en effet, il désigne à la fois une caractéristique individuelle, c'est-à-dire « un ensemble de capacités techniques de travail », et une activité collective qui est le propre d'un secteur d'activité ou d'une entreprise. Il peut donc être revendiqué de toutes parts, aussi bien par les employeurs, qui définissent leur activité en termes de métier [Piotet, 2002 ; Ughetto, 2007], que par les salariés qui expriment un « désir de métier » dans leur activité [Osty, 2003].

La rencontre de ces revendications croisées ne manque pas de susciter des tensions. Qui, en effet, possède la définition légitime du métier : les directions d'entreprise ou les salariés « qui opposent leur enracinement de métier à une gestion "rationnelle" de la main-d'œuvre » [Descolonges, 1996] ? Les salariés ne sont pas dans une position favorable sur ce point. L'entreprise ne fonctionne pas comme une profession, c'est-à-dire comme un groupe de pairs ayant reçu l'autorisation légale de capter un marché, au sein duquel les activités de production et de formation se nourrissent mutuellement. Elle revendique, au contraire, de pouvoir évoluer librement face à des marchés instables, d'adapter son offre de produits et ses techniques de travail au gré des opportunités et réclame, pour ce faire, une main-d'œuvre disposée à la suivre. Dans ces conditions, les différentes composantes du métier se dissocient. Selon la terminologie de Hughes [1996], on peut dire que l'écart se creuse entre la *licence* qui permet l'accès à un marché du travail et le *mandat* confié aux travailleurs. L'entreprise normalise ses métiers pour des usages flexibles de la main-d'œuvre et les qualités requises pour réaliser ces *mandats* ne sont en aucun cas la propriété collective d'un groupe professionnel. Qu'elles soient définies par un poste de travail ou par une « compétence » à prendre des responsabilités dans le travail, ces qualités restent indéfectiblement la propriété des organisations qui les requièrent. L'entreprise s'estime d'ailleurs la seule habilitée à les évaluer.

Comment se gère alors cette tension structurelle entre métiers individuels et métiers d'entreprise ? Il importe ici de distinguer les discours des pratiques, et ceci d'autant plus que les politiques de gestion des compétences des entreprises ont contribué à entretenir une certaine confusion sur ce point. Nous présenterons, dans un premier temps, les doctrines produites sur la compétence car elles véhiculent deux acceptions opposées du recours au métier. Dans un cas, le métier de l'entreprise et celui des salariés doivent converger et se rejoindre dans la participation à un projet commun. La gestion des compétences doit alors participer à construire cette association des salariés et des employeurs. Dans l'autre cas, l'entreprise ne saurait durablement employer des métiers frappés d'obsolescence. Les métiers des salariés et ceux des entreprises ne pouvant se rencontrer que lors d'associations ponctuelles, la gestion des compétences doit servir à développer des mobilités externes et des reconversions. Il reste que la tension entre ces conceptions des métiers ne se réduit pas à cette alternative. Elle fait l'objet de pratiques managériales visant à organiser leur articulation. Ce sont elles que nous présenterons dans un deuxième temps.

DES DISCOURS SUR LES MÉTIERS...

Par un curieux renversement, les discours sur les métiers ont été nombreux à surgir de la part d'entreprises qui ont pourtant, historiquement, contribué à leur déclin. Il s'agit en effet d'une terminologie commode, qui semble répondre aux aspirations des salariés et de leurs représentants. Ainsi, la rhétorique de la compétence et des métiers s'inscrit dans l'ambition des employeurs d'associer les salariés pour mieux obtenir leur participation [Reynaud, 1999], sachant qu'à l'opposé, ils peuvent aussi rêver de les transformer « en pures machines » pour se prémunir contre leur indocilité. L'ambition d'association des salariés aux objectifs de l'entreprise, dans le cadre d'une conception revisitée du métier, se présente sous une forme accomplie dans les textes de P. Zarifian sur la compétence. Mais cette rhétorique de la compétence et des métiers est également convoquée lorsque l'association durable entre salariés et employeurs est considérée comme problématique. Les métiers de l'entreprise étant amenés à changer, ceux des salariés doivent évoluer dans le même sens, sous peine d'une séparation inéluctable qu'il s'agit d'anticiper. Le mouvement de la GPEC (Gestion anticipée des emplois et des compétences) considère ainsi que l'entreprise doit être transparente sur ses objectifs, afin de permettre aux salariés de faire évoluer leurs compétences acquises en vue de nouveaux emplois. Ces deux discours attestent de conceptions opposées de la gestion de la tension entre métiers individuels et collectifs.

Du métier collectif...

Pour P. Zarifian, à qui l'on doit la conception d'un « modèle de la compétence » [2001] ayant reçu un large écho, la gestion des compétences et des métiers doit se préoccuper du travail pour sauver l'emploi. Ce modèle s'appuie sur un diagnostic de mutation des économies et de transformation des ressorts de la compétitivité des entreprises. La « compétence » serait la réponse idoine à cette mutation, dans la mesure où elle créerait les conditions d'une mobilisation plus intense de « ressources humaines » dont le niveau d'éducation s'est accru. Elle s'inscrit dans l'émergence de nouveaux modèles productifs, en rupture avec le taylorisme et le travail aliéné qu'il induisait. C'est une réponse gestionnaire à ce diagnostic que propose le « modèle » de la compétence, à l'aide d'une philosophie qui réactive et actualise l'idéal artisanal du métier comme « retour du travail dans le travailleur ».

Le modèle se fonde sur l'idée qu'un mouvement de revalorisation du travail deviendrait possible par la transformation de la nature même du travail. Les conditions de mobilisation de la main-d'œuvre s'en trouveraient affectées à deux niveaux. D'une part, le travail industriel se tertiariserait en intégrant une dimension de service et de coopération inédites. Il importerait alors de « décentraliser une partie du pouvoir de décision auprès des équipes de base pour qu'elles puissent répondre à la complexité des performances » [Zarifian, 2001, p. 25]. D'autre part, la montée des incertitudes pesant sur le marché des produits et la complexification des technologies de production réclamerait de laisser plus d'autonomie aux salariés face aux événements et « aléas » auxquels ils sont confrontés. Le « modèle de la compétence » plaide ainsi en faveur d'une véritable association du travailleur et de l'employeur. Il demande de rompre avec la logique du poste de travail au profit d'un projet partagé. En effet, le poste de travail renvoie à une succession d'opérations prescrites, « extérieures » à l'individu et auxquelles il doit se plier. Mais dans ces conditions, la richesse des capacités productives des salariés ne saurait se déployer. C'est pourquoi il importe, selon Zarifian, de sortir de cette logique du poste afin « que le travail soit en quelque sorte réabsorbé par l'individu qui le réalise » [2001, p. 36]. Ce modèle renvoie à l'idéal artisanal d'une unité perdue du travail et appelle au retour du « métier », synonyme de cette réappropriation.

Ce retour du métier doit cependant prendre la forme résolument moderne du « sujet ». Produit d'une évolution historique, le « sujet » échapperait à la domination en devenant « auteur » de ses propres actes et en se dotant d'une subjectivité propre et singulière. L'analyse ne retient de l'œuvre de M. Foucault que le processus de subjectivation, en ignorant les dispositifs de pouvoir qui interviennent, du dehors, dans sa mise en œuvre. Le sujet serait avant tout disposé à s'épanouir et à « s'automobiliser », dans un travail productif traversé d'échanges communicationnels qui engagent la subjectivité tout en participant à la construire. Cette nouvelle qualité du travail conduirait alors à un renversement : « le travail, au lieu de précéder le sujet, le suit, il devient l'expression directe de la puissance de pensée et d'action de cet individu, de son savoir, de son intelligence pratique » [*ibid.*, p. 38]. Le modèle de la compétence appelle ainsi à une implication subjective de l'individu, sous la forme d'une prise d'initiative (il doit être « acteur »), ce qui suppose que l'entreprise reconnaisse la compétence singulière de ce « sujet » en situation.

Enfin, le « modèle de la compétence » réclame une organisation au service des initiatives et des apprentissages collectifs. À chaque moment de la production, les salariés doivent pouvoir alimenter l'efficience productive en anticipant les désirs du client ou en se projetant comme consommateurs. P. Zarifian se défend de placer le client au centre de l'organisation comme dans le toyotisme. L'économie de service doit, selon lui, devenir un véritable projet partagé, au sein duquel clients et producteurs seraient solidaires. La hiérarchie ne doit pas s'interposer pour faire ombrage à leur alliance. Les salariés gagnent ainsi un « métier » qui se définit, précisément, dans cette offre collective de service, fruit d'une communication, intercompréhension, coopérations réussies entre producteurs au service des consommateurs. Dans l'entreprise rassemblée autour du même idéal, le métier est cette « communauté d'action » dans laquelle se manifestent les valeurs partagées des salariés.

... aux métiers individuels

À l'opposé de cette vision réconciliatrice des métiers, visant un engagement durable entre employeurs et salariés, la notion de compétence est convoquée pour penser l'autonomisation des métiers des individus et des entreprises. L'enjeu se déplace alors du travail vers l'emploi. GAEC, GPRH, GPPEC, GPEC[1] : tous ces sigles ont largement envahi le vocabulaire gestionnaire au cours des années 1980. L'ouvrage de D. Thierry, du cabinet *Développement et emploi*, intitulé « Gestion prévisionnelle des emplois et des compétences », publié en 1990, en a constitué l'un des

---

1. GAEC : gestion anticipée des emplois et des compétences ; GPRH : gestion prévisionnelle des ressources humaines ; GPPEC : gestion préventive et prévisionnelle des emplois et des compétences ; GPEC : gestion prévisionnelle des emplois et des compétences.

principaux guides techniques. Son objectif était de permettre aux entreprises de développer leur compétitivité et de se moderniser à l'aide d'une « action rigoureuse et persévérante de valorisation et d'optimisation des ressources humaines », en examinant simultanément leurs aspects quantitatifs et qualitatifs. Plutôt que de réaliser une gestion de l'emploi sur un mode curatif, c'est-à-dire sans anticipation et avec des plans sociaux auxquels les salariés ne sont pas préparés, le parti pris était de la réaliser sur un mode préventif.

On mesure ici ce que cette démarche, issue des réflexions croisées de consultants, d'entreprises et de centres de recherches publics, doit aux enseignements tirés des restructurations de l'industrie lourde engagées à partir de la fin des années 1970, à l'occasion desquelles les reclassements des ouvriers s'étaient effectués dans des conditions particulièrement difficiles. Cette préoccupation entrera d'ailleurs directement en résonance avec la réflexion engagée au sein du patronat, sous l'impulsion de J. Gandois. L'enjeu était alors de concevoir une gestion des ressources humaines qui soit en mesure de faciliter la mobilité des salariés et d'anticiper les éventuels reclassements externes.

Plus globalement, l'enjeu de la GPEC est de relier les problématiques d'emploi aux stratégies des entreprises, non seulement pour faciliter les reclassements, mais également pour retenir les savoir-faire des salariés âgés. La gestion anticipée des emplois vise enfin à prévenir les risques d'inadaptation aux évolutions technologiques et organisationnelles, en identifiant les évolutions des qualifications et en préparant le personnel aux changements à venir. L'objectif est d'ajuster les ressources humaines aux besoins de l'entreprise, sachant que celle-ci ne constitue pas nécessairement un horizon indépassable pour les salariés [Baron, 1993]. L'enjeu pour les gestionnaires n'est pas ici d'intégrer et de fidéliser durablement les salariés. Il est plutôt de les rendre mobiles pour s'adapter aux besoins futurs de l'entreprise, au risque de s'en séparer en cas d'inadéquation, jusqu'à établir des passerelles avec l'extérieur de l'entreprise pour faciliter les mobilités.

Dès lors, l'employeur ne doit plus assumer seul la responsabilité du changement mais le salarié doit également y contribuer. C'est un modèle de salarié entrepreneur de son activité et de sa carrière qui sous-tend cette approche. La GPEC requiert un « salarié-acteur », rationnel, volontaire, capable de participer à ce travail d'anticipation de l'entreprise et de mobiliser son intelligence à cette fin. C'est pourquoi l'entreprise doit communiquer sur sa stratégie pour lui permettre de se positionner face aux « emplois-cibles » qui en découlent et de mettre en œuvre les stratégies d'anticipation requises. Une gestion plus individualisée des projets et des parcours professionnels doit ainsi se développer, en vue de cerner au plus tôt le degré de convergence-divergence des projets personnels avec les évolutions de l'entreprise. Or, cet idéal de transparence des termes du contrat entre employeurs et salariés ne saurait être permis par les méthodes traditionnelles de gestion des postes.

La GPEC demande de dépasser la notion de poste de travail au profit de celle d'« emploi-type ». L'emploi-type, notion labellisée par le Centre d'études et de recherches sur les qualifications (Céreq), désigne les situations de travail qui présentent des spécificités communes, qu'il s'agisse de tâches, de procédés, de finalités. Il regroupe des emplois différents mais présentant une cohérence technique, procédurale, etc., du point de vue de l'opérateur humain. Il a pour particularité d'intégrer la manière dont les individus modèlent les emplois qu'ils occupent, c'est-à-dire les tâches ou activités non prescrites qu'ils réalisent en pratique (élasticité de l'emploi), ainsi que la diversité des conditions d'exercice de ce même emploi selon les technologies ou l'organisation (variabilité). L'homogénéité des activités associées à un emploi est censée ouvrir une aire de mobilité interne et faciliter la « transférabilité » des compétences. La compétence joue ici un rôle directement opératoire : elle est l'unité de conversion qui, telle une monnaie, permet d'établir des correspondances entre les besoins de l'entreprise et les « ressources » de l'individu, monnaie d'échange sur un marché élargi du travail. Les dispositifs qui en ont résulté visaient à optimiser les affectations de la main-d'œuvre, grâce à l'intervention experte des spécialistes de l'emploi et des « ressources humaines ». La GPEC propose ainsi de recomposer, pour les individus, des métiers susceptibles de faciliter leur mobilité sur les marchés interne et externe du travail.

Comme toutes les doctrines, ces deux approches gestionnaires, si divergentes soient-elles, ont en commun de laisser dans l'ombre les dynamiques du fonctionnement social. Le « modèle de la compétence » cherche à réhabiliter une vision quasiment communautaire, voire fusionnelle, des métiers des salariés et des entreprises, en ignorant le caractère improbable d'une telle harmonie au sein du rapport salarial. La GPEC, pour sa part, développe une approche techniciste qui s'intéresse à l'orthogonalité des métiers des salariés et des entreprises, sans prendre en compte leur hétéronomie autrement qu'en termes adéquationnistes. Il importe donc ici de rappeler comment ces métiers s'articulent dans les faits, en dépit des obstacles rencontrés.

...AUX PRATIQUES DE GESTION DES MÉTIERS

Tout d'abord, l'idée que les travailleurs sont simplement associés à l'entreprise qui les emploie ne doit pas faire oublier que le gouvernement du travail salarié repose sur des formes, sans cesse renouvelées, d'imposition de la contrainte et d'exercice de l'autonomie. L'observation des pratiques de gestion des « métiers » en entreprise montre que, si elles ne produisent pas la réconciliation attendue par le modèle de la compétence, leur mise en œuvre n'est pas vaine pour autant. Le développement d'une gestion des compétences va, en effet, de pair avec la définition d'emplois au périmètre élargi. De fait, l'organisation du travail tend à accorder davantage de place aux initiatives et aux apprentissages à des niveaux très localisés. Les emplois sont redéfinis en termes de métiers ou de fonctions, par agrégation ou recomposition des anciens postes de travail. Il ne faut toutefois pas se méprendre sur cet usage du terme de « métier », qui n'a rien de commun avec les réalités qui lui sont classiquement associées. Les métiers dont il est question en entreprise correspondent à un découpage fonctionnel, et non technique, des tâches. Ils rassemblent les postes d'un même atelier, d'un même secteur ou d'un même service, au sein desquels des évolutions de carrière sont rendues possibles. Dans cet élargissement du périmètre des emplois, une polyvalence est demandée aux salariés ainsi qu'une plus grande prise de responsabilité. Les référentiels de compétences associés à ces emplois visent à établir des priorités dans les tâches à réaliser, ainsi qu'à encourager les initiatives dans une perspective de progression individuelle. C'est essentiellement à l'intérieur de ces nouveaux espaces d'activité et d'évolution qu'une stimulation vertueuse des apprentissages peut se produire.

Les métiers dans les relations de mandat

Par ailleurs, le métier ainsi constitué ne se présente pas comme un mode d'organisation extérieur à l'entreprise qui l'emploie. Il s'inscrit dans un mode de mobilisation de la main-d'œuvre instaurant, in fine, une relation de « mandat » avec l'organisation qui l'emploie [Monchatre, 2007a]. Le mandat est ce « phénomène étonnant [qui] consiste en ce que quelqu'un puisse se décharger sur quelque autre personne ou entité de la charge d'accomplir pour lui ce qu'il n'a pas le temps, la capacité ou le goût de faire lui-même » [Girin, 1995 : 233]. Ce phénomène se rencontre aussi bien dans le cadre de rapports marchands qu'au sein d'une organisation. En effet, les organisations ne peuvent fonctionner et être dirigées que sur la base d'une « forme particulière d'ignorance », le management ne pouvant – ni ne voulant – savoir tout ce qui s'y passe. Par conséquent, le mandat désigne la relation dans laquelle s'inscrit la mobilisation du métier au service d'une entreprise.

Classiquement, les relations de mandat dans les organisations concernent essentiellement le salariat dit de confiance. Elles s'adressent généralement aux cadres d'entreprise, dès lors qu'une direction fixe des objectifs à l'entité qu'ils dirigent et leur procure une enveloppe de ressources et de moyens pour y parvenir. Elles concernent également ceux que l'on désigne comme les « hommes de métier », à qui sont déléguées les tâches de concevoir, réparer, inventer, dans des situations où les protocoles ne sont pas établis ou défaillants. Or, depuis les années 1980, une telle pratique du mandat se répand plus largement. La tension grandissante entre

« pertinence » de l'activité face aux marchés et « cohérence » interne des modes de coordination [ECOSIP, 1996], n'est pas sans lien avec la montée d'une gestion des compétences visant la responsabilisation des collectifs de production en matière de gestion de l'événement. Les relations de mandat tendent ainsi à se diffuser dans les fonctions de réalisation : elles sollicitent des salariés « compétents », appelés à prendre en charge les dimensions centrales et périphériques de leurs emplois. L'enjeu est même de suppléer la hiérarchie de proximité, dans des activités de coordination appelées à relever de l'ajustement mutuel plus que de la supervision directe.

Il reste que, contrairement aux membres d'un groupe professionnel, les salariés disposent de peu de ressources de négociation pour agir sur la définition de leur mandat. Nombre de « dynamiques sociales de métier » sont pourtant en germe dans les situations de travail salarié, ainsi que le souligne F. Osty [2003]. En particulier, l'existence de zones d'autonomie favorise une meilleure appropriation de l'activité et facilite le développement d'un rapport subjectif au travail. De même, le maintien d'aléas, d'événements fortuits ou encore la présence de risques dans le travail requièrent la mobilisation de capacités de jugement et de diagnostic, ainsi que des valeurs d'ordre éthique, qui font émerger du sens et confrontent l'individu au résultat de son action. Enfin, les collectifs de travail œuvrent à développer une coopération et une circulation des savoirs, à l'aide d'échanges et de retours d'expériences. Mais force est de constater que cette expérience, subjective et intersubjective du métier, a toujours de la difficulté à s'inscrire dans un cadre collectif. Le niveau local est le théâtre des tensions qui surgissent entre les représentations du métier, revendiquées par les équipes de travail, et celles véhiculées par l'institution. Si les hiérarchies de proximité jouent un grand rôle dans l'apaisement de ces tensions, dans l'animation des équipes et l'orchestration des compétences mobilisées, elles demeurent souvent impuissantes à protéger le collectif de la pression productive ou encore des changements qui commandent les réorganisations du travail.

Ambiguïtés des métiers

Ces tensions entre les métiers des salariés et les exigences de l'entreprise demandent aux collectifs de développer activement une réflexivité sur le travail, en vue de participer à la construction « d'agencements organisationnels » pertinents [Girin, 1995]. La hiérarchie de proximité peut être partie prenante de cette réflexion, sans toujours être en mesure de la piloter ni même de l'accompagner. Le risque est alors, pour elle, de perdre de vue certaines problématiques de l'activité en situation. La dynamique de métier s'inscrit, de fait, dans un recul du caractère univoque de la prescription qui se nourrit largement de la participation des individus [Rot, 2006]. Elle sollicite, de fait, des pratiques de coopération et d'arbitrage proches de celles des « hommes de métier ». Mais contrairement à ces derniers, les salariés « compétents » ne sont pas en mesure de mettre en œuvre un savoir-faire collectivement stabilisé, ni de peser en faveur de la reconnaissance de leur compétence collective. De fait, l'écart se creuse entre les problématiques de l'activité productive et celles de la gestion des compétences mobilisées. D'une part, l'évaluation des compétences effectuée par la hiérarchie de premier niveau permet moins de reconnaître leur contribution effective à l'activité que de différencier équitablement les salariés au sein des équipes. D'autre part, la gestion des compétences, qui émane des directions des ressources humaines, s'appuie sur des outils davantage conçus pour créer des passerelles de mobilité qu'un professionnalisme saisi au plus près de l'activité. Elle n'est donc guère en mesure de contribuer à fertiliser le travail sur le métier.

L'entreprise offre ainsi des espaces d'autonomie qui se trouvent enserrés dans de fortes contraintes de gestion. Elle crée, de fait, les conditions de l'engagement subjectif au travail mais, ce faisant, stimule le désir de métier sans toujours y répondre. Le métier des salariés se présente alors avant tout comme une « posture », vécue en deçà de sa « forme organisée » [Osty, 2003, p. 235]. Il atteste d'une prise de responsabilité dans le travail dont la reconnaissance demeure problématique, notamment en termes de carrière. Les métiers en entreprise correspondent, en effet, à des espaces de polyvalence fonctionnelle. La montée en responsabilité des salariés, circonscrite à l'espace du service ou de l'atelier, dessine des strates de mobilités davantage horizontales que verticales. Ces poches de polyvalence limitent les perspectives de carrière à des espaces confinés. Les salariés bénéficient d'évolutions qui se traduisent, soit par des mini-filières promotionnelles à l'intérieur du métier, soit par des bonifications salariales. Mais leurs évolutions se heurtent vite à un plafond de verre.

CONCLUSION

L'effet – paradoxal – du développement de la gestion des compétences dans les entreprises est ainsi d'élargir l'espace de mobilisation au travail davantage que d'en rehausser le plafond. Dès lors, pour prétendre à un métier de niveau supérieur dans la même entreprise, les salariés d'exécution sont de plus en plus appelés à franchir un seuil institutionnel [Eckert et Monchatre, 2009]. De fait, la polyvalence ne suffit pas à surmonter les segmentations organisationnelles : elle renforce l'isolement des salariés les moins qualifiés, en même temps qu'elle cloisonne l'espace de mobilité interne. La progression promotionnelle apparaît alors moins garantie par l'implication dans le travail que par la mobilisation de ressources extérieures, telles que la formation, le diplôme ou toute forme de « capital social » pertinent. L'impasse des carrières ouvrières, avec la disparition de la figure de l'ouvrier professionnel [Beaud et Pialoux, 1999], apparaît ainsi moins comme un cas particulier que comme la trame d'un modèle appelé à se généraliser à d'autres catégories. À moins que le retournement démographique annoncé ne change la donne et que le remplacement des départs en retraite de la génération du baby-boom ne suscite des besoins qui relancent les recrutements et la promotion interne. Il reste que les conditions d'exercice du métier dans l'entreprise sont soumises à des exigences sans cesse renouvelées. Elles s'inscrivent dans une tension entre métiers individuels et collectifs qui conduit autant à détacher les salariés de leurs postes de travail qu'à renforcer leur implication. La polyvalence est encouragée entre des postes contigus, dans le cadre d'une approche résiduelle de la carrière. La gestion des métiers atteste alors d'une sophistication des usages de la main-d'œuvre à l'intérieur de segments bien circonscrits, sans que cette participation accrue des salariés à la performance collective ne soit synonyme de leur intégration durable dans l'entreprise [Monchatre, 2007b]. Implication dans l'emploi et mobilité externe ne s'excluent donc pas. Ils participent d'un nouveau mode de « partage des risques » au sein de la relation salariale dont le « métier », par ses ambiguïtés, constitue le nouvel avatar.

BIBLIOGRAPHIE

BARON X. (1993), « La gestion prévisionnelle de l'emploi et des compétences en entreprise », *Cahiers français*, p. 3-19.
BEAUD S. et PIALOUX M. (1999), *Retour sur la condition ouvrière*, Fayard, Paris.
DADOY M. (1989), Le retour du métier, *Revue française des affaires sociales*, 4, p. 69-102.
DESCOLONGES M. (1996), *Qu'est-ce qu'un métier ?* PUF, Paris.
ECKERT H. et MONCHATRE S. (2003), « Carrières ouvrières : petits arrangements avec la polyvalence », Paris, communication aux 9e journées de sociologie du travail.
ECOSIP, COHENDET P., JACOT J.-H. et LORINO P. (dir.) (1996), *Cohérence, pertinence et évaluation*, Economica, Paris.
GIRIN J. (1995), « Les agencements organisationnels », *in* F. CHARUE-DUBOC (dir.), *Des savoirs en action*, L'Harmattan, Paris, p. 233-279.
HUGHES E.C. (1996), *Le Regard sociologique*, Paris, Éditions de l'École des hautes études en sciences sociales, traduction française.
MONCHATRE S. (2007a), « Mobilisation des compétences et reconnaissance des métiers : le « mandat » en questions », *in* CAVESTRO W., DURIEUX C. et MONCHATRE S. (dir.), *Travail et reconnaissance des compétences*, Economica, Paris, p. 65-79.
MONCHATRE S. (2007b), « Des carrières aux parcours... en passant par la compétence », *Sociologie du travail*, 49 (4), p. 514-530.
NAVILLE P. (1962), « L'emploi, le métier, la profession », *in* FRIEDMANN G. et NAVILLE P., *Traité de sociologie du travail*, Armand Colin, Paris, 2e édition, 1964, Tome 1, p. 231-240.
OSTY F. (2003), *Le Désir de métier*, Presses universitaires de Rennes, Rennes.
PIOTET F. (dir.) (2002), *La Révolution des métiers*, PUF, Paris.

ROLLE P. (2003), « Saisir et utiliser l'activité humaine. Qualité du travail, qualification, compétence », in DUPRAY A., GUITTON C. et MONCHATRE S.
(dir.), *Réfléchir la compétence. Approches sociologiques, juridiques et
économiques d'une pratique gestionnaire*, Octarès, Toulouse, p. 77-87.
ROT G. (2006), *Sociologie de l'atelier. Renault, le travail ouvrier et le sociologue*, Octarès, Toulouse.
UGHETTO P. (2007), « Métier de l'entreprise et exercice du travail avec métier :
un défi pour la gestion des compétences », in CAVESTRO W., DURIEUX C. et
MONCHATRE S. (dir.), *op. cit.*, p. 81-89.
VATIN F. (1999) *Le Travail, sciences et société*, Éditions de l'Université Libre
de Bruxelles, Bruxelles, p. 158-161.
ZARIFIAN P. (2001), *Le modèle de la compétence*, Éditions Liaisons, Paris.

II.

L'autonomie des professionnels et les mécanismes de régulation

7

Les professions face à l'Europe : les psychologues

Thomas Le Bianic

Les efforts que déploient les professions depuis quelques décennies pour s'organiser à l'échelle européenne invitent à revisiter un thème classique : celui de la régulation des professions[1]. Les analyses de cette question ont longtemps oscillé entre deux postures. La première, insistant sur la régulation par le bas (*bottom-up*), voyait avant tout dans les professions des corps autorégulés, fixant eux-mêmes les conditions de leur activité. Une telle posture trouve son aboutissement dans la littérature fonctionnaliste, notamment dans l'ouvrage de Gilb [1967] qui voit dans les professions des « petits gouvernements », à qui la puissance publique a accordé un pouvoir de régulation sur des questions aussi diverses que la formation, l'accès au marché du travail, la définition du prix et de la qualité des « produits ». La seconde, qui insiste sur la régulation par le haut (*top-down*), met au contraire l'accent sur le rôle joué par l'État dans la régulation des professions à travers l'activité de certification, la création de « niches professionnelles » dans le secteur public et parfois, le contrôle disciplinaire sur les professionnels.

Notre objectif n'est pas d'apporter une nouvelle contribution à ce débat, mais d'étudier, à partir d'un cas empirique, le nouveau modèle de régulation des professions qui émerge en Europe aujourd'hui. A-t-on affaire à une régulation bureaucratique et verticale des professions par la Commission européenne, comme le laissent entendre certaines critiques formulées à l'encontre des directives européennes, ou voit-on émerger un nouveau modèle d'organisation décentralisée des professions, plus proche du modèle des *professions* anglo-saxonnes ? Pour répondre à ces questions, nous nous

---

1. L'expression de « régulation des professions » n'est pas entendue ici dans son sens anglo-saxon, où elle est empreinte d'un certain juridisme, et désigne la situation d'un ensemble restreint de métiers dont la pratique est légalement encadrée, mais dans un sens plus proche de celui de Jean-Daniel Reynaud [1989], qui s'intéresse à l'activité sociale collective qui se déroule autour de « la création, de la transformation ou de la suppression de règles ». La régulation est donc abordée comme un processus social et non comme un état.

appuierons sur le cas de la profession de psychologue, qui s'est « européanisée » depuis une trentaine d'années. Cet exemple montre que le modèle de régulation des professions en Europe s'éloigne de plus en plus d'un modèle vertical, caractérisé par l'imposition d'un cadre réglementaire par les autorités européennes et s'oriente vers un modèle de « gouvernance », qui donne aux professions une plus grande marge de manœuvre dans leur processus d'européanisation.

Afin de mieux comprendre la nature des enjeux en cours, nous nous livrerons à une analyse comparée de l'impact de l'européanisation de la profession de psychologue dans deux pays où cette profession connaît des situations particulièrement contrastées : la France et le Royaume-Uni. Nous nous appuyons sur l'analyse de documents internes des associations professionnelles et sur une dizaine d'entretiens menés auprès de responsables d'associations nationales de psychologues (France et Royaume-Uni) et de responsables de l'association européenne des psychologues : l'EFPA (*European Federation of Psychologists'Association*). Dans un premier temps, nous présenterons la situation de la profession en France et au Royaume-Uni et examinerons l'importance de la mobilité internationale des psychologues dans les deux pays étudiés. Nous présenterons ensuite le rôle l'EFPA et le partage de responsabilités qui s'opère entre organisations nationales et supranationales. Enfin, nous mettrons en évidence quelques-unes des spécificités du modèle de régulation des professions en émergence au plan européen.

RÉGULATIONS NATIONALES ET MOBILITÉ INTERNATIONALE

La psychologie présente un degré inégal de professionnalisation dans les pays européens, en raison à la fois des trajectoires spécifiques de la discipline, mais aussi des modèles de régulation qui régissent l'activité professionnelle.

En France : le poids d'un héritage bureaucratique

En France, les psychologues exercent majoritairement comme salariés, en particulier dans le secteur public. Cette situation est le produit d'un long héritage. Les premiers services psychotechniques sont apparus dans l'entre-deux-guerres au sein des différents ministères, qui ont trouvé dans la méthode des tests un instrument utile de classement et de gestion des flux de population (dans l'éducation, la santé, la justice, le travail, l'armée etc.). La psychologie clinique, quant à elle, a majoritairement trouvé sa place à la fin des années 1960 dans le secteur sanitaire et social ou, plus récemment, dans l'insertion des publics en difficulté. Des statuts particuliers de psychologue se sont construits sur cette base, avec des logiques spécifiques de

« clôture », conduisant à une segmentation de la profession davantage qu'à son unification autour d'enjeux communs [Le Bianic, 2007].

Une telle situation a donné lieu à des conflits entre les divers syndicats, associations ou organisations professionnelles prétendant représenter l'ensemble de la profession. On y trouve aussi bien des associations savantes comme la SFP (Société française de psychologie) que des syndicats autonomes (Syndicat national des psychologues) ou rattachés à de grandes centrales (SNES dans l'éducation nationale, CGT à l'hôpital…). La situation de la psychologie est marquée par un fort émiettement associatif, seuls 20 % des psychologues en exercice appartenant à l'une ou l'autre de ces associations. Ainsi, les questions traditionnellement dévolues aux associations professionnelles (déontologie, formation, accès au marché du travail…) sont délaissées, et les luttes professionnelles se sont concentrées sur la seule bataille pour la « reconnaissance du titre », plateforme minimale permettant de mettre en accord les acteurs. Cette reconnaissance fut finalement acquise en 1985[2] et peu d'avancées ont été faites depuis.

En comparaison d'autres pays, la régulation de la psychologie est faible en France, que celle-ci résulte de l'action des pouvoirs publics ou des organisations professionnelles. Ainsi, le contenu des formations de psychologues est défini conjointement par les universités et le ministère de l'Éducation nationale, sans concertation avec les professionnels. Le contrôle sur les flux de nouveaux praticiens est quasi inexistant, le nombre de nouveaux diplômés étant davantage le reflet de logiques liées à l'offre universitaire qu'à un souci d'insertion professionnelle. Enfin, si le titre de psychologue est reconnu, les pratiques sont faiblement encadrées et les psychologues ne bénéficient d'aucun monopole de pratique (pas même sur l'usage des tests).

Au Royaume-Uni : une profession indépendante

Au Royaume-Uni, la profession de psychologue est représentée depuis près d'un siècle par la *British Psychological Society* (BPS), qui intervient sur les questions de formation, de déontologie et de reconnaissance du titre. Bien qu'aucune loi n'encadre la pratique de la psychologie, un contrôle puissant s'exerce néanmoins à travers l'action de la BPS : c'est elle qui accrédite les formations universitaires et délivre le titre de « *Chartered psychologist* »[3], véritable filtre à l'entrée sur le marché du travail. Outre ces missions, la BPS assure la formation permanente des psychologues, édite des revues, ouvrages et référentiels de pratique. Seuls les *Clinicals psycho-*

---

2. La loi de 1985 précise que l'usage du titre de psychologue est réservé aux personnes titulaires d'un DESS de psychologie.
3. La *BPS* a obtenu en 1965 une « Charte Royale » qui assure sa reconnaissance comme corps constitué et lui donne la responsabilité de « promouvoir la diffusion des connaissances en psychologie pure et appliquée » [BPS, 2004].

logists, appelés à exercer dans le système public de santé (*National Health Service*) bénéficient d'un statut public puisqu'ils sont rémunérés au cours de leur formation et ont l'assurance d'être embauchés par le NHS [Pilgrim, 2002].

Au regard de la situation française, les psychologues britanniques apparaissent comme une profession unifiée. Toutes les spécialités professionnelles sont représentées à la BPS – psychologie du travail, psychologie de l'éducation et psychologie de la santé – et s'expriment d'une voix unique. Elles s'appuient également sur un socle de connaissances homogène, fondé sur un modèle biomédical, alors qu'en France la profession est divisée entre les tenants d'une approche psychométrique, basée sur les tests (psychologues du travail et de l'éducation) et les défenseurs d'une approche psychanalytique (psychologues cliniciens).

Une mobilité internationale limitée

Bien que la BPS et les associations françaises ne disposent pas d'informations statistiques précises sur la mobilité des psychologues en Europe, on peut supposer que celle-ci demeure un phénomène marginal. Selon Hall et Lunt [2005], seuls 3 % des candidats étrangers à la BPS se voient accorder d'emblée une équivalence. Parmi les candidatures acceptées, on trouve une majorité de candidats de pays anglophones : Australie et Océanie (35 %), Afrique (28 %) et Amérique du Nord (12 %). 22 % seulement des nouveaux entrants étrangers viennent d'Europe. En France, il n'y a pas de données aussi détaillées, mais l'Enquête Emploi de l'INSEE (2002) indique qu'environ 2 % des psychologues français sont de nationalité étrangère.

Divers obstacles freinent la mobilité des psychologues en Europe et, au-delà, à l'échelle internationale. Contrairement à d'autres professions dont la mobilité s'est accrue au cours des années 1990 (finance, ingénieurs, avocats...) la psychologie reste une profession peu mobile. Les psychologues travaillent en majorité dans le secteur public, qui implique peu de mobilité internationale. D'autre part, une bonne maîtrise de la langue est indispensable à la pratique professionnelle, qui repose précisément sur l'analyse de processus langagiers. Enfin, la diversité des fondements épistémologiques de la profession, avec d'un côté un modèle de la psychologie comme « science dure » (pays nordiques et anglo-saxons) et de l'autre un modèle de la psychologie comme « science humaine » (France, Europe du Sud, Allemagne) rend difficile la transposition des pratiques professionnelles d'un pays à l'autre.

Les questions liées à l'Europe suscitent par conséquent peu d'intérêt chez les praticiens. Ils y voient un enjeu marginal, peu susceptible de modifier la réalité de leur pratique. Les enjeux restent liés à la reconnaissance au plan national, notamment dans le secteur de la santé, et c'est avant tout sur ces dossiers que porte l'action des organisations professionnelles. Pourtant, de manière paradoxale, le thème de l'Europe a été investi par certains représentants d'associations professionnelles depuis une vingtaine d'années en France comme au Royaume-Uni, et les psychologues ont joué un rôle innovant à travers la mise en place d'un diplôme européen de psychologue (*Europsy*). Comment comprendre ce décalage entre la réalité d'une profession faiblement mobile et l'activisme des associations professionnelles ?

UNE EUROPÉANISATION EN DEMI-TEINTE ?

La difficile émergence d'une représentation de la profession

Une fédération européenne des associations professionnelles de psychologues (EFPA)[4] est née à la fin des années 1970 de la volonté de certaines associations nationales d'ouvrir un débat sur le statut de la profession de psychologue en Europe [Lunt, 1996]. Alors que dans certains pays la profession bénéficiait d'un statut reconnu (Norvège, Suède, Danemark), dans d'autres elle était peu visible, dispersée et sans protection légale (Pays-Bas, Europe centrale et Europe du Sud). Jusqu'au milieu des années 1990, bien que le nombre de pays adhérents s'accroisse continûment (douze pays en 1981, vingt-six en 1995), l'EFPA joue un rôle institutionnel limité. Jusqu'à cette date, les psychologues étaient peu concernés par les directives européennes, qui visaient essentiellement la suppression des obstacles à la mobilité de la main-d'œuvre dans les professions couvertes par des « directives sectorielles ». Ces directives s'étaient mises en place à partir du début des années 1960, dans le prolongement du Traité de Rome de 1957. Les médecins (directive de 1977), les avocats (1977), les dentistes (1978), les infirmières (1978), les architectes (1985) et les pharmaciens (1985) avaient ainsi obtenu une directive établissant une liste restrictive des diplômes reconnus valides pour l'accès à la profession en Europe. Tout titulaire de l'un de ces diplômes était automatiquement autorisé à exercer dans un autre pays de l'UE. La mise en place de ces directives fut un processus complexe, en raison de l'hétérogénéité des contours des professions concernées en Europe[5] et de la difficulté à trouver un accord de l'ensemble des représentants nationaux sur les contenus de diplômes.

Les tentatives de l'EFPA dans les années 1980 pour obtenir une telle directive furent un échec. Aux yeux des autorités européennes, la profession ne représentait pas un enjeu de société justifiant un régime particulier ; en outre l'accès au marché du travail n'était pas réglementé dans tous les pays, d'où l'existence de fortes asymétries. Enfin, les autorités européennes, guidées par le souci de libre mobilité de la main-d'œuvre, ne voulaient pas

---

4. L'EFPPA (*European Federation of Professional Psychologists Association*), au départ réservée aux praticiens de la psychologie, s'ouvre aux universitaires à partir de 1998 et devient alors l'EFPA (*European Federation of Psychologists Association*).
5. Sur le cas des dentistes, voir Orzack [1981].

répondre aux demandes dont elles étaient saisies par de nombreuses professions dans les années 1980 (ingénieurs, opticiens, comptables, kinésithérapeutes...). Les initiatives de l'EFPA furent donc elles aussi freinées et l'association resta peu active jusqu'au début des années 1990.

L'évolution de la réglementation européenne

Afin de répondre aux demandes des professions non couvertes par des directives sectorielles, la Commission européenne réfléchit à la mise en place d'un nouveau système à partir du milieu des années 1980, débouchant sur la directive de 1988 relative au « système général de reconnaissance des qualifications professionnelles »[6]. Cette directive supprime toutes les barrières à la mobilité professionnelle pour les professions réglementées exigeant au minimum trois années d'études supérieures. Toute personne autorisée à exercer sa profession dans son pays d'origine est autorisée à poursuivre son activité dans n'importe quel autre pays membre de l'UE. La directive prévoit toutefois la mise en place de « mesures compensatoires » par les autorités nationales : examen linguistique ou test de compétence lorsque l'autorité estime le décalage de formation trop important. On aboutit à un système complexe qui abandonne l'idée de reconnaissance automatique des qualifications et délègue aux « autorités nationales compétentes » (le plus souvent une autorité administrative, mais aussi parfois un organisme professionnel), le soin de juger la validité des diplômes présentés.

Dans le cas des psychologues, cette directive n'a pas permis d'accroître la mobilité professionnelle intra-européenne. Ainsi, la BPS a souvent écarté l'admission automatique de candidats venus d'autres pays européens [Hall et Lunt, *op. cit.*]. Elle s'est montrée particulièrement sévère vis-à-vis des psychologues originaires de pays jugés trop « laxistes » en matière d'accès au marché du travail (la France notamment). La directive de 1988 a eu au final un impact limité car elle n'a pas été en mesure de contrer les tendances « protectionnistes » des autorités nationales. Une nouvelle ère pourrait cependant s'ouvrir aujourd'hui, avec la mise en place de la « Directive sur la reconnaissance des qualifications professionnelles », adoptée en septembre 2005.

Cette nouvelle directive permet aux associations professionnelles représentatives au plan européen de présenter à la Commission des « plates-formes » communes, c'est-à-dire le plus souvent un « diplôme européen » agréé par l'ensemble des associations nationales. Toute personne titulaire de ce diplôme sera automatiquement autorisée à exercer dans n'importe quel pays membre de l'UE (directive du 7 septembre 2005 sur la reconnaissance des qualifications professionnelles). La principale

---

6. Pour une présentation synthétique, voir Pertek [1993].

innovation introduite concerne le rôle dévolu aux associations professionnelles européennes. Alors que la directive de 1988 consacrait le rôle des autorités nationales, les compromis doivent être désormais trouvés entre les associations nationales au niveau européen. Ainsi, les fédérations professionnelles européennes, qui étaient restées jusque-là dans l'ombre, se voient dotées d'un rôle officiel. L'esprit de cette directive illustre bien un retrait des autorités administratives européennes : dès lors que les partenaires nationaux trouvent un accord entre eux, celles-ci interviennent seulement pour donner une force d'exécution au compromis trouvé (voir tableau ci-dessous).

Tableau – La régulation des professions en Europe (1960-2005)

	Approche « sectorielle » (1960-1990)	Système général de reconnaissance mutuelle (1990-2005)	Directive sur les qualifications (2005-)
Exemple de professions concernées	Professions réglementées (Médecins, dentistes, infirmières, avocats…)	Toute profession dont l'accès nécessite au minimum trois années d'études supérieures	Toute profession ayant créé un « diplôme européen » (psychologues, ingénieurs, opticiens, ergonomes)
Type de régulation	*Hard regulation*	*Mixed regulation*	*Soft regulation*
Acteur dominant de la régulation	Autorités européennes (définissent les diplômes valides)	Autorités professionnelles nationales (qui définissent les mesures de compensation)	Fédération professionnelle européenne
Champ de la protection	Protection du titre et de la pratique	Protection du titre	Protection du titre et de la pratique
Etendue de la directive	Approche « profession par profession »	Générale (toutes les professions)	Approche « profession par profession »
Conception dominante de la qualification	Qualification = liste de diplômes	Qualification = Socle minimal de connaissances + mesure compensatoire (examen, pratique professionnelle…)	Référentiels de compétence, évaluations en situation

La création du diplôme Europsy

Les seules professions qui ont pour l'instant créé de telles « plates-formes » sont les ingénieurs (diplôme *EurIng*), les psychologues (*Europsy*), les ergonomes (*EurErg*) et les opticiens (*European Diploma in Optometry*). Le cas des psychologues est particulièrement intéressant, car il illustre une nouvelle répartition des rôles entre autorités administratives et profession-nelles, tant à l'échelle nationale qu'européenne.

De façon surprenante, le diplôme EuroPsy n'est pas issu d'une discus-sion entre les associations nationales de psychologues représentées au sein de l'EFPA, mais d'un travail mené de façon isolée par un groupe d'une dizaine d'experts universitaires, occupant des positions d'autorité dans leurs associations nationales et, pour certains, à l'EFPA. En ce sens, Europsy vient confirmer le rôle central des experts dans les processus d'européani-sation, déjà souligné par d'autres travaux [Wagner, 2006]. L'idée de départ des membres de ce groupe était qu'au lieu de définir la profession par des contenus de formation universitaire – ce qui confronterait inévitablement les concepteurs à la diversité des références théoriques de la profession – il était préférable de partir d'une définition en termes de « tâches » élémentai-res. Le modèle du diplôme est donc celui des référentiels de compétence, mettant l'accent sur des évaluations en situation et une approche modulaire. Le diplôme n'est pas acquis à vie, mais doit être revalidé tous les sept ans auprès d'un comité composé d'universitaires et de professionnels. La maquette prend la forme d'un diplôme de Master d'une durée de six ans, complété par une année de pratique professionnelle sous supervision d'un psychologue expérimenté. À ce jour, il est expérimenté dans six pays (Royaume-Uni, Finlande, Espagne, Allemagne, Italie et Hongrie).

Ainsi, loin d'être au départ une réponse à une demande explicite de la part des praticiens, le projet Europsy revêt davantage l'allure d'un coup de force de la présidente de l'EFPA, qui a vu dans ce projet la possibilité de satisfaire plusieurs exigences. D'abord, le recours à un groupe d'« experts » en référentiels de compétence permettait d'éviter la recherche d'un compro-mis entre les représentants nationaux, qui partaient souvent de situations très éloignées. Ensuite, la philosophie générale du diplôme était de nature à satisfaire les attentes des autorités européennes. En effet, au début des années 2000, la Commission cherchait à promouvoir une nouvelle concep-tion de la reconnaissance des qualifications, qui ne repose pas sur un contrôle tatillon des autorités européennes ou nationales, mais soit le fruit d'un compromis trouvé par les acteurs professionnels eux-mêmes. D'autre part, l'approche générale adoptée dans la construction du diplôme, reposant sur l'identification de « compétences », répondait aux attentes des autorités européennes, qui tentaient à cette même époque de développer une « économie de la connaissance » dans le secteur des services (Agenda de Lisbonne). Aussi le diplôme Europsy fut-il cité par la Commission européenne comme un exemple à suivre par d'autres professions souhaitant créer des « plateformes »[7].

Un impact limité au plan européen, perceptible au plan national

Compte tenu de l'ampleur limitée de la mobilité des psychologues dans l'UE, on peut s'interroger sur les réels effets de ce diplôme. Il est peu probable que les flux de psychologues entre pays s'accroissent dans des proportions importantes dans les années à venir. Toutefois, les effets symboliques de sa création s'avèrent déjà puissants. Les réactions suscitées en France et au Royaume-Uni apparaissent à cet égard contrastées, révélant les enjeux propres à chacun des contextes nationaux.

Au Royaume-Uni, le diplôme n'a suscité que peu de réactions négatives. Son contenu disciplinaire, ainsi que le modèle de régulation professionnelle qui le sous-tend, est directement inspiré de la situation britannique. C'est en effet l'association professionnelle qui accrédite les cursus universitaires (et non le ministère de l'Enseignement supérieur). En outre, le diplôme doit être acheté par le titulaire et « revalidé » à intervalles réguliers, ce qui est déjà le cas à la BPS.

Du point de vue des responsables de la BPS, la création de ce diplôme permettait aussi de redorer le blason de la profession, non seulement au plan européen, mais également dans le cadre national, où la psychologie avait du mal à définir son « mandat » par rapport à des professions voisines (médecins psychiatres, travailleurs sociaux...). Depuis plusieurs années, les psychologues britanniques réclament en effet une reconnaissance juridique de leur statut dans le système de santé, et souhaitent pour cela être placés sous la tutelle du *Health Professions Council*. Cette reconnaissance est en voie d'être acquise et le diplôme a pu être mobilisé dans une stratégie de « fermeture de marché ». Ainsi, dans le cas britannique, l'européanisation de la psychologie est davantage utilisée comme un « signal » envoyé aux interlocuteurs nationaux (autorités administratives, NHS, professions voisines...) que comme un objectif en soi.

En France, Europsy vient aviver des querelles anciennes entre expérimentalistes et cliniciens. Les premiers ont utilisé le diplôme comme un argument visant à montrer à quel point certaines formations (notamment en psychologie clinique, où l'influence de la psychanalyse est forte) étaient en décalage avec le reste de la profession en Europe. Une part de la communauté universitaire espère que ce diplôme constituera un « électrochoc », incitant les universités à mettre en place une politique de recrutement plus sélective et à s'aligner sur les normes internationales de formation et de recherche.

---

7. *Journal Officiel des Communautés Européennes*, C021 du 22 janvier 1998, p. 95.

Les associations de cliniciens (comme le RNP ou le SIUEERPP)[8] perçoivent le diplôme comme une menace pour la tendance qu'ils défendent au sein de l'université et, au-delà, dans les pratiques professionnelles. Ils définissent la psychologie comme une pratique peu codifiable, qui échapperait aux canons de l'évaluation scientifique. Ce schéma est en opposition manifeste avec Europsy, qui cherche à évacuer toute dimension subjective de la psychologie au bénéfice d'un modèle biomédical. En outre, l'approche modulaire du diplôme, découpé en « blocs de compétences », apparaît incompatible avec le caractère dynamique de l'acquisition des savoirs et des pratiques mis en avant par les cliniciens. Le diplôme est donc perçu par certains segments de la profession comme un indice parmi d'autres d'une « reprise en main » de la profession, allant dans le sens d'une normalisation des pratiques et d'une perte d'autonomie des psychologues.

Conclusion

Si une véritable « Europe des professions », caractérisée par la libre circulation des professionnels, semble être aujourd'hui plus un fantasme qu'une réalité, le processus d'européanisation n'en a pas moins eu un impact réel au plan national. Les évolutions qui se dessinent en Europe sont réappropriées par les associations nationales et retraduites en fonction des enjeux qui les traversent. Elles peuvent être mises au service de stratégies de « fermeture de marché », afin d'asseoir leur reconnaissance par l'État ou les clients dans le cadre national et d'en retirer des gratifications matérielles ou symboliques.

L'analyse qui menée ici invite toutefois à sortir de ces enjeux strictement nationaux pour penser de façon plus large les processus de régulation des professions. Le lien étroit qui a uni la construction des États-nations au XIXe siècle à l'émergence des professions a été souligné par de nombreux sociologues [Abbott, 2005]. Or, l'on assiste aujourd'hui à un déclin des régulations étatiques et à une multiplication des sources de régulation, qui rend l'analyse sociologique des professions plus complexe. La seule analyse institutionnelle des réglementations européennes ne suffit pas à comprendre la nature des enjeux actuels ; elle doit être complétée par une compréhension fine des stratégies mises en œuvre par les fédérations professionnelles européennes et éventuellement par d'autres acteurs publics ou privés intervenant dans le processus de régulation.

Dans le cas des psychologues, comme dans celui de la plupart des professions liées à l'État-providence, ces sources de régulation sont le plus souvent publiques ou parapubliques (départements ministériels, clients ou

---

8. Respectivement Réseau national des psychologues et Séminaire interuniversitaire européen d'enseignement et de recherche en psychopathologie et psychanalyse.

prescripteurs publics nationaux ou européens, ordres professionnels...).
Mais dans d'autres cas, la régulation est majoritairement le fait d'acteurs
privés : on voit par exemple les multinationales de l'industrie pharmaceutique s'immiscer dans la régulation de la profession de psychiatre un peu
partout dans le monde, ou encore le secteur des services financiers intervenir dans la formation ou la déontologie des professions de la comptabilité et
de la finance. De même, les firmes de conseil tentent de régir l'activité des
consultants en organisation au-delà des contextes nationaux. Au final, les
évolutions qui viennent d'être décrites dans le cas européen peuvent apparaître comme un véritable laboratoire des évolutions qui se dessinent pour
les professions dans un monde de plus en plus multipolaire et décentralisé.

BIBLIOGRAPHIE

ABBOTT A. (2005), « Linked ecologies. States and universities as environment
    for professions », Sociological Theory, vol. 23, n° 3, p. 245-274.
BARTRAM D. et ROE R. (2005), « Definition and assessment of competences in
    the context of the european diploma in psychology », European Psycholo-
    gist, vol. 10, n° 2, p. 93-102.
BPS (British Psychological Society) (2004), Annual Report, Londres, BPS
    (www.bps.org).
GILB C. (1967), Hidden hierarchies : the professions and government, New
    York, Harper and Row.
HALL J. et LUNT I. (2005), « Global mobility for psychologists. The role of
    psychology organisations in the United States, Canada, Europe and other
    regions », American psychologist, vol. 60, n° 7, p. 712-726.
LE BIANIC T. (2007), « Pratiques et identités professionnelles des psychologues
    du travail en France de l'entre-deux-guerres à nos jours. Une perspective
    sociohistorique », Bulletin de psychologie, 60-1, n° 487, p. 71-81.
LUNT I. (1996), « The history and organization of the European Federation of
    Professional Psychologists'Associations (EFPPA) », European Psycholo-
    gist, vol. 1, n° 1, p. 60-64.
ORZACK L. H. (1981), « New profession by Fiat : Italian dentistry and the Euro-
    pean Common Market », Social Science and Medicine, vol. 15, p. 807-816.
PERTEK J. (1993), « Vers l'Europe des diplômes et des professions », Savoir,
    éducation, formation, vol. 5, n° 3, p. 445-477.
PILGRIM D. (2002), « The emergence of clinical psychology as a profession »,
    in J. ALLSOP, J et M. SACKS (dir.), Regulating the health professions, Sage,
    Londres, p. 134-147.
REYNAUD J.-D. (1989), Les Règles du jeu, Armand Colin, Paris.
WAGNER W.-C. (2006), « Les représentants de la CES entre militantisme et
    expertise des affaires européennes », in H. MICHEL (dir.), Lobbyistes et
    lobbying de l'Union européenne, Presses Universitaires de Strasbourg,
    Strasbourg, p. 69-88.

8

Les officiers ministériels face à l'État et à l'Europe.
Commissaires-priseurs, huissiers de justice et notaires

Alexandre Mathieu-Fritz

Alain Quemin

Les textes classiques de la sociologie des professions tels ceux de Magali Sarfatti-Larson [1977] et d'Eliot Freidson [1984] mettent en exergue le rôle joué par l'État dans la genèse et l'évolution des professions établies. En France, la place de l'État paraît encore plus importante que dans d'autres contextes nationaux [Dubar et Tripier, 1998]. Les officiers ministériels constituent une expression particulièrement aboutie du modèle français : délégataires d'une parcelle de l'autorité publique, ils sont nommés par le Garde des Sceaux et doivent, pour pouvoir exercer, être titulaires d'un office – c'est-à-dire d'une charge, dénommée encore « étude » – conférée à vie, qui, une fois acquise, fait partie intégrante de leur patrimoine ; ils présentent également la particularité d'être des professionnels libéraux. C'est l'État qui a défini le statut des officiers ministériels : délimitation monopolistique (et, le plus souvent, territoriale) des champs de compétence et des modes de concurrence inter- et intra-professionnelle (limitée par un *numerus clausus* qui détermine la répartition des charges sur le territoire français), fixation du niveau de qualification à l'entrée du corps profession-nel, du montant des honoraires et des modalités de cession des charges, etc. Les commissaires-priseurs détiennent le monopole des ventes aux enchères judiciaires de biens meubles (et détenaient, jusqu'en 2001, également celui des ventes volontaires), les huissiers celui de la signification des actes de procédure et de l'exécution des décisions de justice (expulsion, saisie, etc.) et les notaires, de l'acte authentique.

Les modalités d'exercice de ces officiers ministériels ont pris une enver-gure nouvelle avec la construction européenne qui a commencé après la Seconde Guerre mondiale et qui s'est affirmée au cours des années 1980 et 1990. Cette évolution a joué un rôle d'aiguillon auprès de ces professionnels, qui, pendant longtemps, ont essentiellement développé des stratégies de transmission intrafamiliale et intergénérationnelle de leurs offices et ont eu pour souci principal d'assurer la poursuite et la pérennité de leurs « privilèges » dans le cadre national. Les stratégies professionnelles se développaient alors principalement au niveau des relations avec l'État et des réseaux qui lui étaient liés. Avec la construction européenne, ces professions ont mis en œuvre des stratégies nouvelles alliant recherche de la préservation de leur statut, extension de la gamme des services (le plus souvent hors monopole) et, dans certains cas, exportation de leur statut, autrement dit, du modèle professionnel libéral français protégé, ce qui leur a permis notamment de gagner en légitimité auprès des instances politiques.

DES PROFESSIONS TRÈS ANCIENNES

L'histoire des professions de commissaire-priseur, d'huissier et de notaire trouve de lointaines racines dans l'Antiquité et le Moyen Âge ainsi que dans l'ère républicaine. Depuis la fondation du Parlement de Paris, au cours du XIIIe siècle, et tout au long de l'Ancien Régime, le pouvoir royal s'est affirmé progressivement contre les justices ecclésiastiques et seigneuriales à travers la constitution de la justice royale et la création de ses auxiliaires de justice, parmi lesquels on compte les sergents ou huissiers royaux, ainsi que les notaires royaux [Mathieu-Fritz, 2004a]. Durant tout le Moyen Âge, les fonctions des actuels commissaires-priseurs sont occupées par les huissiers, les sergents ou les notaires. Une première étape dans l'organisation de la profession des futurs commissaires-priseurs est franchie en 1254 quand une ordonnance de Saint Louis entraîne la création de sergents à verge et à cheval. En 1556, par un édit d'Henri II, sont créées des offices de priseurs-vendeurs ; l'État établit un cadre dont l'influence persiste aujourd'hui : il nomme ses officiers ministériels, leur fait prêter serment, fixe le montant de leurs honoraires, et leur octroie, moyennant finances, des avantages, comme le monopole de certaines activités. Durant la période révolutionnaire, alors que les huissiers et les notaires sont maintenus dans leur fonction, les commissaires-priseurs disparaissent momentanément pour réapparaître au début du XIXe siècle. , cette époque, les trois professions voient leur rôle réaffirmé. L'ordonnance du 2 novembre 1945 reprend, pour une large part, les textes antérieurs réglementant ces professions, confirme le caractère monopolistique des activités qui leur sont confiées, organise leur discipline interne et les structure en chambres. De nouvelles modalités concernant l'examen professionnel – laissant les professionnels seuls juges du renouvellement du groupe et permettant en particulier à leurs fils de leur succéder – ont également été instaurées [Quemin 1997b, 1998].

Au regard de leur histoire, les changements qui ont affecté ces professions sont longtemps restés minimes, leur héritage ne pouvant être ouvertement remis en cause et le poids de la tradition apparaissant extrêmement fort. C'est seulement à partir des années 1970, principalement sur le plan idéologique, et depuis les années 1980, pour les commissaires-priseurs et les huissiers – les notaires étant un peu plus précurseurs – que ces professions ont engagé diverses politiques de modernisation.

Vers la redéfinition des professions d'officier ministériel

Parmi les principaux facteurs de changements des professions d'officier ministériel, le *Rapport sur les obstacles à l'expansion économique* (baptisé également « Rapport Armand-Rueff » en référence à ses deux principaux auteurs), paru en 1960 et visant à lutter contre les causes structurelles de l'inflation, tient une place importante[1]. Les auteurs pointaient la responsabilité des professions à tarif proportionnel et adressaient une sévère critique aux « professions fermées », principalement aux notaires, dont la nationalisation a été envisagée dans un premier temps, puis écartée, en raison du coût que représentait l'indemnisation des offices. Les professions d'avoués et de commissaires-priseurs étaient également passées au crible.

Selon Ezra N. Suleiman, « le rapport Armand-Rueff marque une étape de l'histoire récente de la profession notariale. En la choisissant comme archétype de l'archaïsme et en la désignant comme représentative des groupes responsables de l'obstruction mise au développement économique du pays, il lui a rendu un grand service. De cette attaque date l'entrée des notaires dans l'âge moderne. » [1987, p. 119]. Suite à ce rapport, en effet, une fraction dirigeante de la profession a œuvré en faveur de la mobilisation générale : le premier CRIDON (Centre de recherches, d'information, de documentation et d'organisation notariales) a vu le jour à Lyon en 1962. Un organe de planification, la conférence du Plan, a été créé dès 1965. Grâce aux efforts conjugués du Conseil supérieur du notariat et de ces deux organismes, un vaste programme de modernisation s'est mis en place ayant pour objectif de développer des activités hors monopole et de changer les mentalités. Comparativement aux notaires, les vives réactions de crainte des professions d'huissiers de justice et de commissaires-priseurs ne se sont pas concrétisées par l'application de projets de modernisation d'une telle envergure.

En 1965, la fonctionnarisation des greffiers a été décidée et un projet de fusion entre avocats et avoués a suscité de vives inquiétudes parmi les huissiers qui ont craint une réforme de leur statut ou de leurs attributions. La fusion des professions d'avocat et d'avoué, qui risquait fort de redessiner les contours des champs d'activité, a poussé la profession d'huissier à sanctionner l'accès au corps professionnel par un diplôme en droit. Mais la profession

---

1. *Cf. Rapport sur les obstacles à l'expansion économique*, Imprimerie nationale, Paris, 1960.

a dû faire face aux résistances des traditionalistes, plutôt âgés et non diplômés, tenants de la formation par la pratique. Ainsi, il a fallu attendre 1975
pour qu'un décret, conçu en concertation avec les représentants professionnels, exige des impétrants la possession d'un diplôme universitaire juridique, mais *a minima*, puisque seule la capacité en droit a alors été demandée.
Cette réforme est intervenue après celle des notaires, en 1972, et celle des
commissaires priseurs, l'année suivante, en 1973 [Quemin, 1997b]. Comme
souvent à cette époque, les huissiers ont été les derniers à se réformer.

Une autre réponse à la fusion des professions d'avocat et d'avoué est la
réalisation, sous la férule des instances de représentation professionnelle
des huissiers de justice, d'un projet approfondi et ambitieux : la fusion des
professions de l'exécution (huissiers, syndics-liquidateurs, commissaires-
priseurs). Du début de l'année 1973 à la fin du mois de juin 1974, se réunit
régulièrement – tous les quinze jours – une commission dite « Commission
Léonard » – du nom de l'huissier qui en a la responsabilité. Celle-ci voit le
jour au moment où disparaissent de nombreux actes de procédure, où la
rémunération en matière d'aide judiciaire est très faible et où sont créés les
agents huissiers du Trésor. Lui fait suite, en octobre 1974, un groupe
d'études et de prospective qui se met en place au sein de la Chambre nationale des huissiers de justice. Celui-ci parvient aux mêmes conclusions. La
Chambre nationale, en avril 1976, se prononce aussi en faveur de la fusion
des professions en charge de l'exécution. En 1977, tous les membres de la
profession sont consultés : une large majorité des votants (82,2 %) y est
favorable. À la fin de cette même année, le projet de fusion est transmis à la
Chancellerie, mais la volonté de faire aboutir le projet paraît, en réalité,
avoir disparu [Mathieu-Fritz, 2005].

1981 : LES OFFICIERS MINISTÉRIELS ET LES SOCIALISTES

L'arrivée au pouvoir, en 1981, d'un gouvernement socialiste envisa-
geant de réformer les professions qui jouissent du statut d'officier ministériel, a constitué un autre facteur d'incertitudes et de changement de premier
plan. En effet, notaire, huissier et commissaire-priseur servent « les intérêts
privés, qui reposent sur la propriété privée et le profit [et] ne [peuvent] donc
rallier les forces qui remettent en question ces principes » [Suleiman, 1987,
p. 195]. Ces professions sont les alliées naturelles du « centre droit, et la
pression de la gauche qui augmente progressivement de 1972 à 1981, ne fit
que rendre encore plus étroite l'alliance entre le notariat et les gouvernements de l'époque » [*Ibid.*, p. 194]. Nous pouvons évoquer, en guise d'illustration, les rapports très cordiaux et protecteurs du garde des Sceaux Alain
Peyrefitte avec la profession d'huissier et le notariat, les commissaires-
priseurs bénéficiant, eux, de longue date, d'un accès direct à la Chancellerie
[Quemin, 1997a]. Les officiers ministériels se sont sentis vivement menacés

par l'arrivée des socialistes au pouvoir[2] et tous ont vu leurs craintes confir-
mées par les projets de réforme proposés par ces derniers, qui se sont
concrétisées notamment dans ce que l'on appelait alors « la fiche n° 5 »,
document officieux interne à l'administration inspiré, vraisemblablement,
par le Syndicat de la magistrature – de sensibilité politique socialiste et
hostile au statut d'officier ministériel –, qui circulait dans les sphères du
pouvoir et que les instances professionnelles sont parvenues à consulter. De
telles inquiétudes n'étaient pas neuves ; dès les années 1970, la crainte de
l'arrivée de la gauche au pouvoir se manifestait et, de façon systématique,
était associée à la fonctionnarisation.

En 1981, le projet de réforme des officiers ministériels porté par les
socialistes n'est pas prêt ; il n'intervient, en effet, qu'en 1983 et ne fait
l'objet, durant un an et demi, d'aucun commentaire officiel. Les socialistes,
et le garde des Sceaux, Robert Badinter, souhaitent – en tout cas officiellement – la suppression du *numerus clausus* et du droit de présentation – *i.e.*
de la patrimonialité des offices[3] – en raison de leur caractère antidémocra-
tique ; en d'autres termes, il s'agit d'ouvrir les professions fermées. Le
gouvernement demande ainsi de faciliter l'accès des jeunes diplômés aux
professions d'officier ministériel. La tarification des notaires, des huissiers
et des commissaires-priseurs, dont la proportionnalité serait une cause
structurelle de l'inflation, ainsi que la compétence territoriale, ont été également les points de mire des projets de réforme de la gauche.

Parmi les principaux arguments fournis par les officiers ministériels, le
coût exorbitant du rachat des offices par l'État tient une place de première
importance. Par ailleurs, les instances professionnelles évoquent le fait que
la suppression du *numerus clausus* entraînerait trop de concurrence, ce qui
aurait tendance à pervertir l'exercice des fonctions de puissance publique
incombant aux officiers ministériels. Ils avancent également que le droit de
présentation n'est pas si différent des pratiques observables chez les médecins ou les commerçants. En bref, les instances professionnelles nationales
se sont opposées aux projets de la Chancellerie.

Au cours de l'année 1983, les exigences du gouvernement semblent
avoir été rapidement revues à la baisse. Le garde des Sceaux écarte toute
perspective de libéralisation totale ou de fonctionnarisation et invite les
représentants professionnels à proposer une réforme statutaire. Le *numerus
clausus* et la patrimonialité sont encore et toujours abordés lors des entrevues à la Chancellerie, l'assouplissement du *numerus clausus* devant instaurer plus de liberté dans l'exercice professionnel. Finalement, seul l'objectif

---

2. Avant même le changement de majorité politique en 1981, le gouvernement de Raymond Barre avait envisagé de réformer la profession de commissaire-priseur, mais avait
renoncé à son projet à l'approche des élections présidentielles.

3. Juridiquement, ce n'est pas la clientèle qui est achetée lors de la cession d'un office,
mais le droit de présenter son successeur aux instances tutélaires. Le coût de ce droit de présentation est toutefois évalué, selon plusieurs méthodes, en fonction du volume de clientèle.

d'augmentation du niveau de qualification sera atteint – la licence en droit sera désormais requise, par exemple, pour les huissiers de justice De même, pour devenir commissaire-priseur, il faudra, à partir de 1987, une licence de droit et un DEUG d'histoire de l'art ou un DEUG de droit et une licence d'histoire de l'art –, mais désormais avec l'aval des professionnels qui visent à se légitimer et à protéger leur monopole de la concurrence étrangère.

La multiplication des entrevues avec les différentes instances de tutelle, qui n'ont jamais souhaité s'opposer de front aux officiers ministériels, les arguments employés, ainsi que le temps gagné suite à différents atermoiements et l'horizon électoral de 1986, ont eu raison du projet de restructuration du système de tarification. Un autre fait important doit être évoqué pour comprendre la faible maîtrise politique de la situation : peu de temps après l'arrivée des socialistes au pouvoir, l'organe de représentation officielle des officiers ministériels s'est constitué formellement en association[4] ; ses membres se sont réunis de façon plus fréquente – tous les trimestres – et ont fait cause commune, opposant un front uni. Huissiers de justice, notaires et commissaires-priseurs ainsi alliés sont parvenus à mobiliser un important réseau de relations parmi les magistrats, les hauts fonctionnaires et les hommes politiques ; partant, ils ont été écoutés avec d'autant plus d'intérêt par les instances de tutelle.

La réforme des huissiers de justice qui intervient par le décret n° 86-734 du 2 mai 1986 témoigne globalement du recul des instances politiques face aux résistances des huissiers et, plus largement, des professions d'officier ministériel. Le *numerus clausus* et la patrimonialité des offices sont préservés, la licence en droit, on l'a vu, est imposée à l'entrée de la profession et les conditions de formation et d'examen sont améliorées. *La Revue des Huissiers de Justice* se félicite de cette réforme, car « le champ de la révision n'a porté que et uniquement sur les différents points évoqués par la profession »[5]. Bel exemple d'autonomie professionnelle et de résistance à l'État, phénomène que les commissaires-priseurs illustrent également remarquablement, puisque ces professionnels de nombre très limité – moins de 500 – ont obtenu des pouvoirs publics français qu'ils contreviennent aux lois communautaires sur la libre prestation de services en Europe et que la France s'expose même à des sanctions pour défendre leurs seuls intérêts catégoriels.

CONSTRUCTION EUROPÉENNE ET MOUVEMENT D'ENTREPRENEURISATION

Comme l'indique Alain Bernard, « l'Acte unique européen de 1985 – qui relance le processus d'intégration européenne et se donne pour objectif

---

4. L'Association des officiers et ministériels a été créée le 14 juin 1983 et fut dirigée par Maître Chardon, par ailleurs président du Conseil supérieur du notariat.
5. *La Revue des Huissiers de Justice*, n° 15, 1986 (p. 745).

l'ouverture des frontières en 1993 – est le facteur déclenchant d'une restructuration des professions du droit » [1997, p. 70]. La mutation des officiers ministériels a débuté avant l'échéance européenne, les instances représentatives ayant parfois développé très tôt des stratégies qui s'inscrivaient dans la perspective de la construction d'un espace juridique et judiciaire européen et dont l'objectif était d'exporter le modèle professionnel libéral afin d'assurer leur pérennité. Cependant, la parution, le 28 février 1986, de l'acte unique destiné à compléter et actualiser le Traité de Rome de 1957 a constitué un véritable aiguillon, et ce, pour l'ensemble des professions juridiques[6] [Boigeol et Dezalay 1997]. En 1989, à l'initiative du garde des Sceaux et du ministère des Affaires européennes, est créée une mission d'étude sur l'Europe et les professions du droit.

Outre la construction européenne – et le nouveau marché des services juridiques auquel elle semble conduire –, le mouvement d'entrepreneurisation des professions d'officier ministériel s'explique par tout un ensemble d'événements, de changements et de tendances qui se manifestent à partir des années 1960 : les réformes et les mutations des professions juridiques (dont les fusions), les projets ou propositions politiques de réforme (rapport Armand-Rueff, projet socialiste en 1983 évoqués précédemment), le contexte d'activité florissant [Mathieu-Fritz, 2004b], et la création des sociétés civiles professionnelles (SCP), en 1967, pour les notaires, et, en 1969, pour les commissaires-priseurs et les huissiers de justice[7], mais aussi par des facteurs structurels comme l'évolution de l'origine sociale pour les commissaires-priseurs moins souvent issus des professions libérales les plus traditionnelles et bien davantage des milieux d'affaires à partir des années 1970 [Quemin, 1997, 2002]. Selon Christian Thuderoz, on a assisté au cours des années 1970 et 1980 à « la transformation des modèles et références identitaires, une grande partie [des notaires et des huissiers de justice] tendant à s'affirmer, se comporter et gérer leurs offices comme des dirigeants de PME ou à affirmer clairement leur adhésion aux valeurs et à l'éthique entrepreneuriales » [1991, p. 211][8].

Cette éthique s'exprime notamment à travers une forte rationalisation de l'activité garantissant avant tout la satisfaction du client et traduisant le

---

6. Pour une analyse des réactions des huissiers et des notaires suite à la signature de l'Acte unique, notamment sur le plan des services proposés et des conceptions de l'activité professionnelle à venir, voir Saglio, Thuderoz [1989] ; pour les commissaires-priseurs, voir Quemin [1997b, 2001].

7. Les SCP permettent aux professionnels de s'associer, de codiriger et de développer les structures d'activité. La création des SCP a conduit à une augmentation du nombre de professionnels ; cette hausse semble avoir touché de façon analogue l'ensemble des professions juridiques et judiciaires, et ce, au moins pour la période des années 1970 et 1980.

8. Ces constatations s'appliquent tout à fait aux commissaires-priseurs [Quemin, 1997b]. À noter que des transformations similaires ont été également observées chez les avocats, qui se distinguent par leur appartenance au « barreau classique » guidé par la logique du public, ou au « barreau d'affaires » orienté par la logique du marché [Karpik, 1995].

souci de faire face à la concurrence, qu'elle soit intra- ou extraprofession-
nelle. Trait caractéristique de l'éthique entrepreneuriale, le projet d'extension de l'office s'appuie sur cette rationalisation et peut également se
réaliser à travers le développement de tous les services monopolistiques et
de nouvelles activités hors monopole. Par ailleurs, le souci de rentabilité
pousse certains officiers ministériels entrepreneuriaux à ne proposer leurs
services qu'aux gros clients apportant une masse d'affaires importantes – en
faisant passer au second plan, voire en renvoyant aux confrères, celles
jugées peu attractives, et/ou peu rémunératrices, et en intéressant leurs salariés aux résultats [Mathieu-Fritz, 2006].

Parmi les commissaires-priseurs, les modernistes ne représentaient
qu'une minorité d'individus jusqu'à la fin des années 1970. L'attaque
contre le traditionalisme de la profession a été menée par quelques commissaires-priseurs célèbres, presque tous extérieurs au monde des officiers
ministériels avant d'entrer dans la profession, et qui, à la tête d'études qu'ils
ont su développer, ont plus ou moins rompu avec l'image du professionnel
traditionnel. De tels exemples, suivis par des confrères dirigeant des structures de taille plus modeste et qui ont alors partagé la même conception du
métier, ont profondément transformé les commissaires-priseurs collectivement. Cette modernisation de la profession a toutefois été largement accomplie pour sauvegarder l'essentiel, à savoir le statut professionnel et le
monopole des ventes aux enchères mobilières qui lui était associé. En effet,
dès la seconde moitié des années 1980, la construction européenne précédemment évoquée était venue peser sur l'avenir des commissaires-priseurs.
Si, dans un premier temps, les pouvoirs publics français ont voulu ignorer
le recours déposé, dès 1992, par Sotheby's auprès de la Commission européenne pour entrave à la libre prestation de services, le gouvernement a
finalement dû revoir sa position.

La nécessité d'une réforme globale du marché de l'art est alors apparue,
la définition d'un nouveau statut des commissaires-priseurs constituant le
cœur de cette réforme. La partition de la profession de commissaire-priseur
a été adoptée par la loi du 10 juillet 2000 dont les décrets d'application ont
été publiés en août 2001. L'activité se trouve désormais éclatée entre
commissaires-priseurs judiciaires et sociétés commerciales françaises ou
étrangères en charge des ventes aux enchères volontaires. Les secondes
doivent toutefois toujours comprendre des diplômés commissaires-priseurs
parmi leurs associés ou leurs salariés et, à l'exception notable des deux
grandes sociétés d'origine anglo-saxonne Christie's et Sotheby's, la très
grande majorité des sociétés de ventes aux enchères volontaires de biens
meubles sont dirigées par ceux qui exerçaient déjà comme commissaires-
priseurs avant la réforme, et dont la totalité ou presque continue d'exercer
simultanément activités volontaire et judiciaire dans le cadre de deux structures différentes. C'est donc peu dire que la réforme, longtemps redoutée
par les commissaires-priseurs et présentée comme susceptible d'entraîner

leur disparition, n'a eu que des effets très limités sur les professionnels (par ailleurs indemnisés pour la perte de leur monopole). L'analyse du texte de la réforme permet, en outre, de faire apparaître que ce sont en très grande partie les commissaires-priseurs eux-mêmes qui ont rédigé le texte de loi les concernant [Quemin, 2001].

Conclusion

L'analyse de l'évolution des professions d'officier ministériel au cours de la seconde moitié du XXe siècle et de la période récente montre que leurs instances de représentation jouent toujours un rôle de premier plan dans le cadre des réformes qui les touchent – lorsqu'elles n'en sont pas les instigatrices. À cet égard, si les commissaires-priseurs se sont engagés davantage dans la voie de l'ouverture de la profession au marché[9], les autres officiers ministériels, plus « progressistes », cherchent à se renouveler tout en préservant les principaux attributs de leur statut (monopole avant tout, mais aussi tarifs fixés par l'État, concurrence intraprofessionnelle limitée par le *numerus clausus* et une stricte répartition territoriale, niveau de diplôme requis à l'entrée du corps professionnel, etc.). La régulation (ou la production) conjointe des réformes professionnelles s'explique, outre les nombreux liens qui unissent les officiers ministériels avec les instances politiques, par la nature même de leur statut : les professionnels qui le partagent exercent une partie des prérogatives de puissance publique déléguée par l'État, mais à titre privé – ce qui les conduit à réagir face aux divers projets de réforme, voire à les anticiper, afin de défendre au mieux leurs intérêts. De plus, les organes de représentation officielle des officiers ministériels développent de façon permanente en leur sein des cellules de réflexion chargées notamment de faire-valoir (et, finalement, quasiment d'imposer) auprès des instances politiques toute l'expertise qu'ils détiennent à propos de leur profession. Tant que les activités monopolistiques constitueront la principale source de revenus des officiers ministériels, rien ne semble devoir les inciter à changer un statut si protecteur garantissant la poursuite d'une carrière généralement fort rémunératrice, qui se déroule, de surcroît, à l'écart des espaces plus concurrentiels du marché des services juridiques et judiciaires français. Tout porte donc à considérer que les officiers ministériels continueront à évoluer dans ce cadre et, de surcroît, dans le sens qu'ils auront souhaité.

---

9. Mais seulement pour la partie de leur activité (les ventes volontaires) totalement extérieure au fonctionnement de l'institution judiciaire.

BIBLIOGRAPHIE

BERNARD A. (1997), « Les notaires et la réforme du statut des professions du droit », *Genèses*, 27, p. 69-87.

BOIGEOL A. et DEZALAY Y. (1997), « De l'agent d'affaires au barreau : les conseils juridiques et la construction d'un espace professionnel », *Genèses*, 27, p. 49-68.

DUBAR C. et TRIPIER P. (1998), *Sociologie des professions*, Armand Colin, Paris.

FREIDSON E. (1984), *La Profession médicale*, Payot, Paris.

KARPIK L. (1995), *Les Avocats. Entre l'État, le public et le marché. XIIIe-XXe siècle*, Gallimard, Paris.

MATHIEU-FRITZ A. (2004a), « Huissiers et sergents de l'Ancien Régime à la Révolution », *Revue internationale d'histoire du notariat. Le Gnomon*, 143, p. 9-21.

MATHIEU-FRITZ A. (2004b), « Consommation, dettes et recouvrement. L'évolution de la situation économique et du rôle des huissiers de justice des Trente Glorieuses à nos jours », *Consommations et sociétés*, http://www.consommations-societes.net/articles.

MATHIEU-FRITZ A. (2005), *Les Huissiers de justice*, Presses Universitaires de France, Paris.

MATHIEU-FRITZ A. (2006), « Les mutations de la profession d'huissier de justice depuis les années 1970 », *Sociologie du travail*, 48-1, p. 55-71.

QUEMIN A. (1997a), *Les Commissaires-priseurs. La mutation d'une profession*, Éditions Anthropos, Paris.

QUEMIN A. (1997b), « Un diplôme pour quoi faire ? Coûts et bénéfices des examens comme instruments de fermeture des groupes professionnels : l'exemple des commissaires-priseurs », *Droit et société*, 36/37, p. 345-362.

QUEMIN A. (1998), « Commissaires-priseurs », *Encyclopædia Universalis*.

QUEMIN A. (2001), « La réforme des ventes aux enchères, des commissaires-priseurs aux sociétés de ventes publiques », *in Code des ventes volontaires et judiciaires*, Paris, Les Éditions Le serveur judiciaire, p. 7-215.

QUEMIN A., (2002), « De l'espace privé à l'espace professionnel. Les commissaires-priseurs », *in* F. PIOTET (dir.), *La Révolution des métiers*, PUF, Paris, p. 317-344.

SAGLIO J. et THUDEROZ C. (1989), *Entre monopole et marché : les professions réglementées face à l'Europe*, Rapport Glysi, Lyon.

SARFATTI-LARSON M. (1977), *The Rise of Professionalism. A Sociological Analysis*, University of California Press, Berkeley.

SULEIMAN E. N. (1987), *Les Notaires. Les pouvoirs d'une corporation*, Seuil, Paris.

THUDEROZ C. (1990), *Fils et offices. Logiques patrimoniales et formes d'entrepreneurisation : le cas des professions notariales et d'huissiers de justice*, Rapport Glysi, Lyon.

THUDEROZ C. (1991), « Notaires et huissiers de justice : du patrimoine à l'entreprise », *Revue française de sociologie*, XXXII-2, p. 209-239.

9

Est-ce ainsi que les professions meurent ?

Charles Gadéa et André Grelon

On pourrait croire que les professions[1], comme les étoiles, ne brillent jamais autant qu'après leur mort, mais c'est plutôt l'obscurité qui les attend. Séléné, déesse de la Lune et de l'oubli, luit au-dessus des cimetières de métiers, dans un si grand silence que les mots sont perdus et que leur sens a disparu. Qui sait aujourd'hui ce qu'est une remueuse d'enfants, un torqueur[2], un sayetteur[3], un cadraturier[4] ?

Il est assez étrange de voir combien l'intérêt porté à la naissance des métiers, aux activités en émergence, est fort, à côté de l'absence presque totale de travaux sur leur mort[5]. Pourtant, il en meurt et il en est mort énormément, certains n'existent plus depuis très longtemps, d'autres sont en train de s'éteindre sous nos yeux. Le sujet est donc immense et reste pratiquement à défricher. Nous ne saurions avoir d'autre ambition ici que de tenter une très superficielle exploration, qui parviendra peut-être malgré ses limites à donner un aperçu de l'intérêt de cette approche, et d'esquisser quelques pistes, dans une démarche qui se veut surtout l'amorce d'un programme de recherche. Notre réflexion, présentée en première partie, est nourrie par l'étude, présentée ensuite, de deux professions disparues, l'une

---

1. Nous nous situons dans une perspective d'analyse des groupes professionnels qui prennent en compte tant les « professions de prestige » que les métiers les plus humbles.

2. Ouvrier chargé de mettre le tabac en rouleaux dans les manufactures de tabac.

3. Ouvrier qui fabriquait la sayette, étoffe de laine, parfois mêlée de soie, qui se tissait aux XVIIe et XVIIIe siècles.

4. Ouvrier qui fabrique les cadratures, assemblages de pièces qui animent les aiguilles et mécanismes d'horlogerie.

5. Il faut toutefois signaler que Abbott a perçu la nécessité d'intégrer dans la théorisation du développement des professions le phénomène de leur disparition. Il cite notamment le cas de la profession de médium, qui avait prospéré aux États-Unis à la fin du XIXe siècle, créant plusieurs organisations professionnelles et même une école de spiritisme [1988, p. 29-30].

au siècle dernier, les officiers de santé, l'autre dans la période actuelle, les herboristes.

CES MÉTIERS MORTS QU'ON NE SAURAIT VOIR

Quand on examine les états successifs des nomenclatures de professions sur une période un peu longue, on constate certes que certaines professions nouvelles apparaissent dans les répertoires alors qu'elles n'étaient pas présentes dans les précédents, mais on se rend moins souvent compte que des pans entiers de ces listes sont éliminés d'une publication à l'autre. Des métiers disparaissent, parfois en grand nombre, et très soudainement, sans qu'on sache toujours bien s'ils n'existent plus, s'ils ne font plus l'objet de mesure, s'ils ont simplement changé de nom (les *dames de comptoir* du dictionnaire des métiers de 1955 ne sont plus que vendeuses désormais) ou s'ils se trouvent regroupés avec d'autres. Le même phénomène se produit lorsqu'on passe en revue non pas des recensements systématiques mais des études qualitatives plus ciblées portant sur une liste limitée de métiers. Ainsi, parmi les métiers dont G. Latreille [1980] étudie la naissance entre 1950 et 1975, les codifieurs, de même que les opérateurs-pupitreurs et les bandothécaires ont cessé d'exister ou du moins de figurer dans les listes.

Les explications les plus communément données à la naissance ou la disparition des métiers relèvent de trois grands ordres de phénomènes. Le changement technique est certainement la forme la plus évidente et la plus courante : on comprend que la mise au point de l'électricité ait pu donner lieu à toutes sortes de nouveaux métiers, de l'ingénieur à l'installateur. Deviennent-ils obsolètes lorsque la technique qui leur a ouvert la voie est remplacée par une autre ? Au-delà des évidences, on s'aperçoit vite que le facteur technique, pris isolément, est une explication bien courte : on ne saurait parler d'obsolescence des technologies de la communication (qui ne se sont jamais aussi bien portées) pour expliquer la fin des ingénieurs des télécommunications. C'est la privatisation des Postes et télécommunications, décision politique et économique, qui a privé le corps de sa raison d'être.

De même, l'explication par le marché serait bien tentante, mais c'est son universalisme qui la rend floue et inopérante. Sans doute l'impossibilité de rivaliser avec les prix de la production industrielle a-t-elle forcé des millions d'artisans à plier boutique et détruit des centaines de métiers traditionnels, mais en quoi aide-t-elle à comprendre qu'une même fonction puisse être accomplie selon les cas par une entreprise capitaliste, par une profession libérale ou par un service public ? On peut citer en la matière des exemples très éloquents en pensant aux officiers ministériels, ou aux variations historiques de la notion de profession libérale, qui a pu inclure par le passé des fonctionnaires, ou encore aux activités qui peuvent selon les cas être exercées par des professionnels spécialisés ou par des métiers plus généralistes, voire au titre du bricolage de loisir. Du reste, le recours à l'explication par le marché ne fait que déplacer le problème, car il faut bien rendre compte des conditions sociales qui rendent l'échange possible. En définitive, c'est souvent l'adhésion massive de décideurs politiques et économiques à une croyance telle celle des bienfaits universels du libéralisme qui est à la source de phénomènes présentés comme nécessaires ou inévitables. En bref, c'est le phénomène social conduisant des esprits pétris de science à croire en la magie du marché et à entraîner avec eux les gouvernements qui serait à expliquer.

Plus convainquant, le modèle dit « écologique » cultive l'analogie entre les professions et les espèces vivantes colonisant un territoire. Il a le mérite d'échapper aux réductions et présente une articulation plus solide de facteurs techniques et économiques. Un exemple emblématique est cité par Tripier [1992] à propos des fileurs de coton sur *mule* des débuts de la révolution industrielle en Angleterre : dotés d'un savoir-faire indispensable à la production, car le fonctionnement des mules comportait une part d'imprévisibilité, ils ont réussi à se coaliser, à contrôler leur marché du travail et à exiger des salaires élevés. Mais le coût qu'ils représentaient rendait précisément d'autant plus rentable l'invention d'une nouvelle machine qui permette de se passer d'eux, ce que fit Crompton. Ainsi, le savoir-faire des fileurs devenait inutile, ils pouvaient être remplacés par des ouvriers sans qualification ou par des enfants et le prix du fil baissait fortement. Tripier en extrait le modèle d'un cycle à quatre temps : « naissance d'une connaissance ésotérique, organisation d'une coalition tendant à la défendre contre les laïques et d'autres professions concurrentes, ainsi que l'armée de réserve, apparition d'une transformation technique, défaite du groupe coalisé », modèle qui semble « scander toutes les périodes du capitalisme industrialiste » [Tripier, 1992, p. 166].

C'est sans doute du côté de l'industrie de la laine, bien plus ancienne que celle du coton, plus tôt industrialisée, mais plus dépendante des savoirs ouvriers et plus imprégnée de l'esprit des corporations, que l'on trouverait la meilleure illustration de ce modèle, avec le cas des peigneurs de laine, comme le notait déjà Mantoux dans son étude de 1906. Mais globalement, le modèle évoqué par Tripier semble adéquat pour décrire la course-poursuite que se livrent les inventeurs et entrepreneurs d'un côté, et les ouvriers qualifiés et les techniciens de l'autre. Des temps forts peuvent être identifiés, non seulement dans l'Angleterre du XVIIIe siècle, mais dans la France du XIXe, lorsque des petits patrons comme Poulot, enrageant contre les sublimes, s'acharnent à trouver des machines et procédés de fabrication pour se passer d'eux. Plus près de nous, le sort éphémère des mécanographes et d'une bonne partie des métiers de l'informatique naissante [Mounier-Kuhn, 1999] confirme la pertinence de cette approche.

Ce modèle rejoint une longue filiation, qui, loin de se réduire à la tradition de Chicago auquel le rattache Tripier, nous fait retrouver – avec la prudence qu'imposent certaines considérations trop naïvement néodarwiniennes – les ressorts fondamentaux de *De La division du travail social* décortiqués par Durkheim. En fait, Durkheim est sur bien des points plus proche qu'on ne le croit parfois de Herbert Spencer, dont il reprend notamment l'idée de différenciation des fonctions sociales croissant avec la densité sociale et intensifiant la division du travail. Mais c'est aussi, de façon plus surprenante, dans la sociologie néowéberienne qu'on reconnaît l'héritage de Spencer, puisqu'il est possible de voir en lui, comme le font Dingwall et King [1995, p. 15], un prédécesseur de Abbott [1988, 2003] dans la perspective « écologique ».

Ce paradigme écologique mériterait d'être développé et exploré plus avant pour en mesurer la valeur heuristique dans toutes ses dimensions, mais il faut aussi admettre qu'il comporte des limites. Il offre un bon cadre général d'analyse mais il ne fournit pas d'explication précise des causes singulières de l'extinction d'une profession donnée. On doit donc se garder de toute conception trop simpliste en la matière. Plutôt que par des théories générales, la mort d'une profession s'explique dans bien des cas par le comportement spécifique d'acteurs qui se livrent parfois à une véritable exécution. En bonne logique, c'est ainsi que la profession de bourreau a disparu en France en 1982 : le pouvoir politique ayant décidé de supprimer la peine de mort, le dernier bourreau était condamné à se reconvertir ! Mais il est d'autres professions qui ont été littéralement tuées et sur lesquelles nous proposons à présent de nous pencher.

Les officiers de santé tués par les médecins

La médecine, comme la plupart des professions et corporations, a été laissée par la Révolution française dans une situation fort confuse. Certes, elle est désormais débarrassée du carcan de l'Ancien Régime et installée en position dominante par rapport aux autres professions de santé. Mais la suppression de l'université et les décrets d'Allarde ont semé le chaos quant aux conditions d'exercice et de formation, et les praticiens sont à la fois peu nombreux et très hétérogènes.

Si la reconnaissance de leur savoir leur attire une considération croissante, ils n'en doivent pas moins compter avec la concurrence de toutes sortes d'empiriques : rebouteux, sorciers et guérisseurs divers des campagnes, mais aussi congrégations religieuses et éventuellement dentistes, chirurgiens ou apothicaires qui ne se contentent pas d'attendre les instructions ou les ordonnances du médecin. Lorsqu'il n'est pas exclu par les croyances et traditions, le recours au médecin est hors de portée de la majorité de la population d'une France largement rurale qui n'a pas les moyens de payer la consultation ou pas de docteur dans son voisinage. La loi du 19 ventôse an XI (10 mars 1803) autorise à exercer tous les praticiens reçus par la faculté avant la Révolution, soit au moins quatre sortes différentes de médecins : les anciens docteurs en médecine, les anciens licenciés en médecine, les maîtres en chirurgie habilités à exercer dans tout le Royaume, et les chirurgiens ne disposant que de droits locaux. Elle instaure une tolérance pour les praticiens établis depuis plus de trois ans, laissant aux officiers de santé, dont le corps avait été créé à la hâte par la Convention afin de soigner les soldats sur le champ de bataille et qui n'avaient reçu qu'une formation de trois ans sans examen ni diplôme, la possibilité d'obtenir un certificat du préfet ou du sous-préfet les autorisant à prodiguer leurs soins dans leur département de résidence.

À côté de ces anciens praticiens rétablis ou confirmés dans leurs droits, elle crée deux nouveaux types de médecins : les docteurs et les officiers de santé, ces derniers reçus par un jury qui leur donne le droit d'exercer dans leur département mais leur interdit de pratiquer seuls la chirurgie. Comme ils doivent tous payer patente et s'inscrire à la préfecture, il a été possible dans certains cas de suivre l'évolution de leur population au cours du XIXe siècle à travers les archives. Grâce à un patient travail de compilation des listes, Jacques Léonard [1976] a réussi à reconstituer leurs effectifs dans les départements de l'Ouest (*cf.* tableau ci-dessous). On voit clairement décliner puis disparaître vers le milieu du siècle les praticiens de l'Ancien régime et monter en puissance les deux nouvelles catégories de médecins. Mais on distingue tout aussi clairement l'inflexion qui se joue autour des années 1830 : alors que les deux courbes suivaient un mouvement parallèle et que les officiers de santé « normaux » (reçus par un jury) tendaient à devenir plus nombreux que les médecins, désormais les effectifs d'officiers de santé vont stagner puis décliner et disparaître à leur tour pendant que ceux des médecins poursuivent un mouvement ascendant par paliers.

En réalité, beaucoup de médecins n'ont jamais considéré l'existence des officiers de santé autrement que comme un pis-aller, un palliatif à l'insuffisance provisoire du nombre de doctorats délivrés. Dès 1811, des voix s'élèvent pour demander la suppression de l'officiat, des projets de loi sont lancés à partir de 1820 pour tenter de le supprimer. Mais les docteurs restent divisés et les autorités jugent plus intéressant de le maintenir que de le faire disparaître. En un temps où les honoraires n'étaient pas fixes et où les jeunes médecins peinaient parfois à vivre de leur art, les officiers de santé avaient le tort de se contenter de rémunérations plus modestes et donc de tirer les prix vers le bas dans les zones rurales où ils étaient largement majoritaires. Toutefois, leur réputation n'est pas bien brillante. Accusés d'avoir été reçus par des jurys trop complaisants, ils sont volontiers décrits comme des rustres, aussi bien du point de vue des manières que des compétences médicales. Les docteurs, dont le prestige s'accroît au fil du siècle et des avancées cliniques et scientifiques, s'offusquent à l'idée qu'on puisse les confondre avec de tels personnages.

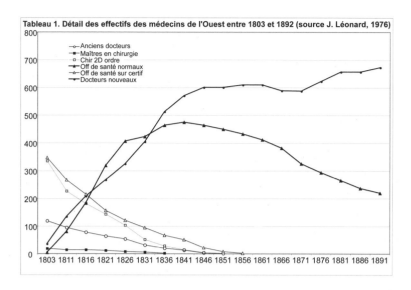

Tableau 1. Détail des effectifs des médecins de l'Ouest entre 1803 et 1892 (source J. Léonard, 1976)

Mais deux sortes d'arguments sont avancés pour préserver l'officiat. D'abord, malgré la faiblesse de leur formation, les officiers de santé appartiennent au monde de la médecine. Ils permettent d'endiguer l'emprise des nombreux empiristes et charlatans auprès d'un public populaire et rural qui ne peut accéder aux soins des docteurs. De nombreux « paramédicaux » : dentistes, oculistes, masseurs, peuvent en effet exercer sans aucun diplôme au début du XIXe siècle. Exiger d'eux qu'ils passent au moins l'officiat semble un moindre mal. En outre, les officiers de santé peuvent même servir de rabatteurs pour envoyer vers les docteurs les cas difficiles et les opérations chirurgicales qu'ils ne sont, en principe, pas autorisés à pratiquer. Mais surtout peut-être, ils contribuent sous la Restauration au maintien de l'ordre social et de la hiérarchie : aux pauvres et aux habitants des contrées isolées la médecine de second ordre des officiers de santé, aux patients riches des villes, plus aisés à recevoir en consultation ou à visiter, la médecine de premier ordre des docteurs.

Comme le montrent les données de Léonard, le nombre des docteurs s'accroît, la médecine attire les jeunes gens (mais exclut longtemps les femmes : la première Française à décrocher son doctorat, Madeleine Brès, ne l'obtient qu'en 1875) et elle tend aussi à s'organiser pour défendre ses intérêts. Après l'Association générale des médecins de France, créée en 1858, les premiers syndicats se forment dans les années 1880. Ils structurent les revendications et protègent les intérêts économiques des docteurs en réglementant les pratiques, en moralisant la profession et en limitant le nombre de diplômés. Une fraction de plus en plus puissante fait pression pour l'homogénéisation et la hausse des honoraires et milite pour la suppression des entorses au monopole. Dans ce contexte, les officiers de santé deviennent plus gênants qu'utiles. Les discours, au départ condescendants, se font de plus en plus impitoyables.

Une des attaques les plus marquantes est contenue dans le rapport sur l'exercice et l'enseignement de la médecine publié en 1873 par Paul Brouardel, vice-secrétaire de l'Association des médecins de France. Récusant un à un tous les motifs avancés par le passé en faveur du maintien de l'officiat, il collecte des statistiques afin de montrer que le dernier argument, celui qui avait conservé le plus de défenseurs, la pénurie de docteurs dans les campagnes, ne tient plus : « Dans les pays riches, dans le nord de la France, les officiers de santé sont nombreux ; ils disparaissent presque dans nos départements pauvres, dans le Centre de la France. » [Brouardel, 1873, p. 14]

Son interprétation semble sujette à discussion, d'autant plus qu'il ne donne aucun chiffre au sujet de la richesse des départements, mais le tableau qu'il donne, avec les limites de sa source (l'annuaire de l'Union médicale), fournit une précieuse indication de l'état des forces, département par département. Sur le plan national, les docteurs représentent déjà plus de 70 % de l'ensemble des praticiens et la quasi-totalité de ceux de Paris et des grandes villes.

Quoi qu'il en soit, le consensus s'étend chez les docteurs, efficacement orchestré par l'Union des syndicats médicaux français (USMF). En outre, les officiers de santé des Armées ne sont pas les derniers à vouloir se débarrasser des officiers de santé civils qu'ils tiennent en piètre estime. Ces derniers, de plus en plus minoritaires et dominés, n'ont guère les moyens de résister. La loi Chevandier du 30 novembre 1892 légalise les syndicats, instaure le délit d'exercice illégal de la médecine et supprime l'officiat.

Les herboristes arrachés à leur officine

Plongeant ses racines dans le vieux fonds de savoirs botaniques des sorciers et guérisseurs, le métier d'herboriste perpétue la tradition des « rizotomaï » grecs et des « herbarii » de l'Antiquité romaine qui récoltent, préparent et vendent des plantes médicinales[6]. Souvent appelés *herbiers* au Moyen Âge (l'usage du terme *herboriste* remonterait au XVIe siècle), ces artisans sont placés sous la tutelle jalouse des apothicaires et doivent faire leurs préparations en suivant les prescriptions des *physiciens* (médecins).

Comme pour les officiers de santé et l'ensemble des professions médicales, c'est le Consulat qui organisera un nouveau cadre légal après la tourmente de la Révolution. La loi du 31 Germinal an XI (11 avril 1803) régissant la pratique des apothicaires, impose aux herboristes de passer un examen « dans une des facultés de pharmacie ou par-devant un jury de médecine », qui donnera lieu à un certificat les autorisant à s'inscrire pour

---

6. L'essentiel des données historiques mentionnées provient du travail de L. Rebillard [2002], la seule recherche consacrée aux herboristes à notre connaissance.

exercer auprès des autorités locales, moyennant le paiement d'une patente. Ainsi, les épiciers, les droguistes, les grainetiers et pépiniéristes, les paysans cultivant des plantes médicinales, sont écartés de l'exercice légal et les herboristes pourront désormais réguler leur pratique sur le modèle des professions de santé. Ils ont accès à un diplôme et ils sont les seuls autorisés, avec les pharmaciens, à vendre des plantes au « poids médicinal », notion fort ambiguë qui alimentera la jurisprudence pendant tout le XIXe siècle.

En 1854, un décret impérial institue des herboristes de 1re et 2e classes, autorisés à exercer les uns dans tout le territoire national, les autres dans le seul département de réception, et supprime le jury médical. Ce seront les écoles de pharmacie et les écoles préparatoires de pharmacie et de médecine qui assureront la certification, même si rien de précis n'est prévu pour la formation avant 1897, et seulement pour les herboristes de 1re classe qui devront passer un examen préparatoire avant d'être autorisés à se présenter au certificat. Lorsqu'en 1916, il ne sera légalement reconnu qu'un seul titre d'herboriste, la formation commence à s'organiser véritablement, toujours sous l'égide des écoles de pharmacie et de médecine ou des écoles préparatoires.

Dans le dernier quart du XIXe siècle, le premier syndicat d'herboristes apparaît dans la Seine, il sera suivi par celui du Rhône (1880) et d'autres régions, jusqu'aux efforts de regroupement national qui se concrétisent en 1924 avec la Fédération nationale des syndicats d'herboristes de France et des colonies. Les herboristes se dotent de revues, *L'herboristerie française, La revue des herboristes*, mais surtout ils parviennent à faire créer une École nationale d'herboristerie, ouverte en 1927 à Paris. On y prépare en neuf mois l'examen délivré par la Faculté de médecine, et l'école dispense également un titre qui lui est propre. Elle est le principal levier de la politique de « relèvement » de la profession dans laquelle s'engage la Fédération : le certificat d'études primaires, demandé à l'origine pour pouvoir y entrer apparaît vite insuffisant, on envisage de demander des titres comme le diplôme de fin d'études secondaires, voire la première partie du baccalauréat. De même, les neuf mois de formation sont jugés trop courts. Il est question de passer à deux ans et de créer un stage obligatoire de six mois. Bref, la profession veut élever les barrières à l'entrée et légitimer une « juridiction » [Abbott] par la détention de savoirs légitimes.

Cependant, de même que l'officiat de santé, l'herboristerie reste assimilée à une « médecine du pauvre », et c'est sans doute ce qui fait sa force : elle offre la possibilité de traitements peu onéreux pour des problèmes de santé simples, accompagnés de conseils gratuits. Elle sait aussi se lancer dans une large diversification de l'offre, alliant les formules traditionnelles (savon) avec les cosmétiques et produits de « bien-être » issus de l'industrie chimique. La liste de ce qu'on peut trouver chez l'herboriste ne s'arrête nullement aux plantes réglementées : lunetterie, dentifrice, traitements contre les poux, produits d'hygiène pour les prothèses et appareils orthopédiques, coton hydrophile, bandages herniaires, bouillottes, tétines en caoutchouc, produits diététiques, eaux minérales, pommades, sels pour le bain, produits vétérinaires, produits pour la photographie et même engrais... Cela explique probablement que les officines se multiplient et le nombre d'herboristes s'accroît, souvent gonflé par les préparateurs en pharmacie qui ne peuvent s'établir et se tournent vers l'herboristerie. À la veille de la Seconde Guerre mondiale, on compterait environ 4 500 officines [Benard et Vaesken, 1979]. Mais cette prospérité a un revers : les pharmaciens voient toujours d'un mauvais œil leur simple existence, à plus forte raison lorsqu'ils se disputent le marché aux frontières floues des produits paramédicaux et parapharmaceutiques (les coricides relèvent-ils de la pharmacie ?). C'est à coups de procès que se règlent les litiges. Le mélange des plantes, réservé aux pharmaciens, est également une source permanente de frictions.

L'histoire des herboristes est donc parsemée d'attaques venant des médecins ou des pharmaciens. À plusieurs reprises au XIXe siècle, des assemblées médicales votent pour l'extinction des herboristes [Léonard, 1976, tome II, p. 735]. Au XXe siècle, les étudiants en pharmacie sont parmi les plus virulents. Ils se mettent en grève en mai 1932 à Toulouse et lancent en 1934 un mémoire pour l'interdiction de l'herboristerie. C'est que les effectifs d'étudiants en pharmacie se sont accrus plus vite que la population globale et certains d'entre eux redoutent de ne pas parvenir à s'installer : il faut donc faire de la place [Rebillard, p. 95].

Le régime de Vichy portera aux herboristes le coup fatal. En premier lieu, il réorganise l'industrie pharmaceutique et instaure des participations croisées entre les capitaux allemands et français. Ensuite, il crée en janvier 1941 un « comité d'organisation pour l'industrie et le commerce pharmaceutiques » qui a tous pouvoirs sur la filière et transforme les plantes médicinales en matière première de l'industrie. Le 11 septembre 1941, le couperet tombe : l'article 59 de la loi, alinéa 1, stipule qu'il « ne sera plus délivré d'inscription pour le diplôme d'herboriste ». Les herboristes diplômés à cette date sont autorisés à préparer et vendre les plantes médicinales, à l'exception d'une liste de plantes toxiques ou vénéneuses figurant dans le tableau A, B, ou C de la loi de 1916, et à condition de ne pas les mélanger à l'avance, sauf autorisation particulière.

À la Libération, le principe est confirmé, la définition juridique du médicament exclut les herboristes de sa préparation (loi du 23 mai 1945). Ceux-ci auront beau multiplier les projets de loi (juillet 1946) et les rapports présentés à l'Assemblée nationale (septembre 1946) pour abroger les lois de 1941 qu'ils assimilent à la période de la collaboration, rien n'y fait.

Privée de nouveaux entrants, la profession s'engage inéluctablement dans le vieillissement et la fermeture progressive des officines. Le chemin sera ponctué de sursauts, notamment au cours des années 1970 qui, à la faveur de la valorisation du retour à la nature, verra les jeunes contestataires se prendre de sympathie pour cette profession un peu désuète à l'image bucolique. Nouveaux mouvements, projets de loi, lancement du Manifeste du comité national pour la renaissance de l'herboristerie française, pétition lancée par la Fédération nationale des herboristes, livres, campagnes de presse dans des revues comme *Rustica*, spécialisée dans le jardinage, et plus récemment sites sur Internet, toutes les initiatives laissent impassibles les pouvoirs publics, dont la doctrine est fixée depuis 1945 : la suppression des herboristes ne nuit en rien à la santé publique. La principale actualité juridique concernant les herboristes est la jurisprudence des procès impitoyablement intentés par l'Ordre des pharmaciens dès qu'un salarié ou membre de la famille d'un herboriste tente de prendre la succession, fût-il diplômé en botanique.

CONCLUSION

Les deux cas que nous avons examinés, et qui appartiennent tous deux au monde des professions médicales, pourraient sans doute être décrits comme des exemples d'une catégorie particulière de mort qui serait celle des perdants de la compétition entre professions, une mort par prédation, somme toute parfaitement compatible avec la logique du modèle écologique. Cependant, il reste beaucoup d'autres cas à inventorier avant de déterminer jusqu'à quel point ce modèle général est vérifié. Il importe de situer chaque disparition d'un métier dans son contexte spécifique, et pour cela, il faut enquêter, presque sur le modèle du détective cherchant à cerner l'auteur, les circonstances, le mobile d'un meurtre, puisque l'on voit que ce n'est pas toujours de mort naturelle que les professions meurent. Procédant ainsi, par comparaison de proche en proche, il sera possible d'accumuler les exemples et de monter progressivement en généralité. Pour l'heure, la prudence est d'autant plus de mise que la notion même de mort reste sujette à débat. Le monde des professions est une sorte de cour des miracles où tout semble possible. On voit des professions dont les effectifs tombent en chute libre, comme les prêtres catholiques en France, suivre une courbe asymptote plutôt que d'aller vers zéro (en réaménageant la division du travail entre « professionnels » et « profanes » et en important des prêtres d'autres pays). Des professions qu'on croyait disparues resurgissent (les écrivains publics) ou retrouvent une deuxième jeunesse (la maréchalerie). Il est donc bien difficile de savoir où commence le début de la fin. Peut-être verra-t-on même les herboristes ressusciter en France, puisqu'ils existent en Allemagne et dans d'autres pays d'Europe et que l'Union européenne est censée favoriser la libre circulation des professionnels…

BIBLIOGRAPHIE

ABBOTT A. (1988), « The system of the professions. An essay on the division of expert labor », The University of Chicago press, Chicago et Londres.
ABBOTT A. (2003), « Ecologies liées. À propos du système des professions », in P.-M. MENGER (dir.), Les Professions et leurs sociologies. Modèles théoriques, catégorisations, évolutions, Éditions de la MSH, Paris, p. 29-50.
BENARD S. et VAESKEN B. (1979), L'Herboriste et vous. Son métier, ses recettes, votre santé, Dargaud, Paris.
BROUARDEL P. (1873), « De l'exercice et de l'enseignement de la médecine. Rapport fait au nom du conseil général de l'Association des médecins de France sur la révision des lois de l'an XI sur l'exercice de la médecine et de la pharmacie, sur la liberté de l'enseignement supérieur en ce qui concerne la médecine, sur la composition des commissions administratives des hôpitaux et hospices, sur l'assistance médicale des indigents dans les campagnes », Typographie Félix Malteste et Cie, Paris.
DINGWALL R. et KING M.D. (1995), « Herbert Spencer and the professions : occupational ecology reconsidered », Sociological Theory, vol. 13, n° 1, p. 14-24.
LAURENDON G. et BERROUET L. (2005), Métiers oubliés de Paris. Dictionnaire littéraire et anecdotique, Parigramme, Paris.
LATREILLE G. (1980), La Naissance des métiers en France, 1950-1975. Étude psychosociale, Presses universitaires de Lyon, Lyon ; Éditions de la Maison des sciences de l'homme, Paris.
LÉONARD J. (1976), Les Médecins de l'Ouest au XIXe siècle, Atelier de reproduction des thèses, université de Lille-III. Diffusion librairie Honoré Champion.
MANTOUX P. (1906), La Révolution industrielle au XVIIIe siècle. Essai sur les commencements de la grande industrie moderne en Angleterre, Société nouvelle de librairie et d'édition, Paris.
MOUNIER-KUHN P. (1999), L'Informatique en France, de la Seconde Guerre mondiale au Plan calcul : science, industrie, politiques publiques, Thèse d'histoire, CNAM, Paris.
REBILLARD L. (2002), L'Herboristerie en France. Genèse d'un métier, disparition d'une profession, DEA de sciences sociales, EHESS-ENS, Paris.
TRIPIER P. (1991), Du travail à l'emploi. Paradigmes, idéologies et interactions, Éditions de l'Université de Bruxelles, Bruxelles.

10

La place des grands cabinets d'audit multinationaux
dans la profession comptable libérale

Carlos Ramirez

Lorsque l'on parle de la profession comptable, on a l'habitude de penser à ses membres les plus éminents, les grands cabinets d'audit internationaux, communément désignés sous le nom de « Big 4 », ou plus familièrement de « Big ». La notoriété de ces cabinets provient d'abord de leur capacité à servir les sociétés multinationales les plus importantes. Ce succès sur le marché des services intellectuels à la grande entreprise pose problème car il s'est essentiellement construit sur la commercialisation simultanée de produits de conseil et d'audit, l'audit risquant, au mépris de l'indépendance de l'auditeur, de consister en la vérification de ce que le conseil avait contribué à créer. Cette image de puissants imposant la loi du marché transnational contre la règle professionnelle nationale qui, dans certains pays, proclame l'incompatibilité entre la certification des comptes et le conseil en gestion, est toutefois à nuancer car une autre source du prestige des grands cabinets, plus méconnue, se trouve précisément dans leur capacité à créer des règles. Ces règles, qui sont les normes comptables et les normes de vérification comptable, se sont considérablement développées ces trente dernières années, tant au niveau national qu'au niveau international[1].

Le monopole des professionnels des Big dans la fabrication des normes internationales de la comptabilité et de l'audit n'est pas sans conséquence

---

1. On distinguera ici les règles professionnelles des normes comptables et des normes d'audit. Inscrites souvent dans la loi et constituant un code de déontologie, les règles professionnelles prescrivent la façon dont doivent se comporter les professionnels, notamment pour ce qui est des activités incompatibles avec leur statut. Les normes comptables indiquent la façon de procéder à la transcription comptable des opérations de gestion. Les normes d'audit prescrivent comment il doit être procédé à la vérification des comptabilités. Pour ce qui concerne la dimension éthique de la mission de vérification des comptes, il existe un recoupement entre les normes d'audit et le code de déontologie professionnelle.

pour leurs confrères comptables libéraux. Alors même que la nature des normes internationales fait que quiconque n'est pas versé dans leur application ne peut légitimement prétendre participer à leur élaboration, se pose néanmoins la question du degré d'homogénéisation de ces normes avec les normes nationales, applicables à un nombre bien plus important d'entreprises et de professionnels. Jusqu'à quel point les professionnels qui travaillent dans des contextes complètement différents de celui de l'entreprise multinationale doivent-ils respecter des règles établies à l'usage de cette dernière et de ceux qui l'auditent ?

Nous verrons dans un premier temps comment les grands cabinets, anglo-saxons et essentiellement comptables à l'origine, se sont progressivement transformés en conglomérats multidisciplinaires et multinationaux en fondant leur expansion sur une association étroite entre l'audit et le conseil. Même si cette association a été remise en cause par les scandales financiers du début des années 2000 et le tour de vis réglementaire qui s'en est suivi, nous verrons ensuite que les Big restent dominants car leur puissance repose tout autant sur le rôle central qu'ils jouent dans le processus de normalisation de la comptabilité et de l'audit. Comme nous le montrerons enfin, leur quasi-monopole dans la définition et le traitement des problèmes comptables des grandes entreprises contribue à isoler les Big des autres professionnels du chiffre, posant la question de la cohésion de la communauté professionnelle, et plus largement celle du rôle de la comptabilité dans une société.

Le « business model » des « Big » comme défi aux règles

Les Big 4 occupent de nos jours, quel que soit le pays industrialisé, la tête des classements professionnels par le volume des honoraires facturés et par les effectifs employés. Même si dans certains pays ils ont développé une offre à l'intention d'entreprises de taille plus modeste, le cœur de leur clientèle demeure la grande société multinationale. Un simple coup d'œil aux cabinets qui auditent les entreprises constituant des indices comme le CAC 40 à la bourse de Paris ou le FTSE 100 à celle de Londres fait apparaître en très large majorité les noms de KPMG, Deloitte, Price Waterhouse Coopers et Ernst & Young.

Les Big 4 sont à l'origine des cabinets anglo-saxons et des cabinets essentiellement comptables. Mis à part Arthur Andersen, disparu dans le sillage de la faillite de l'entreprise Enron, qui était américain d'origine et qui s'est développé pendant la plus grande partie de son histoire en suivant le principe du *one firm concept*[2], les actuels Big 4 sont issus d'une lignée qui

---

2. C'est-à-dire que sa croissance a été quasi-exclusivement interne, la fusion avec d'autres firmes professionnelles n'intervenant que tardivement par rapport à ce qui a pu se produire dans le cas des autres grands cabinets de la profession [Spacek, 1989].

les fait remonter aux cabinets fondateurs de l'Institute of Chartered Accountants in Scotland et de l'Institute of Chartered Accountants in England and Wales [Jones, 1981 et 1995 ; Mathews *et al.*, 1998]. Les Peat, les Price Waterhouse, les Deloitte et autres Coopers ont été constitués dans la deuxième moitié du XIXe siècle et ils auditaient déjà à la fin de ce siècle les comptes des plus grandes sociétés cotées au London Stock Exchange [Anderson et Edwards, 1996]. Ces cabinets s'implantent très vite aux États-Unis, dès 1890 pour Price Waterhouse [Allen et McDermott, 1993] où ils apportent une conception du professionnalisme enracinée dans l'éthos du gentleman [Perkin, 1989]. Ils concurrencent dans un premier temps les firmes locales mais, assez vite, une stratégie d'alliances et de fusions se met en place.

Dans ce pays, comme bien entendu dans les dominions de l'Empire britannique, les cabinets de la City trouvent une culture économique et juridique et une conception de la place des professionnels dans la société similaire à celle de leur pays d'origine. Associant *gentlemanliness* et sens des affaires, ils mettent au service des clients les plus prestigieux (les grandes entreprises mais également l'État) les moyens que leur donnent l'association de plusieurs professionnels au sein de *partnerships* employant, de surcroît, un personnel technique et administratif en nombre important. Au sein de ces structures se développent dès avant la deuxième guerre mondiale une série de services annexes à la comptabilité et à l'audit, comme le conseil fiscal et un conseil en organisation balbutiant dont l'essor sera accéléré après 1945, grâce aux progrès constants de l'informatisation [Mathews *et al.*, 1998].

Ce « business model » des grands cabinets a bénéficié pour son succès d'un environnement réglementaire caractérisé par une relative tolérance vis-à-vis de l'association de l'audit et du conseil [Walker et Shackleton, 1995]. Si elle peut soulever des dilemmes éthiques, l'indépendance des auditeurs d'un cabinet étant compromise lorsqu'ils viennent à contrôler des procédures que les consultants du même cabinet ont contribué à créer, cette multidisciplinarité n'en est pas moins le moteur de la croissance des Big. Ces firmes ont ainsi progressivement constitué une offre de produits au sein desquels l'audit, leur spécialité au départ, celle qui les rattachait à la profession comptable, est non seulement intégrée aux autres mais agit comme une sorte de « tête de pont » qui permet aux professionnels de pénétrer dans une entreprise et de préparer le terrain pour la vente de missions de conseil bien plus lucratives [Cooper et Robson, 2006 ; Suddaby *et al.*, 2007]. L'audit est lui-même le reflet de l'innovation constante en termes d'offre de services qui caractérise les cabinets multinationaux : tout au long du XXe siècle, il n'a cessé d'être défini et redéfini dans ses finalités et dans sa technique jusqu'à devenir une sorte de produit assurantiel proposé à la clientèle au sein de « solutions » plus larges permettant de diminuer les risques qui pèsent sur ses activités [Robson *et al.*, 2007].

Avant de s'associer à des cabinets locaux[3], les firmes anglo-saxonnes avaient commencé par tisser un réseau international de bureaux. Elles suivaient ainsi l'implantation à l'étranger de leur clientèle, participant notamment à la consolidation des comptabilités des filiales locales dans celle de leur maison mère. Progressivement, ces bureaux se sont constitué une clientèle d'entreprises dans les pays où ils étaient présents, répondant en particulier à des demandes d'audit préalables à une cotation à la bourse de Londres ou de New York [Touron, 2004]. Le rachat ou la fusion avec des cabinets locaux a abouti à faire des Big les leaders sur le marché de l'audit, puis, plus largement, sur celui de la prestation professionnelle à la grande entreprise. L'expansion planétaire de ces cabinets en transforme la nature. D'entités essentiellement anglo-saxonnes et encore marquées par la comptabilité, ils deviennent des cabinets véritablement multidisciplinaires et multinationaux capables de produire en n'importe quel point du globe la même qualité de service [Suddaby et al., 2007 ; Jones, 1995]. Appliquant des méthodes de socialisation des professionnels et de production de leur expertise qui leur sont propres, ils jettent un défi aux classifications qui voudraient les enfermer dans l'espace d'une seule profession, nationale de surcroît [Cooper et al., 1998].

L'évolution que nous venons de décrire ne s'est pas faite sans heurts. Dans des pays peu habitués à une interprétation aussi libérale de l'indépendance des professionnels de l'audit et où celle-ci est moins un état d'esprit que la conséquence du respect d'une série d'interdictions, les cabinets multinationaux ont parfois trouvé sur leur route des professionnels ou des pouvoirs publics inquiets de la puissance qu'acquérait le modèle représenté par ces cabinets [Ramirez, 2003]. À cet égard, les scandales qui ont émaillé l'histoire du capitalisme en ce début de XXIe siècle peuvent sembler avoir porté un coup fatal au développement des géants de l'audit. Dans les pays anglo-saxons, des législations comme la loi Sarbannes-Oxley votée en 2002 aux États-Unis ont amené les autorités boursières à surveiller plus étroitement la profession comptable et à imposer une séparation plus stricte des activités d'audit et de conseil. Dans des pays comme la France, où le penchant tutélaire des pouvoirs publics vis-à-vis de la profession était plus prononcé, la loi de sécurité financière, adoptée en 2003, est venue préciser une série d'interdictions qui avaient déjà été affirmées.

Les Big 4 évoluent désormais dans un environnement où leur capacité à conquérir des parts de marché peut paraître diminuée. Ils disposent cependant d'autres leviers sur lesquels jouer pour continuer leur expansion.

---

3. À partir de la fin des années 1980, les *mega-mergers* entre grands cabinets concernent également des entités qui ne sont pas d'origine anglo-saxonne. La vieille maison de tradition britannique Peat (qui avait fusionné entre-temps avec l'américain Marwick Mitchell) s'unit en 1987 à Klynveld Main Goerdeler, un conglomérat de firmes dans lequel les Européens du continent occupent une place importante, pour constituer KPMG.

Le moindre de ces leviers n'est pas la capacité qu'ils ont d'influencer le processus de normalisation de la comptabilité et de l'audit.

LES BIG 4 ET LA NORMALISATION DE LA COMPTABILITÉ ET DE L'AUDIT

La comptabilité est une profession où le savoir fait l'objet depuis le début du XXe siècle d'une normalisation. Dans les pays anglo-saxons, celle-ci a d'abord été conduite par des praticiens (au sein des institutions professionnelles ou au sein des cabinets les plus importants de la profession), puis, pour des raisons tenant à l'indépendance des producteurs de normes vis-à-vis de leurs utilisateurs, des instituts de normalisation spécifiques ont vu le jour. Ainsi 1973 voit la création du Financial Accounting Standards Board aux États-Unis et de l'Accounting Standards Committee en Grande-Bretagne [Chantiri, 2000]. La philosophie de la normalisation comptable anglo-saxonne, à travers ses différentes variantes, demeure que la comptabilité doit avant tout informer une catégorie d'acteurs sociaux particulière : les investisseurs financiers. Dans d'autres pays, comme la France, l'Allemagne, les pays scandinaves, où la profession comptable a connu un développement moins indépendant de l'État, l'implication de ce dernier s'est faite dans certains cas davantage sentir. La normalisation comptable a été alors considérée comme un outil de rationalisation macroéconomique au service de catégories d'utilisateurs plus larges que les seuls investisseurs [Chiapello, 2005].

La vérification des comptes, domaine de la seule compétence des professionnels, a elle aussi fait l'objet d'une normalisation. Celle-ci est née aux États-Unis à la fin des années 1930 et a été suscitée par la survenance de scandales financiers [Allen et McDermott, 1993]. La toute récemment créée Securities and Exchange Commission a alors confié à l'institution professionnelle la mission d'élaborer les normes d'audit qui serviraient au contrôle des comptes des sociétés cotées sur les bourses de valeurs. Les instituts professionnels d'autres pays ont par la suite développé leur propre normalisation, un phénomène de convergence par le biais de l'adoption de normes internationales se mettant en place à partir des années 1980.

Le rôle des grands cabinets internationaux dans la normalisation de la comptabilité et de l'audit a toujours été très important. Dans les pays anglo-saxons, où des représentants de ces cabinets sont souvent à la tête des instituts professionnels, les ancêtres des Big 4 ont servi de laboratoire où se mettaient au point les *best practices* qui étaient par la suite souvent publiées sous forme de *guidelines* et autres documentations techniques à l'usage des professionnels. Lorsque les organismes de normalisation ont été créés, les grands cabinets, s'ils n'ont pas été à l'initiative de cette création, leur ont tout du moins fourni l'essentiel de leur personnel, que le personnel en question provienne directement d'un grand cabinet ou bien qu'il y ait reçu sa formation comptable. Les Big 4 sont en effet quasiment les seuls dans la profession à disposer de ressources humaines en nombre suffisant pour pouvoir les mettre à plein temps à la disposition des agences de normalisation. Ils ont aussi les seuls à avoir la puissance technique nécessaire pour pouvoir suivre la montée en complexité du processus de production des normes qui concernent les grandes entreprises.

Dans les pays qui ne sont pas de culture économique anglo-saxonne, les Big 4 sont parvenus à influencer le processus de normalisation grâce à l'internationalisation de celui-ci. En 1973 était créé l'International Accounting Standards Committee [IASC] par une poignée de professionnels des grands cabinets. Conçu au départ comme un contrepoids essentiellement britannique à l'influence de la Commission européenne, l'IASC, devenu IASB en 2000, a progressivement gagné en influence au cours de ses trente et quelques années d'existence. L'étape décisive a été franchie lorsque la Commission européenne a décidé en 2000 de renoncer à la mise au point de son propre référentiel normatif et d'adopter les International Financial Reporting Standards (IFRS) de l'IASB pour la publication des comptes consolidés des sociétés cotées sur les places boursières de l'Union européenne [Chiapello, 2007]. L'internationalisation de la normalisation de l'audit a suivi un chemin similaire, et encore plus rectiligne, puisque c'est au sein de l'International Federation of Accountants (IFAC) que cette normalisation a été établie[4].

Faiseurs de normes qu'ils appliquent ensuite en vendant une expertise qu'ils sont pratiquement les seuls à pouvoir produire : tel est le cercle autour duquel les Big 4 ont dessiné les contours de leur domaine d'activité. En effet, ces normes sont des normes qui concernent avant tout les entreprises multinationales et elles sont ainsi conçues qu'il faut avoir l'expérience de leur application pour participer efficacement à leur conception. Pour les Big, il s'agit certainement d'un cercle vertueux les érigeant en spécialistes de l'entreprise multinationale, de sa comptabilité, de son audit et plus largement de ses problèmes qu'ils contribuent à définir en proposant des « solutions » censées y répondre grâce à une multidisciplinarité encore à l'œuvre, même si elle a subi le contrecoup des législations restrictives de l'après-Enron. Pour les autres membres de la profession comptable, ce cercle peut-être considéré comme un cercle vicieux puisqu'il contribue à constituer un monde à part où se mêle contre nature ce qui est du domaine institutionnel (la règle dont la conception devrait associer des représentants de toute la profession afin de signifier son unité) et ce qui est du domaine marchand (l'intégration de la comptabilité et de l'audit à un service plus global rendu aux entreprises multinationales).

---

4. C'est l'International Auditing and Assurance Standards Board qui a la charge au sein de l'IFAC de la normalisation de l'audit. Fait méritant d'être souligné, les Big 4 y bénéficient d'une représentation collective par l'intermédiaire du Transnational Auditors Committee, où ils siègent en compagnie du cabinet Grant Thornton.

LA COHÉSION
DE LA COMMUNAUTÉ PROFESSIONNELLE

Qu'ils s'affranchissent de certaines règles professionnelles pour conquérir des parts de marché ou bien qu'ils contribuent à la création des normes
qui définissent l'enregistrement comptable et la vérification de celui-ci, les
Big posent un problème aux autres comptables libéraux, et notamment à
ceux qui sont à l'opposé du spectre si l'on classe les cabinets professionnels
par la taille de leur effectif. La stratégie du « cercle vertueux » des grands
cabinets contribue en effet à les isoler du reste de la profession, posant de ce
fait la question de l'unité de cette dernière. Du point de vue de la normalisation, la question de l'unité du corps professionnel renvoie à celle de
l'universalité de ces normes et, par-delà, à celle du rôle qu'une société veut
voir jouer à la comptabilité et à l'audit. Les mêmes normes doivent-elles
s'appliquer à tous les comptables ou bien doit-on avoir une profession à
plusieurs vitesses, voire plusieurs professions comptables ?

Une première façon de répondre à ces questions est de décréter que la
comptabilité et son contrôle doivent avant tout servir aux investisseurs
financiers et que ce qui ne concerne pas l'univers des sociétés cotées doit
relever d'un autre régime normatif, comme au Royaume-Uni où l'on a tenté
de développer un Financial Reporting Standard for Smaller Entities, voire
de l'exonération de la norme, comme aux États-Unis où les sociétés qui ne
sont pas inscrites auprès de la Securities Exchange Commission sont
dispensées de l'application des normes comptables et d'audit. Le développement des Big et leur participation à la constitution d'un audit et d'une
comptabilité internationaux auraient ici abouti à la séparation du « local » et
du « global » en constituant une strate composée de grandes entreprises
cotées et des professionnels qui les servent habituellement. Cette solution
n'est cependant pas applicable partout et en particulier dans les pays où une
autre conception de la comptabilité s'est imposée. Si l'on considère, comme
en France, que la comptabilité est un bien public, qu'elle a comme finalité,
en plus d'être un moyen d'information des investisseurs boursiers, de servir
d'autres buts comme le calcul de l'impôt ou l'élaboration des comptes de la
nation, alors elle doit relever d'un régime où la norme s'applique à un
nombre d'acteurs beaucoup plus large, même s'il faut aménager dans ce
régime des effets de seuil pour éviter d'imposer les normes à tous avec la
même lourdeur.

La pénétration de la norme internationale au niveau national n'est cependant pas sans risques. Que l'on tente par exemple de loger tous les professionnels à la même enseigne et c'est alors qu'apparaissent des tensions entre
les représentants de modes différents de concevoir la pratique professionnelle. Le cas s'est présenté au Royaume-Uni, lorsqu'en application de la
huitième directive européenne sur l'agrément des personnes chargées du
contrôle légal des comptes, des procédures de vérification de la qualité du

travail des auditeurs ont été introduites par les instituts professionnels [Robson *et al.*, 1994]. Ces contrôles, fondés dans un premier temps sur des tournées d'inspections ont entraîné une contestation sans précédent dans le monde des petits cabinets [Ramirez, 2004]. Les professionnels de ces cabinets ont reproché aux inspecteurs d'appliquer une conception de l'audit inspirée de celle pratiquée dans les grands cabinets et reposant sur une trace écrite de l'application de la norme. Tenants d'une culture professionnelle moins formalisée que dans ces derniers (pour des raisons qui sont liées en partie à la taille des entités contrôlées), les *small practitioners* ne pouvaient donc proposer aux inspecteurs suffisamment de preuves pour juger systématiquement de la qualité de leur travail. La norme dans son application révèle ainsi la structure hiérarchique du champ professionnel. Prétendument neutre et universelle, elle reflète en réalité une conception particulière de l'expertise en comptabilité et en audit, celle de ceux qui la produisent et qui l'ont conçue avant tout à leur image et à leur usage.[5]

Conclusion

La règle, sa définition, son application, comme le contrôle de son application semblent être dans la profession comptable libérale le révélateur des clivages qui existent dans la communauté professionnelle. La règle n'est pas seulement le vecteur qui, sous une apparence de neutralité et de désincarnation, permettrait d'exercer à ceux qui la conçoivent un pouvoir sur la communauté professionnelle et faire accepter la domination des grands cabinets en la faisant méconnaître comme telle. Paradoxalement, les grands cabinets n'ont certainement que faire de régner sur une population où dominent numériquement des cabinets de taille modeste qui tirent leurs moyens d'existence d'une clientèle très différente de la leur. D'un autre côté, les professionnels de ces cabinets savent bien quelle place occupent leurs confrères des entités multinationales dans la fabrication de la comptabilité et de l'audit « purs ». Cette opposition entre dominés et dominants de la profession comptable renvoie en fait à un problème plus large, qui est celui du rôle que doivent jouer dans une société la comptabilité et son contrôle légal.

---

5. Les professions comptables nationales sont très dépendantes de l'expertise des Big dans les normes internationales. Dans le cas de l'audit, on peut citer en exemple la « grève » qu'ont déclenchée ces derniers en France en 1993 [Ramirez, 2003]. Cette grève, qui prit la forme d'un refus de continuer à siéger aux commissions techniques de la Compagnie nationale des commissaires aux comptes, faisait suite à l'inclusion dans le Code de déontologie de la Compagnie des recommandations du rapport Le Portz préconisant une séparation plus grande entre les activités d'audit et de conseil. Les cabinets multinationaux privaient ainsi les instances professionnelles d'un savoir-faire indispensable à l'intégration dans le référentiel normatif national des normes d'audit internationales. Le conflit fut tranché grâce à un compromis entre les Big et les autorités professionnelles.

L'internationalisation de la production des normes comptables et d'audit a contribué à creuser un fossé qui sépare désormais le « global » du « local » et pose la question de leur articulation. L'application de la norme internationale dans les espaces nationaux amène en effet inévitablement à s'interroger sur le statut de la comptabilité et sur l'organisation de la communauté professionnelle. Souhaite-t-on importer telles quelles ces règles internationales qui participent d'une conception de la chose comptable comme étant avant tout réservée au monde des sociétés cotées, tout ce qui existe en dehors de ce monde – professionnels comme entreprises – fonctionnant sous un régime de normes spécifiques, voire sous celui de l'exonération de la norme ? Où alors se fait-on une idée de la comptabilité comme étant un bien public, et de ce fait reposant sur des règles universelles applicables à toutes les entreprises et à tous les professionnels, quitte à aménager une gradation dans cette application pour tenir compte des situations particulières ?

La réponse à ces questions n'est pas simple mais elle doit certainement tenir compte du fait que pour avoir construit leur puissance sur l'internationalisation et sur une souplesse dans l'interprétation de certaines règles professionnelles, les Big 4 ne sont cependant pas assez puissants pour parler en leur nom propre. À défaut d'un « Ordre des auditeurs spécialistes des multinationales » dont la juridiction s'étendrait à toute la planète, ils ont besoin de l'appartenance à des institutions nationales, seules dépositaires du droit de représenter les professionnels. En des temps troublés pour les grands cabinets, où les excès de leur multinationalité et multidisciplinarité leur ont été reprochés, les professionnels de ces cabinets ont encore intérêt à afficher officiellement leur affiliation à la profession comptable. Dès lors pour les autres professionnels, avoir à cohabiter avec les Big, est, tout comme pour ces derniers, une nécessité et une source de frustration. Une nécessité car autrement ils ne feraient partie que de « petites » professions nationales privées de l'aura que procure l'expertise des géants multinationaux. Une frustration car les Big participent d'un modèle de développement du professionnalisme qui leur est propre et qui semble encore à beaucoup comme relevant davantage de l'activité commerciale que de la profession libérale. Les représentants des cabinets plus modestes ont sans doute trop conscience du prestige que confère à leur profession la présence en son sein des firmes multinationales pour pousser au divorce et à la création de « compagnies nationales des comptables et auditeurs de PME ».

BIBLIOGRAPHIE

ALLEN D. G. et MCDERMOTT K. (1993), *Accounting for success : a history of Price Waterhouse in America, 1890-1990*, Harvard Business School Press, Boston.

ANDERSON M., EDWARDS J.-R. *et al.* (1996), « A study of the quoted company audit market in 1886 », *Accounting, Business and Financial History*, vol. 6, n° 3, p. 363-387.

CHANTIRI R. (2000), *Contribution à l'analyse des processus d'élaboration des normes comptables : une étude comparée des processus français et britannique*, École doctorale de gestion, comptabilité, finance. Centre de recherche européen en finance et gestion, université Paris-IX-Dauphine, Paris.

CHIAPELLO E. (2005), « Les normes comptables comme institution du capitalisme. Une analyse du passage aux normes IFRS en Europe à partir de 2005 », *Sociologie du travail*, vol. 47, n° 3, p. 362-382.

CHIAPELLO E. et MEDJAD K. (2007), « Une privatisation de la norme inédite : le cas de la politique comptable européenne », *Sociologie du travail*, vol. 49, n° 1, p. 46-64.

COOPER, D. J., GREEENWOOD J.-R. *et al.* (1998), « Globalisation and nationalism in a multinational accounting firm : the case of opening new markets in Eastern Europe », *Accounting, Organizations & Society*, vol. 23, n° 5-6, p. 531-548.

COOPER D. J. et ROBSON K. (2006), « Accounting, professions and regulation : locating the sites of professionalization », *Accounting, Organizations and Society*, vol. 31, n° 4-5, p. 415-444.

JONES E., (1981), *Accountancy and the British economy 1840-1980 : the Evolution of Ernst & Whinney*, Batsford, Londres.

JONES E. (1995), *True and fair : a history of Price Waterhouse*, Hamish Hamilton, Londres.

MATHEWS D., ANDERSON M. *et al.* (1998), *The Priesthood of Industry : the Rise of the Professional Accountant in British Management*, Oxford University Press, Oxford, New York.

PERKIN H. J. (1989), *The Rise of Professional Society : England since 1880*, Routledge, Londres.

RAMIREZ C. (2003), « Du commissariat aux comptes à l'audit – les Big4 et la profession comptable en France depuis 1970 », *Actes de la recherche en sciences sociales*, n° 146-147, p. 62-79.

RAMIREZ C. (2004), « Making things visible : audit quality control in the UK and the construction of the auditable practitioner », communication à l'European Accounting Association Congress, 1er au 3 avril 2004, Prague, République tchèque.

ROBSON K., HUMPHREY C. *et al.* (2007), « Transforming audit technologies : Business risk audit methodologies and the audit field », *Accounting Organisations and Society*, vol. 32, n° 4-5, p. 409-438.

ROBSON K., WILLMOTT H. *et al.* (1994), « The ideology of professional regulation and the markets for accounting labour : three episodes in the recent history of the U.K. accountancy profession », *Accounting Organisations and Society*, vol. 19, n° 6, p. 527-553.

SPACEK L. (1989), *The Growth of Arthur Andersen & Co., 1928-1973 : an Oral History*, Garland, New York.

SUDDABY R., COOPER D.J. *et al.* (2007), « Transnational regulation of professional services : Governance dynamics of field level organizational change », *Accounting, Organizations and Society*, vol. 32, n° 4-5, p. 333-362.

TOURON P. (2004), « Apports et limites des approches institutionnelles de la comptabilité : étude de trois cas d'adoption des normes internationales en

France », *Comptabilité contrôle audit,* numéro spécial sur la sociologie de la comptabilité.

WALKER S. P. et SHACKLETON K. (1995), « Corporatism and structural change in the British accountancy profession 1930-1957 », *Accounting Organizations and Society*, vol. 20, n °6, p. 467-503.

11

L'histoire des comptables égyptiens.

Les avatars d'un groupe professionnel

Elisabeth Longuenesse

Si les travaux sur les marchés du travail dans les pays en développement ne manquent pas, ils se sont surtout intéressés au travail peu qualifié, à l'emploi informel et, plus récemment, aux questions d'insertion et de chômage des diplômés. Les dynamiques professionnelles ont en revanche été peu étudiées. Pour le Proche-Orient, quelques travaux d'historiens ont traité de l'émergence des professions modernes de médecin, d'ingénieur ou d'avocat, ou encore du rôle des élites (professionnelles) modernisatrices dans les transformations sociales. Dans les années 1980, les politistes se sont intéressés à la mobilisation croissante de certains de ces groupes professionnels et de leurs syndicats, au sein desquels le parti au pouvoir et l'opposition nationaliste ou islamiste se livraient de féroces batailles [Longuenesse, 2007].

En revanche, alors même que ces professions étaient considérées comme des vecteurs de modernisation, T. Johnson remarquait que les sociologues des professions faisaient généralement l'impasse sur les pays en développement. Or, à l'encontre du modèle de l'autonomie professionnelle dont les théories fonctionnalistes faisaient une caractéristique essentielle des *professions*, dans les colonies celles-ci dépendaient très largement de la commande de l'administration coloniale ou d'un emploi salarié au sein de ses services [Johnson, 1973, 1982]. Par la suite, devenus indépendants, les pays issus de la colonisation mettaient en œuvre des politiques de développement attribuant à l'État un rôle central qui aboutit à subordonner plus radicalement encore les élites professionnelles, « savantes » ou « consultantes » [Freidson, 1984], à son projet.

Dans les années 1990, la multiplication des organisations interétatiques (Organisation mondiale du commerce, Union européenne, traités régionaux) ou professionnelles (la Commission de normalisation comptable internationale – IASB –, avait été créée dès 1974), s'accompagne de la promulgation de réglementations supranationales, se superposant ou s'imposant aux réglementations nationales. L'inégale représentation des différents pays au sein de ces organismes, et l'état des rapports de force au niveau mondial, posent la question de la façon dont est négociée l'harmonisation entre réglementations nationales et internationales [Evetts, 2002 ; Ramirez, 2003].

Ce texte retrace, à partir du cas égyptien, les avatars d'un ensemble professionnel, celui des professionnels de la comptabilité, entre profession libérale et comptable salariés, en lien avec l'évolution des mécanismes de régulation tant du marché de l'emploi que du marché des services professionnels, dans des contextes politiques changeants. L'existence d'une profession comptable libérale est en effet indissociable d'une économie de marché, mais elle est aussi complémentaire à bien des égards du travail des comptables salariés, qu'ils travaillent en entreprise ou dans les services financiers de l'État et de divers organismes, publics ou privés. En Égypte, une politique de nationalisation et de planification centralisée modifia radicalement l'équilibre entre les différents segments professionnels concernés. Inversement, le retour au marché redynamise un marché de services professionnels en pratique privée ou libérale – mais dans des conditions aujourd'hui fort différentes de celles qui prévalaient dans les années 1950. La bataille qui se joue depuis 2000 en Égypte est profondément marquée par les nouveaux clivages nés des modalités de l'ouverture au marché mondial : elle pose en termes crus la question d'une autonomie professionnelle, produite par des logiques exogènes, et, partant, largement illusoire.

POINTS DE REPÈRES HISTORIQUES

Pour comprendre les batailles autour de la profession comptable aujourd'hui en Égypte, un retour sur trois moments historiques est nécessaire : la période dite libérale, qui prend fin avec le renversement de la monarchie par le coup d'État des Officiers libres ; la période nassérienne, marquée par les nationalisations et l'étatisation de l'économie ; la période du retour progressif au marché, qui commence avec l'*infitah* de Sadate en 1974, et s'accélère dans les années 1990 avec l'ajustement structurel.

Une profession si britannique

Les cabinets d'audit britanniques arrivent en Égypte à la fin du XIXe siècle[1]. Le premier texte législatif réglementant l'exercice de la révi-

---

1. Les Britanniques occupent l'Égypte en 1882. Le Protectorat est officialisé en 1912. La Grande-Bretagne octroie une indépendance formelle en 1922, mais il faut attendre le traité anglo-égyptien de 1936 pour que celle-ci se concrétise réellement et que le Haut-Commissaire britannique soit remplacé par un ambassadeur. De 1936 à 1952, l'Égypte est formellement indépendante, mais elle reste occupée militairement par les Britanniques qui en contrôlent de fait le territoire et les ressources.

sion des comptes daterait de 1909. Jusque dans les années 1940, « l'audit comme profession est exercée par des experts étrangers » [Shawki, 1994]. La première « Association égyptienne des comptables et réviseur*s* » (Egyptian Association of Accountants and Auditors, ESAA), créée en 1946, est dirigée par un conseil d'administration composé de sept Anglais et neuf Égyptiens, tous membres de l'Institute of Chartered Acccountants of England and Wales (ICAEW)[2]. Les Anglais dominent en pratique la profession et le marché des services comptables jusqu'en 1956 : à cette date, sur 89 membres de l'ESAA, 32 sont anglais ou français. Ils seront expulsés après la crise de Suez[3].

La première loi réglementant la profession de « comptable et réviseur » est promulguée en 1951. Elle crée une commission de certification chargée de la tenue d'un registre des comptables et réviseurs agréés par le ministère du Commerce et de l'Industrie[4]. Une loi de 1953 oblige les investisseurs à faire viser leurs documents comptables et déclarations de revenus par un expert-comptable. Entre-temps, le 23 juillet 1952, la monarchie est renversée, la République est instaurée par les Officiers libres. Et Nasser devient seul maître du pays dès 1954. L'année suivante une loi crée un « syndicat professionnel » (parfois qualifié d'« ordre » par les auteurs francophones, voir [Longuenesse, 2007]), auquel l'adhésion est désormais obligatoire pour exercer, et qui supplante de fait l'ESAA. En 1956, la profession est définitivement nationalisée avec l'expulsion des étrangers.

Dans l'histoire égyptienne, la dimension nationale est dès l'origine décisive dans la vocation des organisations professionnelles et la mission qui leur est attribuée. Leur mobilisation par le régime nassérien n'est que le dernier avatar d'une histoire qui avait vu leur instrumentalisation par le mouvement national dans les années 1940. Le cas des comptables en est une illustration tardive. L'association dominée par les Britanniques est d'abord concurrencée, puis supplantée, par un syndicat dont les membres du conseil doivent obligatoirement être égyptiens.

Comptables salariés et diplômés de commerce

La Révolution bouleverse radicalement les conditions d'exercice d'une pratique professionnelle comptable libérale. La nationalisation des banques, les « lois socialistes » de juillet 1961, et les nationalisations d'entreprises industrielles et commerciales qui se succèdent jusqu'en 1964, font de l'État le principal acteur économique.

---

2. La principale association de comptables en Grande-Bretagne jusqu'aujourd'hui.

3. *Al-Muhaseb*, n° 17, mars 2003. Après la nationalisation du Canal de Suez le 26 juillet 1956, une coalition regroupant la France, l'Angleterre et Israël attaque l'Égypte. L'intervention des États-Unis impose leur retrait.

4. Différence majeure avec le modèle professionnel britannique (où les registres professionnels sont tenus par les associations), qui est soulignée par Johnson [1982].

La création, à partir de 1961 d'une cinquantaine d'« organismes généraux », regroupant l'ensemble des entreprises d'une même branche, réorganise profondément le secteur industriel public. Chaque organisme met en place une « direction de l'audit » et en 1964 un « Organisme central des comptes » se voit attribuer « la responsabilité du contrôle des finances du secteur public et l'audit des livres des entreprises publiques et de l'administration gouvernementale » [Wahba, 1994, p. 102-105 ; Ayubi, 1991]. En 1966 est publié un « système comptable unifié ». L'activité des bureaux privés décline rapidement et un certain nombre de notables de la profession comptable libérale sont nommés à la direction de ces organismes de contrôle publics.

Alors que l'ESAA est en sommeil depuis la création du syndicat en 1955, celui-ci n'a lui-même qu'une activité réduite. S'il comprend un registre de « non-praticiens » qui permet d'accueillir quelques experts-comptables ayant abandonné l'exercice en libéral, ses effectifs restent faibles. En 1971, il ne compte que 1 200 membres soit 3,4 % des 35 000 comptables diplômés[5], dont une majorité est désormais employée par l'État, dans les entreprises du secteur public ou l'administration (en particulier à la direction des impôts). Selon les termes d'un responsable : « la profession comptable s'est beaucoup développée dans la société socialiste, elle ne se limite plus au secteur privé et englobe le secteur gouvernemental et le secteur public.[6] » L'étatisation de l'économie et la logique statutaire qui régit l'emploi public permettent à certains de réclamer l'élargissement du syndicat non seulement à l'ensemble des comptables salariés, mais aussi à tous les diplômés des facultés de commerce (d'où sont issus les comptables) : « La création du syndicat [des professions commerciales] est dans l'ordre des choses. Il n'est pas raisonnable que la comptabilité soit séparée de l'économie, de la gestion, de l'assurance, des statistiques. Il n'y a pas de raison de laisser une minorité de comptables monopoliser une position qu'ils détiennent depuis si longtemps, alors que le secteur public englobe maintenant la majorité des comptables.[7] »

De fait, un « syndicat des professions commerciales » est créé par la loi, en 1972. Il compte quatre branches de spécialité, commerce, économie, statistiques et comptabilité. La branche des comptables regroupe désormais l'ensemble des comptables salariés et libéraux, et représente jusqu'à aujourd'hui plus de la moitié des adhérents. Au-delà des inévitables enjeux de pouvoir et des rivalités de personnes qui ont sans aucun doute joué un

---

5. Selon *Al-Ahram al-Iqtisâdiy*, 1/4/1972, on comptait en 1971 65000 diplômés des facultés et instituts de commerce, parmi lesquels 35 000 comptables, soit 54 % (« Un syndicat des commerciaux, pourquoi ? »).

6. Déclaration de Tawfik Abou-Alam, vice-ministre de la Justice (et premier président du syndicat des professions commerciales), à l'hebdomadaire économique *al-Ahram al-Iqtisadî*, 1/4/1972.

7. Abd al-Aziz Hegazi (ministre de l'Économie), *al-Gumhuriyya*, 17/6/72.

rôle dans cette création, celle-ci est en cohérence avec une logique de syndicat de professionnels salariés (même si cela transforme l'organisation en syndicat de diplômés plus que de professionnels). Pourtant, à peine deux ans plus tard, le lancement de la politique d'ouverture (*infitah*) par le successeur de Nasser, Anouar al-Sadate, pose très vite la question du retour à une organisation propre aux comptables libéraux.

Renaissance d'une profession libérale ?

Suite aux mesures de libéralisation prises dans le cadre de la politique dite d'*infitah*, en vue d'attirer les investissements étrangers, la deuxième moitié des années 1970 correspond à une période de reprise de l'activité des cabinets de comptabilité et d'audit. Les responsables du nouveau syndicat des professions commerciales en prennent acte rapidement. En juin 1976, le président du syndicat propose que la comptabilité des sociétés soit à nouveau confiée aux cabinets indépendants : « Les temps sont peut-être venus de revenir au système premier, c'est-à-dire à la pratique des bureaux de comptabilité selon le système de la profession libérale, le contrôle des comptes des sociétés ne pouvant être fait correctement qu'en garantissant l'indépendance du contrôleur. Nous demandons donc que le contrôle des comptes des sociétés publiques ou privées se fasse dans le cadre d'une pratique indépendante, dans le respect de la législation et des objectifs de la société socialiste. [8] »

Sous la présidence de Sadate (1970-1981), et durant la première décennie de celle de Moubarak, les changements sont progressifs. La période se caractérise par un accroissement très rapide du nombre de jeunes diplômés arrivant sur le marché du travail et la poursuite du gonflement des effectifs de la fonction publique. Des dizaines de milliers de comptables diplômés vont peupler le ministère des Finances, l'administration des Impôts, et les divers organismes de contrôle, tandis qu'un petit nombre commence à se tourner à nouveau vers l'emploi privé, y compris dans les cabinets comptables renaissants. L'ESAA, seule organisation représentant les comptables libéraux, reprend de l'activité, alors qu'elle était en sommeil depuis près de deux décennies.

Dans les années 1980, le mouvement de création des sociétés de capitaux s'accélère [Gobe, 1999]. Suite au premier accord d'ajustement structurel signé avec le Fonds monétaire international en 1991, une série de réformes sont mises en œuvre, visant au démantèlement du secteur public. En 1992 est promulguée une loi sur les marchés financiers, qui relance l'activité boursière en Égypte. La transformation du « secteur public » en « secteur public des affaires » consacre le retour à une logique de marché. Le mouvement de privatisation, qui a démarré difficilement, s'accélère à la

---

8. Déclaration faite dans *Al-Ahram*, 26/6/1976.

fin des années 1990 [Clément, 2000]. L'Égypte adhère à l'Organisation mondiale du commerce, l'OMC, dès sa création, en 1995. En 1998 est promulguée une loi sur la privatisation des banques et des assurances. La période est paradoxale. Le retour de l'entreprise privée se fait sous le contrôle et à l'ombre d'un État apparemment tout-puissant mais dominé par une logique qu'Éric Gobe qualifie de rentière, fondée sur la primauté des relations personnelles, du favoritisme et de l'arbitraire. Si l'urgence d'une réforme de la loi de 1951 sur la profession de comptable et réviseur commence à être formulée, ce n'est qu'en 2002 que la création d'une branche de comptables *libéraux* au sein du syndicat prendra acte des transformations du marché professionnel (voir plus loin). Le décalage manifeste entre une réglementation ancienne, inadaptée aux développements économiques des années 1990 et la politique officielle de retour au marché, est à l'image des ambiguïtés du régime.

LA STRUCTURE DU CHAMP PROFESSIONNEL
AU DÉBUT DES ANNÉES 2000

Entre les centaines de milliers de comptables salariés, les quelques milliers ou dizaines de milliers de petits comptables indépendants, sans doute pour une grande part assez mal recensés, les professionnels libéraux patrons de cabinets de diverses tailles, et les associés ou collaborateurs de grands cabinets d'audit, il est difficile de cerner les contours d'une profession comptable, même au sens large, et guère plus facile de définir une profession libérale de comptable et réviseur. Le paysage se brouille encore un peu plus du fait des écarts entre activités professionnelles effectives et statuts légaux (salarié ou libéral).

Les organisations professionnelles existantes, syndicats ou associations, représentent différents segments d'un champ professionnel écartelé entre des pratiques et des intérêts incommensurables. En 2001, lorsque le syndicat des professions commerciales décide de créer une branche spécifique pour les comptables en pratique libérale, la branche des comptables compte environ 350 000 membres. 90 % sont employés de l'État, dont une grande partie au ministère des Finances et à la direction des Impôts. Massivement sous employés et sous payés, nombreux sont ceux qui complètent leurs revenus par une petite activité de service et de conseil auprès de commerçants ou d'artisans. Les comptables exerçant en libéral sont inscrits au registre du ministère des Finances, et le nombre de ceux qui sont en activité est estimé à 12 000. Mais en 2005, seuls 3 500 se sont fait enregistrer auprès de la nouvelle branche des comptables libéraux du syndicat, pour se faire délivrer la carte syndicale en principe désormais nécessaire pour exercer.

Deux associations professionnelles actives et reconnues apportent un éclairage complémentaire sur l'état du marché professionnel : la plus influente, l'Association égyptienne des comptables et réviseurs (ESAA), déjà citée, compte 1 200 membres, dont près de 40 % travaillent chez les représentants des « big » (les quatre firmes d'audit et de services comptables dominant le marché mondial)[9]. L'Association égyptienne des impôts, créée en 1986, revendique environ 4 000 membres, dont 80 % sont des experts-comptables indépendants, 15 % des fonctionnaires des impôts et 5 % des avocats.

En l'absence d'une enquête qui permettrait d'établir des critères solides de classement (en fonction de la clientèle, du chiffre d'affaires, du nombre de collaborateurs), on peut distinguer, en première approximation, quatre ou cinq strates fortement hiérarchisées[10] : le sommet de la hiérarchie professionnelle est occupé par les représentants en Égypte des « big four », avec leurs associés et collaborateurs, auxquels certains ajoutent deux ou trois bureaux membres de réseaux internationaux (on trouve à leur tête certains des fondateurs, aujourd'hui très âgés, de l'ESAA, ou leurs fils) ; une seconde strate serait composée de dix à quinze cabinets de taille moyenne, fondés dans les années 1950, qui peuvent employer plus de cinquante salariés, travaillent pour le marché égyptien, et n'ont aucune relation avec des réseaux internationaux ; viendraient ensuite un millier de cabinets petits et moyens, dont la compétence professionnelle est reconnue par les grands, mais qui font essentiellement du conseil fiscal ; enfin, une dizaine de milliers de comptables enregistrés, travaillent soit comme salariés des précédents, soit en pratique privée, seuls. Il faudrait enfin ajouter aujourd'hui quelques milliers de jeunes diplômés, souvent mal formés, travaillant comme « stagiaires » non rémunérés, ou touchant des indemnités dérisoires, parfois obligés de payer leur patron de stage (lui-même un tout petit professionnel) pour obtenir l'attestation leur permettant de s'inscrire au registre du ministère des Finances ; après quoi, beaucoup ne réussissent qu'à gagner péniblement leur vie en bricolant des missions de quelques mois à répétition, sans réussir à déboucher sur un emploi stable.

En résumé, si l'ESAA représente la fraction supérieure du segment des comptables et auditeurs libéraux, celle qui est sous l'emprise hégémonique des grands cabinets internationaux, l'Association des impôts représente probablement quant à elle la plus grande partie des comptables libéraux travaillant au sein de bureaux petits et moyens, régulièrement enregistrés et économiquement viables. Quant au Syndicat, organisation de diplômés plus que de professionnels, il représente des intérêts composites. Ses dirigeants, proches du pouvoir, peuvent s'allier aux « grands » de la profession, aux dirigeants de l'ESAA, qui ont retrouvé des positions de conseillers des pouvoirs économiques perdus sous Nasser, mais ils sont aussi sensibles à la

---

9. Dont plus de la moitié dans le cabinet du président de l'ESAA, représentant en Égypte de KPMG.

10. Estimations fondées sur les informations données par divers interlocuteurs, dont les responsables des organisations citées.

pression de la base, et de la masse des petits comptables effrayés à l'idée de perdre leurs quelques avantages de fonctionnaires ou les ressources offertes par un marché largement informel, donc peu contrôlé.

ENJEUX D'UNE RÉFORME

L'idée d'une réforme de la profession comptable visant à adapter la législation à l'état du marché dans le contexte de la politique d'ouverture économique remonte au moins aux années 1980. En avril 1996, lors d'un congrès de l'Association des impôts, cette exigence est exprimée explicitement et fortement[11]. Entre-temps, la mise en œuvre de la politique de libéralisation de l'économie s'est accélérée. Le premier projet est publié par l'ESAA fin 1999[12]. Début 2001, le Syndicat prend les choses en main et crée une commission, qui sera ensuite élargie à des représentants de l'Organe central des comptes et de l'ESAA. Si tous s'accordent sur le principe de la réforme, des divergences apparaissent sur son contenu. Un nouveau projet, élaboré par la commission mise en place par le syndicat, est approuvé par le conseil d'administration de ce dernier en octobre 2001. Mais il est encore loin de faire l'unanimité et une forte opposition s'exprime à la base. Les discussions s'éternisent et le débat n'a lieu au parlement qu'en 2004.

Les principales innovations sont : l'obligation de passer un examen pour être inscrit au registre professionnel, la distinction de deux registres (l'un pour les auditeurs habilités à auditer les sociétés de personnes, l'autre pour les auditeurs des sociétés de capitaux), l'autorisation de constituer des sociétés professionnelles, et enfin la création d'un conseil supérieur, placé sous la présidence du ministre des Finances. L'une des missions de ce conseil est d'organiser la formation continue désormais indispensable pour être promu d'un registre à l'autre. Le projet prévoit en outre de transférer la commission du registre au syndicat des professions commerciales (et non à l'ESAA, comme initialement prévu), dont la prééminence est ainsi reconnue. Il s'agit d'une part de faire passer sous le contrôle de la profession (à travers ses représentants, ici le syndicat), certaines missions jusqu'alors relevant du ministère de tutelle (examen, registre). De l'autre, alors que la seule forme d'exercice reconnue légalement était jusque-là celle du professionnel indépendant, le projet de loi, en autorisant la constitution de sociétés professionnelles qui permettent une spécialisation des tâches, prend acte de l'évolution des besoins du marché en matière de services comptables. Encore faut-il s'entendre sur qui est autorisé à offrir ces services, et qui représente la profession.

---

11. Voir *Al-Ahram*, 29/4/96.
12. La revue de l'association *al-Muhaseb* en publie une analyse dans son numéro de janvier 2000.

Deux points font en effet l'objet de débats houleux au parlement. Le premier concerne le rôle de l'ESAA, dont on a vu qu'elle représente de fait les intérêts des représentants des grands cabinets internationaux. La première version du projet de loi prévoyait la création d'un nouvel organisme professionnel, ayant vocation à regrouper l'ensemble des comptables et auditeurs, chargé de la tenue du registre, de la formation, des normes, et de la discipline. Le Syndicat, dont le rôle aurait été ainsi marginalisé, refuse. La nouvelle mouture du projet de loi place donc la commission du registre sous son égide. Mais l'ESAA obtient d'y être représentée en tant que telle, et se voit confier l'organisation de l'examen professionnel. Le Syndicat objecte alors que la loi interdit à une association d'intervenir sur des questions de nature professionnelle, qui relèvent de la seule compétence syndicale. En réalité, les deux organisations ont une histoire différente, n'ont pas la même conception de la « profession », ne représentent pas les mêmes segments, et divergent sur la définition de leur mission. On l'a vu, le Syndicat est devenu dès les années 1970 une organisation de diplômés majoritairement dépendants de l'État qui les emploie, plus préoccupée de défendre un statut fondant des droits, que d'organiser et contrôler les conditions d'exercice d'une profession. Tandis que l'ESAA est une organisation professionnelle inspirée du modèle anglo-saxon, qui a vocation à définir, former, réglementer, et contrôler, une profession. Derrière les arguments de ces deux organisations, se profilent les intérêts de segments professionnels : les uns défendent un modèle professionnel mondialisé et sont favorables à l'ouverture la plus large aux capitaux étrangers, les autres cherchent à protéger une profession égyptienne.

Le point le plus conflictuel concerne en effet la place des « étrangers ». La question a plusieurs facettes : elle concerne l'autorisation des professionnels étrangers en tant qu'individus (ce qui pose la question de l'examen et de la possibilité d'en être dispensé) et celle des sociétés étrangères ; mais elle vise aussi l'association de cabinets égyptiens et étrangers, et le nom sous lequel peut apparaître un cabinet dont certains des associés sont étrangers. De la protection de l'emploi des comptables Égyptiens, à celle des cabinets et sociétés égyptiennes sur le marché des services comptables, en passant par la revendication symbolique et/ou politique du nom, les enjeux diffèrent. Mais la question sous-jacente est celle de l'ouverture du marché des services comptables, et de l'interprétation des implications de l'accord sur la libéralisation des services signé par l'Égypte dans le cadre de l'OMC[13]. Cet accord promeut un modèle économique néolibéral d'ouverture totale des marchés, lequel a des retombées indissociablement sociales et professionnelles : en phase avec le modèle professionnel porté par les grands cabinets, il creuse le fossé entre les élites globalisées et les catégories

---

13. Accord général sur le commerce des services, négocié dans le cadre de l'OMC, signé par l'Égypte et censé entrer en vigueur en 2005.

sociales les plus modestes. Mais les arguments mobilisés par les opposants à l'ouverture aux non nationaux sont parfois un peu confus : la défense du « secret économique » des entreprises semble dérisoire alors que l'Égypte ouvre toutes grandes ses portes aux investissements étrangers, et que les entreprises purement égyptiennes sont souvent de (très) petites tailles et guère à la pointe du développement technologique. L'argument de la compétition inégale entre cabinets étrangers et égyptiens est sans doute à prendre plus au sérieux, encore qu'il n'est pas sûr que les uns et les autres s'adressent au même segment de marché. De façon remarquable, la question de la protection contre le risque que ferait peser l'ouverture à l'étranger, n'est jamais associée à celle du modèle économique véhiculé par les cabinets géants qui dominent le marché mondial. De même, la question de la normalisation comptable, en débat dans d'autres régions du monde, ne semble pas être source de préoccupation, alors que les nouvelles normes égyptiennes promulguées depuis 1997 sont explicitement harmonisées sur les normes internationales.

CONCLUSION

La bataille qui traverse aujourd'hui le monde des comptables égyptiens prend parfois des allures de véritable lutte de classes, opposant une poignée de très grands comptables, partie prenante d'une élite professionnelle mondialisée au service des firmes multinationales et des marchés financiers, à une masse de petits comptables paupérisés alliés à une « classe moyenne » de cabinets plus importants, mais dont l'activité est cantonnée au marché national : par ses contours et ses alliances, cette bataille évoque celles qui furent menées à d'autres époques, rappelant ainsi que l'enjeu national est toujours sensible.

L'histoire des comptables égyptiens apparaît ainsi exemplaire pour saisir l'importance du rôle de la puissance publique dans les mécanismes de constitution et de régulation d'un groupe professionnel. Interviennent aussi, de façon indissociable, le poids des intérêts dominants, variables selon les époques, le type de compétence mobilisée, de service proposé, de clientèle concernée, ainsi que le cadre organisationnel et institutionnel dans lesquels s'inscrit ce processus.

Ainsi, à l'époque monarchique, l'économie égyptienne est massivement sous l'emprise des intérêts britanniques, et plus largement occidentaux, et la profession comptable n'est rien de plus qu'une extension impériale de la profession britannique. Les années nassériennes, caractérisées par l'effort de reconquête de la souveraineté nationale et de contrôle des ressources du pays, sont marquées par un basculement radical : la profession comptable libérale est presque totalement marginalisée et ne peut être remplacée par une profession libérale nationale ; l'étatisation de l'économie est suivie par la tentative de création d'un corps professionnel au sein de l'administration, soumis à une logique de service public étatisé. Mais cela se traduit par une régulation administrative du marché de l'emploi par le diplôme et par une préoccupation de protection et de défense d'un statut, dont la nouvelle organisation professionnelle et son organisation en branche de spécialité sont la traduction.

Les politiques de libéralisation économique mises en œuvre dès les années 1970 débouchent au tournant des années 2000 sur une adhésion au modèle néolibéral promu par les institutions internationales. L'ouverture aux investissements étrangers impose un ajustement des réglementations et de la législation, et le développement des services juridiques et financiers exigés par les firmes multinationales et les marchés financiers. Une nouvelle bataille se dessine, pour redéfinir et réorganiser le marché des services professionnels. Sous couvert de « modernisation » pour les uns, de « protection du marché national » pour les autres, deux stratégies professionnelles opposées s'affrontent, renvoyant à deux modes de régulation, l'un soumis à l'hégémonie des grands cabinets et des marchés de capitaux, l'autre à un système économique et social en perte de vitesse, produit d'un compromis fragile et instable entre une classe d'hommes d'affaires étroitement liée au pouvoir et une population composite de petits fonctionnaires et de travailleurs indépendants menacés par la montée du chômage.

BIBLIOGRAPHIE

Abbott A. (1988), *The System of Professions, An Essay on the Division of Expert Labor*, The University of Chicago Press, Chicago.

Ayubi N. (1991), *The State and public policies in Egypt since Sadat*, Reading, Ithaca.

Clément F. (2000), « Libéralisation économique et nouvelles configurations de l'emploi en Égypte », *Revue Tiers-Monde*, 163, p. 669-691.

Evetts J. (2002), « New directions in state and international professional occupations : discretionary decision making and acquired regulation », *Work, Employment an Society*, p. 341-353.

Freidson E. (1984) [1970], *La Profession médicale*, Payot, Paris.

Gobe E. (1999), *Les Hommes d'affaires égyptiens*, Karthala, Paris.

Johnson T. (1973), « Imperialism and the professions. Notes on the Development of Professional Occupations in Britains's Colonies and the New States », *in* P. Halmos (dir.), *Professionalisation and social change*, The University of Keele, p. 281-309.

Johnson T. (1982), « The state and the professions : peculiarities of the British », *in* A. Giddens & P. Mackenzie, *Social Class and the Division of Labour*, Cambridge University Press, p. 186-306.

Longuenesse E. (2007), *Professions et société au Proche-Orient*, PUR, Rennes.

RAMIREZ C. (2003), « Du commissariat aux comptes à l'audit, Les Big 4 et la profession comptable depuis 1970 », *Actes de la recherche en sciences sociales*, 146-147, p. 62-79.

SHAWKI M. (1994), « Le développement de la profession de la comptabilité et de la révision des comptes en Égypte », *al-Muhasaba* (Beyrouth), 20.

WAHBA M. (1994), *The Role of the State in the Egyptian Economy, 1945-1981*, Reading, Ithaca Press.

12

La culture professionnelle des architectes

Florent Champy

Les positions sur le thème de l'unité et de la diversité des cultures, des pratiques et/ou des intérêts professionnels ont tenu une place importante dans les conceptions successives des professions en sociologie. La sociologie française des groupes professionnels, héritière en cela de l'interactionnisme de la deuxième école de Chicago et notamment des travaux d'A. Strauss et de R. Bucher [Bucher et Strauss, 1992], met l'accent sur la diversité [Dubar, 2003]. La thèse défendue ici est que considérer aussi l'unité de la culture avec laquelle les membres d'une profession travaillent enrichit l'image dominante des professions et renouvelle certains thèmes de leur étude. La recherche dont des résultats sont présentés visait ainsi à étudier la culture *commune* des architectes, tout en montrant comment elle est activée de façons *diverses* dans le travail. Il ne s'agissait pas d'étudier *des* cultures différentes qui seraient construites dans des contextes sociaux de travail hétérogènes : pour une raison qui apparaîtra plus loin, ce qui est construit dans ces contextes hétérogènes ne fait partie de la culture qu'à la condition de s'y agréger et de valoir ailleurs. Cette analyse est consacrée principalement à l'unité de la culture et à la démarche empirique ayant permis de l'objectiver. La culture commune est transmise principalement lors de la formation qui, en architecture, opère selon des modalités proches de celles du compagnonnage. C'est donc dans ce cadre qu'elle a été objectivée. Faute de place, la diversité des activations et la façon de l'étudier ne seront qu'évoquées. Je commencerai par montrer le rôle tenu par l'opposition entre unité et diversité dans l'histoire de la sociologie des professions. Puis je présenterai la démarche de recherche mise en œuvre à partir du cas des architectes pour dépasser cette opposition, avant d'en venir aux résultats sur la culture professionnelle des architectes, dans une perspective d'abord synchronique puis constructiviste.

UNITÉ ET DIVERSITÉ EN SOCIOLOGIE DES PROFESSIONS

Alors que les sociologues fonctionnalistes avaient mis l'accent sur l'unité, présentant ce qui est commun à l'ensemble des membres d'une profession en termes soit de rôle [Parsons, 1955], soit de valeurs [Goode, 1957], un apport majeur de l'interactionnisme a été d'ouvrir la voie à une étude des professions plus respectueuse de la diversité des pratiques. En 1961, dans un article consacré à un programme de recherche sur les conflits d'intérêt et les changements au sein des professions, Bucher et Strauss ont introduit la notion de « segment ». Pour toute profession, « les identités, ainsi que les valeurs et les intérêts, sont multiples, et ne se réduisent pas à une simple différenciation ou variation ; des coalitions se développent et prospèrent, en s'opposant à d'autres. Nous utiliserons le terme « segment » pour désigner ces groupements qui émergent à l'intérieur d'une profession.» [Bucher et Strauss, 1992, p. 68]. La diversité entre ainsi au cœur de la conception de la profession, définie comme « agrégation de segments poursuivant des objectifs divers, plus ou moins subtilement maintenus sous une appellation commune à une période particulière de l'histoire.» [*ibid.*, p. 69] Bucher et Strauss reconnaissent cependant aussi la pertinence de l'interrogation sur l'unité des groupes professionnels et sur une articulation inédite avec le thème de la diversité des intérêts et des pratiques. En effet, se référant à leur programme d'étude des professions comme segments, ils écrivent : « ce modèle peut être considéré soit comme un complément, soit comme une alternative au modèle fonctionnel actuellement prédominant [qui met l'accent sur l'unité]. Certains lecteurs préféreront sans aucun doute le considérer comme un complément, et l'étape suivante qui s'impose est alors la construction d'un modèle transcendant. » [*Ibid.*, p. 69].

Dans la sociologie française des professions telle qu'elle s'est développée à partir des années 1980 et surtout 1990, les professions sont définies en premier lieu par leurs segments : « les groupes professionnels ne sont pas des professions séparées, unifiées, établies ou objectives […]. Comme Bucher et Strauss [1961] l'avaient bien vu, ce sont des processus historiques de segmentation incessante, de compétition entre segments, de « professionnalisation » de certains segments et de « déprofessionnalisation » d'autres segments, de restructuration périodique sous l'effet des mouvements du capital, des politiques des États ou des actions collectives de ses membres. » [Dubar, 2003, p. 58]. L'approche de Bucher et Strauss a inspiré de nombreux travaux qui ont enrichi la vision que nous avons des professions. La culture professionnelle est abordée en insistant sur les oppositions internes [Monjardet, 1994], sur le changement [Karpik, 2003], ou encore sur les différences entre contextes de travail [van Zanten, 2003]. Mais le dépassement de l'opposition entre unité et diversité dont Bucher et Strauss ont formulé la possibilité n'a pas été entrepris et l'unité des professions reste perçue comme une construction après coup.

Or cette approche conduit à déréaliser les professions, à les priver de substance, et par voie de conséquence, à les délégitimer en présentant comme contingents les monopoles, formels ou non, obtenus sur certaines tâches[1]. Si les pratiques professionnelles sont surtout caractérisées par leur diversité et si rien (ou rien qui soit digne d'intérêt sociologique) n'est commun aux membres du groupe hors le discours qui fait exister le groupe comme tel, alors le monopole d'exercice et l'autonomie professionnelle, qui différencient les professions d'autres métiers, sont abusifs. Si on ne considère que la diversité des pratiques, il est impossible de défendre l'idée d'une adaptation fonctionnelle de ces dernières : elles pourraient être autrement puisqu'elles sont déjà variables en fonction des lieux et du temps. Seule une attention nouvelle portée à l'unité permet à l'inverse de comprendre en quoi les ressources fournies par la maîtrise de la culture professionnelle sont fonctionnellement adaptées aux problèmes rencontrés dans le travail professionnel. Il ne s'agit cependant pas de revenir en arrière : une des différences cruciales avec l'approche parsonienne réside dans le lien non déterministe entre la culture et ses activations, qui évite que l'objectivation de la première n'écrase l'étude de la diversité de ces dernières. La diversité conduit parfois les sociologues à conclure à la pluralité des cultures parce qu'ils postulent un lien déterministe entre culture et pratique. Il s'agit d'un problème de pure logique : il faut supposer qu'une même culture ne peut donner lieu qu'à une pratique pour pouvoir *a contrario* remonter de la diversité des pratiques observées dans des contextes sociaux de travail différents vers des cultures pensées elles aussi comme multiples. En revanche reconnaître, dans une tradition de sociologie non déterministe des institutions comme celle de Mauss et Fauconnet [1901], qu'une même culture peut donner lieu à des activations diverses, permet de concilier prise en compte de la diversité des pratiques et objectivation de l'unité de cette culture.

LA DÉMARCHE DE RECHERCHE

Le contenu de ce texte est tiré d'une recherche sur les architectes dont un des buts était de donner une réponse sociologique à la question de savoir si être architecte a un même sens dans des périodes et des lieux différents. Il ne s'agissait pas d'étudier tout ce qui est commun aux architectes mais ce qui leur est propre et est activé dans le travail, pour comprendre ce qu'ils font que d'autres acteurs ne font pas ou font différemment. Environ 70 % de la construction est réalisée en France sans architecte. Nous pourrions donc nous passer de ces derniers. Il s'agit donc de montrer en quoi l'architecture

---

1. Cette critique a été formulée par Daniel Benamouzig à propos de mes travaux antérieurs, donnant ainsi une impulsion à la recherche présentée ici. Qu'il en soit chaleureusement remercié.

se distingue de la simple construction, aux exigences de laquelle elle ajoute les siennes propres.

La recherche comportait trois volets empiriques fortement imbriqués dans la théorisation proposée. Le premier concernait l'étude de la culture des architectes au prisme des enseignements. Des observations ont été conduites dans plusieurs groupes de projet d'écoles d'architecture en France (principalement Paris-la Villette, ainsi que Nantes) et aux États-Unis (Tulane School of Architecture à la Nouvelle-Orléans). Pour de nombreuses professions, les savoirs et savoir-faire mis en œuvre dans le travail sont éloignés de ceux qui sont transmis dans les écoles. Mais l'enseignement du projet d'architecture dans les écoles est assuré par des architectes en exercice qui y consacrent une faible part de leur temps : ils interviennent en tant que praticiens et non comme enseignants professionnels. De plus, s'intéresser aux enseignements permet d'observer l'activation de la culture loin des contraintes souvent lourdes de la division du travail qui, en modifiant ce que les architectes peuvent faire, constituent une entrave à cette observation. Ce premier volet a permis de mettre en évidence les composantes fondamentales de la culture professionnelle, identiques en France et aux États-Unis.

Un deuxième volet a consisté à opérer une mise en perspective historique de la culture contemporaine des architectes, en utilisant des traités d'architecture depuis Vitruve et des travaux d'historiens. Le jeu d'échelle par rapport au regard sociologique habituellement posé sur les cultures professionnelles révèle que les composantes de la culture n'ont ni la même profondeur historique, ni, en conséquence, le même statut au sein de la discipline. Les composantes les plus stables constituent un noyau commun aux cultures successives dans la tradition occidentale, à laquelle cette recherche se limite. Ce noyau est fondamental car il est ce qui fait que l'on parle toujours de la même chose quand on parle d'architecture, à différentes périodes. D'autres composantes sont plus récentes. Sans prétendre correspondre aux canons de la recherche historique, cette mise en perspective permet de proposer une interprétation de leur apparition prenant en compte tant le contexte historique que la contrainte du noyau commun des cultures, c'est-à-dire l'identité de l'architecture comme discipline. La compréhension de la culture architecturale contemporaine est donc enrichie par la perspective historique. Montrer comment elle s'est construite comme système doté d'une certaine robustesse sous la contrainte de l'histoire des cultures antérieures écarte en effet le risque de l'essentialiser, que le projet d'étudier des permanences pouvait faire courir.

Le dernier volet concerne les variations dans les activations en fonction des contextes sociaux de travail, éclairées par la compréhension que l'étude de la culture commune nous a donnée de ce que c'est que faire de l'architecture. Il consiste à montrer que les variations des pratiques s'expliquent par les indéterminations que la culture laisse subsister en leur cœur, ce qui permet de renouveler l'approche que nous avons de la segmentation, de la concurrence entre segments, et des conflits sur les normes de la bonne pratique. Mais pour cela il faut thématiser l'étude de la diversité, potentiellement infinie. La solution est là encore empirique : il s'agit d'identifier des différences clés entre pratiques, en distinguant sur une série d'exemples celles qui autorisent une bonne entente entre architectes de celles qui, provoquant à l'inverse des antagonismes, des combats voire des procès réciproques en illégitimité, constituent des ressorts majeurs de la compétition intraprofessionnelle. Il s'agit ensuite de saisir les forces internes et externes à la profession qui en favorisant le succès de tel ou tel segment dans cette compétition influent sur les évolutions des pratiques professionnelles dominantes et, par le biais des nouvelles références architecturales produites, sur celles de la culture.

LA CULTURE COMME SYSTÈME

La comparaison France – États-Unis et la mise en perspective historique du présent visent à proposer une description de la culture professionnelle comme système, et à en mettre à jour la structure. Dans un premier temps, l'enquête dans les écoles d'architecture permet de dégager les trois composantes du système : valeurs, savoirs et savoir-faire. Ainsi, les critères d'évaluation des projets des étudiants par les enseignants dérivent systématiquement de dix valeurs générales qui se répartissent entre deux pôles. La constructibilité et la *solidité,* la prise en compte des *usages,* l'*économie* générale du projet et l'optimisation de l'usage des espaces et enfin l'*intégration fonctionnelle* du bâtiment dans son site constituent les exigences de la construction. La capacité à justifier les choix effectués (valeur de *nécessité*), l'*unité* du projet, la différenciation de ses parties (*différenciation interne*), son originalité (*différenciation externe*), sa *lisibilité,* et son *intégration harmonieuse* au site constituent le pôle de l'harmonie. Élaborée à partir d'un semestre d'observation dans un groupe de projet de l'École d'architecture de Paris-La Villette, cette liste de valeurs s'est avérée ensuite tout à fait adaptée pour anticiper les critiques des enseignants dans d'autres groupes à la Nouvelle Orléans puis à nouveau à la Villette[2].

Toutes les valeurs ne peuvent être définies ici. Donnons trois exemples empruntés au pôle de l'harmonie, en commençant par la valeur de *nécessité*[3]. Dans l'évaluation d'un choix, les raisons sont aussi importantes que les conséquences car elles donnent au projet sa consistance, nécessaire au

---

2. On retrouve ces valeurs dans les discussions de projets dans les concours d'architecture et les réunions architectes – maîtres d'ouvrage auxquels je me suis intéressé par ailleurs [Champy, 1998].

3. Pour expliquer comment ces valeurs contribuent à l'expérience esthétique, je me réfère à la théorie de John Dewey qui, élaborée pour rendre compte des expériences esthétiques provoquées hors de l'art, s'accorde bien avec la vocation fonctionnelle de l'architecture.

plaisir esthétique. Cela est vrai de toute décision architecturale : volumétrie du bâtiment, différences d'écriture entre ses parties (matériaux, dessin de façade...), organisation interne, etc. La gratuité d'un choix est ainsi une critique grave que les enseignants adressent aux étudiants qui ont conçu une forme sans lui donner un fondement analytique solide. En l'absence de justification satisfaisante, l'enseignant demande à l'étudiant de trouver un principe pour fonder une solution, nouvelle ou non, et donner ainsi plus de consistance au projet. La valeur d'*unité* implique que le bâtiment constitue un tout cohérent, quelles que soient sa taille, la diversité de ses parties, l'hétérogénéité des fonctions servies ou encore les irrégularités de la forme provoquées parfois par l'adaptation au site. La *différenciation externe* comprend deux dimensions. Le bâtiment doit pouvoir être identifié en tant que tel et non pas rester confondu dans le paysage, indistinct des autres éléments qui composent ce dernier. Il doit aussi pouvoir être distingué d'autres bâtiments qui auraient pu être mis à sa place et portent la marque d'autres architectes, d'autres styles ou, plus généralement, d'autres choix de conception.

L'observation dans les écoles permet aussi d'étudier les savoirs et savoir-faire mis en œuvre pour satisfaire ces valeurs. Un des savoir-faire cruciaux est la maîtrise du processus de conception, qui permet de surmonter les difficultés rencontrées. Les fortes régularités dans ce que différents architectes cherchent à faire et l'accord fréquent entre enseignants sur ce que les étudiants devraient faire attestent du caractère collectif de ce processus qui règle les pratiques. Un aspect de la recherche consistait donc à en expliciter les composantes et la forme. Il est constitué d'*opérations*[4] organisées en *séquences* qui permettent de franchir des *paliers* dans la conduite du projet, afin de passer de la situation initiale de conception où l'indétermination du projet est maximale, à la détermination la plus complète possible de ce dernier, atteinte quand les plans et descriptifs graphiques peuvent être transmis aux entreprises pour la construction. Ces opérations sont l'*analyse* du site et de la demande (qui peut être latente), la *schématisation* des résultats de ces analyses, l'*expérimentation* d'une première forme, la *décision*, l'intégration de la décision au projet (*synthèse*), et l'*évaluation* des conséquences de la synthèse, qui permet de lancer une nouvelle séquence expérimentation-décision-synthèse-évaluation. Les séquences successives donnent au projet sa volumétrie, puis son organisation interne générale et enfin le détail de ses espaces. La singularité et la complexité des situations font que le déroulement du processus s'écarte toujours, de façon pour une large part imprévisible, de ce schéma qui constitue une simplification analytique. Cependant, la maîtrise de ces opérations et de l'ordre dans lequel elles sont

---

4. Une opération est un ensemble structuré de raisonnements et de gestes effectués selon des règles plus ou moins codifiées, qui remplit une fonction définie dans le processus de conception, c'est-à-dire qui vise à produire un résultat recherché compte tenu de l'état du projet.

accomplies permet seule à l'architecte de surmonter cette complexité. Les autres savoir-faire objectivés tiennent principalement à l'usage du dessin et du langage. Les principaux savoirs portent sur les matériaux et sur l'histoire de l'architecture, qui opère comme un stock de ressources : les références qu'un architecte connaît lui fournissent des exemples de dispositifs dont il se sert comme solutions éprouvées qu'il adapte aux difficultés rencontrées.

Valeurs, savoirs et savoir-faire constituent un système en ce sens qu'ils ne peuvent être compris indépendamment les uns des autres. La mise en évidence des interdépendances fonctionnelles qui lient les composantes de la culture permet, au-delà de l'observation de régularités dans les pratiques qui attestent de leur activation, d'en rendre compte sur un mode compréhensif. On peut l'illustrer en mentionnant des relations particulièrement évidentes entre ces composantes. L'analyse du site concourt bien sûr à l'intégration du bâtiment dans son site. Plus subtilement, les qualités requises par la synthèse s'expliquent aussi selon un schème fonctionnel par les valeurs du système d'évaluation. Ainsi, une bonne synthèse suppose d'introduire de la souplesse dans le projet, tout en préservant les choix antérieurs. Ces exigences pour partie contradictoires permettent que le tout déjà conçu et les parties que l'architecte y intègre par la synthèse puissent être également respectés. En effet, l'intégration harmonieuse et l'unité obligent à préserver la volumétrie initialement choisie, tandis que la différenciation des parties suppose à l'inverse que le dessin de ces parties ne soit pas exagérément contraint par le tout déjà dessiné. De même, la maîtrise des diverses techniques du dessin s'explique par l'usage qui en est fait dans les différentes opérations : l'*expérimentation* de nombreuses formes s'effectue grâce à des *croquis rapides*, plus suggestifs que descriptifs ; la *synthèse* suppose à l'inverse un *graphisme précis* permettant l'évaluation. Ainsi, les interdépendances entre composantes font de la culture architecturale un système intégré et robuste. C'est pourquoi les savoirs et savoir-faire beaucoup plus contingents associés à des contextes locaux de travail (connaissance du droit, du goût d'un client, etc.) sont extérieurs au système de la culture, dont la validité est beaucoup plus étendue que celle de ces savoirs et savoir-faire locaux. Prendre en compte des savoirs ou savoir-faire qui ne sont pas entrés dans la culture commune conduirait à perdre de vue le caractère systémique de cette dernière.

LA CONSTRUCTION HISTORIQUE DE LA CULTURE

La robustesse du système fonctionnel que constitue la culture favorise sa stabilité. Il ne s'agit cependant pas de revenir à la vision fixiste des professions qui a été reprochée aux fonctionnalistes : il faut donc dans un deuxième temps mettre à jour des principes d'évolution. La lecture des traités d'architecture permet de voir comment cette culture professionnelle telle qu'elle a été observée dans le présent s'est constituée au fil des siècles, et de compléter la compréhension de sa structure. Les différentes composantes de cette culture n'ont en effet pas la même profondeur historique. La partie la plus ancienne, le noyau commun aux cultures occidentales successives, est constituée d'une partie des valeurs du système d'évaluation, qui donnent donc à l'architecture son identité au cours du temps. La valeur de nécessité, l'unité, la différenciation interne, la solidité, la valeur d'usage, la valeur économique et l'intégration fonctionnelle du bâtiment dans son site sont présentes dans les traités d'architecture depuis le *De Architectura* de l'architecte romain Vitruve, écrit au Ier siècle avant notre ère. Par exemple, dès le chapitre 1 du livre I, consacré à la formation de l'architecte, Vitruve explique que la composante théorique de cette formation doit permettre à l'architecte de justifier ses choix. La structure du système d'évaluation, caractérisé par une double tension entre harmonie et exigences de la construction d'une part et entre appréhension du bâtiment comme tout et comme élément d'un tout plus large d'autre part, est donc identifiable dès cette époque.

La mise en perspective historique du présent permet aussi de rendre compte des changements que ce système d'évaluation a subis en dépit de la structure contraignante du noyau. Les valeurs contemporaines absentes des traités (différenciation externe, lisibilité et harmonie externe) sont ainsi expliquées, selon un schème fonctionnel, par les évolutions historiques des conditions de la pratique, qui les rendent nécessaires à la recherche de l'harmonie. La différenciation externe est impensable chez Vitruve, qui conçoit l'architecture hellénistique comme une acmé que l'architecte ne peut mieux faire qu'imiter. Des signes précurseurs de cette valeur apparaissent dès les traités de la Renaissance mais elle prend son importance avec la fin des académies, au XIXe siècle. Puis la complexification des programmes, la diversification des matériaux, l'augmentation de la taille des édifices et cette valeur récente de différenciation externe menacent l'harmonie de l'œuvre et du site. Les architectes prennent alors peu à peu en compte les deux autres valeurs récentes, la lisibilité et l'harmonie externe, pour répondre dans ce contexte nouveau à la question qui reste fondamentalement la même depuis plus de deux millénaires : élaborer un bâtiment satisfaisant les exigences de la construction tout en permettant une expérience esthétique, et existant à la fois comme tout et comme élément d'un tout plus large. Leur pratique modifie ainsi le système d'évaluation en sorte de lui permettre de continuer à remplir sa fonction.

Les savoirs et savoir-faire activés sont plus récents que le système d'évaluation. L'usage contemporain du dessin date fondamentalement de l'invention de la géométrie perspective par Brunelleschi à la Renaissance, en 1420 [Recht, 1995 ; Basbous, 2005]. Cette innovation permet un nouveau regard sur l'œuvre, qui ouvre la voie aux opérations que nous avons analysées dans le présent. Le bâtiment était auparavant élevé à partir du plan au sol, en appliquant des proportions codifiées entre plan et dimensions verticales. Ces proportions, données par Vitruve puis transmises dans les guildes, garantissaient l'*unité* de l'ensemble. La représentation en perspective autonomise la conception par rapport au chantier. Elle permet de voir d'emblée le bâtiment comme un tout et de travailler réflexivement sur son *unité* sans être prisonnier de formules codifiées. Des *synthèses* successives permettent ensuite, au cours des différentes séquences constitutives du processus, de préciser ce tout en y intégrant les *décisions* qui concernent ses *parties*. Enfin, les savoirs s'enrichissent en permanence des activations de la culture : notamment, les bâtiments construits constituent de nouvelles références plus ou moins innovantes. Ils constituent donc la composante la plus périphérique du système. Ainsi, chaque composante de la culture évolue sous la contrainte de la (ou des) composante(s) plus stable(s) : le processus moderne émerge à partir de la Renaissance sous la contrainte du noyau millénaire de valeurs ; les savoirs s'enrichissent par la mise en œuvre des savoir-faire du processus. La mise en perspective historique du présent complète ainsi les acquis de l'analyse des interdépendances entre composantes de la culture commune pour mettre au jour sa structure en oignon.

CONCLUSION

Le retour à l'étude du travail et des savoirs, le jeu d'échelle temporelle dans l'observation et l'affirmation du primat du collectif sur l'individuel permettent de renouveler l'image de l'objet étudié. Les accidents dus à des contextes particuliers d'exercice disparaissent dans un premier temps pour laisser la place à l'objectivation de la culture contemporaine pensée comme un système et, au cœur des cultures successives, d'un noyau commun qui donne à l'activité son identité au cours du temps. La culture est vue au prisme des pratiques mais la méthodologie adoptée permet de dégager son étude des biais introduits par l'observation des différences locales. Son unité n'est donc pas postulée mais objectivée.

Cette étude permet ensuite de renouveler l'approche de plusieurs formes de la diversité des pratiques : segmentation, débats et concurrence intraprofessionnels, politiques architecturales, bien que cela n'ait pu être montré dans ce texte. Cette diversité n'a rien à voir avec un pluralisme des cultures, interprétation qui empêche de voir la consistance propre du système de la culture. Elle tient tout d'abord au fait que cette culture transcendante et unitaire est inégalement distribuée sur ses différents substrats, non seulement chez les architectes, mais encore chez leurs partenaires dans la division du travail et dans des documents (manuels, normes, programmes, etc.). Cette inégale distribution touche en premier lieu les savoirs car, composante la plus périphérique du système, ils sont aussi celle dont la valeur d'usage est la plus inégale selon les segments de la commande. Un aspect de l'étude de la diversité consiste donc à identifier des régularités dans leur distribution, notamment en fonction des programmes et des commanditaires. De plus, on comprend mieux les luttes pour l'imposition de normes de la bonne pratique, auxquelles des auteurs aussi différents que Bourdieu ou Abbott se sont intéressés[5], si on regarde avec quelles contraintes les définitions normatives de la pratique doivent être élaborées pour qu'il s'agisse toujours d'architecture et donc pour être acceptables par les architectes, et sur quelles indéterminations elles peuvent à l'inverse jouer. L'étude de l'offensive des architectes des Congrès internationaux d'architecture moderne contre l'architecture Beaux-Arts à partir de 1928 et de ses suites sur la construction montre que le ressort des offensives concurrentielles et des procès en illégitimité est la variation dans la hiérarchie des valeurs servies par l'architecture, même si d'autres différences sont visibles dans la façon d'activer la culture. L'indétermination de la hiérarchie des valeurs s'avère jouer un rôle tout aussi crucial dans la définition des politiques successives de construction des hôpitaux, des années 1970 aux années 1990, déjà étudiées dans une recherche antérieure [Champy, 1998]. C'est ainsi au niveau du noyau qui donne à l'architecture son identité que la source des variations les plus cruciales des pratiques est objectivée.

BIBLIOGRAPHIE

ABBOTT A. (1988), *The System of Professions. An Essay on the Division of Expert Labour*, University of Chicago Press, Chicago and London.
BASBOUS K. (2005), *Avant l'œuvre. Essai sur l'invention architecturale*, Éditions de l'imprimeur, Paris.
BUCHER R. et STRAUSS A. (1992), « La dynamique des professions », in A. STRAUSS, *La Trame de la négociation. Sociologie qualitative et interactionnisme*, L'Harmattan, Paris, p. 67-86.
CHAMPY F. (1998), *Les Architectes et la commande publique*, PUF, Paris.
DUBAR C. (2003), Sociologie des groupes professionnels en France : un bilan prospectif, in MENGER P.-M. (dir.), *op. cit.*, p. 51-60.
FREIDSON E. (2001), *Professionalism, the third Logic*, Cambridge, Polity Press, Paris.
GOODE W. (1957), « Community within community : the professions », *American Sociological Review*, avril, vol 22, 2, p. 195-200.
KARPIK L. (2003), « Les professions et la sociologie historique », in P.-M. MENGER (dir.), p. 61-71.
MAUSS M. et FAUCONNET P. (1901), « La sociologie », in *La Grande Encyclopédie*, vol. 30, Société anonyme de la Grande Encyclopédie, Paris, extrait consulté sur le site « Les classiques des sciences sociales », URL : http ://classiques._uqac.ca/classiques/mauss_marcel/essais_de_socio/ T1_la_sociologie/la_sociologie.doc

---

5. Je fais référence d'une part à la théorie des champs comme lieux de luttes pour la définition des normes de la pratique sociale légitime et d'autre part à l'étude par Abbott de la concurrence interprofessionnelle comme confrontation de différentes réponses « subjectives » (c'est-à-dire construites) à un même problème « objectif » [Abbott, 1988].

MENGER P.-M. (dir.) (2003), *Les Professions et leurs catégories. Modèles théoriques, catégorisations, évolutions*, Éditions de la MSH, Paris.
MONJARDET D. (1994), « La culture professionnelle des policiers », *Revue française de sociologie*, XXXV, p. 393-411.
PARSONS T. (1955), « Structure sociale et processus dynamique : le cas de la pratique médicale moderne », *in Éléments pour une sociologie de l'action*, Plon, Paris, p. 193-255.
RECHT R. (1995), *Le Dessin d'architecture*, Adam Biro, Paris.
VAN ZANTEN A. (2003), « Les cultures professionnelles dans les établissements d'enseignement. Collégialité, division du travail et encadrement », *in* P.-M. MENGER (dir.), *op. cit.*, p. 161-181.
VITRUVE (1990-1994), *De architectura*, 10 tomes, Belles lettres, Paris.

III.

La fabrication des professionnels et les processus de socialisation

13

La vocation des musiciens :

de l'illumination individuelle au processus collectif

Pierre François

Le constat selon lequel les artistes sont trop nombreux à vouloir combler la demande qui leur est adressée est certainement l'un de ceux qui revient le plus souvent depuis que les mondes de l'art font l'objet d'évocations et de chroniques. Il constitue, par conséquent, l'une des énigmes les plus prégnantes que les sciences sociales qui les prennent pour objet ont à résoudre. Pourquoi y a-t-il trop d'artistes ? Comme l'a montré [Menger, 1989], l'une des pistes mobilisées pour répondre à cette question récurrente est de tenter de cerner ce qui fonde la vocation des artistes, pour au moins deux raisons. D'abord, parce que saisir les ressorts de la vocation pour les métiers artistiques permet de comprendre comment la démographie artistique s'alimente à une noria qui jamais ne s'épuise ; ensuite, parce que le fait même de cette vocation peut sembler énigmatique : comment comprendre, en effet, qu'un nombre toujours important d'individus s'engagent dans des carrières où les chances de succès, à l'évidence, sont faibles ?

Les représentations indigènes de la vocation – qui constituent l'un des *topoi* récurrents des biographies artistiques que [Kriz et Kurz, 1987] se sont plus à recenser – font intervenir un schéma que l'on peut, très sommairement, ramener à deux propositions. D'un côté, la vocation se joue sur un mode strictement *individuel*. Qu'elle s'articule dans le vocabulaire de l'élection, de l'appel ou de la prédestination, la vocation de l'artiste rejoint celle du prêtre ou du saint en ce qu'elle se joue dans le for intérieur de l'individu – qui d'ailleurs, bien souvent, est représenté comme devant surmonter les obstacles que son entourage ne manque pas de dresser entre lui et son destin [*Ibid.*, p. 67 et *sq.*]. D'un autre côté, la vocation se joue sur le mode de l'*instantané*. Qu'elle prenne la forme d'une illumination subite, rejouant la chute de Paul sur le chemin de Damas, ou d'une révélation par un tiers qui, d'évidence, reconnaît le génie à l'œuvre dans des productions inconnues (comme le fameux « Chapeau bas, messieurs, un génie », de Schumann face au jeune Chopin), la vocation clive irréductiblement un avant et un après et impose l'inéluctabilité d'un destin nécessaire. Ainsi conçue, la vocation cesse d'être une clé pour le chercheur en sciences sociales : puisqu'elle se joue sur le mode mystique de la révélation individuelle, elle lui demeure impénétrable. Si elle intervient pour expliquer le déséquilibre démographique sur le marché du travail artistique, ce n'est qu'en tant que variable exogène. Pour le dire simplement, si le marché du travail artistique est déséquilibré, c'est que les illuminations individuelles sont un peu trop nombreuses pour qu'offre et demande se correspondent...

Les travaux portant sur les professions artistiques décalent sensiblement le regard par rapport à ces représentations indigènes [Menger, 1997 ; Coulangeon, 2004 ; François, 2005 ; Mauger, 2006]. En nous fondant sur une étude portant sur les sortants de conservatoire réalisée à partir d'entretiens biographiques effectués avec de jeunes musiciens professionnels et sur des entretiens avec des enseignants et des employeurs[1], nous souhaiterions montrer que, d'un côté, la vocation ne se décide pas de manière instantanée mais correspond au contraire à un *processus*, et d'un autre côté, que ce processus ne se déploie pas sur un mode individuel mais qu'il se définit dans un jeu d'interactions qui engagent au contraire un *collectif*. La vocation cesse alors d'être une variable exogène pour le sociologue qui peut désormais, avec ses propres outils et sans plus s'en remettre au psychologue ou au théologien, tenter d'en rendre compte. La reconstitution de la trajectoire de formation des musiciens montre que la question de leur devenir professionnel se pose à un double niveau, éventuellement de manière simultanée : comment en vient-on à tenter de gagner sa vie en jouant d'un instrument ? Comment choisit-on entre les différents métiers (enseignants ou interprètes) ou répertoires que le monde musical propose au candidat au métier de musicien ?

DEVENIR MUSICIEN ?

De la vulgate aux motivations hétérogènes

Commençons par rendre justice au schéma indigène. Il arrive en effet que dans la récollection de ces reconstructions *a posteriori* que sont les récits biographiques, on rencontre de loin en loin des récits d'illumination qui impose à celui qui la subit son projet comme une évidence – on en trouvera un bel exemple dans les propos de ce tromboniste :

---

1. Cette enquête, financée par la Direction de la musique, de la danse, des théâtres et des spectacles du ministère de la Culture, a été réalisée avec S. Maublanc et G. Lurton. On en trouvera les résultats exposés dans [François, 2006].

J'ai commencé à 11 ans dans l'école municipale de St Gaudens, où j'habitais. J'ai eu envie de devenir musicien après avoir vu un orchestre de bal dans un village, ça a commencé comme ça. J'ai trouvé qu'ils s'amusaient bien, et que c'était beau ! Ici, il y a des bals tout l'été, et dans tous les villages. J'ai commencé par la batterie, la formation musicale et le trombone simultanément. Quatre ans plus tard, j'ai voulu entrer au conservatoire pour me perfectionner.

La musique n'est pas nécessairement au principe de la vocation : ici, c'est l'ambiance festive qui séduit le futur musicien, ailleurs, ce peut être l'expérience de la vie collective qui porte une jeune musicienne à chercher à retrouver l'ambiance des tournées – elle intègre très jeune l'orchestre de son collège musical, et elle goûte tout particulièrement l'ambiance des tournées qui les mènent au Maroc, en Tunisie ou en Allemagne... Mais l'on commence déjà de s'éloigner de la logique d'évidence et de révélation qui préside aux vocations d'artistes dans la vulgate du sens commun. En effet, alors qu'à la différence d'autres professions artistiques [Menger, 1997], la profession de musicien suppose, pour l'exercer, que soit accumulée une compétence spécifique et technique de très haut niveau, il apparaît – et c'est un paradoxe – que l'engagement dans le métier de musicien n'est pas, le plus souvent, le résultat d'une décision posée explicitement comme telle.

Une vocation collective ?

Quand ils retracent leurs parcours, les musiciens évoquent souvent, sinon des hasards (dont on sait qu'ils constituent, eux aussi, l'un des lieux communs incontournables de toute vie d'artiste), du moins des implicites qui tiennent lieu d'engagements. Autrement dit, les musiciens ne prennent pas nécessairement, un jour, la décision de devenir professionnel.

Le cas d'Hélène est exemplaire de ces vocations incontrôlées qui se découvrent une fois réalisées. Elle commence la flûte à bec en école de musique et passe avec brio tous ses examens. Elle entre dans un collège à horaires aménagés, où elle continue la flûte à bec. Poussée par son père et par le directeur de l'établissement, elle choisit, en cinquième, de pratiquer un deuxième instrument : selon ses propres termes, « le directeur du CNR [Conservatoire national de région] m'a bien fait comprendre que pour le violon et le piano, c'était trop tard », elle choisit donc le hautbois, séduite par l'enseignant qui lui présente l'instrument, après avoir un temps hésité avec l'alto. Elle n'envisage pas pourtant, à cette époque, de devenir professionnelle – elle ne le saura, selon ses termes, que beaucoup plus tard, après être entrée au Conservatoire national supérieur de musique (CNSM) de Paris. Pourquoi, dans ces conditions s'interdire de faire du piano et du violon ?

Parce que mon prof avait en tête que je devienne professionnelle, explique-t-elle. Parce que quand je suis rentrée dans cette école, j'avais de très bons résultats partout et mon prof s'est dit qu'il y avait des moyens de faire quelque chose, sans problème.

Elle va suivre, explique-t-elle, une scolarité normale : elle passe son diplôme de fin d'étude (DEM, Diplôme d'études musicales) de hautbois en quatre ans dans un CNR de province, passe un bac littéraire, hésite à aller en hypokhâgne avant de poursuivre sa scolarité dans un CNR de région parisienne et d'entrer au CNSM, sans toujours être sûre de faire de la musique son métier. On voit, sur cet exemple, que les vocations sont loin d'être des considérations purement individuelles. Pour Hélène, lors du choix de l'instrument, le problème ne se pose pas – mais il se pose, assurément, pour le directeur de son conservatoire, pour son enseignant et pour son père… Ce sont eux qui vont orienter ses choix de telle manière qu'ils rendent possible l'exercice, à terme, d'une activité musicale professionnelle – bien des années plus tard, après s'être arrimée définitivement au cursus musical en suivant la scolarité du CNSM, Hélène choisira de faire de la musique son métier – mais les conditions de possibilité de sa vocation se sont décidées bien avant, et par ses proches, en dehors d'elle. La « vocation » a donc peu à voir avec la conviction intime et intérieure d'un appel ou d'une révélation. C'est au contraire dans la construction progressive des interactions menées avec des enseignants, des aînés, des collègues, que se fait progressivement jour le désir de gagner sa vie comme musicien. On retrouve donc ici l'un des résultats de [Coulangeon, 2004, chapitre 3 en particulier], qui montre que la vocation des musiciens dépend très fortement de l'environnement familial et amical.

Les acteurs du processus vocationnel : parents et enseignants

C'est au cours de l'adolescence, *i.e.* entre 14 et 18 ans le plus souvent, que la vocation au métier de musicien commence à se faire jour. Au sein du collectif qui progressivement la construit, interviennent deux figures décisives. D'abord, celle de l'enseignant, qui joue un rôle capital dans le dessein de son élève et qui contribue autant à le former qu'à l'informer. C'est ce qu'explique par exemple ce professeur de violoncelle :

> Ça arrive souvent en réalité, il y a une vraie symbiose entre un professeur et un élève, une admiration pour le professeur qui fait naître une vocation. C'est évident que la motivation d'un élève pour faire ce métier est bien dépendante du professeur qui va clairement lui donner envie de faire ce métier, par des encouragements, des propositions d'opportunité pour jouer en orchestre… Par contre, et de la même manière, il en va de la responsabilité du professeur que de prévenir un élève qu'il va droit dans le mur, c'est au professeur de dissuader quelqu'un de faire ce métier si ses compétences sont trop faibles. C'est quelquefois difficile à faire, parce qu'on a un attachement affectif à un élève, alors on lui dit « mon chéri, tu vas pas y arriver », mais c'est pas facile !

La seconde figure qui intervient de manière déterminante dans la définition de la vocation de musicien est celle des parents. Ceux-ci peuvent certes, comme dans le cas d'Hélène que nous évoquions plus haut, engager leur enfant sur une carrière musicale sans qu'il s'en rende réellement compte.

Mais, le plus souvent, ils doivent surmonter leurs réticences à voir leur fils
ou leur fille s'engager dans une carrière hasardeuse. Dans ce cas, à nouveau,
c'est moins l'intervention du jeune musicien qui est déterminante que celle
du professeur. Cette pianiste explique ainsi :

> Le plus dur en fait à cette époque-là, c'est de convaincre les parents de ce qu'on veut
> faire. Eux aussi ont un schéma dans leur tête, ils pensent qu'après le bac, c'est la fac,
> et les miens ne me voyaient pas prof de musique, ça leur faisait peur. Il a fallu l'inter-
> vention de M. X [son professeur] dans mon cas, pour qu'il explique à mes parents que
> c'était possible, que je ne partais pas dans le vide. Ce qui fait peur c'est qu'il y a une
> seule issue, et une seule entrée, et que si jamais ça ne marche pas, on a plus rien, plus
> d'issue.

Nous sommes loin, on le voit, de la révélation intime et fulgurante d'un
destin nécessaire. C'est au contraire au cours d'un long processus que sourd
progressivement le projet de devenir musicien, et ce projet se définit et se
construit au cours d'une séquence d'interactions engageant de nombreux
acteurs, au premier rang desquels les enseignants et les parents.

QUEL MUSICIEN DEVENIR ?

Le processus qui mène à la « décision » de devenir musicien est insépa-
rable d'une autre définition progressive, celle qui voit le musicien choisir tel
ou tel type de répertoire, tel ou tel type d'activités : gagner sa vie de sa musique, peut-être, mais en jouant du jazz ou du quatuor ? en travaillant comme
soliste ou comme musicien du rang ? Comme le rappelle [Menger, 1989], le
prestige attaché aux activités artistiques joue un rôle décisif dans la définition d'une vocation artistique – même si tous les musiciens peuvent savoir
que leurs chances de succès sont bien minces. Plus précisément, pour
[Menger, 1989], la résolution de la tension qui se fait jour entre la part du
rêve (immense) et les chances objectives que l'on a de le réaliser prend la
forme d'un pari pascalien : les chances de succès sont très faibles, mais le
gain espéré, en cas de réussite, est tel que l'espérance mathématique du
profit matériel ou symbolique (*i.e.*, le gain pondéré par sa probabilité
d'avènement) est suffisante pour continuer à motiver le candidat.

Les récits biographiques montrent que les arrêtes affûtées du calcul
rationnel qui président à ce type de raisonnement se retrouvent rarement
aussi nettes dans les parcours des futurs musiciens. Non que la part du rêve
soit absente : comme l'énonce un proverbe de guitariste, « une bonne
guitare, ça s'essaye toujours devant une glace » — signe, s'il en était besoin,
que l'imagerie mythologique du *guitar hero* joue son rôle, et que l'attrait de
la posture peut être pour beaucoup dans l'engagement de l'apprenti musicien… Mais elle est moins souvent engagée dans un calcul délibéré (« mes
chances sont faibles mais le gain potentiel est immense, *ergo* j'y vais »)
qu'elle ne repose sur une méconnaissance parfois délibérément entretenue.

Une professeur de piano dans un CNR de très bon niveau explique ainsi que pour obtenir de ses élèves l'investissement nécessaire pour qu'ils achèvent leur scolarité, elle « les fait rêver » en évoquant pour eux une carrière de soliste dont elle les sait, de toute façon, incapables...

Connaître et aimer son destin

Progressivement, cependant, les musiciens vont gagner en lucidité et apprendre, sinon à aimer, du moins à connaître leur destin. L'entrée dans les carrières artistiques semble un cas d'école pour les théories du *job matching* [Jovanovic, 1979 ; Menger, 1989]. La multiplication des expériences est en effet, pour le candidat à l'exercice professionnel, une manière de prendre la mesure de ses aptitudes et de connaître, dans un même geste, les conditions de la réussite – l'attrait des jeunes artistes pour les séquences d'emplois risqués peut alors se comprendre comme une stratégie permettant d'acquérir de l'information. Dans la nébuleuse des métiers du spectacle vivant, le cas des musiciens est toutefois un peu particulier. En effet, la prise d'information sur ses chances de succès dans tel ou tel type d'emploi ne se joue pas uniquement sur le marché du travail. Elle se déroule aussi, en grande partie, au cours du processus de formation, à la fois très long et très compétitif. Où l'on retrouve, par conséquent, le rôle des enseignants... Pour ce professeur de violoncelle, par exemple, le destin professionnel de ses étudiants ne fait pas grand mystère, et il intervient directement dans l'orientation de ses élèves :

> On sait très tôt, ce sont des carrières qui se déclenchent très tôt. Maintenant la forma-tion n'est pas fondamentalement différente. Il faut une formation globale, qui permet de voir du répertoire soliste, du répertoire de musique de chambre, du répertoire sonate, du répertoire orchestral, il faut pas sur-spécialiser l'enfant, le jeune étudiant, dès le départ. Je vois très bien, j'entends très bien ce qu'il va faire. Je lui laisse aussi, je ne le détermine pas. Si lui veut se déterminer, très bien. Si lui veut absolument faire de l'orchestre, je lui dis : « bon, t'es sûr ? T'as déjà foutu les pieds dans un orchestre, pendant six mois, un an ? » Bon très bien, s'il veut se déterminer, mais je ne dis pas à quelqu'un : tu feras de l'orchestre, ça jamais. Je vois, je vois des choses qui se dessi-nent, bien sûr. Il y a bien sûr un problème de talent, de capacité.

Les enseignants, le plus souvent, sont cependant moins affirmatifs. Ils apprennent à connaître leurs élèves au cours de longues années de travail en commun et cernent progressivement certains de leurs désirs ou certaines de leurs réticences... Un autre professeur de violoncelle travaille plusieurs années avec l'un de ses élèves, avant de lui déconseiller de mener une carrière d'interprète :

> Au bout d'un an et demi deux ans, je l'ai invité à bouffer un truc, et je lui ai dit : « Écoute, il faut qu'on parle vraiment. Parce que ton rapport au violoncelle est un rapport assez curieux. Au fond, à mon avis, si tu veux gagner ta vie avec ton violon-celle, tu pourras. Mais j'ai une grosse trouille, c'est que tu sois un énorme frustré. Parce que je ne suis pas sûr que tu aies la discipline, et je pense même que tu as du

mépris pour la discipline que ça requiert. Si c'était une affaire de volonté, je pense que tu pourrais acquérir, mais je pense que tu as un certain mépris pour les interprètes et ceux qui passent tellement de temps. Et au fond tu es un créatif et tu es un intellectuel, surtout, développe cet aspect-là des choses ». C'est un des rares à qui j'ai dit : « fais de l'écriture ». Je lui avais conseillé de se présenter dans la classe d'esthétique au conservatoire. Je pensais qu'il avait le profil. Effectivement, il est le plus jeune à être jamais rentré en esthétique chez Rémi Stricker. Après ça il a fait les classes d'écriture. Il a eu son prix chez moi à Boulogne, quand même. Je lui ai conseillé de ne pas lâcher complètement son violoncelle, donc il a eu son prix. Après, sa voie s'est tracée toute seule, il a eu une création de son opéra au Théâtre de la Colline, il devait être créé l'an dernier à Aix-en-Provence, mais le festival a été supprimé. Moi je viens d'enregistrer son quatuor dans le cadre d'un quatuor à cordes qui était une commande d'Octobre en Normandie.

Un faisceau d'indices

Il faut cependant se garder de faire de l'enseignant l'interlocuteur unique qui permet au musicien de prendre la mesure de ses chances de succès sur tel ou tel segment. Les jugements portés par les enseignants, dont on voit qu'ils sont souvent décisifs dans la construction de la vocation du jeune musicien, sont souvent validés, modifiés, reconduits ou nuancés par un faisceau de signaux qui peuvent émaner de l'extérieur de la classe : quels sont les engagements de l'élève, quelles sont ses réussites aux concours, etc. ? Le jugement de l'enseignant ne se nourrit plus alors de la seule interaction de face à face et des convictions du pédagogue, mais s'appuie sur l'ensemble des signaux que lui envoie le monde au sein duquel son élève s'efforce de circuler, comme l'exprime ce professeur de hautbois :

> J'en ai un, l'un de ceux qui vient d'être reçu au CNSM, il y a trois semaines, il y avait trois places, parmi les deux d'ici qui sont entrés au CNSM, il y en a un qui joue avec son quintette, et souvent je le vois avec son habit. Je lui dis : « tu vas faire un cacheton ? » — « oui », bon en province, et bien c'est très bien. Et le même là d'ailleurs il cachetone avec Paul Kuentz, l'orchestre, c'est ce genre de choses. Non seulement j'interdis pas, mais ça me fait plutôt plaisir : tout ça, ça fait partie de la culture, du bouillon intéressant, quoi. Et puis tout est lié : c'est pas étonnant qu'il ait réussi. C'est vrai qu'il travaille, ce qu'il fait est pas mal musicalement, mais enfin c'est bon signe : il cachetone avec son quintette, il bosse chez Kuentz, il était au DPMO [l'orchestre du conservatoire], il vient de réussir le CNSM, c'est des critères qui font que ça devrait vouloir dire que ça devrait plutôt bien se passer.

Ce faisceau d'indices se nourrit de la dynamique collective, faite d'émulation et de comparaison systématique, qui se fait jour entre les membres d'une classe de conservatoire. Cette logique est soulignée par de très nombreux professeurs – citons, parmi tant d'autres, cette description qu'un professeur donne de sa classe :

> J'essaie de leur dire, habilement. D'abord il faut être sûr, il faut prendre du temps. Et puis moi j'ai quand même des bonnes relations. Et ils le comprennent assez vite. Ils me connaissent assez bien, je les connais assez bien. Je parle beaucoup, forcément. J'ai rien inventé. Et je crois que non seulement ils sont pas fous : un musicien ça se

sert beaucoup de ses oreilles, un peu de son cœur, un petit peu de son intelligence, s'il en a. À force d'entendre les treize autres qui jouent ici, entre eux... C'est ça, c'est cette émulation : moi je suis important, ouais, mais le plus important c'est eux, qu'ils s'écoutent jouer, il y a un brassage monstrueux là-dedans, de tout, d'idées, de talent, de musique, de vie, je sais pas, moi, d'échanges. Et alors au bout d'un certain nombre de mois, quelquefois d'années, je sais pas : j'ai pas tellement besoin de leur dire. Enfin si, parfois. Mais bon, ils vont passer un concours à l'extérieur, un ou deux, qui va toujours dans le même sens, de ce qui se passe ici à la classe, ils ont vite fait de comprendre et de sentir que, bon, il va falloir peut-être qu'ils révisent leur ambition à la baisse... Ceci dit, c'est pas toujours aussi net que ça. Moi je leur dis, enfin je leur dis... Mais bon, honnêtement, j'ai jamais eu de problème, c'est jamais mal vécu. Encore une fois je vous dis, la lucidité, enfin moi c'est ce que j'essaye de leur apprendre aussi : de savoir où ils en sont, par rapport à eux, par rapport à ce qu'ils entendent, et ça vient assez vite en fait.

C'est en s'appuyant sur ces multiples indices que les musiciens, progressivement, apprennent à connaître leur probable destin qui le plus souvent les éloigne du rêve qu'ils pouvaient nourrir – ou que l'on pouvait construire pour eux, pour les faire avancer... Mais apprendre à connaître ses chances n'est pas nécessairement s'en contenter – et l'on rencontre effectivement des musiciens qui, confrontés à des signaux qui leur indiquent que leurs chances de mener certaines carrières sont nulles désormais, s'obstinent malgré tout. C'est le cas, par exemple, de cette jeune pianiste, qui suit les classes de piano du CNSM de Paris, mais qui échoue cependant à entrer dans les classes de perfectionnement où seuls sont admis, après leurs diplômes, quelques musiciens à qui l'on offre de multiples ressources pour mener une carrière de solistes (enregistrement, coach, défraiement pour les concours, etc.). Le plus souvent (et particulièrement pour les pianistes), l'échec à l'entrée en perfectionnement est interprété comme le signal que les chances de réussite comme soliste sont extrêmement faibles. Cette pianiste s'efforce cependant de passer des concours internationaux, qu'elle prépare et qu'elle finance seule, et où elle échoue durant un an et demi environ. Commence alors pour elle une longue période, douloureuse, où elle fait progressivement le deuil de cette carrière de soliste à laquelle elle aspirait ; elle finit par passer les concours d'enseignement musical et elle enseigne désormais dans une école de musique de Seine-Saint-Denis.

Sans être exceptionnel, le parcours difficile de cette pianiste n'est pas le plus fréquent. Les aspirants musiciens se nourrissent en effet des repères qui leur sont proposés au fil de leur parcours pour progressivement prendre la mesure de leurs chances. La « vocation » de soliste, de musicien du rang, d'interprète intermittent ou d'enseignant apparaît alors d'autant plus comme une évidence (qu'elle soit vécue comme un faute-de-mieux ou comme un destin souhaité, c'est selon) qu'elle aura été longuement et imperceptiblement construite au cours des dernières années de formation qui sont aussi, le plus souvent, les premières années d'expérience professionnelle.

CONCLUSION

En faisant de la vocation artistique le résultat d'évidence d'une illumination intime, les représentations indigènes la chassaient du champ de pertinence de l'interrogation des sciences sociales. Les entretiens réalisés avec de jeunes musiciens professionnels et avec leurs enseignants montrent que la vocation n'est ni cet instant spectaculaire où un destin imposerait son tracé à un musicien en devenir, ni ce colloque singulier qu'une monade entretiendrait avec elle-même. La « vocation » est un long processus par lequel un acteur, souvent sans s'en rendre compte, endosse un projet que d'autres parfois définissent pour lui et qui sourd toujours de la composition d'interactions complexes, informelles et multiples, avec le collectif d'acteurs – enseignants, compagnons de formation, premiers employeurs, parents, etc. – qu'il croise au cours de ses années de formation.

Dire de la vocation qu'elle se construit collectivement ne revient cependant pas, loin de là, à faire du groupe professionnel le garant de l'entrée en son sein. Ce n'est pas le groupe des musiciens qui coopte ses membres en impulsant leur vocation et en définissant leur identité. D'un côté, en effet, les musiciens sont loin d'être les seuls à intervenir dans la fabrique de la vocation musicale : les parents, nous l'avons vu, y jouent un rôle déterminant. Mais lorsque des musiciens interviennent, ce n'est pas en tant qu'ils sont membres d'un groupe constitué qui leur déléguerait l'autorité d'intégrer ses futurs membres. Ici, ce sont des musiciens isolés (souvent des professeurs) qui progressivement font naître chez des praticiens plus jeunes un projet professionnel qu'ils contribuent à modeler dans ses formes et dans ses attendus.

Le cas des musiciens incite par conséquent à se déprendre d'une problématisation trop univoque (et trop évidemment démarquée des « professions établies », médecine ou droit en tête) des relations entre socialisation et construction des groupes professionnels. Ici, la formation joue bien un rôle décisif, mais pas en tant qu'elle serait le symptôme et l'outil de l'autocontrôle que le groupe exercerait sur lui-même. Elle intervient comme une longue séquence où se distribuent des signaux permettant, progressivement, de connaître son destin et parfois de le faire sien. Cette séquence n'a jamais été saisie, par le groupe, comme un instrument de sa propre régulation. Témoin, la question que nous soulevions pour commencer : celle du contrôle de la démographie musicale. On sait que, dans le schéma canonique des professions établies, la formation est l'instrument *princeps* de régulation de la démographie professionnelle. La formation musicale est contrôlée par les musiciens, mais elle n'est pas un outil de régulation du groupe. Loin de réduire le déséquilibre démographique, elle contribue au contraire à l'accentuer. En effet, les enseignants, nous l'avons vu, participent activement à construire la vocation de leurs étudiants. Ceux-ci, souvent, ne trouvent pas de travail comme interprète, et vont alors grossir le rang des enseignants qui, à leur tour, fabriqueront des vocations individuelles qui peineront à se réaliser sur le marché de l'interprétation, et qui par conséquent viendront nourrir l'offre d'enseignement, etc.

Ce mécanisme est au cœur de la définition de la morphologie du groupe des musiciens, et l'épicentre de ce mécanisme – le modelage des vocations musicales – se trouve bien dans le dispositif de formation. Mais il est très éloigné de ceux qui sont à l'œuvre dans les professions établies, et il ne peut se décrire comme l'une de leurs déclinaisons plus ou moins imparfaites. Pour saisir la dynamique de constitution des groupes professionnels, il est donc nécessaire de porter l'attention sur les mécanismes attachés à la formation ; mais il est tout aussi crucial de conserver à ces mécanismes toute leur hétérogénéité – et l'on verra sans doute, alors, que ceux qui sont à l'œuvre pour les professions établies ne constituent qu'un cas très particulier.

BIBLIOGRAPHIE

COULANGEON P. (2004), *Les Musiciens interprètes en France. Portrait d'une profession*, La Documentation française, Paris.

FRANÇOIS P. (2005), *Le Monde de la musique ancienne. Sociologie économique d'une innovation esthétique*, Economica, Paris.

FRANÇOIS P. (2006), *L'Insertion professionnelle des sortants de conservatoire*, ministère de la Culture, Paris.

JOVANOVIC B. (1979), « Job matching and the theory of turnover », *Journal of political economy*, 87 (5), p. 972-990.

KRIS E. et KURZ O. (1987), *L'Image de l'artiste. Légende, mythe, et magie*, Rivages, Paris.

MAUGER G. (2006), *L'Accès à la vie d'artiste. Sélection et consécration artistiques*, Éditions du Croquant, Bellecombes-en-Bauges.

MENGER P.-M. (1989), « Rationalité et incertitude de la vie d'artiste », *Année sociologique*, 39, p. 111-151.

MENGER P.-M. (1997), *La Profession de comédien : formations, activités et carrières dans la démultiplication de soi*, La Documentation française, Paris.

14

Les dresseurs de fauves : une socialisation au risque

Marie Caudal

Dans les professions à risque[1], le danger est principalement maîtrisé à l'aide de techniques de gestion du risque, acquises par l'apprentissage de règles de sécurité formalisées et par la transmission de savoirs pratiques[2]. Mais pour certaines activités professionnelles (sapeurs pompiers, bûcherons, etc.), ces techniques ne permettent pas de supprimer totalement le risque. Si pour le profane le danger est un frein à l'exercice de l'activité, il est pour le professionnel, une partie intégrante de son travail. Pour s'engager dans ces métiers à risque, « où ni une formation prolongée ni un fort sentiment de vocation ne garantissent contre les erreurs » [Hughes, 1996], et ni ne préservent la sécurité, le professionnel doit donc définir le risque autrement, se l'approprier et lui donner un sens dans ses pratiques [Desmond, 2006 ; Shepens, 2005].

L'objet de ce texte est de montrer, à travers le cas particulier des dresseurs[3] de fauves[4], comment, au cours du processus de socialisation profes-

---

1. On entend par « profession à risque » les professions dont l'activité principale n'est pas la gestion des risques (ex : les pompiers, les démineurs, les militaires, etc.) mais qui comportent néanmoins un nombre conséquent de risques (ex : les bûcherons, les ouvriers du bâtiment, etc.).

2. Je remercie Julien Chambon, Pierre François et Carine Ollivier pour leur relecture et leurs remarques sur une version préliminaire de ce texte.

3. Le dresseur dresse les animaux et la plupart du temps les présente en spectacle. Il se différencie du dompteur qui présente les animaux dressés par un autre. Le dressage de fauves consiste à apprendre à des fauves à exécuter plusieurs exercices (sauter dans un cerceau enflammé, constituer une pyramide, se cabrer, etc.) dans le but de présenter un numéro au public, la plupart du temps dans des spectacles de cirque.

4. Cet article se fonde sur une étude portant sur la représentation du risque chez les dresseurs de fauves (plus spécifiquement de tigres), conduite en 2003-2004 et s'inscrivant dans un travail de recherche plus large portant sur le monde du cirque. Il n'existe pas de recensement de la population des dresseurs. Mais nous avions estimé qu'entre 15 et 20 dresseurs exerçaient en France, en 2003-2004, dans des cirques, des parcs d'attraction ou des soirées événementielles.

sionnelle, le risque est l'objet d'une série d'interprétations et de définitions. Le profane ne peut envisager d'entrer dans un espace restreint et clos avec des fauves, sans que sa sécurité ne soit totalement assurée. Or, la formation au dressage accorde peu de place à la prévention et à la gestion du risque. D'une part, il n'existe pas de règles de sécurité formelles et codifiées. D'autre part, l'apprentissage ne comporte pas de mise en pratique des savoirs qui permettrait à l'apprenti de rectifier ses erreurs suite à d'éventuelles mises en garde. C'est seulement quand le dresseur entre en cage pour la première fois qu'il fait l'expérience pratique du dressage. L'absence de répétition sur le « matériel vivant » qu'est le fauve rend encore plus spécifique la question de l'apprentissage et du danger qui ne peut jamais être entièrement maîtrisé. Pour accepter de se confronter aux animaux de façon quotidienne, l'apprenti doit, au cours de sa socialisation, apprendre à banaliser le risque. Pour cela, il doit franchir plusieurs étapes : il lui faut d'abord trouver son maître dresseur afin d'acquérir un certain nombre de savoirs nécessaires, mais qui ne lui permettent pas de garantir sa sécurité. Pour accepter d'entrer en cage, malgré cette incertitude, il doit alors interpréter le risque représenté par l'animal comme normal. C'est une fois ces deux étapes franchies que l'apprenti peut devenir dresseur. Mais pour s'installer durablement dans le métier et faire face aux nombreux accidents inhérents au dressage, nous verrons qu'il doit redéfinir le risque.

UN APPRENTISSAGE DIFFUS ET NON FORMALISÉ

Le dresseur de fauves a comme particularité de travailler avec un animal dont le comportement peut s'avérer rapidement et fréquemment dangereux. Or, comme le mentionne Hughes, « dans les métiers où les erreurs sont lourdes de conséquences et où la répétition sur un matériel vivant ou de grande valeur est nécessaire pour acquérir les savoir-faire, il existe évidemment un ensemble spécifique de problèmes d'apprentissage et d'accès aux situations où doit s'effectuer l'apprentissage » [Hughes, 1996]. Dans le cas du dressage de fauves, où les institutions de formation sont inexistantes et où l'autodidaxie peut s'avérer périlleuse, l'apprentissage suppose la mise en relation d'un aspirant et d'un professionnel.

Un apprentissage par mimétisme

Le plus souvent, l'apprenti trouve son maître, à partir de 16 ans, au sein de la sphère familiale. Celui-ci va lui transmettre, pendant environ un an, les savoirs et savoir-faire nécessaires à l'exercice du métier. Et aussi des valeurs et des manières d'être orientant le type de dressage et le rapport aux félins. Avant d'amorcer la transmission des techniques de dressage, l'apprenti doit se familiariser avec les fauves, en assimilant des connaissances sur leurs caractéristiques physiologiques et psychologiques pour pouvoir leur prodiguer les soins vétérinaires élémentaires et les soins d'hygiène, et satisfaire leurs besoins alimentaires. En les observant, il apprend aussi à interpréter les signes (position des oreilles, mouvement de la queue, feulement, etc.) qui peuvent présager de comportements potentiellement dangereux.

Si ces savoirs et savoir-faire relativement généraux sont transposables à tous les félins, la transmission de techniques de dressage normalisées est beaucoup plus complexe car la singularité des fauves rend difficile leur application systématique. Parce qu'une technique qui fonctionnerait avec un animal peut s'avérer inopérante et inadaptée avec un autre animal, la plupart des dresseurs, comme André, refusent de prescrire des techniques standardisées :

> Non, ça, s'ils veulent ils me regardent et ils le font mais leur transmettre des choses moi-même oralement ça serait même dangereux parce qu'on a facilement tendance à ériger des règles statiques, qui doivent pas l'être d'ailleurs, parce qu'en fait l'expérience montre qu'il n'y a pas de règles fiables. Parce que chaque tigre est particulier.

Les techniques ne sont jamais écrites et sont rarement transmises oralement. Cela s'explique par la forme de transmission qu'est l'apprentissage [Zarca, 1988] mais aussi par la particularité du « matériau » avec lequel travaille le dresseur. C'est donc en observant son maître travailler en cage avec les fauves et en procédant par induction que l'apprenti s'initie au dressage. Il assimile d'abord la méthode. Tous les interviewés utilisent celle employée par leur maître : la méthode « en douceur », par laquelle l'animal apprend à effectuer un exercice, appâté par des morceaux de viande ; ou la méthode « par la force » où le fouet ou le bâton viennent le contraindre. Puis, comme l'explique André, à force d'observation, par « identification mimétique » [Zarca, 1988], l'apprenti incorpore également la gestuelle (la façon de tenir le fouet ou le bâton, la façon de se placer, la distance laissée entre le dresseur et le félin, etc.) de son maître :

> Il y a une capacité d'assimilation, et aussi… c'est un petit peu comme un petit singe, à force de voir les mêmes gestes, on sait les faire. Et ça, c'est important aussi d'observer, de regarder et d'avoir une sorte de mimétisme, de savoir s'oublier, de savoir reproduire le bon geste, juste lui, rien d'autre.

Le dressage fait donc partie des activités où « l'application d'une procédure unique [est] impossible » [Shepens, 2005]. Si l'apprenti ne peut acquérir des connaissances techniques précises et applicables en toutes circonstances et avec n'importe quelle bête, comment peut-il faire face à la singularité des fauves et des risques qu'ils représentent ?

Une gestion du risque rudimentaire et insuffisante

La principale difficulté du métier de dresseur réside dans la gestion de la dangerosité de l'animal. Pour réduire l'agressivité du fauve et les conséquences d'une attaque, il est possible de supprimer ses attributs les plus dangereux (couper les griffes et limer les dents) et de modifier son caractère par la castration et/ou l'administration de drogues. Mais d'une part, cette technique de « gestion des risques » radicale est interdite par la loi française. D'autre part, elle est dénoncée par tous les interviewés car, comme l'exprime André, elle mutile l'animal et démontre une volonté de ne pas assumer les risques du métier :

> On les castre pas et on les dégriffe pas et on les drogue pas. D'abord parce que c'est une mutilation, même la drogue, parce qu'on mutile leur esprit, et ensuite parce que, bon, si c'est pour travailler avec des animaux dont on enlève autant le potentiel de dangerosité, autant travailler avec des caniches. C'est pareil moi j'ai beaucoup de confrères qui ont des animaux castrés et dégriffés et moi je trouve qu'ils savent pas travailler, dans ces cas-là il faut pas rentrer en cage. Bah parce que s'ils ont fait castrer leur tigre c'est parce qu'ils en avaient peur. Dans ce cas-là, il ne faut pas rentrer.

Si André dénonce cette pratique chez « beaucoup de confrères », elle n'a été rencontrée chez aucun des interviewés. Elle est surtout le fait de dresseurs ou de propriétaires de fauves qui ne possèdent pas de certificat de capacité[5] et qui souvent ne présentent pas les bêtes en spectacle[6]. Aussi, celui qui ne veut pas dénaturer son activité par l'élimination de la dangerosité de l'animal et être disqualifié comme « non-professionnel », doit mobiliser d'autres ressources pour gérer les risques. Ainsi le « maître dresseur » transmet à l'apprenti « les choses à ne pas faire », série de contre-indications que l'on peut assimiler aux « ficelles du métier »[7] [Becker, 2002] qui permettent bien souvent d'éviter ou de résoudre des problèmes. D'une part, ces « ficelles » prennent la forme de conseils sur les attitudes à adopter face aux fauves et à l'activité de dressage. Daniel nous cite certains de ces « trucs simples » qui permettent de réduire les risques et peuvent sauver la vie du dresseur :

> Et plein de petites choses, plein de petites choses comme ça, des petites erreurs à ne pas faire, ne pas acculer un animal, ne pas le coincer dans un coin, toujours lui laisser une voie de sortie, s'il en marre de vous qu'il puisse sortir. Plein de choses, énormément… jamais être brutal, toujours prendre son temps, si on perd patience, renvoyer les animaux et aller se détendre un petit peu et revenir le lendemain. Beaucoup de choses, énormément de choses qui font que quand on les respecte, après on peut attaquer un travail beaucoup plus sereinement et avec moins de risques.

D'autre part, comme l'exprime Daniel, ces ficelles s'illustrent aussi au travers de précautions simples qui permettent d'atténuer les conséquences d'un éventuel accident :

---

5. En application de l'article L-413-2 du code de l'environnement, les responsables de l'entretien des animaux dans les cirques doivent être titulaires d'un certificat de capacité délivré par le préfet après examen de leur compétence à assurer l'entretien des animaux.

6. Il existe en France beaucoup de petits cirques illégaux qui utilisent les fauves comme appât publicitaire mais ne les présentent pas en spectacle.

7. Pour Becker, « une ficelle est un truc simple qui vous aide à résoudre un problème […]) Tous les métiers ont leurs ficelles, leurs solutions spécifiques, leurs manières de faire simplement des choses que les profanes trouvent très compliquées. »

Il y a énormément de petites choses dans la cage, de petites erreurs qui peuvent vous coûter la vie si vous les faites. Par exemple comme garder une montre ou des bagues au doigt quand vous répétez, ça peut vous coûter la vie. Si un animal vous envoie un coup de patte et qu'il vous accroche, il prend ça avec et ça vient, ou une bague c'est le doigt qui part avec. Il tire vous pouvez plus vous décrocher. Les vêtements de laine. La laine se tire mais elle ne s'arrache pas, elle s'effile, vous êtes embarqué avec l'animal, ça a une puissance terrible. [...] Quand vous savez déjà qu'il faut enlever tout ça, la quincaillerie, vous allez avec beaucoup moins de risques en face des animaux, ça peut vous enlever beaucoup de problèmes quand vous vous faites attraper.

Ces ficelles, très rudimentaires, ne sont en aucun cas suffisantes pour assurer la sécurité du dresseur. Nous sommes donc face à un premier paradoxe : dans ce métier, la gestion du risque existe mais ne parvient pas à supprimer le danger. Aussi, à l'issue de l'apprentissage, des incertitudes demeurent sur la capacité de l'apprenti à exercer l'activité de dressage, puisqu'il n'en a jamais fait l'expérience pratique, et surtout à y survivre. Comment, dès lors, l'apprenti peut-il s'engager dans cette activité ? Comment peut-il entrer en cage ?

ENTRER EN CAGE ?

L'assimilation de savoirs et de savoir-faire n'est pas suffisante pour devenir dresseur. Pour accepter d'entrer en cage, l'apprenti doit franchir une seconde étape qui consiste à vaincre la peur d'affronter des animaux féroces. Pour cela, il doit définir le risque, représenté par les fauves, de telle façon qu'il devienne acceptable.

Le fauve, un animal domesticable ?

Ne pas avoir peur nécessite d'oublier la dangerosité du fauve. Aussi les aspirants dresseurs apprennent-ils à user de mécanismes de mise à distance du risque. Cela passe notamment par la conviction qu'ils entretiennent une véritable *relation* avec les fauves, ce qui constitue une protection. Comme nous l'explique André, c'est parce qu'ils les côtoient, les observent et s'en occupent durant toute la période d'apprentissage, parce qu'ils les connaissent et pensent se faire reconnaître par les bêtes, que les dresseurs ne les craignent pas :

Moi j'ai rien senti du tout, parce que ça faisait deux ans que je les côtoyais dans leurs cages d'habitation, dans le semi, sans être en contact direct, mais à force il y a quand même le contact qui se fait. Donc pour moi c'était naturel, qu'il y ait le grillage, ou plus le grillage Ce n'était pas une grosse différence. Je n'avais pas peur. Je ne voyais pas comment ils auraient pu me faire du mal.

Le sentiment que la *relation* entretenue avec les fauves constitue une protection est encore plus fort chez les trois dresseuses qui ont nourri leurs bêtes au biberon et les ont élevées à leur domicile le plus longtemps possible.

Toutes, à l'exemple de Juliette, pensent avoir instauré avec l'animal une relation « mère-enfant » qui le rendrait inoffensif :

> Moi je ne pense jamais au danger. Je n'y pense pas assez. Pour moi mon tigre il n'est pas dangereux. C'est mon bébé.

Dès la période d'apprentissage, les dresseurs apprennent donc à considérer leurs fauves – ceux qu'ils connaissent – comme des animaux familiers. À ce premier élément de définition du risque, s'ajoute un autre procédé de banalisation, fréquent dans les professions et activités dangereuses, qui « consiste à relativiser une menace en la comparant à d'autres, jugées plus probables, plus fréquentes, et d'une gravité comparable ou supérieure » [Perreti, 2000, p. 218]. Comme ce mécanisme nécessite de mettre en balance des menaces qui ont un sens pour l'individu, les dresseurs comparent le fauve à d'autres animaux (les éléphants, les singes, les ours, etc.) qu'ils jugent plus redoutables, et non l'activité de dressage à une autre activité professionnelle.

Ainsi, l'apprenti apprend, non pas à nier le risque, mais à le banaliser. Finalement, les fauves ne sont pas si dangereux en comparaison d'autres animaux. Et, en raison de la relation particulière qui existerait entre l'homme et son animal, ce dernier ne peut constituer un danger. Les dresseurs construisent donc une définition du risque qui leur permet de pallier l'insuffisance des ficelles du métier et de vaincre leur peur. Mais, pour la plupart, c'est bien avant la période d'apprentissage, dès la socialisation primaire, que se construit un certain rapport au danger.

Une socialisation précoce au risque

Les interviewés issus de familles de dresseurs ont tous déclaré être « tombé [s] dedans », avoir été « élevé [s] là-dedans » ou avoir « toujours vécu dedans ». C'est le monde du dressage, mais aussi plus largement le monde du cirque qu'ils désignent. Comme l'exprime Jean, dans ce monde, où les sphères familiale et professionnelle sont intimement liées, ils ont toujours côtoyé les fauves :

> Bah disons que moi je suis tombé dedans à la naissance, puisque je suis quand même troisième génération de dresseur. Je viens de famille de cirque, de gens d'animaux. Moi j'ai appris, j'ai évolué dedans, j'ai grandi dedans puisque mon père était dresseur, était au cirque. J'ai été élevé pratiquement chez les frères Amar et on vivait... c'était la vie de tous les jours, c'était la vie de tous les jours les animaux.

Pour certains, la connaissance des fauves s'acquiert donc bien avant l'apprentissage du dressage. Cette proximité quotidienne et précoce de l'animal le rend familier, et donc inoffensif, aux yeux des futurs dresseurs. De plus, le risque est une des composantes de ce monde primaire. D'une part, les agents socialisateurs sont souvent des artistes de cirque qui accomplissent des activités périlleuses. D'autre part, les apprentis, bien avant de se former au dressage, souvent dès l'âge de cinq ans, apprennent eux-mêmes à exécuter des numéros de cirque dans lesquels la dangerosité est croissante. La prise de risque est nécessaire au maintien du monde dans lequel est socialisé le dresseur. De ce fait, il intériorise le danger, précocement, comme un fait normal de sa future activité professionnelle [Berger, Luckmann, 1996].

L'absence de cette socialisation peut venir contrarier la première entrée en cage. C'est le cas pour Gil qui n'est pas issu d'une famille de dresseur ni même d'une famille circassienne. Ce n'est qu'à partir de 16 ans, et de façon sporadique, qu'il commence à fréquenter les cirques, les dresseurs et les fauves. Gil n'a pas intériorisé la définition du risque adéquate à l'exercice de l'activité de dressage et rate sa première entrée en cage, pétrifié par la peur :

> Et puis un jour il m'a dit « tiens j'en répète un, tu rentres avec moi ? », j'ai dû rester dix secondes dans la cage. Et c'était la honte de ma vie. J'avais eu peur parce qu'il n'y avait plus les barreaux. J'ai eu peur. J'étais mort de trouille.

Avant d'effectuer une nouvelle tentative, cette fois-ci réussie, Gil prolongera son apprentissage d'un an, pendant lequel il continuera à côtoyer les fauves, les dresseurs et des artistes de cirque, parachevant sa socialisation au risque.

Banaliser le danger, autrement dit le considérer comme une chose ordinaire, est donc une étape nécessaire pour devenir dresseur de fauve. La définition du risque est, à ce stade, une construction collective qui a pour effet de rendre possible l'ultime phase de socialisation : la pratique effective du dressage. Mais l'entrée en cage et l'expérience du dressage vont venir modifier cette qualification du danger.

RESTER EN CAGE ?

Les prémices de l'activité des dresseurs sont marquées par les accidents, qui déstabilisent la définition du risque précédemment acquise et provoquent, chez certains, à nouveau, un sentiment de peur. Aussi, pour continuer à exercer, le dresseur doit franchir une dernière étape : il doit modifier sa perception des accidents et redéfinir le risque.

L'accident, une nouvelle prise de conscience du risque

Les accidents sont particulièrement nombreux durant les premières années de l'activité. D'abord, parce que seule l'habileté, qui se renforce avec l'expérience, peut faire baisser la probabilité d'effectuer un faux pas menant éventuellement à l'accident [Hughes, 1996] ; ensuite, parce que la banalisation du risque peut conduire à sa sous-estimation. Comme l'explique André, cela peut amener à adopter des comportements inconséquents :

Parce que justement à ne pas sentir le danger, il est là le danger, c'est qu'on se croit immortel, on croit qu'on risque rien, on croit que les autres sont moins bons que nous et que nous on est le meilleur. Parce que c'est grisant, c'est comme la vitesse en voiture, on finit toujours par se prendre pour le meilleur pilote du monde parce qu'on va plus vite que les autres, et puis un jour on se prend un mur, et puis voilà c'est calmé. Là c'est pareil avec les tigres.

Ainsi, tous les interviewés ont eu plusieurs accrochages, en particulier en début de carrière. Dans un premier temps, comme l'explique Nathalie, les dresseurs transforment l'accident – perçu négativement par le profane – en un événement « révélateur » qui leur permet de reprendre conscience du risque et du comportement responsable à adopter en cage face aux fauves :

Donc c'est vrai que j'ai eu des petits accrochages, je me suis fait attraper par Princesse, je me suis fait mordre au bras, c'est vrai que la première année je me suis fait attraper quatre fois, parce que je voulais trop les caresser, etc. Et il y a vraiment quand on voit la puissance dans la mâchoire, le dégât que ça peut faire qu'après on réfléchit et on fait beaucoup plus attention. Après on y laisse moins les mains.

Mais la conscience du danger ne supprime pas les accidents qui surviennent tout au long de la carrière. Les cicatrices sur les bras, les jambes et parfois sur le visage rappellent à quel point cette activité est périlleuse. L'accident déstabilise alors la définition du risque construite durant la phase d'apprentissage et peut même faire ressurgir, chez certains dresseurs, telle Nathalie, un sentiment de peur :

Après on a les jetons, après quand il faut y retourner. Et quand je suis rentrée en cage pour la première fois [après son accident] je suis rentrée donc avec Princesse et je suis restée quoi, peut être trente secondes en cage. J'ai eu des sueurs chaudes, des sueurs froides. D'un seul coup j'avais peur de rentrer en cage.

Alors que pour le profane l'accident serait un motif d'arrêt, pour le professionnel il constitue une étape incontournable de sa trajectoire. Nous sommes face à un deuxième paradoxe : le bon dresseur est un dresseur blessé. Mais comment continuer à exercer son activité quand on sait que les accrochages sont inévitables et ce, tout au long de sa carrière ? Autrement dit, comment, après avoir accepté la prise de risque, apprend-on à accepter l'accident ?

Le dresseur, seul responsable de l'accident

Pour vaincre leur peur et pour pouvoir continuer leur activité, les dresseurs doivent redéfinir l'accident. Cette requalification consiste à rendre le danger saisissable en attribuant la causalité de l'accident à l'homme et non à l'animal. Il s'agit ici de transformer « le risque professionnel en erreur humaine et ce pour poursuivre leur engagement dans cette activité périlleuse » [Shepens, 2005]. Comme nous le dit Nathalie :

De toute manière quand il y a une attaque il faut se dire une chose c'est toujours de la faute du dompteur.

Les dresseurs ne peuvent rejeter la faute sur l'animal sous peine de reconnaître que l'accident serait une fatalité qu'on ne pourrait ni prévoir ni éviter. Pour continuer sereinement leur activité, il leur faut trouver d'autres responsables. Ils analysent donc chaque accrochage et disculpent systématiquement l'animal. C'est ce processus qu'a amorcé Nathalie suite à l'attaque d'un guépard qui a entraîné dix jours d'hospitalisation, un arrêt de travail d'un mois et nécessité vingt-sept points de suture au mollet :

> Donc en fait j'étais avec lui dans la cage, je l'avais baladé un petit peu comme ça. Je lui avais mis une laisse. Je l'avais baladé et je venais juste de le gratouiller. Il était sur le ventre. Je lui gratouillais le ventre et tout, et d'un seul coup il s'est relevé et j'ai vu qu'il commençait à s'énerver. Il tournait dans un coin de la cage et je savais pas pourquoi. Et j'ai dit à Gil : « je crois qu'il s'énerve, je sais pas pourquoi, je vais le rentrer ». Et j'ai pas eu le temps de finir ma phrase, il a traversé la cage, il m'a chopée à la jambe. Et là il s'est complètement enroulé autour de ma jambe. Il me tenait, et je voyais le jean qui se déchirait mais le mollet qui se déchirait avec.

Nathalie, après avoir retracé l'enchaînement des événements arrivera à cette conclusion : l'odeur d'une oie imprégnée sur ses vêtements aurait excité le guépard. Ce dernier n'a donc pas voulu sciemment l'attaquer et Nathalie en portant ce vêtement, se considère comme la seule responsable. S'attribuer la responsabilité de l'accident permet de rétablir l'idée que les bêtes ne sont pas dangereuses et que l'ont peut avoir une prise sur le risque [Peretti, 2000]. Si l'erreur est d'origine humaine, le professionnel qui n'en commet pas est alors en mesure d'éviter les incidents.

Un seul risque : la mort

Mais ce mécanisme, qui fonctionne pour certaines professions à risque [Shepens, 2005], n'est pas toujours tenable chez les dresseurs qui sont fréquemment l'objet d'attaques des fauves. Pour poursuivre leur activité professionnelle malgré les nombreux accidents, ils doivent donc user d'un deuxième procédé de redéfinition qui consiste à établir une échelle de hiérarchisation des dangers.

La perception du risque est socialement construite. Il existe selon chacun des dangers plus graves que d'autres. Par exemple, comme « les personnes extérieures au métier ne comprendront jamais l'ensemble du contexte de risque et d'aléas » [Hughes, 1996, p. 92], elles considéreront un coup de griffe de l'animal nécessitant quelques points de suture comme une atteinte importante. Mais pour les dresseurs, ce ne sont que des accrochages bénins. André nous explique ce que constitue le « vrai risque » :

> Moi j'ai l'orgueil de dire qu'on est une des rares familles dans le monde à avoir jamais eu d'accident. Des conneries, des blessures, oui ça, mais c'est pas des accidents, un accident pour moi c'est quand il y a un mort. Nous, on en a jamais eu.

Pour le professionnel, l'incident non mortel n'est donc qu'une vétille et la mort est la seule chose à craindre. Alors que le profane considère l'accident

– même bénin – comme une chose grave, que le dresseur doit être à même d'éviter, ce dernier estime qu'il doit simplement pouvoir survivre à son activité. En cas d'accidents mortels, la responsabilité est encore plus fortement rejetée sur les épaules de la victime. Brigitte nous dit, en nous montrant ses nombreuses cicatrices :

> Parce que ça c'est des petites bêtises, mais choper, vraiment choper, où on finit à l'hôpital parce que vous êtes moitié mort, ça c'est toujours de la faute du dompteur, jamais de l'animal, parce que c'est le dompteur qui a fait une connerie.

Si le dresseur est le seul responsable de l'accident mortel, il a une prise sur sa vie puisque celui qui ne commet pas d'erreur grave n'a pas à craindre la mort. En instituant la mort comme seul risque, il peut donc continuer son activité tout en acceptant les incidents récurrents. Nous sommes face à un troisième paradoxe : finalement le dresseur ayant subi le « vrai risque » n'est jamais là pour en parler.

CONCLUSION

Devenir dresseur nécessite donc de franchir trois étapes : la première est l'accès à l'apprentissage, durant lequel, par observation et imitation du maître, l'apprenti acquiert les savoirs et les savoir-faire nécessaires. Durant cette formation, il apprend aussi qu'il n'existe pas de règles fiables pour garantir sa sécurité quand il se retrouvera face aux fauves. Pour entrer en cage, l'apprenti doit donc franchir une deuxième étape qui consiste à banaliser le risque. Il apprend à considérer le fauve comme un animal peu dangereux parce que familier, et pense que la relation établie avec ses bêtes constitue une protection. C'est seulement quand cette définition est intériorisée – le danger est connu mais considéré comme un fait ordinaire de la réalité – que la peur n'est plus un obstacle à l'entrée en cage, et que le processus d'apprentissage peut être poursuivi. Mais cette première conception est mise à mal car les accidents se révèlent fréquents dès les premiers temps de l'activité. C'est alors qu'intervient l'ultime étape qui permet au dresseur de parachever sa socialisation et de s'installer dans le métier. Il lui faut requalifier ce risque résurgent. Cette nouvelle définition consiste d'une part à considérer l'accident comme une chose utile et formatrice qui permet au professionnel d'assagir sa témérité et d'améliorer ses pratiques. D'autre part, il intériorise le fait qu'il est le seul responsable en cas d'accrochages. Enfin, il hiérarchise les dangers et désigne la mort comme l'unique risque que seule l'erreur professionnelle peut provoquer. Une fois ce processus accompli, il se considère à l'abri et peut se projeter dans une carrière. Ainsi un individu ne peut être et continuer à être dresseur de fauves que s'il apprend à définir et à redéfinir, et ce tout long du processus de socialisation et de l'exercice de son activité, les risques du métier.

BIBLIOGRAPHIE

BECKER H.S. (2002), *Les Ficelles du métier*, Éditions la Découverte, Paris.
BECKER H.S. (1985), *Outsiders*, Éditions Métailié, Paris.
BERGER P. et LUCKMANN T. (1996), *La Construction sociale de la réalité*, Armand Colin, Paris.
DESMONDS M. (2006), « Des morts incompétents », *Actes de la recherche en sciences sociales*, 165, p. 8-27.
DUCLOS D. (1987), « La construction sociale du risque : le cas des ouvriers de la chimie face aux dangers industriels », *Revue française de sociologie*, XXVIII, p. 17-42.
HUGHES E.C. (1996), *Le Regard sociologique*, Éditions de l'EHESS, Paris.
PERETTI-WATEL P. (2000), *Sociologie du risque*, Armand Colin, Paris.
SHEPENS F. (2005), « L'erreur est humaine mais non professionnelle : le bûcheron et l'accident », *Sociologie du travail*, 47, p. 1-16.
ZARCA B. (1988), « Identité de métier et identité artisanale », *Revue française de sociologie*, XXIX, p. 247-273.

15

Mutations de la formation pour le clergé catholique :
entre idéal sacerdotal et valorisation de la compétence

Céline Béraud

Les prêtres contestataires des années 1960-1970 mobilisaient les catégories du métier et de la profession dans leur critique du sacerdoce, en tant qu'état de vie séparé, et de la formation qui y conduisait, désignée péjorativement comme « séminaire tunnel ». Conformément à l'intuition des prêtres-ouvriers, partager les conditions de travail de leurs contemporains leur apparaissait comme une voie bien plus efficace d'évangélisation, que l'activité du curé dans sa paroisse, activité décrite comme routinière et coupée du monde. Il s'agissait également d'y trouver une reconnaissance sociale que l'appartenance au clergé à elle seule ne semblait désormais plus en mesure de leur assurer, voire la voie d'un accomplissement personnel.

Aujourd'hui ces mêmes catégories se trouvent investies, dans un contexte et pour des motifs assez différents. En quelques décennies, l'exercice de la prêtrise a connu d'importantes transformations, liées notamment à la sécularisation accrue de la société française et à l'assèchement des vocations qui a nécessité la mobilisation de nouveaux permanents (diacres et laïcs) pour la distribution des biens de salut. Du fait de ces formes nouvelles de division du travail religieux, le métier de prêtre s'apparente désormais à celui d'un cadre, en tant que position au sein de l'organisation ecclésiale. Ce processus objectif de professionnalisation du presbytérat, qui nécessite indéniablement une adaptation de la formation initiale (thématique qui constitue un véritable serpent de mer pour l'épiscopat français), est accompagné, dans les discours de certains jeunes clercs, par la mobilisation du registre de la compétence, voire un attrait pour les techniques managériales issues du monde de l'entreprise qui se trouvent pour l'instant enseignées presque exclusivement dans des dispositifs de formation continue. Parallèlement, les séminaires, du moins certains, fonctionnent comme des instances de réactivation de l'idéal sacerdotal, dont sortent des jeunes clercs à l'allure néo-tridentine[1]. On s'intéressera ici à la coexistence de deux conceptions d'apparence contradictoire de l'activité presbytérale qui sont étroitement liées à la formation : celle de la vocation irréductible à toute catégorisation profane ; celle du manager valorisant comme bien d'autres professionnels aujourd'hui la compétence et l'efficience.

L'IDÉAL VOCATIONNEL SACERDOTAL CULTIVÉ

L'idéal sacerdotal, brocardé par les prêtres contestataires des années 1960-1970, se trouve depuis quelque temps réactivé. En tant qu'instance de socialisation, les séminaires participent de ce processus.

Ni organisation, ni métier

L'Église met en avant son irréductible spécificité institutionnelle. Pour les catholiques, elle n'est pas une organisation comme une autre, encore moins une entreprise. Une telle comparaison, même dans une perspective strictement heuristique, est « perçue comme inadéquate et impertinente » [Palard, 1985, p. 53]. Parler de métier ou de profession à propos de l'activité religieuse a quelque chose d'incongru, d'autant que les autorités ecclésiales ont opposé toutes formes de résistance à l'assimilation de la prêtrise à un statut profane (le salariat par exemple).

Lorsqu'on demande aux prêtres de qualifier leur activité, ils parlent invariablement de vocation, « d'appel de Jésus-Christ ». Pour manifester le peu de pertinence d'une approche séculière, ils évoquent la prière et la célébration des sacrements. « Vous voyez moi qui suis un homme du matin, je me suis toujours levé de bonne heure pour aller ouvrir l'église et prier. Ce n'est pas un métier ça ! », objectait l'un d'eux, âgé de 82 ans. La conception de la prêtrise à travers le modèle de la vocation sacerdotale, qui apparaît comme durcie dans les propos des prêtres confrontés à la comparaison avec les modèles du métier et de la profession, traduit une expérience présentée comme singulière et sacrée. Pour les prêtres, la séparation d'avec le profane, marquée symboliquement lors de l'ordination et qui se manifeste pleinement dans le culte, se trouve sans cesse réaffirmée par un mode de vie exceptionnel. Cette profonde singularité est également perceptible dans son caractère totalisant ainsi que dans les ruptures sacrificielles qu'il exige des clercs par rapport aux réalités intramondaines. Alors qu'il est le plus souvent présenté comme atemporel, l'idéal sacerdotal est le fruit d'une construction historique et sociale de très long terme qui s'est réalisée en plusieurs étapes et qui connaît son apogée suite au concile de Trente [Lemaitre, 2002].

---

1. Par référence au concile de Trente.

Le séminaire, instance de socialisation sacerdotale

Le concile de Trente (1545-1563) a précisé les modalités d'accès au sacrement de l'ordre. Pourtant, il faut attendre le XIXe siècle pour que les dispositifs de formation (tenus par des compagnies de prêtres comme les sulpiciens et les oratoriens) s'institutionnalisent pleinement sous la forme de séminaires (petits et grands), qui constituent alors des établissements d'enseignements religieux et généraux, même si l'insuffisance de la formation intellectuelle reçue est encore fréquemment dénoncée. Il s'agit aussi et surtout de puissantes instances de socialisation, marquant les esprits et les corps, contribuant à l'inculcation de la vocation [Suaud, 1978]. Institution totale, le séminaire vise à transmettre, au prix d'une discipline très rigoureuse et d'un mode de vie austère, un habitus façonnant des prêtres exemplaires, cultivant une distance par rapport au monde et à ses tentations. Il s'agit donc moins d'y acquérir des aptitudes professionnelles, que d'intérioriser des comportements conformes à l'état ecclésiastique et à sa dignité. Dans ce modèle, le charisme de fonction (au sens wébérien du terme) produit en plein son effet. Le rite d'ordination est en lui-même qualifiant. Par la grâce institutionnelle qu'il confère, il suffit à créer la qualification nécessaire à la fonction.

Jusqu'au concile de Vatican II (1962-1965), la formation du clergé ne connaît que des changements limités. À partir des années 1960, les critiques qui lui sont adressées deviennent plus vives. Le concile insiste sur « le renouveau nécessaire pour répondre « aux transformations des temps actuels » » [Launay, 2003, p. 207]. Les exigences disciplinaires sont allégées, des innovations pédagogiques introduites. Les séminaires sont alors traversés par la « crise catholique » [Pelletier, 2002], confrontés d'une part à la contestation cléricale qui prône une « désacerdotalisation » de la prêtrise, d'autre part à ceux qui s'opposent aux réformes conciliaires, mais également à la décrue du nombre de candidats. Les petits séminaires, qui délivrent un enseignement secondaire, sont progressivement supprimés. Les grands, établissements d'enseignement supérieur accueillant les postulants plus avancés en âge, font l'objet de regroupements interdiocésains.

Au cours des dernières décennies, plusieurs initiatives ont été prises pour refonder de puissantes instances de socialisation afin de résister au processus de sécularisation interne de la prêtrise, en réaffirmant son autorité et sa spécificité. La plus radicale est indéniablement celle de Mgr Lefebvre, qui met en place au début des années 1970 un système de formation parallèle à Écône, ce qui nourrit les tensions avec Rome jusqu'au schisme de 1988. Ce mouvement ne se limite pas à la tendance lefebvriste. Dès 1969, Mgr Robé fonde à Bayeux un séminaire remettant au premier plan la formation spirituelle et cultuelle. Un an après, à Paray-le-Monial, est constitué autour du Père Ladame un groupe de candidats à la prêtrise souhaitant recevoir une formation différente de celle prodiguée dans les séminaires diocésains « où n'était pas enseignée une philosophie thomiste et où la solide piété était délaissée au profit de l'action » [Launay, 2003, p. 225-226]. Des séminaires conformes à cet objectif de re-sacerdotalisation du clergé sont créés, dans les années 1980, à Paris par Mgr Lustiger, à Ars par Mgr Bagnard, ainsi que, plus récemment, à Toulon par Mgr Rey. Ils ont pour objectif de former des prêtres pieux et conscients de la spécificité irréductible que leur confère l'ordination. La vie communautaire, qui y est partout pratiquée, les maintient dans un entre-soi rassurant.

Si une part croissante du futur clergé français est formée dans ces établissements, l'enseignement qui y est prodigué ne fait pas pour autant l'unanimité au sein de l'épiscopat. Ajoutons que le processus plus général de « retour à des pratiques et à des références théoriques traditionnelles (au sens d'antérieures aux réformes des années 1960-1980), voire tombées depuis quelque temps en désuétude, ne résulte pas d'une entreprise de reprise en main des séminaristes par la hiérarchie, du moins pas généralement et pas systématiquement. » [Lagroye, 2006, p. 115] Il s'agit d'un phénomène également subi par certains directeurs de séminaire, provenant des demandes de candidats à la prêtrise, soucieux de marquer leur visibilité (par le port du col romain) et d'afficher leur attachement à la norme romaine (le célibat), portant en outre un soin particulier à la liturgie. Cette diversification des lieux de formation, reflet de la pluralité interne du catholicisme français, n'a pas empêché un affaissement récent du nombre de séminaristes. On en comptait 764 en 2006, contre plus d'un millier en 1999.

Qu'apprend-on au séminaire ?

Les séminaristes commencent leur cursus par un premier cycle de deux ans au cours desquels ils reçoivent un enseignement centré sur la philosophie et la théologie. Avant d'entrer dans le second cycle, une interruption est possible pendant plusieurs mois. Le second temps de la formation qui s'échelonne sur quatre ans, permet un approfondissement biblique et théologique. Des enseignements plus spécialisés (droit canon, liturgie, exégèse, histoire de l'Église notamment) y sont également prodigués. Ajoutons que si tous sont censés obtenir *in fine* au minimum un baccalauréat de théologie (ce qui correspond à un niveau licence), l'échec à l'examen n'empêcherait pas l'accès à l'ordination (les taux de réussite sont d'ailleurs le plus souvent de 100 %).

Les années passées au séminaire constituent aussi une période de « discernement » qui permet au postulant d'une part, aux autorités ecclésiales de l'autre, de déterminer s'il y aura ou non accès à l'ordination. Loin d'être exclusivement une expérience personnelle (décrite comme un appel ressenti intérieurement), la vocation se définit à l'articulation entre l'individuel et le collectif. Elle met aussi en jeu l'exercice de l'autorité religieuse qui la définit, l'inculque et la contrôle [Maître, 1994]. Les responsables disent accorder une attention particulière à la « maturité affective » des séminaristes, ainsi qu'à leur équilibre psychologique. Se trouvent notamment abordées les questions liées à la chasteté (et plus globalement aux rapports hommes/femmes), l'homosexualité, la pédophilie. L'aptitude à l'obéissance (celle que doit tout prêtre à son évêque) se trouve également mise à l'épreuve. Au final, sur deux hommes entrant au séminaire, un seul en moyenne deviendra prêtre.

La diversité des parcours antérieurs des candidats, beaucoup plus âgés que ne l'étaient leurs aînés, rend d'autant plus nécessaire une socialisation commune. L'ajout d'une année propédeutique au cursus, adoptée par plusieurs diocèses sur le modèle parisien, constitue une occasion de socialisation catholique intensive (apprentissage de la prière, pratique régulière des sacrements et lecture exhaustive de la Bible) pour des individus issus de générations marquées par l'échec des modes d'inculcation primaire des formes de piété et de connaissances des textes sacrés. Au-delà, les nombreuses retraites auxquelles participent les séminaristes tout au long de leur cursus, les temps forts du calendrier liturgique qui rythment leur quotidien, produisent les mêmes effets. Enfin, des rassemblements à l'échelle d'une région, voire de toute la France, nourrissent l'esprit de corps.

Pendant les six années que dure la formation, il y a bien sûr également une préparation au métier de prêtre, dans ses aspects les plus pratiques. « On peut y entrer en chantant comme une casserole, et en sortir avec une technique vocale honorable »[2], grâce à un cours hebdomadaire, mais aussi à la pratique quotidienne des offices. Les stages d'« insertion pastorale » permettent également de se frotter à la réalité du terrain ecclésial. Mais c'est sur cette dimension appliquée de la formation que portent le plus de critiques.

LA FASCINATION POUR LE MANAGEMENT

Parallèlement et de manière quelque peu contradictoire, est perceptible surtout chez les jeunes membres du clergé français une fascination pour les techniques managériales, dont témoignent la pénétration de la rhétorique de la compétence et de l'efficience dans la sphère ecclésiale, et plus concrètement l'émergence de dispositifs de formation continue en la matière.

La rhétorique de la compétence et de l'efficience

Lorsqu'on leur demande de comparer la prêtrise à une activité professionnelle profane, certains prêtres parmi les plus jeunes évoquent, parfois après un moment d'hésitation (l'un d'eux reconnaît que cela peut paraître « politiquement incorrect » et que c'est certainement lié à sa « culture d'entreprise » développée pendant quatre ans en tant qu'ingénieur en infor-

---

2. *Histoire et patrimoine*, n° 6, 2005.

matique) la fonction de « directeur général », le « métier de consultant » ou encore la position de « chef de service ».

Je ne sais pas si l'on peut vraiment dire ça, mais il y a un aspect de management. On est en relation avec beaucoup de gens. On doit avoir un rôle de discernement, soutenir les bonnes initiatives. Oui, il y a un aspect de relations humaines qui est très important. On travaille avec des personnes bénévoles, qui donnent de leur temps… On gère aussi les conflits un peu comme partout. Notre travail ressemble à celui d'un chef de service ou quelque chose comme ça.

Prêtre, 31 ans, curé et accompagnateur en aumônerie de l'enseignement public.

Du fait de l'approfondissement et de la complexification de la division du travail religieux, ils doivent travailler en équipes où se mêlent désormais prêtres, diacres et permanents laïcs (dont une grande majorité de femmes). Les réunions occupent une place très importante dans leur emploi du temps. Les territoires qui leur sont confiés étant de plus en plus vastes (l'accident de la route constitue l'un des principaux risques du métier), certains se comparent même à des « VRP ». Ils doivent gérer des conflits et sans cesse légitimer l'autorité qu'ils entendent exercer, alors que l'ethos démocratique produit aujourd'hui ses effets jusque dans la sphère ecclésiale.

Un clerc d'une trentaine d'années disait employer couramment « des mots comme efficacité, organisation », au risque de « faire bondir » ses confrères plus âgés qui pourraient penser que « cela sonne faux avec l'Évangile ». L'idée selon laquelle il est nécessaire de « se consacrer professionnellement » à son ministère a pénétré la prêtrise. Elle a été développée à plusieurs occasions dans les entretiens. Elle est également un des lieux communs de la littérature de témoignage produite par des membres du clergé, littérature qui constitue depuis quelques années un véritable filon éditorial. Si l'ordination y est présentée comme « un don reçu […] sans lequel le ministère n'est pas possible » [Magnin, 2003, p. 27] mettant ainsi en avant le charisme de fonction du prêtre, l'acquisition de « compétences techniques » est également décrite comme nécessaire : « savoir-faire en communication, conduite d'équipe, conduite de projets d'évangélisation, de rassemblement » [Magnin, 2003, p. 29]. Ces auteurs en appellent à la constitution d'un véritable service de gestion des ressources humaines dans chaque diocèse, à la pratique d'entretiens annuels d'évaluation, voire au recours à des cabinets spécialisés pour la réalisation d'audits [Gourrier, 2003]. Les églises nord-américaines, dont l'épiscopat n'hésite pas à prendre conseil auprès de Peter Drucker qualifié de « « pape » du management », sont même citées en exemple.

Cette quête de relative professionnalisation de la prêtrise semble se trouver partagée par les plus hautes autorités catholiques. Ainsi, l'un des récents documents de la Congrégation pour le Clergé qui définit les différentes missions du prêtre en les centrant sur l'évangélisation et les sacrements dans une perspective nettement tridentine, insiste aussi de façon très moderne sur la nécessité pour l'Église de s'approprier tous les moyens (notamment techniques) permettant une « annonce efficace de la Parole »[3]. Une certaine forme de professionnalisme, perçue comme gage d'efficience et passant notamment par la formation permanente du clergé, se trouve donc encouragée.

Dans cette perspective, la formation initiale se trouve parfois critiquée pour ne pas préparer de manière satisfaisante les séminaristes aux conditions actuelles d'exercice du métier. Dans une enquête menée auprès de 247 prêtres récemment ordonnés, sont ainsi pointées les lacunes en psychologie, en communication et en gestion des conflits[4]. Une meilleure prise en compte de ces éléments permettrait selon certains d'éviter à certains de ces jeunes prêtres « de se sentir fragilisés dans leur ministère, de craquer ou de se montrer maladroits sans le vouloir » [Gourrier, 2003, p. 39].

Les prêtres étant entrés de plus en plus tard au séminaire (à 28 ans en moyenne), une part importante d'entre eux ont poursuivi des études profanes, voire bénéficié (pour la moitié d'entre eux) d'une expérience sur le marché du travail séculier (relevant à plus de 50 % de positions de cadres ou de professions intermédiaires[5]). Ils affirment avoir transféré certaines compétences dans la sphère ecclésiale :

> Quand on travaille en équipe, il faut se coltiner l'humain dans toutes ses dimensions. C'est souvent source de joie. Mais parfois, on rame un peu. Il y a les différences de cultures, des différences de génération. Pour moi, c'est délicat car la plupart du temps, je travaille avec des personnes qui en moyenne ont dix ans de plus que mes parents. […] Ma formation d'ingénieur m'a préparé au travail en équipe, oui ! J'avais eu des cours de management. Quant à ma formation au séminaire… Ce n'est pas explicitement fait, mais la vie en communauté fait que. On doit faire des projets ensemble.
>
> Prêtre, 35 ans, curé.

Des dispositifs de formation continue

Différentes initiatives, encore éparses, concernant la formation (principalement continue) au management, voire au coaching, ont été prises au cours des dix dernières années. Elles mettent en relation des bénévoles catholiques, issus du monde de l'entreprise, et des prêtres. Ces dispositifs n'émanent pas des autorités ecclésiales. Ils sont mis au point par des laïcs, qui peuvent y trouver l'occasion d'une action charitable permettant de réconcilier leur pratique professionnelle, souvent en contradiction flagrante avec la doctrine sociale de l'Église, et leurs valeurs religieuses.

L'association Chemins d'humanité semble avoir été pionnière en la matière. Depuis 1996, elle offre à des clercs de moins de 50 ans une formation

---

3. Congrégation pour le Clergé, « Le prêtre, maître de la Parole, ministre des sacrements et guide de la communauté, en vue du troisième millénaire », *Documentation catholique,* n° 2219, 1999, p. 890.

4. Monique Hébrard, « Le bonheur d'être jeune… prêtre ! », *Panorama,* mai 2000, n° 355, p. 15.

5. Source : Service national des vocations (Conférences des évêques de France). Enquête sur les séminaristes en première année de formation au 15 novembre 2004.

(six modules de cinq jours répartis sur deux ans) dont l'objectif est double. Il s'agit d'une part de familiariser les stagiaires au fonctionnement de l'entreprise, à quelques mécanismes macroéconomiques, ainsi qu'aux grandes problématiques liées aux relations entre les partenaires sociaux. La formation se présente ainsi comme une occasion de rencontre entre des individus issus de deux mondes qui « s'ignorent ou, pire, se méprisent »[6]. Les participants se trouvent d'autre part initiés à certaines techniques d'animation d'équipes et de gestion de projets, présentées comme directement transposables à l'activité pastorale. L'originalité pédagogique réside dans la dimension concrète des modules au sein desquels sont prévus des rencontres avec des professionnels (dirigeants, hauts fonctionnaires, banquiers mais aussi syndicalistes), des visites de sites, des moments d'immersion en entreprise et des mises en situation. À ce jour, 143 prêtres, en provenance de 60 diocèses et d'une moyenne d'âge de 43 ans, seraient passés par Chemins d'humanité. Financée par des mécènes, l'association bénéficie depuis ses débuts du soutien de l'épiscopat. Dans le diocèse de Metz, elle se trouve à l'origine de la mise en place en 2005 d'un nouveau mode de gestion des ressources humaines qui repose sur une démarche de co-coaching entre prêtres. Les volontaires, après avoir été formés, sont regroupés en « triade ». Ils se retrouvent tous les deux mois pour « auto-évaluer » leurs objectifs pastoraux et personnels. Une fois par an, une rencontre individuelle est prévue un vicaire général ou épiscopal pour vérifier l'adéquation de leur démarche personnelle aux objectifs diocésains.

Créé en 2006, le réseau Talenthéo regroupe une vingtaine de consultants bénévoles, issus de cabinets de conseil ou de formation. L'offre de services porte sur le conseil, le coaching, l'expertise et la formation des prêtres. Si les rédacteurs de la brochure ont pris soin de préciser que « L'Esprit-Saint est bien sûr le premier à l'œuvre », ils indiquent également qu'il est « possible de développer sa fécondité pastorale en améliorant ses compétences et son organisation personnelle » : « De même que le séminaire développe l'intelligence et la connaissance de l'homme et de Dieu, de même, chacun a la responsabilité de développer ses compétences en organisation, animation, relation… »

En 2003, le séminaire d'Ars a été le premier à offrir un module sur le management, conduit par un cadre de chez Renault Trucks. L'introduction de cette formation, pratique encore très marginale au sein des séminaires français, s'est faite à l'initiative de Mgr Bagnard, connu par ailleurs pour ses positions conservatrices. Professionnalisation et néosacerdotalisation de la prêtrise peuvent donc aller de pair.

---

6. *La Croix*, 28 avril 1999.

Les raisons d'un tel engouement

Comment expliquer un tel engouement pour le management (indéniablement mêlé d'une forme d'irénisme et dont les réalisations concrètes sont encore limitées) dans une institution qui s'est longtemps définie comme étrangère au monde de l'entreprise et à sa culture[7] ?

Dans un contexte marqué par la pénurie des ressources humaines et financières, on peut y voir une façon rationnelle d'assurer des gains de productivité. Si la thématique du « manque de prêtres » n'est pas nouvelle, la réduction et le vieillissement du clergé sont aujourd'hui une réalité, d'abord perceptible dans les zones rurales mais également désormais en ville. Les différents diocèses regroupent environ 20 000 prêtres, dont moins de 13 000 encore actifs. En dix ans, leur nombre a diminué de 20 %. La moyenne d'âge des prêtres français dépasse aujourd'hui 70 ans. À l'horizon 2014, le nombre de prêtres au service des diocèses et âgés de moins de 65 ans ne devrait plus s'élever qu'à 4 500. À l'échelle d'un diocèse, les chiffres sont encore plus éloquents. Un évêque, ordonné depuis un an et demi lors de notre entretien, me disait avoir enterré dix-huit de ses prêtres et avoir dû gérer le départ de deux clercs de moins de 40 ans. Ajoutons qu'il n'avait, à l'époque, procédé à aucune ordination et que dans son diocèse 76 % des prêtres avaient déjà plus de 60 ans. La pénurie est également matérielle. Pour la première fois dans l'Église de France, un évêque, Mgr Minnerath, a dû procéder à l'automne 2004 à une dizaine de licenciements économiques à cause de l'état dégradé des finances de son diocèse de Dijon. D'autres doivent faire face à de sérieuses difficultés financières, liées notamment à la hausse des dépenses de personnel. Dans la plupart, le denier de l'Église ne permet pas d'assurer la rémunération de l'ensemble des permanents (clercs et laïcs). Il constitue une source de revenus stagnante, ce qui, étant donné la baisse du nombre de donateurs (du fait du non-renouvellement de cette population âgée), est déjà un bel exploit. La hausse du don moyen a été stimulée par des campagnes de communication reposant sur des techniques éprouvées de marketing.

Le métier de prêtre est aujourd'hui caractérisé par le passage d'une position d'homme-orchestre, celle de l'« omnipraticien du ministère paroissial » [Rogé, 1965], à une fonction de chef d'orchestre [Béraud, 2006]. Tel un cadre dans l'Église locale, le prêtre préside, organise et anime les communautés qui lui sont confiées. Or, cette fonction de direction « ne réussit pas à certains [...] peu préparés à la gestion des ressources humaines, à la négociation fréquente entre individus ou communautés ou encore à la médiation dans des situations conflictuelles » [Borras, 2002, p. 8]. Les prêtres décrivent le caractère épuisant de la recherche permanente du consensus alors

---

7. L'invocation d'une efficacité managériale est repérable dans d'autres champs longtemps imperméables, comme l'Église catholique, à ce genre de considérations gestionnaires : la justice [Vigour, 2006] et l'humanitaire [Collovald, dir., 2002] pour n'en citer que deux exemples.

que la culture du débat imprègne désormais les rapports sociaux intra-ecclé-siaux, d'autant que la pluralisation interne du catholicisme rend la tâche bien plus délicate. Il y a là un réel désarroi, probablement encore plus marqué chez les plus jeunes, jaloux de leur autorité et de leurs prérogatives.

D'autres motivations, plus symboliques mais tout aussi puissantes, peuvent également être dégagées. Il est pris acte de la disqualification sociale d'une certaine forme d'agir catholique dont il s'agit de se démar-quer. Mettre en avant les compétences, c'est prendre une distance par rapport aux formes traditionnelles de militantisme religieux, dont la ringar-dise se trouve régulièrement dénoncée en dehors [Havard-Duclos et Nicourd, 2005] mais également désormais au sein de l'institution ecclésiale, notamment pour son inefficacité. Ajoutons que ce recours aux techniques managériales s'accompagne d'un discours sur l'accomplissement de soi [Béraud, 2006], voire le développement personnel, pleinement dans l'air du temps. L'objectif affiché est de « devenir un prêtre libre et heureux »[8], alors que différentes enquêtes donnent à entendre le malaise de prêtres surmenés, voire déprimés[9]. C'est la promesse d'une meilleure gestion de leur temps qui est faite aux prêtres, visant l'efficacité dans leurs activités pastorales et rendant possible de véritables moments de hors-travail, alors que beaucoup disent craindre l'épuisement à la tâche.

Nourrissant une vision enchantée du management, certains acteurs catholiques pensent y trouver une solution miracle à des problèmes d'une nature pourtant bien plus profonde, tels que la déstabilisation de l'autorité cléricale ou encore les tensions nées d'une ecclésiologie inchangée [Béraud, 2007]. Ainsi, d'une façon qui peut paraître absurde aux yeux de l'observa-teur extérieur, les deux verrous de ce marché du travail fermé que constitue la prêtrise (le célibat et le genre) sont maintenus, alors que le nombre de prêtres ne cesse de diminuer. Quant à la fragilité statutaire dont souffrent les collaborateurs des prêtres que sont les diacres et en plus grand nombre les femmes laïques, elle nourrit probablement le malaise, voire certains conflits, entre ces permanents de natures différentes. Le dépassement de ces difficultés nécessiterait de véritables innovations institutionnelles, bien au-delà de simples ajustements organisationnels.

CONCLUSION

La réactivation de l'idéal sacerdotal et la tendance à la professionnalisa-tion, deux tendances perceptibles dans les dispositifs de formation, loin

---

8. *La Croix,* 23 nov. 2006.
9. Voir le travail réalisé pour l'Association protection sociale et caisse des cultes par François Boursier, *Voyage intérieur dans l'Église. 1 200 prêtres, religieuses et religieux par-lent de leur vie quotidienne,* 2006. Voir également Mgr Albert Rouet, *Des prêtres parlent,* Bayard, « Envers du décor », Paris, 2007.

d'entrer en contradiction, constituent deux symptômes mais également deux tentatives pour pallier la légitimité désormais problématique des prêtres. Parmi les plus jeunes, ceux qui sont adeptes du management, voire du coaching, ont d'ailleurs souvent également adopté le col romain. La fragilisation de leur charisme de fonction les conduit à en appeler à l'autorité de la tradition, mais également au prestige de la compétence. Remarquons pour finir que la question de la formation n'est pas seulement discutée à propos du clergé catholique, celle des imams (pour lesquels le manque de vocations se fait également sentir) retient depuis plusieurs années l'attention des pouvoirs publics. Cette problématique, loin de se limiter à des débats internes aux différentes confessions, constitue donc une entrée fructueuse pour l'analyse des professionnels du religieux dans la société française d'aujourd'hui.

BIBLIOGRAPHIE

BÉRAUD C. (2006), *Le Métier de prêtre. Approche sociologique*, Éditions de l'Atelier, Paris.

BÉRAUD C. (2007), *Prêtres, diacres, laïcs. Révolution silencieuse dans le catholicisme français*, PUF, « Le lien social », Paris.

BORRAS A. (2002), « Quel avenir pour les prêtres ? Quels prêtres pour l'avenir ? », *Esprit et Vie*, n° 51.

COLLOVALD A. (dir.) (2002), *L'Humanitaire ou le management des dévouements. Enquête sur un militantisme de « solidarité internationale » en faveur du tiers monde*, PUR, Rennes.

GOURRIER P. (2003), *J'ai choisi d'être prêtre. Un autre regard sur le monde. Entretiens avec Jacques Rigaud*, Flammarion/Desclée de Brouwer, Paris.

HAVARD-DUCLOS B. et NICOURD S. (2005), *Pourquoi s'engager ? Bénévoles et militants dans les associations de solidarité*, Payot, Paris.

LAGROYE J. (2006), *La Vérité dans l'Église catholique. Contestations et restauration d'un régime d'autorité*, Belin, « Sociologiquement », Paris.

LAUNAY M. (2003*), Les Séminaires français aux XIXe et XXe siècles*, Éditions du Cerf, Paris.

LEMAITRE N. (dir.) (2002), *Histoire des curés*, Fayard, Paris.

MAÎTRE J. (1994), *L'Autobiographie d'un paranoïaque*, Anthropos, Paris.

MAGNIN T. (2003), *Prêtre diocésain, une vocation et un métier d'avenir*, Nouvelle cité, Paris.

PALARD J. (1985), *Pouvoir religieux et espace social. Le diocèse de Bordeaux comme organisation*, Éditions du Cerf, Paris.

PELLETIER D. (2002), *La Crise catholique. Religion, société, politique*, Payot, Paris.

ROGÉ J. (1965), *Le Simple Prêtre, sa formation, son expérience*, Casterman, Paris.

SUAUD C. (1978), *La Vocation. Conversion et reconversion des prêtres ruraux*, Éd. de Minuit, « Le sens commun », Paris.

VIGOUR C. (2006), « Justice : l'introduction d'une rationalité managériale comme euphémisation des enjeux politiques », *Droit et société*, n° 63-64, p. 425-455.

16

Les élus locaux débutants.

Découverte du travail politique et production des professionnels

Didier Demazière

La notion d'« hommes politiques professionnels » a été théorisée il y a près d'un siècle par Max Weber pour pointer un changement historique dans les manières d'accéder aux fonctions politiques et de les exercer [Weber, 1919]. Elle rend compte du recul de la figure du « notable », inscrit dans une lignée familiale dont il retire estime social et prestige, héritant d'une charge politique en vertu de la tradition, et pouvant exercer cette responsabilité à titre (quasi) honorifique compte tenu de son patrimoine et de ses revenus. Elle pointe aussi l'émergence de professionnels, qui ne vivent pas seulement pour la politique, mais aussi de la politique, c'est-à-dire qui tirent de celle-ci des revenus leur permettant de s'y consacrer à temps plein. La politique devient ainsi un travail, au sens habituel du terme, rémunéré.

Cette thèse argumente une analyse historique du système politique, plus qu'elle ne contribue à une sociologie du travail et des professions. Néanmoins, dans son sillage de nombreux débats ont animé la science politique quant aux manières de caractériser l'activité politique : tend-elle à devenir un métier et dans quelle mesure, peut-on parler de profession politique et jusqu'à quel degré [Gaxie, 1973 ; Politix, 1994 ; Poirmeur et Mazet, 1999 ; Offerlé, 1999] ? Les conclusions vont invariablement dans le même sens, indiquant que cette activité n'a pas toutes les propriétés d'un métier ni toutes les caractéristiques d'une profession, et qu'elle est marquée par une professionnalisation partielle ou inachevée, floue ou problématique, flottante ou intermittente.

Toutefois, alors qu'il s'agit d'une interrogation classique des enquêtes sur les occupations professionnelles ou les métiers, le rapport que les élus politiques entretiennent à leur activité a été peu étudié. Cette piste est explorée ici, dans le cas des élus locaux peu expérimentés, débutants sinon profanes, mais exerçant des fonctions exécutives dans des collectivités territoriales. S'engager dans cette voie ce n'est pas postuler que les élus forment un groupe professionnel, mais c'est considérer le travail politique comme n'importe quelle autre activité professionnelle [Demazière et Le Lidec, 2008]. On peut alors examiner comment les élus découvrent des situations et activités auxquelles ils sont confrontés du fait de leur succès électoral, comment ils les considèrent et les interprètent, comment ils tentent de les approprier et de les maîtriser. Ce faisant, on mettra l'accent sur la socialisation professionnelle en situation – entendue comme l'acquisition de savoir-faire spécialisés, l'appropriation de référentiels particuliers, l'intériorisation de croyances singulières – plus que sur la socialisation politique ou partisane, anticipatrice.

De nombreux travaux saisissent la socialisation des élus par leurs expériences antérieures à l'accès aux mandats électifs. Ils prennent en compte les mécanismes de sélection sociale (origines familiales, statuts professionnels), les filières de recrutement (formation, organisations partisanes), les appropriations des mandats et responsabilités (longévité, cumul), et décrivent ainsi la structuration des carrières politiques. Ces mécanismes de sélection ne sont pas uniformes, et dessinent une hiérarchie des positions et des charges électives : pour l'accès aux mandats les moins prestigieux et les plus périphériques les filtres en amont sont moins sélectifs et plus hétérogènes [Achin *et al.*, 2007]. De fait les origines sociales, les positions socioprofessionnelles, et les expériences politiques ou militantes des élus locaux sont plus diversifiées que celles des parlementaires.

Les filières de préparation à l'occupation des fonctions locales sont plus faiblement réglées, et les voies d'apprentissage à l'exercice de mandats électifs apparaissent incertaines. Cela est particulièrement net dans le cas des scrutins de liste, du fait de deux mécanismes : les listes mélangent des candidats expérimentés et des profanes issus de la « société civile », et le seuil d'éligibilité est difficilement prédictible. De plus, le rôle d'élu local est nettement moins objectivé que beaucoup d'autres rôles politiques, ce qui rend difficile une socialisation anticipatrice précise [Fontaine et Le Bart, 1994]. Dès lors la question de la socialisation professionnelle doit être déplacée, pour être située au cœur même de l'activité politique, en situation, sur le tas.

Pour cela nous nous appuyons sur une enquête auprès d'élus locaux combinant deux propriétés : tous étaient des professionnels dans le sens où ils occupaient des fonctions exécutives et exerçaient leur mandat à temps plein, et tous avaient une faible expérience de leur rôle même si certains avaient eu d'autres mandats précédemment[1]. L'exploration de la socialisa-

---

1. L'échantillon, composé en vue de diversifier les appartenances politiques, les types de mandats et les localisations géographiques, est composé de vingt-quatre élus locaux (élus sur des scrutins de liste). Leur travail a été saisi au croisement de plusieurs méthodes : suivi de journées de travail, observation de multiples activités, commentaires des agendas, entretiens répétés conçus pour rompre avec les routines de l'interview journalistique dont les élus, même locaux, sont de plus en plus familiers.

tion professionnelle est au cœur de cette enquête, qui s'attache à comprendre comment les élus locaux définissent leur travail et la spécificité de leur activité, et à identifier les vecteurs et mécanismes de socialisation qui soutiennent ces définitions. Celles-ci apparaissent d'emblée flottantes, voire problématiques, et elles ne se précisent que dans les cours d'action et dans le temps – plus ou moins long – d'appropriation du mandat, d'installation dans la fonction, de maîtrise du métier, de conquête d'une identité professionnelle.

LE CONTRE-MODÈLE DU « NOTABLE »

Comme tous les travailleurs, les élus produisent des discours destinés à définir ce qu'ils sont et ce qu'ils font. C'est d'abord en creux que les élus interrogés esquissent une conception de leur activité, qui est brossée à partir de ce qu'elle n'est pas, ou ne doit pas être, en opposition à des modèles dévalués dès qu'ils sont mentionnés. La figure du « notable » y apparaît comme un repoussoir ; elle n'est pas définie avec précision, mais fonctionne comme un stéréotype, profane, dont l'expression est caractéristique des premières phases de la construction des identités professionnelles [Hughes, 1958].

Elle amalgame, de manière différente selon les interlocuteurs, des propriétés aussi disparates que l'appartenance à « la bonne société locale », la gestion d'un « clientélisme tous azimuts », l'inaction et le fait de « surtout ne rien faire », le « goût du pouvoir pour le pouvoir », la pratique du « compromis élevé au rang de religion », une « manière de toujours faire sentir son pouvoir », un « goût pour les honneurs superficiels », ou encore le choix du « tripatouillage comme mode de gouvernance », etc. Aussi composite soit-elle, cette figure du notable évoque moins une position héritée qu'un ensemble d'attitudes et de pratiques qui sont récusées et dénoncées comme de mauvaises manières de faire de la politique. Elle appelle un ensemble de jugements négatifs et de condamnations, sans pour autant dessiner, même par défaut, des conceptions alternatives du travail politique. En ce sens, on peut faire l'hypothèse que l'invocation d'un contre-modèle permet aux élus débutants de transformer leur position périphérique ou subordonnée en revendication d'autonomie à l'égard d'une norme dominante qu'ils dévaluent. Celle-ci n'est pas clairement argumentée, mais elle est néanmoins esquissée, à partir de deux couples d'opposition, aboutissant à dévaloriser la carrière, contre la vocation, et à dénoncer la politique comme activité de parole, en opposition à l'action.

En effet, une série de termes et expressions reviennent de manière récurrente dans les propos tenus lors des entretiens, tels que « don de soi », « sacrifice personnel », « serviteur », « grandeur de la mission », qui qualifient le rôle que les élus s'attribuent. Se dessine ainsi un modèle vocationnel, défini par un engagement dans les tâches et les fonctions dévolues par le suffrage universel, et une implication sans limite et débarrassée de tout intérêt personnel. Ce désintéressement est opposé, parfois sur le mode de la dénonciation, à ceux qui ont des « ambitions », veulent « faire carrière », recherchent « une réussite personnelle ». Cette première opposition établit une articulation subtile entre engagement et distanciation, qui peut être vue comme la trace de la fragilité de la position des élus débutants dans le monde politique, et de l'incertitude de leur avenir.

L'activité politique proprement dite est également caractérisée et définie, mais en des termes très généraux, à travers l'opposition entre le « faire » et le « verbe ». La figure du notable est invariablement associée à ce second terme, qui décline des activités comme « aimer parader », « faire les inaugurations », « faire de la communication ». Celles-ci sont renvoyées du côté du « paraître », du « creux », du « superficiel », de la « surface des choses ». Elles sont souvent associées à des élus nommés et clairement désignés, toujours bien implantés, expérimentés, et cumulant. Certains cercles sont cités de manière répétée comme des lieux privilégiés pour cette activité vide de sens : les banquets où l'on « serre des mains », les médias où l'on « fait des numéros », les inaugurations où « tout n'est qu'apparence », les joutes politiques où l'on « joue des rôles en permanence ». Cette production de paroles convenues et codées est opposée au « travail à accomplir », au « faire », termes qui cristallisent ce que doit être l'activité politique : « agir », « prendre des décisions », « changer les choses », « être dans l'action ».

Ces qualificatifs restent généraux et échouent à dessiner les contours de ce travail, de sorte que l'activité politique apparaît flottante. Elle est évoquée de manière très abstraite et généralement en creux. La confrontation à une fonction à remplir va sensiblement modifier leur perspective, en particulier parce qu'elle signifie l'entrée dans un véritable monde professionnel, structuré et organisé, qui apparaît comme un puissant dispositif de socialisation.

L'APPROPRIATION D'UNE ACTIVITÉ DÉBORDANTE

La prise de fonction est racontée par les nouveaux élus comme une découverte de l'activité, et surtout comme une véritable épreuve compte tenu du volume et de la complexité des tâches [Dulong et Matonti, 2007]. Ils se sont sentis dépassés et incapables de faire face à une pression pour laquelle ils n'étaient pas vraiment préparés, comme l'indique cette vice-présidente d'un conseil régional : « ça a été horrible, vraiment horrible. Je peux vous dire que j'ai commencé en me disant : « jamais je n'y arriverai, c'est pas possible, c'est pas fait pour moi ». C'était ça, l'impression que c'est impossible, qu'on ne peut pas faire face ». Ce choc peut être atténué par une certaine proximité des expériences professionnelles précédentes, ou encore par une familiarité relative résultant de la présence d'un élu dans l'entourage, mais il est un invariant et signale la faiblesse de la socialisation professionnelle anticipatrice.

De fait, la saisie de l'activité politique à partir des agendas et des emplois du temps, met en évidence des volumes de travail considérables, avec des journées très longues, des activités récurrentes les week-ends, des plages réservées à la vie privée très étroites, etc. L'empilement des tâches est tel que les cadences de travail sont rapides : les séquences sont courtes et se succèdent à rythme élevé. Commentant leurs agendas, les élus utilisent des expressions qui rendent compte de cette intensité, mais aussi des difficultés à la supporter : « en permanence en flux tendu », « toujours sur une ligne de crête », « je n'arrête pas d'empiler les wagons », « c'est l'embouteillage permanent », « je ne sors pas du tunnel », « je suis en apnée complet », « c'est l'asphyxie, pas d'autre mot ». De fait les élus sont confrontés à un ensemble de problèmes prosaïques mais décisifs pour la configuration de leur travail, consistant à gérer l'excès d'activités et de requêtes, qu'il s'agisse de la masse de documents reçus, de la somme de courriers à traiter, du volume de rendez-vous sollicités, du nombre de réunions programmées, etc. Pour faire face, il leur faut acquérir des savoirs spécifiques, inventer des routines, bricoler des instruments.

Ces opérations, décisives pour l'appropriation d'une activité inédite, sont étroitement liées au développement de relations avec des interlocuteurs divers, qui les soutiennent, conseillent, initient. Nombre d'élus rencontrés évoquent le rôle décisif joué par des membres leur environnement institutionnel (conseillers, assistants, cadres de l'administration locale, voire secrétaires ou consultants externes) pour prendre en charge certaines tâches, redistribuer les charges, organiser des circuits d'information, et ainsi cadrer, structurer, organiser l'activité de l'élu débutant. Et certains d'entre eux sont élevés au rang de sauveur par des élus qui considèrent qu'ils n'auraient pu exercer leur rôle politique sans leurs conseils, leur aide et leur soutien, ainsi que le déclare de manière très directe cette maire-adjointe d'une ville importante :

> Le contact que j'ai eu avec Joseph [il s'agit d'un directeur de service de l'administration municipale] a changé beaucoup de choses. Je lui dois tout [rires]. Je dis ça dans le sens où j'étais perdue, et il m'a prise par la main [...] Il avait déjà beaucoup d'expérience de ma fonction, dans le sens de la voir à partir de l'administration, alors je me suis laissée guider.

LES RÉFÉRENTIELS D'UN MONDE PROFESSIONNEL

Un autre aspect est plus décisif encore pour la socialisation professionnelle, parce qu'il ne concerne pas l'organisation du travail, mais sa définition même : c'est la découverte par les élus d'un vocabulaire spécifique, de catégories de pensée, de manières de formuler les problèmes, d'un langage commun à leurs interlocuteurs, qu'ils soient élus, administratifs, experts, membres d'institutions publiques ou privées, etc. L'émergence de catégories et de notions particulières est généralement tenue comme un signe de différenciation des activités professionnelles et de division du travail, chaque métier ayant son vocabulaire spécialisé. Ici ces catégories ésotériques apparaissent plutôt comme des productions de l'environnement institutionnel des élus, qui leur sont en quelque sorte imposées, ou du moins adressées, comme le déclare avec humour ce maire d'une commune moyenne :

> J'ai vu que tout était complètement codé. Au début les chefs de service vous parlent, ou bien des confrères, et on ne comprend rien. Je te donne du partenariat, un petit zeste de gouvernance, de la bonne gouvernance bien sûr, je vis projet, je respire territoire, je fais de la participation, sans proximité pas de salut, et j'en passe, mais c'est la réalité.

À l'image de ce que fait cet élu, ces expressions sont considérées, au moins dans un premier temps, comme une collection de « slogans » superficiels, ou de « mots d'ordre » sans importance, ou encore de « prêt à penser » sonnant creux.

Pourtant les mêmes élus soulignent aussi qu'il s'agit d'un langage largement utilisé au fil des échanges, avec leurs pairs, l'administration locale, et de multiples acteurs institutionnels. En ce sens ils les considèrent aussi comme des instruments utiles à la conduite de leur activité, comme des outils de communication, des supports d'échanges, des signes d'intercompréhension :

> Je me suis vite rendu compte que tous mes interlocuteurs maniaient la même langue. De l'extérieur ça peut passer pour un sabir incompréhensible, mais ça permet de voir qu'on a une sorte de base qu'on partage, des fondamentaux, et à partir de là, ça permet d'avancer plus facilement, plus sereinement aussi peut-être. (conseiller régional)

Les systèmes de croyances partagés sont renforcés par, et renforcent, les interdépendances entre acteurs, dessinant un univers, cognitif et relationnel, fortement intégré, que l'on peut appeler un monde social [Becker, 1982]. L'assimilation de catégories langagières nouvelles et leur utilisation comme outil de coordination sont des signes patents d'une socialisation professionnelle à l'œuvre dans le cours de l'activité. Ce processus de socialisation est encore plus évident quand le vocabulaire spécialisé configure la réflexion et se transforme véritablement en catégories de pensée. C'est précisément ce que certains élus indiquent, quand ils lui reconnaissent un rôle de structuration de leur lecture et analyse de dossiers, et un statut de guide pour la constitution de leurs points de vue, de leur opinion, voire de leur décision. Ainsi un vice-président de conseil régional puise dans une sorte de fonds commun de catégories des référentiels, mobilisables tout au cours de la conception de politiques publiques sectorielles :

> Maintenant, j'ai pris l'habitude de raisonner projet, c'est un réflexe, et alors surtout quand je suis sur le fond des dossiers. Première chose, logique projet ou logique

guichet, c'est primordial. [Projet et guichet, c'est cela ?] Oui, ça permet de faire un tri. C'est pas le tout, mais c'est quand même un premier tri, lourd je vais dire. C'est un moyen aussi d'aller vite, enfin, je veux dire de traiter la masse. [Oui, et d'où ça vient ça, projet et guichet ?] Bon, c'était déjà dans l'air dans l'institution quand je suis arrivé ».

Ce qui est en jeu dans ces mécanismes de socialisation, c'est moins l'acquisition de capacités à mobiliser un vocabulaire technique (tel celui du droit ou de la finance publique) que l'appropriation de référentiels, dont les dimensions symboliques et cognitives sont intimement mêlées, et qui servent à s'orienter dans un contexte nouveau. Ces manières de formuler les problèmes, circulent entre élus, fonctionnaires, experts, conseillers, contribuant à l'homogénéisation de leurs représentations. Cette dynamique soutient l'émergence de ce que l'on peut appeler un monde professionnel particulier, autour des enjeux de production d'une action publique territoriale [Arnaud *et al.*, 2006], et qui aurait son langage, ses croyances, ses visions de ce qui est faisable et infaisable, moderne et archaïque. Plus, ce monde professionnel est pourvoyeur de mécanismes de cadrage et de définition de situation qui, parce qu'ils sont largement partagés, s'imposent aux entrants, dont les nouveaux élus locaux. Ce monde, hétérogène en ce qui concerne les rôles et les attributions, semble fonctionner comme un espace de socialisation, structuré autour de catégories de pensée incontournables, organisé autour de réponses réciproques régularisées. Les élus rencontrent une définition, implicite mais largement partagée dans le monde dans lequel ils pénètrent, de leur travail, et il leur faut l'adopter, voire s'y convertir. Dans cette mesure, et tout décideurs qu'ils soient, les élus semblent tout autant possédés par des schèmes d'interprétation et d'action qu'ils les possèdent.

Cette socialisation fait alors resurgir la question de la spécificité de l'élu local et de son identité professionnelle, dans la mesure où elle tend à brouiller les rôles. Cette question de la singularité des rôles est rendue plus brûlante encore par une tendance, lourde compte tenu de la complexité croissante de l'action publique, à une spécialisation sectorielle, qui favorise l'immersion de l'élu dans la technicité de ses domaines d'attribution : « à un moment, tu ne sais plus qui tu es, je veux dire, si, bien sûr, tu sièges, tu décides. Mais bon, ce n'est pas ça. Bon, on parle tous le même langage, on est tous dans le même bain, les administratifs, les conseillers, moi, et donc, où sont mes petits ? Dans ces conditions, c'est quoi être élu ? Oui, je me suis posé la question, sérieusement » (vice-président d'un conseil régional).

REDÉFINITION DU TRAVAIL ET DU SENS DE L'ACTIVITÉ

Ces interrogations sur l'identité et le rôle professionnels de l'élu local conduisent à envisager différemment les processus de socialisation : non plus en termes d'intégration dans un monde professionnel mais en termes de conquête d'une place spécifique et singulière. Cette conquête inaugure une nouvelle définition du travail, une autre conversion, que tous les élus n'engagent pas au même degré. Ce qui s'y redéfinit notamment, c'est le statut de la parole dans l'activité politique, et plus précisément les articulations entre faire et dire, entre « action » et « évocation » [Abélès, 1989]. Certains élus continuent de considérer que la prise de parole publique est une composante mineure de leur activité : même s'ils reconnaissent une « fonction pédagogique » à l'argumentation des politiques sectorielles devant des auditoires spécialisés, ils dénoncent l'emprise du symbolique et du rituel sur l'activité des élus.

D'autres disent avoir découvert la centralité de la composante discursive de leur travail : celui-ci doit être dit pour exister, l'action politique doit être mise en mots pour advenir. Plusieurs fonctions sont attribuées à la parole, et la parole publique. Elle introduit de la cohérence et de la continuité dans une activité émiettée en de multiples tâches, et par là elle est un instrument de maîtrise, de contrôle, d'appropriation par l'élu lui-même, de son travail : « je crois, enfin, je vis fortement plutôt, combien c'est important de sortir de l'action quand on fait mille choses en même temps. Je ne m'en rendais pas compte au début, mais je sais maintenant qu'il y a un temps pour tout. Et pouvoir parler de son action politique, c'est de la capitalisation, à condition de prendre cet exercice au sérieux » (vice-président d'un conseil régional), « on fait du zapping tout le temps, alors j'ai appris à poser les valises de temps en temps. Pour moi c'est exactement ça de préparer un discours, pouvoir poser les valises, et se dire : alors, qu'est-ce que j'ai fait au juste ? » (adjoint au maire d'une grande ville). Elle permet aussi de mettre en perspective et en temporalité une activité qui s'effectue dans l'urgence et par addition de petites pièces, et elle est par là un vecteur de production de signification, proprement politique :

> Quand on a toujours la tête dans le guidon, il faut des respirations, sinon tu t'épuises, et puis tu perds le sens de ce que tu fais. Et moi, ce que j'ai découvert c'est qu'écrire un discours c'est comme une boussole. Tu dois te dire, où je veux aller, est-ce que c'est bien par là que je suis parti, est-ce que je m'égare. Voila, c'est la boussole » (vice-président d'un conseil régional), « j'ai vu que le danger c'est l'activisme, parce qu'on ne peut pas dire, il y a toujours quelque chose à faire [...] Et d'écrire, ça oblige à repenser les choses, retrouver, enfin pas retrouver parce qu'il est là, mais reprendre à pleines mains le fil directeur. Et ça, c'est la fonction politique. Si je ne le fais pas, personne ne le fera à ma place, et heureusement en un sens » (maire d'une ville moyenne).

Ainsi, la mise en récit de son action est un moyen, le moyen par excellence, de transformer celle-ci, de lui donner une dimension proprement politique. Car elle permet d'agencer des fragments épars, des initiatives dispersées, des orientations éparpillées en une action ayant une signification, une direction. Si l'exercice quotidien du mandat impose un émiettement de l'activité, cette contrainte doit être dépassée, ce qui suppose de recomposer à partir de ces éléments hétéroclites une visée cohérente.

La parole est le vecteur privilégié de ce bricolage qui apparaît comme un signe d'accomplissement professionnel, comme un indice de socialisation :

> Je vois autour de moi des collègues qui bloquent là-dessus. Parler c'est la démagogie, le verbe c'est sale. Limite, c'est ça pour eux. Ils n'ont pas compris, ils n'ont pas encore, je veux dire, ils ne sont pas installés dans leur fonction qui veut dire que le verbe c'est au-dessus du reste, c'est l'emballage qui va changer tout le reste. (maire d'une ville moyenne).

BRICOLAGE IDENTITAIRE ET PRODUCTION DU PROFESSIONNEL

Si la capacité à faire face à l'éclatement et à la dispersion du travail est un premier enjeu de l'apprentissage du travail politique, la capacité à mettre en cohérence ces multiples tâches, à maintenir l'unité des activités, à préserver une autonomie, à reconstruire un sens au travail, en est un second. Ces deux dimensions renvoient à deux processus d'acquisition et de socialisation différenciés. Le premier est déclenché par l'entrée en fonction, et il est à la fois accéléré du fait de la pression des flux de tâches orientés sur l'élu débutant, et distribué du fait du partage de catégories de pensée et de croyances entre les acteurs du monde professionnel dans lequel l'élu a pris pied. Le second processus apparaît dans une temporalité plus longue et plus diffuse, et il suit un cheminement réflexif plus complexe et plus lent.

Il est également socialisé, car il est soutenu par l'identification à un pair plus expérimenté qui, en quelque sorte, montre l'exemple, ou du moins donne à voir de nouvelles facettes du travail politique :

> Le fait d'avoir beaucoup travaillé avec [un vice-président du conseil régional] ça m'a beaucoup aidé. De voir qu'on peut être dans la tchatche, sans être péjoratif justement, de voir que c'est un plus dans notre action. Je l'ai presque vécu de l'intérieur avec lui, et ça m'a fait franchir une étape, oui de me dire c'est ça ton job, c'est exactement ça » (conseillère régionale), « petit à petit j'ai révisé ma vision, en voyant comment les autres font aussi […] Et lui [un autre maire] c'est une figure qui compte pour moi. Il représente des valeurs, que j'adhère, et il travaille autrement. Alors j'ai pris mon courage à deux mains, et j'ai discuté avec lui, on a discuté sur notre fonction, comment on la vit. C'étaient des moments rares. Et ça m'a beaucoup aidé à évoluer » (maire d'une ville moyenne).

Ce second aspect de la socialisation professionnelle correspond à une véritable conversion, marquée par la remise en cause de la définition antérieure du travail politique et du rapport personnel à cette activité. S'y joue en filigrane ce que l'on peut appeler un bricolage identitaire, dans la mesure où des fragments et expériences biographiques sont mobilisés pour argumenter un goût pour l'activité politique telle qu'elle a été redéfinie. Ainsi ce vice-président d'un conseil régional établit des connexions entre des éléments épars de son passé pour justifier son attirance pour la mise en discours de son action :

> Je vois bien que tout se tient. Aimer les relations humaines, ça passe par là. Et si je prends mon expérience dans le scoutisme, j'ai adoré expliquer, faire la pédagogie des choses quoi. Après dans mon boulot avec mes équipes [il était cadre dans une banque], c'est vrai que j'aime rentrer dans le débat, pas pour la polémique, mais pour mobiliser, pour entraîner quoi […] Dans le syndicat, j'étais connu un peu pour ça, défendre avec opiniâtreté des positions, celui qui argumente […] Je ne sais pas, il y a quelque chose comme des dispositions qui s'accumulent.

Cette production d'un soi cohérent engage aussi des projections, assez souples donc révisables, dans des perspectives de carrière proprement politique, témoignant par là d'une socialisation avancée. Ainsi cette conseillère régionale évoque-t-elle à mots couverts l'éventualité d'une installation durable dans l'activité politique :

> Je commence à revoir un peu les choses. Bon, de me dire, après tout, c'est très, très, très intéressant. Pas du tout comme je croyais au début, mais très intéressant […] Je vais dire je faisais un tour pour voir, et puis là, je me dis que ce serait dommage d'arrêter comme ça. C'est une surprise ça, mais voila, c'est comme ça.

CONCLUSION

Les étapes de la socialisation professionnelle des élus locaux débouchent ainsi sur un bricolage identitaire qui articule incorporation d'un goût pour l'activité politique et anticipation d'une installation possible dans une carrière. Ces deux composantes opèrent un renversement du rapport initial, ou novice, au travail politique : la parole y occupe désormais une place éminente, et la poursuite d'une carrière devient une perspective positive. Ce double retournement, qui ne concerne pas tous les élus interrogés, peut être appréhendé comme une dynamique de professionnalisation, plus large que l'accès à un statut formel et à une occupation rémunératrice : il signale l'identification et la maîtrise de savoir-faire spécifiques et il révèle une appropriation et une installation dans la fonction. Certes ces processus sont engagés en amont de l'accès à un mandat, comme le pointent les intéressés eux-mêmes quand ils mettent en cohérence leur parcours. Mais il reste que le travail politique s'enracine dans des savoirs tacites acquis par expérience, sur le tas. Et ces mécanismes de socialisation professionnelle apparaissent finalement assez étrangers aux capitaux proprement partisans accumulés par les militants en amont de l'accès au travail politique ouvert par un succès électoral.

BIBLIOGRAPHIE

ABÉLÉS M. (1989), *Jours tranquilles en 89. Ethnologie politique d'un département français*, Odile Jacob, Paris.
ACHIN C. *et al.* (2007), *Sexes, genre et politique*, Economica, Paris.

ARNAUD L., LE BART C. et PASQUIER R. (2006), *Idéologies et action publique territoriale. La politique change-t-elle encore les politiques ?,* Presses Universitaires de Rennes, Rennes.

BECKER H.S. (1982) (trad. fr. 1988), *Les Mondes de l'art,* Flammarion, Paris.

DEMAZIERE D. et LE LIDEC P. (2008), « Le travail politique », *Sociologie du travail,* p. 137-144.

DULONG D. et MATONTI F. (2007), Comment devenir un(e) professionnel(le) de la politique ? L'apprentissage des rôles au Conseil régional d'Île-de-France, *Sociétés et représentations,* 24, p. 251-267.

FONTAINE J. et LE BART C. (dir.) (1994), *Le Métier d'élu local,* L'Harmattan, Paris.

GAXIE D. (1973), *Les Professionnels de la politique,* PUF, Paris.

HUGHES E.C. (1958), *Men and their Work,* The Free Press, Glencoe, Illinois.

OFFERLÉ M. (dir.) (1999), La profession politique. XIXe-XXe siècles, Belin, Paris.

POIRMEUR Y. et MAZET P. (dir.) (1999), *Le Métier politique en représentations,* L'Harmattan, Paris.

Politix (1994), « Le Métier d'élu », *Jeux de rôles,* 28.

WEBER M. (1919) (trad. fr. 1959), « Le métier et la vocation d'homme politique », *in* WEBER M., *Le Savant et le politique,* Plon, Paris, p. 109-201.

17

Les ingénieurs et l'éthique professionnelle :
pour une approche comparative de la déontologie

Christelle Didier

On rencontre depuis une dizaine d'années en France les termes « éthique de l'ingénieur », « éthique des ingénieurs », « éthique de la profession d'ingénieur » dans la littérature spécialisée, dans des titres de conférences et des intitulés de cours. Ces expressions suscitent en dehors des milieux qui les produisent de la curiosité, de l'étonnement mais aussi parfois du soupçon. L'expression équivalente anglaise *engineering ethics* ne pose quant à elle pas de problème de compréhension. On la trouve depuis plus de vingt ans dans les dictionnaires de philosophie et d'éthique et sur des couvertures de manuels universitaires qui en sont pour certains à leur quatrième réédition.

L'exercice qui consiste à traduire *engineering ethics* pour un public français est délicat. Il y a déjà le mot *engineering* qui est difficilement traduisible de façon satisfaisante. Le terme « ingénierie » que l'on pourrait être tenté d'employer ne désigne pas, en France, l'activité propre des ingénieurs, pas plus qu'il ne délimite les frontières d'une « profession ». Ensuite, le mot *ethics* qui est toujours traduit par « éthique », en France, alors qu'il devrait parfois l'être par « morale » et dans d'autres cas par « déontologie ». Les auteurs québécois utilisent deux expressions distinctes : dans certains cas, ils parlent d'éthique de l'ingénierie (ou du génie) dans d'autres, de déontologie des ingénieurs. Chacune de ces expressions renvoie le lecteur à des champs dont les contours sont clairement identifiés. Le recours à cet usage aurait pu être une solution pour les chercheurs, enseignants et praticiens français. Cela n'a pas été le cas, peut-être parce que les mots ingénierie et génie ne sont pas employés de la même façon en France qu'au Québec; sans doute aussi parce que l'utilisation du mot déontologie pourrait être considéré, en France, comme un abus de langage. Il n'existe pas en France, en effet, d'organisation faisant autorité sur les ingénieurs et susceptible de se porter garante de leur déontologie, à l'instar de l'Ordre national des médecins ou celui des architectes.

Cependant, les difficultés de traduction de l'expression *engineering ethics* ne relèvent pas que d'une question linguistique, d'un problème d'usage des mots. Elles témoignent de différences culturelles et juridiques dont il convient de prendre la mesure si on veut expliquer pourquoi le souci de l'éthique chez les ingénieurs s'est traduit par des réponses dont la forme varie tant d'une région à l'autre du monde. Ce chapitre vise à éclairer quelques aspects de la réalité sociologique qui se cache derrière l'éthique par et/ ou pour les ingénieurs[1]. Parcourant tour à tour trois territoires, la France, les États-Unis et le Québec, nous étudierons les étapes de la formalisation et de la diffusion dans les milieux professionnels de normes déontologiques produites par et pour des ingénieurs.

PEUT-ON PARLER D'UNE DÉONTOLOGIE
POUR LES INGÉNIEURS FRANÇAIS ?

Les deux définitions de la déontologie

On pourrait se contenter de répondre affirmativement à la question que pose le titre de cette partie en rappelant le fait qu'un « code de déontologie » a été adopté en 1997 par le Conseil national des ingénieurs et scientifiques de France (CNISF). Mais on pourrait tout aussi bien avancer la réponse opposée en nous appuyant sur les réticences de certains juristes français qui considèrent que le recours à ce terme constitue un abus de langage. Selon eux, le terme déontologie renvoie forcément à l'inscription d'un document dans l'ordre de la loi[2] et à l'existence d'une instance de régulation identifiée, tel qu'un ordre[3]. Ces derniers s'appuient alors sur une des visées de la déontologie qui consiste à « édicter des règles suffisamment précises pour être perçues et appliquées comme des impératifs concrets et pour que les comportements fautifs puissent être équitablement identifiés et sanctionnées » [Conseil supérieur de la magistrature, 2003].

Cette définition de la déontologie rend problématique l'appellation choisie en 1997 par le CNISF pour son code. Elle explique peut-être le changement

---

1. Pour une approche philosophique de cette question, je renvoie le lecteur à la lecture de Didier [2008].

2. Le code de déontologie médicale qui est le texte à portée déontologique le plus connu en France a le statut de décret de loi.

3. L'appellation « ordre professionnel » désigne en France une personne morale chargée d'une mission de service public. Les premiers ordres « modernes » français ont été créés par une série d'ordonnances prises en 1945 par le Gouvernement provisoire de la République française. Toujours en vigueur en 2008, ils reçoivent une délégation de la puissance publique pour contrôler la capacité d'exercer certaines activités professionnelles. Un ordre est une émanation de la loi non de la volonté professionnelle.

de nom opéré en 2001 au profit de l'expression retenue depuis de « charte (d') éthique de l'ingénieur »[4]. À l'époque les promoteurs de la charte annonçaient que celle-ci se verrait « complétée par la rédaction de plusieurs codes de *déontologie* de l'ingénieur selon les professions qui [présenteraient], contrairement à [elle] un aspect juridique opposable »[5]. Le préambule de la charte précisait également cette distinction : « La Charte annule et remplace l'ancien code de déontologie du CNISF. L'appellation « code de déontologie » sera désormais réservée à des documents qui définissent les comportements professionnels corrects dans chacun des métiers d'ingénieurs et dont le non-respect pourrait entraîner l'application de sanctions. » [CNISF, 2001]. Il ne semble plus être question aujourd'hui de ces « codes de déontologie », probablement parce qu'il manque aux professions ou métiers évoqués dans les documents cités le type d'organisation qui leur permettrait d'imposer le respect d'un code de conduite à leurs membres. Jean Perrin, vice-président du CNISF soulignait déjà en 1997 que le Conseil n'avait pas les moyens de sanctions légaux dont dispose un ordre professionnel. Il précisait aussi qu'il n'avait pas l'intention de devenir [Perrin 1997]. La question à laquelle le CNISF était confrontée en 1997 reste entière en 2008 : comment imposer un code de déontologie (ou d'éthique) à des personnes qui n'ont pas besoin d'autorisation pour exercer leur métier ?

Cependant, il existe une deuxième visée traditionnelle qui voit dans la déontologie autre chose que des règles coercitives, mais plutôt « l'affirmation de valeurs indiquant les objectifs à poursuivre et le comportement idéal auquel il faut tendre par un effort constant » [CSM 2003]. Le recours à cette acception moins stricte du mot déontologie rend légitime l'appellation « code de déontologie » choisie par le CNISF en 1997. La mise en évidence des deux visées de la déontologie nous permet de distinguer la dimension normative, voire prescriptive de l'*engineering ethics* pour laquelle nous réserverons dans ce chapitre le mot déontologie, de sa dimension réflexive pour laquelle nous utiliserons le terme « éthique ». Le mot déontologie renvoie de façon plus évidence au registre des rhétoriques professionnelles – et donc des codes – que ne le fait l'expression « éthique professionnelle ». Cette dernière peut en effet renvoyer à trois types de discours bien différents : normatif, descriptif ou encore réflexif. Dans les pages qui suivent, reprenant à notre compte l'usage québécois, nous utiliserons l'expression « éthique professionnelle » pour évoquer le travail qui consiste à réfléchir aux enjeux éthiques d'une profession ou d'un groupe socioprofessionnel. Ainsi, l'expression « éthique de l'ingénierie », dési-

---

4. Ce document est appelé dans certains documents « charte éthique de l'ingénieur » et dans d'autres « charte d'éthique de l'ingénieur », indifféremment.

5. C'est nous qui soulignons. La citation est extraite d'une note de synthèse rédigée suite à la réunion pour la promotion de la Charte organisée par le CNISF le 23-10-2001.

gnera ici l'activité qui consiste à interroger les enjeux éthiques que soulève le travail des ingénieurs.

Retour sur l'histoire du code des ingénieurs français

Après dix ans de préparation, un premier code de déontologie pour ingénieurs a donc été publié en France en 1997 [Perrin, 1997]. Adopté par le conseil d'administration du CNISF, qui représente officiellement les ingénieurs français, ce code changea de nom lors de sa révision. Depuis 2001, la charte d'éthique de l'ingénieur est considérée par le CNISF comme « la profession de foi de tous ceux qui figurent dans le Répertoire français des ingénieurs » (CNISF, 2001). Créé en 1998, ce répertoire rassemble des personnes titulaires d'un diplôme d'ingénieur validé par l'État français, ainsi que d'autres « reconnues comme exerçant *réellement* un métier d'ingénieur » par le CNISF[6]. En 2007, le répertoire comportait 380 000 inscrits.

Le premier code du CNISF est né de l'adaptation, avec des modifications mineures, du « code de devoirs professionnels » que la Fédération européenne des associations nationales d'ingénieurs (FEANI) avait adopté en 1992[7]. Le comité chargé de proposer un texte pour la FEANI s'était alors inspiré de plusieurs codes extra-européens publiés aux USA, au Canada, en Australie et en Nouvelle-Zélande. On peut s'étonner du choix des références exclusivement anglo-américaines quand on sait que plusieurs associations membres avaient déjà publié des codes de déontologie, codes de l'honneur ou encore profession de foi, parfois depuis longtemps. Ce choix s'explique probablement par l'absence de représentants de ces pays dans le comité, où les Français, quant à eux dépourvus de traditions déontologiques, étaient sur-représentés[8]. Une des modifications apportées par le CNISF au code de la FEANI, hormis le titre, que l'on peut signaler, est le recours au terme « comportement » plutôt que le mot « éthique » dans les sous-titres : « éthique » sociale, professionnelle et personnelle sont devenus dans le code du CNISF « comportement » social, professionnel et personnel, tandis que l'ordre de ces trois rubriques a été inversé. Par ailleurs, tandis que le deuxième article de la rubrique « éthique sociale » du code de la FEANI stipulait que « l'ingénieur prend en compte la nature, l'environnement, l'hygiène et la sécurité et travaille au profit et pour le bien-être de

---

6. C'est nous qui soulignons. Le répertoire ne comporte que la liste des membres d'associations d'anciens élèves adhérentes du CNISF auxquels s'ajoutent des ingénieurs et scientifiques inscrits auprès d'une union régionale (URIS). (www.cnisf.org).

7. La FEANI est une association européenne d'ingénieurs créée en 1951 par sept pays dont la France. Elle regroupe en 2008 vingt-neuf associations d'ingénieurs, à raison d'une par pays, et représente en 2008 près de trois millions et demi d'ingénieurs.

8. Selon Françoise Côme, secrétaire générale de la société européenne des formations d'ingénieurs (SEFI) et déléguée générale de la FMOI (Fédération mondiale des organisations d'ingénieurs), lors d'un entretien téléphonique daté de 2001.

l'humanité », celui du code du CNISF de 1997 disait : « dans sa fonction et ses missions, l'ingénieur prend en compte la sécurité et l'hygiène des personnes et la protection *raisonnée* de l'environnement »[9].

Quelle est la portée de ce code ?

Issu de la fusion d'organisations dont la plus ancienne remonte à 1848, le CNISF est aujourd'hui la seule association représentant officiellement les ingénieurs français auprès des pouvoirs publics. En fait, le CNISF est essentiellement composé de membres indirects par l'intermédiaire de nombreuses associations d'anciens élèves et de quelques sociétés scientifiques et techniques, unions régionales d'ingénieurs et de scientifiques (URIS) et sections étrangères. Dans la mesure où ni l'adhésion des associations d'anciens au CNISF, ni celle des anciens élèves à l'association de leur école dont ils sont issus n'est obligatoire, de nombreux ingénieurs diplômés français ne sont pas membres du CNISF. Ceux qui le sont ne semblent pas tellement concernés par ses activités et prises de position officielles. Ils connaissent surtout du CNISF l'enquête sur les rémunérations réalisée régulièrement depuis 1958 et à laquelle 40 007 diplômés ont répondu en 2006. Comme dans beaucoup de pays du monde, les ingénieurs français se sentent d'abord partie prenante de l'entreprise pour laquelle ils travaillent, avant de se sentir membre d'un groupe professionnel délimité. Si la détention du diplôme reste pour beaucoup d'entre eux – ainsi que dans l'imaginaire collectif national – une marque de distinction, ceux-ci ne se sentent pas pour autant appartenir à un collectif particulier. Les tentations néocorporatistes, tout comme les discussions autour de la création d'un Ordre des ingénieurs français, qui n'ont pas abouti dans les années 1940, n'ont jamais refait surface. Ainsi, la charte (d')éthique de l'ingénieur adoptée en 2001 demeure peu connue de la majorité des ingénieurs français.

Très centrée sur le rôle social de l'ingénieur et sur les enjeux liés au développement durable, la charte éthique du CNISF comporte quatre parties : « l'ingénieur dans la société », « l'ingénieur et ses compétences », « l'ingénieur et son métier » et « l'ingénieur et ses missions ». Contrairement au code de 1997, il n'est pas fait référence dans la charte à l'usage des titres, au refus des rémunérations irrégulières, à la nécessité de participer aux associations d'ingénieurs[10]. En revanche, l'ingénieur y est décrit comme s'impliquant dans des actions civiques, transmettant son expérience au service de la société, inscrivant ses actes dans une démarche de développement durable. Bien plus qu'une révision du code, la charte constitue un texte profondément différent, nettement plus ancré que son prédécesseur dans la culture nationale, mais aussi dans son époque, avec la référence au développement durable. La charte est

---

9. C'est nous qui soulignons.
10. Thématiques très courantes dans les *codes of ethics* anglo-américains.

plus axiologique que déontologique, dans la mesure où elle décrit un idéal vers lequel tendre plutôt qu'elle ne consigne les obligations auxquelles devraient se soumettre les ingénieurs. Elle correspond à la deuxième visée traditionnelle de la déontologie que décrit par le Conseil supérieur de la magistrature, c'est-à-dire à « l'affirmation de valeurs indiquant les objectifs à poursuivre et le comportement idéal auquel il faut tendre par un effort constant » (CSM 2003).

AUX ÉTATS-UNIS :
LES CODES AU CŒUR DE LA PROFESSION

Il n'existe pas aux États-Unis une association unique rassemblant tous les ingénieurs, et représentant leurs intérêts devant les instances gouvernementales. Il existe en revanche plusieurs associations par branche de métier qui détiennent un statut juridique et occupent une place importante dans l'espace social. Elles constituent, davantage que le CNISF, un lieu de construction des identités professionnelles des ingénieurs. Elles sont toutes dotées depuis longtemps de *codes of ethics* qui sont régulièrement révisés, renforcés et complétés par des procédures qui diffèrent d'une association à l'autre : analyses de cas publiées dans les revues professionnelles, comité de conseil, ligne téléphonique dédiée, remise de prix mettant à l'honneur des ingénieurs s'étant distingués pour leur professionnalisme. Aujourd'hui, trois codes de déontologie pour ingénieurs sont largement connus et reconnus aux États-Unis : celui de *l'Accreditation Board of Engineering and Technology* (ABET), celui de l'*Institute of Electrical and Electronics Engineers* (IEEE) et celui de la *National Society for Professional Engineers* (NSPE).

Aux États-Unis comme en France, le port du titre « ingénieur », de même que l'exercice de la profession, sont libres. Le respect d'un code de déontologie ne concerne donc que les individus ayant choisi librement d'adhérer à une association professionnelle. Seul les *Professional Engineers* (PE) font l'objet d'un enregistrement légal[11]. En 2000, les PE ne représentaient que 5 % du million et demi d'individus se faisant appeler *engineers* aux USA[12]. Le PE dispose d'un sceau qui est obligatoire pour effectuer certains actes protégés et peut postuler à certains postes réservés

---

11. Pour devenir PE, il faut d'abord avoir un diplôme d'ingénieur (d'un programme accrédité par l'ABET), passer l'examen des fondamentaux de l'ingénierie (*Fundamentals of Engineering*), travailler quelques années sous la supervision d'un PE (la durée varie d'un État à l'autre) et enfin réussir l'examen des « principes et pratiques de l'ingénierie » (*Principles and Practice of Engineering*).

12. C'est-à-dire des détenteurs d'une formation universitaire de 3 ou 4 ans, mais aussi des individus moins diplômés mais reconnus comme ingénieurs dans leur entreprise, comme cela peut-être encore le cas en France.

aux détenteurs de cette *license*, car en lien direct avec le public. Le PE doit être enregistré auprès du Bureau de certification (*Licensing Board*) de l'État dont il dépend. Ces Bureaux qui disposent théoriquement d'un droit de contrôle sur les PE ont tous adopté des critères déontologiques de conduites professionnelles. Cependant, il convient de nuancer leur pouvoir dans la pratique, car ils souffrent d'un important manque de moyens pour mener des investigations auprès des éventuels contrevenants. [Harris 1995, 371]. Parmi les sanctions disciplinaires enregistrées par le *National Council of Examiners for Engineering and Surveying* (NCEES) qui fédère tous les *Licensing Boards* et enregistre les plaintes, on peut lire qu'un PE a vu sa *license* suspendue pour quatre ans. Celui-ci a dû réaliser 400 heures de travail d'intérêt général et suivre un cours de déontologie par correspondance : il avait été convaincu de deux actes de malversation, des détournements d'argent.

La *National Society of Professional Engineers* (NSPE) a été créée en 1934 pour promouvoir l'idée d'un registre des ingénieurs, aider à la création de *Licensing State Board* dans les États où ils n'existaient pas et promouvoir l'adoption de loi créant des certifications professionnelles pour ingénieurs. La NSPE qui avait adopté dans un premier temps le code de déontologie de l'*Engineers Council for Professional Development* (ECPD, aujourd'hui ABET), a finalement choisi en 1954 de rédiger de sien ; elle l'a révisé plusieurs fois depuis. La NSPE est dotée d'un comité d'éthique (*Board of Ethical Review*) qui est le plus actif des États-Unis pour ce qui concerne les ingénieurs. Les réponses que ce comité donne aux questions éthiques que ses membres lui soumettent sont publiées très régulièrement dans la revue *Professional Engineer*. Elles sont considérées comme une ressource importante par de nombreux chercheurs en *engineering ethics* [Davis 1998, p. 46]. Les codes promulgués par les autres associations professionnelles ne font pas toujours l'objet d'une reconnaissance juridique (cela dépend des États), mais leur poids symbolique est sans commune mesure avec celui de la « Charte éthique de l'ingénieur » du CNISF.

En ce qui concerne l'impact concret des codes de déontologie américains, on peut signaler que le respect de l'un d'eux (celui de l'IEEE) a déjà été cité comme argument dans une cour de justice dans le but de justifier un acte de désobéissance organisationnelle. En 1972, trois ingénieurs travaillant à la réalisation du *Bay Area Rapid Transit*, un train automatique situé dans la Baie de San Fransisco, avaient été licenciés de façon précipitée et abusive. Leur faute : avoir essayé de faire remonter auprès de leur direction leurs inquiétudes au sujet de la sécurité d'un système de freinage conçu par un sous-traitant. [Anderson *et al.*, 1980]. L'IEEE, dont ils étaient tous trois membres, considérant que leurs actions avaient été fondées sur le respect des valeurs de leur profession, et de leur *code of ethics*, décida de signifier sa solidarité de façon explicite. L'association présenta au tribunal un *Amicus Curiae*[13] : elle y déclara qu'elle considérait que tout employeur engageant un ingénieur devrait reconnaître l'obligation que celui-ci avait de respecter le code de déontologie de l'association dont il était membre dans l'exercice de son activité[14]. Ces trois ingénieurs furent premiers récipiendaires du prix Carl Barus décerné par la *Society on Social Implication of Technology* (SSIT) de l'IEEE en 1978.

AU QUÉBEC : UN CODE AYANT FORCE DE LOI

Le contexte réglementaire québécois est fondamentalement différent de deux précédents. En effet, le système qui gouverne les professions s'inscrit dans une organisation sociale particulière. Cette organisation que l'on retrouve dans les autres provinces et territoires du Canada donne une grande importance aux associations professionnelles dans la construction des liens sociaux et des identités professionnelles. Mais à la différence des États-Unis, les corporations ont acquis une reconnaissance très forte des gouvernements des diverses provinces et territoires. L'autonomie de la profession d'ingénieur, assortie d'un pouvoir de contrôle de ses membres, est très spécifique au Canada (en tout cas à certaines de ses provinces). Au Québec, cette autonomie est ancienne : la pratique de la profession y a été restreinte aux seuls membres de la Société canadienne des ingénieurs civils (SCIC) dès 1898. De 1920 à 1973, la section québécoise de la SCIC porta le nom de Corporation des ingénieurs professionnels de la province du Québec.

Avec l'adoption par l'Assemblée nationale du Québec du « Code des professions », en 1973, les anciennes associations professionnelles provinciales changèrent d'appellation pour s'appeler « Ordres professionnels ». Par délégation de service public, la loi confia aux ordres comme première mission d'assurer la protection du public. Sur le plan administratif, elle donna des pouvoirs plus étendus à leurs comités de discipline et fait de leurs codes de déontologie des réglementations ayant quasiment force de loi. Si l'autorégulation est la règle au Québec, il faut préciser que l'autogestion professionnelle s'exerce dans la forme et la manière prévues dans le Code des professions et qu'est soumise à la surveillance du gouvernement de la Province.

Dans la Province du Québec, il existait en 2007, quarante-cinq ordres professionnels dotés chacun d'une très large autonomie, d'un pouvoir de sanction exercé par un comité de discipline et d'un tribunal professionnel

---

13. L'*Amicus Curiae* est, traditionnellement en droit, une contribution versée spontanément au débat par un tiers à une cause qui entend éclairer le décideur en tant qu'« ami de la cour ».

14. Extrait de l'interview de John Guarrera, réalisée par Frederik Nebeker pour le compte du *Center for the History of Electrical Engineering*, le 24 février 1995 (source www.ieee.org, consultée le 20/04/2008). John Guarrera était président de IEEE à l'époque des faits.

spécifique. La profession d'ingénieur fait partie des vingt-trois professions réglementées à exercice exclusif, c'est-à-dire habilitées à restreindre l'exercice professionnel à leurs seuls membres dans la Province. Deuxième par ses effectifs après celui des infirmiers-infirmières, avec ses 53 858 membres, l'Ordre des ingénieurs du Québec (OIQ) a été amené à prendre, en 2006-2007, quarante-trois décisions de type disciplinaire et deux ingénieurs se sont vus révoqués. En France, seul le titre « ingénieur diplômé de… [nom de l'école habilitée par la Commission des Titres d'ingénieurs (CTI)] » est protégé. Si le contenu des formations est contrôlé par la CTI, la pratique en revanche est libre, de même que l'usage du terme « ingénieur » Il en est de même aux États-Unis où seul le titre de *Professional Engineer* est protégé. À l'inverse, au Québec, l'usage des mots « ingénieur » et « ingénierie » est strictement réglementé et tout abus est sanctionné. En 2005, la Cour d'appel québécoise a jugé invalide l'appellation « ingénieur certifié Microsoft » comme traduction de *Microsoft certified System engineer* (MSCE) que Microsoft avait attribué à près de 35 000 individus ayant suivi une formation interne. L'OIQ a porté plainte, considérant que le titre d'ingénieur était usurpé. La Cour condamna Microsft à payer une amende de 1 000 dollars canadiens et surtout à renoncer à l'appellation MSCE… dans la Belle Province.

Chacun des douze provinces et territoires du Canada est doté d'une organisation similaire à celle du Québec pour réglementer l'exercice des professions. Leurs prérogatives, qui peuvent être différentes d'une province à l'autre, se sont toutes vues renforcées d'une façon ou d'une autre au cours des années 1970. Les associations professionnelles rassemblant les ingénieurs sont regroupées au sein d'une organisation de type fédératif appelé « Ingénieurs Canada » (IC) qui publie des guides généraux assurant une cohérence d'ensemble. Elle est dotée de son propre code de déontologie, de même que chacune de ses organisations membres. On peut noter que les anglophones utilisent, selon les provinces, les expressions *code of ethics* ou encore *code of professional ethics* tandis que les francophones ont choisi le terme « code de déontologie ». La non-observance du code entraîne des sanctions allant de l'avertissement à la radiation pure et simple, et donc l'impossibilité de pratiquer dans la Province. Certains de ces codes font partie intégrante de la loi provinciale, comme par exemple celui du Québec et de l'Ontario.

Le code de déontologie de l'OIQ qui a le statut d'une loi professionnelle est un texte très différent à la fois de la « Charte (d')éthique de l'ingénieur » du CNISF et des différents *code of ethics* existant aux États-Unis. Il est composé de cinq sections constituées elles-mêmes de plusieurs articles, dont une trentaine pour la section III intitulée « devoirs et obligations envers le client ». Du fait de la portée disciplinaire et juridique de ce code, la formulation des articles qui le compose est très précise. Pour illustrer ce propos, nous pouvons citer l'extrait des conclusions d'un comité de discipline datant du 16 mai 2002. Les chefs d'accusations étaient les suivants : « dans le cadre d'un mandat relatif à la conception de l'installation sceptique d'un immeuble […] l'ingénieur P.C. a exprimé un avis qui n'était pas basé sur des connaissances suffisantes et d'honnêtes convictions, contrevenant ainsi à l'article 2.04 du code de déontologie des ingénieurs […] il a présenté un plan incorrect contradictoire et/ou insuffisamment explicite, contrevenant ainsi à l'article 3.02.01 » du même code. Le comité de discipline l'a condamné à payer deux amendes de 600 dollars canadiens ainsi qu'à payer les « frais et débours de la cause ». Cet usage juridique du code explique l'importance accordée à la formation déontologique des ingénieurs. C'est vrai aussi des étrangers voulant exercer au Québec : l'obtention du permis d'exercer dépend en effet de la réussite d'un examen professionnel portant sur l'exercice de la profession, la déontologie, ainsi que le droit et les obligations en matière de génie.

CONCLUSION

Bien que les trois pays choisis soient confrontés à des enjeux économiques, techniques et sociaux assez comparables, dans chacun d'eux la prise en compte des questions déontologiques dans les milieux d'ingénieurs s'est faite de façons très diverses, dans le fond comme dans la forme. À l'ère de la mondialisation des échanges de savoirs et de biens, la quête de repères éthiques s'effectue plus que jamais dans un contexte de pluralisme des cultures et des valeurs.

Deux leçons émergent du travail présenté ici. Rappelons d'abord la nécessité de clarifier les mots de l'éthique et plus particulièrement ceux de l'éthique professionnelle. De nombreuses incompréhensions de part et d'autre de l'Atlantique reposent sur un manque d'explicitation de termes que beaucoup pensent univoques. Ce travail nécessaire est en cours pour ce qui concerne certains usages des langues anglaise et française. Mais l'*engineering ethics* se développe dans d'autres langues et des univers culturels bien éloignés de ceux des États-Unis, du Québec ou encore de la France. Des travaux commencent à paraître en japonais, l'association des ingénieurs mécaniciens chinois a promulgué récemment un code d'éthique.

La seconde leçon tirée de ce travail concerne le statut des documents formalisant le souci de l'éthique qui traverse le milieu des ingénieurs. Il est toujours possible de faire des analyses de contenu, de repérer les thématiques communes à ces textes et d'essayer d'expliquer les variations qui apparaissent d'un lieu à l'autre, d'une époque à l'autre. Mais, il faut garder à l'esprit que chacun de ces documents n'a de sens que dans un contexte particulier. L'idée de proposer un code à portée internationale défendue pendant un temps par Vivian Weil paraît de plus en plus irréaliste. D'ailleurs, la Fédération européenne des associations d'ingénieurs a renoncé à l'idée d'un code d'éthique européen pour les ingénieurs, pour se contenter de promulguer un code d'éthique pour elle-même en tant qu'association, invitant chaque ingénieur à se référer au code de son pays. Les codes d'éthique et ou de déontologie écrits par et pour des ingénieurs sont des objets qui ne peuvent pas être abstraits de leur contexte, celui en particulier des instances qui les ont produits et/ou qui ont charge de les faire appliquer. Ils ne peuvent pas être pleinement compris en dehors du cadre juridique et culturel qui leur donne du pouvoir et/ou assure leur légitimité... Ils ne peuvent pas non plus être compris si l'on ignore les règles explicites et implicites qui régissent, dans le lieu où ils existent, les relations industrielles en général, et tout particulièrement celles entre les ingénieurs et leur hiérarchie.

BIBLIOGRAPHIE

ANDERSON R. M., PERRUCI R. et SCHENDEL D. E. (1980), *Divided Loyalties. Whistleblowing at BART*, Purdue University Studies in Science, Technology and Human Values, West Lafayette, IN.

CSM (Conseil supérieur de la magistrature) (2003), *Rapport annuel 2003-2004*. Consultable à l'adresse suivante : http://www.conseil-superieur-magistrature.fr (consulté le 10 avril 2008).

CNISF (Conseil national des ingénieurs et scientifiques de France), (2001), « Charte éthique des ingénieurs du CNISF ».

CNISF (2007), *Observatoire des ingénieurs Français. Rapport de la 18e enquête du CNISF*, CNISF, Paris. (consultable en ligne à http://enquete.cnisf.org/2007/enquete_2007.pdf, consulté le 10 avril 2008).

DAVIS M. (1998), *Thinking Like an Engineer, Study in the Ethics of a Profession*, Oxford University Press, Oxford.

DIDIER C. (2008), *Penser l'éthique des ingénieurs*, Presses Universitaires de France, collection « questions d'éthique », Paris.

HARRIS C. E. JR, PRITCHARD M. S. et RABINS M. J. (1995) (rééd 2000), *Engineering Ethics Concept and Cases*, Wadsworth Publishing Company, Belmont.

MITCHAM C. (1992), *Engineering ethics throughout the world. Introduction, Documentation, Commentary and Bibliography*, draft version 1.0, STS Press, Pennsylviana State University.

PERRIN J. (1997), « Le code de déontologie de l'ingénieur », *in* R. MOCH, dir., *Éthique et société : les déontologies professionnelles à l'épreuve des techniques*, Armand Colin, Paris, p. 181-193.

IV.

Les activités professionnelles problématiques, émergentes, hybrides

18

La prostitution de rue, un métier comme les autres ?

Stéphanie Pryen

Tu ne peux pas dire à quelqu'un, je sais pas moi, t'as une fille, dire : « qu'est-ce que tu veux faire comme profession plus tard ? » « Prostituée ». Non, tu ne peux pas souhaiter une chose comme ça ! Donc j'estime que ce n'est pas une profession ; quand tu le fais, c'est juste un boulot, c'est tout [...]. Mais c'est pas une chose que tu peux apprendre dans une école, tu vois ? Une gamine, tu lui dis : « qu'est-ce que tu veux faire plus tard », pour l'orienter, « prostituée », non ! C'est pas une profession. Pour moi c'est juste un boulot ! Prostituée, c'est ma profession. Je sais pas comment expliquer. Je ne sais pas si tu comprends.

Si nous ne pouvons répondre avec certitude à cette dernière interrogation, du moins les réflexions de Nicole, 45 ans, permettent d'entrevoir combien exercer l'activité de prostitution et en rendre compte ne peut se faire de manière univoque. Si cette activité peut être envisagée comme un boulot ou un métier, c'est, de son point de vue, uniquement pour elle-même. S'il est possible d'apprendre à le vivre comme *sa* profession, ce métier est tellement marqué par la désapprobation morale qu'il ne peut généralement pas être revendiqué comme tel face à autrui.

Pour tenter de comprendre cette complexité, il fallait rester au plus près des aspérités de l'expérience vécue, et tenir ensemble deux pôles en tension : déviance et profession, stigmate et métier. Adopter une perspective interactionniste, inspirée à la fois de la sociologie des professions et de la sociologie de la déviance, nous a sans doute permis d'y parvenir quelque peu.

Ce texte n'aborde pas toutes les interrogations que suscite cette activité[1], mais deux fils sont tirés. Le premier permettra de rendre compte de la manière dont l'ambiguïté est inscrite au cœur même du statut juridique et social accordé à la prostitution en France ; les personnes qui exercent cette activité doivent composer avec l'invalidation sociale de leur activité, dans

1. Que ce soit dans leurs déclinaisons théoriques ou que ce soit en termes de diversité des expériences vécues (notamment, nous parlons ici essentiellement de prostitution de rue féminine, aussi nous emploierons de manière générale le substantif prostituée au féminin).

un contexte qui construit une alternative, « victime » et/ou « délinquante », alors même que la prostitution n'est pas interdite. Le second permettra de revenir plus précisément sur la manière dont on peut envisager, malgré ou au cœur de ces tensions, cette activité comme un métier, un travail qui nécessite des apprentissages et des compétences, en particulier dans la maîtrise de la relation avec les clients.

UNE INVALIDATION SOCIALE FORTE

La place sociale et juridique accordée à la prostitution est largement brouillée, floue, ambivalente. Occuper cette place nécessite par suite d'apprendre à faire avec ces ambivalences, à intérioriser le stigmate, à en maîtriser les moyens pour le contrôler ou le manipuler.

Des dispositions invalidantes et criminalisantes

En 1960, la France ratifie la Convention internationale de New York de l'ONU du 2 décembre 1949, pour entrer plus pleinement dans le régime *abolitionniste* entendu ici comme l'annulation de toute disposition spécifique relative à cette activité (notamment le contrôle sanitaire). En cela, ce régime se distingue de la prohibition (interdiction formelle de la prostitution), et du réglementarisme que la France avait connu depuis la période napoléonienne (caractérisé par la réglementation administrative de la prostitution). La prostitution relève donc légalement aujourd'hui de la morale personnelle et n'est pas interdite. Pourtant, la place qui lui est socialement accordée oscille entre misérabilisme et délinquance.

D'une part, la conception prédominante de la prostitution comme « incompatible avec la dignité et la valeur de la personne humaine » (préambule de la Convention internationale ratifiée) a des conséquences importantes sur la manière de se représenter les prostituées. Considérée comme « victimes » ou « inadaptées sociales », subissant nécessairement leur activité, elles peuvent difficilement être positionnées dans un échange égalitaire, comme partenaires d'une réflexion possible, que ce soit dans les relations ordinaires ou avec les intervenants sociaux, et plus largement, dans l'espace public[2]. Les discours misérabilistes et abolitionnistes[3] sont dominants jusque dans les analyses sociologiques [Toupin, 2005], et rendent souvent aveugles à certaines dimensions de l'expérience vécue.

Par ailleurs, cette « non-interdiction » est pour le moins ambiguë car les dispositions sont telles que les prostituées enfreignent le plus souvent en

---

2. Ce sera sans doute l'un des enjeux forts au moment de l'irruption du sida, lorsque des actions de santé communautaire revendiqueront la parité.

3. Cette fois au sens où c'est l'abolition de la prostitution elle-même (et non pas des réglementations spécifiques) qui est visée, en tant qu'elle serait un esclavage.

pratique la loi pour exercer cette activité pourtant légale. La confusion est grande, et persistante, entre lutte contre des aspects potentiellement liés à la prostitution (diverses formes d'exploitation et troubles à l'ordre public), et lutte contre la prostitution elle-même – et par suite, lutte contre les prostituées. La loi sur la sécurité intérieure (LSI) du 19 mars 2003, outre des dispositions concernant les prostituées migrantes exposées à une forme de double peine, est venue cristalliser encore davantage cette confusion en pénalisant le racolage, qu'il soit actif ou passif[4]. La loi a ouvert de plus grandes possibilités aux municipalités (qui avaient déjà anticipé ce mouvement par des arrêtés) pour reléguer la prostitution aux périphéries, exposant davantage les personnes qui l'exercent aux risques d'agression, et fragilisant leurs liens avec les associations de prévention.

De vives oppositions à cette loi se sont fait entendre. Une manifestation nationale de prostituées, la première depuis 1975, s'est déroulée en novembre 2002 à Paris devant le Sénat. Un rapport d'enquête conjoint LDH-SM-SAP[5] a dénoncé la création de nouvelles « zones de non droit ». Des associations se sont réunies à l'Assemblée nationale le 15 mars 2005 deux ans tout juste après la LSI, à l'initiative de l'association Femmes publiques et à l'invitation d'un député Vert, pour en faire un bilan et en dénoncer les effets. Mais sans ressources et sans alliés plus lourdement significatifs, dans un contexte fortement dominé par les points de vue abolitionnistes, il leur est difficile de peser sur les cadres juridiques, d'autant plus que les clivages politiques n'ont jamais dessiné une topographie claire des positions relatives à la prostitution.

Manipuler le stigmate : de la dissimulation à la revendication

Dans ce contexte, l'activité est le plus souvent dissimulée, et le secret est au cœur des relations sociales des personnes qui exercent l'activité prostitutionnelle. Il faut pourtant bien, pour en informer les clients potentiels, mettre en avant publiquement, placer devant – *pro-stituere* – les signes révélant le stigmate (et depuis 2003 le délit) en même temps que le métier. Mais cette information, parce qu'elle implique le discrédit, est le plus souvent, dans les autres contextes, gardée secrète.

D'abord, au sein même de l'univers familial, que ce soit vis-à-vis des parents, ou vis-à-vis de ses propres enfants. Zoé, jeune usagère de drogues, un peu à la manière de Nicole citée en préambule, peut vivre cette activité pour elle-même, mais n'envisage pas qu'elle puisse être acceptée dans une

---

4. Article 225-10-1. Le fait, par tout moyen, y compris par sa tenue vestimentaire ou son attitude, de procéder publiquement au racolage d'autrui en vue de l'inciter à des relations sexuelles en échange d'une rémunération ou d'une promesse de rémunération est puni de six mois d'emprisonnement et de 3 750 euros d'amende.

5. Ligue des droits de l'homme ; Syndicat de la magistrature ; Syndicat des avocats de France ; http://www.syndicat-magistrature.org/spip.php/article468.

relation mère-fille (ni vis-à-vis de sa propre mère, ni vis-à-vis de sa fille qu'elle imagine dans son devenir).

« T'es proche d'elle ? De ta mère ?

— Ouais.

— T'aurais pas envie de lui dire, ce que tu vis ?

— Ah non. Parce que j'ai peur qu'elle me renie, des trucs comme ça... parce que dire à ma mère que je suis prostituée... ça ferait un peu drôle hein. Si sa mère elle accepte ben, c'est qu'elle l'aime pas vraiment. Une mère qui sait que ses enfants travaillent... c'est pas une mère moi j'dis. Plus tard, je voudrais pas que ma fille travaille » (Zoé, 19 ans).

La gestion du secret sur ce que l'on fait pour gagner sa vie nécessite, dans de multiples circonstances de la vie ordinaire, d'inventer des récits plus ou moins crédibles, comme lorsqu'il s'agit de donner des garanties pour obtenir un logement, ou de postuler à un emploi alors que des « blancs » parsèment les *curriculum vitae*. Dans leurs relations aux intervenants agissant en vue de leur réinsertion, les prostituées doivent vivement « payer de leur personne » [Castel, 1995], une contrepartie à l'aide financière ou administrative en « parlant de soi » et en assurant les interlocuteurs de leur bonne volonté de « s'en sortir ». Mais l'idéal ainsi projeté est finalement le plus souvent défaillant et culpabilisant [Murard, 2003] dans un contexte où les inégalités objectives notamment pour les femmes peu qualifiées ne permettent guère d'envisager des « conversions identitaires » plus favorables.

Certaines parviennent toutefois à vivre avec cet attribut dans tous les espaces sociaux qu'elles investissent. Elles sont intégrées au quartier dans lequel elles vivent *et* exercent leur activité prostitutionnelle. Pour d'autres encore, un enjeu fort peut se nouer autour de la transformation du stigmate. Certaines peuvent ainsi, à un moment de leur histoire, retrouver un nom propre et une identité complète, « dévoilant » leur activité, en l'articulant autour d'une démarche de témoignage ou d'un engagement militant[6] ; jusqu'à revendiquer la fierté d'être putes[7]. Des périodes de crise telles que le fort harcèlement policier et fiscal en 1975 [Mathieu, 2001] ou l'instauration de la loi criminalisant l'activité en 2003 [Deschamps, 2006], ont pu produire des contextes favorables à des mobilisations de prostituées, qui ont alors investi l'espace public de manière militante[8].

---

6. C'est le cas de figures de proue des luttes collectives qui ont publié leur témoignage, comme Grisélidis Réal, figure forte du militantisme à partir des années 1970, auto-baptisée « catin révolutionnaire » (*La passe imaginaire*, Vevey, l'Aire/Manya, 1992), ou Claire Carthonne, actrice de la mobilisation contre la LSI en 2002 (*J'ai des choses à vous dire*, Paris, Laffont, 2003).

7. Maîtresse Nikita et Thierry Schaffauser (2007), *Fières d'être putes*, Paris, « altiplano, Agi » prop.

8. Pour d'autres contextes culturels que le nôtre, voir Parent [2001], Mathieu [2001] ; voir les travaux importants de Gail Pheterson, co-organisatrice en 1985 à Amsterdam du premier Congrès mondial des prostituées, avec Margo St-James, à partir de l'expérience pionnière du mouvement syndical américain Coyote à San Francisco en 1973.

LES MULTIPLES DIMENSIONS DU MÉTIER

Dans ce contexte, la catégorie de métier constitue un enjeu pour se définir : mobilisée pour se faire reconnaître comme partenaires dans la réflexion sur les politiques à mener[9], elle est plus souvent en France suspectée par les principaux interlocuteurs politiques et associatifs de masquer des formes d'exploitation. Nous n'abordons pas ici l'analyse des désaccords et de ces luttes autour de l'usage profane de cette catégorie. Notre propos est de mobiliser le métier en tant que catégorie sociologique[10] pour éviter les impasses des approches objectivistes et essentialisantes qui définissent du dehors ce que serait la nature de cette activité. Un métier qui sans doute, dans la division morale du travail, relève du « sale boulot » au sens de Hughes, les tâches, relatives aux corps et à la sexualité, renvoyant à des dimensions taboues de l'expérience humaine ; sale boulot qu'il s'agit alors de justifier pour le légitimer, pour soi, et dans le regard des autres.

Un métier de service

Dans cette perspective donc, la prostitution peut être envisagée comme un cas particulier d'une catégorie plus générale, celle des métiers de service à la personne. « En principe, *les professions vouées aux services personnalisés* sont celles où les praticiens effectuent pour un ensemble d'individus un service personnel spécialisé, les nécessités de ce service exigeant qu'ils entrent directement et personnellement en communication avec chacun de ces sujets alors qu'aucun autre lien ne les unit à eux » [Goffman, 1968, p. 378, en italique dans le texte].

Ce service personnalisé est socialement perçu comme spécifique parce qu'il est question de sexualité et que les corps des interactions sont en jeu[11]. C'est dans ce sens que les associations abolitionnistes renvoient la prostitu-

---

9. En France, voir les associations regroupées dans le collectif Droits et prostitution (droitsetprostitution.org). Voir également le point que fait l'association lyonnaise Cabiria, face aux allégations de posture réglementariste qui lui sont renvoyées, pour se situer au-delà, sur le registre des droits communs et de l'émancipation (www.cabiria.asso.fr). Voir au niveau international le point que fait Louise Toupin [2005].

10. Il est intéressant de souligner que cette catégorie sociologique s'extrait pourtant bien difficilement des débats. Le Mouvement du Nid, très actif dans la lutte pour l'abolition de la prostitution, relate notre ouvrage [Pryen, 1999], en très bonne place sur Google et Yahoo, de la sorte : « Un toilettage de poncifs poussiéreux – mais décidément tenaces –, et une observation de terrain plutôt biaisée produisent une énième étude vantant l'aménagement de la prostitution ».

11. C'est ce qui pour Colette Parent constituerait un facteur important pour expliquer l'échec relatif des mouvements de lutte des prostituées : « Accepter de dissocier chez la même personne gestes sexuels professionnels et expérience sexuelle intime, c'est secouer ce qu'on considère comme un repère de la formation de l'identité personnelle [faisant référence à Giddens] et non pas simplement accepter la pluralité des identités sexuelles, ce qui constitue d'ailleurs déjà un défi » [Parent, 2001, p. 176].

tion à l'esclavage, considérant qu'il y est question de « vendre son corps » et par suite tout son être. Si tel était le cas, la loi entrerait sans ambiguïté en vigueur pour l'interdire[12].

D'un point de vue anthropologique, c'est sans doute une erreur de « ne considérer qu'il y a technique que quand il y a instrument », alors que le « corps est le premier et le plus naturel instrument de l'homme » [Mauss, 1993, p. 371-372]. C'est en tous les cas d'un rapport au corps instrumentalisé dont parlent nombre de personnes prostituées, le service sexuel fourni relevant des techniques du corps. Elles se refusent ainsi le plus souvent à voir leur être tout entier réduit à leur activité, et dissocient leur identité de leurs pratiques, résistant à leur essentialisation. Elles construisent des territoires corporels hiérarchisés, dont l'accès est interdit ou permis, dans des conditions de tarification et d'utilisation spécifiées. « Dans la passe habituelle, le corps prostitué n'est achetable qu'en parcelles : tant pour le sexe, tant pour les seins, tant pour la nudité complète… Et l'hypothétique collection, l'impossible exhaustion de ces parcelles ne pourront jamais retrouver le corps entier » [Field, 1992, p. 41].

Elles cherchent à maintenir une distinction ferme entre l'activité et l'intimité. Il s'agit de réussir à être en représentation, pour satisfaire la demande du client, sans investir de soi :

> C'est automatique. Pour moi c'est des étrangers ! C'est comme une vendeuse. Elle travaille dans un magasin, elle vend des vêtements. Elle est là pour vendre ! Bon on la paye ! elle a pas à raconter sa vie ! […] C'est tout, moi je raconte jamais ma vie (Nicole, 45 ans).

Garder la bonne distance, se faire respecter

Cette distinction ferme fait partie des différentes techniques mises en œuvre pour que le service délivré se différencie des actes similaires effectués dans des circonstances privées : changement de prénom et de tenue pour laisser aux vestiaires du privé l'identité personnelle ; prise de distance physique lors du service sexuel par l'utilisation du préservatif et par cet accès au corps morcelé et codifié. La prostituée doit respecter le client, mais aussi savoir se faire respecter. Le respect, de l'autre, de soi, et des codes, constitue une règle dans le cadre d'un contrat passé entre les partenaires, mais dans le même temps un moyen de revendiquer aussi le respect de la société plus globale — et celui des pairs[13]. Ce respect est une composante de la relation, que chacun des partenaires est supposé connaître, comme l'exprime Thérèse :

---

12. Nous renvoyons à Danet pour une analyse critique du point de vue juridique [2007].

13. Gail Pheterson note que quelles que soient les différences culturelles, lors d'un congrès de prostituées venues de dix pays différents, un consensus se dégageait sur ce qui constituait la définition d'une prostitution de haute qualité : lorsqu'elles pouvaient être fières d'elles-mêmes et avoir le respect des collègues [1986, p. 17].

Et s'il respecte pas, qu'est-ce qui se passe ?

Non, je crois qu'en principe, les personnes comprennent, certaines règles, la règle du jeu, je crois. Ils savent très bien, à moins qu'on ait affaire vraiment à un homme qui a bu un verre ou un truc comme ça [...] Donc au départ, y'a déjà une maîtrise de soi-même parce que la personne on sait lui dire que il faut faire les choses, correctement. Donc, et même d'eux-mêmes ils le savent [...]. Je laisse une certaine, comme j'ai dit, une certaine distance. Que j'essaie de faire respecter en fait, c'est pas parce qu'on fait ce métier-là qu'on se fait pas respecter, bien au contraire. (Thérèse, 42 ans).

L'humour constitue un autre moyen de contrôler la distance avec le client, comme chez les infirmières qui parlent de leurs propres aventures avec les corps de leurs patients, « manière de circonscrire l'irruption du *réel* – entendu comme ce qui résiste à la maîtrise par les moyens conventionnels » [Molinier, 2005, p. 312]. L'humour partagé entre pairs désamorce tant bien que mal les situations les plus violentes et angoissantes vécues sur le trottoir ou dans les voitures des clients, en permettant notamment de les supporter collectivement. Bien souvent, ces situations sont arrivées à d'autres, elles entrent en résonance, et la charge émotionnelle peut alors être répartie. Les espaces collectifs fournis par les associations d'accueil à bas seuil permettent de déployer ces stratégies collectives de défense. Mais les cadres les plus routiniers de l'activité renvoient plutôt à la solitude et au face à face avec le client.

Au moment de ce face à face, il faut travailler à ce que la peur ne fasse pas irruption, et marquer les limites et les places de chacun.

Oui mais si vous avez peur, lui il va le voir ! Alors il faut essayer de lui parler, de le détendre, de tout ça, moi je le vois, moi tout de suite hein. Alors je le détends, tout ça, puis après ça se calme. [...] Si vous criez, c'est foutu. Faut pas crier. Ah non. Je vous dis, c'est un métier ça. Et faut savoir reconnaître les hommes, avec leurs yeux, tout, ce qu'ils font, ce qu'ils ressentent en eux, et tout. C'est ça, le vrai métier. C'est pas seulement de s'allonger hein. Ben non. (Madeleine, 68 ans).

Ben quand tu vois qu'ils sont drôles [les clients – au sens de bizarres], y faut tout de suite les remettre à sa place hein. Sinon, ils te marchent dessus. (Zoé, 19 ans).

Lorsque le client sort des attendus explicites (en matière de tarifs, de protection, de comportements) et implicites (sentiment vague qu'il ne « cadre » pas), il s'agit de trouver des modes d'intervention pour amortir la relation, voire l'éviter[14]. Thérèse parle de la diplomatie pour renvoyer un client ayant trop bu. Madeleine décrit combien cela fait partie du métier, que de savoir déceler les intentions des clients et de savoir y faire face – ce

---

14. Trente femmes ont ainsi lors d'dun meeting élaboré une grille de critères de refus, en revendiquant le droit à refuser le client, en fonction de ces critères, comme une priorité : 1. s'il est ivre ; 2. s'il ne veut pas utiliser de préservatif, quelle que soit la pratique ; 3. s'il est violent ; 4. s'il rappelle quelqu'un avec qui cela s'était mal déroulé dans le passé ; 5. s'il ne veut pas payer d'avance ; 6. s'il est suspecté, intuitivement, d'être violent ; 7. s'il insiste à propos de pratiques pourtant refusées ; 8. s'il suspecté de maladie à partir d'un examen physique [Pheterson, 1986].

« flair », ce « sixième sens », appris par l'expérience, mais difficilement transmissible et formalisable, dont parle la plupart.

La tension est forte entre la routine de la prostituée et l'urgence du client, au cœur selon Hughes du drame social du travail [1996]. Les moyens utilisés ne relèvent pas toujours du registre symbolique. Des moments (la nuit), des territoires (relégués), des situations (le manque pour les usagères de drogues), exposent davantage. Il faut parfois répondre aux enjeux vitaux de l'agression physique.

Un rôle social nécessitant des compétences relationnelles

L'expérience permet de garder cette bonne distance, de jouer ce jeu, et de mobiliser ou d'acquérir des compétences relationnelles telles que les personnes prostituées en viennent à se poser comme spécialistes de la nature humaine, de la même manière que le clinicien dont parle Freidson : « Il est en vérité tellement impressionné par les difficultés de ses clients et par sa dextérité, du moins apparente, à les en sortir, qu'il finit par se prendre pour un expert en problèmes humains, et pas seulement médicaux. Il est comme beaucoup de ces personnes dont le métier donne à faire avec les dessous de la vie – les concierges, les policiers, les prostituées, les chauffeurs de taxi, les barmen – : il a tendance à croire que son travail lui confère plus qu'à d'autres une sorte de sagesse pour comprendre la vie et la nature humaine » [1984, p. 179].

Cette « sagesse », cette connaissance et cette maîtrise supposées de la relation à la clientèle, peuvent avoir été acquises dans d'autres domaines, à l'occasion d'autres expériences, et être habilement transférées.

> J'avais déjà travaillé en bar. C'est-à-dire qu'en bar, je travaillais à la bouteille de champagne. Donc déjà je tenais compagnie aux gens. [...] Donc déjà là j'apprenais déjà à parler aux gens, à leur tenir compagnie (Thérèse, 42 ans).

Les personnes prostituées revendiquent fréquemment le même type d'expertise que les professionnels cités par Freidson ; par suite, elles refusent le plus souvent de voir leur activité réduite à sa dimension sexuelle. Elles déclarent jouer un rôle social important auprès de leurs clients, sur le théâtre des relations hommes-femmes, comparable à celui d'assistante sociale, de « psy », d'infirmière. La dimension relationnelle est déclinée – les rapports humains, le contact, l'écoute, l'aide conjugale et psychologique parfois – et elle est fortement mise en avant :

> Ça permet des fois de remonter des fois le moral des personnes [...] c'est pas tellement pour la sexualité, des fois c'est pour un besoin de communication. Pour avoir une petite entraide morale aussi, et pour aussi diversifier la vie (Thérèse, 42 ans).

Ce faisant, les prostituées (les femmes), ne sortent pas de la logique des attentes adressées aux femmes en général, dans l'arbitraire de la division sociale et sexuelle du travail et l'essentialisation de leur être-femme. Mais peut-être revendiquent-elles aussi d'être entendues sur le versant noble du travail du care : « Prendre soin de l'autre, ce n'est pas penser à l'autre, se soucier de lui de façon intellectuelle ou même affective, ce n'est même pas nécessairement l'aimer, c'est *faire* quelque chose, c'est produire un certain travail qui participe directement du maintien ou de la préservation de la vie de l'autre, c'est l'aider ou l'assister dans des besoins primordiaux comme manger, être propre, se reposer, dormir, se sentir en sécurité et pouvoir se consacrer à ses intérêts propres » [Molinier, 2005, p. 301].

Les personnes prostituées parlent de leur activité comme étant d'utilité publique : c'est un service qui serait nécessaire, utile, quasi humanitaire. Des mariages – parfois même des vies – seraient sauvés du fait de leur activité, ce qu'elles-mêmes soulignent parfois comme étant paradoxal :

> Alors ils me parlent de leur petite vie, de leur femme, qu'elle est malade, tout ça. Alors, y'en a aussi qui ont une maîtresse, ils me demandent des conseils, tout ça. Alors moi étant prostituée, je les mets dans le droit chemin. Faut le faire ! (Madeleine, 68 ans).

CONCLUSION

En adoptant une perspective inspirée de la sociologie interactionniste des professions, sans pour autant négliger les tensions liées au stigmate, nous pouvons saisir que cette activité – un métier pas comme les autres du fait de la place qui lui est socialement assignée – renvoie pourtant aussi à des processus et à des interrogations partagés par d'autres. La définition de son activité pour soi et pour autrui fait enjeu. De la même manière que les professions sous le poids de la législation contraignante aux États-Unis ont produit des mythes ou des récits dramatiques pour exprimer la rencontre de leurs préoccupations avec l'intérêt général [Tripier, 1991, p. 145], les prostituées produisent ce même type de discours relatif à leur « utilité publique », dans un contexte social les disqualifiant fortement. Elles donnent sens à une activité, quand bien même celle-ci relèverait du « sale boulot ». Ce travail identitaire s'effectue de manière quotidienne dans les rapports aux autres (famille, entourage, associations, clients…), mais aussi dans la rugueuse et incertaine action collective. Cette activité nécessite de tenir la bonne distance avec le client, avec des techniques comparables à celles mobilisées dans d'autres métiers impliquant une relation au corps de l'autre. Elle peut, sur certains points, se comparer au travail de *care*, et entre en résonance avec celui assigné aux femmes dans d'autres types et sphères d'activités.

En résistant à définir l'expérience de la prostitution de manière surplombante et essentialiste, on peut alors saisir que la prostitution de rue constitue aussi une ressource, relativement aux supports objectifs et symboliques que le contexte socioéconomique (ne) propose (pas). La prostitution peut être vécue comme un moyen d'échapper à d'autres formes de domination et de se construire des marges d'autonomie impossibles à créer sur le marché du travail classique peu qualifié des femmes ou sur celui des aides sociales. Mais une ressource qui dans le même temps précarise, les cadres sociaux et législatifs renvoyant celles et ceux qui l'exercent à la déviance et au stigmate.

Développer une approche sociologique de la prostitution sous l'angle du métier ne conduit pas pour autant à négliger les inégalités économiques, sociales, et de genre, qui affectent son exercice. Mais cette question des rapports de domination mérite d'être posée de manière circonstanciée et complexe[15], et sans négliger les dimensions subjectives de l'expérience vécue.

BIBLIOGRAPHIE

CASTEL R. (1995), *Les Métamorphoses de la question sociale. Une chronique du salariat*, Fayard, Paris.

DANET J. (2007), « La prostitution et l'objet du contrat : un échange tabou ? », *Recherches sociologiques*, 43, p. 109-120.

FIELD M. (1992), « De la prostitution », *Autrement*, 132, p. 39-50.

FREIDSON E. (1984) [1970], *La Profession médicale*, Payot, Paris.

GOFFMAN E. (1968) [1961], *Asiles. Études sur la condition sociale des malades mentaux*, Éditions de Minuit, Paris.

HUGHES E. C. (1996) [1976], « Le drame social du travail », *Actes de la recherche en sciences sociales*, p. 94-99.

MATHIEU L. (2001), *Mobilisations de prostituées*, Belin, Paris.

MAUSS M., 1993 [1936], « Les techniques du corps », *in* M. MAUSS, *Sociologie et Anthropologie*, PUF, Paris.

MOLINIER P. (2005), « Le *care* à l'épreuve du travail. Vulnérabilités croisées et savoir-faire discrets », *in* P. PAPERMAN et S. LAUGIER (dir.), *Le Souci des autres. Éthique et politique du care*, Éditions de l'EHESS, Paris, p. 299-316.

PARENT C. (2001), « Les identités sexuelles et les travailleuses de l'industrie du sexe à l'aube du nouveau millénaire », *Sociologie et Sociétés*, 33-1, p. 159-178.

PHETERSON G. (1986), *The Whore Stigma : Female Dishonor and Male Unworthiness*, DCE, La Haye.

PRYEN S. (1999), *Stigmate et métier. Une approche sociologique de la prostitution de rue*, Presses universitaires de Rennes, Rennes.

TOUPIN L. (2005), « Analyser autrement la prostitution et le trafic des femmes », Ottawa, IVᵉ Congrès international de Recherches féministes dans la francophonie plurielle, http://cybersolidaires.typepad.com/ameriques/files/AnalyserAutrementLaProstitution.pdf

TRIPIER P. (1991), *Du travail à l'emploi. Paradigmes, idéologies et interactions*, Éditions de l'Université de Bruxelles, Bruxelles.

---

15. Ce que nous invite à faire Gail Pheterson lorsqu'elle souligne que, contrairement à leur visée affichée, les lois sur la prostitution ne condamnent pas les discriminations et les sévices vis-à-vis des femmes, mais restreignent avant tout leurs initiatives économiques et géographiques.

19

Les écrivains publics :
l'impossible naissance d'un vieux métier

Carine Ollivier

L'un des principaux résultats de la sociologie des professions a été de montrer que la définition et le contrôle d'un espace spécifique d'intervention par un groupe professionnel sont en permanente recomposition[1]. La capacité des professionnels à stabiliser leur activité et à réguler leur profession est donc décisive, et les études montrent que cette régulation passe habituellement par la résolution de problèmes démographiques (fermeture du marché du travail), politiques (reconnaissance de la profession) ou cognitifs (gestion des savoirs et le contrôle des formations). Or ces problèmes se posent généralement pour des groupes professionnels – comme les avocats, les médecins, les architectes ou les enseignants – dont l'existence et le caractère professionnel ne font pas débat. Si au contraire on se place dans le cas d'activités productives atypiques pour des groupes tels les prêtres [Béraud, 2006] ou les artistes [Freidson, 1986], voire marginales dans le cas des prostitués [Pryen, 1999], on constate que la professionnalité et parfois même l'existence de ces groupes font problème. Le rôle du sociologue est alors de s'interroger sur les raisons de cette capacité différenciée à faire reconnaître sa légitimité professionnelle, et de chercher à comprendre pourquoi certains groupes ont du mal à établir leur profession.

L'objet de cette contribution est de mettre en évidence les conditions atypiques qui placent certains groupes aux frontières du fait profession-

---

1. Je remercie Pierre François pour ses remarques sur une version préliminaire de cet article, ainsi que Marie Caudal pour sa discussion au cours de son élaboration.

nel. Le cas particulier des écrivains publics indépendants[2] en France nous paraît à ce titre doublement intéressant. En effet le groupe des écrivains publics dispose de deux avantages qui font souvent défaut lorsqu'on s'intéresse aux processus de professionnalisation : la conscience d'une identité forte – bien que mythologique – et la prise en charge de cette affirmation identitaire professionnelle par le groupe dans une démarche active de professionnalisation que nous analyserons dans un premier temps. Cependant, malgré cette conscience et ce militantisme professionnels, les écrivains publics ne parviennent pas à faire pleinement reconnaître leur existence. C'est sur cette difficulté à émerger en tant que profession que nous reviendrons dans un second temps pour montrer que si les questions de compétences et de qualification fréquemment soulevées par la sociologie des professions pour étudier les mécanismes de professionnalisation sont bien sûr déterminantes, les conditions économiques d'exercice d'une activité le sont tout autant. Ainsi nous verrons que si les obstacles rencontrés par les écrivains publics pour faire exister leur activité tiennent en partie à l'absence de définition d'une juridiction précise, elles sont principalement dues à l'absence d'un marché spécifique pour l'écriture publique qui contraste avec l'identité collective affichée.

MYTHOLOGIE IDENTITAIRE
ET MILITANTISME PROFESSIONNEL

En 1978, sur la place du marché, les membres de la jeune Chambre économique de Nancy se relayaient tous les samedis pour proposer des services aux badauds pour la rédaction d'écrits en tous genres : correspondance privée ou administrative, discours, mémoires, romans... Ils se présentaient comme des écrivains publics et souhaitaient alors faire renaître

---

2. La population des écrivains publics est très hétérogène. Elle se compose d'une part des bénévoles dans les associations ou les administrations, mais ces derniers sont difficilement localisables ne serait-ce que parce beaucoup d'individus qui occupent cette fonction ne se donnent pas le titre d'écrivain public. D'autre part, elle compte les écrivains publics libéraux (et quelques salariés), sur lesquels nous avons choisi de travailler et qui ont pu faire l'objet d'un recensement quasi exhaustif. Si la population totale de ces derniers est difficile à quantifier, le croisement de notre propre recensement, des chiffres de l'Insee et des associations professionnelles nous permet de l'estimer entre 180 et 250 personnes. Notre enquête a été conduite en 2002-2003 et basée sur : l'analyse de documents (principalement des ouvrages écrits par les écrivains publics eux-mêmes) ; des entretiens réalisés auprès d'une dizaine d'écrivains publics exerçant en Ile-de-France, à Lille et à Marseille ainsi que des responsables de formations et d'associations professionnelles ; et enfin un questionnaire que nous avons élaboré (dont le taux de réponse est supérieur à 60 %) envoyé aux écrivains publics recensés dans l'annuaire des Pages Jaunes sur tout le territoire français

un métier disparu de France depuis près d'un siècle[3]. Conscients de la nécessité d'être identifiés comme un groupe professionnel et de faire reconnaître le besoin et la légitimité de leur activité, les écrivains publics n'ont eu de cesse depuis lors (à titres individuel ou collectif) de revendiquer une identité professionnelle largement mythologique portée par une démarche active de professionnalisation.

Image d'Épinal et rhétorique de la vocation

Cette identité est mythologique d'abord parce qu'elle s'appuie sur une véritable reconstruction historique. Pour fonder leur légitimité, les écrivains publics libéraux en appellent à une chronique vieille de près de deux mille ans : « Si nous remontons jusqu'à l'Antiquité, nous trouvons dans le « scribe », mésopotamien ou égyptien, une première figure de l'écrivain public » [Spitz et Mellot, 1985, p. 7]. On retrouve ces références à l'histoire dans les propos tenus par les écrivains publics sur eux-mêmes dans lesquels l'activité est présentée comme un « très ancien métier qui se dépoussière à nouveau et qui refait surface » ou encore « un des plus vieux métiers du monde, avec militaire et prostituée, nécessaire toujours et encore, au début du XXIe siècle[4] ». Dans ces mémoires, l'image qui est invoquée est celle de l'écrivain public moyenâgeux : homme de lettre, « possesseur d'une belle main et poète au besoin, apte à exécuter une pièce d'écriture en dix-sept caractères différents et les traits à la main levée les plus hardis[5] », il proposait ses services à toute la population en se promenant sur les marchés, encrier et plume à la main, ou penché sur son pupitre pour écouter les confessions des passants.

L'évocation systématique de ce personnage quasi romanesque se retrouve ainsi dans les symboles mobilisés sur les images utilisées pour les cartes de visite (une plume, un encrier…) ainsi que dans les noms de cabinets d'écriture publique (« Le plumitif », « L'oreille et la plume », « Le scribouillard »…) ou encore les mots employés pour définir l'activité (« secrétaire du peuple », « scribe »…). La récurrence de ces représentations montre que l'image d'Épinal du « secrétaire du peuple » du Moyen Âge (même lorsque les individus tentent de s'en détacher en changeant la dénomination pour « écrivain conseil », « conseil en formalités administratives » ou « auteur conseil »…) est posée comme le fondement d'une identité commune. Si elle est réactualisée

---

3. À partir des années 1880, les lois Ferry rendant la scolarité obligatoire font que le métier d'écrivain public hérité du Moyen Âge devient peu à peu obsolète. Cependant si cette activité a cessé d'exister un temps comme activité indépendante, sa fonction, elle, n'a pas disparu. Ainsi, tout au long du XXe siècle de nombreuses personnes ont fait office d'écrivains publics bénévoles dans le cadre d'associations (notamment d'aide aux immigrés ou aux illettrés) ou dans les administrations (par exemple dans les mairies où les employés se relaient pour recevoir les usagers et les aider dans leurs démarches administratives)

4. À défaut de précision, les citations sont issues des réponses aux questions ouvertes que nous avons recueillies suite à la passation de notre questionnaire.

5. *Le grand dictionnaire universel du XIXe siècle*, Larousse, tome IX.

au gré des évolutions de la société, cette dernière dessine les contours de la fonction d'écrivain public et surtout en atteste le besoin : « Remonter dans le temps à la découverte du métier d'hier et même d'avant-hier permet de comprendre la disparité des écrivains publics aujourd'hui, non disparus pour autant. Car cela fait des millénaires qu'ils sont comptables, médiateurs, traducteurs, rédacteurs, copieurs, et j'en passe » [Bastien, 2000, p. 41]. Montrer que l'on existe depuis toujours est ainsi une manière d'affirmer sa réalité mais aussi et surtout sa nécessité.

Au-delà de cette reconstruction historique, l'identité des écrivains publics libéraux s'appuie sur la référence et la comparaison systématique à des figures mythiques que sont les avocats et les médecins exerçant à titre libéral, modèles de professions établies : s'il s'agit de « faire un parallèle avec la profession médicale, peut être que l'écrivain public est perçu davantage comme un médecin ou un spécialiste », il est « un artisan de l'écrit, un intermédiaire entre le confesseur et l'avocat » ; et beaucoup se définissent comme des « généralistes de l'écriture ». Par ailleurs, à l'instar des avocats et des médecins, les écrivains publics développent toute une rhétorique du travail social pour justifier leur engagement dans l'écriture de service. Ainsi, malgré une grande variété de situations de travail qui fait de l'activité d'écrivain public un objet d'analyse aux contours mal définis, il est possible de définir *a minima* l'écriture de service comme le fait de mettre des capacités d'écoute et d'écriture au service de personnes entravées, qu'elle qu'en soit la raison, dans leur accès à l'écrit : qu'il s'agisse d'analphabétisme, d'illettrisme relatif, de manque de confiance, d'inexpérience, de manque de temps, ou d'infirmité, le client évoquerait toujours un manque et verrait l'écrivain public comme un expert, voire une caution pour la réalisation de différentes sortes d'écrits.

La fonction de médiation sociale qui incomberait à l'écrivain public donne ainsi aux acteurs matière à un discours de l'assistance et de la vocation. Pour la plupart, « être écrivain public c'est conjuguer l'art des lettres et l'aide à autrui », il s'agit pour eux de « rendre service en apportant ses compétences et des moyens à ceux qui pourraient en avoir besoin », « de faire œuvre utile » face à « la nécessité de ce service qui répond à un besoin social ». Enfin, l'identification à la figure traditionnelle du médecin ou de l'avocat se poursuit jusque dans le choix du statut d'emploi puisque sur les 125 personnes interrogées, 101 se déclarent libérales, ce choix étant en partie justifié par le fait que de même « que la plupart des gens préfèrent consulter un médecin libéral qu'un médecin d'hôpital », ils préféreront consulter un écrivain public indépendant qui pourra « se consacrer entièrement à eux ».

L'affirmation collective d'une identité

Mais cette identité ne s'est pas imposée comme par magie à des acteurs isolés. Si elle a acquis une telle prégnance, c'est parce que les écrivains publics en tant que groupe ont pris en charge l'organisation de cette mytho-logie en développant un militantisme professionnel affirmé. Comme le rappelle Hughes [1996, p. 110], les « caractéristiques et prétentions collec-tives de chaque profession requièrent une étroite solidarité entre leurs membres, qui doivent former dans une certaine mesure un groupe à part avec une éthique particulière ». Les trois associations d'écrivains publics[6] ont ainsi pour vocation première de regrouper les individus en revendiquant non seulement la défense des intérêts de leurs adhérents, mais aussi celle de leurs clients par la promotion de règles et d'un code de déontologie (chacune ayant développé le sien) capable d'inspirer confiance.

Par ailleurs, ces associations tentent de garantir l'existence et l'unité de l'activité d'écrivain public dans une réalité sociale où les professions ne sont jamais isolées les unes des autres. On sait que la réussite d'un groupe professionnel dans la monopolisation d'une « juridiction » [Abbott, 1988] réside dans sa capacité à réduire le travail d'un groupe concurrent à une version incomplète du sien, et à organiser la fermeture de son marché du travail. Dans le cas des écrivains publics, cette compétition interprofession-nelle se joue principalement avec les secrétaires, les nègres littéraires, les biographes et les assistantes sociales. Il existerait ainsi une frontière nette entre le travail d'un écrivain public et celui d'un secrétaire fondée selon les acteurs : sur la part de créativité qui n'existerait pas dans le secrétariat, où il ne s'agirait que d'apporter des compétences techniques ; sur la nécessité de maîtriser certains savoirs (littéraires, juridiques, administratifs…) à la place de leur client, tandis que le secrétaire ne ferait que mettre en forme les savoirs dictés par son client ; et sur les qualités d'écoute nécessaires à leur travail de « confesseurs ». Si la différenciation vis-à-vis du secrétariat et de l'assistance sociale est plus nette que celle concernant les activités de nègre littéraire ou de biographe, les écrivains publics développent dans tous les cas une rhétorique visant à mettre en avant leurs spécificités.

De plus, la fermeture d'un marché consiste en sa monopolisation par un collectif de travailleurs auxquels est socialement reconnue la possession de savoirs et savoir-faire jugés indispensables à l'élaboration d'un bien ou d'un service. Comme le montre Abbott [1988], toute une part de l'activité collec-tive des travailleurs consiste à construire les conditions sociales d'insubsti-tuabilité et de contrôle de leurs savoirs et savoir-faire communs. Une des façons d'établir cette insubstituabilité et cette autonomie est de se doter de formations spécifiques contrôlées par les professionnels eux-mêmes. Il existe ainsi depuis quelques années différentes formations en « écriture publique » : une licence professionnelle « d'écrivain public et assistant en démarches administratives et en écritures privées » dispensée à l'université

---

6. En 2003, l'AEPF (Académie des écrivains publics de France) créée en 1980, comptait 28 membres ; la Fédération des écrivains publics créée en 2000 et disparue depuis avait réuni 7 membres ; le GREC® (Groupement des écrivains conseils) né en 2002 comptait 34 adhé-rents.

Paris-III-La Sorbonne Nouvelle, et un Diplôme d'université « d'écrivain public » proposé en formation continue à l'université de Toulon-Var. En parallèle de ces cursus universitaires, des écrivains publics assurent des formations privées, qui constituent d'ailleurs une grande part de leur rémunération. Bien que ces formations diffèrent profondément tant sur le niveau minimum requis pour y accéder (du niveau bac à bac +3) que sur le contenu de l'enseignement (dans lequel l'accent est mis soit sur l'apprentissage de l'écriture et l'aspect littéraire de la fonction, soit sur des connaissances juridico-administratives), elles constituent un moyen pour le groupe des écrivains publics de prétendre à sa professionnalisation puisqu'« une profession constituée comporte trois éléments indissociables : un savoir expert, des professionnels comme interprètes de ce savoir, et un code qui régit les conditions d'usage de l'expertise » [Paradeise, 1988, p. 25].

Les écrivains publics affichent donc une identité forte qui, bien que mythologique, est prise en charge dans une démarche active de professionnalisation. Cependant on peut se demander si la combinaison d'une mythologie et d'un militantisme professionnels est suffisante pour faire émerger un groupe professionnel.

UNE EXISTENCE IMPOSSIBLE

Si l'histoire et la définition enchantées que les écrivains publics donnent d'eux-mêmes permettent de légitimer leur existence parce qu'elle apparaît comme fonctionnelle, elles laissent complètement de côté ce que les interactionnistes mettent au cœur de la définition des groupes professionnels : le travail concret, les tâches accomplies qui permettent de remonter, *via* les interactions qui s'y font jour, aux logiques d'organisation d'une profession. Or si on observe une adhésion totale à cette identité mythologique, un tel consensus n'apparaît plus lorsqu'on se place au niveau des pratiques qui vont faire que l'on est ou pas écrivain public.

Quelle spécificité pour l'écriture publique ?

Dans la mesure où l'activité d'écrivain public reste juridiquement non définie, qu'il n'y a pas d'accès régulé à la profession et qu'aucun statut particulier n'est reconnu, chacun est libre de porter sa propre appréciation concernant le contenu et la façon d'exercer son activité. Aussi l'observateur se trouve-t-il confronté à une diversité de services qui font douter de la spécificité de l'écriture publique. Comment définir cette dernière face à la pluralité des fonctions couvertes par l'écrivain de service : est-il secrétaire particulier, biographe ou nègre littéraire ? Quelle est sa clientèle ? Et quelles sont ses spécialités : lettres de motivation et CV, discours, ou bien co-écriture de romans ou de biographies ? Si plus de 80 % de la population interrogée déclarent pouvoir faire de la correspondance privée et administrative (plus de 92 % dans le cas de lettres de motivation et des CV), ils ne sont plus que 30 % à prétendre écrire des discours ou des vœux, et 20 % à affirmer rédiger des biographies ou coécrire des romans.

Par ailleurs, le fait que la majorité de la population prétende réaliser de la correspondance privée ne suffit pas à en faire une spécificité, un socle minimal sur lequel se retrouveraient tous les acteurs qui se disent écrivains publics. Si un dermatologue ne dira pas d'un pneumologue qu'il n'est pas médecin lui aussi, en revanche un écrivain public spécialisé dans les démarches administratives pourra dire d'un autre écrivain qui a une activité de biographe qu'il ne fait pas le même métier que lui, alors que tous les deux revendiquent le même titre : « on est nègre ou on est écrivain public, c'est deux choses différentes. » S'il est vrai que des spécialités peuvent coexister au sein d'un même groupe professionnel sans remettre en cause son existence, l'extrême dissensus dans ce que doivent être les pratiques des écrivains publics libéraux révèle que sous cette pluralité de définitions de situations, il n'existe aucun socle commun sur lequel pourrait *a minima* se construire la spécificité de l'activité de ces derniers.

Cette absence de fondation se retrouve également dans la disparité des compétences que les écrivains publics prétendent devoir mobiliser. Là encore les savoirs et les savoir-faire spécifiques susceptibles d'être mobilisés ne font pas l'unanimité : de la simple capacité à rédiger à la nécessité d'une compétence juridique ou littéraire, le champ de l'écriture de service semble davantage subordonné aux qualités individuelles de chaque praticien qu'à un savoir commun insubstituable et transmissible. On se trouve ainsi en présence d'une variété de situations de marché de l'écriture de service liées aux stratégies de différenciation des acteurs, souvent autodidactes qui y vont chacun de leur propre définition de l'écriture publique. Parmi les personnes interrogées, 85 % déclarent ne pas avoir reçu de formation spécifique pour devenir écrivain public. Sur les 15 % restant, seule une moitié a suivi un cursus universitaire, le reste ayant suivi des formations privées.

La grande majorité de la population n'a donc pas acquis un savoir spécifique pour être écrivain public et s'est installée dans une démarche de professionnalisation en mobilisant des compétences et des connaissances acquises par d'autres voies que la formation spécifique. Ces compétences n'étaient *a priori* pas dédiées à l'exercice de l'activité d'écrivain public et font alors l'objet de recyclage au gré des expériences individuelles qui sont très diversifiées. Les activités professionnelles exercées par les écrivains publics avant leur installation[7] sont un indice de cette diversité. L'éventail est en effet très large : du secrétariat à l'enseignement, en passant par la

---

7. Près de 70 % de la population a plus de 40 ans et a eu une expérience professionnelle préalable à l'exercice de l'activité d'écrivain public.

comptabilité, le conseil juridique ou le journalisme, les compétences mobilisées et les savoirs valorisés n'ont aucune raison d'être partagés.

Un tel désaccord dans les pratiques et une telle disparité dans les compétences mobilisées nous permettent déjà d'identifier un frein à la constitution d'un groupe professionnel stable, légitime et identifiable. Mais le principal obstacle est d'ordre économique : il n'y a pas de marché pour l'écriture publique.

Pas de marché pour l'écriture publique

Comme l'explique Freidson [1984] dans le cas de la profession médicale, les professions consultantes ou de conseil, dépendent de la confiance du public et doivent convaincre la clientèle de leur nécessité afin de solvabiliser leur activité. Mais cette démarche part d'un présupposé : il existe un marché, c'est-à-dire une clientèle susceptible de fournir une rétribution, même de manière aléatoire. Or, à cet égard, les écrivains publics sont confrontés à une triple difficulté pour trouver des clients susceptibles de croire que ces « généralistes de l'écriture » vont pourvoir répondre à un besoin spécifique. Ils subissent d'une part la concurrence des bénévoles qui exercent dans les associations ou les administrations et qui rendent impossible toute tentative de constitution d'un monopole sur l'activité d'écriture publique. Cette concurrence est d'autant plus forte lorsque l'activité s'adresse principalement à une clientèle populaire (essentiellement pour des démarches administratives et de la correspondance), et souvent insolvable.

Par ailleurs, lorsqu'ils parviennent à se créer une clientèle, celle-ci n'est pas fidèle et donc peu susceptible de leur procurer un revenu régulier. Si 45 % des écrivains publics affirment avoir entre 20 et 50 clients fidèles, 35 % en ont moins de 10. De plus, interrogés sur le nombre de visites reçues au cours du dernier mois, 65 % déclarent n'en avoir eu aucune, confirmant l'irrégularité (si ce n'est l'absence) du marché. Enfin, quand bien même cette clientèle serait fidèle, elle manque souvent de moyens financiers et il n'est pas rare que les écrivains publics ne reçoivent qu'une rémunération symbolique (de l'ordre de 2 à 5 euros l'acte effectué), voire pas de rémunération du tout. Ils sont ainsi souvent conduits à la limite du bénévolat, à l'image de cet écrivain public installé dans un quartier populaire de Marseille qui explique que « si les personnes ne peuvent pas payer, on ne va pas les renvoyer ou leur réclamer une petite somme, je ne suis pas un mendiant. Et puis je le fais si vous voulez, d'une manière sociale ».

L'activité d'écrivain public libéral est donc difficilement viable. Nous ne disposons pas de données précises sur le chiffre d'affaires d'un cabinet d'écriture publique mais deux indices peuvent nous permettre d'appréhender cette fragilité. Le premier est le manque de rentabilité du secteur dans lequel est classée cette activité. En effet, l'Insee classe les écrivains publics dans les services aux personnes[8] qui rassemblent 32 % des entreprises des services aux particuliers pour seulement 9 % du chiffre d'affaires et 13 % de la valeur ajoutée du secteur. Cette faiblesse des chiffres d'affaires explique le second indice de ce manque de rentabilité : l'importance du *turn over* de la population. Au moment de notre enquête, seuls 2 % des écrivains publics déclaraient exercer leur activité depuis 1980, et 55 % étaient installés depuis moins de 5 ans.

Les écrivains publics libéraux se retrouvent ainsi dans des situations économiques précaires. Cette précarité les contraint soit à disparaître, soit à trouver des solutions de survie. Il n'est ainsi pas rare que les écrivains publics bénéficient d'une autre source de revenus. Parmi les personnes interrogées qui se déclarent mariées ou en concubinage (soit 75 % du total), seules 13 % disent avoir un conjoint inactif ; et l'étude de la profession du conjoint révèle que les revenus de ce dernier sont en général suffisamment élevés pour faire vivre le ménage. Cependant la rémunération du conjoint – si elle permet un temps de supporter l'absence de chiffre d'affaires – n'est pas suffisante pour pérenniser l'activité d'écrivain public. C'est pourquoi les écrivains publics libéraux ont fréquemment recours à la pluriactivité.

Celle-ci est un moyen de compléter des revenus professionnels insuffisants et de réduire les risques liés à la perte d'un emploi en continuant d'exercer d'autres activités professionnelles. Ainsi 47 % des individus déclarent exercer une autre activité en plus de celle d'écrivain public (il est intéressant de noter que la plupart des personnes célibataires, veuves ou divorcées sont aussi celles qui se déclarent majoritairement pluriactives). Sur ces 47 %, près de 43 % déclarent exercer une autre profession pour « compléter leurs revenus ». Si les autres raisons invoquées sont notamment la volonté d'exercer une « activité jugée complémentaire » à celle d'écrivain public, il apparaît que des considérations d'ordre financier reviennent très souvent dans les justifications des acteurs. Dans la mesure où, pour une activité donnée, ce qui permet de distinguer le métier de l'amateurisme est le fait de tirer une rémunération de l'exercice de cette activité principale [Freidson, 1984], les écrivains publics ont davantage les traits de l'amateur que du professionnel. En effet, l'activité d'écriture publique procure généralement un maigre supplément à un revenu quotidien assuré par d'autres activités, ces activités jugées secondaires devenant en fait le véritable métier des écrivains publics malgré la revendication d'une identité professionnelle centrée sur l'écriture de service.

---

8. L'INSEE recense les écrivains publics sous le code NAF.930N (« Autres services personnels » dans la classe NAF 93 « Services aux personnes »). Cette classe statistique, qui présente des taux de création et de destruction d'entreprises élevés, comprend divers autres services comme les agences matrimoniales, les prostitués, la recherche généalogique, les voyants et les astrologues, les tatoueurs, le toilettage et le dressage d'animaux, les cimetières pour animaux…

CONCLUSION

Nous étions partis d'un constat : la sociologie des professions s'est centrée sur les questions de contrôle démographique, d'autorégulation morale, de maîtrise des savoirs ou de reconnaissance publique de groupes dont le caractère professionnel ne fait pas débat. Cependant il existe de nombreuses activités de travail aux frontières du fait professionnel dont la légitimité, voire l'existence s'avère problématique alors même que ceux qui les exercent sont engagés dans une véritable démarche de professionnalisation.

L'étude du cas des écrivains publics libéraux nous a permis de spécifier ce paradoxe. Si les acteurs affichent une identité forte et affirment leur professionnalité, ces dernières reposent en fait sur une double mythologie basée sur la reconstruction d'une histoire sublimée et l'idéalisation de figures exemplaires du professionnel établi. Cette identité est par ailleurs prise en charge par le collectif qui tente activement d'organiser la profession. Mais cette mythologie identitaire et ce militantisme professionnel reposent sur des représentations davantage que sur des pratiques. Ils sont alors en contradiction avec les conditions de l'exercice de l'écriture publique. Ainsi, si l'absence de consensus dans les pratiques et les compétences associées constitue déjà un frein à l'établissement du groupe, c'est l'absence d'un marché spécifique pour l'écriture de service – et donc l'insolvabilité de cette activité – qui empêche les écrivains publics de constituer un groupe professionnel.

Souvent contraints à l'amateurisme et au bénévolat, ces derniers se retrouvent obligés d'exercer des activités annexes pour gagner leur vie et n'ont alors plus le temps de s'investir dans l'écriture de service et dans la recherche d'une clientèle. L'écriture publique apparaît alors comme une profession centrifuge dont les dynamiques internes – notamment la tendance à la pluriactivité – éloignent du cœur de l'activité et de l'idéal de monopole et d'autorégulation contenu dans l'affirmation professionnelle des acteurs. Le cas extrême des écrivains publics fait ainsi apparaître qu'au-delà des problématiques de la sociologie du travail, c'est aussi dans les termes de la sociologie économique que peuvent se penser les groupes professionnels.

BIBLIOGRAPHIE

ABBOTT A. (1988), *The System of Professions. An Essay on the Division of Expert Labor*, Chicago University Press, Chicago.
BASTIEN – ANDREIEV C. (2000), *Les Écrivains publics*, Bonneton, Paris.
BÉRAUD C. (2006), *Le Métier de prêtre*, Les Éditions de l'Atelier, Paris.
FREIDSON E. (1984), *La Profession médicale*, Payot, Paris.

FREIDSON E. (1986), « Les professions artistiques comme défi à l'analyse sociologique », *Revue française de sociologie*, vol. XXVII, p. 438.

HUGHES E.C. (1996), *Le Regard sociologique*, Éditions de l'EHESS, Paris.

METAYER C. (2000), *Au tombeau des secrets. Les écrivains publics du Paris populaire. Cimetière des Saints-Innocents. XVI – XVIIIe siècle*, Albin Michel, Paris.

OLLIVIER C. (2003), *Les écrivains publics : une profession (ré) émergente ? Étude de l'exercice libéral de l'activité d'écrivain public en France*, maîtrise de sociologie. Université Paris-X-Nanterre.

PARADEISE C. (1988), « Les professions comme marché du travail fermé » *Sociologie et sociétés*, vol. XX, n° 2, p. 9-21

PRYEN S. (1999), « Stigmate et métier. Une approche sociologique de la prostitution de rue », Presses Universitaires de Rennes, Rennes.

SPITZ H et MELLOT J. (1985), « Les écrivains publics », Le puit-Bonneton, Paris.

20

La médiation sociale :

« un nouveau métier » plus de dix ans après son émergence ?

Sophie Divay

La médiation sociale est apparue en France il y a plus de dix ans. C'est en 1994, par exemple, que la RATP a embauché ses premiers « agents de prévention et de médiation sociale ». Recrutés de préférence parmi les « grands frères », ils jouaient entre autres un rôle éducatif auprès de leurs cadets. Ce type d'expérience a marqué les débuts du métier de médiateur social, principalement exercé jusqu'à aujourd'hui dans le cadre d'emplois atypiques.

Après les contrats emploi ville[1], les emplois jeunes, lancés en 1997 dans le cadre du programme de lutte contre le chômage « Nouveaux emplois, nouveaux services », ont favorisé l'essor de cette activité de régulation sociale. En effet, en 2000, dans l'ensemble des domaines où les emplois jeunes étaient en fonction, la médiation sociale comptait à elle seule près de 20 000 salariés [DIV et CNFPT, 2004, p. 10]. Toutefois, avec l'arrêt de ce programme, l'effectif des médiateurs en emploi jeune est tombé à 4 000 en 2003, pour aller vers une complète extinction. Malgré la suppression de ces supports d'emploi, la médiation sociale n'a pas disparu. Une petite partie des contrats emploi jeune a pu être convertie en contrats classiques, notamment au sein d'associations, dont la pérennité est souvent mal assurée, ou encore au sein de Centres communaux d'action sociale. Par ailleurs, de nombreux médiateurs sont actuellement en exercice dans le cadre du dispositif « adultes relais », autres contrats aidés créés en 1999.

Le maintien de ces activités sur un marché du travail précaire explique en grande partie le destin chaotique de la médiation sociale. Sans avoir jamais été totalement menacée de disparition, elle ne constitue toujours pas

---

1. Contrats Emplois Ville : mis en place en 1996 et supprimés en 1998. Ces contrats s'adressaient aux jeunes âgés de 18 à 25 ans, en difficulté d'insertion professionnelle.

aujourd'hui un emploi à part entière. Les employeurs se trouvent confrontés à des obstacles d'ordre institutionnel et financier. Les mairies qui employaient des emplois jeunes ont pour certaines choisi de garder ces salariés au terme de leur contrat aidé en leur proposant un poste stable dans la fonction publique territoriale. Toutefois, faute d'une filière spécifique de la médiation, ces médiateurs sont intégrés dans un des domaines existants (par exemple, sur des emplois techniques) qui ne correspond en rien à leurs attributions réelles. Les associations, quant à elles, se démènent pour trouver des moyens financiers. Les unes dépendent d'un cumul de subventions publiques ; les autres, d'entreprises clientes qui achètent leurs services. Le statut d'emploi de médiateur social n'est donc pas encore établi. Il n'existe pas en tant que tel dans le secteur public et il ne parvient pas encore au stade d'emploi de droit commun dans la sphère marchande, notamment parce que les entreprises comptent sur le maintien de l'effet d'aubaine offert jusqu'à présent par les contrats aidés.

Majoritairement cantonnés dans des situations précaires et instables d'emploi et dans un relatif isolement, les médiateurs n'ont jusqu'à présent pas trouvé la force collective nécessaire qui leur aurait permis de revendiquer « un mandat pour définir les comportements que devraient adopter les autres personnes à l'égard de tout ce qui touche à leur travail » [Hughes, 1996, p. 99]. De telles exigences sont davantage portées par les employeurs, mais de façon peu homogène.

Finalement, c'est sans doute en situation de travail que les médiateurs sont le mieux reconnus. Certains exercent leur activité depuis plus de dix ans, dans le même quartier et en coopération avec les mêmes professionnels ou institutions. Les médiateurs ont en quelque sorte trouvé leur place auprès des différents travailleurs qu'ils côtoient et largement fait la démonstration de leur utilité [Demazière, 2004 ; Divay, 2006]. Ils sont globalement devenus des partenaires indispensables, entre autres parce que leur champ d'intervention est assez élastique, ce qui permet d'avoir recours à eux parfois pour leur déléguer du « sale boulot » [Hughes, 1996], ou tout au moins du « boulot en trop » [Cadet, 2005].

Dans le cadre de cette contribution[2], il s'agira de comprendre les raisons de la stagnation actuelle, en repérant les facteurs et les mécanismes qui maintiennent la médiation sociale dans un statut incertain d'emploi flou [Dadoy, 1989], dépourvu de mandat précis, mais dont l'utilité sociale est de

2. Les résultats présentés émanent de données recueillies dans le cadre de plusieurs enquêtes : une recherche financée par le Conseil régional de Haute-Normandie et menée de 2001 à 2003 sur cinq sites de médiation situés pour le premier en région parisienne et pour les quatre autres en province ; des observations participantes et entretiens réalisés dans différents milieux institutionnels : rencontres avec des responsables chargés de la création d'emplois de médiation, participation institutionnelle à différents groupes de travail, dont celui de la DGAS, en 2005, sur le thème de la « professionnalisation de la médiation sociale » etc. ; enfin une étude commanditée par l'ACSE (Agence nationale pour la cohésion sociale et l'égalité des chances) au Céreq en 2007 sur la professionnalisation des adultes relais par la VAE.

plus en plus reconnue sur le terrain. En d'autres termes, pourquoi la médiation sociale garde-t-elle l'empreinte du dispositif emploi jeune, en souvenir
duquel elle est, plus de dix après son émergence, encore qualifiée de
« nouveau métier » dont la professionnalisation demeure inachevée ? La
notion de professionnalisation, entendue dans un sens différent de celui
qu'elle revêt dans la sociologie des professions anglo-américaine, correspond ici, d'une part, à « la spécialisation d'un domaine qui passe par
l'acquisition d'une qualification ou d'une compétence spécifique » [Dubar,
2003, p. 8] et, d'autre part, à la salarisation dans des emplois classiques des
médiateurs jusqu'à présent majoritairement embauchés dans le cadre de
contrats atypiques et précaires, financés par les pouvoirs publics. La professionnalisation ne suppose donc pas l'accès au statut de *profession* (opposé
à *occupation*), avec les particularités et privilèges qui le caractérisent, mais
simplement un ensemble de dispositions et de stratégies visant à faire
qu'une activité nouvelle parvienne à la fois à la viabilité économique et à un
niveau de reconnaissance institutionnelle et symbolique qui lui permet de
prendre place dans la division du travail.

Le maintien de la médiation sociale dans une situation floue est la résul-
tante d'un faisceau de causes, coproduites par des acteurs individuels et
collectifs, causes qui s'enchevêtrent au sein d'un système de rapport de
forces tantôt alliées, tantôt contraires, c'est-à-dire plus ou moins propices à
la structuration d'un groupe professionnel nouveau. Qui sont donc ces
acteurs individuels et collectifs impliqués de près ou de loin dans ce
segment du champ de l'intervention sociale ? Qui sont ses détracteurs et de
quelles stratégies usent-ils pour faire valoir leurs arguments « anti-média-
tion sociale » ? Quelles sont les motivations, intérêts ou obligations des
acteurs moteurs, promoteurs, qui se font parfois les porte-parole des
médiateurs ? Enfin, quelle(s) définition(s) de la professionnalisation de la
médiation sociale peut-on dégager de l'ensemble des prises de position,
discours et productions concrètes de ces différentes parties prenantes ?

L'ÉTAT, ACTEUR CENTRAL *VIA* LES POLITIQUES DE L'EMPLOI ET DE LA VILLE

L'État est de toute évidence l'acteur qui a le plus joué sur le cours de
l'histoire de la médiation sociale, soufflant alternativement le chaud et le
froid. Le lancement en 1997 des emplois jeunes a donné, comme on l'a déjà
évoqué, un véritable élan au développement de cette activité. Cette évolution a été confortée, deux ans plus tard, par la création des contrats adultes
relais, dont le nombre s'élève à 1418 en 2002[3]. Un coup d'arrêt est cependant

---

3. Source : site Internet du ministère de la Ville : http://www.ville.gouv.fr/infos/dossiers/
adultes-relais.html.

porté à cette embellie en mai 2002. Le nouveau Premier ministre en place met, en effet, fin au renouvellement des postes emplois jeunes, décision officiellement inscrite dans la loi de programmation pour la cohésion sociale parue en janvier 2005. Cette même année, les adultes relais sont eux aussi menacés et leur prochaine suppression est annoncée. Ils seront cependant épargnés. Les mouvements de révolte qui se produisent à la fin de cette même année dans les banlieues conduisent le gouvernement à reconsidérer son jugement et à développer ces contrats. Au 31 décembre 2006, le nombre des postes devait être doublé, c'est-à-dire passer de 3000 à 6000 conventions. Cette décision n'a pas réellement été suivie d'effet, puisqu'on dénombrerait aujourd'hui environ 4 000 adultes relais[4]. Toutefois, ces contrats ont survécu.

L'État n'est pas qu'un financeur inconstant. Il est également producteur de textes officiels (lois, circulaires, rapports, chartes...) qui précisent la finalité des mesures prises, ainsi que leurs modalités d'application. On s'intéressera plus particulièrement à la définition idéale et politique donnée dans ces textes de la médiation sociale, activité qu'ils ont ainsi contribué à construire, en définissant son contenu et en traçant les contours d'une nouvelle activité floue.

Dans les productions écrites consultées[5], la médiation sociale est présentée comme un remède contre la dégradation du lien social qui touche plus particulièrement les zones urbaines dites « sensibles ». L'objectif premier consiste à restaurer la cohésion sociale et la tranquillité publique en prévenant les perturbations de la vie quotidienne. Le traitement des conflits de voisinage, des incivilités ou des violences perpétrées dans l'espace public repose sur la responsabilisation des individus et l'appel à leur citoyenneté. Le médiateur assure une présence sociale fondée sur le dialogue et l'écoute des habitants des quartiers afin de réduire leur sentiment d'abandon et d'insécurité. L'offre d'une telle relation de proximité vise à renouer les liens entre les usagers et les institutions, à travers l'apport d'informations ou encore l'accompagnement de personnes en détresse. Médiation sociale rime donc avec ré-humanisation et sécurisation des banlieues défavorisées.

Cette définition est, d'une part, idéale parce qu'elle repose uniquement sur des principes et non sur l'observation et la formalisation de pratiques, et, d'autre part, politique parce qu'elle contient un modèle de régulation de l'ordre social, « l'État visant à l'institutionnalisation d'un nouvel espace de résolution de la conflictualité sociale » [Astier et Merklen, 2003, p. 2]. Ce

---

4. Selon l'Agence nationale pour la cohésion sociale et l'égalité des chances (ACSE), qui prend le relais de la DIV : Délégation interministérielle à la ville.

5. Voir notamment : la Charte d'objectifs sur les emplois locaux de médiation sociale entre Martine Aubry, ministre de l'Emploi et de la solidarité et Jean-Pierre Chevènement, ministre de l'Intérieur, 1997, Programme « Nouveaux services, Nouveaux emplois » ; la circulaire DIV/DPT-IEDE/2000/231 du 26 avril 2000 relative à la mise en œuvre du dispositif des adultes-relais dans le cadre de la Politique de la ville ; le site Internet de la Délégation interministérielle à la ville et aujourd'hui celui de l'ACSE.

nouveau mode d'intervention octroie cependant une licence [Hughes, 1996] de faible portée aux agents de médiation, autorisés à « surveiller sans punir » puisque dépourvus de toute autorité formelle et légale (ils ne sont par exemple ni accrédités, ni assermentés).

Ces quelques éléments montrent que la médiation sociale se situe au carrefour des politiques publiques de l'emploi, de la ville et de la sécurité. Elle répond à différents types de questions et de difficultés liées aux désordres sociaux et à la pénurie d'emplois en donnant du travail à des chômeurs des quartiers défavorisés, jugés capables d'agir dans leur milieu sur des troubles qui leur sont familiers. Par l'intermédiaire de mesures de financement, de textes officiels et de la création d'instances politiques et administratives locales, l'État a délimité un cadre formel dans lequel les différentes formes éparses, bénévoles ou salariées, de la médiation sociale, préexistantes aux emplois jeunes, ont été en partie canalisées ou normalisées. On se doute toutefois qu'un tel cadrage institutionnel n'a pas entièrement déterminé la mise en œuvre des dispositifs de médiation et des pratiques des médiateurs.

D'autres acteurs ont participé à ce processus notamment en publiant des écrits sur la médiation, cette fois non pas officiels et juridiques, mais pragmatiques et prescriptifs. Des experts ont ainsi produit des discours sur la médiation sociale dans le but de faire savoir ce que doit être cette activité

DISCOURS ET VERDICTS DES EXPERTS

L'intérêt des experts pour la médiation est motivé par la volonté de structurer le domaine de la médiation dans lequel ils sont impliqués même s'ils exercent rarement eux-mêmes une activité de médiateur. Ils fondent leur légitimité sur des titres universitaires ou de grandes écoles, diverses expériences professionnelles et fonctions officielles, une certaine notoriété due à la publication d'ouvrages et d'articles et à leur participation à de nombreux colloques. Ils se sentent autorisés, grâce à ces diverses ressources, à délivrer des avis éclairés sur la médiation, à énoncer des principes moraux et à élaborer des modèles d'action. Ce faisant, ils livrent tous une définition normative de la médiation sociale et construisent leur argumentaire sur la base de faits, mais également de jugements ou prophéties empreintes parfois d'une certaine forme de sensationnalisme.

L'ensemble de ces auteurs peut être subdivisé en trois catégories, empruntées à Pélage [2001], et qui correspondent à « trois courants de pensée » distincts : le premier, d'inspiration chrétienne, rassemble Jean-François Six et Jean-Marie Petitclerc, tous deux prêtres ; le second regroupe des spécialistes du droit comme Jean-Pierre Bonafé-Schmitt et Michèle Guillaume-Hofnung, favorables à un nouveau modèle de justice permettant aux citoyens de se réapproprier la gestion des conflits avec l'intervention de nouveaux professionnels ou non professionnels que sont les médiateurs ; le troisième relève d'une « psychosociologie d'intervention ». Il concerne tout d'abord Bruno Tricoire et Jean-Louis Lascoux qui font appel à la psychologie clinique ou encore aux techniques communicationnelles. Bertrand Schwartz et Dominique Bondu mettent quant à eux en œuvre une démarche de recherche action, fondée, pour le premier, sur la pédagogie par objectifs et, pour le second, sur la sociologie compréhensive.

Au-delà de leurs différences, ces auteurs ont en commun de dresser un tableau plus ou moins dramatisé des troubles de la vie moderne (violences, individualisme, instabilité des familles…) et plus particulièrement des désordres propres, d'après eux, aux quartiers défavorisés. La médiation est citée comme un remède à ces dysfonctionnements dont le principal effet est de « retisser du lien social » ou de restaurer un « mieux vivre ensemble ». Ils définissent le bon médiateur comme un tiers neutre, indépendant (c'est-à-dire non mandaté par une institution ou une quelconque autorité), n'ayant d'autre pouvoir que celui accordé par les parties en présence. Dans cette position d'intermédiaire, il tente de rétablir le dialogue, de calmer les conflits.

Bonafé-Schmitt, spécialiste de la médiation pénale, jette un regard critique sur l'apparition des nouveaux agents locaux de médiation sociale dont la professionnalisation ne constitue selon lui qu'une « marchandisation des relations sociales et par voie de conséquence la pénétration des relations d'intérêts dans des sphères qui relevaient jusqu'ici des formes de solidarité primaire. » [Bonafé Schmitt, 2002, p. 54]. Parallèlement, Bondu n'accorde pas à la médiation sociale un statut d'activité professionnelle à part entière : « il ne s'agit aucunement d'un nouveau métier, mais bien d'une fonction transversale et plurielle qui incombe à l'ensemble des professionnels du social. » [Bondu, 2000, p. 172]. De son côté, Petitclerc n'est pas hostile à la professionnalisation des agents de médiation sociale en emploi jeune, mais il conçoit mal que ces nouveaux emplois offrent la possibilité de mener une carrière : « un tel métier peut en effet présenter d'importants aspects d'usure, et il est important d'avoir des passerelles avec d'autres métiers, comme ce doit être le cas dans d'autres secteurs de l'économie. » [Petit-clerc, 2002, p. 88]. Partageant les avis de ces deux derniers auteurs, Bertrand Schwartz ajoute que la médiation sociale n'a à elle seule pas d'avenir, notamment parce que les médiateurs ne possèdent pas de réelle « technicité » [Schwartz et Gautié, 2000].

Ces experts accordent donc dans l'absolu de nombreuses vertus à la médiation sociale. Ils brossent le portrait d'un médiateur idéal, tiers neutre et pur arbitre, qui répond à une demande d'aide de deux parties en conflit, en quête de solution pacifique. On perçoit, cependant, clairement qu'un tel tableau ne milite pas en faveur d'une professionnalisation de la médiation sociale. De plus, ces auteurs considèrent cette nouvelle activité comme une menace susceptible de concurrencer des métiers établis (du travail social) ou de nouveaux métiers en émergence (tels que médiateur familial ou pénal) dont la légitimité est encore fragile. Ils se font donc les défenseurs de ces domaines professionnels qui sont pour les uns remis en question et pour les autres en cours de structuration. La médiation sociale doit donc sa perpétuation à d'autres acteurs qui se sont parallèlement engagés dans la promotion de cette activité au travers d'initiatives publiques et médiatisées de large envergure.

ACTION DES PROMOTEURS DE LA MÉDIATION SOCIALE

En tant qu'administration de mission chargée de l'application de la politique de la ville, la Délégation interministérielle à la ville (DIV) a sans conteste été l'acteur qui a le plus soutenu le développement de la médiation sociale. Chargée de la prévention de la délinquance, du rétablissement de la tranquillité sociale et de la sécurité publique, la DIV a vu dans la médiation sociale un moyen efficace parce que susceptible de favoriser la mise en œuvre des programmes ministériels tant au niveau des communes que des agglomérations. Cet organisme public a très rapidement pris position en faveur de la professionnalisation des médiateurs en contrat emploi jeune.

Ce soutien s'est concrétisé par la publication d'ouvrages et de rapports consacrés à cette activité. Ces recueils renferment une description de l'activité des médiateurs, un recensement des sites de médiation sociale en France, une liste des textes officiels de référence sur la médiation et d'ouvrages sur la question, un répertoire de formations et de certifications spécialisées en médiation sociale. Ils contiennent également un « référentiel de compétences » et un guide pour « la construction d'un référentiel emploi ». Les actions de la DIV s'adressent également aux professionnels du travail social souvent critiques vis-à-vis des pratiques des médiateurs. Elle a ainsi mis en place un groupe de travail interministériel et interpartenarial, lieu d'échanges et de réflexion qui a produit, en octobre 2001, une « charte de médiation sociale », où sont notamment présentés les objectifs de la définition des missions des médiateurs et un cadre déontologique d'intervention. La rubrique sur le partenariat vise de toute évidence à rassurer les membres de métiers établis en affirmant le nécessaire respect des frontières professionnelles instituées : « Les médiateurs n'ont pas à faire à la place des autres professionnels. Ils exercent une activité nouvelle et originale, distincte du travail social ou d'activités éducatives ou de sécurité. Ils doivent développer leur intervention en articulation, concertation et complémentarité avec les autres intervenants. » [DIV, 2004, p. 268].

Par ailleurs, l'organisation de manifestations publiques a permis de rassembler de nombreux employeurs, des élus locaux, ainsi que des ministres autour de la question de la professionnalisation de la médiation sociale et de sa pérennisation. C'est ainsi que le président du Centre national de la fonction publique territoriale (CNFPT) a clairement affirmé, en juin 2005 lors d'un colloque à Paris par la CNFPT et la DIV, sa volonté de voir créer une filière « médiation sociale » dans les grilles des emplois des collectivités territoriales, afin de faciliter l'embauche définitive de nombreux médiateurs en fin de contrat aidé.

L'ampleur des efforts déployés par les chargés de missions de la DIV pour favoriser la reconnaissance de la médiation sociale ne transparaît pas dans cette présentation incomplète de leurs actions, mais fait ressortir les objectifs qui sous-tendent cette démarche. L'aide à la professionnalisation de cette activité a surtout consisté à la rendre visible, au travers de multiples publications et débats publics, mais avant tout à lui donner une définition professionnellement et politiquement acceptable.

La difficulté, sans doute la plus grande pour la DIV, est de faire face aux remaniements des orientations politiques. À cet égard, cet organisme a dû s'adapter à une nouvelle répartition des compétences avec la création de l'ACSE, début 2006, en réaction aux émeutes urbaines de la fin 2005. La DIV a aujourd'hui en charge de nouvelles attributions, mais garde toutefois une compétence dans la gestion du dispositif adultes relais, étiqueté comme une activité relevant de la médiation sociale. Il s'agit désormais pour elle de concentrer ses efforts sur la professionnalisation de ces médiateurs qui, selon le Plan de cohésion sociale, peut passer par la voie de la Validation des acquis de l'expérience[6]. Il apparaît donc clairement que la professionnalisation de la médiation sociale ne concerne plus les mêmes salariés et s'appuie à présent sur un dispositif bien spécifique d'accès à la certification ou la qualification.

CONCLUSION

La rapide identification, opérée au fil des paragraphes précédents, des différents acteurs ayant participé à la co-construction du champ de la médiation sociale est doublement insuffisante : elle est, d'une part, incomplète, et gomme, d'autre part, la dynamique des relations existantes entre les parties prenantes.

Parmi les promoteurs de la médiation, doivent notamment être ajoutées des associations telles que Profession Banlieue ou Femmes interassociations interservices migrants (FIA ISM) que leurs objectifs militants respectifs conduisent logiquement à soutenir la professionnalisation de la médiation sociale en proposant informations, accompagnement et formations aux médiateurs, mais aussi en se positionnant comme des interlocuteurs à part entière auprès de la DIV ou en recourant aux contributions de

---

6. Voir les instructions contenues dans la circulaire adressée par la DIV aux Préfets le 31 mars 2006 sur la mise en œuvre du dispositif « adultes-relais-médiateurs de ville ».

chercheurs. Profession Banlieue a ainsi publié en 1997 un « référentiel femmes-relais » qui contient les articles de deux chercheuses en sciences sociales et qui, par ailleurs, permet à cette association de défendre une définition spécifique de la médiation socioculturelle qui se démarque de celle de la médiation sociale proposée par la DIV.

Les employeurs ne se tiennent pas en marge du milieu des acteurs-promoteurs. Ils participent aux différents groupes de travail institutionnels mis en place par la DIV notamment, ou encore prennent part à différents débats publics. On citera, à titre d'exemple, un colloque organisé par le groupement d'employeurs OMEGA, intitulé « La médiation sociale : de la conviction à l'évaluation » qui a eu lieu en décembre 2007. Le but de cette manifestation était de faire la démonstration non seulement de l'utilité sociale de la médiation, mais également de sa rentabilité pour les entreprises « acheteuses » de ces services. Le programme annonçait les interventions de maires de commune, de la ministre du Logement et de la ville, du directeur général de l'ACSE ainsi que celle d'« experts », désignés en ces termes par les organisateurs, dont Michèle Guillaume Hoffnung (voir plus haut), sollicitée pour faire la synthèse de la journée.

Des connexions sont donc établies de longue date entre différentes catégories d'acteurs qui renforcent régulièrement leurs liens au travers de rencontres institutionnelles ou publiques, toujours centrées sur la professionnalisation de la médiation sociale. Ce thème fédérateur tend à favoriser l'entretien de relations pacifiques entre les différents protagonistes qui ne s'opposent que sur des points secondaires, portant notamment sur la délimitation des segments du champ de la médiation (sociale et socioculturelle, par exemple) ou sur le type d'employeur idéal préservant au mieux la neutralité des médiateurs. Au-delà de ces divergences, ils sont tous prêts à mobiliser leurs forces en faveur de la professionnalisation de la médiation sociale et pour ce faire orientent leurs efforts vers le développement d'un marché où, en tant qu'offreurs de services, il leur faut attirer des clients. Un directeur d'association de médiation, localisée en région parisienne, déclarait d'ailleurs récemment qu'il ne redoutait qu'une seule chose : la mise en place d'un nouveau programme de l'envergure des emplois jeunes qui, selon lui, condamnerait à la médiation sociale au statut d'emploi précaire et d'éternel « nouveau métier ».

Le devenir de la médiation sociale est donc à suivre tant il est riche d'enseignement sur les processus de professionnalisation « from above » [Evetts et Wilson, 2005] concernant, en l'occurrence, l'évolution d'activités nées d'une volonté politique de créer des « nouveaux métiers ». Il reste, par ailleurs, à entreprendre un autre chantier, plus large, qui consiste à étudier le champ de la médiation dans son ensemble, démarche qui permettrait de comprendre, par exemple, pourquoi la médiation familiale est une activité professionnelle aujourd'hui reconnue, notamment depuis qu'un diplôme d'État de médiateur familial de niveau II a été institué en 2004.

BIBLIOGRAPHIE

ASTIER I. et MERKLEN D. (2003), « La résolution des conflits sociaux par la médiation peut-elle être la base d'un métier ? », Communication au Colloque international *Médiation(s) et politique(s)*, CERVL-IEP Bordeaux, octobre 2003.

BONAFÉ SCHMITT J.-P. (2002), « La médiation sociale et pénale », in J.-P. BONAFÉ SCHMITT, J. DAHAN, J. SALZER, M. SOUQUET et J.-P. VOUCHE, *Les Médiations, la médiation*, Érès, Paris, p. 15-80.

BONDU D. (2000), *Nouvelles pratiques de médiation sociale. Jeunes en difficulté et travailleurs sociaux*, ESF Éditeur, Paris.

CADET J.-P. (2005), « Emploi-jeune de l'Education nationale. Une condition d'emploi riche d'enseignements », *Travail et emploi*, n° 101, janvier mars, p. 21-29.

DADOY M. (1989), « Le retour au métier », *Revue française des affaires sociales*, n° 4, p. 69-102.

DEMAZIÈRE D. (2004), « Médiation et médiateurs sociaux. Entre nomination et professionnalisation », *Formation emploi*, 86, p. 13-25.

DIV et CNFPT (2004), *La Médiation sociale. Une démarche de proximité au service de la cohésion sociale et de la tranquillité publique*, Éditions de la Délégation interministérielle à la ville, Paris.

DIVAY S. (2006), « La professionnalisation de compétences personnelles instrumentalisées », Journée d'études sur les *Usages sociaux de la notion de compétence : Quels savoirs ? Quels individus ?*, CNAM, Paris, 9 mars.

DUBAR C. (2003), « La professionnalisation, objectif annoncé du programme Nouveaux services, nouveaux emplois ». Remarques terminologiques, in S. DIVAY (dir.), *Regards croisés sur les emplois jeunes*, Documents 173, Série Séminaires, Céreq, p. 7-10.

EVETTS J. et WILSON K. (2005), Different interpretations of professionalism : the professionalization of foster care in UK, in *Knowledge, Work & Society*, vol. 3, n° 2, p. 59-80.

GUILLAUME-HOFFNUNG M. (1995), *La Médiation*, PUF, Que sais-je ?, Paris.

HUGHES E. C. (1996), *Le Regard sociologique. Essais choisis*. Textes choisis par J.-M. Chapoulie, Éditions de l'EHESS, Paris.

LASCOUX J.-L. (2001), *Pratique de la médiation. Une méthode alternative à la résolution des conflits*, ESF, Paris.

PELAGE A. (dir.) (2001), *Les Emplois jeunes autour de la médiation sociale. Processus de construction sociale et temporelle de ces « nouveaux emplois »*, Lille, Rapport final, Recherche financée par la Dares.

PETITCLERC J.-M. (2002), *Pratiquer la médiation sociale*, Dunod, Paris.

SCHWARTZ B. et GAUTIER-ETIÉ F. (2000), « Agents de médiation sociale : l'action de Moderniser sans exclure », *Actualité de la formation permanente*, n° 168, p. 19-25.

SIX J.-F. (1990), *Le Temps des médiateurs*, Seuil, Paris.

TRICOIRE B. (2000), *La Médiation sociale : le génie du « tiers »*, L'Harmattan, Paris.

21

Les éducateurs médico-sportifs :
une activité émergente, inscrite dans le monde médical

Pascal Chantelat

Claire Perrin

Les réseaux diabète se sont développés rapidement en France depuis le milieu des années 1990, pour atteindre aujourd'hui un nombre proche de soixante-dix. Leur activité, fondée sur la coordination des professions médicales et paramédicales, concerne essentiellement la prise en charge des personnes atteintes d'un diabète de type 2 (DT2)[1]. Dans ce dispositif, l'activité physique est reconnue par la médecine des preuves comme un élément essentiel, au même titre que l'alimentation et le traitement médicamenteux.

Dans cette perspective, plusieurs emplois d'éducateurs médico-sportifs (EMS)[2] ont été créés depuis 1999 sous l'impulsion de trois diabétologues « innovateurs » qui, à partir des années 1980, s'étaient investis dans l'encadrement de stages sportifs pour diabétiques. Dès les premières embauches, ces médecins avaient défini les contours de l'activité d'EMS en termes de missions, de tâches, de savoirs et de savoir-faire devant être associés à la

---

1. Cette maladie chronique qui touche 2,5 millions de personnes en France tire son origine à la fois de prédispositions génétiques familiales et d'éléments liés au mode de vie (sédentarité, alimentation déséquilibrée…).

2. Les emplois d'EMS sont occupés par des jeunes (entre 20 et 30 ans), les hommes et les femmes étant également représentés. Ils se caractérisent par une forte disparité de statuts, de faibles revenus (de 1 à 1,4 fois le SMIC) et une précarité à la fois en termes de durée du travail et de pérennisation en raison des difficultés de financement des emplois. Par ailleurs, la très grande majorité des EMS se trouve en situation de déqualification dans la mesure où ils ont suivi une formation de niveau II et I (licence et master en activité physique adaptée), à l'exception de deux titulaires d'un brevet d'État d'éducateur sportif de niveau III qui ont aujourd'hui atteint un niveau de compétences supérieur (l'un d'eux est d'ailleurs embauché comme coordinateur d'un réseau de santé).

nouvelle activité. En ce sens, ils ont joué un rôle essentiel dans la construction de la professionnalité des EMS.

Cette démarche montre que, contrairement à de nombreuses activités professionnelles émergentes [Grando et Sulzer, 2003 ; Divay, 2005], celle de l'EMS ne devait pas se fonder sur la mobilisation de savoirs et savoir-faire ordinaires d'ordre relationnel (le souci ou l'écoute de l'autre…). Elle montre également que le travail attendu de la part des EMS était relativement spécifié. En ce sens, si les touts premiers EMS disent qu'il « fallait tout inventer », ce n'est pas en raison du « flou » originel de leur métier, mais de l'incertitude pesant sur l'acquisition et la mise en œuvre de nouvelles compétences[3] dans une situation de travail basée sur la mise en réseau des informations, des points de vue et des formations professionnelles continues. La professionnalité des EMS s'est en effet inscrite dans un contexte plus large de nouveaux apprentissages au sein d'une partie du champ médical : les professionnels de santé établis étaient eux-mêmes en situation de développer de nouvelles compétences de travail en réseau et d'éducation du patient [Bercot et De Coninck, 2006].

Il s'agit ici de décrire les modalités (formelles et informelles) par lesquelles les EMS, confrontés à la complexité des apprentissages et des situations de travail, parviennent à construire et à articuler de nouvelles compétences. Plus précisément, l'analyse[4] dynamique de la professionnalité des EMS a pour objectif de rendre compte de la construction progressive de compétences spécifiques constitutives de l'identité du métier et des modalités d'entrée dans la carrière d'EMS. Pour ce faire, le recours à la sociologie du travail permettra de décrire les activités et les registres de technicité mis en œuvre par les EMS constituant des supports de la construction des compétences et des identités professionnelles [Grando et Sulzer, 2003 ; Osty, 2003]. Enfin, le recours à la sociologie interactionniste des professions [Hughes, 1955, 1996] permettra de reconstruire les dimensions structurantes de la carrière d'EMS.

---

3. Dans une perspective sociologique, les compétences rendent compte des « qualités et capacités des travailleurs », c'est-à-dire des savoirs et des savoir-faire qu'ils mobilisent dans les situations concrètes de travail pour exercer correctement leur métier. Ces compétences dépassent donc les savoirs validés par une formation ou un diplôme. En ce sens, cette définition s'éloigne de la perspective strictement managériale qui lui associe l'impératif de polyvalence (flexibilité), de responsabilité (obligation de résultats) et d'implication (adhésion de toute sa personne) [Dugué, 1994].

4. L'analyse s'appuie sur une enquête menée en 2006 au sein de trois réseaux diabète et d'un Centre hospitalier qui emploient des EMS, retenus en vertu de leur position d'initiateurs en matière d'emploi d'EMS, les trois réseaux s'inscrivant par ailleurs à l'origine dans le dispositif emplois-jeunes. Ce travail de terrain a été complété par des entretiens individuels auprès de 7 EMS, leur chef de service et d'autres professionnels de l'équipe (diététicienne, podologue, infirmière) ainsi que par un entretien de groupe auprès de 8 adhérents de l'Association des EMS (ADEMS, juin 2006).

MAÎTRISE TECHNIQUE,
MAÎTRISE RELATIONNELLE ET IDENTITÉ DE MÉTIER

La construction des compétences des EMS a résulté d'une confrontation à des situations professionnelles inédites allant de pair avec la déstabilisation des repères scolaires et professionnels antérieurs, devenus inopérants. En effet, les formations suivies par les premiers EMS relevaient soit du champ des métiers du sport (brevets d'État délivrés par le ministère en charge de la jeunesse et des sports), soit majoritairement du champ des STAPS[5] (licences et masters Activité physique adaptée – APA). Or, ces formations les ont peu préparés à l'exercice de leur activité professionnelle d'éducation pour la santé requérant la collaboration avec des professions médicales et paramédicales « établies ».

La confrontation à l'ésotérisme de l'univers médical

Les EMS sont donc contraints de s'engager dans de nouveaux apprentissages nécessaires à l'exercice de leur activité professionnelle. Ils sont tout d'abord confrontés aux pratiques et langage des professionnels de santé perçus dans un premier temps comme totalement ésotériques. Plus ou moins désemparés par le langage technique mobilisé par les professionnels de santé, ils se trouvent dans l'obligation de faire face, dans l'urgence, à l'assimilation autodidacte de ces dénominations d'usage, ne serait-ce que pour se rendre crédibles et être écoutés.

Au-delà de cet apprentissage autodidacte, les EMS sont amenés à suivre des formations internes (au sein du réseau) ou externes relatives au DT2. Il s'agit à la fois de connaissances physiopathologiques et cliniques sur les manifestations de la maladie et les symptômes qui peuvent survenir au cours d'une pratique physique, mais également d'acquisition de savoir-faire techniques peu complexes (contrôle de la glycémie, « re-sucrage »...) indispensables à l'encadrement des patients DT2. Ces formations sont quasiment imposées par les coordonnateurs pour assurer la sécurité des animations et éviter les défaillances médicales susceptibles de poursuites judiciaires. Cette fonction reste cependant secondaire par rapport au suivi de l'AP parce qu'elle n'est qu'un complément indispensable à l'encadrement sécurisé de patients.

Si ces formations théoriques et pratiques fournissent des éléments de base pour comprendre la pathologie du diabète (ses causes, ses manifestations...) et pour réagir de façon appropriée en cas de crise (par des actes médicaux à faible technicité), elles sont très largement complétées par un apprentissage informel. En effet, la nature même du dispositif de prise en charge des patients (suivi/accompagnement) et de l'activité des EMS (séances

---

5. Sciences et techniques des activités physiques et sportives.

collectives longues au regard de la consultation médicale classique) crée un cadre propice à la formation mutuelle des patients (échanges d'expériences, d'astuces… pour gérer sa maladie au quotidien) et à l'assimilation de connaissances précieuses pour les EMS. Ainsi, ces derniers apprennent toute la complexité de la pathologie du diabète « sur le tas » :

> Où on apprend, ce n'est pas en formation, c'est avec les patients. J'ai énormément appris de la maladie avec les personnes que l'on reçoit, énormément. Ils m'ont appris beaucoup de choses, ils connaissent très très bien leur maladie, parfois mieux que les professionnels qui les entourent. Forcément, ils échangent entre patients, un échange d'informations pour l'éducation énorme, les astuces pour la maladie… et puis ils se parlent entre eux, et c'est vrai que j'ai pris une bouffée d'informations » (entretien collectif ADEMS).

Par ailleurs, ces formations ne suffisent pas à prévoir l'ensemble des situations auxquelles sont confrontés les EMS. Lors des séances pratiques, ils doivent savoir réagir dans l'urgence face à l'imprévisibilité de l'état des patients, non seulement en cas d'hypoglycémie, mais en fonction du « moral » des patients souvent fragilisés parce que confrontés à des situations psychologiques (mésestime de soi…) et sociales (précarité, divorce, deuil…) difficiles. C'est donc la maîtrise de ces aléas professionnels qui constituent les compétences de l'EMS en matière médicale et relationnelle :

> Quand on fait l'entretien individuel et le diagnostic éducatif, il s'agit d'écouter le patient. Souvent quand on arrive dans des séances, […] les gens n'ont pas forcément envie de faire l'AP parce qu'il leur est arrivé quelque chose personnellement. Donc c'est important d'être à l'écoute, ce n'est pas la peine de leur parler d'AP si ce n'est pas le moment pour eux en fait, il faut aussi rechercher les besoins du patient […]. Il y a toujours des gags, des hypoglycémies alors que la personne s'était re-sucrée, la personne qui arrive avec 2,50 grammes, tu es le seul EMS, tu appelles l'infirmière… Ce qui est difficile dans ce métier, c'est qu'il n'y a rien qui est comme la veille, plus encore qu'ailleurs. […] Avec un patient obèse à 180 kg, on en a une situation tous les jours différente : elle arrive en pleurs, il y a tout, etc. Donc en fait on développe des compétences en même temps que l'on fait, des compétences auxquelles on n'aurait même pas pensé. (entretien collectif ADEMS).

La confrontation aux souffrances des patients

Les EMS sont également confrontés à la parole des patients qui se trouve « libérée » le temps des séances d'AP par rapport aux consultations strictement médicales. Les patients se confient à l'EMS, lui parlent de leurs problèmes psychologiques ou sociaux, lui exposent leur vulnérabilité, leur souffrance… L'EMS doit donc savoir gérer ces situations d'exposition de la souffrance d'autrui. L'engagement dans l'activité étant marqué par une dimension vocationnelle fondée sur l'altruisme, les EMS sont souvent déstabilisés, voire inquiets de ne pas pouvoir trouver de solutions immédiates aux désarrois des patients. En ce sens, en l'absence de maîtrise de techniques de distanciation vis-à-vis de la souffrance multidimensionnelle des patients, les EMS ne peuvent réagir qu'en mobilisant une éthique et des compétences relationnelles « ordinaires » (volonté d'aider, écoute d'autrui...) ou en tentant de transférer et d'adapter des savoirs et savoir-faire acquis dans des contextes différents (préparation mentale des athlètes) :

> Au début, je croyais qu'il fallait toujours répondre et puis j'ai compris qu'il fallait juste écouter. D'ailleurs, pendant la formation à l'éducation du patient, j'ai appris beaucoup par rapport à ça, parce qu'on n'est pas obligé de trouver des solutions, le simple fait d'écouter, c'est important alors qu'avant j'aurais pensé trouver des solutions » (EMS depuis 2005, licence APA, Master 1 APA).

En revanche, le suivi de formations internes (au sein du réseau, à l'hôpital) ou externes dans le domaine de l'éducation du patient (quasiment imposé par les coordonnateurs de réseau) leur permet une prise de distance, un désinvestissement affectif nécessaire à la relation EMS/patient. Autrement dit, si la relation aux patients dans les séances d'AP ne peut se fonder que sur la confiance, cette dernière ne repose pas sur la rencontre spontanée de deux subjectivités, mais sur la maîtrise professionnelle et technique de la bonne distance entre l'EMS et le patient.

Ces formations reposent, d'une part, sur des savoirs relevant très largement de la psychologie et de la psychologie sociale et, d'autre part, sur des outils de « diagnostic éducatif » (analyse des représentations de l'AP, de la motivation, élaboration d'un contrat éducatif avec le patient, évaluation des progrès...) et des techniques de communication (entretien, écoute passive/active...). Ces outils d'évaluation permettent d'opérationnaliser une démarche qui part des représentations, perceptions du patient (de l'AP, des facteurs inhibant ou facilitant son engagement dans l'AP...) et qui, *via* le suivi individualisé (entretien) et l'accompagnement (séances d'AP), vise à modifier durablement les habitudes corporelles des patients. Les EMS disposent donc d'un ensemble d'indicateurs à la fois subjectifs et objectifs qui leur permet, sur plusieurs mois, d'évaluer les progrès des patients en termes de capacités physiques (endurance, souplesse, force...), psychologiques (se sentir capable de...), sociales (se sentir à l'aise en société, aimer pratiquer l'AP avec d'autres personnes, rencontrer de nouvelles personnes...) et de « qualité de vie » (mobilité corporelle et spatiale quotidienne).

Cependant, l'accès à ces formations n'a pas été immédiat et les premières séances d'AP étaient très centrées sur l'animation proprement dite, c'est-à-dire sur les savoir-faire que les EMS maîtrisaient (mise en activité, jeux, exercices ludiques...). Le suivi des formations à l'éducation du patient a complètement modifié les objectifs des séances et la définition même du travail des EMS. Ces derniers ne sont plus alors de simples animateurs, mais des éducateurs de santé dont l'activité s'appuie sur un ensemble de techniques d'entretien, des programmes définissant des objectifs à atteindre et des évaluations.

Cependant, malgré l'impératif de l'éducation du patient, la recherche d'un ajustement aux attentes et besoins des patients conduit parfois les EMS à mettre entre parenthèses, au moins provisoirement, les objectifs associés à la condition physique et au suivi des patients. En effet, face aux souffrances physiques mais également psychologiques et sociales dont sont porteurs les diabétiques DT2 et à l'imprévisibilité de leur état mental, le souci de déclencher une attitude positive par rapport à l'AP devient central :

> J'interviens dans une ancienne cité minière. L'AP c'est inexistant, c'est des personnes qui n'ont jamais fait d'AP : 'J'ai le souvenir de quelques heures à l'école primaire...' triple pontage, surcharge pondérale, enfin, c'est assez compliqué [...]. En obésité, on est plus [...] dans la motivation, vraiment, pour remettre à l'activité physique. Pour moi, le terme essentiel c'est les motiver, il n'y a pas de discours autre que ça, je ne suis pas un médecin, j'essaye de les motiver, de partir toujours dans la réussite et la recherche de quelque chose de positif dans le passé, de le reproduire, de trouver un élément positif. (entretien collectif ADEMS).

Bien qu'il s'agisse d'une adaptation pertinente vis-à-vis de la situation, les EMS ne peuvent pas se contenter de simples animations fondées sur la recherche du plaisir corporel même si elles sont efficaces. En effet, afin d'obtenir la reconnaissance et le financement des autorités de tutelle, leur activité professionnelle s'est progressivement détachée de l'animation pour s'ancrer dans la programmation médico-sociale des AP et la gestion de ces programmes fondés sur des objectifs « thérapeutiques ». Qu'ils le veuillent ou non, les EMS (et les coordonnateurs de réseaux) sont donc contraints de rendre des comptes et de faire avec la logique gestionnaire, notamment sur le plan des résultats obtenus en termes d'amélioration de l'état de santé et d'autonomie du patient par rapport à son AP. En ce sens, les autorités de tutelle ne peuvent souscrire à une offre de pratique d'AP qui s'inscrirait dans une logique de loisir sportif ou même simplement « éducative », aussi bénéfique soit-elle pour la santé. Les financeurs attendant un retour sur investissement, les évaluations visent à apporter les preuves de l'efficacité, de l'utilité et de la rentabilité de l'activité des EMS. Finalement, comme pour les métiers de la médiation sociale [Divay, 2005], elles tendent à laisser dans l'ombre les effets qualitatifs d'ordre relationnel.

Des compétences interchangeables aux compétences singulières

Au total, le métier d'EMS se construit sur la maîtrise de trois registres techniques (éducatif, « sportif » et médical) qui trouvent leur cohérence dans la démarche d'éducation à la santé par l'activité physique adaptée. Pour autant, les registres du « médical » et de « l'éducatif » ne renvoient pas à des compétences exclusives de l'EMS. D'une part, les savoirs médicaux ne constituent qu'une version vulgarisée de la connaissance des praticiens et, d'autre part, les savoir-faire médicaux ne sont que des tâches à faible technicité.

En revanche, les compétences singulières développées dans l'espace même de la séance d'activités physiques adaptées sont susceptibles de rendre l'EMS indispensable au fonctionnement efficace du réseau. En effet, l'encadrement de séances pratiques le place dans une position particulière vis-à-vis des autres praticiens. Si ces derniers rencontrent les patients uniquement lors de séances collectives rappelant les normes de santé et lors des consultations individuelles nécessairement courtes, l'EMS, dans le cadre de son activité, dispose à la fois d'un temps prolongé d'observation et d'écoute.

Néanmoins, la position privilégiée de l'EMS par rapport aux autres professionnels tient à son statut de « non blouse blanche » ainsi qu'au cadre « extraordinaire » du déroulement de sa pratique : la personne atteinte d'un DT2 est ainsi libérée de son statut de patient. Ce sont donc ces trois caractéristiques réunies (temps, statut et cadre) qui constituent des conditions de possibilité de « libération » de la parole des patients et donnent à l'EMS le monopole de l'accès à certaines informations non seulement sur l'état de santé, mais également sur la situation psychologique et sociale des patients. La maîtrise de ces informations dont pourra bénéficier l'ensemble des praticiens du réseau rend alors l'EMS et son travail de relais non substituables, proche en cela de la situation des aides-soignants analysés par Osty [2003] :

> À propos de la qualité d'écoute du patient, c'est vrai qu'on a un rôle quand même important parce qu'on arrive à obtenir de la part du patient des informations des fois qu'ils ne disent pas au médecin ou à l'infirmière. Très souvent je l'ai constaté, ils arrivent tout va bien, on fait des séances, on discute, « Ah ben oui hier je n'étais pas bien », ils se confient des fois plus facilement, des événements qui se sont passés dans leur vie qui vont avoir une influence sur leur pathologie qu'ils ne vont pas systématiquement dire à l'infirmière, au personnel médical à proprement parler » [...]. Il y a tellement d'informations qui vont venir au cours de la pratique, je me dis que c'est important qu'on ait une écoute privilégiée, c'est sûr. (entretien collectif ADEMS).

L'ENTRÉE DANS LA CARRIÈRE D'EMS

Bien que les trajectoires scolaires et professionnelles des EMS soient hétérogènes (formations de niveau IV *versus* formations de niveau II ; métiers du sport *versus* APA/STAPS ; premier emploi *versus* expériences professionnelles...), l'entrée dans la carrière se fonde sur une expérience commune de révélation/conversion au métier. On retrouve ici un processus classique [Hughes, 1996] qui va de l'initiation à la culture professionnelle, par rupture avec le monde profane, à la conversion à une nouvelle identité, une nouvelle vision du monde et de soi.

En revanche, leurs formations antérieures ne les ayant pas préparés à leur nouveau métier « en construction », les EMS n'ont pu ni anticiper, ni idéaliser, ni stéréotyper leur future activité professionnelle. Leur métier se fondant sur l'acquisition de compétences en grande partie nouvelles, ils n'ont pas fait l'expérience du désenchantement du monde professionnel [Davis, 1966]. Au contraire, ils ont vécu l'entrée dans la carrière d'EMS sur le mode enchanté, notamment grâce à la découverte de l'éducation du patient. Par conséquent, si l'entrée dans la carrière d'EMS se caractérise bien par un processus d'initiation/conversion, en revanche, les étapes de la conversion au métier d'EMS ne correspondent pas à celles que peuvent suivre les étudiants issus des formations médicales et paramédicales. On peut alors distinguer trois étapes structurantes de l'entrée dans la carrière d'EMS : la déstabilisation des repères scolaires et/ou professionnels antérieurs, la révélation enchantée et la conversion à l'identité d'éducateur du patient par l'AP.

La déstabilisation

À l'image des étudiants en droit [Lortie, 1959], les EMS disent tous que leurs études ne les ont pas ou peu préparés à l'exercice du métier d'EMS. Au mieux, ils ne mobilisent que des bribes de connaissance et de savoir-faire qu'ils puisent dans leurs formations STAPS ou aux métiers du sport (psychologie, animation…). En effet, ces formations sont essentiellement centrées sur l'intervention en AP fondée sur la progression et l'évaluation des pratiques (en termes d'acquisition de compétences motrices pour les étudiants issus des filières STAPS et de performance ou d'exercice pour ceux qui ont suivi une formation d'État aux métiers du sport). Les connaissances cliniques de la maladie chronique sont extrêmement réduites. La maîtrise des savoirs et savoir-faire didactiques et pédagogiques leur est donc d'une faible utilité dès lors qu'ils sont confrontés aux difficultés des patients DT2 et aux attentes du réseau en termes d'éducation du patient :

De même, la singularité du public DT2 (sédentarité, obésité, mobilité réduite, fragilité psychologique, précarité sociale…) rend inopérante l'application mécanique de la plupart des savoirs et savoir-faire d'ordre sportif et/ou pédagogique acquis antérieurement. Par conséquent, la construction et l'animation des séances d'AP reposent à la fois sur l'adaptation de leurs connaissances ou expériences antérieures et sur l'autoformation.

La révélation enchantée

La phase de déstabilisation ne débouche pourtant pas sur l'installation d'un malaise chronique parce que les EMS se trouvent, assez rapidement, placés dans des conditions de valorisation de leur travail, en particulier dans les réseaux de santé dont l'organisation rompt avec celle de l'hôpital (cloisonnement et hiérarchie). On assiste alors à la révélation enchantée de l'utilité et de l'efficacité de la démarche et des outils de l'éducation du patient, du rôle fondamental de l'AP et du travail en réseau dans l'exercice de leur activité et dans le service qu'ils rendent aux patients. D'une part, les formations à l'éducation du patient arrivent « au secours » de leur désarroi technique et affectif. Elles leur fournissent en effet une démarche et un ensemble d'outils susceptibles de dissiper leur embarras dans les situations de travail complexes. Elles leur permettent également de passer d'une appréhension (au double sens du terme : prise en compte et crainte) « ordinaire » des souffrances physiques, psychologiques et sociales d'autrui à leur maîtrise professionnelle et distanciée. D'autre part, la visibilité immédiate de l'impact de leurs interventions et actions sur les habitudes de vie des patients est au cœur de leur satisfaction au travail. En constatant quasiment « sur le champ » les effets positifs de l'AP sur la condition physique et la « qualité de vie » (amélioration de la mobilité corporelle et spatiale des patients, amélioration du bien-être psychologique et social), les EMS confirment la valeur et l'utilité sociale de leur travail. Les effets positifs se manifestent d'ailleurs d'autant plus rapidement que les patients étaient totalement inactifs, fragilisés et souvent isolés. Enfin, la collaboration avec les professionnels de santé se trouve à la source des solutions collectives vis-à-vis des difficultés singulières rencontrées par les patients et renforce la valorisation du travail de l'EMS. Ce processus de valorisation repose, d'une part, sur le partenariat (égalité formelle entre les participants) avec des professions « établies » disposant d'un statut noble et, d'autre part, sur la conviction que la réflexion et l'action partagées sont productrices de synergies et maximisent le bien-être des patients :

> (Dans les formations à l'éducation du patient), on apprend des choses concrètes : est-ce qu'on laisse un bureau entre le patient et soi, est-ce qu'on (se place de) trois-quarts, est-ce qu'on se met à côté du patient, etc. ? [...] On a besoin d'un complément, on s'est tous accordé à le dire [...]. Le fait de faire un petit peu d'AP, on leur montre qu'ils sont capables et qu'ils peuvent encore faire des efforts. Au bout de 3 ou 4 semaines, ces gens sont métamorphosés, ils sortent de chez eux, ils vont revoir leurs amis, ils vont refaire leurs courses... (entretien collectif ADEMS).

La conversion

La spécificité de l'entrée dans la carrière d'EMS ne tient pas simplement à l'absence de formations idoines[6], mais également à l'absence d'imposition d'un rôle institutionnel préexistant qu'ils pourraient incorporer [Goffman, 1968]. En effet, si les diabétologues innovateurs ont prédéfini les contours du métier d'EMS (éducateur du patient par l'AP), ce dernier reste à construire et à institutionnaliser dans un contexte lui-même en cours de construction et d'institutionnalisation[7]. Autrement dit, les E (M) S doivent construire leur rôle d'éducateur du patient par l'AP en jouant de la proximité et de la distance vis-à-vis du statut d'animateur sportif et du statut de « blouse blanche » (corps médical). En ce sens, les EMS ne se considèrent

---

6. Ceci concerne les premiers EMS. Certaines formations universitaires (APAS) ont intégré depuis lors des contenus de formation à l'éducation pour la santé et des enseignements de physiopathologie.

7. L'Agence nationale d'accréditation et d'évaluation en santé (Anaes) mentionne l'éducation du patient pour la première fois en 1999, date des premiers emplois d'EMS. Il faudra attendre le « plan diabète 2002-2005 » présenté en 2001 pour que l'éducation du patient devienne un axe prioritaire de toute prise en charge de la maladie.

ni comme des « profs », ni comme des moniteurs d'AP, ni *a fortiori* comme des animateurs sportifs. Ils se perçoivent bien comme des pédagogues « pygmalion » dans le sens où ils éduquent les patients et cherchent à les faire accéder à une plus grande autonomie, mais ils n'enseignent pas une matière : l'APA est un support au service de l'épanouissement des patients. Par ailleurs, si les EMS recourent nécessairement à l'animation, cette dernière ne constitue pas une fin en soi et, là encore, n'est mobilisée qu'en tant que support. D'où la volonté des EMS de se distancier vis-à-vis du moniteur sportif (exerçant son activité dans les clubs associatifs ou marchands) en rattachant leur métier à l'univers médical, aux connaissances de la pathologie et aux compétences en termes d'éducation thérapeutique. Pour autant, les EMS ne sont pas des « blouses blanches » comme les autres. En effet, si leur activité requiert des connaissances minimales en matière de pathologie du diabète et la maîtrise d'actes médicaux à faible technicité, ils se reconnaissent davantage dans le rôle d'*éducateur* de santé ou, plus précisément, d'éducateur du patient *par l'activité physique* :

> (Le travail de l'EMS se conçoit) comme un suivi, un accompagnement, une sensibilisation, il y a plein de termes en fait, de l'éducation au niveau de l'AP [...]. On ne parle jamais de sport au patient, toujours d'AP. Parfois on dit qu'on anime des séances, c'est pas bien ! [...] On n'est pas un club. On est là pour éduquer les gens. [...] C'est différent d'un club car les gens nous posent beaucoup de questions : « Ma glycémie est haute ! J'ai fait ça, qu'est ce que je dois faire ? » Même si ce n'est pas autour d'une table, on fait de l'éducation. (EMS réseau depuis 2003, Deug STAPS, L3 APA).

Au total, les EMS sont confrontés à la difficulté de concilier logique gestionnaire de la santé et logique « vocationnelle ». La première leur impose de mesurer l'efficacité de leur activité sur l'état de santé des malades chroniques (évaluation des effets de l'AP sur la condition physique, sur la diminution de la masse graisseuse...) selon une norme biomédicale réduisant les pratiques physiques à un exercice de l'organisme. La seconde renvoie à une logique « sociale » qui, au-delà d'une conception organique du corps, vise à développer le mieux-être et la participation sociale des patients.

CONCLUSION

L'invention du métier d'EMS prend sens dans un contexte d'émergence de nouvelles pratiques d'éducation du patient visant le développement de l'autonomie des patients DT2 dans la prise en charge de leur maladie et la prévention des complications de la maladie. Les contours du métier d'EMS ont été définis, par les diabétologues « innovateurs », pour répondre à de nouveaux besoins (engager les patients dans une pratique physique régulière, adaptée et durable) difficiles à appréhender dans le cadre d'un secteur médical valorisant la logique de la prescription.

La professionnalité des EMS s'est construite de façon « secondaire » dans la mesure où elle a été préalablement structurée par les diabétologues. Plus précisément, cette professionnalité a émergé des situations de travail inédites : confrontation à l'univers médical, à la souffrance des patients et à la singularité des publics. Dans ce contexte, l'entrée dans la carrière d'EMS passe d'abord par une phase de déstabilisation des repères professionnels et scolaires antérieurs. Néanmoins, la révélation enchantée de l'éducation du patient (comme ressource professionnelle structurante et efficace) rend possible la conversion des EMS à une identité professionnelle d'éducateur par l'activité physique. Cette dernière se traduit par la mise entre parenthèses de la culture « sportive » issue de la formation initiale [Hughes, 1955] et par un jeu de distance/proximité avec le statut des professions médicales *via* la « croyance » en l'éducation du patient.

Avec la création de l'ADEMS (Association des éducateurs médico-sportifs) en 2005, cette identité de métier entre dans une dynamique de professionnalisation qui s'inspire très largement du modèle des professions médicales ou paramédicales « établies ». Confrontée à une série d'épreuves de légitimation tant internes (réseau) qu'externes (autorités de tutelle), cette stratégie de professionnalisation reste fragile et son issue incertaine [Lebon et Lescure, 2006].

BIBLIOGRAPHIE

BERCOT R. et DE CONINCK F. (2006), *Les Réseaux de santé, une nouvelle médecine ?* L'Harmattan, Paris.

DAVIS F. (1966), *The Nursing Profession*, John Wiley, Chicago.

DIVAY S. (2005), « La médiation sociale : une professionnalisation inachevée », *Savoir, travail et société*, vol. 3, n° 2, p. 103-127.

DUGUÉ E. (1994), « La gestion des compétences : les savoirs dévalués, le pouvoir occulté », *Sociologie du travail*, vol. 36, n° 3, p. 273-292.

GOFFMAN E. (1968), *Asiles*, Minuit, Paris.

GRANDO J.-M. et SULZER E. (2003), « Professionnalisation des activités de services et registres de technicité », *in* P.M. MENGER (dir.), *Les Professions et leurs sociologies*, MSH, Paris, p. 145-160.

HUGHES E.C. (1955), « The making of a physician », *Human Organization*, III, 1955, p. 21-25.

HUGHES, E.C (1996), *Le Regard sociologique, Essais choisis*, EHESS, Paris.

LEBON F. et LESCURE E. (2006), « De nouvelles professions entre précarité et flexibilité : animateurs socioculturels et formateurs d'adultes (1982-2002) », *Regards sociologiques*, n° 32, p. 83-95.

LORTIE D.C. (1959), « Laymen to Lawmen : Law, School, Careers and Professional Socialization », *Harvard Educational Review,* vol. 29, n° 4, p. 325-369.

OSTY F. (2003), *Le Désir de métier*, Presses Universitaires de Rennes, Rennes.

22

Les conseillers prud'hommes :
entre professionnels du droit et permanents syndicaux

Laurent Willemez

À la fois militants syndicaux ou patronaux, juges chargés de régler les litiges liés au contrat de travail et experts de leur milieu professionnel, les conseillers prud'hommes offrent donc un terrain fructueux pour explorer des questions liées à la sociologie des professions. Une enquête sur la sociographie des conseillers prud'hommes et sur leurs pratiques de jugement[1] permet ainsi de poser la question des frontières des groupes professionnels, frontières produites à la fois par des dispositifs d'inclusion et d'exclusion, par les trajectoires sociales de ceux et celles qui tentent de s'y intégrer et par l'activité concrète qui y est exercée.

Les rares analyses consacrées aux conseillers prud'hommes s'interrogent souvent sur leur « professionnalité » ou leur « non-professionnalité », considérant leur entrée dans la fonction de juge du travail, leur degré de connaissance du droit et de spécialisation dans les activités juridiques ou encore leur distance à l'organisation syndicale et professionnelle qui les a faits juges. Il est pourtant plus intéressant de montrer combien ils se situent précisément à la frontière des deux espaces. Ils sont en premier lieu des syndicalistes : rarement permanents, ils doivent cependant plus ou moins allégeance à leur organisation, dont ils sont en même temps des militants souvent écoutés et occupant une position spécifique. Mais ils sont aussi des juristes, et parfois de grands connaisseurs des subtilités du contrat de travail : rédacteurs des jugements, ils manient régulièrement le code du travail et dirigent les audiences face aux avocats, souvent sans avoir les

---

1. Réalisée en commun avec Hélène Michel dans le cadre d'une ACI Jeunes chercheurs puis d'un financement de la mission Droit et justice, elle a permis de faire des entretiens auprès d'une centaine de conseillers, de réaliser un questionnaire auprès de 800 d'entre eux et de réaliser des observations sur leur activité dans une dizaine de conseils. Elle a donné lieu à un rapport de recherches, *cf.* [Michel et Willemez, 2007 ; Michel et Willemez, 2008].

diplômes et les habilitations qui leur fourniraient l'autorisation symbolique de se considérer comme des juristes de plein exercice.

Pour complexifier encore leur rapport avec le fait professionnel, il faut ajouter un troisième élément, celui de leur appartenance à un milieu de travail spécifique : ils sont élus par leurs pairs. Encore en activité ou parfois jeunes retraités, ils ne représentent pas seulement leur collège (employeur ou salarié) dans leur ensemble, mais aussi un monde professionnel particulier. Les élections et les conseils sont d'ailleurs organisées en sections (industrie, commerce, activités diverses, agriculture, encadrement), ce qui renvoie les conseillers à une activité de représentation à la fois généraliste et sectorisée, liée à leur appartenance professionnelle préalable. Installés au croisement des professions juridiques et des permanents syndicaux, c'est donc en analysant leurs rapports avec ces deux types de professionnels qu'on peut mieux saisir l'originalité des conseillers prud'hommes.

DES JURISTES... SANS PROFESSION ?

Depuis son origine, la sociologie des professions a une prédilection pour les professions juridiques et judiciaires. Les *lawyers* passent ainsi pour une forme de modèle de groupe professionnel pour l'ensemble des courants, plus ou moins « durcis », de la sociologie des professions, soit qu'ils en remplissent les « critères » [Wilensky, 1964], soit que – plus que beaucoup d'autres groupes – ils détiennent de manière monopolistique un « mandat » ou une « licence » [Hughes, 1996], soit enfin que leurs instances de représentation s'efforcent d'élargir leur territoire d'action et leur légitimité [Abbott, 1988].

Des juristes à part entière

Rencontrer des conseillers prud'hommes permet pourtant de proposer d'autres manières de penser les professions juridiques et judiciaires. D'abord parce que ces juges, parfois autodidactes, en tout cas rarement diplômés en droit, exercent pendant les moments où ils sont aux prud'hommes une activité proprement juridique et judiciaire : ils rédigent, seuls ou collectivement, des jugements, lisent des revues juridiques, président les audiences et discutent parfois pied à pied d'une jurisprudence... [Willemez, 2008] analyse de type ethnographique permettrait ainsi de considérer les conseillers comme des juristes au travail. Leur position socialement en marge des juristes certifiés par un diplôme, l'appartenance à un ordre professionnel ou à la Fonction publique les autorise d'ailleurs à décrire plus longuement et plus finement le « sens pratique » du travail juridique : dans les entretiens, ils n'hésitent pas à montrer la manière dont ils consultent le code du travail ou à décrire avec minutie les étapes de rédaction des jugements, à mettre en scène les relations difficiles avec les professionnels du droit...

On pourrait même affirmer que les conseillers prud'hommes exercent une activité juridique bien plus intense et importante que nombre des juges « amateurs » ou bénévoles qui participent aux autres juridictions organisées avec des juges non-professionnels. Grâce à la description que Jean-Noël Retière donne des assesseurs au tribunal pour enfants, on saisit par exemple la différence avec les prud'hommes : les premiers se sentent parfois dépossédés de leur rôle et sont tout au moins tributaires de la bonne volonté des juges, qui ne sollicitent pas toujours des questions, voire considèrent leurs assesseurs comme accessoires [Retière, 2007]. On pourrait en dire de même des non-professionnels du droit présents dans les cours de justice du travail dans d'autres pays d'Europe : là encore simples assesseurs, souvent réduits à assurer une présence symbolique destinée à faire la preuve d'un ancrage social de la justice du travail, ces juges amateurs, insérés dans des systèmes d'échevinage, n'ont rien à voir avec les prud'hommes dans la réalité pratique. Car ces derniers exercent seuls la fonction de juger des litiges individuels du travail[2] et ne rendent compte éventuellement de leur jugement qu'à la Cour d'appel.

La résistance des professionnels du droit

Mais ces éléments ne suffisent pas à donner aux conseillers une légitimité professionnelle entière. Ils sont ainsi sans cesse contraints à un effort de réduction de la distance au rôle judiciaire du fait de la position qui leur est sans cesse renvoyée par les avocats, mais aussi par les greffiers ou les magistrats qu'ils rencontrent quotidiennement [Michels, 2007]. Il ne s'agit pas seulement d'affrontements symboliques de la part de concurrents luttant, par exemple pour les magistrats, pour le monopole d'une forme de « magistère professionnel » [Vauchez, 2004], mais plus largement d'une inadéquation entre les valeurs de la magistrature professionnelle et la morale prud'homale. En effet, « l'habitus professionnel » des magistrats s'appuie sur une éthique de la modération, de l'indépendance et de l'impartialité [Bancaud, 2002], bref, sur une « vision de l'activité judiciaire comme art » [Vauchez, 2008, p. 51] s'appuyant sur des savoir-faire éprouvés et un savoir juridique généraliste et *omnibus*, ce qui les conduit à refuser toute légitimité à des formes de justice non-professionnelle. De leur côté, les conseillers prud'hommes adossent leur fonction de juge sur la délégation qu'ils ont reçue, *via* leurs organisations, de leur collège, mais aussi sur une logique d'équité et d'équilibre, qui renvoie soit à une « morale de classe »

---

2. Sauf en cas d'impossibilité de trouver un accord entre les deux conseillers employeurs et les deux conseillers salariés : ils font alors appel au juge départiteur, juge d'instance ou de grande instance, qui prend la décision. .

[Boltanski, 1969], soit à une sorte de personnalisme souvent issue d'une tradition de christianisme social.

L'opposition ne se joue pas seulement sur des différences d'*ethos*, mais aussi sur la légitimité même de leur activité judiciaire. On le sait, la spécificité des juristes professionnels est de produire des frontières étanches et des barrières élevées entre les « profanes » et eux, de manière à empêcher les premiers, dénués des certificats adéquats, d'entrer dans le champ juridique et judiciaire [Bourdieu, 1986]. Plus encore que dans les champs artistiques par exemple, les « droits d'entrée » dans le champ juridique sont particulièrement élevés, et la violence symbolique est susceptible de s'y exercer particulièrement durement sur ceux qui ne les règlent pas [Mauger, 2007]. Les observations d'audiences de jugement comme les entretiens avec les différents acteurs de la prud'homie montrent nombre de manifestations de cette violence symbolique : en pointant leurs ignorances, en mettant en doute la pertinence du choix des catégories juridiques qu'ils utilisent, ou même en insistant auprès du sociologue sur leurs fautes d'orthographe et de grammaire, les avocats, les magistrats et les greffiers renvoient les conseillers à une incomplétude, à une faiblesse scolaire et culturelle qui peuvent renforcer ce souci de « bonne volonté » juridique que l'on retrouve particulièrement souvent dans les entretiens.

Les conseillers ne vivent évidemment pas de manière uniforme cette domination symbolique du champ juridique. On peut sommairement distinguer deux pôles dans la population des conseillers. Un certain nombre sont familiers du droit, qu'ils soient par exemple anciens avocats ou, plus souvent, juristes d'entreprises ou salariés dans un service de ressources humaines. Leurs diplômes universitaires, mais aussi leur activité professionnelle, leur ont permis d'acquérir les dispositions propres au champ juridique, qu'ils réactivent dans leur action prud'homale : formalisme, jeu avec les codes, connivence tacite avec les professionnels du droit, rejet d'une définition syndicale de leur rôle... À l'inverse, on trouve à l'autre pôle nombre de conseillers autodidactes, seulement détenteurs du certificat d'études primaires ou d'un diplôme professionnel (CAP ou BEP), parfois en délicatesse, au début de leur mandat, avec la maîtrise des « formes scripturales-scolaires » qui sont de règle aux prud'hommes [Lahire, 1993], et qui ne vivent pas toujours bien ce rappel à « l'ordre des choses », c'est-à-dire à l'opposition entre culture manuelle et culture intellectuelle [Grignon, 1971], qui régit encore aujourd'hui le monde social.

Mais ces conseillers ne sont pas entièrement démunis face à la force de l'ordre symbolique propre au champ juridique : en tant que syndicalistes, ils détiennent un ensemble de ressources, un « capital collectif » [Bourdieu, 1981] issu du mandat que leur a confié leur organisation, et qui leur permet de réduire une partie du handicap. Il peut s'agir des formations juridiques initiées par les syndicats ou les organisations patronales, qui permettent aux élus de jouer leur rôle et de se présenter comme des acteurs légitimes de l'institution prud'homale. Mais plus encore, ils détiennent de leur élection une légitimité politique forte, qui les autorise à refuser d'entrer dans le jeu proprement juridique et judiciaire en se réclamant d'une logique alternative : cela leur donne suffisamment de force pour s'opposer aux rappels à l'ordre des professionnels du droit. Dans les entretiens, ils minimisent ainsi l'importance de la prestation de serment en début de mandat, refusent la solennité des audiences, s'efforcent de faire taire les avocats et s'emportent contre ceux dont ils estiment qu'ils « manquent de respect » à l'institution[3]. Ils rappellent en cela que les conseillers prud'hommes ne sont pas seulement des juristes, mais qu'ils sont d'abord et avant tout des syndicalistes, qui mobilisent le droit dans le cadre de la défense de leurs mandants.

DES REPRÉSENTANTS PROFESSIONNELS

Les conseillers prud'hommes sont donc aussi et parfois avant tout des professionnels de la représentation, au sens où, on l'a vu, leur activité juridique et judiciaire est aussi une activité de délégation de leur organisation syndicale ou patronale et de représentation de leurs pairs. Une analyse de l'identité des conseillers prud'hommes permet alors de revenir sur les conditions d'exercice de la représentation du monde du travail.

Un militantisme « expert »

Les conseillers prud'hommes incarnent un type d'activités syndicales bien particulier, celles qui s'appuient sur une expertise et une technicité : depuis la naissance du syndicalisme à la fin du XIXe siècle, les conseillers prud'hommes jouent le rôle d'experts en droit dans les organisations, à tel point qu'au moment de l'émergence des services juridiques dans les syndicats, ils en sont devenus les premiers acteurs [Willemez, 2003]. Aujourd'hui encore, les conseillers prud'hommes occupent une position particulière dans les organisations : militants locaux, ils ne sont pourtant pas de « simples » syndicalistes puisqu'ils détiennent des compétences relativement rares qui leur donnent souvent une posture quelque peu surplombante. Ils sont en quelque sorte les intellectuels des structures locales et détiennent une part du « capital » juridique de leur organisation, capital qui leur est pourtant en partie dénié lorsqu'ils se retrouvent face aux professionnels du droit.

---

3. Le conflit se focalise ainsi autour du « renvoi » : les audiences sont souvent écourtées par un nombre important de renvois, les avocats affirmant ne pas pouvoir plaider du fait par exemple de l'arrivée tardive des dernières pièces de la partie adverse. Les conseillers considèrent ces renvois comme une marque de mépris et s'efforcent de lutter contre ces pratiques.

C'est ce qui permet en premier lieu de montrer que le « militantisme expert » qui se développe depuis quelques décennies ne constitue pas une véritable nouveauté : on peut même affirmer que s'il s'est généralisé à l'économie, à la comptabilité ou encore à la gestion managériale [Guillaume et Mouret, 2004], les conseillers prud'hommes en constituent le modèle originel, dont il faudrait montrer l'essor et l'hybridation dans les autres arènes syndicales et professionnelles. Les conseillers prud'hommes ont ainsi été les premiers véritables militants experts, très bons connaisseurs du droit de ce que l'on appelait la « législation ouvrière », exerçant des activités de consultation juridique en direction des adhérents et rédigeant des articles dans les journaux syndicaux [Olszak, 1987].

Il n'a donc pas fallu attendre la crise du syndicalisme, le développement du paritarisme nécessitant la professionnalisation du rôle de « négociateur », ou encore l'essor de ce que l'on a pu appeler le « syndicalisme de services » pour que se constitue une forme de militantisme syndical fondé sur la maîtrise d'une expertise technique spécialisée. Les entretiens avec les responsables juridiques des confédérations syndicales ou patronales nous ont d'ailleurs renvoyé aux débats du début du XIXe siècle sur les dangers d'une autonomisation des techniciens, susceptible de mettre en danger l'homogénéité de la ligne syndicale. De fait, les craintes souvent exprimées à l'endroit des « électrons libres » que seraient certains conseillers prud'hommes ne peuvent pas ne pas rappeler, un siècle plus tard, les critiques adressées dès 1911 par Roberto Michels envers les militants du parti ouvrier : « le mécanisme du parti socialiste offre aux ouvriers, grâce aux nombreux postes rétribués et honorifiques dont il dispose, une possibilité de faire carrière, ce qui exerce sur eux une force d'attraction considérable. Il en résulte qu'un certain nombre d'ouvriers, plus ou moins doués au point de vue intellectuel, se trouvent transformés en employés menant une existence de petits bourgeois, mis dans la nécessité d'acquérir aux frais de la masse une instruction supérieure et une vision plus nette des rapports sociaux. » [Michels, 1971, p. 76].

La réalité semble pourtant bien différente et donne lieu à peu de « dérapages » ou de sortie symbolique des organisations. Il reste que le développement de ces représentants professionnels demeure un problème important pour des organisations prises dans une double contrainte : d'une part la nécessité de proposer une expertise, alternative à celle des parties adverses, et qui lui permette d'être prise au sérieux et de revendiquer une légitimité dans le champ syndical ; d'autre part l'exigence, consubstantielle à son existence, de contrôle de la fidélité de ses membres à sa ligne, à sa cohérence et à ses prescriptions.

Des militants professionnels

L'insistance sur l'expertise militante des conseillers prud'hommes permet aussi de revenir sur les trajectoires qui conduisent des individus vers un engagement à forte dimension technique et fondé sur un ensemble des connaissances et de compétences spécifiques. Même si les recherches sociologiques publiées ne sont guère nombreuses concernant les permanents des organisations syndicales et pour l'instant quasi-absentes pour ce qui est des organisations patronales, il est intéressant de montrer de quelle manière, prenant appui sur cette expertise technique, le militantisme peut devenir pour les individus une carrière, au sens ordinaire du terme. D'une manière générale, cette professionnalisation de l'engagement renvoie à un ensemble de processus de reconversion et de réutilisation de savoirs, de savoir-faire et de compétences, et donc à l'absence de solutions de continuité entre l'espace professionnel proprement dit et l'espace militant [Collovald, 2002].

De fait, les militants syndicaux ou patronaux qui entrent aux prud'hommes reconvertissent dans ces lieux des savoirs, des savoir-faire, et plus largement des dispositions acquises dans d'autres sphères, qu'il s'agisse de l'univers de l'école, des loisirs et des sociabilités, ou encore de l'activité professionnelle. Tel conseiller, directeur des ressources humaines, poursuit aux prud'hommes son activité de gestion du personnel alors même qu'il a été mis à la retraite ; tel autre, qui a dû interrompre prématurément des études de droit, trouve dans les prud'hommes l'occasion de retrouver sa vocation première ; tel autre, encore, victime de formes de discrimination syndicale, voit dans les prud'hommes une occasion d'exercer une activité « intéressante » et qui correspond à sa qualification... En ce sens, la prud'homie peut être considérée, pour un certain nombre de conseillers, comme un « univers de consolation » [Poliak, 2006] ou plus largement de rattrapage scolaire, social et professionnel, alors qu'il est pour d'autres un lieu d'ascension sociale ou encore de reconversion militante.

Mais ces processus de reconversion jouent aussi en aval, lorsque les organisations se voient confrontées à des questions de mobilité de leurs permanents ou même de reconversion de ceux-ci dans d'autres milieux professionnels [Guillaume et Pochic, 2006 ; Ubbiali, 1999]. Et de fait, probablement plus que pour d'autres types d'action, le militantisme juridique et prud'homal autorise ces reconversions. Si très peu de conseillers sont devenus ensuite avocats ou ont réussi à entrer à l'École nationale de la magistrature, ils sont nombreux à avoir repris des études, en particulier des études de droit, ou à affirmer qu'ils souhaitent le faire. Les récentes dispositions facilitant « la formation tout au long de la vie », promues d'ailleurs par les organisations syndicales, sont souvent l'objet d'une attention particulière. C'est notamment le cas pour la validation des acquis de l'expérience (VAE), désormais ouverte aux acquis non-professionnels, qui donnent lieu à de nombreuses réflexions de la part des syndicats et des militants, et dont les conseillers prud'hommes ont été les premiers à bénéficier. On le comprend mieux quand on sait à quel point la VAE s'appuie sur une logique de formalisation des activités et des expériences en termes de compétences

[Neyrat, 2007] : il est dès lors particulièrement facile de transférer en compétences, et donc en diplômes ou en partie de diplômes, le travail du conseiller prud'homme. S'il est vrai que les conseillers n'ont pas attendu la VAE pour aller (ou retourner) en faculté de droit sur le mode classique de la promotion culturelle et de la formation d'adultes, les nouveaux dispositifs constituent une aubaine pour des militants qui, par le fait de l'acceptation croissante de l'idée que les engagements apportent des gratifications, voire des « rétributions », conçoivent leur activité prud'homale comme une étape parmi d'autres de leur existence [Willemez, 2007].

Une représentation spécifique du monde du travail

Les conseillers prud'hommes sont donc des syndicalistes juristes, qui à ce titre jugent leurs pairs. Mais pour autant, le mode d'élection et l'organisation interne du conseil fait d'eux des représentants d'un monde du travail spécifique : celui de l'industrie ou celui du commerce par exemple. Plus encore, leur fonction de juge les conduit à prendre des décisions sur des activités professionnelles et des relations de travail précises et concrètes : est-il légitime de licencier tel informaticien pour incompétence professionnelle ? Comment un chef de chantier du bâtiment doit-il s'adresser aux ouvriers sur le chantier ? Est-ce qu'un vigile de nuit se doit de réaliser des rondes perpétuellement ? Autant de questions auxquelles les conseillers prud'hommes doivent sans cesse répondre, et pour cela faire décrire aux parties, pendant l'audience, les conditions réelles de l'activité professionnelle, puis en faire le récit dans le jugement qu'ils rédigent. C'est aussi en cela que les conseillers prud'hommes représentent doublement leurs pairs, au sens où ils donnent une figuration de leur activité, en même temps qu'ils parlent en leur nom. Si c'est bien la fonction des représentants syndicaux de figurer l'activité professionnelle et de porter la parole de ceux qui l'exercent en s'exprimant à leur place, alors les conseillers prud'hommes peuvent être considérés comme des représentants idéaltypiques : confrontés perpétuellement à des activités professionnelles dont ils doivent démêler les fils, même ceux qui sont retraités ou sont devenus de véritables « professionnels des prud'hommes » restent en contact avec le monde du travail.

Leur activité de représentants du monde du travail est donc à mi-chemin entre analyse localisée et « montée en généralité » des conditions d'exercice de l'activité professionnelle. Les jugements rendus par les conseils révèlent particulièrement clairement ce processus complexe de représentation : la mise à plat des faits et des « moyens des parties », préalables à l'explication de la décision, s'appuient sur une description parfois très précise des missions du salarié, de l'organisation de la production à laquelle il participe, des difficultés dans les relations avec l'employeur. Mais dans le même temps, il s'agit bien pour le conseil de mettre en relations des conditions concrètes d'activité avec des catégories juridiques plus larges, et de réaliser un travail de mise en équivalence. Dans cette perspective, on comprend en quoi les conseillers prud'hommes exercent une forme spécifique de représentation des intérêts professionnels, qui s'appuie sur le caractère juridique de leur intervention dans le monde du travail.

CONCLUSION

La « professionnalité » portée par les conseillers prud'hommes renvoie donc à une identité sociale complexe, fondée à la fois sur une position ambiguë aux frontières du champ juridique et sur une activité singulière de représentation syndicale et professionnelle de leurs mandants. Une analyse de ce type de rôle permet par conséquent de réfléchir aux frontières des groupes professionnels, mais aussi aux « effets de champs et aux effets de corps » qui en sont une des manifestations [Bourdieu, 1985] : l'espace prud'homal est ainsi traversé par des logiques professionnelles diverses et contradictoires, qui correspondent à des formes de légitimités opposées. On voit dès lors la nécessité de ne pas concentrer l'analyse sur les groupes professionnels les plus affirmés et les mieux construits, mais plutôt de saisir de manière relationnelle les différents acteurs d'une configuration sociale et d'intégrer à l'analyse aussi bien la manière dont ceux-ci perçoivent leur rôle professionnel, les interactions qu'ils ont avec leurs partenaires et concurrents, les appartenances et les trajectoires sociales qui les ont menés à occuper cette place. Ainsi, on ne comprend, par exemple, l'étrange identité juridico-syndicale des conseillers prud'hommes qu'en analysant les rapports complexes qu'ils ont avec les avocats, de même qu'on ne saisit la diversité de leurs manières d'être conseillers qu'en revenant sur leur rapport au droit, et plus largement au monde scolaire et aux catégories intellectuelles.

Mais une enquête sur les conseillers prud'hommes offre aussi des outils pour analyser le syndicalisme comme activité professionnelle : parce que le droit reste cette activité particulière tendant à séparer « clercs » et « profanes », les syndicalistes spécialisés dans le droit sont enclins, plus que les autres professionnels ou quasi-professionnels de la représentation syndicale, à percevoir leur action syndicale comme un métier produisant rétributions et formes de distinction. Mais pour mieux comprendre ces postures « séparatistes », il est nécessaire de ne pas en rester à l'analyse des carrières individuelles, en réinsérant dans l'enquête les dispositifs de l'organisation pour à la fois prendre acte des aspirations de ses militants à une certaine professionnalisation et rappeler l'exigence de fidélité qui lui est due.

BIBLIOGRAPHIE

ABBOTT A. (1988), *The System of Professions : An Essay on the Division of expert Labour*, University of Chicago Press, Chicago.

BANCAUD A. (2002), *Une exception ordinaire. La magistrature en France 1930-1950*, Gallimard, Paris.

BOLTANSKI L. (1969), *Prime éducation et morale de classe*, Éditions de l'EHESS, Paris.

BOURDIEU P. (1981), « La représentation politique. Éléments pour une théorie du champ politique », *Actes de la recherche en sciences sociales*, n° 36-37, p. 3-24.

BOURDIEU P. (1985), « Effet de champ et effet de corps », *Actes de la recherche en sciences sociales*, n° 59, p. 73.

BOURDIEU P. (1986), « La force du droit », *Actes de la recherche en sciences sociales*, n° 64, p. 5-19.

COLLOVALD A. (2002), « Pour une sociologie des carrières morales des dévouements militants », *in* A. COLLOVALD (dir.), *L'Humanitaire ou le management des dévouements*, Presses Universitaires de Rennes, Rennes, p. 205-254.

GUILLAUME C. et MOURET B. (2004), « Les élus de comités d'entreprise : de l'institutionnalisation à la professionnalisation ? », *Revue de l'IRES*, n° 4.

GUILLAUME C. et POCHIC S. (2006), « Carrières militantes à la CFDT. Regards de sociologues du travail sur les phénomènes de professionnalisation et de promotion », colloque *Continuités et discontinuités militantes,* Université de Lille-II.

GRIGNON C. (1971), *L'Ordre des choses*, Éditions de Minuit, Paris.

HUGHES E.C. (1996), *Le Regard sociologique*, Éditions de l'EHESS, Paris.

LAHIRE B. (1993), *Culture écrite et inégalités scolaires. Sociologie de « l'échec scolaire » à l'école primaire*, Presses universitaires de Lyon, Lyon.

MAUGER G. (dir.), (2007), *Droits d'entrée : modalités et conditions d'accès aux univers artistiques*, Éditions de la MSH, Paris.

MICHEL H. (2007), « Les carrières prud'homales au prisme de la justice. Distance au rôle judiciaire et redéfinition de pratiques sociales », *in* H. MICHEL et L. WILLEMEZ (dir.), *La Justice au risque des profanes*, PUF-CURAPP, Paris, p. 183-198.

MICHEL H. et WILLEMEZ L. (2007), « Les conseils de prud'hommes entre défense syndicale et action publique. Actualité d'une institution bicentenaire », Rapport pour la Mission Droit et justice, juin.

MICHEL H. et WILLEMEZ L. (dir.) (2008), *Les Prud'hommes. Actualité d'une justice bicentenaire*, Éditions du croquant, Bellecombe-en-Bauge.

MICHELS R. (1971), *Les Partis politiques*, Flammarion, Paris, (1ʳᵉ édition, 1911).

NEYRAT F. (dir.) (2007), *La Validation des acquis de l'expérience. La reconnaissance d'un nouveau droit*, Éditions du croquant, Bellecombe-en-Bauge.

OLSZAK N. (1987), *Mouvement ouvrier et système judiciaire (1830-1950)*, thèse pour le doctorat de droit, université Strasbourg-III.

POLIAK C. (2006), *Aux frontières du champ littéraire. Sociologie des écrivains amateurs*, Economica, Paris.

RETIÈRE J.-N. (2007), « La (bonne) volonté de juger des assesseurs au tribunal pour enfants », *in* H. MICHEL et L. WILLEMEZ (dir.), *op. cit.*, p. 165-182.

UBBIALI G. (1999), « La reconversion des professionnels du militantisme », *Travail et emploi n° 80*, p. 141-155.

VAUCHEZ A. (2004), *L'Institution judiciaire remotivée. Le processus d'institutionnalisation d'une « nouvelle justice » en Italie (1960-2000),* LGDJ, Paris.

VAUCHEZ A. (2008), « Le juge, l'homme et la "cage d'acier". La rationalisation de l'activité judiciaire à l'épreuve du "moment Outreau" », *in* H. MICHEL et L. WILLEMEZ (dir.), *op. cit.*, p. 31-52.

WILENSKY H. (1964), « The professionalization of everyone ? », *American Journal of Sociology*, vol. 70 (2), p. 137-158.

WILLEMEZ L. (2008), « Activités judiciaires et trajectoires juridiques. Les conseillers prud'hommes et le droit du travail », *in* H. MICHEL et L. WILLEMEZ (dir.), *op. cit.*, p. 121-136.

WILLEMEZ L. (2007), « Faire fructifier son engagement : conséquences et limites de la validation des expériences militantes », *in* F. NEYRAT (dir), *op. cit.*, p. 377-394.

WILLEMEZ L. (2003), « Quand les syndicats se saisissent du droit : invention et redéfinition d'un rôle », *Sociétés contemporaines*, n° 32, p. 17-38.

23

Les experts associatifs, entre savoirs profanes, militants et professionnels

Yves Lochard

Maud Simonet

Comme le donne à entendre le titre évocateur de l'ouvrage d'Epstein, *Impure Science*, la mobilisation des associations dans la lutte contre le sida s'est essentiellement déroulée sur le terrain du savoir. Emblématique par son ampleur, ses enjeux, la force et le succès de sa mobilisation, l'exemple du sida est loin d'être un cas unique. Nombreux en effet sont les travaux français comme anglo-saxons à avoir mis en lumière que l'expertise était devenue une ressource majeure des associations pour se faire entendre et défendre leurs causes, à côté des registres plus traditionnels du scandale et du nombre [Offerlé, 1998].

Ce « militantisme de dossier et de contre-expertise » [Ollitraut, 1996] ne se contente pas des répertoires classiques de la mobilisation de masse ou même de l'action politique. Il y adjoint et parfois en première ligne, le développement d'une expertise propre, à la fois quasi scientifique, à tout le moins technique, assise sur la connaissance – du droit, de la santé, de l'environnement, des sciences sociales... – mais aussi ancrée dans l'expérience de ceux qui se mobilisent ou pour qui l'on se mobilise.

En se portant sur le front du savoir, les associations se confrontent souvent avec des experts déjà en place, ceux dont la profession a institué le monopole qu'il s'agisse des « professionnels du jugement thérapeutique » [Löwy, 2000, p. 36] – cliniciens, pharmacologues, biologistes, épidémiologistes, statisticiens – dans le cas du sida, des ingénieurs dans celui des mobilisations autour de l'environnement ou des juristes à propos des questions de droit des étrangers. Dans tous ces cas, l'émergence d'une expertise associative interpelle le savoir des professionnels et interroge la nature de ces savoirs « militants » qui viennent le concurrencer mais aussi le compléter. Avec la figure des *lay consultants*, ces acteurs auprès desquels les profanes vont chercher de l'aide avant de s'adresser aux professionnels, Freidson, dès les années 1960, puis Becker plus récemment, ont attiré l'attention sur les savoirs existants dans la culture profane et leur possible concurrence avec ceux construits par les, et reconnus aux, professionnels. Le recours à l'expertise des associations marque-t-il la reconnaissance d'un savoir profane ? L'expertise associative est-elle une « expertise profane » et dans quelle mesure, à quelle condition, remet-elle effectivement en cause le monopole des professionnels ?

LE SAVOIR ASSOCIATIF, UN SAVOIR PROFANE ?

Les savoirs des profanes sont fondés sur l'expérience. Ce sont des savoirs situés, « produits par des acteurs sociaux sur la base de leur place dans la société. » [Epstein, 2001, t. 2, p. 234-235]. Si les associations se sont bien appuyées sur l'expérience de leurs membres pour construire des savoirs spécifiques et prétendant à ce titre prendre place dans le débat public, l'expertise associative ne se limite pas à la production d'un savoir propre. Elle consiste également à mobiliser les savoirs « établis » des professionnels. Le processus d'« expertification » qui implique parfois de maîtriser les registres discursifs mais aussi techniques des professionnels conduit alors à s'interroger sur le caractère profane de ces « lay experts ».

Les associations et le savoir : de l'usage à la production

Quitter le champ du savoir des professionnels, ce n'est pas entrer pour autant dans le territoire du non-savoir. Comme l'ont montré Freidson à propos de la maladie puis Becker sur d'autres terrains (l'usage de drogue, l'informatique...), il existe un savoir profane qui naît ou se revendique d'une expérience que le profane détient en propre, que le professionnel ne peut lui disputer et qui fonde sa prétention à la reconnaissance. Ainsi du savoir des usagers de drogues qui est acquis au cours de l'expérience de cette pratique et qui se distingue des résultats de la recherche académique du fait qu'il s'agit d'un savoir incorporé. « *They carry the results with them* », note Becker au sujet de ces profanes qui ont une connaissance des effets de la drogue qui échappe au professionnel non usager [2006, p. 71].

Dans la construction d'un savoir propre, les associations s'appuyant sur l'expertise se sont souvent revendiquées d'un savoir profane, fondé sur une expérience à laquelle les professionnels n'avaient pas accès et qui faisaient défaut à leur connaissance. « Tout comme les défenseurs de l'environnement [...] dont l'expertise repose sur le fait qu'ils "vivent et respirent" à l'épicentre d'un environnement pollué, les activistes du sida ont quelque chose à dire simplement à cause du lieu d'où ils parlent. » [Epstein, t. 2, p. 235] Devenus des « sujets parlants dans le champ du discours qui les intéresse » [Sarfati Larson, 1988, p. 33], les acteurs associatifs contestent alors la vérité du discours dominant. Ils promeuvent une conception alternative de la science qui réfute la démarche abstraite, transcendant le singulier, de la science « pure » pour lui opposer une prise en compte du local ainsi que celle du contexte moral, social et politique. Pour ces militants, « une science de qualité supérieure émerge *grâce* à la focalisation sur les désirs, les besoins et les attentes des patients » [Epstein, 2001, t. 2, p. 241]. De même, les attaques formulées par ATD Quart-monde à l'égard des professionnels des savoirs sur la pauvreté que sont les sociologues s'appuient sur ce déficit d'une connaissance « expérientielle » de la pauvreté qui seule pourrait déboucher sur une « science de la pauvreté » [Wresinski, 1974, p. 179].

Mais les savoirs issus de l'expérience ne constituent qu'une partie des savoirs revendiqués par les associations. Pour une large part, les « savoirs associatifs » sont constitués d'emprunts au monde savant, emprunts qui sont analysés et mobilisés dans une logique propre au monde associatif. Comment en effet participer à une controverse sur le nucléaire en faisant fi du capital de connaissances validées par des décennies de recherche dans ce domaine ? L'acteur associatif manifeste alors moins une prétention à une autorité scientifique propre qu'une volonté de faire fond sur les acquis de la science pour infléchir une politique, contester le bien-fondé d'un choix technologique, d'un site d'implantation, etc. Dans la pratique, une série d'agencements intermédiaires conjuguent un assentiment au registre savant, voire un recours aux savants eux-mêmes et une production de données propres en dehors de l'univers scientifique professionnel. Ainsi la Coordination des associations des riverains des usines d'équarrissage (Carue) constitue des banques de données photographiques qui ne sont exploitables qu'en mobilisant le savoir de virologues sur la question. « Si la Carue dispose d'un crédit photographique conséquent sur les conditions de circulation et de stockage des déchets d'abattoirs et d'un large accès aux media, il lui faut étayer sa dénonciation de données scientifiques sur les prions pour conforter sa posture de porte-parole. » [Estades et Rémy, 2006, p. 207]

De fait, l'expertise associative constitue rarement une mise en cause de la légitimité de la science. Ce recours à la science comme registre de mobilisation aurait plutôt tendance à entériner l'assentiment général donné à la raison scientifique dans la modernité [Lascoumes, 1994, p. 301-302]. Plus « pro-savoir » qu'« anti-science », pour reprendre la formule de Cozzens et Woodhouse [Epstein, t. 1, p. 202], ces associations qui entrent sur le front du savoir confirment la force de la science en tant que fondement principal de tout discours qui prétend être reçu comme vrai [Siméant, 2002, p. 22].

On le voit sur ces quelques exemples, il serait abusif d'identifier savoir associatif à savoir profane ; de postuler que le savoir associatif est par nature un savoir non-initié. Loin de constituer une entité simple, il forme à l'évidence un ensemble composite, hybride, non exempt de dettes à l'égard des continents du savoir les plus légitimes. Qu'en est-il du porteur de ces savoirs ? Constitue-t-il une figure plus unitaire que les savoirs qu'il détient ?

L'expert associatif est-il un profane ?

Quand bien même il s'appuierait sur ses ressources propres, l'expérience qu'il possède, pour fonder la légitimité du savoir qu'il met en avant, le *lay expert* est bien souvent amené à se faire savant au travers d'un processus de formation, qui peut aller d'une démarche d'autodidacte à un véritable apprentissage, en passant par des formes plus latentes de socialisation. Un exemple nous est fourni par Chambré sur le champ de la lutte contre le sida à New York :

> Harrington et d'autres membres des groupes activistes de traitement (Treatment Activist Groups) ont assuré eux-mêmes leur formation scientifique afin de pouvoir comprendre les mécanismes du sida et s'approprier les publications concernant les essais thérapeutiques, les tests de médicaments et les recherches scientifiques. En tant que *lay experts* ayant appris à maîtriser les savoirs et le langage scientifiques, ils ont été capables de rejoindre le cercle des chercheurs et des cliniciens. [Chambré, 2006, p. 152]

Ainsi, ce type de mouvements sociaux ne se contentent pas de contester les experts, ils contribuent à en produire de nouveaux par des processus « d'expertification » : « celui qui participe à un tel mouvement assimile la connaissance de base inhérente à ce domaine de façon à devenir une sorte d'expert ; plus généralement, de tels participants transforment les mécanismes mêmes par lesquels l'expertise se définit et est reconnue socialement. » [Epstein, t. 1, p. 201].

Que reste-t-il alors de « profane » à ces *lay experts* qui siègent et débattent avec les scientifiques dont ils maîtrisent tout à la fois le langage et les connaissances ? Beaucoup sont devenus des initiés, admis par les spécialistes et ayant accès aux mêmes données. Le savoir des associations sur le sida dépasse fréquemment celui des médecins de base. Mieux, nombreux sont les professionnels, ou d'anciens professionnels de la science, dans ces instances de production d'un savoir militant. Ainsi dans une instance comme l'Observatoire national de la pauvreté et de l'exclusion sociale (Onpes), qui a pour objet de croiser les savoirs académiques et associatifs sur la pauvreté, le militant choisi pour représenter l'une des associations sera un ancien chercheur démographe [Lochard et Simonet, 2003]. Des associations comme le Gisti ou le groupe lyonnais Tibérius Claudius qui utilisent le droit dans un but militant de défense des étrangers et sont reconnues comme de véritables expertes en la matière, par les pouvoirs publics eux-mêmes, sont essentiellement composées de professionnels de la connaissance juridique [Marek, 2003]. De même, Aides, dès les années 1986-1987, compte une proportion importante de salariés issus du secteur sanitaire [Fillieule et Broqua, 2000].

Il convient donc de garder à l'esprit combien les frontières entre univers savants et univers militants sont tout à la fois « poreuses » et « mouvantes » pour reprendre les termes de Siméant. L'expert associatif a bien pour spécificité d'emprunter à ces deux registres de légitimation que sont la compétence scientifique et l'action politique « la position d'expert-militant leur permet [tant] de jouer au scientifique ou à l'activisme selon les cas » [Ollitraut, p. 157]. Si l'acteur collectif, l'association, se positionne comme non spécialiste, les acteurs individuels ne le sont pas forcément et le militant produisant du savoir a souvent, comme on l'a vu, un pied dans le champ scientifique. Tant les processus de professionnalisation que le phénomène des doubles casquettes invitent à « éviter, comme y encourage Epstein, de réifier les catégories de « profanes » et de « professionnels » comme s'il s'agissait « d'entités monolithiques ou invariantes » [Epstein, t. 1, p. 213]. Du « professionnel militant » au « profane compétent », les experts associatifs mettent en exergue la question de la multi-positionnalité, de la pluri-appartenance, et des trajectoires, des carrières qui s'accomplissent au cœur de ces différents univers.

L'étanchéité des cultures profanes et professionnelles pensées par Freidson et Becker dans le cadre de leur analyse du *lay expert* apparaît alors ici quelque peu surestimée. La réalité que l'on observe est sans doute plus proche du modèle du « program professional » décrit par Wilensky [1964]. Se prévalant à la fois d'une compétence professionnelle et d'un engagement fort autour d'une question sociale (le racisme, le logement, l'environnement...), il fait « le lien entre culture professionnelle et culture civile, l'homme de savoir et l'homme de pouvoir » (p. 158) en se rendant indispensable sur la question. Là où le *lay consultant* est analysé par Freidson et Becker comme un intermédiaire, à l'intersection des systèmes profanes et professionnels, Wilensky met l'accent sur la circulation de ces « program professional » à l'intérieur de plusieurs univers :

> En circulant entre des positions variées – dans des agences gouvernementales et privées, des organisations civiques, des fondations, des universités – il enrichit tout à la fois ses compétences et ses référentiels politiques ou philosophiques [*ibid.*, 158].

Plus qu'un intermédiaire ou même un personnage venant prendre place dans un continuum entre profane et professionnel, la figure de l'expert associatif se décline ainsi au pluriel, en une nébuleuse d'acteurs qui circulent entre champ professionnel et engagement politique, entre la profession, les associations et les institutions publiques.

LES EXPERTS ASSOCIATIFS ENTRE LES PROFESSIONNELS ET L'ÉTAT

Loin d'être des entités isolées, les experts associatifs entrent donc dans une configuration qui les rend interdépendants – à la fois en concurrence et en coopération – des professionnels et des pouvoirs publics. Le mode de relations qu'ils établissent avec ces deux entités que sont l'État et la profession permet de dessiner deux figures idéaltypiques, celle de l'expert et celle du contre-expert, que l'on présentera rapidement ici. Mais penser l'expert associatif en relation c'est aussi questionner la place et la légitimité que les mondes professionnels et politiques lui accordent. Quelle place les mondes professionnels établis, installés, réputés pratiquer des formes de clôture de la profession, font-ils à ces experts associatifs qu'on pourrait à la manière d'Abbott qualifier de « would-be professionals » ? Enfin, quelle reconnaissance l'État, qui est seul en dernière instance à pouvoir l'offrir à ces prétendants, entend-il accorder à cette « autre » expertise ?

Figures de l'Expert : expert et contre-expert

À la figure de l'expert associatif, inscrit dans un rapport de complémentarité avec le savoir académique et ses institutions, et de collaboration avec les instances politiques, s'oppose sur un mode idéaltypique, celle du contre-expert, porteur d'un savoir critique qu'il met au service de la dénonciation et de la contre-proposition.

L'Union nationale interfédérale des œuvres et organismes privés sanitaires et sociaux (Uniopss) incarne de manière exemplaire la première attitude. Cela lui a valu d'être souvent présentée comme un « ministère privé des Affaires sociales » [Argoud, 1992]. L'association inscrit son action dans une culture de cogestion, préférant une logique de « social concerté » à une pression de type protestataire. Les projets de loi du secteur sanitaire et social lui sont régulièrement soumis et il est moins question pour elle de proposer des savoirs susceptibles d'inspirer des politiques alternatives, que de peser sur la décision en amont de celle-ci, de l'infléchir. Cet expert collectif se pose en interlocuteur naturel de l'Administration avec laquelle se noue un dialogue ininterrompu. L'Uniopss entend donc croiser « son » savoir associatif sur le secteur sanitaire et social à celui des acteurs politiques et scientifiques qui interviennent dans ce champ. La production de connaissances apparaît dans ce cadre comme un complément logique et nécessaire aux modes d'actions « traditionnels » de l'association.

Tout autre est la politique du savoir qui inspire l'action d'Act Up, bien analysée par Chambré ou Epstein aux États-Unis. Ses militants entendent entrer dans un jeu complexe de confrontations à la fois avec les chercheurs académiques (biologistes, épidémiologistes…), les hommes politiques et les responsables de la santé publique pour faire reconnaître un point de vue différent de la « bonne science ». Toute leur démarche a consisté à construire la légitimité d'une expertise (de) profane et à refuser que la science sur le sida procède de haut en bas, que les experts associatifs en soient réduits à diffuser des connaissances construites en dehors d'eux. En se concevant comme un producteur à part entière du savoir médical, Act Up met en crise à la fois la science académique sur le sujet (notamment les principes inspirant jusque-là les essais cliniques) et la politique de santé publique elle-même. Loin d'être un registre supplémentaire d'expression, le savoir apparaît là au fondement de l'action associative, de ce qui la mobilise et la met en action.

Si l'on peut assez bien situer les associations qui sont entrées sur le front du savoir dans cet espace de positions qui sépare l'expert du contre-expert, il convient toutefois de garder à l'esprit que derrière la diversité de ces politiques du savoir, de ces rapports au savoir et de ces rapports au politique, une même tension parcourt ces différentes figures de l'expertise associative. Si elle est une ressource, la coexistence – et donc l'articulation – d'une logique de l'action et d'une logique de la connaissance est loin d'aller de soi... et le militant devenu expert est sans doute confronté à des questions proches de celles qui se posent à l'expert-militant. À la diversité des politiques du savoir dans le monde associatif fait écho la diversité des rapports à l'engagement et donc la place accordée à ce type d'expertise militante chez les professionnels.

Les mondes professionnels et le savoir militant

Quelle place les mondes professionnels font-ils au « savoir militant » ? Dans quelle mesure et à quelles conditions sont-ils prêts à « croiser les savoirs », à entendre, voire à prendre en compte, ces critiques issues de collectifs qui, s'ils peuvent inclure de nombreux professionnels, ne parlent toutefois pas au nom de la profession. Sans nécessairement aller jusqu'à disqualifier « l'institution » (« la médecine », « l'INSEE », « le CEA »...), les expertises associatives participent à mettre son savoir et donc la légitimité de son monopole en question. Comment expliquer alors les alliances qui peuvent s'opérer entre professionnels et militants, la figure du « professionnel-militant » constituant le cas extrême de ce mélange des genres ?

Dans son analyse de l'expertise à Greenpeace France, Gallet met bien en lumière cette question des conditions de possibilité d'un savoir militant en l'abordant sous la double perspective de l'opposition entre sciences dures et sciences sociales d'une part, de celle des cultures nationales françaises et étrangères d'autre part. « Si sociologues et politologues ne cachent pas leur appartenance politique et associative, relève-t-il, physiciens et biotechnologistes sont priés de s'en affranchir durant l'exercice de leurs fonctions, voire en dehors de celles-ci ». Si Greenpeace obtient bien des soutiens de chercheurs de l'INRA ou du CNRS, ils sont majoritairement « officieux ». À l'inverse, l'organisation n'hésite pas à rendre public les soutiens de chercheurs étrangers. « Les systèmes étrangers de la recherche publique semblent donner davantage de liberté d'action et de parole aux chercheurs, là où en France, des relations avec des organisations subversives sont interprétées comme contraires à l'intérêt étatique. » [Gallet, 2002, p. 127].

Dans le domaine de la lutte contre le sida, Epstein montre, pour sa part, que le type de position occupée dans le monde professionnel peut être une condition structurante de l'engagement. Ainsi les médecins, inscrits par leur pratique de consultation dans un rapport avec les malades sont plus enclins que les chercheurs qui ne sont pas inscrits dans un tel rapport, à faire alliance avec les activistes et prendre en compte le « savoir expérientiel » que ceux-ci mettent en avant. Culture nationale, traditions disciplinaires, position dans le monde professionnel... autant de facteurs qui dessinent des conditions de possibilité variables et variées de connivence entre savoirs profanes et savoirs professionnels.

Enfin, le choix d'engagement des professionnels peut procéder des modèles auxquels ils s'identifient, ces modèles étant eux-mêmes liés à des conjonctures sociohistoriques particulières. Ainsi « l'intellectuel spécifique » défini par Foucault ne « travaille plus dans « l'universel », « l'exemplaire », « le juste-et-le-vrai-pour-tous », mais dans des secteurs déterminés, en des points précis où les situent soit leurs conditions professionnelles, soit leurs conditions de vie (le logement, l'hôpital, l'asile, le laboratoire, l'université, les rapports familiaux). » [Foucault, 1995, p. 109]. Ce positionnement a conduit, dans les années 1970 et 1980, un certain nombre de professionnels (travailleurs sociaux, médecins, avocats, magistrats), « chacun en son lieu propre », à mettre leur situation d'expert au service d'une critique de la prison (Groupe d'Information Prison) ou encore des hôpitaux psychiatriques (GI Asile).

Un tel positionnement conduit ces professionnels à remettre en cause une partition tranchée entre la sphère de production de connaissances et la sphère militante et peut favoriser des échanges et des collaborations entre professionnels, savants et profanes. Des médecins peuvent ainsi se joindre à des groupes de patients pour réfléchir à des méthodes de production de connaissances médicales différentes de celles mises en œuvre dans les centres universitaires comme ces programmes de recherches en médecine de ville lancés par des séropositifs de New York avec des médecins engagés à leurs côtés. Ainsi s'instaurent des logiques de proximité, des « régimes du proche » [Thévenot, 1999] qui modifient les régimes d'engagement des professionnels et brouillent encore la frontière entre professionnels militants et experts profanes.

L'État et les experts associatifs : « l'invitation au temple »

La question de la place qui est faite à cette expertise sinon profane, à tout le moins « non professionnelle » pose *in fine* la question des rapports du professionnel, et plus fondamentalement du savoir, à l'État. Dans ces luttes pour la crédibilité, c'est l'État qui, en dernière instance, arbitre entre les différentes expertises. « Banque centrale de crédit symbolique » [Bourdieu], il garde la prérogative d'inviter et de couronner de nouveaux experts, aux côtés de ceux qui appartiennent à « la voie majeure d'institutionnalisation de l'expertise dans les pays industrialisés » [Abbott, 1988, p. 323] – c'est-à-dire la profession.

En les invitant dans diverses instances de production de savoirs comme porteurs d'une expertise de la « société civile », les pouvoirs publics élèvent à la dignité sinon de savant au moins de « sachant » des experts profanes qui sont jugés mériter de contribuer à la construction des politiques publiques ou apporter une connaissance par le bas.

Différentes lectures ont été proposées de cette invitation (des associations) au temple (politique) du savoir : certaines y voyant davantage une conquête des associations, d'autres une initiative politique dans un contexte de plus en plus marqué d'orientation participative. Sans que cela soit systématique, ces différentes lectures de l'avènement d'une expertise associative s'accompagnent souvent d'une évaluation de l'efficacité de cette ouverture démocratique, sinon des raisons de sa mise en œuvre par l'État. La reconnaissance institutionnelle d'un savoir associatif constitue-t-elle une réelle avancée ou un simple affichage « démocratique » ?

Envisager la reconnaissance de la capacité d'expertise des associations comme une victoire associative ou comme une ruse de l'État, c'est faire porter l'éclairage sur l'un ou l'autre des deux thèmes de cette relation, plutôt que de la regarder dans son intégralité et dans sa complexité. Comme le souligne Fassin, « l'expertise a d'autant plus d'autorité auprès de l'administration qu'elle produit scientifiquement la définition qui organise déjà la pensée d'État ». Toutefois, ajoute-t-il, « les acteurs sociaux peuvent bousculer la définition circulaire qu'échangent l'État et les savoirs d'État ; ils ébranlent parfois cette reproduction à l'identique » [Fassin, 2005, p. 154-155]. Plutôt que de trancher entre ces deux positions sans doute convient-il d'appréhender pragmatiquement, au cas par cas, les formes d'invites reçues comme les conquêtes arrachées par les associations sur ce terrain du savoir ainsi que leurs répercussions politiques. Si Chambré ou Epstein montrent bien comment les associations en entrant sur le front du savoir ont réussi à changer la donne et scientifique et politique, Collovald dresse à partir de l'humanitaire un constat plus nuancé. La cause humanitaire a été réappropriée par l'État et ses experts, intégrée dans « un schème de pensée bureaucratique, le développementalisme » qui en la technicisant la dépolitise [Collovald, 2002, p. 24].

Enfin, et quand bien même elle relèverait de la conquête, cette invitation au temple du savoir peut être entravée par toute une série de phénomènes qui en atténuent la portée. Être déclaré « partenaire » ne suffit souvent pas à être reconnu effectivement comme tel. L'invitation à la table n'est jamais une garantie de prise de parole. Encore moins l'assurance de se faire entendre. Ainsi, en installant ces experts associatifs dans des commissions et diverses instances de partenariat, l'État les expose à la confrontation avec d'autres experts et relativise leur apport. Il ramène ainsi ce qui se voudrait une expertise potentiellement exclusive au rang de point de vue parmi d'autres. De la sorte, en élevant l'expert associatif à une forme de dignité, il l'expose à se mesurer sur leur terrain avec les professionnels, les savants qui ont voix au chapitre par destination. Largement impulsée par l'État fédéral, l'arrivée des *civil members* dans les conseils médicaux aux États-Unis est loin d'avoir eu des effets homogènes [Horowitz, 2005]. Là où des juristes sont présents, ces membres publics, censés représenter le point de vue du patient ont réussi à modifier les modes de contrôle et de sanction de la profession médicale. Dans les conseils médicaux où ils se sont retrouvés en strict tête-à-tête avec les médecins, la présence des « civils members » n'a aucunement affecté les mécanismes d'auto-contrôle de la profession médicale.

CONCLUSION

Loin d'être unitaire, l'expert associatif apparaît bien comme une figure tout à la fois complexe et plurielle. Acteur individuel ou collectif, professionnel en exercice ou autodidacte en cours de formation, il échappe aux critères définitionnels classiques en ce qu'il enjambe bien des dichotomies qui permettent traditionnellement au sociologue d'ordonner la réalité étudiée. L'erreur serait de vouloir à tout prix chercher à le catégoriser. Au fil de l'analyse, il semble en effet que c'est sans doute moins dans sa dimension substantialiste que dans sa dimension performative, que l'expert associatif peut interroger et alimenter les réflexions de la sociologie des professions. Si l'expert associatif questionne les groupes professionnels, c'est peut-être moins par ce qu'il est, que par ce qu'il dit en essayant d'exister : à la fois la reconnaissance et les limites du pouvoir des professionnels.

BIBLIOGRAPHIE

ABBOTT A. (1988), *System of professions*, University of Chicago Press, Chicago.

ARGOUD D. (1992), « L'UNIOPSS : un « ministère privé des Affaires sociales » ? », *Revue française des affaires sociales*, n° 3, p. 93-104.

BECKER H. (2006), « The lay referral system », *Knowledge, Work & Society*, vol. 4, n° 2, p. 63-76.

CHAMBRÉ S. M. (2006), *Fighting for Our Lives : New York's AIDS Community And the Politics of Disease*, Rutgers University Press.

COLLOVALD A. (2002), « L'humanitaire expert : le désencastrement d'une cause politique », *L'humanitaire ou le management des dévouements*, PU de Rennes, coll. Res Publica.

EPSTEIN, S. (2001), *Histoire du sida*. 2 t., Les Empêcheurs de penser en rond (1996 pour l'édition originale *Impure Science. Aids, Activism and the Politics of Knowledge*, University of California Press, Berkeley et Los Angeles.

ESTADES J. et RÉMY E. (2006), « Les figures du « profane » dans l'évaluation des risques », *Les « sciences » de l'action publique*, PUG, p. 205-218.

FASSIN E. (2005), « Usages de la science et science des usages : à propos des familles homoparentales », *in L'Inversion de la question homosexuelle*, Éditions Amsterdam, Paris.

FILLIEULE O. et BROQUA C. (2000), « Raisons d'agir et proximité à la maladie dans l'économie de l'engagement à Aides, 1984-1998 », *in* A. MICOUD ET M. PERONI, *Ce qui nous relie*, éd. de l'Aube, La Tour d'Aigues.

FOUCAULT M. (1995), « La fonction politique de l'intellectuel », *Dits et Écrits*, Gallimard, Paris, t. II, p. 109.

FREIDSON E. (1960), « Client control and medical practice », *The American Journal of Sociology*, vol. LXV, n° 4, p. 374-382.

GALLET G. (2002), « L'expertise, outil de l'activisme environnemental chez Greenpeace France », *in* P. HAMMAN, J.-M. MÉON et B. VERRIER (dir.), *Discours savants, discours militants : mélange des genres*, L'Harmattan, Paris.

HOROWITZ R. (2005), « Autorisation d'exercice et contrôle disciplinaire de la pratique médicale aux États-Unis », *Revue française des affaires sociales*, n° 1, p. 271-301.

LASCOUMES P. (1994), *L'éco-pouvoir*, Editions La Découverte, Paris.

LENOIR R. (1997), « Le secteur social dans la tempête », *Union sociale*, n° 105, juin.

LOCHARD Y. et SIMONET M. (2003), *L'Expert associatif, le savant et le politique*, Syllepse, Paris.

LÖWY I. (2000), « Entre contre-expertise et consommation avertie : le mouvement associatif anti-sida et les essais thérapeutiques », *Mouvements*, n° 7, p. 32-38.

MAREK A. (2003), « L'usage militant de l'expertise juridique : le Gisti », *in* Y. LOCHARD et M. SIMONET M., *op. cit.*, p. 67-87.

OFFERLÉ M. (1998), *Sociologie des groupes d'intérêt*, Montchrestien, coll. Clefs, Paris.

OLLITRAUT S. (1996), « Science et militantisme : les transformations d'un échange circulaire. Le cas de l'écologie française », *Politix*, n° 36, p. 141-162.

SARFATI LARSON M. (1988), « À propos des professionnels et des experts ou comme il est peu utile d'essayer de tout dire », *Sociologie et sociétés*, vol. XX, n° 2, p. 23-40.

SIMÉANT J. (2002), « Friches, hybrides et contrebandes : sur la circulation et la puissance militantes des discours savants », *in* HAMMAN P., MÉON J.-M. et VERRIER B. (dir.), *op. cit.*, p. 17-53.

THÉVENOT L. (1999), « Faire entendre une voix : régimes d'engagement dans les mouvements sociaux », *Mouvements : sociétés, politique, culture*, n° 3, p. 73-82.

WILENSKY H. L. (1964), « The professionalization of everyone ? », *The American Journal of Sociology*, vol. LXX,, n° 2, p. 137-158.

WRESINSKI J. (1974), « Le rôle des associations non gouvernementales », *Droit social*, n° 11, p. 176-182.

24

Les développeurs de logiciels libres :
militants, bénévoles ou professionnels ?

Didier Demazière

François Horn

Marc Zune

Les logiciels libres sont diffusés gratuitement avec leur code source. Ils peuvent être utilisés et modifiés librement par quiconque, et ne sont ainsi la propriété de personne. Leur mise au point s'appuie sur la collaboration de développeurs, qui contribuent à l'écriture d'un logiciel, à ses mises à jour, sa diffusion, sa documentation, sa traduction, etc., et participent ainsi à la conception d'une œuvre commune. En principe, ces développeurs coopèrent à distance en mobilisant les ressources communicationnelles issues d'Internet : autour de chaque projet de logiciel se forme ainsi ce que le vocabulaire indigène désigne comme une « communauté ». Ce terme met l'accent sur le caractère bénévole et volontaire de la participation : les développeurs, en principe, ne perçoivent pas de rémunération pour leur contribution, ne sont pas tenus par des liens contractuels, ne sont pas soumis à des contrôles hiérarchiques.

D'emblée, l'activité de développement de logiciels libres apparaît hybride. D'un côté, elle relève du travail productif, dans la mesure où elle consiste à créer un logiciel et débouche – parfois – sur la mise au point de logiciels reconnus et efficaces, qui concurrencent leurs équivalents commercialisés par les grandes firmes informatiques. D'un autre côté, elle résulte d'engagements bénévoles, dans la mesure où elle rassemble des participants volontaires et non rétribués, qui trouvent dans leur contribution au groupe la possibilité de réaliser leurs intérêts, préférences ou aspirations personnels. D'ailleurs, les collectifs de développement, sont tantôt analysés sous l'angle de l'organisation du travail et de la gouvernance [Demazière *et al.*, 2007 ; Demil et Lecocq, 2006] et tantôt saisis à travers les orientations éthiques et les motivations de leurs membres [Himanen *et al.*, 2001 ; Hertel *et al.*, 2003].

Collectifs de production et collectifs d'engagement, ces groupes sont intrinsèquement composites. Cette particularité est analysée ici en interrogeant le statut social des participants, qui apparaît lui-même hétérogène : bénévoles au plan juridique, ils effectuent un travail productif, tout en poursuivant des buts militants, mais aussi en répondant à des exigences professionnelles, ou encore en exerçant une expertise technique, en satisfaisant à des objectifs d'efficacité, voire en concurrençant des activités marchandes. Bénévoles, travailleurs, militants, professionnels, experts, etc., les manières de considérer leur activité, et partant le rôle qu'ils y engagent et le statut qu'ils y actualisent, sont multiples. L'exploration de ces catégories ne sera pas réalisée d'un point de vue externe, appuyé sur des critères de définition fixés *a priori*. Partant de l'hypothèse que ces catégories ne sont, d'emblée, ni exclusives ni contradictoires, il s'agit d'en identifier et élucider les usages indigènes : comment les développeurs de logiciels libres conçoivent leur activité, et celle de leurs pairs ; plusieurs définitions de situations coexistent-elles, ou entrent-elles en concurrence ; des normes interprétatives émergent-elles, et quelle est leur force ?

Prenant appui sur une enquête ethnographique approfondie d'un groupe de développeurs, nous articulerons trois niveaux d'analyse : celui de l'histoire et de la trajectoire (de réussite) du groupe où émerge un modèle normatif du militant désintéressé qui cristallise l'identité du projet ; celui des biographies et des conditions de vie des participants où apparaît un spectre de situations et de régimes d'activité beaucoup plus large et diversifié ; celui des échanges et transactions au sein du groupe où se recomposent des figures hybrides associées à des légitimités variables.

LE MODÈLE DU MILITANT DÉSINTÉRESSÉ

Le logiciel libre n'est pas seulement le produit d'une activité de production, c'est aussi, et cela dès l'origine, le terrain de luttes militantes, investi par des courants idéologiques si diversifiés qu'ils constituent une « coalition improbable » [Blondeau et Latrive, 2000], mais qui se rejoignent néanmoins dans la défense des libertés des utilisateurs de logiciels et la lutte contre des monopoles, au premier rang desquels Microsoft. Ils ont également en commun de se référer à un modèle « du bazar » – qualifié ainsi par la littérature indigène –, caractérisé par différents traits situés à l'opposé des modes classiques d'organisation – définis, pour leur part, comme le « modèle de la cathédrale » : absence de coordination formelle, de cahier des charges et d'injonction temporelle ; forte décentralisation de l'activité auprès de contributeurs non sélectionnés ; leadership participatif encourageant l'imagination individuelle ; respect de la liberté d'implication, etc. Ce modèle a une valeur normative et non descriptive, et fonctionne comme référence centrale dans le monde social où se joue la « bataille du logiciel libre » [Perline et Noisette, 2004].

Un collectif de militants

Notre enquête porte sur une « communauté » emblématique de l'idéal promu par les partisans du logiciel libre. Elle développe un logiciel de publication dynamique sur Internet (dénommé Spip) qui est délibérément orienté vers les utilisateurs non-informaticiens, et qui privilégie pour cela une bonne accessibilité d'usage, servie par des interfaces commodes et des fonctionnalités simples. Ces spécificités techniques sont la traduction de l'histoire de ce projet, qui a été lancé dans les années 1990 au sein d'un milieu militant, promoteur d'un « Web indépendant »[1] et luttant contre la menace d'une mainmise commerciale sur la « liberté d'expression numérique ». Un collectif de développeurs s'est formé et élargi progressivement, autour d'un noyau initial de quelques membres très impliqués dans de multiples actions militantes. Le projet est donc solidement enraciné dans des orientations idéologiques contestataires ou anticapitalistes, et il a bénéficié rapidement d'une forte reconnaissance dans les milieux associatifs alternatifs.

Cette histoire a des conséquences directes sur les caractéristiques des contributeurs engagés dans ce projet, et plus encore sur les référentiels d'interprétation des engagements. Certes, la communauté d'expériences militantes partagées par les initiateurs tend à s'affaiblir à mesure que le nombre de contributeurs réguliers augmente et que leurs parcours biographiques se diversifient [Demazière et al., 2009]. Mais pour autant elle ne se dilue pas. En effet, une partie des participants plus récents ont eux aussi des expériences militantes assez proches, ou expriment des affinités idéologiques convergentes et marquent expressément dans les échanges entre développeurs leur adhésion à « l'identité politique de Spip » ou à « la philosophie de Spip » ; et c'est préférentiellement à eux que sont confiées, par les initiateurs, des responsabilités d'animation d'espaces de travail ou de conduite de sous-projets.

De plus, même si la participation au projet Spip est ouverte, en cohérence avec les exigences de mobiliser le plus largement possible des contributeurs actifs, des principes restrictifs opèrent néanmoins, qui, s'ils ne fonctionnent pas comme des filtres, limitent l'éventail des conduites licites au sein du groupe. Ici les participants sont exclusivement des individus, qui s'engagent en tant que personnes, à l'exclusion d'institutions ou de firmes qui parfois consacrent une partie de leurs ressources dans des projets de logiciels libres. De même, au sein du groupe, il est préconisé d'utiliser des adresses électroniques qui ne fassent pas référence à des appartenances organisationnelles, et en particulier à des firmes privées.

---

1. Les expressions placées entre guillemets ont été extraites des matériaux d'enquêtes (entretiens avec des participants au projet, documents et textes publiés sur les sites du projet).

Une norme générale du désintéressement

Certains épisodes sont des occasions privilégiées d'afficher une norme de désintéressement, plus large que la figure du militant. C'est le cas, par exemple, avec la tentative d'un prestataire informatique ayant développé de nouvelles fonctionnalités pour le compte d'une administration de reverser les développements réalisés au projet initial afin de l'améliorer et d'accroître sa crédibilité [Demazière *et al.*, 2006]. Elle a en effet provoqué des réactions d'hostilité et de rejet, argumentées par la dénonciation de risques de « récupération à des fins commerciales », par le refus d'ajuster les priorités de développement aux demandes de clients extérieurs, étrangers ou indifférents aux objectifs idéologiques originels, et par l'affirmation du caractère « désintéressé » du projet. Surtout, cette valeur du désintéressement est réaffirmée régulièrement sur les forums d'échange du projet, et se traduit dans un faisceau d'attentes à l'égard des participants : elle exige des conduites désintéressées, gratuites, bénévoles.

Le désintéressement apparaît comme une norme centrale, quasi impérative, qui constitue un ciment des « communautés virtuelles » [Proulx et Latzko-Toth, 2001]. Dans ces groupes fortement exposés aux risques de défection du fait de la distance relationnelle et de l'absence d'agenda précis ou de lieux spécifiques qui pourraient réguler les participations, cette norme consolide les liens d'affiliation en donnant une signification puissante à l'engagement et en constituant une force d'attraction et de rappel. Le désintéressement cristallise un modèle de développeur dont la vigueur normative est d'autant plus prégnante qu'il est abstrait, c'est-à-dire gomme les conditions de vie des participants, qui ne sont pourtant pas indépendantes des engagements.

Au sein du groupe, c'est à partir des caractéristiques de leur participation, et de leur proximité ou distance avec le modèle référentiel du militant, ou sa forme adoucie du contributeur désintéressé, que les développeurs sont identifiés. Les cadres de perception généraux en vigueur dans le groupe sont ainsi appliqués à des contributeurs abstraits, définis par leur implication et leur contribution dans le groupe et dissociés de tout attribut extérieur à cette activité bénévole. Or ils sont confrontés à des situations sociales et professionnelles très hétérogènes, qui interagissent avec les formes et modalités de leur participation.

L'ACTIVITÉ BÉNÉVOLE ET L'ACTIVITÉ RÉMUNÉRÉE

Le sens de l'engagement bénévole est enraciné dans des expériences et conditions biographiques, souvent négligées. Nous considérons ici les rapports entre activité bénévole et travail rémunéré, en faisant l'hypothèse qu'ils peuvent avoir des incidences sur le désintéressement. Nous ne nous situons pas au niveau des interprétations subjectives – elles seront prises en compte ultérieurement dans le cadre des échanges au sein du groupe- mais à celui des conditions de vie, et des inégalités de situation correspondantes, au regard de la norme du désintéressement. L'enquête biographique, conduite auprès d'une trentaine de contributeurs assez réguliers et stables au logiciel Spip, met en évidence une grande variété des combinaisons entre activité bénévole et rémunérée. Ces articulations entre engagements dans la communauté Spip et situations professionnelles s'organisent en quatre configurations.

Un premier ensemble se caractérise par l'absence d'activité professionnelle, et même par la fermeture des perspectives d'accès à l'emploi. Il recouvre des statuts hétérogènes : chômeurs, individus vivant de transferts sociaux ou domestiques, retraités ayant achevé leur parcours professionnel. L'engagement dans Spip est alors l'activité principale, sinon toujours en temps, du moins en termes d'utilité sociale. La participation a un rôle de pivot, au même titre que le travail rémunéré, mais reste totalement déconnectée de ce dernier, et se situe en ce sens dans le registre du bénévolat. Ce statut est d'autant plus affirmé que la participation à Spip est importante et prolonge d'autres activités militantes, ce qui signale le dévouement de ceux qui s'y adonnent. Quand les développeurs n'ont pas d'emploi, et guère d'espoir d'en obtenir un, leur contribution apparaît incontestablement comme une activité bénévole et désintéressée, voire militante.

Un deuxième ensemble se caractérise par une séparation nette et étanche entre la participation au projet et l'activité professionnelle. Il concerne des individus qui occupent des emplois variés mais éloignés de la gestion de sites web (employé, enseignant, cadre bancaire). Leur engagement dans Spip est effectué exclusivement sur le temps hors-travail : les soirées, les week-ends (et les nuits pour les plus actifs) sont les moments privilégiés pour la production de contributions et pour la participation aux fils de discussion. C'est un engagement bénévole, coupé de l'activité professionnelle, qui s'inscrit dans le temps libre, et, à ce titre, implique des articulations délicates et parfois conflictuelles avec la vie privée. Quand les développeurs ont un emploi sans lien avec Spip, leur contribution présente les traits classiques de l'activité bénévole, désintéressée et orientée vers autrui.

Un troisième ensemble se caractérise par l'intrication de la participation à Spip et des activités professionnelles. Il concerne des individus qui occupent des emplois dans divers secteurs (médias, enseignement supérieur, formation professionnelle, médecine libérale) et qui sont des utilisateurs de Spip dans le cadre de leurs activités professionnelles (concepteurs et gestionnaires de sites Internet par exemple). Dans ce cas, participer au projet permet d'améliorer les compétences mobilisées dans le cadre professionnel, donc procure des bénéfices professionnels. Toutefois, la plupart des contributeurs concernés ont une autonomie suffisante dans l'exercice de leur activité professionnelle pour s'impliquer dans le projet sur leur temps de travail, et accroître ainsi les ressources collectives. De plus, leur participation déborde très largement sur leur temps libre, d'autant que certains d'entre eux sont les plus fortement engagés dans le développement du logiciel et le pilotage du projet (et même dans son lancement). Surtout, elle s'inscrit dans un ensemble d'engagements militants au sein d'organisations politiques ou associatives qui contribuent à lui donner une signification autonome par rapport aux activités professionnelles. Le caractère bénévole et désintéressé de la participation des développeurs qui ont un emploi les amenant à utiliser le logiciel Spip, s'appuie sur l'importance de leurs contributions et s'alimente à leurs activités militantes.

Un quatrième ensemble se caractérise par une autre forme d'intégration de l'activité professionnelle et de la participation à Spip. Il concerne des individus qui, sous statut de salarié ou de consultant indépendant, commercialisent des services informatiques liés, partiellement ou en totalité, au logiciel Spip. Ce logiciel est donc au centre de leur activité professionnelle, certains d'entre eux en vivant même de manière exclusive. Leur participation est soutenue par une adhésion aux « principes » ou à « l'éthique du libre », mais elle s'apparente aussi à une stratégie d'investissement d'une niche commerciale. De fait, la vente de services exige une maîtrise approfondie du logiciel, que la participation bénévole au collectif de développement permet d'acquérir. Celle-ci apparaît donc soutenue par des intérêts professionnels consistants : leur contribution bénévole est difficilement dissociable de leur activité professionnelle rémunérée, de sorte qu'ils occupent une position floue par rapport à la norme de désintéressement.

Ces quatre cas de figure renseignent la grande variété de l'articulation des situations sociales et professionnelles à l'engagement dans le projet, d'autant plus que des passages d'une configuration à l'autre s'opèrent. Ces situations contribuent directement à construire la participation et l'engagement, parce que chaque configuration identifiée correspond à un rapport structurel spécifique entre l'activité bénévole investie dans le projet et l'activité professionnelle rémunérée. Selon que la seconde est inexistante, indépendante de, adossée à ou absorbée par la première, elle structure et situe les significations de la participation dans Spip dans un rapport variable avec la norme de référence de l'engagement désintéressé et militant. Chaque contributeur se trouve ainsi placé dans un rapport de distance/proximité avec ce référentiel.

Il convient maintenant d'examiner comment ces rapports font l'objet d'échanges et de débats au sein du groupe et sont investis de significations et de légitimités multiples.

FIGURES LÉGITIMES ET ILLÉGITIMES DE L'EXERCICE PROFESSIONNEL

La norme du désintéressement enracinée dans l'histoire militante du projet Spip n'entre pas automatiquement en concordance avec les situations biographiques des développeurs réguliers. Des décalages existent, qui font l'objet d'échanges au sein du groupe, de débats interprétatifs et de jugements de légitimité. La figure du client joue un rôle central dans les ajustements et compromis qui se construisent, car elle réfère à des pratiques professionnelles dont les articulations avec le désintéressement sont considérées comme problématiques.

Le rejet de la figure du client

L'ancrage du projet dans une mouvance militante de gauche et sa traduction dans un principe de désintéressement déconsidèrent *ipso facto* les usages commerciaux du logiciel. Plus déterminant pour la catégorisation des contributeurs, les pratiques de réponse à des besoins, demandes, ou exigences de clients sont dévalorisées et disqualifiées, car elles sont considérées comme des interférences incompatibles avec un pilotage autonome, collectif et collaboratif du projet, permettant le maintien de la fidélité aux orientations originelles : favoriser la liberté d'expression sur Internet par la conception d'un logiciel économe en ressources et facile d'utilisation.

Cette option est affirmée le plus clairement dans les espaces électroniques qui rassemblent les développeurs les plus compétents, qui en raison de leur expertise seraient susceptibles de faire commerce de leurs connaissances, et par conséquent d'importer des préoccupations de clients, et ce faisant de « polluer le projet » selon les mots d'un de ses initiateurs. L'implémentation de chartes et manifestes dans les espaces de travail et d'échange permet de rappeler en continu les valeurs originelles et de fixer le périmètre des pratiques légitimes. Ainsi, le lancement en 2005 d'un nouvel espace de développement (Spip-zone) s'accompagne de l'élaboration d'une charte destinée à encadrer la participation, rappelant « les buts et valeurs promues par le projet initial », accordant « une priorité […] aux besoins associatifs sur les besoins marchands » et proclamant que ce site « n'a pas non plus vocation à servir de support de communication ou de publicité pour consultants ».

Les développeurs qui vendent des services autour du logiciel Spip risquent, en conséquence, de sortir du périmètre des conduites acceptables. Des formes diffuses de contrôle social sont ciblées sur ces participants, au travers de réactions critiques sur les forums de discussion, sous forme de quolibets et de moqueries, de prises de position sur des listes de distribution, voire du refus de certains développeurs de fournir de l'aide lorsque la clientèle est jugée illégitime (industrie de l'armement, parlementaires ou partis de droite, etc.).

Ces cadrages normatifs et normalisateurs ne s'appuient pas sur des règlements formels fixant obligations et interdits. En ce sens, ils demeurent flous, ou sont une ressource mobilisable pour produire des interprétations des conduites des développeurs. Et seules certaines figures du client, certaines pratiques marchandes, et certaines manières de faire exercice professionnel du logiciel sont jugées contradictoires et incompatibles avec « l'esprit du projet », qui est aussi défini comme un « projet de société ».

Une revendication professionnelle illégitime

Des discussions, dénonciations, condamnations, se concentrent sur certains participants, qui proposent régulièrement des contributions au projet et sont fortement impliqués dans les espaces de travail et d'échange, mais qui mobilisent la figure du client dans une visée d'amélioration du produit et de « professionnalisation » du travail collectif. Pour ces développeurs, qui travaillent tous dans la fourniture de services informatiques, la figure du client (qui constitue par ailleurs leur source de revenu) est mobilisée comme une garantie de rencontrer des besoins d'utilisateurs, comme le signe de demandes à l'égard du logiciel, comme un élément de « stimulation » du groupe, comme un moyen pour « être plus efficace ». Au sein du projet Spip, cette prise de position et la position professionnelle sous-jacente, sont minoritaires.

Aussi les développeurs concernés ont-ils créé un nouvel espace de travail spécifique (baptisé « pro2spip »), dans lequel ils pourraient échapper aux railleries et critiques et promouvoir leur propre stratégie : d'une part, s'afficher comme des « professionnels de Spip », affirmer des compétences spécifiques, et se démarquer des contributeurs supposés moins performants et désignés implicitement comme des amateurs ; d'autre part, faire bénéficier la communauté de l'apport spécifique que peut représenter la réalisation de prestations marchandes. Le but est l'extension de l'usage du logiciel des utilisateurs initialement visés (le monde associatif), vers l'administration et les entreprises. Mais cette initiative ne leur a pas permis d'acquérir une légitimité. Bien au contraire, elle a suscité des réactions d'hostilité durable, ciblées sur leur revendication d'être des professionnels en raison de leur capacité de réponse à des demandes dans un cadre marchand. Comme le montre l'extrait d'échanges sur un forum de discussion ci-dessous, cette revendication est contestée parce qu'elle renverrait les autres – qui n'ont pas de clients – du côté de l'incompétence, mais aussi parce qu'elle est considérée comme une appropriation personnelle, et à ce titre indue, d'un bien commun, collectif :

> « Barbe_Rousse : Globalement, qu'apportent les dits 'professionnels' par rapport à ceux qui ne gagnent pas d'argent pour faire la même chose ? Pourquoi faut-il absolument faire savoir qu'ils sont "professionnels" ?
>
> Billy : On apporte des besoins et des réponses à ces besoins.
>
> Afp : Qu'on soit des professionnels est plutôt un gage de qualité.
>
> Barbe_Rousse : Afp : Pourquoi ? La qualité n'est pas au rendez-vous sinon ?
>
> Afp : Des pros, c'est aussi un gage de qualité, pas seulement des vendus qui ne font que de générer de l'argent. Par exemple, on pourrait parler des différences entre un typographe amateur et un professionnel.

Barbe_Rousse : Et pour le code c'est pareil c'est ça ? J'ai pas de relations avec des pros, mais avec des gens qui aident et contribuent. Et donc, qu'ils s'autoproclament pro ou pas ne m'apporte rien, et à mon avis, n'apporte rien à Spip. C'est ce que vous donnez qui compte, en tant que personne… le tout étant de ne pas entretenir l'illusion que les pros apportent beaucoup… parce qu'ils sont 'pros'».

En ce sens, la norme du désintéressement n'est pas seulement l'expression d'une référence idéologique anti-marchande, c'est aussi un point d'équilibre d'un groupe fondé sur l'apport de contributions individuelles non conditionnelles, volontaires et non rétribuées, sous quelque forme que ce soit. Dans ce cadre, l'existence et la survie de ce collectif d'engagement implique que chaque membre soit un contributeur net, c'est-à-dire apporte au projet plus qu'il n'en retire. C'est précisément le cas d'autres développeurs qui utilisent aussi le logiciel Spip à des fins marchandes, mais sans attirer les mêmes condamnations et opprobres.

Des exercices professionnels légitimes

Cette légitimité peut découler de l'irrégularité de l'activité professionnelle, qui, alors, ne conduit pas à une revendication de professionnalisation et qui ne procure que des bénéfices personnels minimes. La réalisation de prestations marchandes à partir de Spip peut en effet être marginale ou occasionnelle, résultant d'opportunités ponctuelles plus que d'une stratégie de prospection. De plus, les développeurs concernés accordent plus d'importance à leur engagement et activités, bénévoles, au sein du projet Spip, qu'à leur activité professionnelle. Ils se définissent plus comme des bénévoles engagés de manière désintéressée – et sont perçus comme tels – qu'ils ne se reconnaissent dans un statut stabilisé de producteur de services marchands, de consultant libéral ou de professionnel de Spip.

D'autres développeurs vivent de la vente régulière de services informatiques, et mobilisent à ce titre les ressources de Spip, bien que cette activité professionnelle ne suscite guère de réactions ou protestations, alors même qu'elle pourrait être aisément interprétée comme une transgression de la norme du désintéressement. Plusieurs éléments expliquent cet écart. D'abord ces pratiques professionnelles ne sont pas toujours connues au sein du groupe, ou seulement par un petit nombre de membres avec lesquels ils entretiennent des relations amicales. Ensuite elles ne sont pas brandies comme preuve d'expertise, et sont nettement séparées de la participation au projet collectif, comme l'énonce un des développeurs concernés : « j'ai un principe de dire que si c'est un client qui demande, ce n'est pas la dynamique du projet. […] Ça sera toujours du spécifique, parce que le client il voit sa situation à lui. C'est pour ça qu'il faut cloisonner ». De plus ces pratiques professionnelles sont équilibrées par une adhésion marquée aux valeurs originelles du projet : au-delà du désintéressement, ce sont les visées politiques et idéologiques qui sont publiquement défendues. L'engagement est ainsi explicitement situé dans le cadre référentiel du groupe, et il est même situé au cœur de ce cadre, en superposition avec les orientations des fondateurs. Cette prise de position est perçue comme d'autant plus crédible que les contributeurs qui la tiennent peuvent faire valoir des activités militantes, exercent dans le groupe des responsabilités d'animation qui leur ont été déléguées en vertu de ces expériences, voire même font partie du noyau de lancement du projet Spip. Ce cas, en quelque sorte limite, montre que les mêmes pratiques professionnelles (vendre des services sur base de Spip) peuvent faire l'objet d'interprétations et de catégorisations polarisées : source de stigmatisation d'un côté, elles sont associées ici à une légitimité maximale. Ainsi certains développeurs qui font profession de Spip sont aussi perçus comme des militants, ardents défenseurs des orientations politiques à l'origine du projet et par conséquent désintéressés dans leur engagement.

CONCLUSION

Le projet Spip est construit sur une adhésion en valeurs, la cause défendue étant ici la liberté d'expression sur Internet. Il en ressort une conception dominante et normative de la participation, qui doit être un engagement désintéressé et altruiste, voire, en correspondance avec les expériences des initiateurs du projet, un militantisme politique. Toutefois, les développeurs vivent dans des situations sociales et professionnelles très hétérogènes, opaques pour les autres membres du groupe, et plus ou moins compatibles avec l'idéal du désintéressement. Selon les cas, les frontières entre l'activité bénévole dans le projet et l'activité professionnelle en dehors sont étanches et infrangibles, ou poreuses et fragiles. Ces articulations peuvent constituer des ressources ou à l'inverse des contraintes pour l'inscription dans un rapport de conformité avec le modèle de référence. À côté des figures du militant politique ou du bénévole désintéressé, surgit en effet la figure du professionnel qui tire ses revenus d'une activité liée au logiciel Spip. La manière dont ce trait est mobilisé par les contributeurs dans leurs conduites, interactions et échanges avec les autres participe à la distribution des légitimités et des places au sein du groupe.

L'enrôlement du client et la revendication d'un professionnalisme en son nom, provoquent des stigmatisations et disqualifications, car ces stratégies sont considérées comme contradictoires avec le référentiel normatif. Chacun peut être un professionnel développant une activité marchande et rémunératrice, à condition d'afficher son adhésion aux valeurs communes, de se conduire en bénévole désintéressé, ou en militant politique à l'intérieur du groupe. L'articulation de différents niveaux d'analyse, allant de l'histoire et de la trajectoire du projet jusqu'aux échanges et transactions au sein du groupe, en passant par les biographies et les conditions de vie des participants, permet de mettre en évidence des décalages et ajustements

entre une variété de statuts pour les contributeurs. Être militant, être bénévole, être professionnel, ne sont pas des figures exclusives ou incompatibles, mais leur articulation obéit à des règles précises et propres à chaque
groupe, ou « communauté » de développeurs de logiciels libres.

BIBLIOGRAPHIE

BLONDEAU O. et LATRIVE F. (dir.) (2000), *Libres enfants du savoir numérique*,
L'Éclat, Paris.
DEMAZIÈRE D., HORN F. et ZUNE M. (2009), « La socialisation dans les
"communautés" de développement de logiciels libres », *Sociologie et sociétés*, sous presse.
DEMAZIÈRE D., HORN F. et ZUNE M. (2007), « Des relations de travail sans
règles ? L'énigme de la production des logiciels libres », *Sociétés contemporaines*, 66, p. 101-125.
DEMAZIÈRE D., HORN F. et ZUNE M. (2006), « Dynamique de développement
des communautés du logiciel libre. Conditions d'émergence et régulation
des tensions », *Terminal*, 97-98, p. 71-84.
DEMIL B. et LECOCQ X. (2006), « Neither market nor hierarchy or network : the
emergence of bazaar governance », *Organization Studies*, 27-10, p. 1447-
1466.
HERTEL G., NIEDNET S. et HERRMANN S. (2003), « Motivation of software
developers in Open Source projects : an Internet-based survey of contribu-
tors to the Linux kernel », *Research Policy*, 32, p. 1159-1177.
HIMANEN P., TORVALDS L. et CASTELLS M. (2001), *The Hacker Ethic*, Random
House, New York.
PERLINE et NOISETTE T. (2004), *La Bataille du logiciel libre*, La Découverte,
Paris.
PROULX S. et LATZKO-TOTH G. (2001), « La virtualité comme catégorie pour
penser le social : l'usage de la notion de communauté virtuelle », *Sociologie
et sociétés*, XXXII-2, p. 99-122.
RAYMOND E.S. (1998), La cathédrale et le bazar, traduction de Blondeel S.,
http://www.lifl.fr/~blondeel/traduc/Cathedral-bazaar/Main_file.html.

V.

La légitimité des professionnels
et ses modulations face aux clients

25

Les conseillers funéraires :
du tact civil aux tactiques commerciales

Pascale Trompette

Depuis leur apparition au début du XIXe siècle, les entreprises de pompes funèbres ont traversé les âges en gardant cette même compétence centrale de leur activité qu'est l'organisation des funérailles. Leur activité s'est cependant considérablement transformée au cours des dernières décennies, du commerce des fournitures – habillage décoratif du cortège – à la prise en charge totale et continue du corps défunt, avec une extension et une technicisation de la gamme de services. Ce déplacement d'une activité à dominante commerciale à celle de professionnel de services à la personne ne s'est cependant pas doublé d'une (ré) habilitation morale et sociale du groupe professionnel. Souvent assimilés à de simples marchands de fournitures mortuaires, ces professionnels de service sont rarement appréhendés comme tels par ceux qui leur confient l'ultime destin de l'être cher disparu.

Le conseiller funéraire intervient comme le premier interlocuteur des familles en charge de recevoir, qualifier et traiter leur *mandat*. Comment se négocie l'interaction tout au long de ce face-à-face marqué par une exceptionnelle tension entre l'opérateur et le client ? Par quelle alchimie une relation engagée sous le sceau de la défiance voire de la suspicion se mue-t-elle en quelques minutes en une relation de délégation ? Comment le conseiller parvient-il à conjuguer la trivialité d'une relation marchande au surinvestissement symbolique des funérailles pour conduire à un contrat commercial apprécié par les deux parties ? À l'instar d'ethnographes des relations marchandes [Chantelat et Vignal, 2002 ; Pradelle (de la), 1996 ; Sciardet, 2003], il nous semble essentiel de regarder de près ce qui se joue dans le cadre de l'interaction de face-à-face entre client et vendeur ou prestataire professionnel, que ce soit en terme de production d'une expertise sur les qualités du bien et de négociation du prix ou encore de construction de la

crédibilité de l'échange et d'aménagement du lien social par les compétences civiles.

UNE SITUATION DE CRISE DE CONFIANCE

Des tarifs jugés abusifs, une profession à mauvaise image... et un client
– une famille – quelque peu dérouté : la situation d'achat d'une prestation
funéraire concentre tous les ingrédients d'une crise de confiance dans la
relation commerciale. Le client des enseignes funéraires est très fréquemment une personne ou un groupe de proches en situation de faiblesse, cumulant un déficit informationnel sur le contenu de la prestation, les contraintes
de temps et le poids de l'obligation d'hommage. Et il est confronté à la
nécessité de s'engager presque immédiatement dans un « achat
impliquant », au sens où il expose à des enjeux lourds, tant sur le plan financier que sur celui de la qualité de service. Dans le même temps, il pénètre
un univers marqué par l'opacité, entaché du soupçon de malversation et qui
lui impose immédiatement un rapport marchand [Thompson, 1991]. Héritant d'une mémoire professionnelle peu glorieuse, essentiellement dédiée à
la chronique des turpitudes du commerce funéraire à tous les âges, les
pompes funèbres ont bien du mal à forger une estime publique de leur
métier, déjà éprouvé par la condamnation symbolique de ce commerce illégitime.

Ces composantes caractéristiques d'un échange dit « problématique »
[Karpik, 1996] sont d'autant plus manifestes que les parties-prenantes ne
sont pas affiliées à des univers communautaires stables – retraités migrants,
milieux urbains, grandes entreprises[1]. Livrées depuis peu à la concurrence,
les pompes funèbres constituent une activité professionnelle insuffisamment structurée et la réglementation publique qui supplée provisoirement à
ce déficit d'institution professionnelle ne saurait suffire à elle seule à
supporter un contrat de confiance entre le professionnel et le public. La
réputation d'un nom ou d'une marque peut soutenir un premier niveau de
confiance, mais qui attend toujours d'être confirmé au cours de l'épreuve de
réalité [Boltanski et Thévenot, 1987] que constitue, entre autres, le premier
échange avec le conseiller funéraire. C'est donc avant tout dans le cadre de
ce face à face immédiat que se joue la construction de la crédibilité de
l'échange, mettant en évidence la centralité des « compétences civiles »
[Joseph, 1998] et des savoirs professionnels mobilisés dans la pacification
d'une relation engagée sous le sceau de la défiance.

---

1. L'économie traditionnelle du commerce funéraire artisanal résout la problématique de
la confiance par son inscription dans un registre purement domestique de coordination.

COMPÉTENCES CIVILES ET CONSTRUCTION DE LA CONFIANCE

L'interaction entre le conseiller et la famille, d'une densité sociologique extrême, est rigoureusement indéterminée quant à son destin. Elle peut s'accomplir positivement par la confiance aveugle du client qui s'en remet totalement au professionnel (« c'est vous qui voyez », « faites au mieux ») ou au contraire échouer dans une crise ouverte (agression, départ prématuré du client), et le plus souvent se négocier entre ces deux extrêmes. L'issue de ce face-à-face « sous tension », dépend en grande partie des compétences sociales déployées par le conseiller pour maintenir la relation, dans sa capacité à construire la crédibilité de l'échange tout en contrôlant strictement le processus de définition de la prestation.

> Dans ce métier, il ne faut pas se prendre pour un commercial. Déjà, il faut créer un climat de confiance. Les gens sont énervés, parce quand ils arrivent chez nous, on est souvent la première personne après l'hôpital, après le docteur qui a annoncé le décès. […] Nous, on arrive là : pompes funèbres. 1. Ils n'aiment pas y aller, 2. On va leur prendre de l'argent, ce qui n'était pas prévu au programme 3. Vous m'embêtez, c'est malsain votre affaire. Normalement, on en prend plein la tête ! […] Je sais que si au bout de trois ou quatre minutes, on ne sent pas qu'il y a un lien qui s'est formé, c'est fini. (Conseiller funéraire).

Une microsociologie de la construction de la confiance

L'apaisement du trouble social passe tout d'abord par une mise à l'écart provisoire de la mise en scène marchande ou « industrielle », telles que les banques d'accueil, afficheur numérique, linéaires d'articles, pour au contraire privilégier la création d'une atmosphère sobre (plantes vertes, fontaines, fresques). Le décorum de la relation commerciale est conçu de façon à en adoucir l'acuité, voire le cynisme : la voix basse et posée du vendeur, l'ambiance feutrée de la rencontre, la dissimulation des cercueils à la vue du consommateur, etc., travaillent à rétablir une forme d'intimité. L'entretien avec le conseiller funéraire se déroule dans le cadre intime d'un bureau fermé, isolé de la boutique proprement dite. Nombre de conseillers évitent l'usage direct de l'ordinateur de façon à ne pas charger la relation de signifiants contractuels… Tout se passe comme si les pompes funèbres invitaient à entrer subrepticement dans ce marché avec la même religiosité que l'approche du seuil d'une église.

Au-delà de la conception de l'environnement immédiat, l'attitude du conseiller funéraire est déterminante. Elle se traduit par une mise à distance du registre commercial proprement dit et par la multiplication d'invites à l'entrée dans une relation de proximité voire d'intimité, comme si la relation contractuelle ne pouvait s'accomplir que dans un cadre d'appartenance commune. La première étape de l'entretien consiste à établir avec la famille la cartographie du parcours du défunt. Cette étape préliminaire est prétexte à produire toutes sortes de signaux propres à signifier la familiarité du conseiller avec l'environnement local dont est issue la famille : « Votre concession, elle est dans l'ancien cimetière ou le nouveau ? » ; « Une cérémonie à l'église de St X***. Si vous voulez, nous allons appeler ensemble le père M*** » ; « Le village de B***, oui, je connais bien... », etc.

> J'avais trouvé une méthode, un ordre pour demander les informations, pour questionner les gens, qui me semblait plus apte à faire du relationnel. Parce que si tu arrives et que la première chose que tu lui demandes, c'est d'aller choisir un cercueil, déjà, il a l'impression que tu veux le mordre alors qu'il n'est même pas arrivé... [...] *Les gens viennent pour quoi ? Ils viennent pour enterrer quelqu'un.* Donc il faut déjà leur demander où ils veulent l'inhumer, dans quel cimetière. [...] Et ensuite, cela va tout seul : « Dans le nouveau ou dans l'ancien cimetière ? » Donc le gars se dit : « Il connaît, déjà, je n'ai pas affaire à un... il connaît déjà où je vais inhumer mon père ». Après tu parles de calendrier et ensuite, quand tu as réglé cette question, tu vois pour la cérémonie : « Où voulez-vous faire la cérémonie ? Là-bas, là, ici... Ah, et bien nous allons tout de suite appeler le curé ». Et ensuite, c'est beaucoup plus facile. (Conseiller funéraire).

En composant avec la famille l'itinéraire processionnel du défunt, le conseiller transporte immédiatement la famille dans le contexte du rituel social, de l'appartenance locale, de la tradition, à distance radicale de la marchandisation des accessoires et ornements. Il bâtit ainsi son identité de professionnel – *versus* marchand – maître d'œuvre des funérailles en charge de la coordination des étapes successives dans le parcours mortuaire des défunts. Cette séquence se conclut le plus souvent par la rédaction de l'avis de décès qui paraîtra dans les jours à venir au sein de la rubrique décès de la gazette locale. « [Ville, village, Lieu-dit]. Les familles x, x, x, leurs enfants et petits enfants... ont la douleur de vous faire part du décès de Mme... survenu le... à l'âge de... etc. ». Le conseiller en profite souvent pour suggérer quelques tactiques permettant à la famille de réduire le nombre de lignes et la facture en conséquence... Une occasion privilégiée de produire des signes de désintéressement (il n'incite pas à la dépense, au contraire), d'autant plus aisés à formuler qu'il s'agit ici de frais de tiers (le journal). Lorsqu'elle est bien menée, cette première phase d'entretien au cours de laquelle le conseiller aura construit une relative intimité avec l'univers d'appartenance du défunt et manifesté un certain désintéressement, permet de réduire la distance sociale qui le sépare de son client.

Le conseiller s'intéresse ensuite à la prise en charge du défunt : conservation, présentation en chambre funéraire. Là encore, il s'efforce de se situer non pas sur le registre commercial de l'offre de produits mais sur celui de la prise en charge professionnelle : les « soins de présentation » empêchent la dégradation du corps et offrent une image apaisée du défunt ; le « salon funéraire permanent » autorise les allées et venues libres des proches au chevet du défunt. Les professionnels les plus aguerris évoluent ici vers le conseil, l'accompagnement et l'écoute, façon de prolonger un premier lien social par une autre modalité de construction d'une relation intime avec la famille, plus proche d'une compétence professionnelle de réparation dans le contexte du deuil.

> Il faut expliquer aux gens qu'un deuil, c'est une blessure. Si on fait comme si elle n'existait pas, six mois après, la blessure s'est aggravée, parce qu'on fait comme si de rien n'était. On leur explique également qu'il faut voir les défunts, moi je leur explique cela, qu'il faut les voir, ne serait-ce que cinq ou dix minutes. [...] Plus on reçoit des familles, plus on sait ce dont il faut parler ou pas. Ce ne sont jamais eux qui vont parler, il faut leur ouvrir une porte pour qu'ils sentent qu'ils ont une écoute pour parler, il faut savoir les amener à parler (Conseiller funéraire).

Au terme de cet entretien visant à qualifier le mandat de la famille, vient la vente des accessoires proprement dite. Symptomatique d'un changement de registre, la famille est invitée à sortir du bureau et à se rendre dans une petite salle exclusivement consacrée à l'exposition des cercueils, des capitons et des urnes cinéraires. Il s'agit le plus souvent d'une salle fermée, à l'abri des regards, où sont juxtaposés les cercueils exposés. Il n'est pas rare que le conseiller, après avoir présenté la gamme de produits, se retire quelques instants pour laisser la famille « faire son choix librement ». Là encore, il évite soigneusement de « faire l'article » et, dans certains cas, joue subtilement sur la manifestation du désintéressement, en sachant que la culpabilité ou l'obligation d'hommage travaillent pour lui... « Celui-ci est moins cher, c'est certain. Celui-là, c'est autre chose, c'est du chêne, ce n'est pas la même qualité, mais le prix est plus important. C'est vous qui voyez... Faites comme vous le sentez ».

Les compétences civiles et relationnelles à négocier la situation d'interaction nous révèlent une sorte de « microsociologie de la construction de la confiance ». Tout au long de l'entretien, le conseiller multiplie les signifiants susceptibles de renvoyer à des supports caractérisés de la confiance : le registre domestique de l'appartenance commune, le désintéressement, le réseau d'interconnaissance, etc. De tels savoirs s'acquièrent avec le temps et l'expérience professionnelle, mais sont rarement explicités et donc partagés ou transmis par les conseillers eux-mêmes.

Une défiance réciproque

> Il faut être méthodique, être organisé, être très très vigilant, et malgré tout on arrive à se tromper parfois comme tout le monde. Et dans ce métier, on n'a pas le droit à l'erreur, c'est catégorique. « Vous allez entendre parler de moi, je connais ci, je connais le préfet ». Tout de suite, ce sont les élus, etc. (Conseiller funéraire).

Élaborée dans ce cadre interactionnel étroit, la relation de confiance demeure cependant éminemment fragile. En situation de « confiance contrainte » [Boissin et Trompette, 2003], la famille s'en remet au moindre signe ou indice pour construire sa croyance dans la fiabilité du prestataire : la « bonne tête » du conseiller, son peu d'empressement à conclure, un cadre accueillant, suffiront provisoirement à autoriser l'engagement dans l'échange. Simultanément, cette confiance bâtie sur des

« signaux faibles » est fortement exposée au risque de délitement. Le défaut de qualité, aussi mineur soit-il, est générateur de crise, comme s'il provoquait le déchaînage immédiat de la relation entre signaux – supports de croyance – et confiance. Lettre de récrimination, reproches, contestation de la facture... les pompes funèbres sont coutumiers des renversements de situation où le « bon client sans problème » ou n'importe quelque membre de la famille prétextent de la moindre défaillance pour contester la compétence du prestataire.

De fait, la problématique de la confiance n'affecte pas seulement l'acheteur mais également le vendeur qui doit s'assurer de la propension du client à payer son dû à l'entreprise à échéance de quelques semaines après le décès. Négocier une vente face à un client qui « ne regarde pas à la dépense » n'est pas nécessairement une situation confortable à moyen terme. Dans un contexte de confusion sur les moyens financiers dont ils disposent, les proches n'hésitent pas à choisir des produits luxueux pour honorer l'être cher disparu. Leurs dispositions sont sensiblement différentes quelques semaines après l'enterrement, une fois répartis les dividendes... Qui plus est, le soupçon moral à l'égard du marchand funéraire est aussi très largement prétexte à lui dénier le droit d'être payé ! Les pompes funèbres évoquent souvent avec ironie que les familles font rapidement le deuil de la facture...

Appuyé sur le jugement qu'il aura pu élaborer sur son client, le savoir-faire du conseiller dans la négociation du contrat consiste à construire un équilibre fragile entre crédit (confiance) et assurance (défiance), manifestation du désintéressement et incitation à la dépense, multiplication de l'offre et ajustement de la prestation au pouvoir d'achat du client.

> Logiquement, le travail de conseiller funéraire, c'est de voir à qui on a affaire, à qui on peut vendre des choses. C'est aussi un commerce, il ne faut pas l'oublier. C'est à nous de ne pas faire n'importe quoi. Ne pas être responsable de l'endettement d'une famille. « Non non, il le mérite, il le mérite », ils en prennent pour vingt-cinq mille, et après ils sont obligés de faire un crédit de cinq cents francs par mois pendant dix ans (Conseiller funéraire).

LE POUVOIR DISCRÉTIONNAIRE DU CONSEILLER

Tout au long de cet échange en huit clos, le conseiller et la famille définissent de concert les modalités d'organisation des funérailles. La partition est cependant largement dominée par le professionnel. Sa stratégie consiste à ne pas se positionner comme simple offreur d'une gamme de services mais comme mandataire auquel est délégué l'accomplissement d'une tâche de coordination et d'organisation, au bénéfice de la décharge totale de son mandant. En lieu et place de l'étalage des produits et prestations, le conseiller s'établit comme « pilote » des opérations, convoquant ici et là les différents intervenants externes ou internes à l'entreprise pour déterminer le planning et la logistique des interventions. La participation de la famille est constamment réaffirmée, comme pour mieux signifier qu'elle garde la main, mais elle se révèle le plus souvent très encadrée par une offre de choix limitée à quelques alternatives. L'objectif est bien que l'essentiel de la détermination des missions et des moyens mobilisés soit laissé à la discrétion du mandataire (« faites pour le mieux »).

Ils [les clients] voient la personne en face qui se démène pour eux : « Ne bougez pas, on va rédiger l'avis de décès ensemble, on va faire ci, on va faire ça, on va choisir le cercueil, des plaques... Où est la concession ? » « Le marbrier, ah il faut encore que j'aille le voir », « Ne bougez pas, on va l'appeler »... hop ! « Ah bon, mais qu'est ce que j'ai à faire ? » « Et bien rien ! », « Ah bon ? » » (Conseiller funéraire).

Gouverner la relation est essentiel pour négocier les contraintes administratives et logistiques propres aux opérations funéraires, notamment la disponibilité et la distribution de ses ressources et celles de ses partenaires professionnels. Il est relativement facile d'imposer le programme des opérations à la famille, ne serait-ce qu'en invoquant la charge de travail de l'entreprise ou l'absence de disponibilité des équipements ou personnels professionnels externes sur lesquels le conseiller n'a pas autorité (crématorium, cimetière, police).

Tout au long de l'échange destiné à déterminer le contenu du contrat, la famille se retrouve en situation de défaillance par rapport à la définition du mandat [Girin, 1995]. Elle est souvent très ignorante des alternatives en matière de techniques et prestations associées à la présentation du défunt (salon, soin, table réfrigérée). Les demandes les plus explicites – telles que le cérémonial religieux – se révèlent les plus impropres à être satisfaites, soit qu'elles soient estimées peu légitimes (le clergé rechigne à intervenir comme « prestataire de service » pour les non pratiquants), soit qu'elles soient confrontées à l'absence d'officiants (les laïques se substituent au prêtre). La confusion atteint son apogée concernant le projet d'inhumation : la famille parle de caveau là où elle dispose d'une concession en pleine terre, elle pense détenir un espace au cimetière alors qu'elle a perdu ses droits de propriété ou que la concession est pleine, etc. Ces multiples défaillances sont toujours prétextes, pour le conseiller, à (re)prendre la main et à intervenir plus directement dans la détermination des opérations. La dissymétrie est constante : l'offre est spécifiée de manière ambiguë, les échanges sur le contenu des opérations sont extrêmement brefs. Certes, il n'est pas exclu que le conseiller se retrouve face à un clan familial faisant corps devant lui... Mais outre que l'étroitesse des bureaux, parfois des box, limite volontairement le nombre d'interlocuteurs, il est plus souvent confronté à des demandes confuses voire contradictoires.

Le conseiller pilote les choix de la famille en usant d'un savoir-faire manifeste dans le cadrage de ses desiderata : choix limité pour la planification des obsèques, « convocation » du défunt (« votre papa voulait séjourner en chambre funéraire ? »), vente de services associés (la présentation en salon permanent implique les soins), présentation du cercueil en « kit », différé de présentation du devis, etc. L'entretien est cependant ponctué de rappel au libre arbitre du client (« Vous faites comme bon vous semble », « On ne vous impose rien ») censé le rassurer sur sa place dans le dispositif de coproduction du mandat. Le poids du conseiller dans la détermination du contenu du mandat est particulièrement important en ce qui concerne la phase de présentation du défunt. La décision de pratiquer des soins thanato-praxiques est le plus souvent à la discrétion du conseiller[2]. Il n'est pas rare que les professionnels mobilisent une terminologie ambiguë [Lemonnier, 2006] telles que « soins de présentation » ou « soins de conservation », au bénéfice d'une confusion avec la simple toilette. Face à la famille, ils évoquent avec réserve et pudeur les risques de dégradation liés au transport, à la manipulation du corps, à l'exposition à l'air ambiant. Au sociologue qui s'interroge sur l'inflation de la vente des soins, les professionnels arguent des multiples atouts d'une pratique qui assure le confort de tous : les endeuillés emportent avec eux une dernière image apaisée du défunt ; le personnel de l'entreprise est dispensé de manipulation constante d'un corps exposé à la décomposition[3].

Tout au long de l'entretien, le conseiller élabore un « savoir ordinaire » sur son client. Il le catégorise à partir des multiples indica-teurs glanés au fil de l'entretien (apparence physique, état civil, profes-sion, lieu d'habitation, mutuelle, etc.). Il s'efforce d'identifier ses dispositions à l'achat, non seulement sur la base de coordonnées sociales, culturelles et économiques, mais également en évaluant son niveau de confiance et en mesurant le degré d'attachement au disparu. Au moment de la vente du cercueil et des accessoires, le conseiller connaît *grosso modo* la marge de manœuvre dont il dispose. Bien qu'il constitue l'un des postes de dépense les plus élevés, le choix du cercueil ne prend générale-ment guère plus de quelques minutes, soit que les proches se sentent éprouvés par la confrontation soudaine à la représentation de la mise en bière, soit qu'ils se contentent d'une évaluation rapide fondée sur l'esthé-tique d'ensemble et le prix.

L'attitude de retrait, la plus souvent adoptée par le conseiller, est également destinée à ne pas ajouter de pression supplémentaire à la famille. Pour autant, elle n'est pas exempte d'incitations plus discrètes, ne serait-ce qu'à travers le regard (regard fixe sur un produit) ou encore le mode de présentation des produits (aménagement des linéaires, expo-

---

2. De tels procédés d'embaumement s'associent pourtant à des actes somatiques relative-ment lourds (drainage sanguin, ponction des cavités, injection de liquide stérilisateur, restau-ration), affectant directement la représentation symbolique de l'intégrité du sujet.

3. On observe également que l'incitation à la pratique des soins est généralement associée à la présence d'un thanatopracteur salarié au sein de l'entreprise, qui compte parmi la main-d'œuvre la plus coûteuse.

sition en kit[4]). L'une des tactiques de vente les plus fréquentes consiste à ne pas se focaliser sur le cercueil dans la mesure où le client est ici particulièrement défiant (il attend le vendeur au tournant). Rassuré par le peu d'empressement du vendeur à l'orienter vers les cercueils les plus chers, il ne prête guère attention à l'habillage du cercueil, et notamment à des accessoires tels que le capiton, pour lequel le prix peut aller jusqu'à quelques centaines d'euros et assurer des marges confortables.

ENTRE OPPORTUNISME ET CIVILITÉ

La mise en forme de la relation marchande impose plus qu'ailleurs des compétences de civilité jouant régulièrement sur la mise à distance du registre de la coordination marchande. De bout en bout, le face à face entre le conseiller et la famille est hanté par la tension entre norme du don et disposition consumériste, obligation d'hommage et vérité du prix. L'équilibre d'une telle relation relève d'un travail symbolique difficile, qui exige constamment que l'on « mette les formes ». L'acheteur qui calcule se dissimule ou recourt à des justifications consuméristes pour interroger son interlocuteur sur le prix des prestations[5]. Du côté du vendeur, la question du prix tend à n'être abordée qu'à l'issue de l'entretien, lors de la présentation du devis obligatoire, ce qui suppose qu'une révision de l'accord oblige à revenir sur les choix déjà effectués. Mais si le vendeur n'invoque pas systématiquement le prix, ce n'est pas seulement pour maintenir volontairement une asymétrie d'information. Nous faisons l'hypothèse qu'il y associe quelque précaution, comme celle de sauvegarder le caractère civil de la relation. Le lien contractuel expose à une tension permanente associée à un implicite, à savoir que le client ne peut être supposé calculateur, au risque de révéler comme calcul cynique un acte qui devrait rester désintéressé. Si certains conseillers funéraires se montrent choqués des appels au marchandage manifestés par certains acheteurs, c'est peut-être parce qu'ils ont fait leur cet impératif du déni et du désintérêt qu'ils contribuent eux-mêmes à bafouer. On peut concevoir la nécessité pour ces professionnels de donner « des signes visibles que, s'ils le pouvaient, ils respecteraient la règle » [Bourdieu, 1994].

Dans le même temps, il est évident que le conseiller a économiquement tout intérêt à ne pas décrire rigoureusement le contenu de la prestation et son

---

4. Selon les recherches américaines en marketing funéraire, la disposition sous forme de pièces de tissu (capiton) et de morceaux de cercueil serait plus favorable à voir le client prendre son temps pour apprécier des articles de qualité (toucher le bois, mesurer l'épaisseur) et s'orienter vers des prix plus élevés.

5. L'argument consumériste vient soutenir l'expression manifeste d'une attitude rationnelle (comparaison des prix, demande de devis). Il s'agit pour ces consommateurs de réaffirmer vigoureusement qu'il n'est pas question de négocier avec le mort et la norme sociale (économie des biens symboliques), mais que cela n'exclut pas de négocier avec le marchand (économie marchande).

coût. Tout au moins peut on concevoir qu'il s'autorise à tirer quelque bénéfice de ce tabou de l'explicitation. Rien n'exclut cependant que cet avantage immédiat ne se retourne contre lui. Le vendeur qui s'est bien gardé de mentionner le prix de ses prestations ne saurait devenir plus prolixe dès lors qu'il est question des moyens de paiement de la famille. On a évoqué la gêne des conseillers à exiger un acompte immédiat alors qu'il constitue la meilleure garantie de paiement à terme. Du tabou du calcul au tabou du marchand funéraire... La censure sociale du marchand offre un prétexte idéal pour le disqualifier au nom de la moindre défaillance, pour reculer l'échéance de paiement voire ne pas payer du tout. Cette analyse rétablit un tant soit peu la symétrie des protagonistes dans le jeu et la négociation de la norme du don qui pèse sur la situation marchande. Les déséquilibres induits par l'illégitimité de la situation marchande peuvent alternativement profiter à l'un ou l'autre des protagonistes, en fonction de leur capacité à utiliser l'impératif civil au bénéfice d'une attitude opportuniste.

CONCLUSION

En situation d'échange problématique, l'interaction entre une famille et un conseiller constitue l'un des moments essentiels au cours duquel se joue la propension des deux parties à nouer un contrat commercial susceptible de s'accomplir sans encombre et crise majeure à terme. Elle passe tout d'abord par la production d'une sémiotique distribuée dédiée à une forme de sacralisation à distance du régime marchand : décor ambiant, expressions corporelles et langagières, constituent autant de marqueurs d'obligations de civilité et d'hommage indiquant que l'on approche de « la région du sacré » [Bateson et Bateson, 1989)]. Le face à face entre la famille et le conseiller est traversé de bout en bout par l'enjeu de (re)construction d'une frontière entre expert et profane, propre à asseoir une confiance dans la relation de délégation et dans la légitimité d'un échange marchand. Tout en invitant la famille à composer ses choix dans une offre de prescription personnalisée, le conseiller l'achemine vers des options qui assurent la conformité des êtres et des choses à la fluidité du process. Tout en déployant une gamme de produits et services marchands, il n'a de cesse de produire des signes d'expertise et de désintéressement le rapprochant du professionnel au service des intérêts du public. Tout en produisant une image de lui-même qui le rapproche du monde de son client – familiarité avec les lieux, réseau d'interconnaissance –, il s'emploie à constituer un savoir sur son interlocuteur qui lui permettre d'ajuster son offre et de garantir le paiement à terme. Tact civil et tactiques commerciales se conjuguent ainsi subtilement dans l'accomplissement éminemment fragile de cet échange problématique.

BIBLIOGRAPHIE

BATESON G. et BATESON M. C. (1989), *La Peur des anges, vers une épistémologie du sacré*, Seuil, Paris.

BOISSIN O. et TROMPETTE P. (2003), « La famille face au marchand de pompes funèbres : Analyse d'une situation de confiance sous contrainte », *in* MANGEMATIN V. et THUDEROZ C. (dir.), *Des mondes de confiance*, Editions du CNRS, Paris.

BOLTANSKI L. et THÉVENOT L. (1987), *Les Économies de la grandeur*, PUF, Paris.

BOURDIEU P. (1994), *Raisons pratiques : sur la théorie de l'action*, Seuil, Paris.

CHANTELAT P. et VIGNAL B. (2002), « L'intermédiation du marché de l'occasion. Echange marchand, confiance et interactions sociales », *Sociologie du travail*, 44, p. 315-336.

GIRIN J. (1995), « Les agencements organisationnels », *in* F. CHARUE-DUBOC (dir.), *Des savoirs en action. Contributions de la recherche en gestion*, L'Harmattan, Paris.

JOSEPH I. (1998), *Erving Goffman et la microsociologie*, PUF, Paris.

KARPIK L. (1996), « Dispositifs de confiance et engagements crédibles », *Sociologie du travail*, 38, 4, p. 527-550.

LEMONNIER M. (2006), « Thanatopraxie et thanatopracteurs : étude ethnohistorique des pratiques d'embaumement », Thèse de doctorat, université Paul Valéry, Montpellier.

PRADELLE (DE LA) M. (1996), *Les Vendredis de Carpentras, Faire son marché en Provence ou ailleurs*, Fayard, Paris.

SCIARDET H. (2003), *Les Marchands de l'aube. Ethnographie et théorie du commerce aux Puces de Saint-Ouen*, Economica, Paris.

THOMPSON E. W. (1991), « Handling the stigma of handling the dead : morticians and funeral directors », *Deviant behaviour : an interdisciplinary journal*, 12, p. 403-429.

26

Les professionnels de la vente dans les banques : conseillers en vitrine, commerciaux en coulisses ?

Xavier Roux

Quelle place ont les clients (ici les particuliers) dans la construction de la légitimité des professionnels des banques en contact avec eux ? Comment – à quel titre et à quel degré d'importance – interviennent-ils dans la manière dont cette activité professionnelle, au-delà de ses définitions officielles, prend consistance, et est plus ou moins reconnue ? Au-delà de ses aspects les plus généraux, la question posée ici prend une tournure toute particulière parce qu'elle concerne des professionnels intervenant sur un marché de services dont l'extension aux particuliers est assez récente [Cusin, 2002], et de ce fait, ne va pas de soi. Est-il d'ailleurs pertinent de parler de professionnels quand on se situe sur le terrain de la logique marchande [Freidson, 2001] ? Les efforts consentis par les banques depuis une vingtaine d'années pour construire une image professionnalisante de leurs commerciaux, à travers les publicités vantant leur compétence et leur dévouement, ainsi qu'à travers l'usage généralisé du nom de profession « conseiller », suggèrent qu'il y a là, au moins à leurs yeux, un enjeu non négligeable : il s'agit de tenter de faire reconnaître les banques et leurs professionnels comme acteurs légitimes dans un domaine allant du crédit à l'assurance des biens en passant par la gestion quotidienne de l'argent, l'épargne et le placement.

LES FIGURES OFFICIELLES DU CLIENT ET LEURS NÉGATIONS

La question du « rôle » ou de la « place » que pourraient tenir les clients dans cette légitimation se heurte d'emblée à la coexistence ambiguë, dans ce contexte professionnel, de plusieurs figures du client [Cochoy, 2002] – ambiguïté à peine voilée par le leitmotiv en apparence univoque mis en avant par les entreprises acquises, depuis les années 1990, à « l'orientation client » : le client est au centre de l'activité des professionnels, il est la finalité suprême, voire le « vrai patron » que les salariés doivent reconnaître comme tel.

Derrière ces discours qui proclament l'importance indiscutable du client, on doit distinguer deux logiques. La première stipule que le client doit être le premier sujet de préoccupation pour les professionnels, parce qu'il est le « lieu » stratégique de la production de valeur ajoutée. La deuxième logique stipule que la prise en compte personnalisée des besoins des clients et de leur satisfaction doit être mise en avant par l'entreprise et par les professionnels, parce qu'elle contribue à la construction d'une image « qualitative », légitime, professionnalisante, des professionnels et des entreprises dans ce secteur. La première logique – celle du client-cible – est devenue omniprésente dans les banques à partir des années 1970. Elle a accompagné les réorganisations du travail, la mise en place des plans d'action commerciaux et des segmentations de clientèles. La deuxième – celle du client-personne[1], parfois appelée « approche client » – est apparue dans les années 1990, sans contester l'ancrage de la première. Elle s'est traduite par la mise en avant de plus en plus fréquente de la référence au conseil et de thèmes rattachables au « service » au sens noble du terme dans tous les dispositifs de construction de l'image de l'entreprise et des professionnels. Or, selon que l'on se place dans l'une ou dans l'autre de ces deux logiques, l'affirmation selon laquelle « le client est important » prend deux significations radicalement différentes.

Il paraît nécessaire de n'adhérer a priori à aucune de ces deux figures, si l'on veut apporter des connaissances nouvelles dans l'élucidation de ce contexte professionnel. Pour cela, on évitera deux présupposés. Tout d'abord, celui selon lequel la prise en compte personnalisée du client est devenue une dimension indiscutable du travail des professionnels des banques. Ce présupposé procède d'une reproduction a-critique des discours de l'organisation, alors que l'on a clairement montré que la dimension de conseil était loin d'aller de soi dans cette activité professionnelle [Brun-Hurtado, 2005]. Ensuite, le présupposé inverse, selon lequel la logique marchande congédie purement et simplement les clients qui, de ce fait, « disparaissent » de l'activité professionnelle. Ce présupposé, issu d'une réaction critique au précédent, pose problème lui aussi. Lorsqu'on affirme par exemple, en relevant à juste titre la rationalisation technique de la relation commerciale, qu'« aujourd'hui, le client disparaît derrière les objectifs de performance », et que la relation commerciale est devenue « technique » alors qu'elle était, naguère, « sociale » [Courpasson, 1995], on présuppose

---

1. L'approche « personnalisée » n'implique pas que le client soit considéré véritablement comme une personne – cependant, on garde ici le terme de personne pour souligner l'usage, par les *discours* de l'orientation client, de thèmes ou motifs moraux (la personne, le dévouement, l'altruisme, etc.).

que le marché est, par essence, désocialisant, et on pose comme un fait une « disparition du client » problématique.

Ces deux présupposés ont tôt fait d'enfermer la question dans un dilemme, à forte connotation morale et/ou idéologique, entre, d'une part, ceux qui, recommandant à juste titre de ne pas s'en laisser conter par les mythologies du désintéressement ou de « l'altruisme » des professionnels, concluent un peu vite à la prééminence exclusive de la logique de l'intérêt [Ferrary, 1999], et d'autre part, ceux qui réduisent toute prise de distance par rapport aux discours de l'entreprise à un prétendu dogmatisme dénonciateur qui serait la marque de « la sociologie critique ». Pour échapper à cette alternative, il convient d'aborder la question de manière empirique : comment le client-cible et le client-personne s'articulent-ils avec les clients observables, ceux qui viennent à des rendez-vous avec les professionnels et/ou dont les professionnels traitent les dossiers, et de ce fait, font partie de « l'environnement social » ou de la « matrice sociale » du travail [Hughes, 1996] ?

Plus qu'un dilemme moral, c'est une tension que l'on peut alors décrire, entre la logique des objectifs et le « rôle » que continuent à jouer un nombre non négligeable de clients dans le « drame social du travail » [*Ibid.*, 1996]. Prendre au sérieux cette tension permet d'éviter un troisième présupposé : celui selon lequel il serait *a priori* pertinent de parler « du client » ou « des clients » en général, en faisant abstraction des situations de travail observables dans lequel il(s) intervien(nen)t. Ce présupposé sous-tend une foule d'usages de la catégorie « client », qui considèrent implicitement ce dernier comme un acteur stable, ayant une « identité de client » cristallisée, alors que les clients observables semblent correspondre à une réalité beaucoup plus incertaine, « fuyante » [Cochoy, 2002].

UN POINT DE DÉPART EMPIRIQUE : LORSQUE LES CLIENTS S'EN VONT

L'observation de l'activité professionnelle permet en premier lieu de restituer une dimension fondamentale du travail que ces discours et figures occultent, à savoir, l'alternance entre les rendez-vous avec les clients et les moments où les clients sont absents. Les moments de passage entre ces deux phases-types du travail sont fondamentaux, parce que les professionnels y passent de la scène de la représentation de l'entreprise pour les clients, à la scène interne des relations de travail, réglée avant tout par le temps comptable de l'organisation et par la prise en compte des résultats chiffrés. Ainsi, non seulement le « drame social est très largement fonction des absents et des présents sur le lieu de travail » [Hughes, 1996], mais c'est ici l'étude de l'articulation entre les moments où les clients sont présents et les moments où ils sont absents, qui permet d'approfondir la question de la construction de la légitimité professionnelle, en se situant au plus près de la temporalité professionnelle concrète.

L'importance de cette alternance est ancrée dans l'organisation du travail, du fait de la prééminence des objectifs commerciaux sur tout autre aspect de ce dernier. Depuis les années 1970, les banques sont en effet sans cesse à la recherche de solutions d'organisation à même de « libérer du temps commercial », c'est-à-dire du temps pendant lequel les salariés, déchargés de toutes les autres tâches, sont censés essayer systématiquement de vendre, de convertir en valeur ajoutée les moments d'interaction avec les clients. Les rendez-vous sont donc construits, par le mode d'organisation du travail, comme la scène sociale stratégique de l'activité professionnelle, même si, de fait, ils ne constituent qu'une part variable du temps de travail effectif. Quant aux moments non-commerciaux de l'activité profession-nelle, c'est-à-dire ceux qui ne comportent aucune occasion de valeur ajou-tée, ils sont subsumés sous la catégorie de « l'administratif », et par là, considérés comme « sale boulot ». Bien entendu, tous les rendez-vous avec les clients ne donnent pas lieu à des occasions de vente. Mais que peut-on observer aux points de passage entre ces deux moments-types ?

Le souci des objectifs commerciaux...

Ces points de passage apparaissent avant tout comme des « retours » à l'explicitation de la logique des impératifs de vente : une fois les clients partis, les professionnels « se déchargent » de la tension liée à l'incertitude de la décision du client qu'ils ont tenté de convaincre, en laissant libre cours à l'expression de la satisfaction d'avoir obtenu la signature du client, ou du stress et du sentiment d'impuissance liés soit au refus de ce dernier, soit à l'impossibilité de faire émerger une occasion de vente.

Deux types de discours récurrents accompagnent cette décharge émotionnelle. Il s'agit d'une part de l'usage du verbe « faire », employé sans complément, comme synonyme de « produire ». Après un rendez-vous dit « improductif », consacré intégralement à la clôture d'un contrat, au virement de sommes d'un compte sur un autre, etc., on se plaint de ne « rien pouvoir faire ». Lorsqu'un client possède déjà toute la gamme des produits et des services fournis par la banque, « il n'y a pas grand-chose à faire ». Telle professionnelle, commentant le discours d'un client à propos de ses activités professionnelles, affirme qu'elle « veut bien l'écouter cinq minu-tes, mais qu'après elle a autre chose à faire ». Le mot est souvent associé au sentiment de la perte de temps, au point que le travail « administratif » est parfois désigné par l'expression « rien faire » (« une heure à rien faire ! »).

Ce type de perception du travail révèle l'intériorisation profonde de la logique des objectifs, la fameuse « culture du résultat ». Conformément à la morale de Benjamin Franklin érigeant le gain au rang de devoir, les profes-sionnels vivent la non-réalisation d'un gain de valeur ajoutée possible comme s'il s'agissait d'une perte réelle : ne pas gagner de l'argent qu'on pourrait gagner, « c'est » perdre de l'argent. C'est sur l'autre scène sociale majeure, ritualisée, qui scande la dramaturgie professionnelle – les réunions de l'équipe commerciale où l'on fait le point sur la production et les objectifs – que cette figure du client est sans cesse rappelée.

…et les jugements sur les clients

Pour autant, un autre type de discours peut être recueilli au même moment, immédiatement après les rendez-vous : les professionnels formulent de nombreux jugements sur les clients — jugements qui mêlent plusieurs registres, et qui donnent parfois lieux à de véritables récits. On y trouve à la fois le registre de la qualification sociale et morale des clients (« c'est des gens qui ont de l'argent… mais simples… », « c'est pas des gens malhonnêtes !… 11 000 francs avec deux enfants !… ») ; celui de l'évaluation de leur comportement par rapport à l'argent et, par extension, de leur personnalité (« il est réglo », « il est carré », « lui, c'est un panier percé », « elle, elle est bien », « elle, elle dépense ») ; celui de la qualification de leurs manières d'être dans l'interaction (« elle est sèche », « elle est maligne », « elle est sympa », « il est gentil »…) ; enfin, celui de l'évaluation de leur niveau de connaissance ou leurs capacités de compréhension (« il comprend rien », « c'est pas une lumière en finance », « il est gentil, Monsieur X, mais il comprend rien… »).

Deux conclusions s'imposent, à ce stade. Premièrement, la centralité du souci de produire – sous réserve d'une confirmation ultérieure – ne semble pas pour autant éclipser les clients dans l'horizon de représentation des professionnels : c'est bien à propos d'eux que les jugements sont formulés, et ils comportent souvent des éléments de connaissance et des récits assez précis. Deuxièmement, les discours des professionnels formulés en termes de connaissances suggèrent qu'ils s'attribuent un rôle fondé sur une asymétrie cognitive, mais que ce rôle est loin d'aller de soi. À la différence de l'expert sûr de son savoir et qui, parce que reconnu comme tel, n'a pas besoin de pointer « l'ignorance » de ses clients, les professionnels étudiés ici insistent pour dire à l'enquêteur que les clients « ne comprennent rien », ou « ne sont pas des lumières », trahissant par là leurs efforts pour imposer malgré tout cette définition de la situation.

Par conséquent, l'ancrage relativement profond de l'activité dans la logique marchande ne semble pas effacer toute importance des clients aux yeux des professionnels, en particulier lorsqu'ils semblent « résister » à leurs tentatives de conseil. Passons maintenant de ces moments-charnières à la dramaturgie professionnelle dans son ensemble.

LE TRAVAIL EN PRÉSENCE DES CLIENTS

Une règle implicite puissante : taire la logique marchande

Tout d'abord, l'observation des rendez-vous permet de préciser la manière dont ces professionnels articulent la logique marchande et la logique de service. Si le départ des clients donne lieu aux décharges émotionnelles décrites plus haut, c'est parce que la logique marchande, celle des objectifs, est interdite d'explicitation au cours des rendez-vous. Comme le dit un professionnel interviewé, « on a toujours une arrière-pensée... mais ça, c'est le travail ». La décharge émotionnelle consécutive aux rendez-vous apparaît comme le prolongement explicite d'un état émotionnel et d'une logique d'action dont le face-à-face avec les clients interdisait l'expression.

La règle est, de fait, respectée par les professionnels dans les cinquante-quatre interactions observées : aucun d'entre eux, à aucun moment, n'évoque la vente, les objectifs, les intérêts de l'entreprise ou les siens propres. En fait, tout se passe comme si l'organisation accréditait le dilemme moral décrit plus haut : il paraît évident pour l'entreprise comme pour les professionnels eux-mêmes que si l'on veut apparaître comme un professionnel au service des clients, on doit absolument taire la logique marchande. Se mettre en scène comme un professionnel des services suppose que l'on joue le jeu de l'altruisme. Mais comment les clients réagissent-ils à cette mise en scène et comment la reçoivent-ils ? D'autre part, comment les professionnels parviennent-ils à articuler ces deux scènes du drame social du travail, censées être totalement dissociées ?

La variété des attitudes des clients

L'observation des rendez-vous et le recueil du discours des clients permet d'apporter des éléments de réponse à la première question – sachant qu'il faut évoquer le nombre considérable des clients qui ne viennent pas ou presque jamais à l'agence – ne reconnaissant pas, de fait, de rôle professionnel consistant aux conseillers commerciaux. Les données utilisées raisonnent sur les clients présents et seulement sur les rendez-vous au cours desquels une occasion de vente émerge et où la décision du ou des clients par rapport à cette vente est, au moins un temps, incertaine. Seuls ces rendez-vous laissent en effet la place à la mise en scène du rôle professionnel de conseil promu par les banques.

D'une manière générale, on peut dire qu'une partie des clients jouent le jeu de la mise en scène d'une profession de service (allant parfois jusqu'à demander des conseils, posant eux-mêmes une asymétrie informationnelle et/ou cognitive à l'avantage des professionnels). D'autres semblent développer des contre-mises en scène par lesquelles ils limitent ou résistent à la mise en scène professionnelle, voire, la déjouent en la réduisant au rang de la tromperie marchande [Simmel, 1999]. On peut ainsi repérer plusieurs contre-mises en scène récurrentes, développées ci-après : la « préprofessionnalisation » de la demande, l'évocation d'un concurrent, l'évocation d'un tiers compétent, la dénonciation de la logique de service comme pure apparence, enfin, le refus de toute incitation commerciale en l'absence de demande spontanée.

Ainsi, plusieurs clients affichent, au cours des rendez-vous, des compétences sur le terrain même des professionnels qui leur font face. Évoquant
cette « préprofessionnalisation » par laquelle certains clients formulent leur
demande dans des termes déjà professionnels, Abbott y voit une occasion,
pour les professionnels, de gagner un statut plus reconnu à l'intérieur de leur
groupe [Abbott, 1988]. Cependant, elle semble avoir ici un autre effet : il
s'agit de la limitation notable de la mise en scène de la démarche professionnelle. Telle cliente qui indique à une professionnelle le produit ou la formule
qu'elle doit ou qu'elle va lui proposer lui « coupe l'herbe sous les pieds » :
elle empêche toute marque de rôle professionnel, et en particulier l'infé-
rence [*Ibid.*], qui permet de passer de la catégorisation experte d'un
« problème » à la réponse appropriée à ce dernier. De telles démonstrations
de compétence ne sont pas rares : telle cliente inclut une allusion à la presse
financière dans sa demande de conseil ; telle autre interrompt les conseils
amorcés par une professionnelle pour marquer sa connaissance des principes et des mots de la gestion financière ; tel client reprend et commente les
mots des professionnels. Les réactions parfois vives de ces derniers
montrent qu'ils vivent ces démonstrations de compétence comme des tentatives de réduire leur rôle.

Une autre attitude consiste à mentionner une ou plusieurs autre(s)
banque(s) au cours du rendez-vous – ce type d'allusion n'étant pas cantonné
à la demande de crédit, où « faire le tour des banques » est devenu une pratique fréquente, parfois routinisée. L'allusion peut prendre plusieurs formes,
mais elle est suffisamment fréquente pour que les professionnels la reconnaissent eux-mêmes comme une manière d'exercer (ou parfois seulement
de signifier qu'on exerce) une limitation du rôle des professionnels par
l'exercice du rôle du consommateur qui « fait jouer la concurrence » [Freid-
son, 2001]. Mais cette figure du client, qui domine la littérature professionnelle, est loin d'être applicable à l'ensemble des clients [Ughetto, 2002].

Une autre contre-mise en scène consiste à évoquer explicitement une
autre personne (un parent travaillant dans une entreprise de services, un
« ami ayant des actions », etc.) à laquelle on souhaite demander conseil
avant de décider quoi que ce soit. Il en résulte une relative disqualification
du professionnel pendant l'interaction : ces clients explicitent leur défaut de
confiance, leurs réticences à « s'en remettre » aux professionnels [Goffman,
1968]. On peut y voir un exemple de recours aux compétences profanes
[Becker, 2006] – à ceci près que ce recours est ici considéré comme complémentaire, et non pas alternatif au recours aux professionnels.

Plusieurs clients dénoncent, au nom de leur connaissance de la dimension commerciale de l'activité des professionnels des banques, la mise en
scène de l'activité professionnelle comme service de l'intérêt du client. Par
exemple, tel client finit par prendre à témoin un professionnel travaillant au
guichet pour lui dire, à propos d'un conseiller tentant avec insistance de lui
faire souscrire un placement : « lui, il veut vendre ! ». Dans ce type de situa-

tion assez fréquente, les clients récusent comme un faux-semblant, voire, comme une tromperie marchande, les efforts des professionnels pour les convaincre que telle décision est objectivement dans leur intérêt.

Enfin, certains clients refusent que les professionnels leur proposent des produits et des services alors qu'ils n'ont eux-mêmes formulé aucune demande leur correspondant. Cette attitude revient à pointer une incompatibilité entre logique marchande et logique de service : le service est censé partir d'une demande formulée par les clients, alors que dans la logique marchande, la « demande » est entendue avant tout au sens économique, comme part de marché à conquérir – que les clients soient demandeurs ou non.

Concilier les deux scènes : vitrine et coulisses

Concernant maintenant la manière dont les professionnels articulent pour eux-mêmes les deux scènes qui semblent dissociées, la vitrine et la coulisse, l'enquête fait ressortir l'écart avec la séparation des deux tableaux que pourrait souhaiter l'entreprise. La plupart des entretiens réalisés avec les professionnels révèlent, d'une part, leur mémoire précise de tel ou tel client parfois de longues années après les interactions qu'ils ont eues avec lui, et d'autre part, les difficultés qu'ils ont à articuler, dans leur rapport au travail, la logique marchande et la prise en compte des clients.

Les professionnels ont en effet à leur charge la construction d'un rapport au travail leur permettant de demeurer au moins partiellement la même personne en vitrine et en coulisses, malgré l'opposition entre les logiques respectives de ces scènes. Les entretiens donnent à voir les efforts par lesquels ils tentent d'assouplir cette opposition : par exemple, en relativisant l'importance de la logique marchande dans le secteur bancaire ou dans la banque qui les emploie (« On n'est pas des commerciaux purs et durs », « À la Société bancaire, c'est quand même pas un esprit euh, comme ça... ») ; ou encore en se distinguant soi-même de la logique marchande tout en réaffirmant les impératifs de l'organisation (« [Les clients] vont devoir payer alors qu'on utilise leur argent... Ils pensent que c'est aberrant... Moi aussi... moi aussi, mais enfin moi je trouve que c'est aberrant mais c'est normal », « Vendre à des taux aberrants, ça me plaît pas, je suis pas comme ça »). Ces tentatives de relativisation prennent des formes assez diverses qui, comme on le voit ici, peuvent être ou non référées à une logique collective.

Différents degrés « d'appropriation » des clients

L'observation du travail en agence (hors rendez-vous) confirme que la place des clients (lorsqu'ils sont physiquement absents de l'agence) dans les pratiques et dans les discours des professionnels n'est pas homogénéisée à l'intérieur du groupe professionnel. Certains professionnels (le cas est non majoritaire mais loin d'être isolé) s'approprient les clients de leur portefeuille[2], en font « leurs » clients, les « partagent » le moins possible avec les autres professionnels, et leur en parlent le moins possible. Bien entendu, cette stratégie individuelle de contrôle de l'information permet de monopoliser les occasions de vente correspondant aux clients concernés. Cependant, elle est souvent accompagnée de l'installation de connivences fortes et d'une relation de style « privé » entre professionnels et clients, qui peut aller jusqu'à donner lieu, par exemple, à des repas hors contexte professionnel – il s'agit donc d'une appropriation non seulement économique, mais qui comporte l'émergence d'une relation quasi-amicale.

D'une manière générale, les formes des relations entre professionnels et clients varient sur un spectre très large, des formes les plus minimalistes où professionnels et clients ne se voient jamais, à ces formes où les clients deviennent des sortes « d'amis d'affaires » [*business friends*, Uzzi, 1996] pour des professionnels, qui deviennent à leurs yeux des « hommes » ou des « femmes de confiance »[3] — la forme de reconnaissance par les clients qui apparaît le cas échéant est loin d'être négligeable.

CONCLUSION

Cette variété des formes des relations bancaires constitue à elle-même une réfutation du présupposé de la nature désocialisante du marché, présupposé particulièrement fort dans ce domaine où la marchandise est constituée, au moins en partie, par l'argent [Zelizer, 1994]. On est ici en présence d'un marché tantôt désocialisant, tantôt sur-socialisant, mais également matrice de toutes les formes intermédiaires que peuvent prendre les relations bancaires entre ces deux extrêmes.

Parmi toutes ces formes possibles, certaines ouvrent la possibilité d'une définition professionnelle de la situation d'interaction entre clients et les professionnels. L'observation permet alors de montrer que les rendez-vous entre les professionnels et ceux des clients qui viennent au moins une fois à l'agence, loin d'être réductibles à un « bruit » interactionnel superficiel, sont le théâtre d'une lutte symbolique intense, où l'on peut voir « en direct » la construction, largement incertaine, d'une profession.

Or, si cette lutte symbolique (qui tantôt affecte directement les décisions économiques, tantôt non) a quelque importance, c'est parce que, bien que la

---

2. Le mot désigne ici l'ensemble des clients attribués à un professionnel donné au sein d'une agence.

3. La répartition de ces formes tient en partie, pour chaque établissement, au choix de la politique de la « banque relationnelle » ou de la « banque transactionnelle » [Zollinger et Lamarque, 1999] : L'établissement étudié se situe plutôt dans le premier cas de figure, tout en affichant une politique de turn-over obligatoire incomplètement mise en place pour ses professionnels. Le choix de l'orientation « transactionnelle » ou « relationnelle », qui a son importance, paraît cependant secondaire par rapport aux mutations évoquées au début de cet article, qui sont communes à toutes les banques.

figure du client-cible soit ancrée dans le point de vue des professionnels, il y a loin de là à dire que les clients ne les concerneraient que comme occasion de valeur ajoutée. Ainsi, même dans une entreprise tout entière organisée autour de la fonction commerciale, le point de vue des professionnels n'est pas réductible au décalque des rapports économiques entre l'entreprise et les clients.

Étudier les interactions entre professionnels et clients permet en cela de relativiser la portée des interprétations en termes de « co-construction du service » [Gadrey, 2003], qui, en passant sous silence leur dimension symbolique, donnent une image très irénique des relations de service. Les contre-mises en scène décrites ici montrent la résistance que rencontre ce professionnalisme imposé « par le haut » [Evetts, 2003]. Ainsi, les mécanismes et les logiques qui limitent le professionnalisme ne fonctionnent pas seulement au niveau, mésosocial, des processus de légitimation ou délégitimation des groupes professionnels, mais se retrouvent aussi sous forme de « langages » symboliques dans les interactions avec les clients. Faire comprendre au professionnel que l'on a une autre banque, ou un « gourou » [Becker, 2006] du placement, c'est-à-dire un spécialiste profane en la matière, n'est-ce pas en effet lui signifier « en direct » la limitation du professionnalisme et la réversibilité de la confiance accordée ?

À cet égard, on ne peut que relever les effets paradoxaux des efforts professionnalisants des banques pour inscrire les interactions avec les clients dans le modèle du « service personnalisé » : chez une partie des clients, ces efforts rencontrent un écho, une propension à « jouer le jeu » de la relation de service ; mais chez d'autres, l'application mise à dissocier totalement la mise en scène professionnelle de la logique comptable de l'organisation réveille au contraire des formes traditionnelles de dénonciation de la « tromperie marchande » et entretient le soupçon envers les professionnels.

BIBLIOGRAPHIE

ABBOTT A. (1988), *The System of Professions. An Essay on the Division of Expert Labor*, The University of Chicago Press, Chicago et Londres.

BECKER H.S. (2006), « The lay referral system. The problem of professional power », *Knowledge, Work and Society/Savoir, travail et société*, vol. 4/2, p. 65-76.

BRUN-HURTADO E. (2005), *Tous commerciaux ? Les salariés de l'agence dans les transformations de la banque des années 1990-2000*, Thèse de doctorat, Université de la Méditerranée.

COCHOY F. (2002), « Figures du client, leçons du marché », *Sciences de la société*, 56, p. 3-23.

COURPASSON D. (1995), *La Modernisation bancaire*, L'Harmattan, Paris.

CUSIN F. (2002), « Les figures du client bancaire et ses relations paradoxales à la banque. Entre confiance, méfiance et défiance », *Sciences de la société*, 56, p. 115-131.

FERRARY M. (1999), « Confiance et accumulation de capital social dans la régulation des activités de crédit », *Revue française de sociologie*, XL-3, p. 559-586.

EVETTS J. (2003), « The sociology of professional groups : new questions and different explanations », *Knowledge, Work and Society*, 1, p. 33-55.

FREIDSON E. (2001), *Professionalism. The third Logic*, university of Chicago Press, Chicago.

GADREY J. (2003), *Socioéconomie des services*, La Découverte, Paris.

GOFFMAN E. (1968), *Asiles — études sur la condition sociale des malades mentaux*, Minuit, Paris.

GOFFMAN E. (1973), *La Mise en scène de la vie quotidienne*, Minuit, Paris.

GRAFMEYER Y. (1992), *Les Gens de la banque*, Presses universitaires de France, Paris.

HUGHES E.C. (1996), « Le drame social du travail », *Actes de la recherche en sciences sociales*, 115, p. 94-99.

Simmel G. (1999), *Philosophie de l'argent*, Presses universitaires de France, Paris.

UGHETTO P. (2002), « Figures du client, figures du prestataire », *Sciences de la société*, 56, p. 99-113.

UZZI B. (1996), « The sources and consequences of embeddedness for the economic performance of organizations : the network effect », *American Sociological Review*, vol. 61/4, p. 674-698.

ZELIZER V.A. (1994), *The Social Meaning of Money*, Basic Books, New York.

ZOLLINGER M. & LAMARQUE E. (1999), *Marketing et stratégie de la banque*, Dunod, Paris.

27

Les agents administratifs :

travail d'arbitrage et conscience professionnelle

Jean-Marc Weller

Le rapport au public constitue aujourd'hui une des scènes majeures de transformation du travail. Il inspire de nouvelles formes d'organisations qui focalisent désormais l'attention sur les relations de service, ce qui exige des salariés de nouvelles attitudes et de nouvelles compétences, se traduisant par des changements potentiellement importants. Dans cette perspective s'est imposée une littérature sur ce que font et vivent les agents de l'administration au contact du public, dans la mesure où l'État considère désormais que sa « modernisation » consiste à se rapprocher des usagers. Ainsi, depuis plusieurs années, de belles descriptions ethnographiques sont proposées, consacrées à l'étude des agents de base de l'administration [1].

Ces travaux récents viennent combler un incontestable manque de monographies sur les « petites catégories » de la fonction publique dont la connaissance, jusqu'à une date récente, reposait sur des recherches relativement anciennes et généralistes, initiés notamment par Michel Crozier [1955, 1964, 1965]. Ils ont, depuis, adopté une focale plus fine, en recourant à l'observation ethnographique. Dans quels buts ? Dans quelles mesures l'exploration de ce qui se passe derrière les guichets ou dans les bureaux de l'administration constitue-t-elle un apport de connaissances inédites ? Et en quoi prolonge-t-elle la réflexion d'une sociologie des « groupes professionnels » ?

---

1. Pour une revue générale de la littérature et des approches qui ont présidé à la constitution de ce vaste chantier de recherche, voir notre article qui faisait alors le point sur les dix premières années de ces travaux [Weller, 1998]. Depuis, de nouveaux ouvrages ont été publiés, prolongeant les perspectives tracées auparavant. C'est principalement à cette production récente à laquelle l'on fera référence ici.

L'ESSOR DE TRAVAUX RÉCENTS

Pour trois raisons au moins, les agents administratifs ont constitué, jusqu'au tournant des années 1990, un objet négligé de la recherche. La sociologie du travail, soucieuse d'étudier le rapport salarial, s'est intéressée à l'autonomie du travailleur à l'épreuve de la rationalisation de sorte qu'elle s'est avant tout consacrée aux ouvriers, et principalement à ceux de la grande industrie mécanique [Bidet, 2004]. La sociologie des organisations, bien qu'elle s'est illustrée par l'étude de la bureaucratie en intégrant les fonctions d'exécution, a essentiellement focalisé son attention sur les jeux de pouvoir, les stratégies complexes et autres « régulations croisées » qui se nouent autour de l'encadrement [Grémion, 1976 ; Thoenig, 1987]. Et pour la sociologie des professions, l'idée que les petites catégories de la fonction publique puissent être considérées comme un authentique « groupe professionnel » ne s'impose pas vraiment. Car, à la différence des médecins, des avocats, des musiciens ou des voleurs professionnels, pour faire référence à des travaux devenus célèbres, les « agents administratifs » ne maîtrisent jamais l'ensemble du processus de fabrication du service auquel ils concourent, ni ne revendiquent l'appartenance à un métier qui leur serait spécifique. Dès lors, la plus-value qu'il y aurait à les considérer malgré tout comme un groupe professionnel ne va pas de soi. C'est là, à n'en pas douter, une « question difficile », pour reprendre la formulation de Dubar et Tripier [1998] à propos des agents de catégorie C de la fonction publique[2].

Pour toutes ces raisons, l'exploration des petits bureaucrates pouvait être légitimement négligée. Il n'est toutefois pas certain qu'il en soit toujours de même aujourd'hui. La montée du chômage, la précarisation d'une part croissante des emplois, la remise en cause des fondements de l'État providence et, plus largement, les restructurations économiques contribuent à la remise en question des anciens repères professionnels : que veut dire, aujourd'hui, être agent administratif ? Pour répondre, de nouvelles explorations du monde administratif « par le bas » sont proposées, inspirant désormais plusieurs travaux majeurs (voir encadré).

Ces travaux partagent, dans leur très grande majorité, deux points communs. Le premier est de faire de la relation entre agents et usagers le terrain de leur investigation. Véritable « poste d'observation » pour saisir la complexité des rapports entre institutions publiques et leurs destinataires, pour reprendre ici l'expression d'Anni Borzeix [2000], l'étude des guichets s'est imposée. Elle peut consister à décrire finement les interactions qui s'y déroulent, à la suite des approches inspirées de Goffman ou de l'ethnomé-

---

2. « L'une des questions de recherche les plus difficiles semble bien celle-ci : comment rendre compte du processus conduisant des personnels […] de la catégorie C de la fonction publique à devenir acteurs de leur institution, à participer aux innovations et à conquérir identité et reconnaissance professionnelles, au même titre que les autres catégories ? » [1998, p. 161].

Parmi les travaux auxquels ce papier fait référence, nous nous sommes volontairement limité à dix ouvrages d'auteur récemment parus sur le sujet, bien que des thèses, des rapports, des articles ou des livres collectifs fassent également état d'enquêtes qu'il eût été intéressant de recenser. En l'occurrence : (01) Cartier M., [2003] : ouvrage qui ne porte pas explicitement sur les « agents administratifs », mais sur les facteurs. L'enjeu demeure toutefois celui d'étudier les petits fonctionnaires au travail, depuis notamment l'effet des trajectoires et de la condition sociale des intéressés sur le sens qu'ils confèrent à leur rôle ; (02) Dubois V., [1999] : ouvrage qui porte sur la relation administrative et le traitement de la misère par les institutions. Il propose une enquête ethnographique des guichetiers de deux caisses d'allocations familiales en s'intéressant à la complexité des questions soulevées par « la vie au guichet » ; (03) Gardey D., [2001] : ouvrage qui concerne les employés de bureau dont il retrace l'histoire, depuis le tournant du siècle dernier jusqu'en 1930. Bien qu'il repose sur les archives d'une entreprise industrielle (Renault), l'ouvrage intéresse au premier chef la fabrication du monde des agents administratifs, avec notamment ses innovations matérielles et où les femmes occupent une place centrale à travers notamment la figure emblématique de la « dactylo » ; (04) Gardey D. [2008] : ouvrage sur l'histoire de la mécanisation du travail administratif et ses implications à la fois sociales, économiques et politiques ; (05) Hanique F. [2004] : ouvrage qui établit la chronique de la modernisation d'un guichet postal, depuis une approche clinique proposant de suivre, dans la durée, une équipe de guichetiers en rendant compte à la fois de leurs activités, des fonctionnements collectifs et du rapport subjectif au travail ; (06) Munoz J., [2002] : ouvrage qui porte sur les politiques de réparation des accidents du travail et des maladies professionnelles. Pour saisir l'économie du dispositif, l'ouvrage propose une étude sociologique des tâches accomplies par les techniciens des caisses primaires d'assurance maladie ; (07) Siblot, Y., [2006], : ouvrage qui étudie les guichets de trois institutions différentes — un bureau de poste, un service d'état civil de mairie et un centre d'action sociale — en s'intéressant aussi bien aux agents qu'aux populations concernées, depuis le territoire circonscrit d'une commune de la région parisienne ; (08) Spire, A., [2005] : ouvrage qui porte sur les politiques migratoires des trente glorieuses (1945-1975) de la France en examinant le vaste champ des pratiques administratives. L'analyse des dossiers individuels et les entretiens auprès d'anciens fonctionnaires de la Préfecture de Paris forment le matériau original de cette enquête ; (09) Warin, P., [2002] : ouvrage qui porte à la fois sur les pratiques administratives et les valeurs revendiquées par les agents depuis une vaste enquête originale par questionnaire, réalisée auprès de 500 fonctionnaires B et C de l'Isère ; (10) Weller, J-M., [1999] : ouvrage qui aborde la question des institutions publiques et de leur modernisation depuis le suivi de l'activité des agents de caisses locales de Sécurité sociale (allocations familiales et retraites). C'est depuis le travail administratif concrètement accompli que les transformations de l'organisation ou du droit sont ici explorées.

thodologie qui, à ce propos, ont trouvé en France un écho inédit [Joseph et Jeannot, 1995]. Elle peut chercher à en rapporter le sens depuis les liens qu'elles révèlent avec la société locale. Elle peut s'efforcer à saisir les pratiques des agents en poursuivant l'investigation du réseau des traitements et des décisions à l'arrière de l'organisation, dans les *back offices*. Peu importe. C'est depuis cette scène singulière de l'interface entre l'administration et les usagers qu'ont surgi, dans les enquêtes, les « agents administratifs ». En cela, le déplacement problématique esquissé peut être rapproché de celui qu'opéra Michael Lipsky lorsque, dans le champ parfaitement balisé des études sur la bureaucratie, il ouvrit un pan entier de travaux novateurs en s'intéressant à la *street level bureaucracy*, ces scènes de boxes d'accueil et de comptoirs qu'il explore en tant que politiste, pour montrer qu'elles constituent un maillon incontournable de la production de l'action publique [Lipsky, 1980].

Le second point commun concerne le genre d'enquête : il s'agit toujours de monographies, reposant sur des méthodologies qui privilégient, en sus des entretiens avec les intéressés, l'observation des scènes de travail sur des durées relativement longues. Le recours à des démarches ethnographiques, elles-mêmes inspirées par les travaux américains des sociologues interactionnistes ou de l'anthropologie sociale, est central : un même souci du détail, une même préoccupation à restituer les données qu'on produit pas à pas, une même volonté à s'engager localement sur son terrain, une même attention à la réflexivité sur le rapport engagé par le chercheur à ses indigènes.

Ainsi, l'exploration de l'administration « au quotidien » s'est imposée, plaçant dans la lumière ceux qui, jusqu'alors, n'avaient que peu attiré l'attention des sociologues : les agents administratifs de la fonction publique. Ce déplacement de focale répond toutefois à des interrogations multiples. Et bien qu'il ne s'inscrive pas nécessairement dans le champ de la sociologie des professions proprement dit, il importe d'en saisir les apports, et les questionnements possibles, susceptibles d'alimenter l'analyse sociologique des groupes professionnels. À cet égard, il convient de distinguer deux grandes familles de travaux qui, selon des implicites théoriques différents, ont inspiré ces recherches.

UNE ETHNOGRAPHIE CULTURALISTE DES TRAVAILLEURS

La première s'inscrit dans la longue tradition de l'observation ethnographique [Beaud et Weber, 1997] consistant, par immersion sur le terrain, à faire émerger des manières de voir et de penser propres aux petits bureaucrates que le chercheur accompagne, à l'épreuve du guichet. C'est, parmi les travaux récents sur le monde de l'administration, les recherches d'inspiration bourdieusienne qui ont mené le plus loin cette investigation. Qu'il s'agisse des guichetiers des caisses d'allocations familiales [Dubois, 1999], des fonctionnaires des préfectures [Spire, 2005], des employés de la poste et de mairie [Siblot, 2006], étudier le quotidien de l'administration, c'est alors s'interroger sur les habitudes, les dispositions, les mentalités, l'*ethos* de ces agents de base dans leur confrontation au public. À propos des pauvres, des étrangers ou des classes populaires, le chercheur s'intéresse à la variabilité des pratiques locales des guichetiers et aux ajustements qu'ils déploient à l'endroit des usagers, compte tenu de la place qu'ils occupent et de leur propre trajectoire biographique, tout en considérant les transformations engagées par le management. Car la question centrale est bien ici de décrire le rapport, socialement construit, qui se noue – ou se dénoue – entre l'État et les usagers, depuis la scène ordinaire où se joue leur rencontre, de part et d'autre des guichets.

Parmi les différents enjeux soulevés par ces enquêtes, il est intéressant de souligner celui d'une meilleure appréciation de l'identité des employés d'exécution de l'administration : « aborder la vie au guichet sous l'angle des rôles sociaux et des constructions identitaires » [Dubois, 1999, p. 16]. En l'occurrence, les agents administratifs apparaissent jouir dans une majorité des cas d'une stabilité d'emploi, tout en occupant une position subalterne du point de vue professionnel, rencontrant une faible valorisation en termes de rémunération, de contrat de travail et de perspective de carrière. A cette position professionnelle, parfois proche de la relégation – comme en témoignent certains guichets particulièrement exposés à la pression du public ou de services administratifs exclusivement dédiés au traitement de masse [Spire, 2005] – correspondent des trajectoires biographiques qui révèlent une « position incertaine » [Siblot, 2006, p. 144] entre classes moyennes et classes populaires. Il en résulte une indétermination depuis laquelle les agents valorisent, d'un côté, la stabilité de leur emploi (versus la précarité), leur travail de bureau (versus le travail à l'usine), les ressources symboliques que leur procure leur maîtrise de l'écrit (versus le travail manuel), mais au prix de salaires modestes, de carrières bloquées et d'une scolarisation courte ou interrompue.

Le fait est que, parmi ces agents, nombreux sont ceux qui continuent à valoriser leurs activités extérieures – la vie familiale au premier chef – de sorte que le modèle du retrait, largement décrit par la sociologie des organisations il y a trente ans [Sainsaulieu, 1977], et bien que les auteurs ici ne s'y réfèrent pas, semble perdurer. À deux nuances près toutefois, qu'il me paraît essentiel de rappeler. Les conditions concrètes de sa réalisation se sont incontestablement durcies : l'exposition accrue au public que rencontrent les agents de bureau du fait des réorganisations managériales, l'augmentation des contraintes de productivité liées à l'essor des dispositifs de gestion visant à tracer et à calculer les activités accomplies par les personnels, la rationalisation accrue des procédures de travail portée par les processus de certification dans lesquels les organismes publics sont désormais engagés, sont autant de facteurs rendant plus difficiles les stratégies d'évitement du public ou de retrait, favorisant *a contrario* une intensification du travail particulièrement sensible à propos de la relation avec les usagers[3].

Par ailleurs, les opportunités d'évolution professionnelle et les conditions de recrutement ont indéniablement changé (raréfaction des postes, élévation du niveau de formation initiale de la population active). Le suivi de générations successives d'agents administratifs, comme le proposent Yasmine Siblot ou Marie Cartier [2003], souligne combien les possibilités d'ascension sociale qu'offrait dans les années 1960 l'emploi public se sont taries, de sorte que c'est davantage une population hétérogène, moins assimilable au monde de la « classe moyenne » auquel l'assignait volontiers la sociologie qu'à celui des « classes populaires » : les emplois publics d'exécution apparaissent désormais comme un refuge pour les salariés du privé exposés à la précarité [Schwartz, 1997].

UNE APPROCHE PRAGMATIQUE DU TRAVAIL

Une seconde démarche possible prolonge également la tradition de l'observation ethnographique mais en focalisant cette fois-ci l'attention sur l'action en train de se faire [Piette, 1996]. L'essor des approches pragmatiques de l'action publique ou le renouvellement des analyses de la sociologie du travail contribuent, de ce point à de vue, à s'intéresser à l'administration depuis le travail accompli concrètement par ses agents. En effet, qu'il s'agisse des bureaucrates des caisses de Sécurité sociale [Weller, 1999 ; Munoz, 2002] ou, pour faire référence aux travaux que nous avons poursuivis depuis, des services en charge d'attribuer les subventions économiques aux agriculteurs [Weller, 2007], l'enjeu n'est pas tant ici de saisir la rencontre entre des agents et des usagers aux plus bas de l'échelle que de suivre le cours d'une décision publique, depuis la lente et patiente fabrication des dossiers. Comment attribue-t-on une aide légale à une famille ? Comment parvient-on à statuer sur la responsabilité d'un employeur à propos d'un accident du travail ? Comment évalue-t-on la production d'une exploitation agricole ? Pour le savoir, c'est le suivi des dossiers qui devient majeur, obligeant le chercheur à circuler parmi l'ensemble des services qui concourent à la décision. En cela, la description attentive de l'activité des agents administratifs ne diffère guère de celle des magistrats du Conseil d'État proposé par Bruno Latour [2002] : des échelons les plus inférieurs de la hiérarchie administrative aux plus élevés, c'est l'épaisseur du travail qui intéresse ici, au guichet comme au bureau, avec ce qu'il engage comme activités d'écriture, de calcul, de signature, de manipulation experte de papiers et de fichiers.

---

3. Ainsi, Gollac et Volkoff rappellent que 39 % des agents publics déclarent vivre des tensions dans les rapports avec les clients, contre 25 % dans le privé [2000, p. 58-59]. Sur les enjeux et les formes d'une production de « stress » des agents publics à l'épreuve de la relation avec les usagers, voir Loriol, Buscatto et Weller [2008].

Parmi les différentes questions soulevées par ces enquêtes, c'est très certainement celle du travail juridique qui nous paraît la plus intéressante à souligner. En effet, la sociologie des professions s'intéresse depuis longtemps à la manière dont les avocats, les juges, les procureurs, les huissiers, les notaires ou les commissaires-priseurs appréhendent le droit, l'investissent, en argumentent le sens et la portée : ce sont là des acteurs de la scène juridique en tant que tels, protégés par un corps d'État, une charge ou un statut qui les institue comme tels, leur assure une indépendance matérielle et symbolique en même temps qu'il les reconnaît comme des spécialistes patentés, habilités à la mise en droit des situations qu'ils ont charge de traiter. Mais que dire des agents administratifs, sans qualification spécifique ni habilitation particulière autre que celles d'être des personnels de bureau ? Car si personne n'aurait l'idée de contester que les premiers sont bien des professionnels du droit et disposent, en cela, d'un pouvoir nécessaire pour permettre l'ajustement des règles légales aux situations, il est peut-être plus difficile de le penser pour un agent administratif qui ne dispose ni vraiment de la même formation ni de la même indépendance.

À moins de remarquer que l'organisation bureaucratique tire précisément sa légitimité de la division du travail et du contrôle hiérarchique destinés à garantir la conformité légale des décisions des agents. À moins de remarquer qu'à ce titre ce sont moins des agents administratifs qui prennent des décisions, seuls, dans un face-à-face périlleux avec l'usager, qu'une longue chaîne sociotechnique de guichets, de bureaux, de commissions, de *front offices* et de *back offices*. À moins de remarquer que les ajustements dont font preuve les agents administratifs consistent moins, pour peu qu'on les suive précisément, à sortir du droit qu'à jouer avec ses propres ressources internes[4].

Dès lors, s'intéresser au travail des agents administratifs invite à explorer aussi bien l'environnement technique depuis lequel ils opèrent que la texture des règles juridiques qui offrent des prises potentiellement différentes pour agir. C'est le sens, par exemple, des transformations matérielles d'un bureau de poste que suit Fabienne Hanique [2004] pour rendre compte de la progressive difficulté des guichetiers à accomplir un travail qui fait sens à leurs yeux. C'est encore le sens des recherches menées par Delphine Gardey [2001, 2008] sur l'histoire de la mécanisation du travail administratif et de ses agencements, dont les transformations matérielles, au travers de machines à ranger, à écrire, à copier ou à calculer, redéfinissent les modes d'existence des employés (l'invention du bureau « moderne » et la féminisation) ou le jeu politique de nos démocraties. C'est aussi le sens de nos propres enquêtes sur les changements des modes d'organisation et les

---

4. Sur les limites de la sociologie bourdieusienne du droit qui oblige à polariser la description entre droit et passe-droit, voir Lascoumes et Le Bourhis [1996]. La question du sens des pratiques juridiques des petits fonctionnaires est également réexaminée par Warin [2002] dans sa critique de ce qu'il appelle, à juste titre, une sociologie des arrangements.

nouvelles formes de rationalisation du travail bureaucratique qui affectent indéniablement les pratiques des agents de base et, par-delà, les décisions de l'institution. À cet égard, ce sont les tensions entre la rationalité managériale et la rationalité juridique qui, si elles ne sont pas nouvelles, s'en trouvent aujourd'hui intensifiées, plaçant les personnels d'exécution dans des dilemmes difficiles à trancher.

CONCLUSION

Les esprits sourcilleux veilleront à opposer les deux démarches ethnographiques plus qu'il n'est nécessaire. On pourra, depuis la première, critiquer l'irénisme des relations entre agents et usagers que la seconde donnerait à voir, oubliant fâcheusement l'importance des rapports de pouvoir qui se nouent autour du rapport aux institutions, et qui renvoient eux-mêmes à des rapports de classes. On pourra, depuis la seconde, critiquer la réduction que la première opère en rapportant la réalité de la relation institutionnelle à un unique équivalent général – le pouvoir, le rapport de classe – source explicative de tout, et dont le sociologue détiendrait la clef. On pourra rétorquer, avec les tenants de la première démarche, qu'il importe néanmoins de situer socialement les agents administratifs avant de s'intéresser à leur travail, au nom du principe qu'on ne peut décrire les postes de travail sans les individus qui les occupent [Cartier, 2003]. On pourra considérer, au contraire, que c'est bien l'activité de travail qu'il importe de regarder en premier, et non pas les agents, en référence à la posture prônée par Goffman [1968], invitant à regarder « les moments et leurs hommes », et non l'inverse [Hanique, 2004, p. 25]. Mais ces controverses, qui mériteraient de plus longs développements et qui nourrissent des conceptions possiblement différentes aussi bien du droit, des institutions, de la portée critique de la description sociologique que de l'enquête[5], pourraient être réexaminées à l'aune de la sociologie des professions.

Parmi les enjeux posés par cette dernière[6], un débat pourrait concerner la « conscience professionnelle ». En effet, quelle que soient les approches envisagées, les recherches récentes sur les agents administratifs mettent en exergue l'importance des dilemmes, des « doutes » qui surgissent dans le travail, décrivant des agents en tension entre d'un côté les règles à appliquer et, de l'autre, leur propre conception du métier [Warin, 2002]. On pourra, à l'aune de la première approche ethnographique, insister sur les stratégies

---

5. Sur ce dernier point, voir Dodier et Baszanger [1997].
6. À la suite de Dubar et Tripier [1998, p. 13], on pourra notamment distinguer les enjeux politiques liés au processus de catégorisation des activités et à leur organisation, les enjeux culturels impliquant les modes d'accomplissement de soi et d'expression des valeurs morales associées à l'exercice professionnel, et les enjeux économiques renvoyant aux formes de contrôle et de régulation des marchés définissant les conditions d'accès et d'exercice des activités.

d'euphémisation ou de dénonciation de ces contradictions que les agents déploient pour donner sens à leur intervention. On pourra, dans le cadre d'une approche centrée sur les activités de travail, enquêter davantage sur les ressources organisationnelles – depuis l'agencement concret des bureaux jusqu'aux codes de déontologie en passant par les outils de gestion – dont disposent ces mêmes agents pour mener à bien ce « travail d'arbitrage » qui consiste, face aux cas délicats, à pouvoir prendre du recul, peser les tenants et les aboutissants, et finalement prendre une décision.

Dans les deux cas, c'est l'ampleur nouvelle de ces bricolages que les agents doivent inventer qui est à souligner, et qui conduit Gilles Jeannot à considérer, précisément parce que cette activité créatrice n'est jamais que du travail, que les fonctionnaires travaillent de plus en plus [Jeannot, 2008]. Dans les deux cas, la capacité, ou la difficulté, à faire référence à des normes partagées par tout un collectif, sont essentielles. Mais l'émergence ou la préservation de celui-ci n'ont toutefois rien de systématiques. Un regard attentif aux transformations récentes des modes d'organisation oblige souvent même à constater l'inverse : les recherches ethnographiques décrivent régulièrement des agents administratifs surchargés, arbitrant seuls les cas complexes dans une clandestinité parfois suspecte. C'est alors à une augmentation du risque moral à laquelle l'on assiste. Car, à la différence des hauts magistrats du Conseil d'État étudiés par Latour qui font montre de leur « devoir d'hésitation » et de la collégialité de la prise de décision, les agents se retrouvent parfois seuls, priés d'exécuter en urgence un travail mal agencé, de sorte que c'est parmi leurs seules ressources biographiques qu'ils devront puiser pour agir. Mais, à ce moment, ils auront décroché littéralement de ce que tout groupe professionnel est aussi une communauté d'interprétations et d'action. Précisément parce que les normes professionnelles, caractéristiques d'un « milieu », qui contribuent à pré-organiser l'activité et structurer les collectifs, font alors défaut.

BIBLIOGRAPHIE

BEAUD S. et WEBER F. (1997), *Guide de l'enquête de terrain. Produire et analyser des données ethnographiques*, éditions La Découverte, Paris.

BIDET A. (2004), « Retour sur la sociologie du travail : un impensé technique ? », *Revue de l'IRES*, n° 44, p. 157-169.

BORZEIX A. (2000), « Relation de service et sociologie du travail. L'usager : une figure qui nous dérange ? », *Cahiers du genre*, n° 28, p. 19-48.

BOUSSARD V., MERCIER D. et TRIPIER P., (2004), *L'Aveuglement organisationnel ou comment lutter contre les malentendus*, éditions du CNRS, Paris.

CARTIER M. (2003), *Les Facteurs et leurs tournées. Un service public au quotidien*, éditions La Découverte, Paris.

CHAPOULIE J.-M. (1987), *Les Professeurs de l'enseignement secondaire. Un métier de classe moyenne*, Éditions de la maison des sciences de l'homme, Paris.

CROZIER M. (1955), *Petits fonctionnaires au travail*, CNRS, Paris.

CROZIER M. (1964), *Le Phénomène bureaucratique*, Le Seuil, Paris.

CROZIER M. (1965), *Le Monde des employés de bureau*, Le Seuil, Paris.

DODIER N. et BASZANGER I. (1997), « Totalisation et altérité dans l'enquête ethnographique », *Revue française de sociologie*, XXXVIII, p. 37-66.

DUBAR C. et TRIPIER P. (1998), *Sociologie des professions*, Armand Colin, Paris.

DUBOIS V. (1999), *La Vie au guichet. Relation administrative et traitement de la misère*, Economica, Paris.

DUPUY F. et THOENIG J.-C. (1983), *Sociologie de l'administration française*, Armand Colin, Paris.

GARDEY D. (2001), *La Dactylographe et l'expéditionnaire*, Belin, Paris.

GARDEY D. (2008), *Écrire, calculer, classer. Comment une révolution de papier a transformé les sociétés contemporaines (1800-1940)*, éditions La Découverte, Paris.

GRÉMION P. (1976), *Le Pouvoir périphérique*, Le Seuil, Paris.

HANIQUE F. (2004), *Le Sens du travail. Chronique de la modernisation au guichet*, Érès, Ramonville.

JEANNOT G. (2008), « Les fonctionnaires travaillent-ils de plus en plus ? », *Revue française de science politique*, vol. 58, n° 1, p. 123-140.

JOSEPH I. et JEANNOT G. (1995), (dir.), *Métiers du public, les compétences de l'agent et l'espace de l'usager*, éditions du CNRS, Paris.

LACOUMES P. et LE BOURHIS J.-P. (1996), « Des 'passe-droits'aux passes du droit. La mise en œuvre sociojuridique de l'action publique », *Droit et société*, n° 32, p. 51-73.

LATOUR B. (2002), *La Fabrique du droit. Une ethnographie du Conseil d'État*, éditions La Découverte, Paris.

LIPSKY M. (1980), *Street Level Bureaucracy : dilemnas of the individual in public services*, Ressel Sage Foundation, New York.

MUNOZ J. (2002), *L'Accident du travail : de la prise en charge au processus de reconnaissance*, Presses universitaires de Rennes, Rennes.

PIETTE A. (1996), *Ethnographie de l'action. L'observation des détails*, Métailié, Paris.

SAINSAULIEU R. (1977), *L'Identité au travail*, Presses de la Fondation nationale des sciences politiques, Paris.

SCHWARTZ O. (1997), « Sur la question corporative dans le mouvement social de décembre 1995 », *Sociologie du travail*, n° 4, p. 449-471.

SIBLOT Y. (2006), *Faire valoir ses droits au quotidien. Les services publics dans les quartiers populaires*, Presses de Science-Po, Paris.

SPIRE A. (2005), *Étrangers à la carte. L'administration de l'immigration en France (1945-1975)*, Grasset, Paris.

THOENIG J.-P. (1987), *L'Ère des technocrates*, L'Harmattan, Paris (1ʳᵉ éd., 1973).

WARIN P. (2002), *Les Dépanneurs de justice. Les petits fonctionnaires entre qualité et équité*, LGDJ, Paris.

WELLER J.-M. (1998), « La modernisation des services publics par l'usager : une revue de la littérature (1986-1996) », *Sociologie du travail*, n° 3, p. 365-392.

WELLER J.-M. (1999), *L'État au guichet. Sociologie cognitive du travail et modernisation administrative des services publics*, Desclée de Brouwer, Paris.

WELLER J.-M. (2006), « Il faut sauver l'agriculteur Poulard de la télédétection !
    Le souci du public à l'épreuve du travail administratif », *Politiques et mana-
    gement public*, vol. 24, n° 3, p. 109-122.
WELLER J.-M. (2007), « La disparition des deux bœufs du Père Verdon. Travail
    administratif et statut de la qualification », *Droit et société*, n° 67, p. 713-
    755.

28

Les enseignants et les parents d'élèves

Sophie Devineau

L'obligation pour les parents de mettre leurs enfants à l'école donne d'emblée la mesure de l'enjeu scolaire : si certains peuvent ignorer toute leur vie l'institution de santé par exemple, personne n'échappe à l'école. Les uns et les autres sont donc bien plus que de simples usagers du service public ou privé d'éducation.

Ainsi les parents d'élèves font partie de la communauté éducative comme le prévoient les lois de 1979 et de 1985, mais le fait que ce texte désigne le dialogue entre les professionnels et les bénéficiaires du système d'éducation comme un objectif de développement signale que cela ne va pas de soi. Bien au contraire, l'histoire récente de la scolarisation en France montre que ces relations sont sujettes à certaines tensions, sur fond de profond changement à la fois des structures d'accueil des élèves et des missions données aux enseignants pour réaliser le lycée de masse des années 1980 [Prost, 1983]. De la part des familles, l'aspiration à plus d'éducation pour leurs enfants traduit une demande de diplômes liée à l'espoir d'une mobilité sociale ascendante. Du côté de l'école, l'ouverture à un public d'élèves d'origine populaire représente un défi pédagogique pour les enseignants qui essuient une succession de réformes à un rythme jamais égalé. L'échec scolaire constitue par conséquent le nœud problématique de la rencontre des partenaires de l'école, alors que les difficultés d'apprentissage des élèves sont loin d'être marginales [Bonnéry, 2004]. La déscolarisation attire l'attention sur les oubliés de l'école [Langouët, 2003], quand l'orientation demeure sélective socialement [Merle, 2002].

Dès lors, la légitimité des enseignants peut être mise en cause par les parents déçus dans leurs attentes. Mais loin d'être un jeu à deux, la relation enseignants-familles s'inscrit dans un système de contraintes institutionnelles et politiques qui organisent les réponses scolaires aux demandes des parents d'élèves [Broccolichi, 1998]. La présence de deux secteurs de scolarisation, l'un public l'autre privé, impose le cadre général de l'offre scolaire dans lequel les parents vont élaborer des stratégies de choix d'établissement et auxquelles vont répondre en écho des politiques d'établissement concurrentielles [Careil, 1998 ; Devineau, 1998] aussi bien que des stratégies de carrière des professionnels [Léger, 1983].

Dans ce contexte, le corps enseignant connait deux types de bouleversements. En premier lieu, on assiste à un changement d'assignation majeur qui, au tournant des années 1990, pose que « La République n'éduquera plus » [Nique et Lelièvre, 1993]. Désormais, elle missionne tous les enseignants du public comme du privé de la charge commune d'un service d'éducation rendu au public, brouillant ainsi les repères traditionnels propres au service public s'adressant à des usagers. Il ne resterait donc plus que des « consommateurs d'école » selon R. Ballion [1982]. Et de fait, qu'ils soient du public ou du privé, les personnels d'éducation, bon gré, mal gré, visent plus ou moins explicitement la séduction d'une clientèle, notamment en produisant des brochures d'établissement qui se veulent attractives, à l'instar du modèle britannique [Devineau, 2001].

En deuxième lieu, une réforme institutionnelle redéfinit complètement la formation des maîtres avec la création des instituts universitaires de formation des maîtres (les IUFM). Ce nouvel outil pour le contrôle de l'entrée dans la profession et pour la conservation des références aux savoirs scolaires légitimes constitue un moyen conséquent d'affirmer une expertise professionnelle opposable aux parents en cas de conflit. Car à l'image d'autres professions très qualifiées, il faut bien que soit consolidé l'ordre du métier, si par ailleurs l'unité de la structure éducative prend quelques libéralités.

Or, sous l'effet de la loi d'orientation de 1989, le cadre standard de l'offre égale pour tous partout sur le territoire national est invalidé sous l'argument que l'uniformité nuit à la performance du système y compris dans sa mission démocratique. Symboliquement, il s'agit d'imposer l'idée d'une demande individuelle qu'un parent est en droit d'opposer aux plus offrants des prestataires de services éducatifs. Pourtant, dans le face à face, il n'y a jamais eu de famille unique pas plus que d'école unique, mais des attentes portées par des catégories sociales différenciées [Montandon et Perrenoud, 1987]. Entre un fonctionnement de plus en plus concurrentiel des établissements scolaires et une professionnalisation accrue des personnels, l'institution scolaire s'oriente vers une autonomisation des unités éducatives, mais aussi vers une individualisation des responsabilités des enseignants devant les familles. C'est donc la négociation qui fait son apparition officielle au sein d'un système jusque-là conçu en tant qu'institution au-dessus des intérêts particuliers des bénéficiaires. Fortement soumis aux jugements extérieurs (palmarès d'établissements publiés dans la presse), les enseignants se sentent moins assurés dans l'exercice de leur métier malgré un statut protégé. Quant aux parents, le devoir d'être à la hauteur est parfois une responsabilité lourde à assumer individuellement.

À la lumière de ces changements institutionnels récents, nous réexaminerons l'hypothèse de la dissimilarité sociale des deux parties, d'abord en termes de dissymétrie des savoirs qui fonde le pouvoir des pédagogues, puis de concurrences diverses dans le domaine éducatif qui disputent aux enseignants leur légitimité. Enfin, l'observation fera affleurer des conflits sociaux lors du face-à-face au quotidien. Dans cette synthèse, les extraits d'entretiens ainsi que les statistiques qui seront cités sont tirés de plusieurs de nos enquêtes[1].

LE POUVOIR DES PÉDAGOGUES

La légitimité professionnelle des enseignants se fonde sur des savoirs précis et validés nationalement en matière d'éducation scolaire, ainsi que sur leur mise en œuvre à travers des pratiques spécifiques. La mise à distance des profanes s'appuie notamment sur deux ressorts, l'élévation du niveau de qualification des enseignants, d'une part, et, d'autre part, la rupture avec le modèle individualiste des maîtres fonctionnant les uns à côté des autres. Un renouveau du métier qui n'est pas sans conséquences sur la relation aux parents.

En effet, la barrière d'un jargon professionnel de plus en plus technique balise l'expertise des enseignants à travers la reformulation systématique des savoirs transmis en objectifs pédagogiques. Ce qui ne laisse pas de surprendre les futurs enseignants au début de leur formation. L'acte d'enseigner est dûment répertorié au sein de nomenclatures spécialisées par disciplines. Cela s'ajoute à une théâtralisation des savoirs professionnels particulièrement nette au cours préparatoire, classe où est officialisé l'apprentissage de la lecture : lors des réunions de rentrée, les enseignants demanderont aux parents de se tenir à bonne distance des méthodes d'enseignement.

Cet acte de pouvoir des pédagogues envers les parents fonde pour la suite la position intenable dans laquelle beaucoup de familles se trouvent. Les parents doivent jouer leur rôle exactement, ils doivent suivre absolument les consignes des enseignants et répondre présents chaque fois qu'on les sollicite. Telle est la clé de la bonne entente entre les adultes et de la réussite pour les enfants [Esterle-Hedibel, 2004]. Convenons toutefois que cela n'est pas si aisé pour les familles et relève d'un véritable savoir social.

---

1. Ces enquêtes ont été menées en Haute et Basse-Normandie auprès des enseignants ainsi que des divers responsables des politiques éducatives. Outre les enquêtes par questionnaires sur cinq années successives menées essentiellement auprès d'enseignants du 1er et du 2nd degré du public et du privé, dont une enquête auprès de 1576 enseignants (Public : 65 %, Privé : 34 %, Maternelle : 17 %, Elémentaire : 20 %, Collège : 20 %, Lycée : 23 %, Supérieur : 19 %), les données sont constituées de 60 entretiens et d'observations directes dans les écoles entre 2001 et 2007 [Devineau et al., 2006].

Ces exigences vont être aussi à l'origine des difficultés des enseignants qui se disent démunis devant les différences entre les élèves (41 %), et devant la démission des familles (67 %). Les enseignants éprouvent des difficultés imputables, selon eux, aux élèves qui sont loin d'être idéaux, mais aussi à la défaillance des familles, à leur hétérodoxie au profil idéal typique de la famille parfaite, comme l'exprime cet enseignant : « Je pense qu'il faudrait même créer des stages pour certains parents en fait, il y a des parents qui sont incapables de..., qui continuent d'avoir des ribambelles d'enfants ».

La difficulté, loin d'être levée par l'intensification de la correspondance scolaire, semble au contraire redoublée par la charge de travail supplémentaire. Pour les enseignants, il leur semble devoir relever un véritable défi gestionnaire : « On en demande de plus en plus aux enfants. J'ai l'impression que tout est plus compliqué qu'avant... on envoie des tonnes de papiers aux parents » soupire cette professeur de français de collège, « comment font les parents qui ont plusieurs enfants ? ». En effet, nombre de parents ont du mal à suivre et sont pris en défaut de n'avoir pas signé les documents transmis. Les conseillers d'éducation témoignent que « ce sont toujours les mêmes », souvent des parents que le travail rend peu disponibles.

Le travail en équipe, s'il a bousculé des habitudes chez les enseignants jaloux de leur autonomie, a également permis une nouvelle expression de l'esprit de corps. Ils sont toujours les maîtres dans leur classe, mais ils bénéficient en prime de la solidarité des collègues avec qui ils ont développé des relations de travail plus systématiques et régulières. Ce n'est pas négligeable dans la confrontation aux demandes des parents. L'appui technique et le soutien moral trouvés auprès des collègues sont très appréciés par les enseignants. La communauté enseignante s'en trouve dans les faits considérablement renforcée, soudée autour de projets collectifs. Lorsque se profile une menace de perturbation de l'ordre scolaire, on observe chez les professionnels une réaction de repli sur un quant à soi académique. Les demandes des parents sont *a priori* perçues comme source d'ennuis. Elles peuvent consister à essayer d'éviter la classe de tel enseignant réputé mauvais, ou à tenter de déroger à l'obligation de la carte scolaire, car l'école a aussi ses secrets qu'elle tolère sans accepter de les dévoiler. La dignité de la profession repose impérativement sur cette loi du silence, le devoir de réserve. Mais la tentation de la clôture scolaire peut dans certains cas aller jusqu'à la négation de l'autre au prétexte qu'« il faut laisser les spécialistes régler les problèmes ». Pourtant, la portée sociale du diplôme en fait une affaire publique dont les parents refusent de se voir dépossédés.

L'impossibilité d'admettre l'échec scolaire comme un échec professionnel explique sans doute qu'il soit encore souvent traité sur le mode fataliste de la maladie : les enseignants estiment qu'il y a des élèves « doués » et d'autres pas (66 %). Ce constat permet de renvoyer le problème vers d'autres spécialités telles que la psychologie ou la médecine tout en gardant le bénéfice de leur propre compétence éducative pour les élèves « qui marchent ». Une minorité active des parents au contraire met en cause de mauvaises méthodes d'enseignement et mobilise toutes sortes de ressources pour invalider le risque d'échec. Ils se tournent notamment vers une offre éducative alternative qui tend à se diversifier dans la période récente. L'argument d'autorité du pédagogue délivrant son verdict scolaire peut s'en trouver affaibli et inversement le pouvoir des familles en être accru.

UNE LÉGITIMITÉ PROFESSIONNELLE DISPUTÉE

La pratique de l'entre-soi qui exclut les parents vise surtout à protéger un métier lorsque ceux-ci, déçus dans leur attente de réussite scolaire, discutent les contenus d'enseignement et la pédagogie. La raison en est simple : à mesure que tous les savoirs deviennent largement accessibles dans le domaine public et que le niveau scolaire des parents eux-mêmes s'élève, les prérogatives des enseignants perdent du terrain. « Concurrencé par Wikipédia, le prof doit être à la hauteur ! » dira d'un ton amusé un enseignant de collège. Derrière la boutade, on relève la conscience qu'ont les enseignants de devoir lutter pour défendre, voire réaffirmer la spécificité de leur expertise professionnelle. Un chef d'établissement déclarera avec lassitude : « Tout le monde sait tout sur les problèmes de l'école, et mieux que les personnels d'éducation bien évidemment... » Par un retournement de situation, les enseignants qui ont toujours défendu l'honneur de leur métier en se référant aux disciplines académiques, sont obligés de mettre en avant la pédagogie, un aspect de la pratique pourtant encore déconsidéré car jugé moins noble. Ainsi, avec l'appui des syndicats d'enseignants, cette ligne de défense par la pédagogie et la didactique va être instituée avec la création des IUFM.

En somme, pour tenir sa place dans la société, le corps enseignant développe des mécanismes de défense envers l'interlocuteur le plus proche, le parent d'élève représentant de son enfant mais aussi porte-voix de sa catégorie sociale et du jugement de la société sur l'école. Or, dans nos enquêtes, les enseignants ne se sentent pas compris : 77 % pensent que leur profession n'est pas reconnue à sa juste valeur, 53 % n'ont pas le sentiment d'être bien considérés par la société. La quasi-totalité estime que le grand public a une image injuste de leur charge de travail (90 %) et des conditions d'exercice du métier (73 %). Lorsqu'on les interroge au sujet des relations avec les parents, 83 % des enseignants jugent que les parents ne connaissent pas bien les problèmes de l'école, et 66 % qu'ils ne s'intéressent pas suffisamment au travail scolaire. Ces relevés statistiques valident l'importance des jugements négatifs notés lors d'observations directes : la mise en scène du dévouement professionnel bien réel vise à grandir le mérite enseignant devant l'incurie de certains parents et à repousser l'ensemble des familles hors du domaine réservé de l'école.

Pourtant, les demandes des familles reviennent au-devant de la scène, tant le problème de la déscolarisation interpelle les politiques publiques. Le principe du libre choix des familles est conforté officiellement entre les secteurs public et privé, officieusement entre établissements. Et la concurrence se manifeste à travers tout un ensemble de mesures d'accompagnement scolaire et périscolaire dans lesquelles l'école n'est plus le maître d'œuvre mais un des partenaires parmi d'autres. Tel département proposera son propre dispositif sous son propre sigle (CRED : Contrat de réussite départemental), tel proviseur dira son contentement d'être dans le dispositif régional d'excellence scolaire « Lycée de la Réussite », tout en regrettant la faible valeur de cette « sous-marque » comparée aux 40 lycées chanceux sélectionnés sous le label ministériel « Lycée Ambition Réussite ». Les enseignants négocient âprement leur place dans une situation où les parents peuvent s'appuyer sur d'autres interlocuteurs : selon un chargé de mission pour l'insertion professionnelle et la lutte contre les discriminations à la préfecture, il faut faire évoluer la culture Éducation nationale où seuls les enseignants seraient légitimes : « ce sont eux qui enseignent aux élèves, et ils n'aiment pas qu'on tricote autour ».

Ainsi à tous les étages, l'édifice scolaire présente un fonctionnement de plus en plus fractionné, discriminé « positivement ». Parmi les enseignants, certains y sont hostiles et contestent le fait de n'aider que quelques-uns des élèves repérés comme plus méritants alors même que des postes de professeurs sont supprimés pour tous les autres. Mais c'est aussi une question de légitimité professionnelle, le principe d'unité du service d'éducation renvoyant à l'unité du statut. Dès lors que ce principe est remplacé par celui de la multiplicité des besoins réels des familles devant le droit à l'égalité des chances, le corps enseignant y voit la menace d'un éclatement de la profession en une pluralité de métiers spécialisés pour des publics particuliers.

Dans l'arène de l'action immédiate, la référence à la République, à la démocratie, au service public ou à l'égalité des chances, semble une rhétorique lointaine des professionnalités, et de peu de secours. Le cadre institutionnel national qui garantissait la mise à distance des usagers ne jouant plus son rôle de commandeur, les professeurs disent être pris dans des contradictions de principe insolubles dans la relation aux parents. Des cas de conscience devant les familles démunies que certains résolvent à travers leur engagement militant dans le Réseau Éducation Sans Frontières. Sur la scène quotidienne, la construction de l'intérêt général repose sur le sens des responsabilités des chefs d'établissement qui trouvent chez les parents cadres de véritables partenaires. Qui mieux que les cadres peut jouer la règle de la compétition et adhérer à la culture du « management » des proviseurs, des principaux de collège et des conseillers d'éducation dans leur nouveau rôle ? « On doit être à la pointe » dira un proviseur, « c'est une équipe dynamique » jugera un délégué de parents d'élèves, professeur du supérieur. Ainsi saisit-on dans le déroulement ordinaire de l'école bien autre chose que la seule mise en scène d'un statut où chacun doit rester dans son rôle ; derrière l'apparente neutralité de la fonction enseignante une bonne relation avec les parents se joue à travers une reconnaissance mutuelle et par une communauté de vues.

LE FACE À FACE SOCIAL AU QUOTIDIEN

Au quotidien, la rencontre avec les enseignants prend pour les familles tantôt les aspects de la connivence [Breton et Belmont, 1985] et de la confiance satisfaite, tantôt ceux de la mise en cause de l'autorité par des conflits larvés, voire ouverts [Esterle-Hedibel, 2004], ou bien encore ceux de l'évaluation des compétences des enseignants par les familles [Langouet et Léger, 1997].

Dans le cas des parents moins diplômés, l'enfant est déposé entre des mains expertes comme chez le médecin. L'attitude évaluative et la contestation du verdict scolaire chez les cadres contrastent avec la soumission confiante des familles populaires captives d'un système qui leur échappe [Duru-Bellat et Mingat, 1987]. Les moyennes statistiques ne sauraient pour autant laisser ignorer la variété des situations. Ainsi parfois, la seule voie permettant de s'affirmer contre le jugement scolaire consiste pour certaines familles modestes à nier l'école et le pouvoir des enseignants [Frandji et Vergès, 2004]. Il s'agit alors d'un rejet global des règles de la vie scolaire comme le fait de signaler une absence et de l'excuser, ou encore de préférer la déscolarisation d'un enfant pour le garder auprès de soi comme auxiliaire domestique. D'autres pratiques au contraire mettent en lumière la mobilisation initiée par certaines mères issues de l'immigration dont le volontarisme scolaire est très bien reçu dans l'école. Les dynamiques d'interactions à l'œuvre permettent des stratégies familiales efficaces en termes d'intégration et de réussite de leurs enfants. Une présence soutenue par un dialogue fréquent avec les enseignants leur assure en effet une bonne information et permet de réagir très tôt pour lever un doute, négocier un jugement ou une orientation non souhaitée Pour ces parents l'action auprès des enseignants consiste en une véritable entreprise de rectification d'un stéréotype défavorable. D'une façon générale, la conscience de devoir bien faire leur métier de parents d'élèves est un souci partagé dans leurs échanges par l'ensemble des familles.

Il reste que le plus souvent les familles populaires disent leur timidité et leur gêne face aux enseignants : elles se sentent mal jugées. Alors que les familles modestes attendent de l'école une seconde famille, l'école attend de la famille une seconde école. Des attentes divergentes de part et d'autre qui parasitent toute communication entre les deux univers sociaux et nourrissent le malentendu école-famille [Dubet, 1997]. À l'inverse, une situation sereine révèle le portrait de parents réussissants qui ont bien compris que les enseignants se reposaient en partie sur l'éducation familiale. Cette entente cordiale sur l'essentiel n'exclut pas que les parents se plaignent souvent d'être disqualifiés pour certaines questions éducatives. Mais tout cela est de bonne guerre et parfaitement codifié. Cette politesse souriante qui signale la reconnaissance mutuelle entre pairs est observable concrètement par l'atmosphère détendue des échanges. Il y a donc un modèle standard du bon parent d'élève et si nul ne l'ignore, tout le monde ne peut s'en prévaloir.

Décrypter jusqu'où ne pas empiéter le domaine des enseignants tout en étant suffisamment utile à l'école, voilà ce que les représentants des parents d'élèves maîtrisent mieux que les autres. À cela rien d'exceptionnel, puisque la majorité d'entre eux sont soit enseignants eux-mêmes, soit partagent le même monde social, celui des classes moyennes. En effet, les enseignants ne sont pas représentatifs de la population active dans son ensemble car si la majorité des parents d'élèves sont d'origine populaire (60 % des actifs sont soit ouvriers, soit employés), les enseignants eux sont d'une origine sociale plus favorisée et ont souvent, dans le cas des femmes, très nombreuses dans l'enseignement, des conjoints cadres supérieurs [Devineau et Léger, 2002]. En termes de catégories sociales, les enseignants ont partie liée avec des intérêts propres aux classes moyennes, repérables jusque dans les pratiques d'auto-ségrégation urbaine [Préteceille, 2006]. Anciens très bons, voire brillants élèves, entre expérience familiale et expérience scolaire, les enseignants, quelle que soit leur bonne volonté professionnelle, ont suivi des trajectoires sociales et scolaires qui les rendent de fait étrangers aux expériences d'échec social et scolaire de nombre des parents qu'ils rencontrent, un sentiment de « décalage » qu'ils évoquent fréquemment dans les entretiens.

Ces obstacles biographiques sont rendus particulièrement visibles lors de conflits sociaux, par exemple lorsqu'à partir de l'année 1998, l'école et les familles, via leurs organisations de représentants, vont croiser le fer sur le sujet du port du voile islamique par des jeunes filles dans l'enceinte scolaire. La question laïque en provoquant un très large débat de société a secoué les relations école-familles avant d'être tranchée par la loi de mars 2004. Interrogés à cette période, deux groupes d'enseignants s'opposent s'agissant de l'accueil des différentes manifestations d'appartenance religieuse à l'école : 46 % estiment que cela « empêche l'intégration sociale à l'école, va à l'encontre du principe de laïcité ou encore mène au communautarisme ». Au contraire, pour 42 % cela « fait partie du travail éducatif, définit le principe de laïcité et est une garantie pour la paix sociale à l'école ». Toutefois, à travers les entretiens, ni les uns ni les autres ne situent le sujet comme un problème de domination sociale des minorités en France. L'extrême discrétion de certains parents dans le cadre des réunions scolaires rappelle pourtant qu'ils ne s'y sentent pas chez eux « qu'ils ne se sentent pas autorisés ».

On relève ainsi que les catégories du langage universaliste, en oblitérant la réalité concrète d'une demande de réussite scolaire de la part de ces familles majoritairement populaires, ont profilé à la place la représentation d'un conflit éthique autour de la laïcité. Ce procédé de déplacement montre que pour être recevable, une demande de réussite scolaire doit d'abord vérifier une bonne conformité à la norme générale, sous peine d'être disqualifiée comme une requête communautaire.

CONCLUSION

Les lieux communs envahissent le débat sur le sujet école-familles, ainsi en est-il de la démission des familles et de l'archaïsme des enseignants. Sur un plan, la légitimité d'un métier se confronte à la légitimité d'une demande de réussite scolaire. La défense du statut confine les enseignants dans un rôle d'expert dont ils ne peuvent pas sortir sous peine de perdre leur autorité et leur monopole sur le diplôme scolaire. L'intérêt des parents est tout autre, puisqu'il s'évalue à l'aune des espoirs de réussite. La déscolarisation et l'échec scolaire sont le talon d'Achille de la profession qui ne réussit plus à renvoyer le problème vers les services médicaux de façon convaincante. D'autres services d'éducation se mettent en place autour de l'action des professeurs ébranlant leur exclusivité dans le domaine.

Sur un autre plan, les enseignants par leur biographie et leur mode de vie partagent des intérêts communs à la classe moyenne facilitant des relations consensuelles avec ces catégories de parents. Tout en incarnant la norme scolaire, ils définissent ainsi un modèle « réussissant » de famille, leurs attentes déçues désignant au contraire les insuffisances de familles le plus souvent populaires. C'est là tout le paradoxe d'enseignants attachés à des valeurs humanistes d'égalité et fiers de remplir une mission de service public pour tous. Une situation de conflits d'intérêts professionnels qui sera redoublée lorsqu'ils sont eux-mêmes les bénéficiaires du système éducatif pour leurs enfants.

La délicate rencontre école-familles repose sur des maux croisés [Bouveau et al., 1999], maux des enseignants, maux des élèves, maux des familles, tous bien réels et socialement construits, chacune des parties ayant de bonnes raisons sociales d'éprouver des difficultés devant l'inflation scolaire et les désillusions de la méritocratie [Duru-Bellat, 2006]. « À chacun son école » pourrait bien dans un proche avenir être considéré comme une solution et dessiner les nouvelles professionnalités d'enseignants spécialisés pour des types de publics clients d'un marché scolaire d'établissements. Il pourrait en émaner de nouvelles perspectives de recherche qui s'efforceraient de tester l'hypothèse d'une mobilisation des familles aux côtés des enseignants réunis autour d'intérêts et de valeurs communes. Une observation empirique méticuleuse devrait permettre d'élucider les situations précises d'entente réussie en les rapportant aux contextes biographiques des familles, à leur histoire scolaire. Et si la dissimilarité sociale paraît être un élément central de la relation école-familles en certains cas, le chantier est toutefois loin d'être abouti et appelle des analyses des mécanismes et critères de recrutement des nouveaux enseignants, autant que de l'enjeu de la féminisation déjà ancienne du métier.

BIBLIOGRAPHIE

BALLION R. (1992), *Les Consommateurs d'école,* Stock, Paris.

BONNÉRY S. (2004), « Décrochage cognitif et décrochage scolaire », *in* D. GLASMAN et F. OEUVRARD (dir.), *La Déscolarisation,* La Dispute, Paris, p. 201-217.

BROCCOLICHI S. (1998), Inquiétudes parentales et sens des migrations d'élèves : l'évitement croissant des collèges publics dans la banlieue parisienne, *Les Dossiers d'éducation et formations,* n° 101, Paris.

BOUVEAU P., COUSIN O. et FAVRE J. (1999), *L'École face aux parents. Analyse d'une pratique de médiation,* ESF, Paris.

CAREIL Y. (1998), *De l'école publique à l'école libérale,* Presses universitaires de Rennes, Rennes.

DEVINEAU S. (2001), « Les lycées et leurs images en France et en Grande-Bretagne » L'enseignement privé en Europe (II), *Les Documents de la Maison de la Recherche en Sciences Humaines de Caen,* n° 13, PUC, Caen.

DEVINEAU S. et LÉGER A. (2002). « Les enseignants et leur famille », *in* D. LE GALL ET S. JUAN (dir.), *Conditions et genres de vie,* L'Harmattan, Paris, p. 99-121.

DEVINEAU S. (dir.), ANNOOT E., BUSSI M. et LÉGER A., (2006), *Sociologie des enseignants : étude en Haute et Basse Normandie,* Rapport de recherche, IRSHS, CMH-CIRTAI-IDEE, Rouen.

DUBET F. (1997), *École, familles, le malentendu,* Textuel, Paris.

DURU-BELLAT M. (2006), *L'inflation scolaire. Les désillusions de la méritocratie,* Seuil, Paris.

ESTERLE-HEDIBEL M. (2004), « Précarité, stratégies familiales et déscolarisation », *in* D. GLASMAN et F. ŒUVRARD (dir.), *op. cit.,* p. 201-217.

FRANDJI D. & VERGÈS P. (2004), L'attachement familial, *in* D. GLASMAN et F. OEUVRARD (dir.), *op. cit.,* p. 219-237.

LANGOUËt G., (dir.) (2003), *Les Oubliés de l'école en France. L'état de l'enfance,* Hachette, Évreux.

LÉGER A. (1983), *Enseignants du secondaire,* PUF, Paris.

LÉGER A., TRIPIER M. (1986), *Fuir ou construire l'école populaire ?,* Méridiens-Klincksieck, Paris.

MERLE P. (2002), *La Démocratisation de l'enseignement,* éditions La Découverte, Paris.

MONTANDON C. et PERRENOUD P. (1987), *Entre parents et enseignants : un dialogue impossible ?,* Éditions Peter Lang, Berne.

NIQUE C. et LELIÈVRE C. (1993), *La République n'éduquera plus. La fin du mythe Ferry,* Plon, Paris.

PRÉTECEILLE E. (2006), « La ségrégation contre la cohésion sociale : la métropole parisienne », *in* H. LAGRANGE (dir.), *L'Épreuve des inégalités,* PUF, Paris, p. 193-246.

PROST A. (1983), *Les Lycéens et leurs études au seuil du XXe siècle,* ministère de l'Éducation nationale, Paris.

29

Les infirmières des services de réanimation néonatale :
gestion et fabrication du secret médical

Anne Paillet

Dans bien des milieux de travail, on observe que des personnes qui occupent des positions professionnelles voisines manifestent dans leur activité des attitudes communes. C'est alors un questionnement classique que de chercher à reconstituer les processus qui sont au fondement de cette corrélation. Ainsi la sociologie s'est-elle beaucoup investie, surtout depuis les années 1950-1960, dans l'étude des « processus de socialisation professionnelle ». Mais ce n'est pas seulement en sciences sociales que ce type de problématique est activé : c'est aussi parfois sur le terrain, au sein des équipes de travail, que sont pointées des différences d'attitudes d'une catégorie professionnelle à l'autre et que se déploie une activité réflexive visant à comprendre comment se forment ces variations.

Les services hospitaliers constituent un exemple privilégié de ce genre de situation : régulièrement, sur toutes sortes d'objets, et en particulier autour des problèmes « éthiques » qui s'y présentent, des divergences de vues apparaissent entre les membres des divers groupes professionnels impliqués, et notamment entre médecins et infirmières. Or il arrive que les médecins seniors, qui exercent un rôle « managérial » à la tête des services, cherchent à gérer ces divergences en discourant sur les modes de socialisation censés avoir affecté les uns et les autres. C'est en tout cas cette configuration que nous avons pu saisir dans une spécialité hospitalière sur laquelle nous avons enquêté durant plusieurs années : la réanimation des nouveau-nés. Plus précisément, les médecins seniors de cet univers tentent souvent de diffuser l'idée d'une différence de nature entre les processus de socialisation les ayant touchés eux et ceux ayant affecté les infirmières : si, en bien des circonstances, ces dernières ne pensent pas de la même manière que les médecins, ce serait dû au fait que les médecins auraient rencontré des modes de socialisation très « professionnalisés », les ayant fait rompre nettement avec les dispositions « profanes » – tandis que les infirmières, elles, auraient connu des processus beaucoup moins puissants de conversion « professionnelle » et demeureraient pour l'essentiel marquées par des processus de socialisation « profane »...

Dans ce texte, nous nous proposons d'examiner et de déconstruire cette genèse médicale des attitudes infirmières – et de pointer quelques enseignements qui, sur un plan plus général, peuvent être tirés de cette opération pour la sociologie des processus de socialisation professionnelle. Pour ce faire, nous choisirons d'examiner, parmi toute une gamme de variations d'attitudes observables en réanimation néonatale, les approches différenciées que les infirmières et les médecins développent au sujet de la place à donner aux parents autour des décisions de vie et de mort. Nous examinerons comment et pourquoi, pour gérer l'aversion morale que les infirmières manifestent à l'égard de la politique du secret, les médecins s'emploient à souligner la nature selon eux profane, peu professionnelle en tout cas, des modes de socialisation qui ont marqué les infirmières. L'analyse sociologique devra alors prendre garde à ne pas reprendre à son compte cette représentation médicale : nous montrerons qu'au contraire des déterminants majeurs de l'aversion infirmière pour les secrets se trouvent dans la position occupée dans l'univers de travail – et qu'en ce sens nous pouvons bel et bien parler pour les infirmières, sociologiquement, d'une socialisation « professionnelle ». À condition toutefois de mener une approche sociologique ouverte des processus de socialisation professionnelle, attentive aux multiples dimensions qui constituent les positions professionnelles (en particulier aux situations de travail quotidiennes) ainsi qu'aux médiations concrètes par lesquelles ces positions contribuent à former des attitudes.

L'AVERSION
POUR LES SECRETS DE LA RÉANIMATION NÉONATALE

Dans les services de réanimation néonatale, l'essentiel de l'activité consiste à tenter de faire survivre des nouveau-nés qui (pour cause de naissance très prématurée par exemple) sont en état de détresse respiratoire. Mais il arrive que l'objectif de maintien en vie soit mis en cause : lorsqu'on redoute fortement (mais sans certitude absolue) une atteinte neurologique grave, vaut-il mieux poursuivre la réanimation et tenter de faire survivre l'enfant – sachant qu'on prend le risque qu'il soit atteint d'un handicap massif ? Ou vaut-il mieux arrêter la réanimation et que l'enfant meure – sachant qu'il lui reste pourtant une chance, même mince, de survivre dans des conditions qui seraient considérées comme « acceptables » ?

Pour chacun des médecins et des infirmières de la spécialité, nombre d'interrogations demeurent ouvertes face à ces décisions d'arrêt ou de poursuite. Quels critères employer pour décider si telle vie vaut d'être vécue ?

Le risque le plus terrible est-il celui de poursuivre à tort ou d'arrêter à tort ? Quels gestes concrets s'autoriser ? En outre, qui doit décider ? Qui doit être informé ? Quelle place donner aux parents dans les discussions et dans les décisions ? Si certaines normes juridiques et bioéthiques, ainsi que les normes procédurales édictées il y a plus de vingt ans par les médecins de la spécialité, fournissent quelques indications de conduite, elles demeurent trop générales et trop en tension les unes avec les autres pour éteindre les questionnements. Un suivi ethnographique des médecins et infirmières de la spécialité[1] permet d'ailleurs de saisir que très rares sont les personnes qui se forgent des convictions tranchées en ces matières : une difficulté majeure du travail en réanimation néonatale réside justement dans l'exposition régulière aux sentiments d'incertitude concernant la légitimité de ce qui est fait et la définition ce qu'il faudrait faire.

L'inquiétude morale de chacun n'empêche toutefois pas que des régularités se dégagent. Ainsi, dans le service dans lequel nous avons réalisé au long cours une observation du travail quotidien[2], nous avons pu suivre chaque membre de l'équipe face à toute une série de cas. La démarche permet de s'apercevoir que chacun tend malgré tout à développer ce que nous appellerons « son approche » des décisions d'arrêt ou de poursuite. Et que les différentes approches individuelles se regroupent en plusieurs pôles contrastés, qui s'inscrivent principalement dans une géographie professionnelle. Le clivage le plus marqué est celui qui oppose les approches des médecins seniors et celles des infirmières : même si l'approche des décisions n'est bien entendu pas tout à fait identique d'une infirmière à l'autre, pas plus qu'elle ne l'est d'un médecin senior à l'autre, le contraste est en tout cas grand entre, d'une part, la façon dont l'ensemble des infirmières tendent à approcher ces décisions et, d'autre part, la manière dont l'ensemble des médecins seniors tendent à le faire[3].

---

1. La recherche se fonde notamment sur l'observation directe des pratiques, principalement dans un service de réanimation néonatale, et sur des entretiens conduits avec des médecins, infirmières et psychologues (ceux du site d'observation mais aussi ceux d'autres services de réanimation néonatale). Nous avons en outre travaillé sur l'espace français de la spécialité dans son ensemble, sur l'histoire des divers groupes professionnels engagés dans cet espace, sur les publications professionnelles, juridiques, bioéthiques et journalistiques portant sur le domaine, sur les enquêtes statistiques menées à son propos et sur les quelques témoignages qu'ont fait paraître des parents concernés.

2. La phase d'observation intensive (cinq ou six jours ou nuits d'observation par semaine) s'est étalée sur un semestre, puis nous avons procédé par retours ponctuels durant le semestre suivant.

3. Par « médecins seniors », nous désignons les médecins titulaires d'un service – « chef de service », « assistants » et « chefs de clinique » – par contraste avec les jeunes médecins encore en formation et non titulaires que sont les « internes ». Pour fixer les idées, précisons que le service dans lequel nous avons réalisé notre observation centrale compte six médecins seniors, quatre internes et une trentaine d'infirmières. Le lecteur notera que la position des internes n'est pas évoquée dans ce texte ; elle est en revanche pleinement incluse dans l'analyse plus complète développée ailleurs [Paillet, 2007a].

Concentrons-nous ici sur le questionnement concernant la place à donner aux parents. La plupart des médecins seniors estiment qu'il faut tenir les parents à distance des prises de décision et des discussions, et assumer à leur égard un devoir de secret, de manière à assurer leur protection psychologique[4]. À partir des années 1980, vingt ans après la naissance de la spécialité, ses représentants en ont même fait une véritable politique, laquelle structure encore massivement les pratiques effectives : c'est dans la grande majorité des services et des cas que les parents sont tenus à distance des décisions d'arrêt ou de poursuite et que sont fabriqués à leur égard de nombreux secrets (portant sur l'ampleur des risques neurologiques, ou sur le fait que c'est d'un arbitrage médical entre diverses prises de risque que résulte tel décès ou telle survie avec un handicap massif)[5].

Cependant, des tensions surgissent au sein des équipes au sujet des secrets. L'ampleur et les formes de ces tensions varient d'un service à l'autre, mais en combinant plusieurs types de matériaux on peut montrer qu'elles existent dans beaucoup de services de la spécialité [Paillet, 2007a, p. 96-102]. Ce sont les infirmières qui manifestent le plus vivement leur embarras, que ce soit lors d'interactions de travail ou lors d'entretiens sociologiques. Pour n'en donner qu'un aperçu, indiquons par exemple l'évocation explicite par cette infirmière (lors d'un entretien) de la notion de « droit des parents ». Droit à être informés de l'état de leur enfant et des risques qui pèsent sur son avenir : « Ce qui est important, enfin je pense, c'est qu'ils soient quand même informés. Qu'on ne leur mente pas sur telles et telles potentialités de leur enfant. [...] Qu'ils sachent, en fait. Qu'ils ne soient pas à se dire « Tiens, je suis avec mon bébé, il est normal » et puis quand il aura quelques mois... on se rendra compte de certaines défaillances... ». Droit également à être informés des discussions d'arrêt ou de poursuite en cours : « Il faut discuter avec les gens. Il faut que... cartes sur table soient mises, en fait. Que tout soit clair. » Jusqu'au droit à avoir voix au chapitre : « Tu as envie que les parents soient entendus [...] Donc, qu'ils soient au courant. Et puis discuter avec eux, nous tous, médecins, infirmières, psychologue. Et puis voir ce qu'ils en pensent, ce qu'ils en disent. »

GENÈSES MÉDICALE ET SOCIOLOGIQUE
DE L'APPROCHE DES INFIRMIÈRES

Face aux tensions qu'ils affrontent dans leurs équipes autour de leur pratique du secret, les médecins seniors que nous avons suivis sont loin de

---

4. De leur point de vue, seuls les médecins seniors ont à participer aux prises de décision, à l'exclusion des parents mais aussi à l'exclusion des autres membres des équipes (les internes et les infirmières pouvant être associés aux discussions mais pas aux prises de décision).

5. Bien sûr, on repère des modulations selon les services, selon les médecins et selon les parents. Mais la pratique globale est bien celle ici décrite [Paillet, 2007b].

rester passifs : l'observation de leur travail quotidien permet de saisir comment, assumant le rôle « managérial » qui est le leur à la tête des équipes, ils s'emploient à les prévenir et les gérer.

Leur traitement des tensions prend alors souvent la forme de dénégations. En effet, s'ils reconnaissent l'existence des embarras, ils les réduisent la plupart du temps à l'expression d'une « difficulté humaine », définie comme « inévitable » et surtout comme « commune » à toutes les personnes impliquées : manière d'occulter que ce sont en réalité des désaccords de fond, concernant la définition de ce qu'il est légitime ou non de faire, qui sont en cause.

D'autres fois cependant, les enjeux des différends en arrivent à être trop explicités dans le service pour que les tentatives de dénégation puissent être maintenues. En ces circonstances, les médecins seniors traitent les tensions par la production d'une certaine interprétation de l'origine du point de vue des infirmières : si celles-ci ne partagent pas l'approche médicale des secrets, ce serait que (dans une vision du monde où il y aurait d'un côté l'espace des profanes et de l'autre celui des professionnels spécialisés) les infirmières demeureraient sous bien des aspects des profanes. Comme si les processus de socialisation professionnelle rencontrés par les médecins depuis leur entrée dans le métier avaient pu leur faire intérioriser des convictions professionnellement fondées (et à ce titre autorisées), tandis que les infirmières ne passaient pas, elles, à travers des processus aussi efficaces de conversion.

Ainsi les infirmières seraient-elles (resteraient-elles) fortement influencées par diverses normes sociales jugées profanes par les médecins, notamment par l'exigence de transparence formulée de plus en plus fermement ces dernières décennies dans les sociétés démocratiques en général [Dewerpe, 1994] et vis-à-vis de l'institution médicale en particulier [Baszanger et al., 2002]. Un procédé complémentaire consiste pour les médecins à insister sur le fait que les infirmières sont très majoritairement des femmes[6], et très souvent des jeunes femmes : les médecins seniors (qui sont plus souvent des hommes et sont sensiblement plus âgés en moyenne) leur assignent fréquemment une identité supposée de mères ou de futures mères de jeunes enfants, expliquant leur aversion pour le secret par le fait qu'elles seraient prises vis-à-vis des mères des nouveau-nés hospitalisés dans des mécanismes de « projection psychique » dont elles ne pourraient se défaire.

Sur le terrain, les discours médicaux portant ce genre de genèse peuvent être efficaces pour contenir les contestations et maintenir le bon ordre des équipes : en imputant les spécificités de l'approche des infirmières à ce qui s'apparente finalement à un « défaut de professionnalité », ces opérations parviennent assez bien à les disqualifier. Mais efficacité managériale ne vaut pas explication sociologique. Pour comprendre l'aversion que les

---

6. D'où le féminin que nous employons à leur sujet depuis le début de ce texte.

infirmières tendent à manifester vis-à-vis de la mise à distance des parents, il importe de se poser la question suivante : les déterminants de leur attitude ne se situeraient-ils pas, au moins pour partie (et peut-être même principalement), à l'intérieur de l'espace professionnel ?

Certes, nous pourrions assez vite renoncer à pareille hypothèse si l'on se contentait d'une vision sociologique étroite des processus de socialisation professionnelle. Car ici nous n'avons pas affaire à une « culture professionnelle » autour de laquelle le groupe professionnel aurait été amené à construire sa mission, et qu'il s'emploierait à transmettre aux nouvelles entrantes sous la forme de discours normatifs : on ne trouve pas trace, ni dans les discours collectifs échafaudés ces dernières décennies par le groupe infirmier ni dans les interactions de travail entre les aînées et les cadettes, de rhétoriques qui viseraient par exemple à promouvoir un devoir de transparence autour des décisions de vie et de mort. En revanche, si l'on s'emploie à examiner ce que signifie concrètement travailler comme infirmière dans un service de réanimation néonatale, et ce que cela implique spécifiquement par comparaison aux autres positions professionnelles présentes dans ce type de service (en particulier par comparaison à la position des médecins seniors), alors on peut identifier un ensemble de caractéristiques de position qui contribuent à orienter l'approche infirmière des secrets.

UNE FORTE EXPOSITION AUX COÛTEUX « DÉCALAGES »

Ainsi, travailler comme infirmière dans un service de réanimation néonatale conduit à se trouver dans la position de plus forte exposition à ce qu'on appelle dans la spécialité « les décalages des parents ». C'est-à-dire aux situations récurrentes où les parents, tenus à l'écart de certaines informations diagnostiques et pronostiques inquiétantes, se montrent « un peu trop optimistes » par rapport à la manière dont, au même moment, l'équipe évoque l'avenir de leur enfant.

Pour le comprendre, il faut être attentif à l'organisation et à la division quotidiennes du travail autour des opérations qui consistent à décoder, au fur et à mesure de l'évolution de la trajectoire de chaque enfant, « où en sont ses parents ». Qu'ont-ils compris de l'état de leur enfant ? Comment leurs anticipations évoluent-elles au fur et à mesure de l'hospitalisation ? Si tous les membres des équipes ont à s'impliquer dans ce travail de déchiffrement (en étant à l'affût des remarques spontanément délivrées par les parents, mais en évitant les interrogatoires directs compte tenu des secrets à maintenir), ce sont les infirmières qui en assurent la plus grande part. En effet, postées chaque jour des heures durant dans les chambres, ce sont elles qui côtoient de la manière la plus directe, la plus durable et la plus répétée les parents venus voir leur enfant. De plus, intervient la conjoncture dans laquelle se trouve le groupe professionnel des infirmières dans son ensemble : investi dans une dynamique de valorisation du métier [Feroni, 1994 ; Petitat, 1994], le groupe s'est engagé depuis une dizaine d'années dans un mouvement de formalisation et d'enrichissement des tâches qui se traduit par la multiplication des travaux d'écriture [Acker, 1997]. Or ce sont précisément les observations concernant le cheminement parental que les infirmières doivent désormais, dans ce contexte, consigner par écrit dans un « dossier de soins infirmiers ».

Toutes ces caractéristiques de position se combinant, on comprend dès lors que ce soient généralement les infirmières qui soient les premières à se rendre compte que tels ou tels parents commencent « à vouloir que leur enfant fasse un jour du cheval », « à parler d'école », « à parler d'un avenir » – tandis que c'est en termes d'arrêt ou de poursuite de réanimation qu'on est en train de parler de lui entre membres de l'équipe.

Or, d'autres caractéristiques de position favorisent dans le même temps une aversion pour les coûts que ces « décalages » peuvent entraîner pour les parents. Du fait de l'organisation du circuit des informations (et des ratés qui ne manquent pas de s'y produire comme dans tout collectif), du fait aussi des tactiques de minimisation des inquiétudes que les médecins emploient souvent pour maintenir la mobilisation de toute l'équipe, les infirmières font régulièrement, elles-mêmes, l'expérience des « décalages ». Leurs propos sur le métier sont émaillés de récits de prises de conscience inattendues de pronostics très sombres (décisions d'arrêt ou survies avec handicap massif) pour des nouveau-nés qu'elles avaient jusqu'au bout pris en charge dans une logique plutôt optimiste. Et l'on comprend qu'elles redoutent fortement ce qu'elles appellent les « mauvaises surprises ». Elles s'exposent en ces circonstances à des coûts majeurs, non seulement en termes de dignité personnelle et professionnelle (en se laissant « duper ») mais aussi en termes d'économie personnelle : ne pouvoir « se préparer », être prises de court par des retournements non anticipés de trajectoire, c'est ne pas avoir les moyens d'entreprendre à temps, vis-à-vis des enfants concernés, le nécessaire et délicat travail de « détachement » que leurs collègues aînées, dès leur entrée dans le métier, les ont enjoint d'opérer dès qu'une issue malheureuse s'annonce.

Dès lors, si des sentiments d'identification aux parents sont en jeu, il n'est pas nécessaire pour les comprendre de les rapporter (comme le font les médecins) à des processus de « projection psychique » qui seraient propres aux jeunes femmes que sont les infirmières. En mettant au jour l'homologie qui existe entre les expériences infirmières et parentales des « décalages » et de leurs coûts, on se donne les moyens d'identifier comment les infirmières se trouvent dans une position structurelle d'empathie avec les parents, qui favorise une préférence pour leur pleine information et une aversion pour les secrets entretenus à leur égard.

UNE FORTE IMPLICATION DANS LA COÛTEUSE FABRIQUE DES SECRETS

Pour compléter l'analyse, deux caractéristiques de la position profes-sionnelle occupée par les infirmières doivent encore être rapprochées l'une de l'autre : d'une part, les infirmières sont les membres des services qui sont le plus confrontés aux parents et à leurs questions ; d'autre part, ce sont les membres du service qui sont tenus dans l'obligation la plus stricte de ne pas délivrer d'informations diagnostiques ou pronostiques. Effet quasi mécanique : les infirmières sont les membres des équipes qui assurent la plus grande part du travail de fabrication des secrets. Car il ne s'agit pas seulement pour elles de s'abstenir de parler. Se retrouver en face de parents « qui vous bombardent de questions » (comme le dit un jour une infirmière au chef de son service) et devoir ne pas les éclairer, c'est en pratique parti-ciper à la confection des secrets. Être témoin des « décalages » des parents et devoir les « suivre dans leur enthousiasme », cela revient à leur « dire des bobards » (pour reprendre l'expression d'une autre infirmière). Soumises à la fois aux questionnements parentaux et aux consignes médicales de silence, les infirmières se retrouvent dans une position de porte à faux qui les oblige à porter le faux.

Or ces tâches de production et de préservation des secrets sont très coûteuses dans la position des infirmières. Pour partie, la pénibilité est à rapporter aux « pertes de face » [Goffman, 1974] dans le cours des interac-tions avec les parents : comme l'explique l'une d'elles, « quand il faut leur dire « je ne sais pas », « moi je ne peux rien vous dire, il faut demander aux médecins », ça nous décrédibilise, nous, par rapport aux parents ». Surtout, les infirmières se retrouvent dans une position obligée de « trahison » des parents. Car elles sont amenées à se sentir fortement engagées auprès des parents : l'observation ethnographique est précieuse sur ce point, permet-tant de saisir comment elles les côtoient des heures durant dans les cham-bres, et conduisant à faire l'hypothèse qu'au fur et à mesure de ce que nous appellerons des multiples « interactions de côte à côte » se noue comme une série d'engagements interactionnels, implicites et répétés, à la loyauté[7].

Ces engagements implicites sont favorisés par le contexte social déjà évoqué de diffusion des normes sociales de transparence. Ils s'ancrent en outre dans l'une des normes professionnelles transmises depuis une dizaine d'années aux infirmières exerçant auprès de jeunes enfants : la norme de « parentalisation des parents », qui consiste à faire en sorte que malgré la séparation et les risques vitaux les parents « se sentent des parents » et « investissent psychiquement » leur enfant, et qui suppose qu'on s'efforce pour cela de les « mettre en confiance ». On comprend dès lors que c'est en

---

7. Un rapprochement peut être fait avec l'étude que proposent Anselm L. Strauss et ses collègues du « trust work » effectué auprès des patients (travail de mise en confiance qui s'appuie sur des contrats implicites « implicit contracts » – entre les membres de l'équipe et les patients) [Strauss *et al.*, 1982].

termes de ruptures d'engagements que les infirmières font l'expérience de leur implication dans la production des secrets. Il est d'ailleurs significatif que plusieurs d'entre elles parlent, durant les discussions avec les médecins ou lors d'entretiens sociologiques, de leur difficulté à regarder les parents « les yeux dans les yeux ».

CONCLUSION

Si l'approche morale que les infirmières de réanimation néonatale développent autour des décisions d'arrêt ou de poursuite et de la place des parents est fréquemment disqualifiée par les médecins seniors au nom de son manque de « professionnalité », on s'aperçoit qu'elle doit en réalité beaucoup à des processus de socialisation professionnelle. Bien entendu, ceci ne suppose pas que les convictions soient exactement les mêmes chez toutes les infirmières (on observe des différences tendanciellement plus fines entre infirmières qu'entre infirmières et médecins seniors, mais elles n'en existent pas moins). Ceci ne signifie pas non plus que l'espace professionnel soit le seul à contribuer à l'agencement des points de vue (les autres scènes sociales sur lesquelles chaque infirmière a été ou est engagée participent également à la confection de son approche). Mais le choix de concentrer ici l'objet (donc de le limiter...) sur le seul cas des infirmières de réanimation néonatale, et sur le seul impact de l'espace professionnel, nous a permis de mettre en question le réflexe d'analyse qui consiste à superposer la distinction médecins/infirmières et la distinction « professional world » (monde professionnel)/ « lay world » (monde profane) – réflexe souvent en œuvre dans le milieu médical mais aussi quelquefois en sociologie des métiers de santé.

En outre, nous espérons que ce choix a illustré l'intérêt que représente plus largement pour la sociologie des processus de socialisation professionnelle une approche ouverte, dynamique, contextualisée et surtout multidimensionnelle des positions professionnelles. Pour saisir la puissance de certains de ces processus, les médiations concrètes par lesquelles ils agissent et le fait qu'ils se jouent non seulement en amont mais aussi dans le présent de l'activité de travail, il importe de ne pas envisager une position professionnelle sous le seul angle de l'affiliation à un groupe professionnel (et à une culture de groupe) mais de prendre en compte bien d'autres dimensions.

Nous avons ainsi eu un aperçu du fort impact que peuvent avoir les situations quotidiennes de travail (places dans la division des tâches, dans l'espace géographique, dans l'espace hiérarchique...) ou la conjoncture dans laquelle se trouve le groupe professionnel. Nous pourrions encore mettre au jour (comme nous l'avons fait ailleurs) l'effet d'autres dimensions, telles que la génération d'entrée dans l'activité, l'ancienneté dans l'univers de travail actuel, le rang d'âge dans l'équipe, la trajectoire professionnelle antérieure, etc. Toutes ces dimensions se combinent, exposant les individus à des éventails d'expériences, de ressources, de coûts et d'intérêts qui se différencient de ceux qui s'agencent dans d'autres positions professionnelles du même univers de travail, et ces éventails contribuent à ajuster des attitudes spécifiques. En ce qui concerne la réanimation néonatale, cette démarche se révèle opératoire pour comprendre les processus de socialisation professionnelle qui touchent également les médecins : ces processus, loin de se réduire par exemple à la transmission intergénérationnelle de savoirs et de normes, s'avèrent aussi diversifiés et complexes que dans le cas des infirmières[8]. Et par-delà ce terrain d'enquête, ce type de démarche peut être fécond pour étudier les processus de socialisation à l'œuvre dans d'autres milieux de travail.

BIBLIOGRAPHIE

ACKER F., (1997), « Sortir de l'invisibilité. Le cas du travail infirmier », *Raisons pratiques*, n° 8, p. 65-94.
BASZANGER I., BUNGENER M. et PAILLET A. (dir.) (2002), *Quelle médecine voulons-nous ?*, La Dispute, Paris.
DEWERPE A. (1994), *Espion. Une anthropologie historique du secret d'État contemporain*, Gallimard, Paris.
FERONI I. (1994), *Les Infirmières hospitalières : la construction d'un groupe professionnel*, thèse de sociologie, université de Nice.
GOFFMAN E. (1974) [1967], « Perdre la face ou faire bonne figure ? Analyse des éléments rituels inhérents aux interactions sociales », *in Les Rites d'interaction*, Éditions de Minuit, Paris.
PAILLET A. (2007a), *Sauver la vie, donner la mort. Une sociologie de l'éthique en réanimation néonatale*, La Dispute, Paris.
PAILLET A. (2007b), « Comment une autorité professionnelle se maintient : rhétoriques et pratiques médicales en réanimation néonatale », *Sociologie santé*, n° 27, p. 35-52.
PETITAT A. (1994), « La profession infirmière. Un siècle de mutations », *in* P. AÏACH et D. FASSIN, *Les Métiers de la santé, Enjeux de pouvoir et quête de légitimité*, Anthropos, Paris.
STRAUSS A.L., FAGERHAUGH S.Y., SUSCZEK B. et WIENER C.L. (1982), « Sentimental work in the technologized hospital », *Sociology of Health and Illness*, 4, n 3, p. 254-278.

---

8. Pour cette nécessaire symétrisation de l'analyse des approches des infirmières et des médecins, et pour une approche plus extensive et détaillée des processus de socialisation en œuvre dans chacune des positions professionnelles impliquées, *cf.* [Paillet, 2007a, p. 155-269].

VI.

La reconnaissance des professionnels
et les inégalités de carrière

30

Les professions artistiques et leurs inégalités

Pierre-Michel Menger

Il n'est pas aisé d'approcher les professions artistiques par l'outil statistique et son appareil de nomenclatures. La composition de la catégorie des professions artistiques est centrée, dans chaque nomenclature, sur un ensemble aisément identifiable de métiers qui correspondent à la liste habituelle des différentes disciplines artistiques. Mais elle est découpée dans l'ensemble un peu plus vaste des professions culturelles dont les professions artistiques peuvent être rapprochées ou éloignées selon les décisions adoptées par les appareils statistiques publics, au gré des évolutions de la représentation des métiers et des frontières de l'art et de la culture.

Une seconde difficulté liée à l'identification des activités qui reçoivent la qualité de professions artistiques tient à la détermination des critères de professionnalité qui permettent de définir un seuil univoque d'exercice des activités professionnelles recensées comme artistiques, et de séparer les formes professionnelles d'exercice de ces activités des engagements et des pratiques des amateurs. Dans chacune des professions qui sont identifiées comme artistiques, la question est perpétuellement lancée : qui donc doit être identifié et compté comme artiste ?

Lorsqu'une enquête de recensement comme celle de l'Insee demande à l'individu de déclarer la profession principale qu'il exerce, la réponse sollicitée contient un élément de pondération subjective et engage une représentation sociale du classement et de la dénomination des activités. L'information recueillie de manière déclarative diffère cependant fortement de la légitimation de l'autodéfinition de soi comme artiste par autoévaluation subjective (suis-je un artiste ?), car cette dernière situe l'identification à l'état d'artiste dans une parfaite apesanteur sociale, à la manière d'une remontée aux conditions mêmes de possibilité de l'engagement dans une activité par-delà tout classement.

Lorsque les variations suscitées par ces difficultés sont analytiquement contrôlées, il apparaît que l'emploi dans les professions artistiques et culturelles a connu, dans tous les pays développés, une croissance forte. Aux États-Unis, par exemple, il a progressé de 78 % entre 1980 et 2000. En France, à périmètre constant, l'ensemble des professions culturelles a connu une augmentation continuelle de ses effectifs : +37 % entre 1982 et 1990, +19 % entre 1990 et 1999, et encore +16 % entre 1999 et 2005. Les actifs des professions culturelles ont augmenté à un rythme quatre fois et demi plus rapide que la population active française dans son ensemble, et représentent 2 % de celle-ci en 2005. Avec près d'un tiers des effectifs, la catégorie la plus nombreuse, dans cet ensemble, est celle des professionnels des arts plastiques et des métiers d'art, dans laquelle les stylistes décorateurs (designers, graphistes, stylistes, architectes d'intérieur des arts graphiques, de la mode et de la décoration) sont prépondérants. Elle devance la catégorie des professionnels des arts du spectacle, au demeurant plus homogène. La hiérarchie est la même aux États-Unis.

LES INÉGALITÉS INTERPROFESSIONNELLES ET LEUR EXPLICATION

Les caractéristiques des professions artistiques, telles que les enquêtes nationales et les comparaisons internationales les font ressortir [Ginsburgh et Throsby, 2006], sont partout similaires : une moyenne d'âge plus basse que celle de la population active, un niveau de diplôme supérieur à la moyenne, une plus forte concentration des actifs dans un ensemble restreint d'aires métropolitaines, des taux plus élevés d'auto-emploi (d'activité indépendante, selon la terminologie juridique française), une tendance continue à la féminisation. Les mêmes enquêtes convergent pour établir que les revenus des professionnels des arts sont en moyenne plus faibles que ceux de la catégorie d'ensemble dans laquelle ils sont inclus par la statistique publique, au vu de leur niveau de formation et du statut social de leur activité (celle des « cadres et professions intellectuelles supérieures » en France, celle des « *professional, managerial and technical workers* » aux États-Unis). La croissance forte des effectifs, qui agit sur la composition par âge du groupe, et sa féminisation croissante (corrélée au handicap salarial persistant des femmes artistes) sont deux facteurs qui ont une influence négative sur la distribution des revenus et qui abaissent la moyenne des gains.

La faible qualité de l'ajustement des équations de salaires, dans le cas des artistes, fait apparaître le faible rendement de la formation initiale. Une première explication passe par une définition plus exacte de ce qu'est le travail dans ce secteur. Les données des enquêtes de recensement ou d'emploi ne tiennent pas compte d'un fait pourtant essentiel dans l'organisation des professions artistiques, la pluriactivité : elles n'opèrent pas de distinction entre les revenus tirés des activités artistiques et ceux que les artistes se procurent dans des emplois extra-artistiques. Or les enquêtes internationales concordent pour établir que les artistes figurent en haut du palmarès qui classe les professions selon le taux de recours à la pluriactivité. Et les métiers artistiques figurent aussi parmi les plus pratiqués à titre secondaire. Dès lors que la pluriactivité est prise en compte, la faible qualité de l'ajustement des fonctions de salaire des artistes s'explique mieux. De fait, le niveau de formation initiale d'un artiste a une forte corrélation positive avec la pratique de la pluriactivité : la formation agit sur l'espérance de gains pour la partie de ceux-ci qui est tirée d'activités non-artistiques, mais n'agit pas sur les gains proprement artistiques.

Le second facteur qui affecte le rendement de la formation initiale dans les professions artistiques tient à l'importance que revêtent l'apprentissage sur le tas et la valeur de l'expérience professionnelle. Tous les emplois peuvent, selon la formule de Sherwin Rosen [1986], être considérés comme des « *tied packages of work and learning* », et être classés selon le potentiel variable d'apprentissage qu'ils recèlent et délivrent à mesure qu'ils sont exercés. L'exercice d'une profession artistique aurait-il un potentiel d'apprentissage particulièrement élevé ? L'hypothèse peut être faite que le rendement de l'expérience est supérieur à celui de la formation initiale.

Certes il existe des formes d'exercice de certains métiers qui vont à l'encontre de cette hypothèse : ainsi, l'apprentissage technique inhérent à la formation des musiciens instrumentistes classiques et des danseurs classiques agit comme un filtre de sélection précoce et comme un facteur prédictif des chances de professionnalisation. Pourtant, l'un des traits essentiels de l'activité artistique est sa variabilité, qui peut être définie comme le degré de changement dans le contenu du travail, d'un projet à un autre [Stinchcombe, 1968], et qui est au principe de la valeur d'originalité et de la différenciation illimitée des réalisations artistiques, voire de l'activité d'un même artiste.

La variabilité augmente le potentiel formateur du travail à accomplir. Et le travail faiblement routinier suppose un comportement d'investissement constant, qui s'impose d'autant plus que les relations d'emploi sont fragmentées. Ce processus a un coût : il est en effet aisé de comprendre que les emplois dans lesquels les individus tirent les plus forts bénéfices d'un mécanisme d'apprentissage sur le tas sont, toutes choses égales par ailleurs, moins bien rémunérés que ceux pour lesquels les candidats ont pu être sélectionnés sur la base de diplômes universitaires et de certifications immédiatement vérifiables des compétences.

L'importance que revêt le processus d'apprentissage sur le tas a pour corrélat le caractère intrinsèquement motivant de cette activité. Nous touchons ici à la composante non-monétaire du travail artistique : celui-ci, comme d'autres types d'activités à forte composante expressive, diffère de la conception ordinaire du travail selon laquelle la satisfaction est avant tout dérivée du revenu obtenu. Ici c'est de l'engagement même dans l'activité que l'individu tire des gratifications essentielles, en se laissant guider par une motivation intrinsèque, et non par la seule finalité extrinsèque (le gain).

Cette caractérisation a une histoire longue, celle de la critique anti-utilitariste qui voit dans l'art une forme supérieure d'accomplissement individuel dans l'acte productif de travail[1]. Mais elle est aussi au cœur de l'analyse bien connue des professions selon leur degré de prestige, et leur rang dans une hiérarchie des positions statutaires, comme des études psychosociologiques de la satisfaction au travail, et de l'analyse socio-économique des échelles de désirabilité des emplois [Goldthorpe et Hope, 1974 ; Treiman, 1977 ; Jencks *et alii*, 1988 ; Chambaz *et alii*, 1998].

Ce facteur non-monétaire, ou « revenu psychique », apporte une seconde explication aux écarts de gain qui pénalisent les professions artistiques, sur la base du faible rendement de la formation initiale dans les professions artistiques. Si nous décomposons le temps de travail des artistes non plus seulement en deux éléments (les activités artistiques, et les activités non-artistiques des emplois de soutien), mais bien en trois catégories, en distinguant au sein des activités artistiques le travail artistique qui correspond à l'engagement professionnel désiré et le travail artistique ou para-artistique exercé en complément (enseignement, animation, journalisme, etc.), nous pouvons, comme l'a fait Throsby [1996], vérifier que la formation initiale a un effet positif important sur la probabilité d'exercer des activités para-artistiques telles que l'enseignement de son art et sur les espérances de gain qui en résultent, alors que le revenu tiré directement du travail artistique de « vocation » (celui qui est au cœur du projet professionnel de l'artiste) est d'abord influencé par l'accumulation d'expérience sur le tas.

LES INÉGALITÉS INTRA-PROFESSIONNELLES

Il faut aussi considérer les différences, considérables, de gains au sein d'une même profession artistique, selon le niveau de réputation et la position de marché de l'artiste. Les enquêtes dans les différents pays convergent, là encore, pour montrer que les artistes connaissent une plus grande variabilité de leurs revenus dans le temps, une plus forte dispersion des gains au sein de leur groupe professionnel, et des taux plus élevés de chômage et de sous-emploi contraint. Alper et Wassall [2006] ont ainsi calculé que sur les soixante dernières années écoulées, aux États-Unis, l'inégalité des revenus professionnels des artistes avait augmenté à un rythme plus rapide que celle des autres catégories de « professional, technical and managerial workers ». Neuf des onze professions artistiques figurent dans le palmarès des quinze professions les plus inégalitaires, dans un ensemble de cent vingt-trois professions supérieures examinées.

---

1. Certains éléments de cette histoire des conceptions expressivistes du travail sont examinés dans [Menger, 2009].

Les distributions de revenus, là où les inégalités sont fortes et croissantes, ont typiquement le profil d'une courbe de Pareto : un cinquième des professionnels y concentre 80 % des gains ou davantage ; une infime minorité des artistes est rémunérée à des niveaux astronomiques qui font songer aux matrices de gain des loteries ; et à l'autre extrémité de la distribution les individus à gains nuls ou négatifs (nets des dépenses engagées pour l'exercice du métier) sont plus nombreux que dans toutes les autres catégories des professions supérieures. Ainsi, alors que la distribution des facteurs de capital humain que prend en compte une équation de salaire a le profil typique d'une courbe en cloche, nous avons affaire ici à une courbe très asymétrique. La distribution des gains n'a nullement la même structure que la distribution des compétences et des qualifications prises en compte par une équation de salaire. À quels mécanismes exacts imputer ce décalage et les inégalités extrêmes qui en résultent ?

LES MÉCANISMES GÉNÉRATEURS DES INÉGALITÉS

Trois modes d'organisation du travail artistique sont habituellement distingués : le travail en contrat d'emploi classique dans une organisation permanente telle qu'un théâtre lyrique, un orchestre, une troupe de ballet ou une société de production audiovisuelle ; l'embauche en contrat court au projet ou à la mission ; et l'exercice indépendant d'une activité d'auteur rémunérée via la cession et/ou l'exploitation de l'œuvre musicale, littéraire ou plastique. Le premier mode d'organisation ne concerne plus qu'une étroite minorité de la main-d'œuvre artistique : en France, dans les arts du spectacle, 81 % des artistes étaient en contrat à durée déterminée en 2005, selon l'enquête Emploi de l'Insee. Le statut d'indépendant concerne 83 % des auteurs, scénaristes et dialoguistes, 80 % des artistes plasticiens, 74 % des architectes et 64 % des photographes[2]. Considérons principalement les modes deux et trois. La formation du revenu et la dispersion des rémunérations diffèrent beaucoup selon que l'artiste travaille sous contrat d'emploi ou en indépendant.

Prix et quantités de travail artistique

Quelle relation les gains d'un artiste entretiennent-ils avec la quantité de travail qu'il réalise ? Là où une relation d'emploi et un paiement à l'acte de travail sont pratiqués et font de l'artiste un salarié, comme dans le monde des spectacles, la mesure de la quantité de travail rémunérée est possible,

---

2. Si l'on excepte la régulation spécifique de la profession d'architecte par un ordre professionnel, le passage à l'indépendance dans les professions artistiques et culturelles s'est appuyé sur l'extension de droits sociaux auparavant réservés au seul statut salarial de droit commun, voir [Menger, 2008].

même si les nombreux leviers sur lesquels il est habituel d'agir dans les négociations contractuelles rendent cette mesure plus complexe qu'à l'ordinaire[3]. Si nous comparons le profil de distribution des gains et celui de la distribution des quantités de travail dans les arts du spectacle, nous obtenons des profils identiques, très asymétriques, et tous deux paretiens. C'est donc que les écarts de revenu sont engendrés par le même mécanisme que les différences de volume d'activité des artistes.

Comment fonctionne le marché du travail artistique, quand il y a relation contractuelle d'emploi le temps du projet, comme dans le secteur des spectacles (cinéma, audiovisuel, théâtre, musique, danse, cirque) ? Ce marché est devenu un exemple quasiment pur de marché parfaitement flexible. La flexibilité, avant de désigner les ressorts de la substituabilité entre les travailleurs, est d'abord une propriété fonctionnelle ajustée aux caractéristiques de l'activité artistique. Trois caractéristiques sont ici essentielles pour l'analyse.

Les produits et les spectacles artistiques sont des prototypes dont le contenu et les caractéristiques font l'objet d'une différenciation illimitée. La production implique la formation et la dispersion d'équipes composées de catégories plus ou moins variées de professionnels qui doivent s'ajuster sans délai et sans perte d'efficacité, au gré des projets qui les mobilisent individuellement. Les consommateurs sont versatiles et leur goût pour la nouveauté peut être assimilé à une préférence pour des biens aux contenus suffisamment imprévisibles pour qu'aucune programmation du succès ne soit réellement possible et profitable. Ces principes constitutifs de la production artistique ont des corrélats organisationnels aboutissant pour l'essentiel à diminuer fortement les coûts fixes par l'ajustement du volume d'emploi requis et financé aux caractéristiques de chaque projet, et à réduire les coûts procéduraux d'engagement et de licenciement.

Ces caractéristiques étant identifiées, la question est posée de savoir comment, quand les emplois sont alloués pour de brèves ou très brèves durées, les individus peuvent se fixer sur le marché du travail et bâtir des carrières. Du point de vue de l'offre de travail, la présence sur le marché du travail peut être assimilée à une espérance d'engagement professionnel à long terme, mais l'écart est patent entre cet horizon d'engagement et les conditions d'organisation séquentielle d'une carrière par recherche et accumulation de contrats d'emploi courts. L'une des conséquences du risque attaché à la discontinuité des relations d'emploi est l'alternance entre les diverses activités situées au sein et hors des arts. Du point de vue de la demande de travail, tout est centré sur des contrats, des embauches à durée moyenne courte et à faibles coûts de transaction, et sur des œuvres vendues sur un marché (pour les artistes indépendants ou auto-employés). Les formules d'emploi flexibles activées par les employeurs dans une organisation par projet de la production

---

3. Pour une analyse détaillée des volumes d'emploi et des niveaux de rémunération de l'ensemble des personnels du secteur des spectacles, voir [Menger, 2005].

permettent d'embaucher à coût plus bas, de sélectionner les individus les plus talentueux, de former des équipes bien assorties et de puiser dans une vaste armée de réserve de professionnels et aspirants professionnels sous-employés pour tirer profit de la variété des talents disponibles sans avoir à payer les coûts d'entretien de cette main-d'œuvre.

L'allocation des emplois pour des projets et missions de brève durée a pour propriété typique d'être dispersée sur un nombre d'individus qui augmente plus vite que la quantité totale de travail disponible. C'est ce que montrent des travaux tels que ceux de Christopherson et Storper [1989] sur l'évolution du marché du travail dans le cinéma hollywoodien ou ceux réalisés sur le marché du travail dans les arts du spectacle en France [Debeauvais *et al.*, 1997 ; Menger, 1998 ; Paradeise, 1998 ; Coulangeon, 2004 ; Menger, 2005 ; Rannou et Roharik, 2006 ; Pilmis, 2007). Avec un tel profil de croissance déséquilibrée, le résultat est paradoxal : l'emploi, le sous-emploi et le chômage augmentent simultanément, à rebours de la corrélation habituellement négative entre création d'emploi et niveau de chômage. Ce profil de croissance déséquilibrée peut varier d'une profession artistique à l'autre ou d'un segment d'une profession à l'autre (*e.g.* les candidats à une carrière dans la danse ou la musique classiques, avec leurs exigences de formation technique approfondie et précoce, sont mieux protégés des déséquilibres évoqués que dans la musique pop ou dans la danse contemporaine), mais la tendance au déséquilibre a été observée partout, et attestée par les comparaisons internationales.

Nous sommes en présence d'un marché du travail désintégré : la probabilité d'y obtenir des embauches y est distribuée très inégalement, notamment en raison d'un mécanisme d'avantage cumulatif. Le fonctionnement de la relation d'emploi discontinue et intermittente (ce qui, ailleurs, s'appelle *freelacing* ou *contingent employment*) est en effet tel que l'accumulation de contrats de travail et de missions au projet y agit comme un signal réputationnel au cœur d'un processus d'auto-renforcement. L'individualisation et la dispersion des relations d'emploi engendrent ainsi des inégalités considérables entre ceux qui sont au cœur des réseaux les plus denses d'interconnaissance, et qui se procurent au mieux l'information utile, et ceux qui sont situés dans les zones plus périphériques de ce système réticulaire de production et d'échange incessant d'informations, d'évaluations et d'engagements, parce qu'ils sont moins réputés, jeunes et en voie d'insertion, trop peu mobiles ou trop indifférents aux jeux sociaux qui supportent et orchestrent ces échanges d'informations et de promesses d'embauche [Menger, 1998].

L'œuvre et son marché

La nature et la quantité du travail artistique générateur de rémunération ne peuvent cependant pas être identifiées ni mesurées de cette manière dans tous les arts. La situation est particulièrement déroutante dans le cas des artistes dont les œuvres font l'objet de cessions contractuelles à des éditeurs, des producteurs phonographiques, des galeristes. L'espérance de gains est indexée sur la carrière commerciale de l'œuvre et, pour les œuvres reproductibles, elle est échelonnée sur une durée qui, en droit, s'étend au-delà de la mort de l'artiste, et dure aussi longtemps que le stipule la législation de la propriété littéraire et artistique en vigueur dans chaque espace de diffusion concerné et que l'œuvre fait carrière. Le flux de revenus est donc une fonction directe de la performance de marché de l'œuvre. L'artiste est préparé à observer des relations très variables entre l'effort mis à produire l'œuvre et la rémunération de son travail créateur.

Comme le font observer Frey et Pommerehne [1993], si un artiste plasticien est confronté à une demande trop faible pour ses œuvres et son travail, il n'aura guère la ressource d'augmenter sa production et de la vendre à des prix plus bas pour attirer plus d'acheteurs. Sur le marché de l'art, le prix des œuvres est tenu pour un signal de qualité. Et la situation de travail de ces artistes bouscule le raisonnement habituel en termes de relation entre prix et quantité pour définir un équilibre de production : si l'artiste vend mal, il est en situation d'excès d'offre, et donc devrait rééquilibrer son marché en abaissant ses prix. Cette solution lui est largement fermée, et l'excès d'offre ne peut plus être défini en référence à un prix théorique d'équilibre. Ceci peut expliquer pourquoi les artistes déclarent volontiers travailler beaucoup plus qu'un salarié ordinaire, et s'investir complètement dans l'acte de travail créateur, alors même qu'ils n'en obtiennent que des revenus modestes [Moulin, 1992].

Lorsque la réussite et la rémunération sont proportionnelles à l'intensité de la demande des consommateurs pour les œuvres que met en circulation le marché, les inégalités spectaculaires de réussite s'expliquent dans des modèles devenus classiques. Citons le principal, celui de Sherwin Rosen [1981]. Dans un article souvent commenté, cet économiste a cherché à expliquer le phénomène des superstars dans les arts, les sports ou les professions libérales. Dans de tels secteurs d'activité, les biens et les prestations sont fortement différenciés, l'originalité est fortement valorisée, l'expertise des professionnels est élevée, et les différences de qualité ont une importance considérable pour orienter la consommation et polariser les préférences des consommateurs. Il apparaît en outre que les consommateurs sont suffisamment sensibles à des différences de qualité des œuvres ou des artistes pour que les professionnels les plus talentueux soient en mesure de cumuler les avantages d'un prix de vente plus élevé et d'une demande accrue, à condition de trouver le moyen de satisfaire cet accroissement de la demande sans dégrader (comparativement à leurs concurrents) la qualité du service ou du bien proposé. Les artistes réputés recourent à l'exploitation intensive des technologies de consommation jointe : par l'intermédiaire des moyens de reproduction et de diffusion à grande échelle ils peuvent servir simultanément un marché planétaire. Si le bien est non reproductible ou si la prestation n'est pas réalisable hors du face-à-face vivant, dans une durée incompressible, comme dans un spectacle musical ou théâtral, ils peuvent augmenter leur quantité de travail, en ayant choisi la spécialité artistique (*e.g.* plutôt le piano ou le violon que la contrebasse) et la localisation d'activité qui concentrent la demande la plus importante.

Le modèle ne serait pas original s'il disait simplement que le talent attire le public, et que le rendement du talent est démultiplié par les moyens d'élargissement du marché (technologies, mobilité spatiale des professionnels et des consommateurs, mondialisation des échanges). Ce que Rosen montre, c'est comment, à partir d'un certain seuil de sélection qualitative, même une différence minime de talent entre des professionnels soumis à de constantes épreuves comparatives peut suffire à concentrer sur ceux qui sont jugés légèrement plus talentueux un accroissement plus que proportionnel de la demande pour leurs services ou pour leurs œuvres, et peut donc suffire à leur procurer une réputation et des chances d'activité qui renforceront provisoirement ou durablement leur position dans cette concurrence[4].

Le talent, explication ultime des inégalités de réussite ?

L'inégalité de rémunération des artistes est fondée sur la concentration de l'attention publique et de la demande sur une étroite proportion de créateurs : parce que cette concentration est provoquée par des facteurs de rareté (rareté des espaces physiques de commercialisation des biens, rareté du temps disponible pour la consommation artistique, rareté des ressources allouées par les consommateurs à l'achat des biens et services artistiques, rareté des informations fiables sur les choix à opérer face à une production infiniment différenciée dont les caractéristiques ne peuvent être connues complètement que par l'expérience de l'appropriation directe), toute la machinerie des industries culturelles s'organise pour dénicher ceux des compétiteurs que la loi de Pareto situera dans la bande étroite des talents rares valorisés par le marché. Mais les niveaux de talent des créateurs situés dans et hors de cette bande étroite sont-ils séparés par des écarts aussi vertigineux que ceux de leurs gains respectifs ? Le talent est-il lui-même si rare ? Le modèle de Rosen supposait des différences minimes, mais perceptibles, à partir desquelles s'enclenchent une dynamique d'avantage cumulatif.

Il est donc tentant de rechercher dans l'organisation marchande de la production artistique le fondement ultime des écarts de condition qui séparent les professionnels dont, au-delà d'un certain seuil, ni les talents ni les compétences produites par la formation et par l'accumulation d'expérience ne seraient très différents. Cet argument de la consanguinité entre la distribution parétienne des gains et l'organisation marchande est trompeur s'il confond deux problèmes.

---

4. Voir l'élégante présentation et discussion que R. Caves [2000] propose du modèle de Rosen, de ses implications et des tests réalisés.

Le premier est celui de la formation des écarts de valeur et de réputation, et des hiérarchies qui résultent de l'évaluation comparative des œuvres et des talents. Ces écarts et ces hiérarchies sont l'expression de la compétition par l'originalité et par la faculté d'invention, dans le système de production culturelle. Les récuser, tout en célébrant la valeur d'originalité et la différenciation de la production des artistes, c'est se vouer à la contradiction. Sans incertitude quant à la valeur de ce que chaque artiste entend produire, œuvre après œuvre, il n'y a pas d'innovation possible, puisque tout serait prévisible. Et sans cette incertitude la compétition artistique disparaitrait, puisque des règles aisément énonçables et applicables permettraient de trier sans ambiguïté parmi les prétendants au succès et à la carrière d'artiste, et de garantir que les vainqueurs seraient durablement féconds et inventifs.

Tout autre est le problème de l'amplification des écarts : l'argument est alors que le marché, avec son profil de concurrence oligopolistique dans le monde industriel classique de la culture, est en mesure de tirer le plus grand profit possible des différences de qualité entre les artistes telles que le font apparaître les comparaisons relatives, d'en accroître le rendement économique, selon le mécanisme identifié par Rosen.

Il est logique de chercher à estimer les conséquences que les mutations technologiques peuvent avoir sur la compétition artistique et ses inégalités. Toute l'architecture de l'industrie culturelle était établie sur un système stable et séculaire de droits de propriété et sur l'organisation des relations entre production, distribution, promotion et consommation, avec ses quelques principes économiques de base – concentration en présence de coûts fixes élevés et d'économies d'échelle, importance du marketing et des activités de promotion pour réagir à la multiplication du nombre de titres mis en circulation par cette économie de variété, et pour resserrer les épreuves sélectives de la mise en comparaison des œuvres dont le consommateur ne peut connaître les caractéristiques qu'après les avoir déjà fréquentées, identifiées ou consommées via un média de masse, ou via les recommandations des prescripteurs et des pairs. La révolution numérique lève l'obstacle de la distribution physique des biens, et des coûts fixes générateurs de concentration, et suscite des comportements d'appropriation qui bousculent l'organisation des remontées financières vers les auteurs et vers les producteurs des œuvres, qui mettent en question la légitimité de la contrepartie monétaire de l'acte de consommation, et du droit patrimonial des ayants droit, et qui suscitent des utopies de production sans intermédiation (critique, marchande, commerçante). La chaîne de valeur se raccourcit, et l'opposition des intérêts devient plus frontale, entre les deux extrémités de la chaîne – ceux des auteurs et producteurs cherchant à faire rémunérer leurs créations et leurs services, ceux des consommateurs capables d'accéder, légalement ou non, à une offre considérablement élargie *via* les téléchargements et les échanges non marchands.

La loi de Pareto persiste-t-elle là où la distribution des biens est dématérialisée ou tout autrement organisée ? Concentration industrielle et *star system* étaient-ils consanguins ? Une concurrence débarrassée des asymétries de la compétition oligopolistique, ne distribuerait-elle pas plus égalitairement les probabilités de succès sur une grande quantité d'œuvres, voire sur la totalité de la production ? C'est le scénario de la *Long Tail* : avec la suppression des coûts fixes, un royaume d'abondance naît, dans lequel toute la production est disponible en permanence, le choix du consommateur illimité, et où la demande, en augmentant, se disperse idéalement sur cette offre infiniment élargie [Anderson, 2007 ; Greffe et Sonnac, 2008].

CONCLUSION

Le schéma du royaume d'abondance est trop simple : les contre-exemples d'inégalité persistante des chances de succès prolifèrent. Mais il y a plus. L'argument anti-paretien paraît correspondre à un univers où d'innombrables créateurs, ayant accès à des technologies de plus en plus puissantes et de moins en moins coûteuses à acquérir et à exploiter, produiraient à bas coût des œuvres instantanément diffusables et appropriables : une telle communauté se passerait de toutes les catégories d'intermédiaires qui réalisent le travail de mise en forme, de mise en concurrence et de mise en comparaison et d'évaluation des œuvres et des artistes. Dans ce scénario, la gratuité de l'accès aux biens diffusables par Internet, véhiculés et échangés d'un terminal à tous les autres, finirait par imposer sa loi, en dessinant une symétrie entre ceux qui échangent : tout bénéficiaire d'un échange peut être, à son tour, producteur d'un bien à livrer gratuitement. La chaîne des dons et contre-dons organiserait un univers de production sans friction (sans comparaisons envieuses, sans différences exploitables de talent), ni monétarisation, si ce n'est celle des équipements à se procurer initialement et à renouveler. Ce serait réinventer ce qui a souvent été présenté comme le comble de l'amour de l'art, le praticien amateur, enfin débarrassé de la délicate (et réputée aliénante) conversion de son acte créateur en création de valeur.

BIBLIOGRAPHIE

ALPER N. et WASSALL G. (2006), « Artists'careers and their labor markets », *in* V. GINSBURGH, D. THROSBY (dir.), *op. cit.*, p. 813-864.
ANDERSON C. (2007), *The Long Tail. How Endless Choice Is Creating Unlimited Demand*, Random House, New York.
CAVES R.E. (2000), *Creative Industries : Contracts between Art and Commerce.* Cambridge (Mass), Harvard University Press.

CHAMBAZ C., MAURIN E. et TORELLI C. (1998), « L'évaluation sociale des professions en France : construction et analyse d'une échelle des professions », *Revue française de sociologie*, vol. 39, n° 1, p. 177-226.

CHRISTOPHERSON S. et STORPER M. (1989), « The effects of flexible specialization on industrial politics and the labour market : the motion picture industry », *Industrial and Labour Relations Review*, 42, p. 331-347.

COULANGEON P. (2004), *Les Musiciens interprètes en France, portrait d'une profession*, La Documentation française, Paris.

DEBEAUVAIS R., MENGER P.-M., RANNOU J., VARI S. et LAPLANTE B. (1997), *Le Spectacle vivant*, La Documentation française, Paris.

FREY B. et POMMEREHNE W. (1993), *La Culture a-t-elle un prix ?*, trad.fr., Plon, Paris.

GINSBURGH V. et THROSBY D. (dir.) (2006), *Handbook of the Economics of Art and Culture*, vol.1, Amsterdam, Elsevier.

GOLDTHORPE J.H. et HOPE K. (1974), *The Social Grading of occupations. A new approach and scale*, Clarendon Press, Oxford.

GREFFE X. et SONNAC N. (dir.) (2008), *Culture Web*, Éditions Dalloz, Paris.

JENCKS C., PERMAN L. et RAINWATER L. (1988), « What is a good job ? A New Measure of Labor-Market Success », *American Journal of Sociology*, vol. 93, p. 1322-1357.

MENGER P.-M. (1998), *La Profession de comédien*. La Documentation française, Paris.

MENGER P.-M. (2005), *Les Intermittents du spectacle. Sociologie d'une exception*, Éditions de l'EHESS, Paris.

MENGER P.-M. (2009), *Le Travail créateur*, Paris, Hautes-Études/Gallimard/Le Seuil.

MOULIN R. (1992), *L'Artiste, l'Institution et le Marché*, Flammarion, Paris.

PARADEISE C. (1998), *Les Comédiens*, PUF, Paris.

PILMIS O. (2007), « Des "employeurs multiples" au "noyau dur" d'employeurs : relations d'emploi et concurrence sur le marché des comédiens intermittents », *Sociologie du travail*, 49, p. 297-315.

RANNOU J. et ROHARIK I. (2006), *Les Danseurs. Un métier d'engagement*, La Documentation française, Paris.

ROSEN S. (1986), « The theory of equalizing differences », *in* O. ASHENFELTER et R. LAYARD, dir., Handbook of Labour Economics, Amsterdam, North-Holland.

ROSEN S. (1981), « The economics of superstars », *American Economic Review*, vol. 75, p. 845-858.

STINCHCOMBE A.L. (1968), *Constructing Social Theories*, Chicago, The University of Chicago Press.

THROSBY D. (1996), « Disaggregated earnings functions for artists », *in* V. GINSBURGH et P.-M. MENGER (dir.), *Economics of the Arts*, Amsterdam, North Holland.

TREIMAN D.J. (1977), *Occupational prestige in comparative perspective*, New York, Academic Press.

31

Des professionnels experts :
les travailleurs autonomes des services aux entreprises

Emmanuèle Reynaud

Le remaniement des frontières entre l'emploi salarié et d'autres statuts d'emploi est une tendance lourde dans l'ensemble des secteurs d'activité. Le secteur des services est tout particulièrement concerné, notamment parce qu'il est en fort développement et que la création de nouveaux métiers est aussi l'occasion d'expérimenter de nouveaux statuts d'emploi. Ces expérimentations sont souvent inspirées par une volonté de contournement des règles du droit du travail et se traduisent par des statuts d'emploi dégradés : sous-emploi, « faux » indépendants, report du risque sur le salarié, qui prend à son compte le risque de chômage, etc. [Morin, 1999].

Le phénomène est toutefois plus large : il concerne aussi des salariés qualifiés, et n'est pas nécessairement associé à une précarité plus grande. Le sous-secteur des services aux entreprises permet d'observer une telle diversification des statuts. La revendication d'une qualification élevée peut fonder deux formes d'insertion sur le marché du travail : le salariat et l'indépendance professionnelle. Pour un certain nombre de professionnels qualifiés, ce choix n'est pas simple, tant les deux termes de l'alternative présentent de traits communs et tant ce qui les distingue vraiment est subtil.

DE NOUVELLES FORMES D'AUTONOMIE PROFESSIONNELLE ?

Partant du constat d'un développement, chez les cadres et les professionnels très qualifiés, de modes diversifiés d'exercice de l'activité professionnelle, de statuts d'emploi différents dans le secteur des services aux entreprises, nous avons conduit une étude qualitative [Coquelin et Reynaud, 2003] pour comprendre les ressorts et les justifications du choix de l'un ou l'autre de ces modes d'exercice. Le phénomène est difficile à quantifier précisément. Toutefois, les enquêtes Emploi de l'Insee signalent à la fois une diminution annuelle constante (2,5 %) du nombre d'indépendants depuis 1990 et une croissance (1,3 %) des professions libérales non réglementées et des entreprises de conseil et d'assistance n'employant aucun ou un seul salarié.

Une étude de la Direction des entreprises commerciales, artisanales et de services du ministère de l'Économie, des Finances et de l'Industrie, à partir de données de l'Insee [Caicedo, 2000], a tenté de cerner les contours de l'exercice en « solo » d'une activité de service aux entreprises, en 2000. A cette date, 54 % des entreprises de service aux entreprises sont des « solos », en croissance de 25 % de 1993 à 1999. La part de diplômés de l'enseignement supérieur est, par exemple, de 65 % dans les activités informatiques (et de 58 % d'anciens cadres) et de 75 % dans les activités juridiques, comptables et de conseil (43 % d'anciens cadres). Plus récemment, P.-M. Menger et son équipe [2007] ont conduit une enquête sur le portage salarial, une des formes juridiques que peut prendre l'exercice professionnel autonome où le professionnel accepte une mission, négocie son financement puis se tourne vers l'entreprise de portage qui encaisse ce financement, lui verse un salaire, s'acquitte des cotisations sociales et prélève un pourcentage pour frais de gestion. Cette enquête montre une croissance importante du nombre de salariés « portés » par les entreprises affiliées au Syndicat National des Entreprises de Portage Salarial, SNEPS (une dizaine, parmi les plus importantes), de 2953 personnes en 2000 à 8656 en 2004, même si les auteurs soulignent que le volume de l'activité ayant augmenté en moindre proportion, la moyenne d'activités par « porté » diminue.

Ce phénomène de diversification de l'activité professionnelle a bien sûr inspiré aussi de nombreuses réflexions juridiques, qui s'interrogent à juste titre sur la part de contrainte dans le choix d'un tel statut d'emploi. Par ailleurs, la nouveauté de celui-ci paraît douteuse aux juristes du travail, plus tentés de rapprocher ces situations de travail d'autres, mieux connues dans le bâtiment, par exemple, où d'anciens salariés reviennent sur les chantiers comme « indépendants » à qui leur ancien employeur fait porter les risques de l'emploi comme ceux de la sécurité du travail. Le portage salarial a lui aussi donné lieu à des analyses juridiques, souvent sévères pour les entreprises de portage (délit de prêt de main-d'œuvre à but lucratif) mais qui ne se traduisent pas toujours dans la jurisprudence ni dans les pratiques administratives (celles de l'ANPE et de l'APEC notamment), sous l'argument que le portage salarial répond à un besoin que les structures actuelles ne couvrent pas de manière satisfaisante.

D'autres plaident, comme J. Barthélémy [2001], pour la constitution d'un statut spécifique qui regrouperait des cadres salariés déjà autonomes dans la réalisation de leur travail de par la nature de celui-ci et d'autres professionnels non salariés collaborant de manière régulière avec un donneur d'ordres. Ce statut relèverait de l'indépendance mais emprunterait aussi au salariat par la possibilité de négocier des conventions collectives et surtout de bénéficier d'un système de protection sociale élargi, comprenant l'assurance-chômage. Les développements législatifs et administratifs actuels tendent plutôt à élargir le champ d'application des mesures prévues pour les salariés, comme la reconnaissance d'activités non-salariées, au titre des « activités réduites » par l'ANPE pour les demandeurs d'emploi. Reste, comme le fait remarquer M.-L. Morin [2001], que ces « extensions » ne peuvent s'appliquer qu'à des personnes ayant eu antérieurement un parcours salarié suffisant pour leur ouvrir des droits.

Réfléchir sur les statuts d'emploi suppose que la recherche d'autonomie de ces professionnels passe principalement par la rupture avec le salariat. Notre enquête a permis d'observer qu'il s'agissait tout autant de rupture avec les pratiques professionnelles en entreprise. L'étude qualitative a porté sur une vingtaine de « professionnels autonomes » en exercice, hautement qualifiés, dans le secteur des services aux entreprises : conseil en organisation, formation, communication, édition, informatique… On a ici cherché la plus grande diversité dans les statuts d'emploi : indépendants ou EURL (entreprise unipersonnelle à responsabilité limitée), CDD multiples, entreprise en commandite, alternance de missions salariées et de chômage, portage salarial. Les entretiens cherchaient à comprendre les conditions et les raisons du choix de tel ou tel mode d'exercice de leur activité professionnelle, et les catégories de jugement mobilisées par ces professionnels. Les réponses ont permis de comprendre que c'était souvent par l'agencement de modes d'exercice différents et par la diversification des engagements professionnels que ces professionnels trouvaient un équilibre, plutôt que par un choix tranché : certains cumulaient un temps partiel salarié, des missions ; d'autres circulaient au cours du temps entre divers statuts. Plusieurs solutions pouvaient être acceptables si elles permettaient de protéger ce qui constituait le cœur du choix : des exigences et une éthique professionnelles.

La revendication d'une professionnalité et la reconnaissance d'une profession sont un objectif dont l'attraction s'explique aisément : la profession autorise l'exercice de compétences particulières de manière autonome, à l'abri de règles propres et souvent d'institutions spécifiques destinées à limiter l'accès, à protéger l'exercice de ces compétences, le statut de ceux qui la mettent en œuvre et la garantie de la reconnaissance qui leur est due. Se revendiquer comme professionnels autonomes est alors une forme de paradoxe puisque les personnes concernées ne bénéficient précisément d'aucune des protections traditionnellement associées à la profession, ni du statut d'emploi libéral puisque leurs statuts sont très diversifiés : salariés, entreprise uninominale, salariés « portés ». Ces « nouveaux professionnels » nous permettent de réfléchir à nouveaux frais à une question centrale dans l'approche sociologique des professions : comment faire reconnaître une capacité d'expertise, comment la faire vivre à long ou moyen terme sans ses supports traditionnels, l'organisation ou les institutions professionnelles ?

Puisqu'un bon nombre d'entre eux cumulent plusieurs statuts d'emploi ou circulent entre eux, que tirer de leur expérience de comparaison de l'utilisation des compétences expertes dans les deux cas ?

À l'inverse, une telle réflexion permet de placer en perspective les discours existant au sein des entreprises sur la gestion des compétences (déjà proposée comme objectif au congrès fondateur du Medef en 1999 et constituée en objet de la négociation collective obligatoire par la loi du 18 janvier 2005 [Igalens, 2007]), ou sur le thème de l'économie de l'innovation et de la connaissance prônée par les institutions européennes, et de s'interroger sur ce qui est présenté, dans ce cadre, comme une évidence : le besoin réciproque de l'organisation et des professionnels experts.

L'ENTREPRISE ET LES COMPÉTENCES EXTERNES

Le mouvement d'autonomisation des professionnels prend place dans un ensemble d'évolutions relativement convergentes. L'externalisation de fonctions de plus en plus diverses par les entreprises touche, à l'origine les fonctions « périphériques » de l'entreprise, comme le nettoyage ou la restauration, mais aussi des fonctions tout à fait centrales pour lesquelles il est moins important de disposer en permanence de compétences généralistes que de pouvoir faire appel à des interventions plus spécialisées et plus limitées dans le temps.

L'importance croissante donnée aux méthodes de résolution de problèmes, constructions procédurales destinées à aboutir à un chantier commun, vient renforcer ce mouvement. Lorsqu'une question précise se pose au sein de l'entreprise, singulièrement en termes de gestion des ressources humaines (volet social d'une réforme industrielle, mouvements d'effectifs, changement des priorités et des formes de reconnaissance), il est particulièrement difficile de lui apporter des réponses « de l'intérieur » puisque la hiérarchie, ses outils habituels d'intervention et l'ensemble des règles de l'entreprise qui en fondent la légitimité se trouvent par définition affaiblies, voire inefficaces ou inaudibles sur ce sujet.

Le recours à un expert extérieur peut à la fois augmenter la probabilité de trouver des solutions originales, c'est-à-dire non intégrées aux fonctionnements traditionnels de l'entreprise, et à ses lignes hiérarchiques, puisqu'elles sont formulées et défendues par des spécialistes de la question précisément traitée. On a ainsi pu noter la multiplication de cellules de crise, audits, recours aux conseils, structures ponctuelles construites ad hoc. Dans ce cadre, l'autonomie du professionnel vient renforcer son expertise, puisque celle-ci lui permet d'associer compétences techniques, connaissance du sujet et extériorité aux enjeux internes, donc plus grande indépendance intellectuelle et plus grande autorité.

Enfin, les réformes et les situations de changement se sont multipliées au sein des entreprises : redéfinition du cœur de métier, des missions, du périmètre de l'activité, redéploiements internes ou externes, développements de fonctions nouvelles. Il ne s'agit plus de situations rares qu'on pourrait isoler pour en observer les effets mais bien plutôt d'un état permanent de changement qui, même s'il est parfois négocié dans les instances représentatives, s'impose continûment aux personnels avec éventuellement des aspects contradictoires [Alter, 2000]. La hiérarchie est ici particulièrement exposée puisqu'elle doit convaincre du bien-fondé de ces réformes, assurer leurs mises en œuvre successives et faire face aux effets pas toujours prévisibles de leur combinaison. La direction peut être conduite à accorder une valeur importante à la loyauté de sa hiérarchie, éventuellement disproportionnée par rapport à la reconnaissance des compétences professionnelles. Du point de vue des professionnels concernés, il y a alors conflit réel entre intégration dans une organisation et exercice professionnel qualifié.

L'ESPACE DE LA QUALIFICATION : LA FIRME OU LE MARCHÉ ?

L'expertise peut donc être étayée par l'autonomie, et utilisée à ce titre par les entreprises. Le point crucial est alors de faire reconnaître et d'établir cette expertise, alors même que le phénomène se manifeste pour des types de qualification diversifiés : organisation, formation, communication... En d'autres termes, il n'y a ni corpus homogène établi de connaissances, ni exclusivité de leur exercice. Les études disponibles confirment l'extension de ces manifestations à des spécialités professionnelles diverses et à des groupes professionnels différents.

B. Girard et G. Rot [2007] ont observé, dans l'industrie chimique, l'échec d'un système de *knowledge management* voulu par la direction, qui suscite l'opposition active des chercheurs concernés alors qu'ils continuent, de leur côté, à poursuivre des échanges nourris avec leurs correspondants « de confiance ». L'enjeu est, pour la direction, de mettre en forme une « mémoire organisationnelle » qui devrait bénéficier à l'ensemble de l'entreprise, mais « (c)es salariés experts que sont les chercheurs ne peuvent pas accepter de ramener ce qui fait la spécificité de leur savoir à un objet qu'il est possible de formater, capter, transférer indépendamment d'eux... En même temps, (ils) se font entrepreneurs de leur propre carrière en se constituant une réputation visible et authentifiable hors des limites de l'entreprise. Très clairement, la firme n'est pas toujours l'univers le plus pertinent d'action pour ces professionnels. » (p. 328).

Nous retrouvons ici les conclusions auxquelles parviennent Y. Fondeur et C. Sauviat [2002] à travers leurs observations sur les salariés des sociétés de services informatiques aux entreprises (SSII) et de conseil en management : pour ces salariés, « c'est même une des raisons principales du choix de leur secteur d'activité : le travail en mission chez le client leur permet de multiplier les expériences concrètes, d'être confrontés à de nouveaux problèmes, à de nouvelles technologies et ainsi d'accroître leur panel de compétences selon une logique de *learning by doing.* » (p. 98).

Si des éléments aussi importants que la construction d'une carrière ou la consolidation et la diversification de la compétence se font de manière proche dans et hors l'organisation, dans et hors du salariat, qu'est-ce qui amène un certain nombre d'entre eux à sortir de l'organisation ou à s'en tenir éloignés ? Un des résultats frappants issus des entretiens conduits avec ces professionnels [Reynaud, 2007] est le rapport qu'eux-mêmes établissent entre leurs exigences de développement professionnel, leur référence à des valeurs aussi bien pour la qualité du travail qu'ils conduisent que pour leur responsabilité à l'égard de leur client, et leur besoin d'autonomie. En d'autres termes, l'appartenance à l'organisation, dans bien des cas, semble s'opposer au plein exercice d'un professionnalisme qui leur inspire le choix d'une forme d'activité autonome.

Comment comprendre ces jugements critiques ? Au-delà de ce qui pourrait n'être que des péripéties de carrière, des expériences malheureuses, on peut isoler de ces entretiens quelques dimensions structurellement attachées à ce qu'est une organisation hiérarchique. Progresser dans une hiérarchie, c'est aussi progressivement changer la nature de son activité : l'approfondissement de l'expertise, l'enrichissement de l'expérience se doublent rapidement de tâches de contrôle du travail d'autrui, d'évaluations internes plus ou moins formalisées selon la structure et le secteur d'activité, de fonctions d'animation. Cet effet propre à la progression dans une carrière, et donc difficilement contrôlable par la personne, peut être ressenti comme un éloignement progressif du métier d'origine, comme une perte de substance professionnelle. Le cadre, ici, limiterait et étoufferait le professionnel.

Plus généralement, la progression au sein d'une hiérarchie ne fait pas appel, à chacune de ses étapes, aux mêmes ressources professionnelles, et l'accès aux échelons supérieurs passe souvent par des processus de reconversion : dans le secteur de la publicité, un directeur général n'est pas un super-directeur artistique, le directeur artistique ne deviendra directeur général que par une sorte de conversion professionnelle. En d'autres termes, toutes les filières ne se développent pas en droite ligne par l'approfondissement et l'élargissement des compétences. Il peut exister un conflit structurel entre développement des compétences et prise de responsabilités. Il se peut aussi, dans des secteurs d'activité où ont eu lieu de fortes concentrations, comme l'édition, par exemple, qu'il n'y ait tout simplement pas d'issue simple, les postes de responsabilité devenant rares : la compétition entre personnes devient directe et personnalisée et l'autonomie peut devenir le seul moyen de continuer à exercer un métier choisi, le statut de free-lance permettant de court-circuiter la hiérarchie.

Enfin, si l'on se réfère aux analyses conduites par N. Alter [2000] sur l'innovation en entreprise, on y retrouve un écho inversé des situations qui nous intéressent ici : en effet, l'innovation est aussi perturbante qu'elle est nécessaire pour l'entreprise et les porteurs de ces innovations en son sein ont à payer de leur personne pour les faire prendre en considération, et ceci dans la durée. La coordination entre des logiques d'action différentes au sein d'une organisation, logiques de fonctionnement, de développement, de changement est évidemment nécessaire mais extrêmement coûteuse et pèse sur ceux qui s'éloignent le plus d'un fonctionnement rodé. Rappelons que le sort évoqué par N. Alter pour les innovateurs qu'il observe est sombre : soit une participation à l'organisation dans une situation moins exposée, plus routinière, qui peut aller jusqu'à un retrait tactique sans engagement personnel, soit la sortie vers d'autres situations de travail extérieures.

Tout professionnel n'est pas un innovateur mais l'intérêt de cette référence est d'attirer l'attention sur un point très général : des logiques d'action au moins diverses, souvent contradictoires, se déploient quotidiennement dans la vie d'une entreprise et les acteurs qui les portent assument aussi une part des coûts de coordination, qui doivent être réglés dans des formes compatibles avec la structure hiérarchique. L'extériorité des professionnels autonomes leur évite certains de ces coûts, puisque un accord a dû se faire avant qu'on ait recours à eux, et les autorise à recourir à des solutions de coordination indépendante des fonctionnements hiérarchiques qu'ils n'ont pas nécessairement à connaître en détail.

COMPÉTENCES ET RÉPUTATION

Qu'est-ce qui, alors, stabilise le recours des entreprises à ces professionnels, qu'est-ce qui fonde la reconnaissance de leurs compétences propres ? On retrouve ici, curieusement, un élément traditionnel et souvent critiqué par le caractère figé de la reconnaissance qu'il autorise : le diplôme. Celui-ci reste un indicateur très fort, hors hiérarchie ou en son sein. Ou, plus exactement, pour le recours à un professionnel autonome, l'association d'un diplôme élevé et d'une expérience professionnelle multiple. On pourrait, bien sûr, retrouver une alliance d'acquis académiques et d'expérience à la source de toute expertise. La manière dont se composent les deux dimensions dans notre cas est peut-être moins attendue.

Y. Fondeur et C. Sauviat [2002] l'analysent comme une faiblesse propre à ce type d'exercice professionnel puisqu'à propos des informaticiens, ils écrivent :

Par définition, les qualités professionnelles ainsi acquises n'ont pas un caractère systémique [...] En l'absence d'organisations professionnelles de type syndicat de métier, la valeur de ces compétences n'est garantie que par la réputation des entreprises où elles ont été acquises [...] la notion même de qualification qui suppose une standardisation des qualités professionnelles n'est donc pas adaptée » (p. 102).

Si on peut être d'accord avec le constat, qui relève les différences importantes entre les circulations professionnelles dans l'espace salarial, mis en forme par la reconnaissance collective de qualifications organisées et hiérarchisées, et les carrières de ces professionnels, il n'est pas sûr que l'absence d'un syndicat professionnel ou de tout autre institution professionnelle soit de nature à déstabiliser la reconnaissance de ces compétences.

D'une part, les difficultés bien réelles de survie professionnelle de ces informaticiens ne paraissent pas principalement dues à un brouillage dans la reconnaissance des qualifications. L. Durand [2004], toujours à propos des informaticiens, évoque plutôt la structuration du marché spécifique sur lequel ils circulent et qui hiérarchise, selon la situation économique de l'ensemble du secteur, les SSII elles-mêmes, les entreprises sous-traitantes puis, en dernier lieu, les professionnels autonomes, qui concentrent ainsi les nombreux à-coups qu'a connus le secteur. Le remède réside alors plutôt dans un renforcement de la capacité d'information et d'intervention de ces professionnels autonomes, ce qui a justifié la création de « places de marché » sur internet pour rapprocher l'offre et la demande, réponse adaptée à cette structure de marché.

D'autre part, si la valeur des compétences dépend de la réputation des entreprises où elles ont été acquises, cela n'est pas nécessairement un mal lorsque ces entreprises sont à la fois clientes et certificatrices : le passage par la standardisation n'est pas toujours nécessaire dans un espace où les interrelations entre entreprises sont nombreuses. C'est une des conséquences peut-être moins souvent relevées du fonctionnement des entreprises en réseau que d'établir des circuits d'information nouveaux et surtout de banaliser l'usage des réputations professionnelles.

Toutes les spécialisations ne se déploient toutefois pas sur le même registre et deux écueils paraissent réels : l'hyperspécialisation et l'évolution des besoins des entreprises clientes. Dans les secteurs des nouvelles technologies de l'information et de la communication, on peut rencontrer des professionnels qui estiment à quelques unités leurs « équivalents » sur le marché. Il est certain que, dans un premier temps, cette rareté les rend indispensables mais que leurs clients risquent, eux aussi, d'être rares. À terme, s'il n'y a pas d'évolution professionnelle, cette extrême spécialisation peut aussi aboutir à une fragilisation de la situation du professionnel. L'absence de référentiel commun, de connaissances standardisées est aussi liée à la multiplication des spécialités, suivant ou anticipant les mouvements-mêmes des entreprises, comme la communication de crise, le conseil en recrutement vers certaines régions du monde... mais les rend plus dépendantes de leurs choix de développement.

CONCLUSION

L'utilisation des compétences, la mobilisation des connaissances, la production d'innovations sont effectivement un enjeu d'importance croissante pour les entreprises et justifient les réflexions sur la meilleure manière de reconnaître mais aussi de contrôler les professionnels qu'elle emploie. De leur côté, les cadres consultés par V. Delteil et P. Dieuaide [2001] conviennent que l'exercice de leur fonction porte de manière croissante sur la mobilisation de connaissances, au détriment d'autres dimensions de la fonction d'encadrement comme l'exercice de l'autorité hiérarchique. Pour autant, on le voit, ces évaluations n'aboutissent pas à une heureuse complémentarité entre les besoins des professionnels et les exigences de l'entreprise. Les termes de mobilisation et de reconnaissance des compétences ne recouvrent pas nécessairement une réalité commune.

Derrière ce consensus apparent, il y a toujours eu des tensions très fortes entre l'expression de logiques d'action différentes, de logiques professionnellement fondées hétérogènes, et l'issue de leurs confrontations est le plus souvent un compromis temporaire, parfois boiteux. Les tendances actuelles, derrière l'apparence d'un recours toujours plus grand au professionnalisme, aux compétences, aux organisations par projet, qui s'éloignent de formes antérieures trop rigides de reconnaissance des qualifications et de structuration hiérarchique, sont au contraire porteuses de tensions fortes.

Ainsi du management par les compétences, qui se présente comme un enrichissement de la reconnaissance et de l'entretien des qualités professionnelles dans la durée et un renouvellement des termes de l'échange salarial [Paradeise et Lichtenberger, 2001]. P.-M. Menger [1999] remarque que le raisonnement en termes de compétences conduit à « étendre à l'ensemble du personnel des imputations ou des prescriptions de comportement généralement associées aux fonctions d'encadrement » (p. 320).

C'est certainement vrai pour l'élargissement et la diversification des qualités convoquées puisque, selon la définition-même du Medef, c'est « une combinaison de connaissances, savoir-faire, expérience et comportements... ». La suite de la proposition, si on garde en mémoire les remarques précédentes sur l'espace de qualification et de circulation des professionnels, n'est pas de nature à répondre à leurs inquiétudes puisqu'elle précise : « c'est donc à l'entreprise qu'il appartient de la repérer et, en lien avec les institutions, branches, système éducatif, d'une part et les salariés d'autre part, de l'évaluer, de la valider et de la faire évoluer. »

J. D. Reynaud [2001] fait remarquer qu'il s'agit tout d'abord d'une forme de « réalisme social », selon lequel la compétence se constaterait dans l'action mais que ce réalisme annonce un changement dans les termes de l'engagement réciproque, de l'échange salarial, surtout si on lui ajoute une autre proposition patronale qui décrit ainsi ce « nouveau champ du dialogue social » : « au double bénéfice de l'entreprise qui pourra ainsi améliorer sa compétitivité et [du] salarié qui développera ainsi son employabilité et aura les moyens d'une meilleure évolution professionnelle ».

La question de la validité externe d'une compétence constatée sur le terrain se pose pour tous les salariés concernés mais elle n'a pas les mêmes conséquences pour tous. Pour les professionnels experts, le développement des compétences prend pour horizon le marché bien plus que la firme, ce qui est encore plus vrai si on aborde leur « employabilité ». Si le modèle de gestion des compétences se propose bien de rompre avec des systèmes de reconnaissance des qualifications qui ont pu acquérir trop de rigidité et avec une organisation du travail qui ne mobilisait qu'une part des compétences des salariés, il n'aborde pas la manière dont l'organisation hiérarchique a tenté la coordination de logiques professionnelles différentes, ni la question des coûts des solutions adoptées. L'invention de nouvelles trajectoires professionnelles et de nouveaux types de coopération reste principalement du ressort des professionnels eux-mêmes, et elle est à leur charge.

BIBLIOGRAPHIE

ALTER N. (2000), *L'Innovation ordinaire*, PUF, Paris.

BARTHÉLÉMY J. (2001), « Statut de l'indépendant en solo et systèmes visant à sa protection », *Cadres-CFDT*, 395, 27-31.

BOUFFARTIGUE P. et GADÉA C. (2001), *Sociologie des cadres*, éditions La Découverte, Paris.

CAICEDO E. (2000), « Les solos, phénomène médiatique ou nouvelle génération d'entreprises ? » *Entreprises en bref*-études et statistiques, 3, MINEFI/ DECAS.

CASAUX-LABRUNÉE L. (2007), « Le portage salarial : travail salarié ou travail indépendant ? » *Droit Social*, 1, 56-71.

COQUELIN L. et REYNAUD E. (2003), *Les Professionnels autonomes*, DECAS-OdC, Paris.

DELTEIL V. et DIEUAIDE P. (2001), « Mutations de l'activité et marché du travail des cadres : l'emprise croissante des connaissances », *Revue de l'IRES*, 37/3.

DURAND L. (2004), *Les Logiques du travail indépendant du service aux entreprises*, Glysi-Dares, Lyon.

FONDEUR Y. et SAUVIAT C. (2002), *Normes d'emploi et marché du travail*, Dares, Document d'étude, 63.

FORAY D. et MAIRESSE J. (1999) (dir.), *Innovations et performances*, Éditions de l'EHESS, Paris.

GIRARD B. et ROT G. (2007), « Subordination salariale et professionnalité », *in* VATIN F., (dir), *op. cit.*, p. 311-328.

IGALENS J. (2007), « La GPEC : intérêts et limites pour la gestion du personnel », *Droit Social*, 11.

MENGER P.-M. (1999), « Compétences et qualifications », *in* FORAY D. et MAIRESSE J., *op. cit.*, p. 305-324.

MENGER P.-M., COSTA P., HANET D. et MARCHIKA C. (2007), « Travailler par mission : qui et comment ? Le cas du portage », *Droit social*, 1, 46-57.

MORIN M.-L. (dir.) (1999), *Prestation de travail et activité de service*, La Documentation française, Paris.

MORIN L. (2001), « Les Frontières de l'entreprise et la responsabilité de l'emploi », *Droit Social*, 5, p. 478-486.

PARADEISE C. et LICHTENBERGER Y. (2001), « Compétence, compétences », *Sociologie du travail*, 1, p. 33-48.

REYNAUD E. (2007), « Aux marges du salariat : les professionnels autonomes », *in* VATIN F., (dir), *op. cit.*, p. 299-310.

REYNAUD J. D. (2001), Le management par les compétences : un essai d'analyse, *Sociologie du travail*, 1, p. 7-32.

VATIN F. (dir) (2007), *Le salariat. Théorie, histoire et formes*, La Dispute, Paris.

32

Les cadres et la menace du chômage :

mobilisation catégorielle contre un risque récurrent

Sophie Pochic

Les cadres constituent un objet heuristique pour la sociologie des professions, car cette catégorie regroupe un ensemble de professions qualifiées plus ou moins prestigieuses (du commercial à l'ingénieur d'étude en passant par les cadres dirigeants), qui possède en France une forte unité symbolique et institutionnelle. Si l'histoire de la formation de ce groupe social dans les années 1930 est désormais connue [Boltanski, 1982], l'histoire de sa déformation récente reste encore à écrire. Les sociologues cherchant à définir les principes structurants de cette catégorie hétérogène – type de savoir, de position de pouvoir ou de mode de vie – se heurtent constamment au fait que cette unité aux frontières floues demeure une « énigme sociologique » [Gadéa, 2003]. Elle n'est à l'inverse pas une « énigme professionnelle », puisque la (ou les) frontière(s) entre cadres et non-cadres repose(nt) sur un statut et des institutions spécifiques au sein des entreprises, des administrations et plus largement du marché du travail[1].

Or ces institutions spécifiques et leurs porte-parole sont rarement évoqués dans les débats actuels sur la déstabilisation et les mutations de la catégorie des cadres. Le scénario de la banalisation (fin de leur spécificité), voire de la précarisation (fin de leur stabilité), souvent avancé par des sociologues du travail, repose sur l'hypothèse de rapprochement subjectif et/ou objectif des cadres d'entreprises de la majorité des salariés [Bouffartigue, 2001b ; Dupuy, 2005 ; Roussel, 2008 ; Pichon, 2008]. Les validations empiriques de ces scénarii ne sont pas toujours concordantes et reposent rarement sur une comparaison systématique des parcours professionnels et conditions de travail des cadres et des non-cadres dans la longue durée. Le

---

1. Conventions collectives, caisses de retraite AGIRC, intermédiaires de l'emploi APEC et ANPE-Cadres, syndicats cadres et sections encadrement des prud'hommes.

scénario de segmentation ou d'éclatement (fin de leur unité), davantage porté par des chercheurs en gestion, repose lui sur l'observation d'une gestion différenciée par les DRH d'entreprises entre une minorité de dirigeants et « cadres à potentiel » et le reste des cadres anonymes [Falcoz, 2004 ; Livian et Dany, 2004 ; Palpacuer *et alii*, 2007]. En l'absence de perspective historique, cela revient souvent à (re)découvrir l'hétérogénéité de la catégorie, entre cadres des grandes écoles et cadres issus de la promotion, entre ceux qui « font carrière » et ceux qui ont un emploi de cadre.

Nous montrerons à partir d'une enquête sur les accidents de carrière des cadres d'entreprise que leur insécurité d'emploi ou « vulnérabilité », au sens de risque de chômage, reste très relative par rapport aux autres catégories, alors même que leur « employabilité » au sens de probabilité statistique de retrouver un emploi les distingue peu des autres salariés d'entreprise, particulièrement pour les « seniors ». Prendre du recul historique et se replonger dans les débats sur le chômage des cadres pendant une période de plein-emploi (les années 1960) permet d'échapper aux illusions d'optique, de révéler les mécanismes de dramatisation de ce phénomène et d'avancer un diagnostic plus nuancé sur l'évolution de l'emploi des cadres en France entre rupture et continuité. Pour préserver le statut cadre et maintenir les frontières, différents intermédiaires de l'emploi spécifiques pour les cadres, publics ou privés, se mobilisent de manière cyclique. Si ces institutions contribuent aujourd'hui à diffuser la figure du « cadre nomade » qui serait plus adaptée à l'évolution du capitalisme [Boltanski et Chiapello, 1999], elles ne font qu'enregistrer les inégalités de ressources au sein même des cadres. L'augmentation des inégalités intra-catégorielles coexiste avec de fortes inégalités inter-catégorielles, les frontières étant défendues et même recomposées par les institutions, dans une catégorie alimentée par des flux de mobilité.

LA BANALISATION DE L'ACCIDENT DE CARRIÈRE ?

Dans les années 1990, des journalistes, des cadres et des chercheurs avancent que les cadres traversent un moment de rupture historique [Bouffartigue, 2001a et 2001b], et que la figure du « cadre-à-statut » spécifique à la France devient obsolète dans un marché mondialisé. L'augmentation du chômage des cadres entre 1991 et 1995 est le pilier essentiel de cette thèse de la « déstabilisation des stables »[2]. Robert Castel [1995] considère ainsi qu'il s'agit d'un indicateur clé de l'effritement de la société salariale et d'une généralisation de la précarité à tous les groupes sociaux. Or la reprise économique de la fin des années 1990 et le retour de discours sur la pénurie

---

2. À côté d'autres indicateurs : expansion numérique, féminisation, individualisation de la relation d'emploi, segmentation des cadres autour des 35 heures et certification croissante de la population active.

de jeunes ingénieurs met à mal cette thèse, qui pourtant ressurgit à nouveau avec la forte augmentation du nombre de chômeurs cadres après 2001.

Ces diagnostics se fondent sur des périodes d'augmentation du chômage des cadres, sans les replacer dans une perspective de long terme, ni intégrer les effets de conjoncture, ni les comparer systématiquement aux autres catégories. L'étude de l'évolution du taux de chômage des « cadres et professions intellectuelles supérieures » depuis 1968 (*cf.* tableau 1)[3] révèle deux points : la très grande protection de cette catégorie dans les années 1970-1980 (tout comme les professions intermédiaires), alors qu'elle est davantage affectée par les périodes de récession du début des années 1990 puis des années 2000. Leur taux de chômage reste cependant à des niveaux très faibles : 5,5 % au maximum en 1994 et 5 % en 2005.

La réduction de l'écart entre taux de chômage des ouvriers et des cadres depuis 2001 est-elle un signe de rapprochement ? Cela reflète davantage la difficulté des salariés peu qualifiés à être reconnus socialement et statistiquement comme chômeurs au sens du BIT alors que les cadres au chômage correspondent davantage à la norme du « bon chercheur d'emploi » [Demazière, 2005]. En outre, cette PCS de l'Insee amalgame des professions très protégées du risque de chômage (les cadres de la fonction publique, dont le taux de chômage est inférieur à 2 %) et d'autres pour lesquels l'instabilité professionnelle est caractéristique (les professions de l'information, des arts et du spectacle, dont le taux de chômage monte jusqu'à 14 % en 1994 et 2005). La comparaison des taux de chômage uniquement pour les salariés d'entreprise[4] rappelle que la hiérarchie sociale conserve une grande force dans la perte d'emploi : les cadres d'entreprises sont toujours en dessous des autres, avec un taux maximum de 8 % en 1994 et de 6 % en 2004. Aux mêmes périodes, celui des ouvriers non qualifiés d'entreprises se situe respectivement à 23 % et 19 % ! L'expansion numérique de la catégorie a par contre un effet mécanique : le nombre de demandeurs d'emploi en fin de mois cherchant un emploi de cadre augmente tendanciellement[5].

L'analyse statistique des flux de mobilité qui traversent la catégorie est essentielle pour relativiser l'idée de banalisation de l'accident de carrière. Les cadres d'entreprise sont sur la période 1990-2007 moins exposés à la perte d'emploi que les autres catégories, la vulnérabilité étant toujours plus élevée pour les plus jeunes (moins de 30 ans), pour les moins diplômés (les cadres promus) et pour certaines professions (communication-publicité,

---

3. Source : *Séries longues du marché du travail*, INSEE, 1999, complétées par l'auteur après 2000, en conservant la même définition du chômage au sens du BIT sur toute la période.

4. Soit une sous-sélection des PCS avec uniquement les cadres d'entreprise (37, 38), les professions intermédiaires d'entreprise (46, 47, 48), les employés d'entreprise (54, 55, 56), les ouvriers qualifiés (62 à 65) ou non qualifiés d'entreprise (67, 68, 69), définis à partir de la dernière profession exercée.

5. Passant de 93 000 en 1989 à 190 000 en 1993, pour redescendre à 155 000 en 2000, atteindre le pic de 251 000 en 2003 et revenir en 2007 à 156 000, niveau de 2000. Source : UNEDIC, DEFM catégorie 1 dernier trimestre.

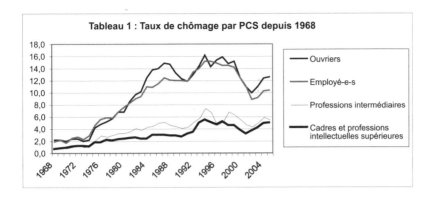

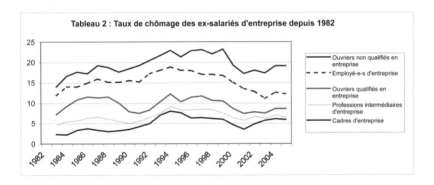

commerciaux). Les jeunes cadres d'entreprise sont plus vulnérables que leurs collègues plus âgés (selon la règle « premiers entrés, premiers sortis »), mais sont en comparaison davantage protégés que les jeunes ouvriers ou employés, en raison de leur taux élevé de recrutement sur contrats stables ou dans des grandes structures (*cf.* tableau 3)[6]. L'âge joue à l'inverse en leur faveur sur le retour à l'emploi, les jeunes cadres profitent pleinement des périodes de reprise économique, alors que les « cadres âgés » (ici définis arbitrairement par plus de 45 ans) peinent à retrouver un emploi, presque autant que d'autres catégories moins qualifiées (*cf.* tableau 4). La durée moyenne de chômage des cadres « seniors » s'allonge tendanciellement, passant de 15 mois au début des années 1990 à plus de

---

6. Sur le modèle de [Thélot et Marchand, 1997], la vulnérabilité est 1 % de chômeurs de moins de 3 mois sur la population active totale de chaque catégorie et l'employabilité est 1 % de chômeurs de moins d'un an dans l'ensemble des chômeurs de la catégorie.

20 mois, sans discontinuer depuis 1996, et ce même en période de forte reprise des embauches (1999-2001).

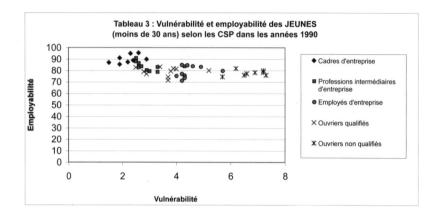

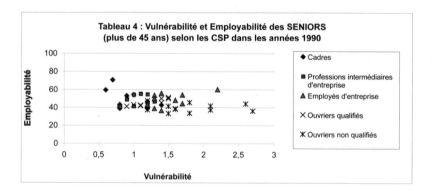

Ceci étant, dire que les cadres d'entreprise sont relativement moins vulnérables que les autres salariés ne signifie pas qu'ils sont à l'abri des réorganisations que vivent les entreprises, liées notamment à des fusions/ acquisitions en nombre croissant depuis la fin des années 1990 et à la montée d'un management plus individualisé et contractualisé. Surtout qu'en raison de la croissance numérique de la catégorie, avec un risque similaire de vulnérabilité, ils sont plus nombreux à en faire l'expérience. La montée des licenciements pour motif personnel chez les cadres dans les multinatio- nales [Palpacuer *et alii.*, 2007] est cependant moins l'indice d'une précari- sation de l'emploi des cadres qu'un indicateur en creux de leur relative stabilité, car contrairement aux salariés non-cadres, ils sont encore peu concernés par les CDD et l'intérim. Les entreprises trouvent par là le moyen de se séparer de leurs salariés âgés sans passer par des plans sociaux ou des préretraites plus contraignantes, plus coûteuses et socialement visibles. De même, la montée du contentieux prud'homal chez les cadres [Verrier *et*

alii., 2008] est moins un indice de la fin de leurs privilèges que de leurs ressources, puisqu'ils peuvent s'offrir le « luxe » (étant donnés le coût et la durée des procès) de se retourner contre leur employeur en demandant une réparation à la hauteur du préjudice subi selon eux.

UNE « DRAMATISATION » CYCLIQUE

Le décalage entre le phénomène objectif (une relative augmentation du chômage des cadres en 1990-1995, puis 2001-2004, mais à un niveau moindre que les autres) et sa « dramatisation », au sens de mise en scène, s'explique par l'intervention aussi bien des acteurs spécifiques aux cadres (institutions ou porte-parole, cadres au chômage) qui essayent d'alerter l'opinion publique sur le scandale social du « chômage des cadres » que par des acteurs non spécifiques (pouvoirs publics, producteurs de statistiques et d'études, sociologues, gestionnaires, journalistes) qui essayent d'évaluer l'ampleur et les incidences du phénomène[7]. Revenir sur la dramatisation du chômage des cadres dans les années 1960, à partir d'archives diverses[8] au moment où leur taux de chômage est inférieur à 1 %, permet de révéler les mécanismes de la « dramatisation » de ce phénomène, et le recours notamment à la figure du « cadre âgé », qui s'est construit en miroir du mythe du « jeune cadre dynamique »[9].

Dans les années 1960, le premier syndicat des cadres, la CGC, essaye de mobiliser l'opinion publique et le personnel politique autour du « problème de l'emploi et du chômage des cadres ». Dès 1966, André Malterre président de la CGC et économiste, demande que soient mises en place des mesures d'accompagnement de l'ouverture de l'économie française à la concurrence internationale (CECA et Marché commun). Il faut notamment assurer la « sécurité de l'emploi » dans la mobilité des cadres face aux risques de fusions et concentrations, car les cadres auraient plus de difficultés que les peu qualifiés à retrouver un emploi similaire en raison de la rareté des postes qualifiés et des préjugés des employeurs sur les « cadres âgés »…. Face à l'immobilisme des pouvoirs publics, la CGC organise une grande campagne de mobilisation autour du « malaise des cadres » en 1967, en multipliant les articles dans leur revue *Le Creuset*, les interventions dans les médias, les conférences dans les Grandes Ecoles, le lobbying auprès du

---

7. Avec des interactions entre ces sphères, les chercheurs par exemple reprenant des études produites par l'APEC, étant invités comme experts par les syndicats, voire réalisant des études financées par eux via l'IRES.

8. Presse syndicale des différents syndicats de cadres (ainsi que leurs rapports de congrès), presse spécialisée de différentes institutions spécifiques (AGIRC, ANDCP, APEC) et presse généraliste, cf. [Pochic, 2001a].

9. Cette dramatisation du chômage des ingénieurs et des travailleurs intellectuels, notamment âgés, s'est aussi opérée dans les années 1930 et cette mobilisation a débouché sur la protection du titre d'ingénieur [Grelon, 1986 ; Chatriot, 2006].

parlement et même les manifestations de cadres dans la rue. La position idéologique de « tiers-partisme » de la CGC est en effet ébranlée par le chômage, qui signifie que le patronat ne respecte plus ses collaborateurs et les traite comme les autres salariés. Par cette lutte contre « la prolétarisation des cadres », la CGC essaye de défendre la spécificité du statut cadre, et justifie par là même sa propre existence...

Les sections cadres des confédérations ouvrières s'emparent elles aussi, dans les années 1960-1970, du thème du chômage des cadres, mais dans une logique inverse à celle de la CGC, car le risque ou la menace de prolétarisation peut être un moyen de mobiliser les cadres aux côtés des ouvriers et de relativiser leur spécificité. L'existence de cadres chômeurs rend visible en effet la condition commune des salariés subordonnés aux ordres du patronat, et donc justifie l'existence d'un syndicalisme confédéré, regroupant toutes les catégories de salariés. L'UGICT-CGT publie ainsi dans le premier numéro de sa revue en 1965 un dossier intitulé « Pas de stabilité pour les cadres », et fait au moins un numéro spécial par an sur ce thème jusqu'en 1975. Malgré les divergences syndicales, cette mobilisation intensive débouche sur des acquis sociaux du statut cadre obtenus à la fin des années 1960 : la rénovation de l'APEC (Association pour l'emploi des cadres) en 1967[10] devenue organisme paritaire implanté au niveau national financé par l'intermédiaire des caisses de retraite ; la mise en place d'agences spécialisées cadres lors de la création de l'ANPE en 1967 ; l'octroi de points de retraite gratuits pour les cadres chômeurs par un accord UNEDIC-AGIRC en 1968 ; la délégation de la mission de placement des cadres de l'ANPE à l'APEC en 1969 ; l'avenant cadre aux accords sur la formation et le perfectionnement professionnels permettant d'améliorer le « recyclage » de 1970-1971. La CFDT s'empare de ce thème plus tardivement, à partir de 1975, le présentant comme l'occasion unique pour les cadres de « désacraliser » le travail, d'avoir une vision critique sur le « mythe de la carrière » et les valeurs matérialistes, et de revendiquer la réduction du temps de travail. Ce décalage de positions entre syndicats est à mettre en relation avec le profil de leurs adhérents, la CFDT étant à l'époque composée surtout de jeunes ingénieurs diplômés, la CGC étant davantage représentée chez les cadres promus plus âgés [Boltanski, 1982].

Dramatisé à la fin des années 1960 par les organisations catégorielles, relayé par les médias, le problème social du chômage des cadres devient une problématique de sociologie du travail au début des années 1970. Dans les ouvrages généralistes sur les cadres, le chômage fait *a minima* l'objet d'un chapitre, présenté comme la préoccupation majeure des cadres et l'indicateur de la fin du mythe de la stabilité de la catégorie. Il est analysé généralement comme la conséquence des fusions/restructurations et des

---

10. L'APEC existait depuis 1954, et était correspondant du service public de placement depuis 1961, mais fonctionnait avec des bénévoles et peu de moyens, uniquement à Paris.

modifications de la gestion des entreprises[11]. À la fin des années 1970, le thème du chômage des cadres reflue dans les discours syndicaux et académiques, et disparaît pratiquement dans les années 1980, où les cadres bénéficient à plein des modifications des entreprises, leur taux de chômage restant toujours inférieur à 3 %.

La (re)découverte du phénomène du chômage des cadres en 1991, puis de nouveau en 2001, est une surprise qui donne lieu à une nouvelle « dramatisation », au sens de mise en scène sur la place publique. En raison du renouvellement des producteurs d'analyse sur le sujet (journalistes, syndicalistes, voire sociologues et gestionnaires), personne ou presque ne semble se rappeler que des discours ont déjà été écrits trente ou quarante ans auparavant sur ce « problème social » et que les arguments utilisés sont souvent très similaires. Les réflexions académiques sont généralement centrées sur le rapport au travail des cadres, à partir d'entretiens, pour tester la déstabilisation du contrat de confiance entre ces deux parties, ou sur les carrières au sein des marchés internes pour tester leur balkanisation. Elles prennent rarement en compte le rôle des institutions spécifiques aux cadres sur le marché du travail au sens large. Or celles-ci participent pourtant à préserver le statut et à maintenir les frontières entre cadres et non-cadres, tout en socialisant à de nouvelles rhétoriques professionnelles.

PRÉSERVER LE STATUT ET RECOMPOSER LES FRONTIÈRES

Après leur sortie de l'entreprise, les cadres ont accès comme les autres chômeurs adultes au service public de l'emploi, mais ils bénéficient également des services gratuits fournis par des institutions spécifiques à leur catégorie[12] : les services de l'APEC et de l'ANPE Cadres, les services Emploi de leurs caisses de retraite complémentaire, les services Emploi des associations des anciens élèves d'écoles (plus ou moins structurés, à l'image des Arts et métiers), des associations de cadres au chômage (certaines sont développées au niveau national) ou des associations de promotion du temps partagé multi-entreprises… Ils rencontrent ces spécialistes de l'aide à la recherche d'emploi [Divay, 1999 ; Chatenay et Pochic, 1999], de façon plus ou moins fréquente et imposée, en se restreignant à un seul type de structure ou en faisant un tour exhaustif

---

11. Benguigui G. et Monjardet D. [1970], *Être un cadre en France ? Les cadres et l'emploi,* Dunod ; Bachy J. [1971], *Les Cadres,* Armand Colin ; Sautay G. et Dauremus C. [1971], *Les Cadres face à l'emploi,* Éditions Universitaires ; Doublet J. et Passelecq O. [1973], *Les Cadres,* Que sais-je ?

12. Cette partie se fonde sur une enquête localisée sur les intermédiaires de l'emploi utilisés par les cadres au chômage sur la région d'Aix-Marseille entre 1998 et 1999, *via* des entretiens avec 35 cadres au chômage, avec 15 « consultants » et l'observation de sessions d'aide à la recherche d'emploi dans différents intermédiaires de l'emploi (notamment un stage de deux mois à l'APEC de Marseille).

des services existant au niveau local. La séparation spatiale et symbolique des cadres des autres chômeurs leur permet ainsi de conserver leur statut professionnel et social de « cadre ». En ce domaine, l'APEC se comporte en gardienne du statut de cadre, puisqu'il faut montrer « patte blanche » pour y rentrer (avoir cotisé à une caisse de retraite cadres lors de son dernier emploi ou avoir obtenu son diplôme bac + 4 depuis moins d'un an). Les associations de cadres chômeurs sont, quant à elles, beaucoup plus souples sur la frontière cadres/non-cadres et peuvent même jouer le rôle d'instances de rattrapage. Des cadres qui ont accepté un déclassement, temporaire à leurs yeux, peuvent continuer à y fréquenter des cadres au chômage et continuer à appartenir au moins symboliquement à la catégorie.

Ces institutions peuvent être considérées comme des espaces de socialisation secondaire à la « logique employabilité », puisqu'elles diffusent auprès des cadres des conseils représentatifs de ce que Luc Boltanski et Ève Chiapello [1999] ont appelé le « nouvel esprit du capitalisme » ou la « cité par projets ». Le chômage y est présenté comme le nécessaire « deuil » de son ancien emploi, mais surtout comme l'opportunité de se réorienter vers un emploi plus épanouissant, en adéquation avec son « projet de vie » (ses goûts, ses valeurs, ses hobbies). Après une étude de faisabilité, le projet professionnel doit être mis en œuvre à travers la mobilisation de différents réseaux et la recherche du statut le plus adapté (salarié ou indépendant). Les cadres doivent se présenter, notamment à travers leur curriculum vitae, comme des « offreurs de compétences » dynamiques ou des « porteurs de projets » et non des « demandeurs d'emploi » ou « chômeurs » passifs. À la différence des cadres confirmés, les jeunes cadres ont déjà expérimenté ces techniques pour leur recherche de stages ou de premier poste, diffusées dans les institutions de formation initiale (*via* notamment des partenariats universités/écoles et APEC).

Ces techniques aident les consultants à faire face à un travail paradoxal : accompagner les demandeurs d'emploi sans pouvoir influencer les critères de recrutement, qui rejettent les « trop vieux » [Demazière, 2002], dont les cadres promus. En les incitant à développer de multiples projets, ces intermédiaires de l'emploi cadre leur proposent des statuts de substitution pour « calmer le jobard » ou « sauver la face » [Goffman, 1989 ; Divay, 1999]. Cette recherche d'emploi intensive leur permet, tout du moins au début, de conserver un emploi du temps assez similaire aux cadres en emploi et de vivre un « chômage différé » [Schnapper, 1981]. Les cadres de plus de 50 ans portent cependant un regard assez désabusé sur ces méthodologies car il n'existe pas de recette miracle pour dépasser le refus partagé des « seniors » dans le monde de l'entreprise en France, en tout cas pour un recrutement externe de cadres non dirigeants [Poussou-Plesse, 2007]. Le chômage se prolongeant, ils ont aussi rencontré des professionnels plus ou moins compétents sur le marché du « conseil aux chômeurs », dont d'anciens cadres reconvertis en consultants...

LES CADRES ET LA MENACE DU CHÔMAGE

DES TRANSITIONS PROFESSIONNELLES
SOUS LA MENACE DU DÉCLASSEMENT

Comme le révèlent les entretiens avec les cadres au chômage, ces injonctions à l'autonomie et à l'introspection rencontrent chez eux un public réceptif, car la rationalisation pratique de la vie correspond à leur ethos [Gadéa, 2003]. Profiter d'un épisode de chômage pour se reconvertir dans un autre métier est une tentation évoquée par de nombreux cadres interviewés. Cette reconversion est souvent motivée par l'envie de fuir leur ancien secteur, particulièrement le cas de secteurs venant d'être restructurés (informatique, économie de la culture, publicité) ou de fonctions caractérisées par une compétition intense (fonctions commerciales et technico-commerciales). Ce climat général a en plus parfois été complété d'une dégradation des relations entre le cadre et sa direction avant un licenciement pour motif personnel (insuffisance de résultats ou pour faute professionnelle). Dans certains métiers et secteurs, la reconversion est d'autant plus envisagée ou encouragée que les carrières stagnent après 45 ans. La probabilité d'être de nouveau recruté comme salarié diminue en raison des stéréotypes des employeurs sur le profil-type du « recrutable » (âge, diplôme, sexe).

Ces projets de reconversion concernent donc particulièrement les cadres fragilisés par la dévaluation de leur diplôme ou l'absence de diplôme. Ils sont incités par les consultants à envisager la « transférabilité des compétences » pour investir un nouveau métier ou un nouveau secteur, parfois au prix de formations longues et diplômantes. Mais les entreprises françaises continuent en pratique à valoriser davantage le diplôme initial que les diplômes de formation continue. En changeant de profession ou de secteur, ces cadres confirmés se retrouvent sans « expérience », ni réseau relationnel, en concurrence avec de jeunes diplômés, considérés comme moins chers et plus malléables. En raison de l'irréversibilité des réseaux et des étiquettes, ce projet est considéré comme peu crédible par les recruteurs. Nombreux sont les projets de reconversion vers le secteur de l'économie sociale et solidaire, mais ils se concrétisent rarement, les débouchés de ce secteur étant encore restreints et les salaires faibles.

Pour des cadres ayant déjà dirigé une petite unité, un centre de profit à l'intérieur d'un grand groupe, l'expérience de l'exercice du pouvoir managérial peut les inciter à passer à l'acte sur un autre statut. Pour les cadres se heurtant au refus des recruteurs, que ce soit en fonction de leur âge ou de leur profil de carrière (mono-employeur), devenir entrepreneur ou s'installer comme indépendant est parfois la seule manière de retrouver un emploi. Mais pour créer/reprendre une entreprise, il vaut mieux avoir un ensemble d'atouts qui favorisent les cadres héritiers issus des grandes écoles : des compétences variées (à la fois techniques, commerciales et administratives) ; un bon réseau qui peut amener une clientèle ; un bon capital de départ (si leurs indemnités de licenciement sont élevées, les banques françaises sont assez frileuses avec les chômeurs, même d'anciens cadres).

Au bout d'une longue période de chômage, des diplômés universitaires comme des autodidactes s'orientent alors vers une mobilité statistiquement fort probable : le déclassement, au sens d'accepter des postes non-cadres. Le suivi longitudinal de trajectoires de chômeurs dans les enquêtes Emploi de l'Insee [Pochic, 2001c] permet de mesurer ce risque de déclassement, plus élevé pour les cadres administratifs et commerciaux, pour les cadres promus avec un diplôme inférieur à Bac + 4, et pour les femmes. Les entretiens révèlent que cette opportunité est souvent amenée par leur ancien réseau de relations professionnelles, qui les ramène vers le secteur dont ils voulaient souvent s'éloigner. Ils justifient ce déclassement pour diverses raisons : interrompre un chômage de longue durée, faire face à des difficultés financières, rester dans la région (argument avancé par des femmes en couple moins mobiles géographiquement) ou conserver du temps pour soi et pour leurs enfants (argument avancé par de jeunes parents). Ce déclassement est cependant souvent vécu comme un « emploi d'attente » accepté dans la perspective d'une stratégie à plus long terme de reconquête du statut cadre. Il est d'ailleurs plus facile à accepter s'il correspond à son « projet personnel », dans un secteur davantage en accord avec ses valeurs, ce qui peut permettre de comprendre l'accent mis par les consultants sur cette dimension. Loin de compenser les inégalités intra-catégorielles, une enquête au sein de l'APEC [Henni, 2007] révèle que l'action des consultants contribue à les augmenter, puisqu'ils incitent les « faux cadres » selon leurs critères (les cadres promus) à accepter cette mobilité descendante, alors qu'ils mobilisent leurs réseaux pour aider les cadres les plus dotés (les diplômés du supérieur) à se reclasser et à conserver ainsi leur statut.

CONCLUSION

Pour statuer sur l'évolution de la catégorie des cadres du point de vue de sa relation d'emploi, il nous semble donc nécessaire de combiner différentes perspectives et méthodes de recherche. Une perspective historique tout d'abord, histoire des institutions spécifiques cadres, souvent angle mort des recherches sur cette catégorie, mais aussi histoire de la sociologie des cadres, toujours attirée par les sirènes de la nouveauté. Une étude des transitions professionnelles liées à la perte d'emploi, par des méthodes quantitatives permettant de mesurer inégalités intra et inter-catégorielles, combinées à des méthodes qualitatives, permettant de replacer ces mobilités dans leurs contextuels organisationnels, territoriaux et économiques. Un chantier reste encore ouvert, celui des comparaisons internationales, puisque des recherches sur l'évolution des « *managerial and professional careers* » ont également lieu dans les pays anglo-saxons. Elles débouchent souvent sur le constat d'un décalage entre la montée de l'insécurité subjective et de la relative stabilité d'emploi des salariés qualifiés, ainsi que d'une forte variété de pratiques de mobilité externe suivant les professions et secteurs [Osterman, 1996 ; Martin *et alii*, 2000].

BIBLIOGRAPHIE

ANDRÉ-ROUX V. et LE MINEZ S. (1999). *Dix ans de chômage des cadres : 1987-1997*, INSEE Données sociales 1999, p. 140-147.

BOLTANSKI L. (1982), *Les Cadres. La formation d'un groupe social*, Minuit, Paris.

BOLTANSKI L. et CHIAPELLO E. (1999), *Le Nouvel Esprit du capitalisme*, NRF Essais Gallimard, Paris.

BOUFFARTIGUE P. (2001a), *Cadres : la grande rupture*, La Découverte, Paris.

BOUFFARTIGUE (2001b), *Les Cadres. Fin d'une figure sociale*, La Dispute, Paris.

CASTEL R. (1995), *Les Métamorphoses de la question sociale. Une chronique du salariat*, Fayard, Paris.

CHATENAY A. et POCHIC S. (1999), « La recherche d'emploi des cadres : des intermédiaires en concurrence ? », in B. GAZIER et J.-L. OUTIN, *L'Économie sociale. Formes d'organisation et d'institution*, L'Harmattan, Paris, p. 433-445.

CHATRIOT A. (2006). « La lutte contre le "chômage intellectuel" : l'action de la CTI face à la crise des années 1930 », *Le Mouvement social*, n° 214, p. 77-91.

COUSIN O. (2004), *Les Cadres : grandeur et incertitude*, L'Harmattan, Paris.

DEMAZIÈRE D. (2002). « Chômeurs âgés et chômeurs trop vieux. Articulation des catégories gestionnaires et interprétatives », *Sociétés contemporaines*, n° 48, p. 109-130.

DEMAZIÈRE D. (2005), *Comment peut-on être chômeur ?*, Belin, Paris.

DIVAY S. (1999), *L'Aide à la recherche d'emploi. Des conseils pour sauver la face*, L'Harmattan, Paris.

DUPUY F. (2005), *La Fatigue des élites. Les cadres et le capitalisme*, Seuil, La République des idées, Paris.

FALCOZ C. (2004), *Bonjour les managers, adieu les cadres*, Éditions d'organisation, Paris.

GADÉA C. (2003), *Les Cadres. Une énigme sociologique*, Belin, Paris.

GOFFMAN E. (1989). « Calmer le jobard : quelques aspects de l'adaptation à l'échec », in I. JOSEPH, *Le Parler frais d'Ervin Goffman*, Minuit, Paris, p. 277-300.

GOUX D. et MAURIN E., (1993), Emploi et chômage des cadres 1990-1992, *INSEE Première*, n° 262.

GRELON A. (dir.) (1986), *Les Ingénieurs dans la crise, titre et profession entre les deux guerres*, Éditions de l'EHESS, Paris.

HENNI A. (2007), *La Prise en charge des cadres au chômage. Former des chômeurs compétents, maintenir le statut, orienter vers un emploi ?*, thèse de sociologie, Paris-X.

LIVIAN Y-F. et DANY F. (2002), *La Nouvelle Gestion des cadres : employabilité, individualisation et vie au travail,* Vuibert, Paris.

MARTIN B., RIEMENS W. et WAJCMAN J. (2000), « Managerial and professional careers in an area of restructuring », *Journal of Sociology,* vol. 36, n° 3, p. 329-344.

OSTERMAN P. (1996), *Broken ladders. Managerial careers in the new economy,* University Press, Oxford.

PALPACUER F., SEIGNOUR A. et VERCHER C. (2007), *Sorties de cadre(s). Le licenciement pour motif personnel, instrument de gestion de la firme mondialisée,* La Découverte, Paris.

PICHON A. (2008), *Les Cadres à l'épreuve. Confiance, méfiance, défiance,* PUF, Paris.

POCHIC S. (2001a), *Les Cadres à l'épreuve de l'employabilité. Le chômage des cadres en France dans les années 1990,* thèse de sociologie, Aix-Marseille-II.

POCHIC S. (2001b), « Le chômage des cadres : quelles déstabilisations ? », *in* P. BOUFFARTIGUE, *op. cit.,* p. 189-206.

POCHIC S. (2001c), « La menace du déclassement. Réflexions sur la genèse et l'évolution des projets professionnels », *Revue de l'IRES,* n° 1, p. 61-88.

POUSSOU-PLESSE M. (2007), « Seconde partie de carrière et cause quinquas. Ou l'espace des possibles professionnels des cadres seniors français », *in* D. REGUER (dir.), *Vieillissement et parcours de fins de carrière : contraintes et stratégies,* Érès, Ramonville, p. 75-98.

ROUSSEL E. (2007), *Vies de cadre(s). Vers un nouveau rapport au travail,* Presses universitaires de Rennes, Rennes.

SCHNAPPER D. (1981), (réed 1994), *L'Épreuve du chômage,* Gallimard, Paris.

THÉLOT O. et MARCHAND C. (1997), *Le Travail en France (1800-2000),* Nathan, Paris.

VERRIER B., RICCIARDI F. et WILLEMEZ L. (2008), *Les Cadres et la justice du travail. Le contentieux prud'homal chez les cadres, révélateur d'une relation d'emploi sous tension,* Rapport IRES/UCI-FO.

33

Le diplôme d'ingénieur à l'épreuve des conventions nationales

Sarah Ghaffari

La définition spontanée de la profession d'ingénieur, en ne prenant en compte qu'une représentation stylisée de la catégorie – où bien souvent diplôme et fonction d'ingénieurs sont associés pour donner de ce groupe l'image d'une profession organisée dans laquelle la relation entre la formation et l'emploi est codifiée et contrôlée – ne peut se construire que sur la méconnaissance relative de la diversité des situations désignées par le terme « ingénieur ». Or, en France, c'est le titre scolaire d'ingénieur diplômé qui bénéficie d'une protection légale et non le titre professionnel d'ingénieur. En ne s'intéressant qu'à la protection des diplômes, la loi laisse libre l'organisation de la profession d'ingénieur en l'ouvrant à des gens aux qualifications hétérogènes [Grelon, 1986][1]. Dans le même temps, les ingénieurs diplômés se sentent autorisés à postuler en France sur des postes sans rapport avec leur qualification sans que soit questionnée leur capacité à les tenir. Du seul fait de leur diplôme, les ingénieurs échappent à la nécessité de prouver leur qualification professionnelle et semblent avoir d'emblée la préférence des recruteurs. Il pourrait alors être tentant de penser le diplôme comme le signal objectif et universel d'un certain nombre de qualités « réelles » propres aux ingénieurs de formation.

À partir d'extraits de trois entretiens d'ingénieurs diplômés collectés lors d'une enquête auprès d'une centaine d'ingénieurs diplômés français travaillant à l'étranger[2], nous allons chercher à montrer que ce postulat faisant du diplôme une source d'informations pertinente sur les compétences de son détenteur en toutes situations est en réalité bien réducteur. Les

---

1. Cette protection est liée à la loi du 10 juillet de 1934 qui instaure la Commission des Titres d'ingénieur et lui confère la tâche d'habiliter les établissements autorisés à délivrer le titre scolaire d'ingénieurs
2. L'étude avait pour but d'identifier les spécificités de formation reconnues par les ingénieurs français diplômés de six grandes écoles d'ingénieurs (Polytechnique, Centrale Paris, Sup Télécom Paris, Mines de Paris, de Saint-Étienne et de Nantes) et exerçant à l'étranger.

compétences des candidats ne sont pas des données figées une fois pour toutes, mais se construisent, bien au contraire, au fil des mises en forme dont elles font l'objet. De fait, l'évaluation des qualités du candidat résulte plus certainement d'une série de constructions sociales et peut donc varier en fonction des contextes dans lesquels se déroule la relation d'évaluation.

Exerçant dans différents contextes nationaux, et bien que diplômés, les ingénieurs interrogés vivent une réalité décalée par rapport au modèle de carrière de l'ingénieur diplômé français [Bouffartigue et Gadéa, 1997]. Parce que leur situation ne correspond pas à ce qu'ils supposent être la norme, ils se réfèrent à d'autres conventions pour éclairer leur position. Cette mise en perspective de la justification d'une position professionnelle en situation critique passe par l'épreuve particulière de la carte de visite professionnelle saisie, dans ce qui suit, comme dispositif d'affirmation d'identité et d'étiquetage de prix [Hughes, 1996].

La carte de visite permet à chacun des interlocuteurs de repérer l'autre dans l'ordre social et professionnel. Dispositif par lequel chacun précise son rôle et se met en scène dans la vie quotidienne [Goffman, 1973], elle média-tise, informe et stabilise la relation interindividuelle. En ce sens, en tant qu'objet intervenant dans la relation, la carte de visite permet en situation normale de décharger les personnes d'une partie du travail de l'évaluation d'autrui. Elle offre une prise aux différents interactants dans leur premier jugement [Bessy et Chateauraynaud, 1995]. Or, les informations devant avoir un sens acceptable pour tous font l'objet d'un choix. En ce sens, la carte de visite ne se borne pas à nommer les individus ou à donner des repè-res aux acteurs pour révéler une identité ; elle contribue à la faire. Intermé-diaire matériel des représentations collectives, elle exerce une action performative. Choisir les termes les plus adéquats pour décrire sa situation s'apparente donc à une action stratégique.

Signalant les difficultés éprouvées dans sa mise en forme, les ingénieurs nous renseignent dans le même temps sur les tensions liées aux incertitudes qui caractérisent le groupe auquel ils se réfèrent et sur les difficultés que soulève l'hypothèse d'un marché du travail totalement ouvert à la concur-rence où l'information, résumée dans le CV ou la carte de visite, suffirait à identifier la compétence d'une personne pour sélectionner la « meilleure candidature ». Plusieurs points de friction peuvent être ainsi successivement envisagés : la valeur accordée au diplôme dans le jugement porté, et notam-ment le rapport établi entre la formation et le diplôme, la relation qui peut se construire entre un titre et un poste et le poids relatif de l'expérience sont autant d'éléments intervenant dans l'évaluation de la qualité professionnelle des ingénieurs. Ces points sont aussi révélateurs des dimensions de la caté-gorie qui, sujet à controverse, nécessitent la construction d'accords locaux et concourent de ce fait à la qualification des groupes professionnels orga-nisés. D'une manière générale, les témoignages recueillis nous incitent à nous interroger sur la place du diplôme dans l'organisation professionnelle du groupe. Les ingénieurs nous rappellent s'il en était besoin que les diplômes n'ont pas qu'une fonction cognitive et qu'ils s'inscrivent dans un contexte historiquement et socialement situé. Les tensions qui se manifestent hors du contexte national nous permettent de questionner de manière spécifique la situation française des ingénieurs diplômés, en prenant du recul envers les représentations courantes, caractérisées notamment par deux croyances fortes véhiculées par le sens commun : l'adéquation immédiate entre le titre et le poste et la nature essentialiste de la compétence.

LE DIPLÔME, UN CONSTRUIT SOCIAL

Pour prendre la mesure de la puissance qu'ont, en France, le diplôme d'ingénieur et les effets de réputation de l'école qui le délivre, il suffit d'observer ce qui se produit dès que, du fait du départ à l'étranger, ces effets n'ont plus cours.

> Je crois que le système des Grandes Écoles vit trop refermé sur lui-même, il ne se rend pas compte que le monde bouge. [...]. C'est vrai que c'est un très bon système mais seulement si on reste en France, en fait. Parce que, par exemple, un truc tout bête, moi je sais bien que si sur ma carte je mets que je suis ingénieur des Mines, les collègues allemands, que je vais rencontrer, ils vont me demander... enfin pas directement mais ils vont se dire « Ah je ne savais pas qu'il y avait encore des Mines dans ce coin-là ! » Ils ne vont rien dire mais ils vont se poser des questions et se demander pourquoi on continue à former des techniciens pour les mines alors qu'on n'a plus de mines, c'est logique... [...] Alors oui, des techniciens parce qu'en Allemagne, pour être ingénieur, il faut passer par l'université ; les écoles ou ce qui s'en approche, elles forment des techniciens ou des ingénieurs de production. Donc en plus dans les mines, vous voyez un peu le tableau ! Donc moi ce que j'ai fait c'est que j'ai juste mis « Ingénieur Diplômé » : comme ça, c'est suffisamment large pour parler à tout le monde et quand je suis en France, je précise de quelle école parce que là, ça veut dire quelque chose. Je sors de l'École des Mines de Saint-Étienne, donc ce n'est pas forcément aussi reconnu que les Mines de Paris ou les Ponts et Chaussées mais c'est largement mieux que n'importe quelle petite école de seconde zone... En fait, il faudrait pratiquement deux cartes de visite quand on travaille à l'étranger. (Jeff, Mines de Saint-Étienne, diplômé en 1981, analyste fusion/acquisition, Allemagne).

Présent sur le marché du travail allemand, cet ingénieur dispose d'une position privilégiée pour se rendre compte des spécificités des ingénieurs diplômés français exerçant en France. En premier lieu, l'intitulé du diplôme français renseigne sur l'établissement scolaire qui le délivre mais non sur la qualification professionnelle de l'ingénieur. L'ingénieur diplômé n'est pas ingénieur par son intégration dans une fonction ou un métier, il tient sa qualification de son titre d'ancien élève d'un établissement particulier et n'est donc pas forcément lié à une quelconque activité professionnelle concrète. Ceci éclaire le fait qu'il existe un décalage non seulement avec la qualification effective sur le marché du travail mais aussi avec la formation réellement suivie. En France, ce n'est pas parce qu'il a un diplôme d'une École des Mines qu'il doit nécessairement travailler dans le secteur minier.

Comparant avec le système allemand, Jeff relativise la portée de son diplôme. En intégrant ses classes préparatoires, il a passé cinq ans en formation, soit une durée inférieure à celle requise pour le diplôme supérieur allemand. En outre, il est dans un environnement où les diplômes reflètent davantage une réalité professionnelle ; de ce fait, ayant un diplôme d'ingénieur des Mines, il comprend que son titre puisse porter à confusion. Pour éviter tout malentendu, et pour que sa carte de visite « parle à tout le monde », il choisit donc de ne plus mentionner l'école qui lui a délivré son titre. Nous retrouvons empiriquement la relation établie par des recherches antérieures entre les politiques d'éducation, la qualification et l'espace de qualification, qui montrent comment dans chaque pays, s'érigent des « formes et des processus de socialisation différents » [Maurice *et alii*, p. 333]. Cette anecdote exemplaire, par le jeu de comparaisons qu'elle établit, est pour nous significative du lent travail de construction sociale du diplôme d'ingénieur qui a été réalisé en France. Elle tend en effet à démontrer, s'il en était besoin, que la valeur du diplôme de l'ingénieur français n'a pas de portée universelle et que sa valeur n'est pas « naturelle ».

Par ailleurs, en signalant que, de retour en France, il ressent le besoin de requalifier son diplôme et donc sa carte de visite, Jeff pose un constat méritant notre attention. Il le fait parce que dans l'espace national, la mention de l'école a du sens en termes de capital symbolique. Être sorti de l'École des Mines de Saint-Étienne, nous dit-il « ce n'est pas forcément aussi reconnu que les Mines de Paris ou les Ponts et Chaussées mais c'est largement mieux que n'importe quelle petite école de seconde zone... ». Rappelons qu'en France, le diplôme est délivré à la suite d'une formation construite sous la seule responsabilité de l'école d'origine.

En effet, la Commission des Titres d'ingénieurs n'habilite pas un diplôme, mais l'école qui va le délivrer [Grelon, 1986]. Quant à l'État, il valide un niveau de formation et non un contenu. Chaque école étant légalement autonome et responsable de son programme, nous pourrions penser que, pour se démarquer dans l'espace des écoles, chacune choisit de faire un programme original distinct des offres existantes. Il devrait théoriquement y avoir autant de types d'ingénieurs que de types d'écoles. Or, bien au contraire, par le jeu même de la concurrence, les plus novatrices dans leur conception (les plus techniques ou les plus appliquées) évoluent sous la pression du modèle de la Grande école traditionnelle pour se plier aux règles de l'excellence scolaire [Bouffartigue et Gadéa, 1996]. La pression vers la conformité plutôt que vers la différenciation dans l'offre pédagogique laisse penser que tout se passe comme si un modèle, qui a fait ses preuves dans le passé, était un gage de qualité intemporelle et qu'il convenait de s'en inspirer. Le cadre commun qui en résulte, en même temps qu'il uniformise les formations, contribue à renforcer la hiérarchisation produite par la réputation des établissements. De sorte que le titre ne dit rien de la qualité de l'offre pédagogique et des compétences qui peuvent y être attachées. Finalement, la question que pose cet ingénieur est bien de déterminer comment un diplôme d'école, privé de correspondance directe sur le marché des emplois, est néanmoins reconnu et évalué par les recruteurs dans les entreprises. Cette nouvelle mise en perspective questionne la relation entre le titre et le poste et son hypothétique adéquation.

LES MODES D'ATTRIBUTION DU TITRE D'INGÉNIEUR

La présentation professionnelle de l'ingénieur ne va pas de soi. Un nouvel extrait d'entretien, celui, d'Octave, expatrié au Canada, nous permet d'explorer deux types de tensions interdépendantes.

> Alors sur ma carte de visite quand on m'a demandé ce que je voulais mettre, comme je ne pouvais pas mettre ingénieur, parce que vous savez au Canada, moi je n'ai pas le droit de me faire appeler ingénieur... parce que là-bas c'est très organisé et très protégé. N'y entre pas qui veut... Si vous voulez, les ingénieurs canadiens c'est un peu comme les médecins ou même les avocats français, c'est très contrôlé. Donc moi j'ai mis développeur de codes puisque c'est ce que je fais... Et au Canada déjà ça, c'est super bien vu, mais assez vite, je me suis rendu compte qu'il y avait un problème... Parce qu'en allant à des réunions où il y avait des ingénieurs français, je me suis rendu compte que pour eux, développeur, ce n'était rien ! J'étais juste un technicien. Je n'ai rien contre les techniciens ! Mais quand même, je voyais bien que j'étais moins considéré. Donc ça veut dire aussi être moins pris au sérieux, être moins écouté... Ça peut paraître anecdotique, mais je peux vous dire que ce petit bout de carton, ça peut changer pas mal de choses. [Octave, Mines Nantes, diplômé en 1996, développeur, Canada].

D'une part, en signalant son exclusion de la catégorie des ingénieurs dans son pays d'accueil, il souligne de manière expérimentale l'existence des différences sociales, voire sociétales dans l'organisation du travail [Chapoulie, 1973 ; Dubar et Triper, 1998]. Dans les pays anglo-saxons, la distinction par le statut cadre/non-cadre n'a pas cours et est remplacée par un autre principe de classement dual *profession/occupation*.

Si Octave peut dire que la profession d'ingénieur « c'est très organisé et très protégé » dans le pays dans lequel il exerce, c'est parce que la division sociale du travail, dans le contexte anglo-saxon, se fonde sur la distinction entre profession et occupation, elle-même définie par la législation. Ainsi, aux États-Unis, la loi de 1947 sépare très nettement les professions des occupations dans leurs droits et leurs devoirs, en accordant aux premières le droit de fermer leur marché du travail en réservant l'accès à l'exercice de certaines activités à ceux qui possèdent des certifications académiques et qui sont agréés par des associations professionnelles juridiquement reconnues.

Au Canada, pour être inscrit dans une des associations constituant le Conseil canadien des ingénieurs (CCI) et pouvoir se dire ingénieur, outre les qualifications académiques, le postulant doit faire la preuve de ses compétences linguistiques et d'une expérience préalable en ingénierie et enfin passer un examen de pratique professionnelle. La qualification scolaire, si elle est nécessaire, n'est pas suffisante car elle ne donne pas de titre directement négociable sur le marché du travail. Contrôlant l'accès à la profession, les organismes professionnels se considèrent légitimes pour influencer le système de formation[3]. Il convient de convaincre que l'exercice de leur métier requiert un savoir d'expert que seule une formation spécifique peut conférer au candidat et que seuls ceux dotés de ce savoir sont aptes à juger les candidats. Ainsi, aux États-Unis, l'*Engineer's Council for Professional Development* (ECPD), constitué par différentes organisations professionnelles, conseille les écoles d'ingénieurs et ne valide leurs diplômes que si elles satisfont les exigences formulées en termes de niveau et de contenu. Cette législation permet l'émergence d'un consensus durable autour de quelques traits spécifiques qui caractérisent la profession dans l'organisation anglo-saxonne du travail. Le premier registre identifié renvoie aux modes d'attribution du titre d'ingénieur.

En effet, si Octave fait cette remarque, c'est qu'il parle à partir de sa propre représentation de ce qui constitue les spécificités nationales du groupe des ingénieurs, représentation caractérisée en France par la possession du titre scolaire d'ingénieur. Les propos d'Octave comme ceux de Jeff, précédemment, nous permettent alors d'interroger les procédures d'ajustement entre le diplôme, la qualification de la personne et la fonction et qualification du poste. Au niveau local, il a choisi de se conformer aux conventions descriptives de l'organisation professionnelle du Canada. Ses missions n'étant pas celles réservées aux ingénieurs, toute mention de ce terme sur sa carte de visite lui est interdite, et ce bien qu'il possède un titre scolaire. Privé de cette qualification professionnelle, Octave se définit alors par son occupation (métier) pour laquelle il précise que « Au Canada c'est super bien vu ». Or, lorsqu'il rencontre des ingénieurs français, ce principe de catégorisation n'a plus le même écho. « Pour eux, j'étais juste un technicien... » De fait, dans un deuxième temps, l'expérience d'Octave permet de mettre en lumière la diversité des manières de qualifier professionnellement une personne.

Les éléments qu'Octave soumet au jugement de ses interlocuteurs sont les mêmes : il est toujours en possession du même diplôme et de la même expérience. Or, sur la seule base de la carte de visite professionnelle, Octave fait l'objet de deux jugements contradictoires, l'un lui reconnaissant une valeur professionnelle particulière, l'autre la lui déniant. Valorisé en tant qu'expert au Canada, Octave est perçu comme « simple technicien » en France. La carte de visite a une action performative sur l'évaluation qu'elle

---

3. Non seulement il y a corrélation forte entre le titre scolaire et le poste mais en outre, il y a reproduction de cette corrélation puisque les détenteurs du pouvoir de contrôle, constitutif des associations professionnelles, sont eux-mêmes issus de cette sélection.

contribue à formuler chez autrui. C'est le jugement qui finalement qualifie Octave. Ce jugement correspond alors à une conception particulière de ce qu'est la qualification. Il est soumis à des contraintes de justification, dont les arguments doivent être reconnus par le plus grand nombre, ce qui peut être défini comme principe supérieur commun [Boltanski et Thévenot, 1991]. Si Octave n'est pas jugé de la même manière d'un pays à l'autre c'est bien parce que les règles de contenus qui définissent la qualification ne sont pas les mêmes. Les jugements ne sont pas équipés des mêmes dispositifs d'un pays à l'autre, d'une personne à l'autre.

Nous pouvons alors supposer que la compétence de la personne ne préexiste pas au jugement qui est produit mais qu'elle résulte d'un accord sur ce que doivent être les dispositifs de qualification de la compétence, (les règles de contenus). Or, lorsque les conventions de qualification ne sont pas communes, le jugement diffère et parfois de nouveaux compromis peuvent être élaborés en fonction des arguments mobilisés par les uns et les autres. Dès lors, il s'agit non plus d'identifier les qualités de la personne mais d'analyser les manières dont elles sont évaluées par l'évaluateur en fonction des postures, du type de relations et de dispositifs qu'il mobilise. En d'autres termes, il convient de dépasser les définitions « naturalistes » de la qualification, comme pur potentiel inscrit dans la personne en analysant l'équipement dont disposent les interactants pour construire, en situation, leur jugement sur la compétence [Eymard-Duvernay et Marchal, 1996].

LES LOGIQUES DE MISE À L'ÉPREUVE DU DIPLÔME

Rappelant la place de la contrainte économique dans les situations de recrutement, F. Eymard-Duvernay et E. Marchal [1996] observent qu'en situation, les recruteurs mobilisent des critères qui doivent leur permettre de sélectionner facilement les candidats. En France, le diplôme agit comme un repère public [Favereau, 1995]. Positivement discriminant, il est un des investissements de forme sur lesquels s'appuie la convention sociétale française, souvent qualifiée de convention méritocratique. Une telle convention se construit alors sur deux dimensions principales : d'un côté, la compétition scolaire qui permet de hiérarchiser les individus et les institutions par lesquelles ils sont passés et, d'autre part, la performance scolaire. En revanche, ce repère ne joue plus le même rôle pour les ingénieurs français travaillant à l'étranger. Ce point particulier est à l'origine des questions soulevées par l'extrait suivant, concernant notamment le contenu du titre scolaire et sa reconnaissance sur le marché du travail.

> Vous savez pour partir à l'étranger, il faut être prêt à se battre parce que si on part, rien n'est acquis. Oh ! Il y a certainement des écoles qui sont connues mais pas la nôtre. Alors quand on arrive, ce n'est pas comme ici, je veux dire en France, ce n'est pas tout cuit. On est jugé sur l'expérience et les résultats qu'on peut afficher et pas sur les diplômes alors ce n'est pas parce que, sur votre carte de visite, vous aurez écrit que

vous êtes ingénieur diplômé de l'école Centrale qu'on va vous faire des ponts d'or. Peut-être bien que pour une école comme Polytechnique ça marche et encore je n'en suis pas sûr… En plus, il faut faire ses preuves alors forcément les perspectives de carrière, il faut s'asseoir dessus pendant un moment… On commence de toute façon avec moins de responsabilité, moi j'ai dû débuter deux fois, parce que quand je suis venu m'installer durablement aux States, j'ai dû repartir de rien ! J'étais ingénieur de production et je suis sûr que ma progression est bien plus lente que si j'avais travaillé en France… Ça c'est sûr ! Et puis on n'a pas le droit à l'erreur. En France, je pense que les entreprises sont plus coulantes quand on a un diplôme d'ingénieur, mais aux États-Unis on est traité comme tout le monde. C'est très formateur parce que vos supérieurs n'hésitent pas à vous pointer vos faiblesses et là vous avez intérêt à réagir vite. On n'est absolument pas protégé. (Jean, Centrale Paris, diplômé en 1989, chef des programmes de mises à jour de systèmes de contrôle, États-Unis).

Parlant de sa situation aux États-Unis, Jean rappelle qu'à l'étranger, l'ingénieur français, comme tous les autres salariés, doit faire ses preuves. Deux formes de jugements sont alors mises en avant. En soulignant conjointement que « rien n'est acquis », même s'il y a a « certainement des écoles qui sont connues », Jean associe quasi immédiatement l'accès au marché du travail à la réputation d'une école. Selon lui, ce qui se vérifie en France devrait se retrouver à l'étranger, comme si le nom d'un diplôme était une information suffisante pour justifier à lui seul un appariement entre l'offre de services de l'ingénieur et les besoins que le recruteur cherche à satisfaire. Jean retient deux points qui lui semblent essentiels pour expliquer la plus grande difficulté d'insertion des ingénieurs diplômés français à l'étranger : le manque d'information et le poids de l'expérience. Si les ingénieurs diplômés français ont moins de facilité à l'étranger, c'est parce que les recruteurs méconnaissent la réputation des écoles. Ne pouvant juger sur ce seul critère, ils mobilisent d'autres registres, comme l'expérience et des résultats atteints. Les termes employés par Jean, « On est jugé sur l'expérience et les résultats […], il faut faire ses preuves […], on n'a pas le droit à l'erreur » sont autant de références à l'obligation de résultat.

Ce sont ici deux logiques qui s'affrontent ; l'une, en France, plutôt axée sur la réputation de l'école et l'autre, américaine, qui conduit à un jugement selon un principe de concurrence. Si dans les deux sociétés, le principe se traduit dans une formule du type « à chacun selon son mérite », le mérite fait lui l'objet d'interprétation différente. Alors qu'en France, il se traduit par des niveaux scolaires atteints et validés, sur le marché du travail américain, de tradition plus libérale, c'est l'efficacité individuelle qui prime. Selon le témoignage de Jean, tout se passe comme si, dans le monde du travail, l'obtention de résultats concrets, donc de performances, définissait la norme d'équité : « On est traité comme tout le monde […], vos supérieurs n'hésitent pas à pointer vos faiblesses. »

C'est toute l'organisation du marché du travail et les règles du jeu en entreprise qui diffèrent. Aux États-Unis, comme en Allemagne, le titre scolaire n'est pas un critère suffisant pour émettre un premier jugement sur les compétences de la personne, ni son insertion ni sa carrière n'ont un caractère automatique. Aux États-Unis, comme au Canada, le titre d'ingénieur est un titre professionnel. De ce fait, les élèves qui sortent des *Engineering Schools*, ne sont pas automatiquement des ingénieurs, ce n'est qu'après une période d'activité professionnelle que les organismes de contrôle autorisent l'impétrant à intégrer la profession. Il revient à la nouvelle recrue de « faire ses preuves », c'est-à-dire qu'elle doit prouver son efficacité sur le poste occupé. Dans la même logique, chacun peut être sanctionné si le travail fourni ne correspond pas à ce qui est attendu, c'est en cela que notre interlocuteur ne se sent « absolument pas protégé ». La confiance que l'entreprise accorde au salarié qu'elle recrute se construit en situation et ne préexiste pas au recrutement. Or, toujours selon cet ingénieur, cette logique paraît beaucoup moins présente sur le marché du travail des ingénieurs en France : la détention d'un diplôme d'ingénieur suffit pour se voir « offrir des ponts d'or ». Autrement dit, dans l'espace économique français, les recruteurs accordent assez de crédit au diplôme d'ingénieur pour lui reconnaître une certaine qualité *a priori* et lui attribuer, de ce fait, une valeur marchande et professionnelle sur le marché du travail. En outre, cette confiance se manifeste durablement et semble garantir une certaine stabilité d'emploi puisque, une fois recrutés, les ingénieurs ont encore le droit à l'erreur, les entreprises françaises se montrant « plus coulantes quand on a un diplôme d'ingénieur ».

CONCLUSION

En témoignant de leur position dans le champ économique et de leur difficulté à l'étranger, les ingénieurs interrogés permettent de relativiser empiriquement et à gros traits les caractéristiques sociales généralement associées au modèle de l'ingénieur français. Les modalités des évaluations auxquelles ils sont soumis sont complexes et se réfèrent à des principes de jugement différents qui sont eux-mêmes fonction de formes spécifiques d'organisation du travail selon le pays d'accueil. De façon caricaturale, si aux États-Unis les ingénieurs sont jugés selon leur efficacité en situation, en France, c'est davantage sur la réputation de la formation que se fonde l'évaluation initiale des ingénieurs pour le recrutement alors qu'en Allemagne, c'est la maîtrise professionnelle, adossée à des groupes professionnels fortement constitués qui est reconnue. Il y a là une tension palpable dans le titre d'ingénieur entre la logique du poste et de la carrière et la logique de la formation, rendant incertaine la relation entre le diplôme, le poste et la carrière. Cette mise en perspective questionne l'idée d'un étalon universel de mesure de la compétence susceptible de produire un unique modèle de référence sur lequel chacun s'appuierait pour agir. Sous-tendues par des modalités de justification différentes, ce sont trois conventions sociétales qui organisent la formation : la convention méritocratique à la française construite à la fois sur la compétition entre les individus et sur la performance scolaire, autonome du champ économique, la convention professionnelle développée dans le système dual allemand s'appuyant sur la maîtrise d'un métier et d'un savoir-faire, et la convention marchande américaine cherchant un équilibre entre la productivité et le prix du travail.

En rendant compte des difficultés rencontrées par des ingénieurs diplômés français pour rédiger une carte de visite professionnelle, dans différents contextes nationaux nous voulions plus particulièrement insister sur l'idée que les compétences des candidats ne sont pas fixes mais se construisent dans les mises en forme dont elles font l'objet. Le présupposé, selon lequel chaque individu serait doté de qualités intrinsèques qu'il lui suffirait de faire connaître ou reconnaître, apparaît dans sa fragilité et son caractère arbitraire. Il s'avère au contraire que la diversité des logiques d'évaluation et leurs conséquences, même lorsqu'elles concernent une même personne, génèrent une incertitude sur la façon dont elle peut être jugée dans une situation particulière comme celle du recrutement, susceptible de se produire dans des contextes de référence très différents. De ce jugement dépendront, en partie, les compétences qui lui seront reconnues. La qualité d'un candidat à l'emploi ne peut donc être évaluée qu'en fonction de l'espace dans lequel elle est mobilisée. Les dispositifs mobilisés pour réaliser cette évaluation contribuent à sa mise en forme finale [Eymard-Duvernay et Marchal, 1996 ; Marchal et Rieucau, 2006]. Dans cette perspective, en France, les écoles d'ingénieurs ont su créer un déséquilibre du marché du travail à l'avantage de leurs diplômés.

Ceci nous conduit à analyser le marché du travail des ingénieurs comme un marché inscrit dans un ordre social, c'est-à-dire encastré dans un faisceau de relations sociales, de règles, d'institutions et de normes. Loin de perturber le fonctionnement du marché du travail, ces relations en permettent le fonctionnement car ce sont elles qui réduisent l'incertitude pesant sur la qualité du travail

BIBLIOGRAPHIE

BESSY C. et CHATEAURAYNAUD F. (1995), *Experts et Faussaires. Pour une sociologie de la perception,* Éditions Métailié, Paris.

BOLTANSKI L. et THÉVENOT. (1991), *De la justification, les économies de la grandeur,* Éditions Gallimard, Paris

BOUFFARTIGUE P. et GADÉA C (1996), « Un héritage à l'épreuve. Bref panorama des évolutions dans la formation et l'emploi des ingénieurs en France », *Formation Emploi,* n° 53, p. 5-13.

BOUFFARTIGUE P. et GADÉA C. (1997), « Les ingénieurs français. Spécificités nationales et dynamiques récentes d'un groupe professionnel », *Revue française de sociologie,* XXXVIII-2, p. 301-326.

CHAPOULIE J.-M. (1973), « Sur l'analyse sociologique des groupes professionnels », *Revue française de sociologie,* XIV, p. 86-114.

DUBAR C. et TRIPER P. (1998), *Sociologie des Professions,* Armand Colin, Paris

EYMARD-DUVERNAY F. et MARCHAL E. (1996), *Façons de recruter, le jugement des compétences sur le marché du travail,* Éditions Métailié, Paris.

FAVEREAU O. (1995), « Conventions et régulations », *in* BOYER et Y. SAILLARD (dir.), *Théorie de la régulation, l'État des savoirs,* La Découverte, Paris.

GOFFMAN E. (1973), *La Mise en scène de la vie quotidienne,* Éditions de Minuit, Paris.

GRELON (dir) (1986), *Les Ingénieurs de la crise : Titre et professions entre les deux guerres.* Éditions de l'EHESS, Paris.

KARPIK L. (1999), *Les avocats : entre l'État, le public et le marché, XIIIᵉ-XXᵉ siècle,* Éditions Gallimard, Paris.

MARCHAL E. et RIEUCAU G. (2006), « Les *a priori* de la sélection professionnelle : une approche comparative, *in* F. EYMARD-DUVERNAY (dir.), *L'Économie des conventions. Méthodes et résultats* La Découverte, Paris, p. 93-110.

MAURICE M., SELLIER F. et SILVESTRE J.-J. (1979), « La production de la hiérarchie dans l'entreprise : recherche d'un effet sociétal. Comparaison France-Allemagne », *Revue Française de sociologie,* XX, p. 331-365.

34

Une féminisation irrégulière et inaboutie du monde académique :
le cas de la recherche en biologie

Catherine Marry,
Irène Jonas

Si la figure de l'enseignante du secondaire a réussi à s'imposer comme le métier par excellence des femmes diplômées [Cacouault, 2007], celle de l'universitaire et plus encore du chercheur préservent leurs caractéristiques masculines. L'hégémonie masculine se déploie d'autant mieux que l'on s'éloigne du pôle de la transmission des savoirs de base pour se rapprocher de celui de la création des savoirs les plus abstraits, de la recherche « pure » et de la prise de responsabilités scientifiques et administratives. En 2005, la parité est atteinte dans les recrutements de maîtres de conférences en France. Au CNRS, en revanche, seules 28 % de femmes ont été recrutées comme chargées de recherche (2e classe) cette même année, et le taux de féminisation de la population totale des chercheurs est resté étonnamment stable (autour de 30 %) depuis 1939, date de création de l'organisme [Sonnet, 2004]. Cette stabilité recouvre des variations fortes selon les disciplines. La féminisation est plus aboutie en sciences de la vie et sciences sociales qu'en mathématiques et sciences de l'ingénieur.[1]

L'exemple emblématique de l'élite masculine est celui des mathématiciens qui discutent leurs travaux au sein d'une communauté professionnelle réduite à une poignée d'individus sur la planète [Zarca, 2006]. Et dans une discipline donnée, dans un établissement donné, la dynamique de féminisation n'est pas linéaire : elle progresse ou reflue, en lien avec les transformations des filières de recrutement et de promotion et les opportunités offertes sur l'ensemble du marché du travail académique. Enfin, quelle que soit la discipline, la part des femmes diminue dans les hautes sphères du pouvoir,

---

1. En 2005, on dénombrait 43 % de chercheuses en Sciences de l'homme et de la société, 39 % en sciences de la vie, 30 % en chimie, 26 % en sciences de l'univers, 19 % en sciences de l'ingénieur, 17 % en physique, 16 % en mathématiques.

de la notoriété, des rémunérations : en 2005, on ne dénombre que 17 % de femmes professeures des universités et 21 % de directrices de recherche au CNRS. En dépit de la plus grande transparence et universalité des critères et des procédures de sélection sur le marché du travail académique [Musselin et Pigeyre, 2008], ce dernier n'échappe pas en effet au « plafond de verre », métaphore utilisée aux États-Unis dans les années 1980 pour décrire les obstacles informels et invisibles qui limitent la progression des femmes dans les grandes entreprises privées

Cette contribution explore les processus sociaux de production du plafond de verre dans les mondes académiques. Après une discussion raisonnée des principaux processus sociaux révélés par différentes recherches françaises et étrangères menées sur ce sujet, nous illustrerons les manières dont ces mécanismes « invisibles » se mettent en place dans deux grands instituts français de la recherche publique, le CNRS et l'INRA.

LE DÉBAT SUR LA PRODUCTIVITÉ SCIENTIFIQUE

Le débat autour de la productivité scientifique comparée des femmes et des hommes dans le monde académique est récurrent en sociologie et en économie des sciences. Différentes études menées aux États-Unis dans les années 1970 et 1980 montrent que les femmes publient moins que les hommes, sont moins souvent citées par leurs pairs et accèdent moins aux postes les plus prestigieux et les mieux rémunérés. Elles l'attribuent à la division sexuée des rôles familiaux qui a des effets inversés sur la carrière des hommes et des femmes. Des travaux plus récents, des deux côtés de l'Atlantique, nuancent à la fois le constat et l'explication. Les différences en termes de nombre et de qualité des publications s'amenuisent au fil des générations même si les femmes restent sous-représentées parmi les « multipublieurs ». Et le statut familial (vie en couple, enfants) ne serait plus corrélé avec la productivité scientifique, dès lors que sont contrôlées les principales variables pouvant en rendre compte (ancienneté, temps mis entre l'obtention du *bachelor degree* et le *PhD,* degré de prestige de l'institution) [Cole et Zuckerman, 1991 ; Xie et Schaumann, 2004].

Ces différences de productivité sont expliquées par un mécanisme cumulatif de « petites » discriminations. Les chercheurs américains constatent que les doctorantes, dans toutes les disciplines, sont moins souvent recrutées dans les institutions les plus prestigieuses. Or ces lieux sont ceux qui offrent les ressources matérielles et relationnelles les plus riches pour participer à la compétition scientifique et « gagner des prix ». Après ces premières années, joue ce que Merton [1968] appelle « l'effet Matthieu », en référence à un verset de l'Évangile : dans le monde académique comme ailleurs, on ne prête qu'aux riches ; plus on publie, plus on est cité, sollicité pour présenter ses travaux et en publier d'autres, évaluer les travaux des autres, attirer des élèves (qui vous citeront) et les placer dans de bonnes institutions... Merton explique aussi que la célébrité d'un scientifique conduit, par un effet de « halo », à lui attribuer des travaux qu'il n'a pas (ou pas entièrement) réalisés. Pour les femmes, c'est souvent l'effet inverse qui joue. L'historienne féministe des sciences, M. W. Rossiter [2003], le qualifie de façon ironique « d'effet Matilda », en référence à la deuxième partie du verset : on prend aux pauvres le peu qu'ils ont. Moins soutenues dans leur carrière [Beaufaÿs et Krais, 2005], les femmes sont parfois spoliées de leur apport au processus collectif de recherche, par la mise à l'écart de la signature des publications et d'autres formes de reconnaissance qui assurent la postérité (citations, prix...). Rossiter cite l'exemple de couples de scientifiques, collaborateurs mariés ou non mariés, qui ont mené toute leur recherche ensemble mais où seul l'homme, dominant par son statut, a reçu la plus haute distinction scientifique (le prix Nobel), mais note aussi des exceptions célèbres, telle celle de Marie Curie.

La question d'une discrimination à l'égard des femmes dans le monde académique est entrée dans le débat public en France et en Europe, à la suite de la publication de l'article de deux chercheuses suédoises, Christine Wenneras et Agnès Wold, publié en 1997 dans la grande revue scientifique américaine *Nature*. Elles apportent une preuve chiffrée d'un biais en faveur des candidats masculins dans l'évaluation : les candidates à une bourse post-doctorale dans le domaine de la biomédecine, doivent avoir « toutes choses égales par ailleurs », un indice de productivité scientifique 2,6 fois plus élevé que celui des candidats masculins pour obtenir la bourse. À dossier égal, en effet, les 5 *reviewers* accordent des notes systématiquement plus basses aux femmes qu'aux hommes sur tous les critères retenus. Elles démontrent aussi l'effet du népotisme : connaître quelqu'un dans le jury accroît fortement les probabilités d'obtenir cette bourse (dans les mêmes proportions que le fait d'être un homme plutôt qu'une femme). La nationalité et le domaine d'études n'ont pas d'influence dans leur enquête, en revanche, être une femme sans relations ferme quasiment les portes d'accès à ce type de carrière.

Le rôle des réseaux ou de l'accès aux ressources de toutes sortes – argent, relectures d'articles, recommandations écrites et orales, souris et insectes pour les expériences en laboratoire, techniciens et doctorants, machines et instruments de recherche – s'avère ainsi crucial. Cet accès dépendrait plus fortement du capital social du laboratoire, défini par sa place dans le réseau des relations entre les organisations professionnelles qui régissent les carrières (administration centrale ou régionale, sections du comité national, fonds de soutien à la recherch etc.), que du capital social personnel des chercheurs [Lazega *et al.,* 2004]. Or, les femmes sont moins recrutées dans les institutions les plus prestigieuses qui conjuguent un recrutement élitiste, compétitif et relationnel. Une fois recrutées, elles font des carrières moins rapides : c'est le cas par exemple des cohortes successives de physiciennes entrées au CNRS des années 1960 à la fin des années 1980 [Turner, 2003].

L'excellence de leur parcours scolaire et de leurs publications combinée à des atouts familiaux et sociaux – parents dans le milieu académique, conjoint chercheur reconnu dans le même domaine – peuvent compenser une certaine défaillance de leur réseau professionnel, mais en partie seulement. Ainsi les mathématiciennes normaliennes, parviennent à faire jeu égal avec les mathématiciens non normaliens mais pas avec leurs camarades normaliens qui les devancent nettement, tout au long de la carrière.

La discussion s'est ainsi déplacée, dans ce monde professionnel comme dans d'autres [Marry, 2005] de la question des femmes et de leur intériorisation des normes ou stéréotypes de genre vers celle des mécanismes d'exclusion et de ségrégation propres aux professions. Elle intègre mieux aussi l'enchevêtrement de ces deux registres d'explication, en confrontant l'analyse, biographique et statistique, des trajectoires individuelles et le jeu des mécanismes institutionnels, autour d'un moment particulier, tel celui d'un concours ou d'une élection à un poste. C'est ce que nous avons réalisé dans deux recherches dont quelques résultats vont être présentés afin d'illustrer au plus près les manières dont ces processus sociaux influent de manière cumulée sur le moindre accès des femmes aux positions les plus prestigieuses dans les mondes académiques.

Deux enquêtes sur les sciences de la vie au CNRS et à l'INRA

L'enquête menée au CNRS [Marry dir., 2005], a été commanditée par la Mission pour la place des femmes au CNRS en 2003. L'attention a été centrée sur une section de biologie regroupant 382 chercheurs dont 42 % de femmes et sur le passage du grade de chargé de recherche 1re classe (CR1) à celui de directeur de recherche 2e classe (DR2). Des entretiens ont été réalisés auprès d'une dizaine des 21 membres de la section, élus et nommés, sur les critères et processus de sélection des lauréats au concours DR2. Les propos recueillis ont pu être confrontés à une analyse comparative des dossiers des candidats et lauréats durant les 4 années de mandature de la section (2001 à 2004). Enfin, 36 entretiens biographiques auprès de chercheurs et de chercheuses, ayant ou non réussi à être promus, ont permis de dresser une typologie des parcours, fondée sur l'appréciation subjective de la réussite ou de l'échec.

L'enquête sur l'INRA (Institut national de recherche agronomique) a porté sur les carrières de 605 chercheurs en sciences de la vie dont 37 % de femmes. Elle s'intègre dans un projet plus vaste portant sur les carrières des enseignants-chercheurs dans trois disciplines, la biologie, l'histoire et la gestion. Christine Musselin, sociologue au CNRS et Vincent Mangematin, économiste à l'INRA, en ont assuré la responsabilité scientifique [Carrere *et al.*, 2006]. Dans cette enquête, le volet statistique offre des mesures chiffrées de la discrimination à l'égard des femmes dans les passages DR, grâce à l'usage de modèles multivariés (« toutes choses égales »).

L'EXEMPLE DES SCIENCES DE LA VIE AU CNRS ET À L'INRA

La recherche en biologie se féminise, mais de façon irrégulière et inégale selon les institutions et les grades. Au CNRS, la présence des femmes parmi les chercheurs en sciences de la vie a été importante dès les débuts de l'organisme en 1938-1939 (30 %) et s'est affirmée ensuite, la parité (50 %) étant atteinte au milieu des années 1970. Depuis, elle diminue (39 % en 2005) alors que les recrutements sur des postes de maîtres de conférences se féminisent dans le dernier quart de siècle pour atteindre un score équivalent à celui des docteurs en sciences de la vie (53 % en 2003). M. Sonnet [2004] fait l'hypothèse que cela tient au caractère de plus en plus sélectif et attractif des grands organismes de recherche par rapport à l'université. De fait, cette situation était complètement inversée dans les débuts de l'organisme et jusqu'à la fin des années 1950. Le CNRS attirait alors plus de femmes que d'hommes, ces derniers étant beaucoup plus séduits par les « sirènes et les salaires de l'Université ». La massification de l'enseignement supérieur a conduit à une dégradation des conditions de travail des universitaires et l'on peut penser que les candidatures masculines se portent de préférence vers les grands organismes de recherche[2].

La féminisation ancienne de la biologie n'a pas, par ailleurs, conduit à une disparition du plafond de verre. Au CNRS, ces vingt dernières années, l'avantage masculin s'est un peu renforcé dans ce domaine comme dans la plupart des autres. En 2005, la moitié de la population totale des chercheurs masculins en sciences de la vie est constituée de directeurs de recherche ; ce n'est le cas que de 29 % des chercheuses. Le concours qui permet d'accéder au grade de directeur de recherche est très sélectif pour les deux sexes, mais plus encore pour les femmes : sur l'ensemble de la période de mandature de la section (2001-2004), la part des lauréates parmi les candidates est près de deux fois inférieure au taux masculin (13 % contre 24 %). Elles représentent près d'un candidat sur deux (46 %) mais le tiers seulement des lauréats (32 %). L'examen des dossiers de candidature permet de montrer les étapes de la mise en place de l'avantage masculin : les candidates ont obtenu leur thèse au même âge que les candidats (autour de 30 ans), elles accusent un léger retard au passage à la première classe des chargés de recherche (34,4 ans *versus* 33,3 ans) ; l'écart se creuse quand on considère le temps écoulé entre la fin de la thèse et la première présentation au concours de directeur de recherche (17 ans pour les femmes, 15 ans pour les hommes) ; il atteint

---

2. Toutefois, les inégalités sexuées ne sont pas très manifestes lors du recrutement. Une étude réalisée à partir de données du Céreq sur la génération 1998 de doctorants de toutes les disciplines, montre que « toutes choses égales par ailleurs » (en particulier la discipline), les hommes ont un peu plus de chances (5 %) que les femmes d'obtenir un CDI dans la recherche publique trois années après leur doctorat. Les inégalités de carrière se creusent après le recrutement [Daune-Richard et Recotillet, 2004].

son apogée dans l'âge respectif des lauréats et des lauréates de ce même concours (40,8 années et 43,6 années).

Des données sur la période antérieure indiquent une diminution croissante de l'âge moyen de passage de ce concours, facteur sans doute défavorable aux femmes. Sur 14 ans, de 1988 à 2002, il y a eu 127 nominations de directeur de recherche de 2e classe dans la section dont 46 femmes et 81 hommes. L'âge moyen de ces nominations est de 45,5 ans pour les femmes (ancienneté de 14,9 ans) et 41,8 ans pour les hommes (ancienneté de 11,9 ans).

À l'INRA, en 2003, les femmes représentent 37,4 % de la population des chercheurs. 15 % d'entre elles sont passées directrices de recherche (DR) contre 42,7 % des hommes et elles ont dû attendre plus longtemps pour passer (11,1 contre 10,5 années). Si elles sont moins souvent issues d'une grande école (17,5 % contre 25,6 %), elles ont plus souvent réalisé un post-doc (17,6 % contre 12,6 %) et on ne relève aucune différence dans le score de leurs publications ni dans leurs mobilités à l'étranger. Des analyses économétriques montrent, qu'à dossiers et parcours égaux, une femme a 15 % de chances en moins de passer DR qu'un homme qui aurait un profil équivalent. Les chances d'être promues au grade de directeur de recherche pour les chercheuses recrutées dans les années 1980-1990 sont à peine supérieures à celles qu'ont connues les générations antérieures et, tout au long de leur parcours professionnel, ces chances sont inférieures à celles de leurs collègues masculins [Sabatier et al., 2006].

LE PROBLÈME DE LA PRODUCTIVITÉ :
UNE QUESTION « ÉCRAN »

Les candidates au concours de directeur de recherche de la section de biologie du CNRS ou de l'INRA auraient-elles de moins « bons » dossiers que les candidats masculins selon les critères privilégiés par ces organismes ? Les lauréates auraient-elles à l'inverse de meilleurs dossiers que ceux des lauréats ?

L'analyse, sur quatre ans (2001-2004), des dossiers des candidat-e-s et lauréat-e-s au CNRS, conduit à relativiser fortement l'importance de la « productivité » scientifique dans les promotions. Les candidates ont une productivité scientifique un peu inférieure à celle des candidats, elles ont un peu moins souvent dirigé seules des thèses et ont moins souvent été invitées à des conférences à l'étranger (ou ont pu s'y rendre) – ce qui plaiderait pour une « qualité » un peu inférieure de leur dossier ; mais ces indicateurs se révèlent fort peu discriminants pour la réussite au concours : ils ont une valeur plutôt moindre chez les lauréats et les lauréates et on observe surtout une très forte dispersion au sein de chaque sexe. Le diktat de l'*impact factor* semble remis en question. Le jugement de la section s'élabore en effet sur des considérations plus complexes et plus nuancées, ce que les entretiens auprès de ses membres ont mis en évidence. Le critère des publications revient toujours dans les discussions autour de la sélection finale car il est celui qui peut le mieux emporter la conviction des non spécialistes du domaine. Les évaluateurs tiennent compte toutefois des différences, selon les sujets de recherche, dans le temps nécessaire pour obtenir des résultats publiables. Ils (elles) relativisent l'importance de *l'impact factor*, notamment pour les disciplines « pointues » et font confiance au jugement de leurs collègues spécialistes.

Sur un indicateur discriminant pour le passage à directeur de recherche de deuxième classe (DR2) – le nombre moyen de publications en dernier auteur (place qui signifie que l'on a dirigé la recherche) – les lauréates auraient, à l'inverse, un score plus élevé, ce qui sous-tendrait qu'elles doivent en faire plus que les hommes dans ce domaine pour être promues (tableau). L'importance de la dispersion interne à chaque sexe n'autorise pas toutefois à conclure à une discrimination manifeste.

Tableau — Les publications selon le sexe des candidats et lauréats au concours DR d'une section des sciences de la vie du CNRS

		Nombre	Nbre total moyen de publications	Nombre annuel de publications*	Nombre moyen de publications en dernier auteur-e**
Candidatures refusées	Hommes	54	38.6	2.9	2.2
	Femmes	52	28.2	1.8	2.1
	Total	106	33.5	2.3	2.2
Lauréat-e-s	Hommes	17	31.4	2.5	3.1
	Femmes	8	26.4	1.8	3.9
	Total	25	29.8	2.3	3.4

* Calculé sur le nombre d'années écoulées entre l'année de l'obtention de la thèse et le passage du concours DR2.
** Parmi les cinq publications choisies par les candidats lors du renseignement de leur dossier de candidature.

L'analyse économétrique menée à l'INRA des trajectoires des hommes et des femmes qui deviennent directeurs de recherche offre une piste d'interprétation. Les hommes suivraient un modèle de carrière de type « scientifico-managérial », combinant production scientifique et activités d'encadrement de projets ou surtout d'équipes. Ce modèle est défendu par la direction de l'INRA depuis quelques années, mais déjà bien présent chez les hommes devenus directeurs par le passé [Pigeyre et Valette, 2008]. Le modèle suivi par les femmes pourrait être qualifié d'académique ou de professionnel : il s'agit de trajectoires caractérisées par un fort investissement scientifique, une forte activité de production, et moins de participation, en revanche, dans des activités d'encadrement.

Les entretiens biographiques, menés au CNRS et à l'INRA, éclairent le déroulement de ces parcours sexués. La nomination à des fonctions de chef d'équipe est devenue, à l'INRA comme au CNRS, une condition de plus en plus nécessaire pour obtenir la promotion dans le corps des directeurs. Cette fonction permet de diriger une recherche et de signer, en dernier auteur, les publications qui en sont tirées. Ces nominations interviennent à un âge – autour de 35 ans – qui coïncide avec la période de maternité. Bien que la plupart des jeunes chercheuses retardent l'arrivée de leur premier enfant, qu'une proportion importante d'entre elles renonce à en avoir [Marry et Jonas, 2005] et que la très grande majorité n'interrompe pas sa carrière en cas de maternité[3], les directeurs de laboratoire (en général des hommes mariés et pères) sont réticents à leur confier la responsabilité d'une équipe et privilégient la nomination de jeunes hommes.

Cette réticence rencontre parfois celle des femmes. Les mères de jeunes enfants, beaucoup plus que les pères, nous ont narré en effet, dans les entretiens, les tensions quotidiennes permanentes auxquelles elles sont confrontées pour faire face aux horaires de garde des enfants et à ceux, tardifs et souvent imprévisibles, du métier de chercheur dans ces sciences expérimentales. Contrairement à la plupart de leurs collègues masculins, elles tendent à n'investir que de façon séquentielle et non simultanée, dans les différentes facettes du métier : « paillasse » (les expériences), colloques à l'étranger, lecture et rédaction d'articles, demande de bourse pour des doctorants, enseignements, soumission à des projets etc. Par ailleurs, même si le passage DR n'implique pas, le plus souvent, de changement de laboratoire[4], des contraintes de mobilité (ou d'immobilité) jouent, tout au long de leur carrière, à leur détriment : qu'elles aient été ralenties dans leurs publications par un changement de laboratoire et de sujet lié à une mobilité de leur conjoint, ou qu'elles n'aient pu quitter à temps un laboratoire en crise ou dont la réputation décline, du fait de leurs attaches familiales.

On ne peut donc isoler la question de la productivité scientifique individuelle de l'ensemble du processus de fabrication d'un futur directeur de recherche. Un moment décisif de ce processus est celui du concours. Pour

---

3. Nous ne disposons pas de statistiques sexuées précises sur la situation familiale des chercheurs du CNRS et de l'INRA. Une enquête de l'INED et de l'INSEE portant sur un échantillon représentatif de la population des chercheurs du public (tous organismes et disciplines confondus) en donne toutefois un aperçu. L'asymétrie des situations familiales selon le sexe est plus marquée encore que dans d'autres populations de femmes très diplômées, telles les ingénieurs, qui disposent de ressources financières nettement supérieures : à tous les âges (entre 30 et 50 ans), la probabilité de vivre seul et de ne pas avoir d'enfant est deux fois plus élevée pour les femmes que pour les hommes. L'enquête montre aussi que 91 % des femmes (97 % des hommes) n'ont jamais interrompu leur carrière pendant plus de deux ans [Kreetz, 2004].

4. Contrairement à une nomination comme professeur.

les membres de la section du CNRS que nous avons rencontrés et qui ont évalué les candidat-e-s, le sexe n'est pas un critère pertinent. La section a fonctionné de façon consensuelle sur les critères relativement transparents que sont « l'excellence scientifique » et la capacité à encadrer une équipe. Ils voient dans les DR qu'ils adoubent, des chercheurs qui ont déjà fait leurs preuves dans l'animation d'une équipe et qui pourront poursuivre leur ascension rapide et linéaire en dirigeant une unité (comme DR1).

Mais cette conception dessine, à leur insu, une figure très masculine, détectée dès les premiers pas dans la vie de laboratoire. Elle est proche de celle des cadres à haut potentiel des grandes entreprises privées [Guillaume et Pochic, 2007] : parcours de météore (souvent entamé dans une grande école), mobilités à l'étranger, responsabilités variées (équipes, plateformes techniques, commissions scientifiques diverses, etc.), qualités personnelles de dynamisme et enthousiasme, etc. Il n'est pas surprenant alors de constater que les femmes ont moins de chances que les hommes d'y réussir. La barrière de l'âge est particulièrement néfaste : plusieurs chercheurs et chercheuses restés CR après 50 ans, nous ont dit le mépris avec lequel ils étaient traités, qui se traduit concrètement par une mise à l'écart des moyens de recherche – en personnels (doctorants, techniciennes, ingénieurs...) et financiers (contrats, missions pour partir en colloques...). D'autres ont tout fait, parfois avec succès, pour réussir le concours DR et ne « pas mourir CR ».

CONCLUSION

Si les barrières à l'entrée dans le monde académique semblent plus ou moins levées, au moins à l'université [Musselin et Pigeyre, 2008], d'autres se manifestent ensuite, de façon souvent invisible, silencieuse, au gré des cooptations homophiles, des interactions quotidiennes de la vie scientifique et d'une vision monolithique des parcours dits d'excellence qui écarte les chemins de traverse. Cette vision très masculine occulte l'ampleur du travail des femmes, dans la famille (mère puis conjointe) et dans la vie professionnelle (techniciennes de laboratoires, doctorantes, secrétaires...) pour fabriquer ces réussites masculines. À l'instar de ce que décrivent S. Beaufaÿs et B. Krais [2005] pour des chercheuses de grands instituts universitaires en Allemagne, cette dynamique des rapports de sexe enseigne aux femmes qu'elles ne sont pas des partenaires d'égale valeur et les décourage de poursuivre les jeux agonistiques de la concurrence professionnelle. Le taux plus faible de réussite des lauréates au concours DR du CNRS ne peut qu'alimenter cette spirale. Mais un taux équivalent ne permet de conclure à l'absence de discrimination, tant celle-ci est un processus tapi au creux et en amont des chiffres et des variables des modèles, telle la productivité scientifique.

L'observation ethnographique sur longue période est une méthode féconde pour dévoiler ce qui est le plus caché dans ce processus de marginalisation des femmes et ce qui permet aussi à certaines d'y échapper [Buscatto, 2007]. La quantification proposée par l'analyse de réseaux (comme ceux des directeurs de thèse des candidats et lauréats) peut aussi se montrer heuristique [Backouche *et al.*, 2009]. En allant voir du côté des « échecs » masculins, l'enquête sur le CNRS a montré par ailleurs le jeu mêlé de l'appartenance sociale et sexuée, trop souvent ignoré dans les travaux sur les carrières. Une vie privée malheureuse (absence de relation de couple durable, divorce conflictuel) se mêle souvent aux histoires profes-sionnelles plus ou moins difficiles des hommes restés CR1 que nous avons rencontrés et qui n'ont plus d'espoir de passer DR2 parce qu'ils sont trop « vieux » (45-60 ans). Mais c'est l'origine sociale qui paraît déterminante dans leur parcours. La plupart sont d'origine populaire (ouvrière) et se sentent éloignés des « jeux de pouvoir », qui caractérisent tout particulière-ment, selon eux, les patrons de laboratoire professeurs de médecine. Ils ressemblent en cela aux femmes, comme le faisait déjà observer M. de Saint Martin [1968], dans son étude des années 1960 sur les étudiants en sciences. Des comparaisons plus systématiques entre hommes et femmes, entre disci-plines, entre pays, le chantier des recherches est vaste pour éclairer et colo-rer le plafond de verre.

BIBLIOGRAPHIE

BACKOUCHE I., GODECHOT O. et NAUDIER D. (2009), « Un plafond à caissons : les femmes à l'EHESS », *Sociologie du travail*, 51, p. 253-274.

BEAUFAŸS S. et KRAIS B. (2005), « Femmes dans les carrières scientifiques en Allemagne, les mécanismes cachés du pouvoir », *Travail, genre et sociétés*, n° 14, p. 1-20.

BUSCATTO M. (2007), *Femmes du jazz, Musicalités, féminités, marginalités*, Éditions du CNRS, Paris.

CACOUAULT M. (2007) *Professeurs... mais femmes — Carrières et vies privées des enseignantes du secondaire au XXe siècle*, La Découverte, Paris.

CARRERE M. LOUVEL S., MANGEMATIN V., MARRY C., MUSSELIN C., PIGEYRE F., SABATIER M. et VALETTE A. (2006), *Entre discrimination et autocensure : les carrières des femmes dans l'enseignement supérieur et la recherche*, Contrat Inra/Menrt.

COLE J. R et ZUCKERMAN H. (1991), « Marriage, motherhood and research performance in science » *in* H. ZUCKERMAN, J. COLE et J.T. BRUER (dir.), *The Outer Circle. Women in scientific community*, Yale University Press, New Haven et Londres, p. 157-170.

DAUNE-RICHARD A-M. et RECOTILLET I. (2004), « Conditions d'entrée des femmes dans la recherche publique française », *in* A. DEGENNE, J-F GIRET, C. GUÉGNARD, J-J PAUL et P. WERQUIN, dir., *Genre et données longitudi-nales*, Actes des XIe Journées d'analyse longitudinale du marché du travail, p. 139-148.

GUILLAUME C. et POCHIC S. (2007), « La fabrication organisationnelle des dirigeants. Un regard sur le plafond de verre », *Travail, genre et sociétés*, n° 17, p. 79-101.

KREETZ T. (2004), « Wissenschaftlerinnen in der außeruniversitären Forschung : Deutschland, Frankreich und Österreich im Vergleich », *in E. M. APPELT (dir.) : Karrierenschere. Geschlechterverhältnisse im österreichischen Wissenschaftsbetrieb*, LitVerlag.

LAZEGA E., MOUNIER L., STOFER R., TRIPIER A. (2004), « Discipline scientifique et discipline sociale : réseaux de conseil, apprentissage collectif et innovation dans la recherche française sur le cancer (1997-1999) », *Recherches sociologiques*, n° 3, p. 3-27.

MARRY C. (dir.) (2005), *Enquête sur les promotions CR-DR dans une section des sciences de la vie du CNRS*, Rapport de recherche pour la Direction générale du CNRS et la Mission pour la place des femmes au CNRS.

MARRY C. (2005), « Professions supérieures et genre : histoire d'une question », *Knowledge, Work & Society,* n° 4, p. 127-146.

MARRY C. et JONAS I. (2005), « Chercheuses entre deux passions : l'exemple des biologistes », *Travail, genre et sociétés*, n° 14, novembre, p. 69-88.

MERTON R. K. (1968), The Matthiew Effect in Science, *Science*, vol. 159, p. 56-63.

MUSSELIN C. et PIGEYRE F. (2008), « Les effets du recrutement collégial sur la discrimination : le cas des recrutements universitaires », *Sociologie du travail*, n° 1, 48-70.

PIGEYRE F., VALETTE A. (2008), « Hybridation du métier de chercheur dans le secteur public : quel impact sur la carrière des femmes ? Le cas de l'INRA », *in S. Guérard (dir), GRH publique*, L'Harmattan, Paris, p. 301-318.

ROSSITER W. M. (2003), « L'effet Matthieu/Matilda en sciences », *Cahiers du Cedref*, Publications de l'université Paris-VII-Diderot, p. 67-82.

SABATIER M., CARRÈRE M. et MANGEMATIN V., (2006). « Profiles of academic activities and careers : Does gender matter ? An analysis based on French life scientist CVs », *Journal of Technology Transfer,* vol. 31, n° 3, p. 311-324.

SAINT-MARTIN (de) M. (1968), « Les facteurs de l'élimination et de sélection différentielles dans les études de sciences », *Revue française de sociologie*, IX, p. 167-184.

SONNET, M. (2004), « Combien de femmes au CNRS depuis 1939 ? », *in Les Femmes dans l'histoire du CNRS,* Mission pour la place des femmes au CNRS, Comité pour l'histoire au CNRS, p. 39-67.

TURNER L. (2003), *La Recherche publique dans la production des connaissances, contributions en économie de la science*, thèse pour le doctorat en économie, Université de Paris-I.

WENNERAS C. et WOLD A. (1997), « Sexism and nepotism in peer review », *Nature*, 387, p. 341-343.

ZARCA B. (2006), « Mathématicien : une profession élitaire et masculine », *Sociétés contemporaines*, n° 64, p. 41-65.

35

Les médecins scolaires : valorisation d'une expertise

ou dévalorisation d'une profession « féminine » ?

Marlaine Cacouault-Bitaud
Geneviève Picot

Selon une idée répandue, « les femmes préfèrent le salariat », même lorsqu'elles sont qualifiées dans un domaine comme la médecine associé traditionnellement à l'exercice libéral et dont le prestige est lié à ce mode d'exercice[1]. Les praticiennes chercheraient à éviter les « risques » inhérents au travail indépendant et à « concilier » vie professionnelle et vie familiale quand elles sont mariées et mères de famille. Il n'y aurait donc pas lieu de s'interroger sur leur présence importante chez les médecins salariés (65 % pour l'ensemble en 2000), sur les différences qui séparent divers types de salariat (les médecins hospitaliers, également des salariés, comptent tout de même 40 % de femmes) et sur le déroulement de leurs carrières. Cette vision des choses n'est pas sans rappeler les propos tenus sur les professeurs du secondaire dès les années 1960, à partir du moment où les enseignantes ont constitué la majorité des effectifs. Il est entendu qu'elles mènent une carrière sans surprise et sans évolutions, « adaptée » à un mode de vie privé dont on ignore par ailleurs les particularités et les aspects conflictuels [Cacouault, 2007].

Notre objectif ici est de questionner, dans un contexte de féminisation de la médecine, une représentation du salariat marquée au sceau du genre. Il s'agit de comprendre ce qui détermine des femmes *et* des hommes à « choisir » telle ou telle modalité d'organisation du travail professionnel, de reconstituer des parcours professionnels et familiaux et de mettre au jour les enjeux des choix individuels au regard des préoccupations collectives concernant la santé. Toutes et tous les médecins ne considèrent pas la

---

1. Le salariat en médecine et en médecine hospitalière est un phénomène récent. En 1956, avant l'instauration du temps plein hospitalier et la réforme de 1958, 89 % des médecins exerçaient en libéral. En 2007, 58,5 % seulement des médecins ont une activité libérale, soit exclusive, soit mixte, c'est-à-dire combinée avec une autre activité [DREES, 2007].

profession comme une « vocation », les uns sont attirés essentiellement par le diagnostic et la clinique, d'autres manifestent une distance, si ce n'est une répulsion par rapport à l'hôpital, d'autres encore auraient préféré se consacrer à la recherche[2]. Bien entendu, les types de spécialisation ne sont pas indépendants des processus de hiérarchisation interne qui sont à l'œuvre dans la profession et qui recoupent dans une large mesure les phénomènes de ségrégation selon le sexe [Picot, 1995]. Nous souhaitons néanmoins aller au-delà du constat de reproduction des inégalités afin d'appréhender des stratégies de femmes très diplômées qui assument à un moment de leur vie, et de façon définitive la plupart du temps, un statut et une spécialité qui ne sont pas classés parmi les plus prestigieux dans l'univers de référence. Nous avons étudié plus directement une catégorie de médecins salariés, les médecins de l'Éducation nationale, qui constituent un cas limite au regard du taux de féminisation, 94,5 % en 2006 chez les titulaires (MEN). Or, le parcours des femmes avec qui nous avons mené des entretiens montre que cette orientation n'a rien d'une fatalité et n'est pas synonyme d'échec au cours du processus de formation et pendant les premières années d'activité. Elles ont connu la plupart du temps d'autres formes d'exercice, dont le salariat hospitalier.

Dans la mesure où nous disposons également de données qualitatives sur des femmes médecins hospitaliers, nous avons rapporté leur expérience à celle des médecins scolaires qui ont exercé sur ce mode-là avant d'effectuer une reconversion. La comparaison permet de mieux saisir les déterminants des carrières des unes et des autres. En conséquence, nous verrons dans une première partie que l'orientation vers le salariat relève d'une histoire individuelle et collective au cours de laquelle jouent des éléments qui caractérisent le milieu d'origine des personnes interrogées, le rapport aux études et à la qualification, les rapports entre les sexes dans les couples et dans les milieux de travail.

Dans une deuxième partie, nous focalisons l'attention sur les médecins scolaires afin d'examiner les enjeux de la création d'un statut, à laquelle les femmes médecins ont œuvré dans le cadre d'instances représentatives. En effet, ces médecins, rattachés auparavant au ministère de la Santé, ont rejoint en 1991 les infirmières et les assistantes sociales pour former le « Service de promotion de la santé auprès des élèves »[3]. Un concours est

---

2. Nous nous appuyons sur des entretiens menés par Geneviève Picot auprès de médecins hospitaliers, par Marlaine Cacouault et Geneviève Picot auprès de médecins scolaires hommes et femmes.

3. La médecine scolaire est devenue un service national en 1945 (« Service national d'hygiène scolaire et universitaire »). En 1961 sont créés les services médicaux et sociaux du ministère de l'Éducation nationale. En 1964, ils sont intégrés au ministère de la Santé publique. En 1969, les « actions sanitaires et sociales » en faveur de l'enfance sont regroupées au sein de la DDASS (Direction départementale de l'action sanitaire et sociale). De 1985 à 1991, les médecins sont gérés statutairement par les services déconcentrés du ministère de la Santé, DASS comprise, pour leur notation. Mais leurs missions sont toujours définies par l'Inspection académique. Avec la loi Jospin de 1989 et le Rapport Baupère [1989], leurs missions et leurs statuts sont redéfinis.

instauré, qui permet aux « médecins de l'Éducation nationale » de devenir pleinement fonctionnaires de l'État. Si le statut est considéré comme une forme de reconnaissance du travail accompli, les missions dévolues depuis une dizaine d'années et le malthusianisme de l'administration en matière de recrutement suscitent une déception et un malaise. L'État, qui se préoccupe des comportements et des « difficultés » des élèves dans un cadre plus large que celui de l'établissement, mais en relation avec « les besoins et les attentes scolaires », formule des demandes à l'égard des médecins. Ces derniers ou bien manquent de moyens pour atteindre les objectifs fixés, ou bien se trouvent (comme les enseignants) tenus de réorienter et de modifier leurs pratiques. La hiérarchie de l'Éducation nationale ne serait-elle pas, de façon délibérée ou non, portée à faire bon marché de l'autonomie attachée traditionnellement à la médecine (et au professorat) étant donné qu'elle a affaire à une majorité de femmes ? Le sentiment de déclassement lié à la faiblesse des rémunérations serait d'autant plus ignoré que l'on se retranche, là aussi, derrière l'idée que les médecins femmes apportent au ménage un salaire d'appoint.

MODES D'EXERCICE ET VIES FAMILIALES

Salariat « masculin » et salariat « féminin »

Nous avons réalisé 18 entretiens approfondis avec des médecins de l'Éducation nationale affectés à Paris ou en Île-de-France, 13 femmes et 5 hommes. Les entretiens ont duré entre deux et quatre heures ; certain(e) s interviewé(e) s ont accepté ou souhaité deux entretiens successifs, qui leur ont permis de « faire le bilan », soit de revenir sur le déroulement de leur carrière et de leur vie personnelle (les deux tiers des personnes rencontrées sont âgées de 51 à 62 ans). Il n'a pas toujours été facile de joindre ces médecins et de fixer un rendez-vous car ils sont itinérants, au sens où ils travaillent dans plusieurs établissements scolaires. Un homme a refusé l'entretien, fait qui ne s'est jamais produit pour les femmes.

Plusieurs parcours sont donc marqués par le passage d'un salariat « masculin », le salariat hospitalier, à un salariat « féminin », la médecine scolaire. Ces cas révèlent de manière exemplaire les contradictions auxquelles se heurtent les femmes médecins et les limites de la coopération entre les sexes dans les couples à double carrière. À la différence d'autres praticiennes qui évoquent d'abord leur situation au moment de l'entretien, Mme S. se présente comme « une ancienne médecin anesthésiste ». Après un CES d'anesthésie-réanimation, elle a essentiellement exercé comme médecin anesthésiste en pédiatrie. Elle éprouve le besoin d'expliquer pourquoi elle s'est réorientée vers la médecine scolaire, abandonnant l'hôpital où elle a contribué au développement de la chirurgie néonatale (« C'était un développement sans précédent, j'ai fait aussi de l'AR (anesthésie-réanimation) en ORL pédiatrique, sur les neuf ans où je suis restée »). La naissance d'un troisième enfant remet en cause l'organisation domestique dont la cheville ouvrière était une jeune fille au pair. Le compagnon, qui assurait des permanences auprès des enfants (la nuit, un week-end), met en avant la nécessité de se déplacer quand bon lui semble pour faire évoluer sa carrière. Mme S. rechigne à employer une deuxième personne étant donné ses conceptions en matière d'éducation des enfants. Sa mère, diplômée, s'est occupée d'une grande famille avec des aides et pratique le bénévolat. Bien que le père occupe une position de cadre dans la finance, notre interviewée met en avant les valeurs humanistes qui lui ont été transmises et le dédain de l'argent. Ces dispositions la fragilisent dans les négociations avec le partenaire dont les rémunérations, dans un premier temps, sont inférieures aux siennes (d'origine étrangère, il exerce une profession intellectuelle). Elle se met en disponibilité, au grand dam de son patron, et démissionne quelques années plus tard. Elle demande à faire des vacations en médecine scolaire (« je ne faisais qu'examiner des enfants, donc il y avait deux pistes, la PMI ou la médecine scolaire, ils m'ont prise tout de suite »). Au fil des années, elle travaille à temps plein et prend des responsabilités dans son secteur[4]. Mme S. revendique un deuxième choix qui non seulement lui a permis de s'occuper de ses enfants, mais encore de connaître la situation économique, sociale et morale des élèves et des familles dans les « quartiers » (« cela m'a permis de ne plus juger les gens de manière un peu rapide, péremptoire, c'est un travail plus souterrain, moins brillant »). Devons-nous conclure que les femmes se satisfont plus facilement que les hommes d'un travail invisible auquel elles sont accoutumées ? Cette hypothèse est dans une certaine mesure validée, cependant Mme S. a utilisé des atouts liés à son origine sociale et à sa qualification pour pratiquer la médecine scolaire en spécialiste hautement qualifiée et pour jouer un rôle de leader dans les débats de fond concernant les objectifs et les conditions d'exercice du groupe professionnel. Elle est parvenue à « masculiniser », au sens qualitatif, une position « féminine » (mais elle avait échoué à « féminiser » une position masculine).

Statut de couple et carrières de femmes médecins

Les tensions liées à la coexistence de deux carrières ne recèlent pas, dans le cas de Mme V., médecin hospitalo-universitaire, une charge négative propre à remettre en question la carrière de la femme. Les différences dans les cas étudiés portent sur l'origine sociale et la profession du conjoint ainsi que sur le rapport aux enfants. En effet, pour les femmes qui font une

---

4. Des médecins de terrain ont des responsabilités d'encadrement des vacataires sur leur secteur ; Mme R., 53 ans, a un CES de biologie. Elle dit de façon révélatrice, « elles me demandent conseil, ce sont des consœurs ». Mme R. coordonne l'action dans son secteur concernant le dépistage des troubles du langage.

carrière hospitalière, *le statut de couple* compte. L'endogamie est la règle, l'origine élevée des deux partenaires joue en faveur de leur insertion, du point de vue de l'accès aux réseaux professionnels. Mme V. appartient à un couple de chirurgiens, lui en chirurgie viscérale, elle en chirurgie pédiatrique (la division selon le genre persiste dans un champ de spécialité « masculin »). Elle explique avoir été soutenue professionnellement par son mari et par son ancien patron qu'elle a remplacé. Cela n'a pas été simple tout de même, avec deux enfants en début de carrière, à la fin du clinicat[5]. Elle s'occupait de tout avec des aides à domicile et elle parle de moments de grande fatigue, « se coucher sans se déshabiller » pour être prête plus vite le lendemain matin.

Le statut de couple compte aussi pour les femmes PH, dans le sens où il permet d'accéder à un niveau élevé de revenus. Mme T, mariée à un notaire et mère de deux enfants, a plusieurs activités et engagements : elle est psychiatre, chef de service, et membre actif d'un syndicat. Elle définit l'organisation de ses différentes activités comme une organisation « en béton », elle s'entoure de personnes pour l'aider, elle délègue, au travail comme à la maison. Elle dit s'appuyer beaucoup sur son conjoint sur le plan affectif, ils ont le désir commun de faire carrière, « de se réaliser par le travail, de réaliser des projets ». La famille est limitée à deux enfants dans l'un et l'autre cas.

Cette comparaison rapide permet de suggérer des pistes de recherche concernant les femmes *et* les hommes : quelles sont leurs conceptions à eux du couple et de la famille, leur rapport à l'éducation des enfants et à l'activité professionnelle ? Pourquoi certains souhaitent-ils vivre avec une compagne qui poursuit une carrière ascensionnelle, d'autres non ? Une autre femme médecin de l'Éducation nationale qui a débuté comme Mme S. à l'hôpital, en tant qu'assistante universitaire en biologie, souligne que son mari, stomatologue, « n'était pas intéressé par ce qu'(elle) faisait ». Cet homme issu d'une famille bourgeoise comme notre interviewée n'a pas le sentiment d'avoir véritablement réussi (il exerce dans un dispensaire). En se maintenant à l'hôpital, son épouse ferait « la » carrière à sa place. Il aurait souhaité qu'elle cesse de travailler (le couple a quatre enfants), ce qu'elle a refusé. Il préfère donc la voir fonctionnaire dans une institution dont la préoccupation centrale n'est pas la santé des individus, lui conservant l'avantage de formuler un diagnostic et de prescrire (c'est lui le vrai médecin, mais elle assume tout de même des responsabilités d'encadrement).

---

5. Le poste de chef de clinique est accessible à l'issue de l'internat, après étude des titres et travaux, ce poste ne peut excéder deux ans renouvelables une fois. Le statut de PUPH peut s'obtenir par concours avec le statut préalable de chef de clinique.

LES ENJEUX DES MISSIONS ET DU STATUT

Réussite scolaire et aspirations professionnelles

Les médecins scolaires ont été vacataires et payés (peu) à la vacation, ou contractuels, au début des années 1980, pour une partie d'entre eux. Le « statut » de contractuel était renouvelable par tacite reconduction. En fait, il s'agissait souvent d'un temps partiel (parfois choisi par les médecins femmes). Ensuite, ils ont été titularisés sous certaines conditions, sur le poste s'ils avaient assez d'ancienneté comme contractuel (le), ou par concours. Les règles en vigueur pour la titularisation des enseignants ont été dans une large mesure reconduites.

Étant donné leurs caractéristiques sociales, scolaires et professionnelles, les femmes médecins titulaires avec lesquelles nous avons mené un entretien n'étaient pas décidées à se contenter d'un travail occasionnel. Même si elles ont fait des concessions à la sphère privée en exerçant d'abord à temps partiel, elles ont cherché à obtenir une reconnaissance et, pour certaines, à développer une carrière, au sens évolutif et promotionnel[6]. Elles nous ont dit avoir été de très bonnes, voire d'excellentes élèves ; plusieurs ont obtenu le baccalauréat avec un an ou deux ans d'avance. Un choix d'orientation très ouvert s'offrait à elles. Le manque de détermination concernant l'exercice de la médecine chez une partie au moins des femmes rencontrées et l'intérêt pour d'autres orientations ont retenu notre attention. Quelques-unes auraient souhaité être ingénieur comme leur père, on les a découragées sous prétexte qu'une femme a du mal à s'intégrer dans les métiers de l'ingénieur. Les filles de médecin ont senti qu'une pression s'exerçait de la part de leurs parents pour qu'elles fassent des études de médecine alors qu'elles-mêmes manquaient d'enthousiasme (l'une aurait préféré pharmacie, l'autre la recherche en biologie). Un tiers a vraiment « aimé » les études de médecine, un tiers ne les a pas aimées pour diverses raisons, un autre tiers moyennement. Nous avons donc affaire ici à des femmes qui manifestent une ouverture et des aptitudes pour divers types d'activité et de carrière. Enfin, aucune ne se voyait vivre sans enfant, elles en ont au moins trois, à l'exception d'une seule qui a dû renoncer à élargir la famille pour des raisons médicales. Cette particularité correspond à ce qui est observé au niveau national : 82 % des médecins scolaires vivent en couple et ont des enfants, la moitié ont trois enfants et plus [Schweyer, 2005].

---

6. Les pères qui travaillent dans le privé sont majoritaires dans notre échantillon (chef d'entreprise, directeur financier, expert-comptable, praticien hospitalier, médecins spécialistes, ingénieurs, technicien de cinéma, commerçants). Du côté du public on trouve un archiviste, un professeur, un instituteur. La moitié des mères n'exerçait pas de profession, tout en ayant fait des études secondaires ou supérieures. Les autres étaient médecins, cadre dans le privé, secrétaire de direction, bibliothécaire, institutrices, commerçantes. Les familles de la bourgeoisie catholique ont des préoccupations sociales et des activités associatives comme les milieux laïques.

Les traits relevés jusqu'à maintenant ne sont pas sans rapport avec les intérêts cultivés dans le domaine de la médecine : un intérêt fréquent pour la pédiatrie, pour l'aspect social de la médecine, pour la santé publique et la prévention de la maladie, « un faible pour l'école », comme l'avoue Mme D., dont les parents sont enseignants. Celles qui poursuivaient leurs études en 1968 ont travaillé dans le cadre du planning familial, ont milité au MLAC et dans le mouvement féministe. Elles se réfèrent à une expérience de « génération » et justifient en ces termes leur refus de l'exercice libéral ou hospitalier (« tout ce qui était psy, socio, c'était dans l'air du temps »). Par la suite, elles s'investiront dans les réseaux qui s'adressent aux adolescents à propos des conduites à risques, de la prévention des maladies sexuellement transmissibles...

Chez les hommes, l'origine est plus modeste, les pères appartiennent à la petite bourgeoisie (illustrateur, commerçant) et aux couches populaires (« petit agriculteur »). Les couches moyennes sont représentées par des parents professeurs du secondaire. On se bornera à souligner, les concernant, qu'ils n'ont pas opéré de reconversions comparables à celles des femmes. Les limites qu'ils évoquent tiennent au manque de capital économique et au parcours scolaire, universitaire et professionnel moins brillant et moins diversifié que celui de leurs consœurs.

La construction d'un statut et ses ambiguïtés

Tout porte à croire que le nouveau statut de titulaire est le fruit d'une rencontre entre les aspirations des médecins scolaires les plus investis, au sens où ils sont déjà vacataires à temps plein[7], où ils appartiennent à des organisations syndicales et à des associations, et les dispositions institutionnelles qui participent de l'esprit introduit dans l'Éducation nationale par la Loi Jospin. « L'élève », si ce n'est « l'enfant », est placé « au centre du système ». Les personnels d'enseignement et d'éducation doivent travailler en équipe et se détacher de leurs identités fondées sur l'appartenance à un corps ou à une discipline pour élaborer des actions définies en fonction d'un objectif et dans un contexte déterminé. Des moyens sont alloués au niveau local, des « projets » pédagogiques sont mis en place, l'établissement bénéficiant d'une marge d'autonomie. Le même glissement par rapport à la définition traditionnelle de la qualification liée à la formation universitaire est observable s'agissant du médecin scolaire : « *médecin du travail de l'écolier*, il a de multiples missions » qui vont du « diagnostic de troubles spécifiques du langage oral et écrit » à « l'enfance en danger » en passant

---

7. On songe aux critères de la profession selon Abbott, « les gens consacrent tout leur temps à faire ce qu'ils désirent » [1988, p. 10, cité par Dubar C. et Tripier P., 1998, p. 90]. Nos interviewées ont d'abord exercé en tant que vacataires avant d'être affectées dans un département par le MEN, département qui assure ensuite la répartition des effectifs de médecins en leur attribuant un secteur géographique.

par « la surveillance des locaux », « la formation et le conseil technique »[8]. En définissant dans ces termes-là les attributions des médecins, on les conduit à empiéter sur des domaines de compétence qui reviennent aussi à d'autres spécialistes : aux enseignants pour ce qui est des apprentissages, aux travailleurs sociaux pour la détection de la maltraitance, aux neurologues et aux psychiatres, libéraux ou hospitaliers... Vice versa, les autres personnels (enseignants, conseillers principaux d'éducation, personnels de direction...) sont sommés d'opérer des déplacements, tout le monde devant s'impliquer dans tous les aspects de la vie scolaire, par conséquent dans ce qui était dans le passé du ressort des collègues dont la formation et la spécialisation sont a priori différentes. Cette évolution pourrait se traduire, au moins subjectivement, par une relative déqualification, en particulier pour les personnels les plus diplômés, des femmes en majorité. Les médecins de l'Éducation nationale font-ils un marché de dupes en obtenant un statut qui leur garantit un emploi, mais qui s'accompagne d'une définition de plus en plus large de leur rôle et de leurs compétences ?

Les missions : la situation singulière du médecin scolaire

Comme le dit l'un des interviewés (peut-être plus sensible, en tant qu'homme, aux ambiguïtés de sa condition), le médecin scolaire se trouve dans une situation singulière puisqu'il voit des personnes en bonne santé plutôt que des malades et s'il dépiste une maladie, ce n'est pas lui qui va prescrire et traiter. L'identité professionnelle va donc se construire différemment si l'on se réfère au contenu traditionnel de l'activité médicale. En conséquence, les professionnels dont nous parlons ont su se doter d'organisations représentatives afin de se faire entendre. Pour ces instances, il s'agit de donner un contenu de « santé publique » à l'activité du médecin scolaire, ce qui permettrait de spécifier et de restreindre un champ d'intervention, de valoriser des cursus et des diplômes spécialisés.

Toutefois, la visite systématique dans un établissement a laissé place à d'autres pratiques professionnelles avec le développement de la prévention des maladies et de l'éducation à la santé en milieu scolaire. Dans l'ensemble, les pratiques ont évolué sous la forme d'une coopération avec les autres services publics, les services sociaux et de santé municipaux, les professionnels libéraux, des associations relais dans les quartiers, afin de répondre à la demande (réelle ou supposée) des populations et notamment des parents d'élèves (« c'était un travail sur une commune, ce qui veut dire que tous les enfants de la grande section de maternelle à la terminale... J'avais la possibilité de bien les connaître, de bosser pas mal avec les équipes de la mairie, les éducateurs » ; Mme E., 58 ans, adhérente d'un syndicat, « parce que c'est une valeur de solidarité importante »).

---

8. Inspection académique des Yvelines, Mission de promotion de la santé.

Construction et déconstruction du statut ?

Dans ce contexte, les médecins scolaires sont confrontés, non seulement à une extension de leurs missions, mais encore du secteur géographique qui leur est attribué. Les secteurs sont « à géométrie variable », ce qui signifie l'affectation de chaque médecin dans un nombre plus important d'établissements. Si l'on associe à l'idée de statut, celle de garanties quant au contenu de l'activité et aux conditions de travail, cette extension entraîne des remises en cause : ne pouvant plus tout assurer, les médecins assurent avant tout les urgences (concernant les maladies transmissibles, l'enfance en danger, les élèves « en situations à risques », les « situations de crise », selon les termes officiels). Ils manifestent une incompréhension face à un paradoxe : d'un côté, l'Éducation nationale cherche à valoriser leur domaine d'expertise propre (suivi des maladies chroniques, intégration des élèves handicapés), d'un autre côté, il n'y a pas de prévision de recrutement et la carrière reste peu attractive en termes de salaire. Les vacataires restaient nombreux jusqu'en 2004 (environ 40 % des effectifs), ce qui indique une propension du ministère à utiliser cette main-d'œuvre en fonction d'objectifs à court terme (« on voudrait mettre les médecins scolaires à toutes les sauces »). L'enveloppe prévue pour les rétribuer a baissé par la suite, sans que des postes de titulaires soient créés. Simultanément, des médecins dénoncent la « médicalisation de l'échec scolaire » ; on leur demande de faire passer des tests de « dépistage des troubles de l'apprentissage » alors que le personnel pédagogique connaît une réduction de ses effectifs. Le suivi des élèves, de surcroît, entraîne la constitution de dossiers de plus en plus lourds dès le début de la scolarité. Un problème de déontologie risque de se poser. Le conseil de l'Ordre rappelle que les médecins salariés, pas plus que les libéraux, « ne (peuvent) aliéner (leur) indépendance professionnelle sous quelque forme que ce soit »[9].

Le malaise, dont quelques aspects sont analysés ici, inspire des stratégies de résistance, comme les départs en détachement ou en disponibilité (« ceux qui partent sont souvent des médecins très investis, très impliqués », Mme E.). Les promotions impliquent parfois un abandon du terrain, c'est-à-dire un éloignement encore plus grand de la clinique, pour une fonction plus administrative, celle de conseil auprès des responsables de l'Éducation nationale. Les médecins, qui souhaitent un maintien de leurs interventions auprès des élèves, se demandent s'il ne faudrait pas retourner dans le giron du ministère de la Santé (« Mais il n'a pas l'air de vouloir nous reprendre », Mme P., 51 ans, CES de pédiatrie et CES de santé publique).

---

9. Dr. Gérard Zeiger, « Les médecins salariés sont confrontés plus que d'autres au problème de l'autonomie de décision », *Le Bulletin de l'Ordre des médecins* n° 1, janvier 2007.

CONCLUSION

Le cas des médecins scolaires est donc intéressant à plus d'un titre, qu'il soit envisagé sous l'angle des modes d'exercice de la médecine (beaucoup plus diversifiés qu'on ne le pense généralement, avec une montée du salariat), de la nature des interventions du corps médical et de son rapport à l'État, du processus de féminisation et de la création parallèle de sous-secteurs dans lesquels les femmes ou les hommes sont majoritaires... Loin de connaître une dévalorisation en raison de l'hyperféminisation de ses effectifs, le groupe professionnel a pu bénéficier d'une reconnaissance grâce à la qualification élevée des praticiennes et à leurs actions revendicatives. Toutefois, il est peut-être plus facile pour l'État de s'affranchir des obligations contractées avec l'attribution d'un statut parce qu'il a affaire à des femmes, toujours soupçonnées, malgré leur niveau de qualification, de manquer d'investissement et de rechercher un complément de revenu dans un ménage de « cadres ». Dans un contexte d'élargissement de leurs compétences et de réduction de leurs effectifs, le risque est de voir, comme dans d'autres secteurs de la fonction publique (chez les enseignants, les magistrats...), de bons éléments déserter la profession, ce phénomène concernant à l'avenir les femmes comme les hommes. D'ailleurs, la médecine libérale offre d'autres possibilités d'exercice, que ce soit du point de vue de l'autonomie et de l'indépendance professionnelle que du point de vue d'une organisation du travail avec le développement des cabinets de groupe [Lapeyre, 2006]. En résumé, il serait de plus en plus difficile pour les pouvoirs publics de mettre en avant les « avantages » liés à un mode d'exercice sexué de la médecine, en l'occurrence le salariat non hospitalier.

BIBLIOGRAPHIE

ABBOTT A. (1988), *The System of the Professions. An Essay on the Division of Expert Labour*, University of Chicago Press, Chicago.

CACOUAULT-BITAUD M. (2001), « La féminisation d'une profession est-elle le signe d'une baisse de prestige ? », *Travail, genre et sociétés* n° 5, mars.

CACOUAULT-BITAUD M. (2007), *Professeurs... mais femmes. Carrières et vies privées des enseignantes du secondaire au XXe siècle*, La Découverte, Paris.

LE FEUVRE N., LAPEYRE N., CACOUAULT M. et PICOT G. (2003), « La féminisation des professions libérales : l'exemple des professions médicales et juridiques ». Rapport au ministère de l'Emploi et de la Solidarité, service du Droit des femmes et de l'égalité, Étude n° 75, août.

HARDY-DURST J., HYBERT M. et RIGAUD T. (1997), *Les Services médicaux, infirmiers et sociaux de l'Éducation nationale*, Berger-Levrault, Paris.

LAPEYRE N. (2006), *Les Professions face aux enjeux de la féminisation*, Octarès, Toulouse.

PICOT G. (1995), « Les femmes médecins ou l'accès des femmes à une profession traditionnellement masculine », *Cahiers du GEDISST*, 13.

PICOT G. (2002), « Le rapport social entre médecins et infirmières à l'hôpital public », Thèse de 3ᵉ cycle en sociologie, Université de Saint-Quentin-en-Yvelines.

SCHWEITZER S. (2002), *Les femmes ont toujours travaillé*, Odile Jacob, Paris.

SCHWEYER F. X. (2005), « Qui sont les médecins de l'Éducation nationale ? Une enquête nationale sur leurs profils d'activité », *Actes de la journée Réussite scolaire pour tous les élèves*, ENSP-Rennes, octobre.

36

Avocats et médecins :
féminisation et différenciation sexuée des carrières

Nathalie Lapeyre

et Nicky Le Feuvre

Plusieurs recherches récentes ont mis l'accent sur le fait que, loin de constituer un phénomène en marge des dynamiques professionnelles, le processus de féminisation est à la fois révélateur et accélérateur des transformations structurelles profondes des groupes professionnels [Collin, 1992]. C'est ainsi que, selon l'expression de Claude Dubar, l'étude de la féminisation des groupes professionnels reste une « piste inédite » pour la formulation de nouvelles problématiques en sociologie des professions [Dubar, 1994, p. 382], ainsi que pour une compréhension approfondie des nouveaux enjeux auxquels les groupes professionnels sont aujourd'hui confrontés. Il n'en reste pas moins que les approches sociologiques traditionnelles des groupes professionnels donnent principalement à voir des acteurs d'un genre masculin, apparemment déchargés des contingences familiales et domestiques, et émettent à leur propos des hypothèses implicitement sexuées.

Cette contribution vise à présenter une synthèse des résultats récents des recherches sur les processus de féminisation des groupes professionnels et à mettre en perspective les nouveaux défis associés à ce phénomène, à la fois du point de vue des problématiques de recherche que de celui des groupes professionnels en tant que tels. À côté des signes témoignant d'une persistance tenace de la ségrégation sexuée au sein même des groupes professionnels en voie de féminisation, il s'agit également de reconnaître le potentiel de changement social qui est à l'œuvre dans ce champ.

Nos propos se basent sur un ensemble de recherches de terrain, menées depuis une quinzaine d'années, en France et dans une perspective comparative [Crompton et Le Feuvre, 1997 ; Crompton et Sanderson, 1986 ;

Lapeyre, 2006 ; Le Feuvre *et alii*, 2003].[1] Les résultats de ces recherches témoignent de deux grandes tendances quant au processus de féminisation des groupes professionnels ; d'une part, la persistance d'inégalités de sexe dans le déroulement des carrières et, d'autre part, l'érosion – plus ou moins partielle selon les cas – des mécanismes de différenciation sexuée des parcours professionnels. Si ces évolutions paraissent, à première vue, quelque peu contradictoires, elles co-existent bel et bien dans un même espace social et dans de mêmes temporalités historiques. L'élaboration d'une grille d'interprétation des tensions entre ces deux phénomènes constitue, à nos yeux, le principal défi à relever dans ce domaine.

FÉMINISATION ET INÉGALITÉS

Sans conteste, depuis quelque temps, la présence des femmes au sein des groupes professionnels est devenue plus visible, qu'ils soient déjà durablement féminisés ou en cours de féminisation. On parle d'elles, on les compte. Mais pourquoi s'intéresse-t-on tant aux femmes ? Essentiellement, nous semble-t-il, parce qu'elles cristallisent un certain nombre de craintes. L'arrivée des femmes fait peur : elles sont soupçonnées tour à tour d'être à l'origine d'une dévalorisation des groupes professionnels et d'entraîner la disparition des pratiques instituées (par les générations précédentes d'hommes) les plus valorisées. Elles représentent alors un danger, faisant encourir un risque à la profession tout entière (menaces sur les niveaux de rémunération, déséquilibre des régimes de retraite, discontinuité de service, etc.). De tels discours, largement véhiculés par les instances professionnelles, insistent sur les « spécificités » supposées des femmes au regard des normes antérieures, érigées en pratiques neutres du point de vue du genre [Lapeyre et Le Feuvre, 2005][2]. Toutefois, même si les perceptions des femmes sont plutôt négatives, et même si les instances professionnelles, les pouvoirs publics et, d'une certaine manière, le monde de la recherche, s'emparent de la question de la féminisation exclusivement sous l'angle des « problèmes nouveaux » qu'elle soulève, tels la gestion et la rémunération des congés de maternité, cette préoccupation a néanmoins permis la production de statistiques sexuées précises et fiables.

---

1. Pour la France, nous avons effectué environ 150 entretiens biographiques auprès de femmes et d'hommes appartenant à différents groupes professionnels (médecins, avocats, architectes, cadres bancaires, orthophonistes, universitaires etc.), quel que soit leur le mode d'exercice (libéral, salarié mixte).

2. Parfois, les « spécificités féminines » sont célébrées, plutôt que vilipendées. Ainsi, un récent sondage du Conseil national des barreaux montre que « l'arrivée significative des femmes dans la profession » est jugée comme une évolution positive pour 87 % des avocat (e) s [Conseil national des barreaux, 2005]. Sur le fond, la logique est identique : les femmes sont toujours pensées dans leur « différence », érigée en « Nature féminine » [Guillaumin, 1992].

À quelques rares exceptions près [Boigeol, 1996 ; Cacouault, 2001 ; Marry, 1989], les rendez-vous entre les thématiques « professions » et « genre » ont longtemps été manqués du côté de la recherche académique en France. Contrairement aux recherches anglo-saxonnes et francophones d'ailleurs [Collin, 1992 ; Epstein, 1970 ; Lorber, 1984], les travaux sur la féminisation en France ont longtemps existé en marge de la sociologie des professions, elle-même peu investie dans ce pays jusqu'au milieu des années 1990. Toutefois, la situation semble évoluer de façon positive dans la période récente. Indépendamment de la production de travaux de plus en plus nombreux spécifiquement sur le processus de féminisation des groupes professionnels et leur reconnaissance par les spécialistes reconnus de ce champ [Guichard-Claudic et alii, 2008], ce phénomène se manifeste également dans une prise en compte croissante de « la place des femmes » dans l'ensemble des travaux menés sur les groupes professionnels, et par une réduction du « biais androcentrique » [Mathieu, 1971], caractéristique de beaucoup de recherches antérieures.

La production de statistiques sexuées permet, d'une part, d'avoir une vision plus claire des caractéristiques des populations professionnelles et, d'autre part, d'affiner les interprétations sociologiques de ce phénomène. Ainsi, même si la sexuation des données descriptives de base des groupes professionnels (sur le recrutement, la formation, les carrières, etc.) est encore loin d'être systématique, il est incontestablement plus aisé de saisir les caractéristiques sexuées des groupes professionnels et, donc, les enjeux de la féminisation aujourd'hui.

Des constats statistiques plus précis

Quels enseignements peut-on tirer de la production de statistiques sexuées sur la démographie professionnelle ? Le Tableau 1 fait état d'une évolution progressive des taux de féminisation au sein des deux professions sur lesquelles nous avons le plus travaillé, celles de médecin et d'avocat. On note que la présence des femmes au sein des professions juridiques est plus ancienne (années 1950) que dans la profession de médecin (années 1970). Dans ces deux groupes professionnels, les leviers classiques de la féminisation se sont pleinement déployés. En effet, la levée des barrières institutionnelles ou informelles de formation, recrutement et sélection des nouveaux entrant(e) s a indéniablement bénéficié aux femmes, précisément dans un contexte d'expansion démographique. D'ici 2010 pour les avocats et 2020 pour les médecins, les femmes deviendront majoritaires parmi les professionnels en exercice.

Au-delà de l'évolution des taux de féminisation des groupes professionnels, les données statistiques nous renseignent également sur les formes de sexuation des groupes professionnels et leurs transformations. Où sont réellement les femmes ? Y a-t-il ou non un plafond de verre ?

Tableau 1 — Évolution des taux de féminisation globaux, professions de médecin et d'avocat (1982-2005).

Professions/Années	1982	1990	2000	2005
Médecins	24,0	29,6	36,4	38,4*
Avocats	34,6	39,5	46,0	47,3

Sources : Médecins [CNOM, 2005 ; CREDOC, 1983 ; Sicart, 2006] ; Avocats [Kaminske, 1995 ; Observatoire du CNB, 2005] ; * Chiffres de 2006.

De la reproduction des rapports sociaux de sexe...

Tout d'abord, les données disponibles permettent de décrire dans le détail des processus de différenciation et de hiérarchisation des sexes au sein des espaces professionnels, et mettent l'accent sur la perpétuation d'une division sexuelle du travail plutôt « traditionnelle » dans les sphères familiales et professionnelles. Ainsi, les femmes semblent relativement délaisser les modes d'exercice et les spécialités les plus « chronophages », intégrant davantage que les hommes les contraintes liées à la gestion de l'interface travail/famille. Du côté des médecins, les femmes sont sous-représentées en pratique libérale et surreprésentées dans les positions salariées (48,8 % de femmes médecins salariées pour un taux de féminisation de 38,4 %) (*cf.* tableau 2). Mais attention, « il y a salariat et salariat » [Le Feuvre *et al.*, 2003] et exercer en médecine préventive ne signifie pas la même chose que d'occuper un emploi salarié en haut de la hiérarchie hospitalière (où l'on retrouve une majorité d'hommes). Du fait de ces différences et de la pyramide des âges, il y a actuellement davantage de médecins hommes salariés en France que de femmes ayant ce statut ! Du côté des avocat(e)s, l'exercice libéral comprend 53 % d'hommes et 47 % de femmes, soit des taux relativement conformes à la part des femmes dans la profession (47,3 %).

Tableau 2 — Répartition sexuée des effectifs professionnels selon le mode d'exercice, professions de médecin et d'avocat (2005)

Professions/ Mode d'exercice/Sexe	Médecins	Avocats
Libéral Hommes	69,5	53,0
Libéral Femmes	30,5	47,0
Total	*100 %*	*100 %*
Salariat Hommes	51,2	44,8
Salariat Femmes	48,8	55,2
Total	*100 %*	*100 %*

Sources : Médecins [Sicart, 2005], Avocats [Observatoire du CNB, 2007].

Les avocates sont, par contre, surreprésentées dans le salariat (55,2 %), mais ce mode d'exercice ne concerne qu'un tout petit nombre de professionnels (8 % d'entre eux) dont les trois quarts ont moins de 39 ans. Ici aussi, les différenciations sexuées jouent davantage du côté du statut des emplois que des modes d'exercice. Les avocats libéraux se répartissent en trois catégories : collaborateurs, indépendants et associés. Et les femmes ne représentent que 12 % des associées dans les grands cabinets d'affaire [*La Lettre du juriste conseil d'entreprise*, 2000].

Les disparités de revenus sont largement dépendantes des statuts professionnels : en 2003, les collaborateurs/trices perçoivent, en moyenne, des revenus près de 6 fois inférieurs à ceux des associé(e)s[3]. Si de nombreux facteurs, tels le mode d'exercice, le statut, l'ancienneté, la spécialisation, le lieu d'exercice ou encore le temps de travail, jouent dans ces disparités de revenus, la variable sexe a aussi son importance. Ainsi, les jeunes professionnelles (moins de 10 ans d'exercice) couvrent 47 % des BNC[4] générés par l'ensemble des avocats de cette catégorie, alors qu'elles représentent 57 % des effectifs. Les revenus des jeunes femmes sont beaucoup moins dispersés que ceux des hommes et, en moyenne, elles gagnent environ deux tiers des revenus de leurs confrères masculins. Par ailleurs, les différences générationnelles entre femmes avocates persistent (les jeunes avocates, 51 % de l'effectif féminin, génèrent 38,5 % des revenus des femmes avocats). Enfin, comme cela avait déjà été observé il y a une quinzaine d'années [Le Feuvre et Walters, 1993], au-delà de dix années d'exercice, les écarts de revenus hommes/femmes ne sont pas compensés ; ce qui n'est pas sans provoquer un certain nombre d'inquiétudes pour les cotisations retraite de l'ensemble de la profession. Si la maternité est couramment évoquée comme une variable explicative de ces écarts, les interruptions de carrière pour cause de maternité sont généralement courtes et cette explication paraît trop lacunaire.

L'inventaire des différenciations sexuées pourrait se réaliser sur bien d'autres indicateurs, comme la spécialisation[5], le temps de travail ou le contenu même de l'activité professionnelle, témoins de la complexité des mécanismes à l'œuvre. L'ensemble de ces données laissent apparaître la persistance d'un modèle dominant ou « éthos » professionnel : celui de la disponibilité permanente du praticien envers sa clientèle. Ce modèle se caractérise par l'exceptionnelle longueur de la durée du travail, aux horaires atypiques et élastiques, et un rapport pour le moins lointain à la sphère

3. Les recettes nettes moyennes annuelles des avocats collaborateurs étaient de 49 508 €/an en 2003, celles des individuels de 132 434 €/an et celles des associés de 301 722 €/an [Observatoire du CNB, 2007]
4. BNC : Bénéfices non commerciaux.
5. En médecine, les femmes sont surreprésentées dans les spécialités médicales et particulièrement dans un certain nombre de niches dites « féminines » : gynécologie médicale (88,3 %), pédiatrie (59 %) ou médecine du travail (68,9 %) ; les avocates sont quant à elles plutôt spécialisées en droit social, de la famille ou des personnes.

domestique, familiale et éducative, dont les charges sont assumées par les conjoint(e) s et/ou par d'autres catégories sociales de femmes, contre rémunération.

Dans ce contexte, la féminisation plus ou moins massive des groupes professionnels, ne remet pas, ou peu, en cause une hiérarchie symbolique en faveur des hommes. Il n'empêche, largement exclues des positions de prestige professionnel occupées par les « hommes pourvoyeurs », les femmes impulsent un mouvement de diversification des manières d'exercer la profession, marqueur de nouvelles formes de différenciation des sexes. Si les femmes médecins et avocates pionnières ont été directement confrontées à la nécessité de se faire une place dans certaines « niches » professionnelles ou modes d'exercices spécifiques (médecine spécialisée de ville, par exemple) [Herzlich *et alii*, 1993], l'analyse de quelques données quantitatives nous permet de prendre la mesure de la disparition relative ce phénomène au cours du temps.

PARCOURS PROFESSIONNELS ET SCRIPTS SEXUÉS

Comment interpréter le processus de féminisation au regard de l'évolution des rapports sociaux de sexe et des nouvelles logiques de structuration des groupes professionnels ? De toute évidence, compter les femmes et identifier leur place précise au sein des hiérarchies professionnelles ne suffit pas pour saisir les enjeux de ce phénomène. Pour comprendre les effets sociaux de la féminisation des groupes professionnels, il paraît nécessaire d'élaborer une grille d'analyse qui permet de saisir les logiques partiellement contradictoires à l'œuvre.

C'est ce défi que nous avons cherché à relever dans l'analyse des discours et pratiques d'hommes et de femmes à propos de la « conciliation » des espaces professionnels et familiaux [Lapeyre et Le Feuvre, 2004]. Les résultats font apparaître le maintien d'une injonction collective à la dite « conciliation » en direction des femmes et d'une présomption de « disponibilité permanente » à l'égard de la profession chez les hommes, même quand ces derniers cherchent (de gré ou de force, comme dans le cas de certains pères divorcés) à instaurer des pratiques novatrices, notamment en matière de prise en charge des enfants. Ainsi, les étapes de carrière restent fortement marquées par de véritables constructions cognitives normatives ou « scripts sexués » [Le Feuvre et Lapeyre, 2005], régissant les modes de socialisation professionnelles, et toutes les « qualités »/ « compétences » permettant de départager les « bons » des « mauvais » professionnels. Dans ce cadre, les femmes ont plus de difficulté que les hommes à bénéficier d'une « présomption de compétence » [Rhode, 2001]. Cette injonction s'impose à la grande majorité des femmes médecins et avocats, même si certaines arrivent à en contester la légitimité.

Citons, à titre d'exemple, l'expérience d'une jeune cardiologue, âgée de 34 ans et mère de deux enfants en bas-âge. Ses chefs de service en internat lui avaient « déconseillé » de suivre la voie de la carrière hospitalo-universitaire à laquelle elle aurait pu prétendre. Elle exerce en pratique mixte (cabinet libéral/clinique privée), associée avec un confrère cardiologue en fin de carrière. Le contrat d'association stipule le nombre d'heures de travail (50 heures par semaine plus les gardes) de manière identique pour les deux associés. Ce contrat assure une égalité des revenus, dans le sens où les bénéfices sont répartis en deux parts égales. Mais les ressorts de l'égalité dans la sphère professionnelle ne se retrouvent pas forcément du côté de la vie familiale. Bien que son conjoint (ingénieur) occupe un emploi salarié soumis aux 35 heures, il ne participe pas pour autant activement à l'organisation de la vie familiale. Ainsi, lors des week-ends de garde (une fois par mois), elle fait venir ses parents (résidant à plus de 300 kilomètres du domicile familial) pour garder les enfants. Le reste du temps, ses journées s'apparentent à une véritable course contre la montre : « Il faut toujours courir pour justement rentrer plus tôt le soir. La pression que j'ai c'est pour arriver à 19 h 30 chez moi parce que la nounou part à 19 h 30... », alors même que le conjoint est présent au domicile presque tous les soirs de la semaine. Ainsi, même quand les mécanismes de l'indifférenciation sexuée jouent du côté professionnel, les injonctions à l'assignation domestique et familiale des femmes ne disparaissent pas pour autant dans la sphère privée. L'entrée des femmes dans les professions qui confèrent à la fois des revenus élevés et un partage des responsabilités, créé indéniablement des tensions nouvelles. Que celles-ci soient majoritairement « gérées » sur le plan individuel, sous couvert de « négociations » plus ou moins explicites avec l'entourage familial, et avec des conséquences néfastes pour le niveau de stress des enquêtées, cela n'empêche pas l'émergence de nouvelles préoccupations, voire pratiques au sein même de l'espace professionnel.

LES CHANGEMENTS PORTÉS PAR LA FÉMINISATION

Au-delà du maintien général des mécanismes de différenciation des carrières masculines et féminines, nos enquêtes laissent également voir – dans des circonstances qu'il convient d'analyser avec davantage de précision à l'avenir – une convergence ou homogénéisation progressive des comportements professionnels de certain(e) s hommes et femmes au sein de ces groupes professionnels. Ainsi, les lignes traditionnelles de démarcation des carrières masculines et féminines tendent à devenir de plus en plus « floues » [Crompton, 1999]. Du côté des médecins, par exemple, l'activité des hommes et des femmes tend à se resserrer : les revenus des femmes généralistes libérales équivalaient à 60 % de ceux de leurs confrères il y a dix ans, contre 70 % actuellement [Niel, 2002]. De même, le nombre de consultations et de visites effectuées par des femmes augmente plus rapide-ment chez les femmes que les hommes [Bessière, 2005]. Au sein de la profession d'avocat, des différenciations sexuées existent autour des mentions de spécialisation, mais le traitement du contentieux ordinaire du particulier est largement commun aux deux sexes.

Incontestablement, nous assistons à un « changement de référentiel » [Lapeyre et Le Feuvre, 2005] en matière d'organisation du travail, visible, d'une part, au sein même des groupes professionnels en voie de féminisa-tion et, d'autre part, dans les transformations du rapport à l'emploi des conjointes d'hommes médecins ou avocats. Au-delà de la présence de plus en plus massive des femmes au sein des espaces professionnels, se profile une dynamique plus générale tendant à atténuer la différenciation du contenu même du travail juridique et médical pour les deux sexes. En effet, les jeunes générations d'hommes médecins et avocats vivent de plus en plus souvent en couple avec des femmes diplômées et qui entendent bien renta-biliser leurs investissements en formation sur le marché du travail des professions supérieures et « faire carrière ». Cela représente un changement tout aussi important que la féminisation de tel ou tel groupe professionnel en soi.

Certes, les enquêtes emploi du temps [Brousse, 2000] montrent que la division sexuelle du travail domestique et éducatif reste toujours très inéga-litaire, malgré de très forts taux de participation des femmes au marché de l'emploi. Mais la figure traditionnelle de « l'épouse collaboratrice », assu-mant tour à tour les fonctions de réceptionniste, secrétaire, chargée de rela-tions publiques, organisatrice de plannings, etc., est incontestablement en voie de disparition. L'activité professionnelle des femmes a largement mis à mal la légitimité symbolique et économique de la désertion de la sphère privée par les hommes. Dans ce contexte, les impératifs de la « conciliation » entre la vie professionnelle et la vie familiale n'incombent plus seulement aux femmes, mais aux deux sexes. Cette nouvelle forme de « dynamique du genre » [Le Feuvre, 2003], qui est particulièrement percep-tible chez les jeunes générations [Lapeyre et Robelet, 2007], influe sur les conditions de l'offre et de l'accès aux soins et aux services juridiques.

Ainsi, si certaines femmes prennent de la distance par rapport au modèle de la disponibilité permanente, en quête d'une certaine « souveraineté temporelle » [Lapeyre et Le Feuvre, 2004, 2007] dans la définition des bornes de l'activité professionnelle et de l'engagement domestique et éducatif, quelques hommes leur emboîtent également le pas. Les stratégies de densification et d'intensification du travail (accueil exclusivement sur rendez-vous, limitation stricte des plages horaires de travail, travail en réseaux, etc.), bref, tout ce qui « pose problème » aux instances profession-nelles et aux pouvoirs publics, ne sont en rien l'apanage des seules femmes.

Si mixité ne rime pas forcément toujours avec égalité [Fortino, 1999], nous pouvons toutefois observer une modification du rapport des hommes professionnels à leur activité. Citons, à titre d'exemple, le cas d'un jeune juriste, âge de 39 ans et salarié dans un grand cabinet d'avocats (gestionnaire d'un portefeuille d'entreprises). Sa conjointe est manager financier dans un grand groupe international. Son récit fait part de l'acrobatie quotidienne à laquelle le couple se livre pour gérer la prise en charge de leurs deux enfants (âgés de six mois et sept ans). L'interchangeabilité des rôles, tâches et fonctions s'observe réellement dans leurs pratiques quotidiennes : courses, transport des enfants, cuisine, ménage, repassage, soins, biberons n'ont pas de genre. Néanmoins, cette implication « hors normes » d'un homme dans la vie familiale a constamment besoin d'être justifiée à l'égard de l'environnement social et surtout de ses supérieurs hiérarchiques. Son emploi du temps quotidien s'ajuste en fonction de la fluctuation de son propre activité professionnelle, de celle de sa conjointe et de ses contraintes familiales. Cherchant avant tout à préserver sa vie de famille et à soutenir la carrière de sa compagne, cet homme connaît un certain ralentissement de sa progression professionnelle. Il est néanmoins important de souligner qu'une proposition d'association lui a tout de même été faite, malgré son implication dans la vie familiale, ce qui est rarement le cas pour les femmes engagées dans ce genre de « gymnastique » quotidienne.

CONCLUSION

L'analyse des dynamiques de reproduction et de changement à l'œuvre dans les groupes professionnels montre que, au-delà de la complexité des mécanismes à l'origine de la féminisation (ou de son absence, d'ailleurs), la place des femmes constitue désormais un prisme incontournable pour une compréhension des évolutions professionnelles en cours. Au-delà de la prise en compte plus systématique du genre des groupes professionnels, les défis à relever se situent incontestablement du côté de l'élaboration d'approches théoriques et méthodologiques susceptibles de rendre compte des processus complexes de reproduction/transformation des fondements idéels et matériels de la domination masculine [Le Feuvre, 2001] qui se jouent au sein des espaces professionnels féminisés ou en cours de féminisation.

BIBLIOGRAPHIE

BESSIÈRE S. (2005), « La féminisation des professions de santé en France : données de cadrage », *Revue française des affaires sociales*, Vol, 5, n° 1, p. 19-34.
BOIGEOL A. (1996), « Les femmes et les cours. La difficile mise en œuvre de l'égalité des sexes dans l'accès à la magistrature », *Genèses,* n° 22, p. 107-129.

B<small>ROUSSE</small> C. (2000), « La répartition du travail domestique entre conjoints reste très largement spécialisée et inégale » *in* INSEE (dir.), *France, Portrait social 1999-2000,* p. 134-151.

C<small>ACOUAULT</small> M. (2001), « La féminisation d'une profession est-elle le signe d'une baisse de prestige ? », *Travail, genre et sociétés,* n° 5, p. 93-116.

CNOM (2005), *Démographie médicale française. Situation au 1ᵉʳ janvier 2005,* Conseil national de l'Ordre des médecins, Paris.

C<small>OLLIN</small> J. (1992), « Les femmes dans la profession pharmaceutique au Québec : rupture ou continuité ? », *Recherches féministes,* vol 5, n° 2, p. 31-56.

C<small>ONSEIL NATIONAL DES BARREAUX</small> (2005), *Avocats : faits et chiffres — Une profession qui avance,* CNB, Paris.

CREDOC (1983), *Femmes médecins : démographie, activité et prescriptions en activité libérale,* CREDOC, Paris.

C<small>ROMPTON</small> R. (1999), « The decline of the Male Breadwinner : explanations and interpretations », *in* R. C<small>ROMPTON</small> (dir.), *Restructuring Gender Relations and Employment : The Decline of the Male Breadwinner,* Oxford University Press, Oxford, p. 1-25.

C<small>ROMPTON</small> R. et L<small>E</small> F<small>EUVRE</small> N. (1997), « Choisir une carrière, faire carrière : les femmes médecins en France et en Grande-Bretagne », *Cahiers du GEDISST,* n° 19, p. 49-75.

C<small>ROMPTON</small> R. et S<small>ANDERSON</small> K. (1986), « Credentials and careers : some implications of the increase in professional qualifications amongst women », *Sociology,* vol. 20, n° 1, p. 25-42.

D<small>UBAR</small> C. (1994), « Conclusion : Les objectifs et problèmes d'une sociologie des groupes professionnels aujourd'hui », *in* C. D<small>UBAR</small> et Y. L<small>UCAS</small> (dir.), *Genèse et dynamique des groupes professionnels,* Presses universitaires de Lille, Lille, p. 377-383.

E<small>PSTEIN</small> C. F. (1970), *Woman's Place : Options and Limits in Professional Careers,* University of California Press, Berkeley.

F<small>ORTINO</small> S. (1999), « De la ségrégation sexuelle des postes à la mixité au travail : étude d'un processus », *Sociologie du travail,* vol. 41, n° 4, p. 363-384.

G<small>UICHARD-CLAUDIC</small> Y., K<small>ERGOAT</small> D. et V<small>ILBROD</small> A. (dir.) (2008), *L'Inversion du genre. Quand les métiers masculins se conjuguent au féminin... et réciproquement,* Presses universitaires de Rennes.

G<small>UILLAUMIN</small> C. (1992), *Sexe, race et pratique du pouvoir : l'idée de Nature,* Côté-Femmes, Paris.

H<small>ERZLICH</small> C., B<small>UNGENER</small> M., P<small>AICHELER</small> G., R<small>OUSSIN</small> P. et Z<small>UBER</small> M.-C. (1993), *Cinquante ans d'exercice de la médecine en France. Carrières et pratiques des médecins français 1930-1980,* INSERM/Doin, Paris.

K<small>AMINSKE</small> M. (1995), *Les Femmes dans les professions libérales.* Rapport à la Délégation interministérielle aux professions libérales (DIPL), Paris.

L<small>A</small> L<small>ETTRE DU JURISTE CONSEIL</small> d'entreprise (2000), *Dossier : Professions juridiques : place aux femmes,* n° 6, avril.

L<small>APEYRE</small> N. (2006), *Les Professions face aux enjeux de la féminisation,* Octarès, Toulouse.

L<small>APEYRE</small> N. et L<small>E</small> F<small>EUVRE</small> N. (2004), « Concilier l'inconciliable ? Le rapport des femmes à la notion de « conciliation travail-famille » dans les professions libérales en France », *Nouvelles questions féministes,* vol 23, n° 3, p. 42-58.

LAPEYRE N. et LE FEUVRE N. (2005), « Féminisation du corps médical et dynamiques professionnelles dans le champ de la santé », *Revue française des affaires sociales,* vol 59, n° 1, 59-81.

LAPEYRE N. et ROBELET M. (2007), « Du temps professionnel total à la régulation des temps sociaux : les jeunes générations de médecins devant l'émergence d'un nouvel ethos temporel », *Loisir et Société/Society & Leisure,* vol 29, n° 1, p. 57-78.

LE FEUVRE N. (2001), « La féminisation de la profession médicale en France et en Grande-Bretagne : voie de transformation ou de recomposition du 'genre'? » *in* C. PHILIPPE (dir.), *Femmes et hommes dans le champ de la santé : approches sociologiques,* Éditions de l'École nationale de santé, Rennes, p. 197-228.

LE FEUVRE N. (2003), *Penser la dynamique du genre : parcours de recherche.* Toulouse : Dossier présenté en vue de l'obtention de l'habilitation à diriger les recherches, université Toulouse-II, décembre.

LE FEUVRE N. et LAPEYRE N. (2005), « Les scripts sexués de carrière dans les professions juridiques en France », *Knowledge, Work & Society/Travail, savoir et société,* vol 3, n° 1, p. 101-126.

LE FEUVRE N., LAPEYRE N., CACOUAULT M., et PICOT G. (2003), *La Féminisation des professions libérales : l'exemple des femmes médecins et avocats,* Rapport final au Service des droits des femmes et de l'égalité, Toulouse, août.

LE FEUVRE N. et WALTERS P. A. (1993), « Égales en Droit ? La féminisation des professions juridiques en France et en Grande-Bretagne », *Sociétés contemporaines,* n° 16, p. 41-62.

LORBER J. (1984), *Women Physicians : Careers, Status and Power,* Tavistock, Londres.

MARRY C. (1989), « Femmes-ingénieurs : une (ir) résistible ascension ? » *Information sur les sciences sociales,* vol 28, n° 2, p. 291-344.

MATHIEU N.-C. (1971), « Notes pour une définition sociologique des catégories de sexe », *Épistémologie sociologique,* n° 11, p. 19-39.

NIEL X. (2002), « La démographie médicale à l'horizon 2020 : Une réactualisation des projections à partir de 2002 », *Études et Résultats,* n° 161, p. 1-8.

OBSERVATOIRE DU CNB (2005), *Statistiques — Modes et structures d'exercice des avocats en France.* Conseil national des barreaux (CNB), Paris.

OBSERVATOIRE DU CNB (2007), *Regards sur une nouvelle génération d'avocats,* septembre, Conseil national des barreaux, Paris.

RHODE D. L. (2001), *Women and the Legal Profession,* American Bar Association, Commission on Women in the Profession, Chicago.

SICART D. (2005), « Les médecins. Estimations au 1er janvier 2005 », *DREES — Séries statistiques,* n° 88.

SICART D. (2006), « Les médecins. Estimations au 1er janvier 2006 », *DREES. Série statistiques,* n° 103.

Conclusion

Charles Gadéa

Le tableau brossé dans cet ouvrage offre un large panorama des recherches sociologiques actuelles portant sur les groupes professionnels. Ce domaine correspond à l'évidence à d'amples territoires d'investigation, en constante extension. Toute visée d'exhaustivité aurait donc été vaine, et nous avons préféré faire ressortir la variété des pistes d'analyse. D'autres choix auraient pu être possibles, tant les terrains et objets apparaissent inépuisables. C'est là un premier enseignement de ce périple à travers la sociologie des groupes professionnels : l'éventail des activités professionnelles étudiées s'élargit continûment et la diversité des situations de travail décrites apparaît sans limite.

L'accumulation de travaux empiriques confirme aussi – c'est un deuxième enseignement – que les activités et situations abordées par la sociologie des groupes professionnels recèlent une série d'enjeux et de problèmes similaires, même s'ils se déclinent de manière spécifique et ont des traductions particulières. Que les professionnels y soient exposés de manière différenciée et y répondent de diverses façons est chose entendue. Mais il est certain aussi que profiler et calibrer l'analyse sociologique à partir du prisme des groupes professionnels permet d'identifier des questions transversales, révélatrices des transformations contemporaines du travail et de la société dans son ensemble.

Cette focale conduit notamment à révéler – c'est un troisième enseignement – combien les enjeux de maîtrise, de contrôle et de configuration du travail se présentent de manière à peu près universelle dans tous les mondes professionnels et pour toutes les catégories de travailleurs. Quelles que soient les caractéristiques de leurs activités, tous sont confrontés à des enjeux de délimitation de leurs attributions, à des recompositions de leurs savoirs, à des modulations de leurs faisceaux de tâches, à des réorientations

de leurs stratégies collectives, autant de processus qui interrogent leur identité, leur pérennité, leur devenir.

Il y a, à cet égard, une vertu à parcourir tous les étages des hiérarchies
professionnelles et à visiter tous les recoins de la division du travail, sans
compartimenter les analyses en fonction des degrés de prestige, des modes
d'exercice, des rangs statutaires, des formes d'emploi. Car les rapprochements et comparaisons ainsi produits permettent de saisir – c'est un
quatrième enseignement – des mutations du travail et de ses conditions de
réalisation qui, précisément, déplacent ces distinctions, brouillent ces frontières, relativisent ces cloisonnements.

Une telle intention innerve cet ouvrage. Dès lors, la sociologie des groupes professionnels qui s'en dégage se distingue nettement des tentatives de
modélisation d'une sociologie particulière ou spécialisée. Elle n'est pas
localisée sur un segment des systèmes d'emploi, délimitant des phénomènes
spécifiques, qu'ils soient appelés professions ou groupes professionnels.
Loin de se réduire à un objet empirique, ou à un sous-domaine thématique,
elle s'apparente plutôt à un niveau d'analyse qui apporte un éclairage vif sur
les mutations du travail, sa recomposition permanente, sa division continue.
Dans cette perspective, quelques conséquences et propositions théoriques
peuvent être tirées des contributions proposées.

L'ÉCLATEMENT DE LA PROFESSIONNALISATION

En France, on sait la faible pertinence de la distinction entre *profession*
et *occupation*, aussi absente des pratiques langagières que peu utilisée dans
les travaux de recherche. Ceux-ci se sont développés à partir du déplacement théorique représenté par le passage des professions aux groupes
professionnels. En sus de l'élargissement empirique qu'il apporte, ce
passage a ouvert la voie à d'autres questionnements théoriques.

En premier lieu, cette perspective permet de prendre en compte des
changements contemporains dans le monde du travail qui démentent
l'image d'un monde de notables, offrant des carrières sûres, des revenus
importants, une activité valorisée. Cette figure du *professional* s'avère quelque peu éloignée des réalités vécues par nombre de médecins ou avocats,
confrontés au contrôle des coûts de la sécurité sociale ou aux formes d'exercice imposées par les grands cabinets internationaux. À plus forte raison, ce
modèle peine-t-il à rendre compte de la déstabilisation des métiers industriels, emportés par la crise de l'emploi ou grignotés par l'implantation de
méthodes de gestion des ressources humaines fondées sur les compétences,
autrement dit sur les seuls savoirs connus et reconnus par l'employeur. Le
paradoxe est à son comble lorsqu'il est question du développement des
services – notamment à la personne – et de l'émergence de nouvelles activités

dont l'utilité sociale est proclamée mais qui demeurent peu formalisées, faiblement structurées, mal rémunérées.

Une des conséquences qui en découlent est que l'absence des traits classiquement attribués à la profession, ou au métier, n'enlève rien à la pertinence d'une activité donnée en tant qu'objet de recherche. Bien au contraire, la sociologie des groupes professionnels se nourrit des enrichissements qu'apporte l'étude de situations qui apparaissent comme des cas limites, dépourvues en partie ou en totalité des traits saillants du modèle de la profession établie : activités illégitimes ou illégales, activités bénévoles ou militantes, ou simplement activités naissantes et peu organisées, ou encore activités mourantes et dévitalisées. Il s'agit alors d'analyser non des réalisations plus ou moins conformes à un modèle unique mais des processus multiples, un foisonnement de logiques n'obéissant pas nécessairement à une quelconque norme universelle. La démarche est ainsi renversée : les traits communs éventuels ne sont plus définis abstraitement à l'avance, ils ne peuvent que découler de la confrontation des observations de terrain sur un ensemble varié de situations. En bref, il s'agit de procéder de manière inductive, en partant du terrain, et non de plaquer des schémas théoriques sur des matériaux inévitablement rebelles.

Dès lors les observations empiriques réunies au sujet de telle ou telle activité ne peuvent être théorisées en termes de degré d'accomplissement d'un modèle professionnel, ou de distance à ce modèle. La visée théorique ne relève pas de la mesure d'intensité de la professionnalisation, de l'identification de degrés dans un processus unique. Autrement dit, il n'y a pas d'étalon du professionnalisme, ni de voie « normale » de professionnalisation, mais une série de processus empruntant des routes variées, tantôt vers des modalités diversement proches ou décalées du modèle classique de la profession, tantôt vers des logiques tout autres. La professionnalisation, à la fois concept en vogue et catégorie récurrente des débats publics sur le travail, n'a rien d'un processus univoque et linéaire. Elle correspond à des dynamiques plurielles et multidirectionnelles : elles sont souvent partielles et peuvent être réversibles, elles sont marquées par des tournants qui ont des effets d'augmentation de la cohésion ou de fragmentation, elles peuvent provoquer des déplacements de frontières, elles peuvent susciter des alliances ou faire éclater les conflits, alimenter des mécanismes de sélection et d'exclusion, etc.

Aussi les recherches réunies dans cet ouvrage laissent-elles souvent apparaître non la façade, l'image lisse et respectable que se donnent souvent les groupes professionnels, mais les lézardes, les bricolages et les constructions instables. Elles argumentent combien ils sont des figures problématiques, évolutives et hétérogènes ; combien ils sont des agrégats variables inscrits dans des enjeux de maîtrise et de reconnaissance d'un travail et de conquête et consolidation d'une place (parfois d'un statut) dans la division du travail.

LA VARIÉTÉ DES DYNAMIQUES PROFESSIONNELLES

La question transversale qui parcourt tous les chapitres de cet ouvrage est celle de la spécialisation des activités professionnelles, c'est-à-dire au fond de l'émergence, de l'existence et de la survie de groupes professionnels. Le procès de division du travail apparaît central, ce qui conduit à ne jamais isoler les professionnels étudiés des contextes dans lesquels ils travaillent, et qui constituent des enchevêtrements de contraintes et de ressources pour leur propre existence. Les groupes professionnels, quelle que soit la force de leur affirmation et de leur identité collective, ne sont jamais tout à fait autonomes ; plus précisément les enquêtes empiriques conduisent les chercheurs à ne pas les considérer comme tels, inscrits qu'ils sont dans des hiérarchies sociales, relations de pouvoir et rapports de domination, et dans des environnements organisés, des systèmes concurrentiels, des formes de coopération. De ce schème analytique se dégage une conclusion transversale : les groupes professionnels concrets ne forment jamais une figure achevée ou accomplie, ils sont indissociables de dynamiques professionnelles qui le forment, les déforment, les transforment. À divers titres, les contributions à cet ouvrage plaident en faveur d'une telle conclusion.

Unité et homogénéité

Cette dynamique se lit d'abord à travers les processus complexes qui définissent le groupe professionnel en tant qu'entité collective dotée certes d'une certaine cohésion, sans laquelle elle ne pourrait exister, mais qui se caractérise moins par l'unité et l'homogénéité que par les forces contraires dont elle est le siège et qui forment en quelque sorte la signature propre de chacune d'elles. Il ne s'agit pas seulement du simple constat d'une différenciation des carrières individuelles, tant il est évident que dans toute spécialité les travailleurs n'ont pas les mêmes expériences, anciennetés, avancées dans la carrière. Ce qui est en jeu ce n'est pas la hiérarchisation interne selon des échelles de prestige, de richesse, de réussite. C'est plutôt la force de puissantes logiques différenciatrices, qui contribuent à faire émerger des catégories plus ou moins nettement constituées de professionnels au sein d'une même profession, au point que les termes sont souvent impropres à décrire ces relations ambiguës : on parle ainsi parfois des « métiers » du médecin ou de l'ingénieur, qui ne sont pas de simples spécialisations mais de véritables mondes professionnels éloignés les uns des autres.

Ainsi les comptables libéraux ne se distribuent pas seulement selon le volume de leur chiffre d'affaire, la taille de leur cabinet, ou l'importance des firmes pour lesquelles ils travaillent. Certains produisent les normes professionnelles qui s'appliquent à tous, tandis que d'autres sont laissés à l'écart de cette fabrication mais sont contraints de supporter le poids de cette normalisation. Une fraction de la profession comptable, notamment les *Big Four*, exerce un pouvoir contraignant sur l'ensemble des professionnels ; et certains apparaissent comme des « dominants », d'autres comme des « dominés » (Ramirez).

Dans un espace professionnel bien différent, tel celui des arts, les inégalités internes, au sein d'une même spécialité, sont particulièrement accusées, en raison de mécanismes « d'avantage cumulatif » caractéristiques d'un « marché du travail désintégré » (Menger). Des écarts de valeur et de réputation même limités ont tendance à s'amplifier, de sorte que les professionnels qui se situent aux extrêmes ne semblent plus guère appartenir aux mêmes mondes. Sur le marché du travail académique, où dominent les règles de la compétition et de l'excellence, d'importantes discriminations des carrières peuvent également être observées, en particulier entre les hommes et les femmes, qui butent, comme dans de nombreux autres milieux, sur un plafond de verre (Marry et Jonas). La dynamique des rapports sociaux de sexe contribue ici à distribuer les chercheurs et les chercheuses dans deux modèles professionnels dont le rendement en termes de carrière est singulièrement dissemblable. Les professions libérales, comme les avocats et les médecins, sont traversées par des mécanismes proches, qui ne se réduisent pas à la persistance d'inégalités de sexe dans les carrières, mais se traduisent dans des « scripts sexués » (Lapeyre & Le Feuvre). Y domine en effet un référentiel d'activité valorisant la disponibilité permanente du professionnel envers sa clientèle, qui s'ajuste plus aisément aux conditions de vie des hommes, tandis que les femmes, surtout si elles sont mères, sont plutôt vouées à l'écartèlement entre les injonctions contradictoires en provenance des vies professionnelle et familiale.

L'hétérogénéité interne concerne tout autant les interprétations et définitions de l'activité. Ainsi la variété de celles-ci est un trait structurant du monde de la production des logiciels libres, au point que celui-ci apparaît traversé par des conflits de valeurs accusés. Quand certains informaticiens affirment leur attachement au bénévolat d'autres se réfèrent à la vente de services marchands, quand certains défendent une posture militante d'autres revendiquent avant tout une expertise technique (Demazière, Horn et Zune). Aussi les participants d'un même groupe communautaire se réfèrent à des « figures professionnelles » contradictoires, légitimes ou illégitimes selon les points de vue. Si néanmoins ces « communautés de développeurs » n'éclatent pas, c'est parce que l'unité et la diversité du groupe sont toujours inscrites dans un ensemble de tensions. Le cas des architectes le montre clairement, puisque, selon que l'on considère les manières de travailler et les pratiques professionnelles d'une part, ou les valeurs et savoirs d'autre part, on négligera, ou au contraire on mettra en évidence, le « noyau commun qui donne à l'activité son identité au cours du temps » (Champy).

Chaque groupe professionnel correspond à un ensemble d'activités, et ses membres font le même travail. Du moins jusqu'à un certain point, car ces activités forment des faisceaux de largeur variable et dessinent une spécialisation relative. Sur ce plan les analyses oscillent entre la mise en évidence de variations dans les manières de faire, les conduites en situation et les pratiques professionnelles, et l'identification de normes partagées, encadrant l'activité et structurant la signification du travail. Ainsi dans la production du service des pompes funèbres, les conseillers semblent se référer à un corpus de règles et d'attitudes qui, pour être tacites, n'en constituent pas moins des manières efficaces de gérer une relation marchande intrinsèquement problématique du fait même de son objet (Trompette). Ils s'appuient sur des savoirs ordinaires, mais efficaces dans la visée professionnelle et marchande qui est la leur, pour construire la relation et gérer une « relation sous tension », en articulant tactiques commerciales et tact civil. Les agents administratifs de guichet forment un bon contrepoint, d'abord parce qu'ils composent un ensemble plus hétérogène dans la mesure où le service qu'ils produisent est différencié selon les organisations qui les emploient. Ensuite, ils ne disposent pas de normes professionnelles partagées collectivement qui leur permettraient de gérer les doutes et dilemmes moraux auxquels ils sont constamment exposés dans la gestion des usagers, de leurs dossiers et de leurs droits (Weller). Ils sont ainsi pris en tension entre des règles juridiques et procédurales souvent problématiques et leurs propres conceptions de leur métier, qui demeurent à l'état de préférences individuelles.

D'autres exemples pourraient être cités pour indiquer que l'unité des groupes professionnels ne doit pas être surestimée, même si elle peut être l'objet de rhétoriques à visée performative ou de stratégies de conquête de légitimité. De fait, elle n'est guère observée dans les enquêtes, qui mettent plutôt l'accent sur une multiplicité de ressorts d'hétérogénéité interne. Celle-ci se traduit souvent dans des conceptions différentes et concurrentes de l'activité, que les groupes soient fortement ou faiblement structurés. Loin de constituer toujours des communautés d'interprétation soudées autour de conceptions partagées des missions, les groupes professionnels sont pris dans des tensions, qui se traduisent chaque fois différemment, entre unité et hétérogénéité.

Reconnaissance et légitimité

La marque minimale d'existence de groupes professionnels réside dans leur nom, qui est l'indice d'un certain degré de spécialisation et de division du travail : avoir un nom c'est pouvoir se différencier, se reconnaître dans une identité, être considéré comme spécifique. Pour autant, ce nom n'octroie pas un même degré de légitimité, tant celle-ci est l'objet d'ajustements constants. Les enquêtes rassemblées ici offrent un large panorama de ces ajustements. Elles montrent que la reconnaissance et la légitimité des groupes professionnels ne sont jamais qu'imparfaitement accomplies, et, surtout, soulignent la multiplicité des mécanismes qui les produisent, et les menacent. En ce sens, elles apparaissent comme des propriétés fragiles, en devenir, toujours relatives ou provisoires.

La division verticale du travail et les hiérarchies professionnelles constituent des principes assez généraux d'attribution de légitimité, en particulier entre des groupes ou catégories engagés dans la production d'un même
bien ou service. La nécessaire coopération est alors indissociable de
rapports de pouvoir ou de relations d'autorité qui traduisent et entretiennent
des niveaux différenciés de légitimité. L'univers hospitalier en offre des
illustrations multiples. Les aides-soignantes qui travaillent « sous contrôle
et par délégation » des infirmières sont ainsi assignées à un travail d'exécution et aux tâches les plus dévalorisées (Arborio). Surtout, ces tâches qui
s'apparentent à du sale boulot, tendent aussi à être considérées comme non
professionnelles dans la mesure où leur proximité, supposée, avec le travail
domestique les renvoie du côté des qualités naturelles (et féminines) et non
des compétences professionnelles. La dénégation de légitimité menace ici
l'appartenance au monde professionnel, fut-il situé au bas de l'organisation.
Dans un contexte assez proche, les infirmières travaillant dans les services
de réanimation néonatale sont considérées par certains médecins comme
peu professionnelles, parce qu'elles sont réticentes à la pratique du secret
médical à laquelle les médecins se montrent plus attachés. Dès lors, ceux-ci
considèrent qu'elles sont influencées par des « normes profanes » (telle
l'exigence de transparence) et manquent de professionnalisme (Paillet).

Si elle peut être contestée, ou niée, par d'autres groupes, la reconnaissance professionnelle n'est pas nécessairement une conquête, découlant par
exemple d'une lutte collective ou d'une stratégie coordonnée d'un ensemble
de travailleurs. Elle peut aussi résulter de processus d'attribution, voire
d'imposition, exogènes. C'est le cas quand la rationalisation managériale
est introduite dans les services publics hospitaliers ou encore de l'éducation
surveillée : alors la consolidation de la légitimité et du statut de cadres est
utilisée comme levier pour obtenir leur mobilisation et leur implication
comme relais et promoteurs de la rationalisation (Chéronnet et Gadéa). Les
organisations productives sont, plus généralement, les lieux d'une redéfinition continue des métiers et des spécialisations professionnelles qui, en
dépit des rhétoriques qui l'accompagnent, n'apportent guère de surcroît
d'autonomie ou de reconnaissance. Au contraire, l'autonomie et la participation sont les produits de prescriptions accrues sans déboucher sur la stabi-
lisation de savoir-faire qui seraient l'objet d'une reconnaissance collective
(Monchatre).

Ces dynamiques apparaissent comme des processus descendants, selon
lesquels des injonctions impératives redessinent les légitimités de groupes
soumis à l'autorité managériale. De manière plus abrupte sans doute, il peut
aussi arriver qu'une activité professionnelle apparaisse subitement, comme
par le fait du Prince, ou du moins comme le résultat immédiat et tangible
d'une volonté politique de créer des « nouveaux métiers ». Un tel mécanisme sous-tend les politiques publiques d'emploi qui ont instauré la médiation sociale comme nouvelle activité professionnelle et organisé le

recrutement de médiateurs sociaux (Divay). Mais ce volontarisme ne débouche pas nécessairement sur la viabilité économique et la reconnaissance institutionnelle. En l'occurrence, les médiateurs sont demeurés cantonnés dans des statuts d'emploi instables et dans un relatif isolement, et ils ne sont pas parvenus à trouver les ressources collectives qui leur auraient permis de revendiquer un mandat.

La persistance de difficultés de reconnaissance des professionnalités n'est pas une spécificité des travailleurs faiblement diplômés. Elle peut caractériser des professionnels qualifiés, comme les experts dans les services aux entreprises, qui exercent leur activité en solo, à l'image de professions libérales, mais non réglementées, et sous des formules juridiques variées (Reynaud). En position d'extériorité par rapport aux entreprises, qui sont des clients et non des employeurs, il leur faut acquérir reconnaissance et légitimité dans l'espace du marché et de la firme, d'autant qu'ils sont dépourvus d'une organisation professionnelle et donc démunis des protections et supports qu'elle pourrait leur fournir.

Dans d'autres cas, la reconnaissance de la légitimité d'un groupe professionnel peut être menacée ou déstabilisée par des changements qui perturbent les termes du pacte liant les professionnels aux destinataires et partenaires de leur action. L'affirmation du principe du libre choix de l'établissement scolaire, conforté notamment par l'assouplissement de la carte scolaire, n'est ainsi pas sans effet sur l'activité des enseignants. Car la variété de l'offre éducative vers laquelle les parents d'élèves peuvent se tourner tend à indexer la légitimité des enseignants sur celle de leur établissement, de sorte que le fractionnement du système éducatif peut conduire à la fragmentation du groupe enseignant selon des critères nouveaux, directement issus des politiques, multiples, de labellisation des établissements (Devineau).

La question de la légitimité des professionnels est posée en d'autres termes encore. Ainsi les militants associatifs, qui accumulent des savoirs spécialisés, enracinés tant dans l'univers savant que dans l'univers militant, semblent pris dans des jeux de reconnaissance particulièrement complexes : alternativement reconnus comme des professionnels détenteurs d'une expertise remarquable et disqualifiés du fait de leur engagement militant, ces « experts associatifs » déplacent les frontières de la reconnaissance, qui apparaissent mouvantes et contextuelles (Lochard et Simonet). Les forces contradictoires qui marquent la légitimité de la fonction de prêtre dans le clergé catholique ajoutent encore en complexité à l'analyse. La crise des vocations et les difficultés de recrutement témoignent d'une dégradation sensible de cette légitimité, qui s'inscrit dans un mouvement général de sécularisation. Mais cette dégradation est contrecarrée par une « quête de relative professionnalisation de la prêtrise », consistant notamment à importer du monde séculier, via la formation, des instruments de management comme le coaching ou la gestion par les compétences (Béraud).

D'autres cas permettraient d'illustrer encore combien la légitimité et la reconnaissance des groupes professionnels font l'objet d'ajustements ininterrompus et, surtout, résultent de processus extrêmement variés. À la diversité des moyens d'action détenus par les groupes professionnels répond l'incertitude introduite par les interventions d'autres catégories d'acteurs impliqués dans les mêmes enjeux : travailleurs, organisations, institutions, etc. Cela conduit à examiner une question concomitante, qui est celle de l'institutionnalisation des groupes professionnels, de leurs formes d'organisation, et de leurs capacités à se fédérer en acteur collectif.

Affirmation et institutionnalisation

À la différence des catégories professionnelles, les groupes professionnels ne sont pas des entités constituées de l'extérieur, distinguées selon des principes étrangers aux visées des acteurs, sans pertinence pour ces derniers. Ils sont des groupes organisés, en principe capables de se constituer en acteurs collectifs, de se structurer pour agir, de conduire des stratégies précises, et cela dans l'objectif, général, de défendre les intérêts de leurs membres. Les ordres professionnels dont se sont dotées les professions libérales pour défendre et réguler leur juridiction sont souvent considérés comme la forme collective typique, comme le mode d'institutionnalisation de référence des groupes professionnels. Pourtant, les contributions rassemblées montrent qu'une pluralité d'organisations peut coexister au sein d'un même groupe, que les formes de regroupement sont multiples, depuis le syndicat professionnel ou corporatiste au sein du salariat jusqu'à d'autres processus de coalition autour de chartes, version assouplie des codes de déontologie. Plus largement, les groupes professionnels s'affirment aussi comme collectifs d'action à l'occasion de conjonctures particulières ou sous des formes plus diffuses.

L'extension de l'analyse des groupes professionnels à de larges pans du salariat, a conduit à repérer et considérer les institutions syndicales comme indicateur et vecteur de la cohésion de catégories définies par des attributions particulières et une position statutaire dans les organisations de travail. Les exemples de la police et de l'enseignement public montrent que, dans le mouvement dit de modernisation des services publics, les syndicats de cadres peuvent se constituer en interlocuteurs incontournables, ne serait-ce que parce qu'ils représentent des relais indispensables pour les nouvelles politiques gestionnaires : les objectifs proclamés d'efficacité ou de performance ne peuvent être atteints sans la contribution active de ceux qui sont transformés en managers. Le syndicat des chefs d'établissement de l'enseignement secondaire peut ainsi négocier, dans une sorte de contrepartie, un nouveau modèle professionnel qui renforce son autonomie en tant que corps spécifique et revalorise les carrières sous conditions de mobilité géographique (Pélage).

Mais les capacités d'action collective des groupes professionnels sont souvent incertaines et instables. Le cas des médecins scolaires en fournit un exemple parlant. Initialement vacataires du ministère de la Santé, ils se sont mobilisés dans le cadre d'instances représentatives pour obtenir un statut, régulé par un concours permettant aux « médecins de l'Éducation nationale » de devenir pleinement fonctionnaires de l'État (Cacouault et Picot). Toutefois, la force collective produite pour la création de ce statut semble assez éphémère, en particulier parce que ces professionnels ne parviennent pas à infléchir le malthusianisme de l'administration en matière de recrutement, alors que domine le sentiment d'un manque de moyens pour atteindre les objectifs visés.

Les commissaires de police sont plongés dans une situation à bien des égards analogue à celle des chefs d'établissements scolaires, et ils peuvent s'appuyer également sur un puissant syndicat catégoriel unitaire, qui est fortement impliqué dans la gestion paritaire de la carrière de ses membres (Ocqueteau). Si les réformes de l'appareil administratif affectent les identités professionnelles, le syndicat, catégoriel, de métier, corporatiste, joue un rôle d'accompagnement et d'amortissement de ces changements, d'autant plus nettement peut-être – c'est le cas chez les commissaires – qu'il peut mobiliser les mythes les plus flatteurs qui transforment les professionnels en héros positifs.

Des leviers similaires destinés à sensibiliser l'opinion publique sur le sort et l'importance d'un groupe professionnel peuvent être mobilisés dans d'autres contextes et selon des méthodes différentes. Ainsi, alors que les cadres demeurent relativement protégés contre le chômage, chaque poussée de leur niveau de chômage fait surgir une « dramatisation » rituelle de leur situation (Pochic). Les acteurs et organisations qui produisent cette mise en scène sont multiples, ce qui indique ici la variété des porte-parole du groupe, et le caractère diffus de son institutionnalisation : syndicats de cadres bien sûr, mais aussi intermédiaires de l'emploi spécialisés sur les cadres, ou encore acteurs non spécifiques comme des journalistes, statisticiens, etc. Il ne s'agit pas seulement de relayer la montée de l'insécurité subjective des cadres, mais aussi d'œuvrer à la préservation de ce statut et au maintien de ses frontières par rapport aux autres salariés.

Dans d'autres cas, c'est à l'intérieur du groupe professionnel que l'on observe une multiplicité des acteurs et organisations, avançant des points de vue différents et porteurs d'intérêts divergents. Il en va ainsi, par exemple, chez les comptables égyptiens, divisés entre trois organisations qui défendent des conceptions différentes de la profession (Longuenesse). Cette division et ces luttes internes sont enracinées dans des écarts de position sur le marché de la comptabilité et de l'audit, en termes d'ouverture internationale, de segments de clientèle, de volume du chiffre d'affaire. L'hétérogénéité des formes de structuration et d'affirmation des groupes professionnels peut être particulièrement bien mise en évidence par la comparaison internationale. En témoignent, par exemple, les écarts dans la formalisation et la diffusion des normes déontologiques des ingénieurs (Didier). Quand au Québec ces normes acquièrent un statut de véritable loi dont le respect est contrôlé par un ordre professionnel, elles sont cristallisées dans un code de déontologie destiné à canaliser les conduites professionnelles aux États-Unis, et se traduisent simplement par une charte éthique articulant des valeurs qui esquissent le comportement professionnel idéal en France. La force du groupe, orientée ici en direction de ses membres, se traduit dans le poids des normes professionnelles, qui oscille entre force contraignante et valeur indicative.

L'affirmation, l'institutionnalisation et la capacité d'agir des groupes professionnelles ne sont ni linéaires ni cumulatives. D'autres études de cas permettraient aisément de renforcer ce constat, qui est au moins double. Les organisations professionnelles, ou les organisations des groupes professionnels, dépendent de multiples phénomènes, dont l'inventaire reste à faire : position dans la division du travail, histoire et trajectoire collectives, conjonctures, caractéristiques sociétales, etc. D'un autre côté la diversité interne et les clivages, plus ou moins accusés selon les cas, qui marquent les groupes professionnels se traduisent ici par des modes d'institutionnalisation différenciés, plus ou moins mobilisateurs et unificateurs.

Différenciation et spécificité

Les groupes professionnels ne sont jamais des entités séparées, dans le sens où ils sont inscrits dans la division du travail, où leurs membres interagissent avec d'autres (professionnels ou clients par exemple) pour accomplir leur travail. Dès lors, aucun groupe ne peut être solidement décrit sans que l'analyse ne le situe dans des contextes pertinents. Il reste que tout groupe professionnel s'appuie sur des processus de spécialisation des activités, par lesquels il gagne – ou perd – en spécificité et en différenciation. La consolidation ou la fragilisation des groupes professionnels, prises dans ce sens, suivent des cheminements extrêmement variés, peu balisés, parfois inattendus.

Le modèle des professions libérales reste parfois une référence pratique et opératoire, mobilisée dans des espaces professionnels variés, ou inattendus. Les juges consulaires du tribunal de commerce en fournissent une frappante illustration : issus du monde des affaires dont ils sont les représentants élus et bénévoles, ils sont engagés dans une entreprise de légitimation de l'institution consulaire et une stratégie « d'auto-professionnalisation » (Lazega et Mounier) qui les conduit à mettre en avant une rhétorique empruntée aux professions libérales et à revendiquer l'exercice d'un service public désintéressé. Ce faisant, ces dirigeants d'entreprises contribuent, par analogie, à consolider leur position de juges consulaires et à contrôler le sens de leur fonction en l'enracinant dans la sphère judiciaire et le service public.

Les conseillers prud'hommes peuvent également se prévaloir d'une affiliation au monde du droit, mais leur identité sociale demeure problématique. Issus des organisations syndicales, avec un passé de militants aguerris, ils sont aussi experts de leur milieu professionnel, et de par leur activité, « juges à part entière » (Willemez). Pourtant, leur rôle les place dans une situation composite, à l'intersection du militantisme syndical et de l'expertise juridique. Dès lors, leur différenciation demeure inachevée, d'autant que d'un côté ils rencontrent la résistance des professionnels du droit que sont les avocats des parties et que de l'autre ils demeurent étroitement liés à leur syndicat, dont ils sont les représentants.

Ainsi, la construction de la spécificité et de l'identité des groupes professionnels peut être incertaine, même quand les attributions sont clairement reconnues et formellement régulées. L'existence d'un nom, un nom de métier ou d'activité, ou de profession, n'est pas une garantie suffisante de différenciation et de consolidation de la fonction désignée, et du groupe des professionnels qui l'exercent. Dans d'autres cas un tel nom fait défaut, ou prend une valeur négative, comme c'est le cas pour les élus politiques, qui récusent l'appellation de professionnels de la politique pour sa charge dévalorisante (Demazière). En participant aux, et remportant des, élections, ils s'engagent dans des activités qui appellent des référentiels cognitifs et symboliques particuliers, et intègrent progressivement un monde professionnel spécialisé. Pourtant, ces spécialistes de la parole n'ont pas de stratégie publique de revendication d'une quelconque professionnalité. Ils sont ainsi assignés à une différenciation, définis de l'extérieur, par défaut.

Si la désignation, par un nom de profession ou de métier, d'une activité est un indice significatif de différenciation et d'affirmation, il est tout aussi important de saisir d'où vient ce nom et qui l'octroie. Ainsi, les entreprises du secteur bancaire se sont engagées depuis plusieurs décennies dans une campagne destinée à se faire reconnaître comme des acteurs compétents et légitimes dans un vaste domaine dépassant la gestion quotidienne de l'argent et de l'épargne, pour englober le placement, l'assurance, le crédit… Dans cette perspective elles ont rebaptisé leurs commerciaux en « conseillers », supposés être dévoués et au service du client (Roux). Mais l'observation d'interactions avec des clients montre que la dimension de conseil est loin d'aller de soi dans cette activité professionnelle qui demeure, et nombre de clients le rappellent de différentes façons, une relation marchande.

Ce travail de différenciation des activités professionnelles ne va pas sans rencontrer des obstacles, qui obligent souvent à puiser dans divers registres. On voit ainsi les éducateurs médico-sportifs, créés *ex nihilo* sous l'impulsion de diabétologues soucieux d'élargir la palette du traitement des malades du diabète en y ajoutant des activités physiques et sportives (Chantelat et Perrin), tenter de surmonter les contraintes qui naissent du caractère hybride de leur activité. Tout en affirmant des compétences spécifiques dans le registre sportif, ils empruntent au registre médical et au registre éducatif, domaines de spécialité d'autres acteurs du traitement du diabète. Il leur faut dès lors, pour affirmer et défendre leur spécificité, endosser les objectifs propres au monde médical, en articulant leur action à des objectifs thérapeutiques explicites et en argumentant son efficacité pour la santé des malades chroniques.

Ils participent par ce biais de ce qui semble le lot commun de tout métier ou groupement professionnel : il se doit de montrer l'utilité, sous un angle ou sous un autre, de son activité. Cette exigence générale se manifeste avec une force particulière pour les groupes les plus fragiles, parce qu'émergents ou stigmatisés. Dans certains cas extrêmes, la dévalorisation des activités professionnelles déplace aussi les termes du problème de leur différenciation, car si cette dévalorisation suppose en amont une désignation, celle-ci est plus souvent externe au groupe. La prostitution de rue, est ainsi une activité tellement stigmatisée et stigmatisante, qu'elle s'accompagne de stratégies de dissimulation et de gestion du secret, même à l'égard des proches. Il est alors particulièrement difficile pour les prostituées de tenir un discours public sur leur « utilité sociale » et de s'engager dans des luttes collectives (Pryen). Ici, la consolidation de l'activité et du groupe professionnels passe par leur banalisation.

Lorsque la différenciation ne parvient plus à se réaliser ou s'argumenter, c'est l'existence même d'une profession qui peut s'en trouver mise en cause. Il arrive et on constate combien cela est fréquent si l'on adopte une perspective historique un peu longue, que des groupes professionnels disparaissent totalement, à l'issue d'un processus de dégradation de vitesse variable. En la matière les explications restent particulièrement ouvertes, car les enquêtes empiriques manquent. Mais les cas des herboristes et des officiers de santé, tous deux « morts par prédation », victimes de la concurrence des pharmaciens pour les premiers, des médecins pour les seconds (Gadéa et Grelon), sont instructifs. Ils montrent, en somme, qu'il peut être fatal de ne pas se différencier suffisamment d'une profession trop puissante, susceptible de prendre ombrage de la concurrence du plus faible et d'utiliser contre lui les armes de la légitimité jusqu'à l'éliminer de la manière la plus légale : en faisant voter une loi à cet effet.

D'autres exemples auraient pu être mobilisés, pour argumenter le caractère problématique, à divers égards, de la différenciation professionnelle. Pour l'analyse de cette dynamique, l'attention aux trajectoires des groupes professionnels, y compris dans des temporalités longues, apparaît nécessaire, car elle permet de saisir des tournants accidents, retournements de situations. La variation des terrains montre aussi la généralité du caractère relatif ou problématique de la cristallisation des groupes professionnels : leur existence, leur visibilité et leur affirmation sont des processus incertains qui opèrent dans des contextes complexes, et spécifiques à chaque situation.

Clôture et contrôle à l'entrée

La capacité des groupes professionnels à contrôler les qualités des postulants à l'entrée, et ce faisant à instaurer des mécanismes de clôture de leur espace professionnel apparaît comme une figure de référence. Pourtant, tous les groupes professionnels ne parviennent pas, loin s'en faut, à constituer et maintenir un monopole d'exercice, à l'image des professions libérales. Mais les logiques de contrôle de l'accès à l'activité, de surveillance de ses marges, de certification de compétences spécialisées sont au cœur des dynamiques professionnelles. Ici encore les textes rassemblés indiquent que les stratégies de clôture mobilisent de larges éventails de ressources et d'instruments, peuvent suivre des chemins peu prévisibles, ne sont pas toujours couronnées de succès.

Les professions d'officier ministériel (notaires, huissiers, commissaires-priseurs) comptent sans doute parmi les plus fermées dans la mesure où elles s'appuient sur un statut codifié assorti de solides prérogatives : délimitation monopolistique des champs de compétence, concurrence intraprofessionnelle limitée par un *numerus clausus* et une stricte répartition territoriale, niveau de diplôme requis à l'entrée du corps professionnel, tarifs fixés par l'État, etc. (Mathieu-Fritz et Quemin). Elles ont ainsi pu traverser les siècles sans changement sensible de ces mécanismes de régulation. Dans les dernières décennies se sont engagés des mouvements de réforme, portés pour certains par des franges « progressistes », promus pour d'autres par l'État, inscrits pour d'autres encore dans le mouvement de construction européenne. Même si les régulations à l'accès à ces groupes n'en ont pas été bouleversées, ces évolutions témoignent du poids croissant des réglementations externes, ou des tentatives de réglementation externe, qui s'étendent à un nombre croissant de domaines professionnels.

Les psychologues en constituent une autre illustration, particulièrement intéressante, dans la mesure où ce cas met en évidence une nouvelle forme de régulation, irréductible à la clôture par le groupe, par le bas, comme à la réglementation étatique, par le haut (Le Bianic). Cette forme se caractérise par la multiplication des sources de régulation, faisant intervenir des acteurs publics (nationaux et européens), des acteurs professionnels (ordres professionnels mais aussi fédérations professionnelles européennes), ou encore des acteurs semi-publics ou privés. La réglementation des marchés du travail apparaît ainsi moins comme la codification d'une règle stable que comme une chaîne de négociations, faite d'ajustements entre une multiplicité d'acteurs.

L'analyse des mécanismes de clôture s'enrichit, comme souvent, par la comparaison internationale. C'est ce que montre l'étude comparée de l'attribution du titre d'ingénieur en France et en Amérique du Nord. Dans le modèle français, c'est le diplôme de formation initiale qui fixe le titre, et en étalonne la valeur en fonction de la réputation de l'école où il est obtenu. En quelque sorte les écoles d'ingénieurs ont « créé un déséquilibre du marché du travail à l'avantage de leurs diplômés » (Ghaffari). Par contraste, en Amérique du Nord, l'entrée dans la profession d'ingénieur est subordonnée au suivi d'un cursus de formation, à l'acquisition d'une expérience professionnelle et à l'autorisation des organismes de contrôle. La création de titres scolaires par l'État, qui les constitue en instruments de régulation de l'accès à des positions professionnelles, est ici inopérante.

D'autres situations sont caractérisées par une absence totale de contrôle formel à l'entrée du groupe professionnel, au point que l'exercice de l'activité n'est même pas conditionné à l'obtention d'un diplôme certifiant la maîtrise de savoirs spécifiques. Cela ne signifie pas que l'accès au groupe est complètement ouvert et dépourvu de toute régulation. Par exemple, dans le cas des musiciens, la formation musicale, qui procure la maîtrise d'un instrument, apparaît comme un passage obligé pour devenir musicien professionnel. Elle joue d'ailleurs un rôle décisif dans le déroulement et la production des parcours, mais plutôt dans une temporalité longue, dans laquelle l'apprentissage de l'instrument le partage avec la construction collective de la vocation musicale (François). Mais, si cette formation est contrôlée par les musiciens, elle n'est pas saisie par le groupe comme instrument d'autorégulation, par le biais d'un éventuel contingentement des entrants par exemple.

Un cas assez proche d'accès régulé, mais selon des mécanismes non formalisés et dans le temps long des apprentissages, est fourni par les dresseurs de fauves. On y observe aussi une socialisation professionnelle éprouvante, difficile, et même dangereuse, nécessaire pour devenir un professionnel accompli (Caudal). Le contrôle de l'accès ne procède pas de logiques de barrière, tant le nombre de postulants est faible, mais il relève de l'appartenance à un monde social, celui du cirque, tant la socialisation professionnelle prend ses racines dans le temps de l'enfance et dans les transmissions intergénérationnelles.

La question du contrôle démographique ne se pose donc pas systématiquement aux professionnels. L'analyse d'autres dimensions du contrôle de l'accès aux groupes professionnels, comme l'autorégulation morale ou la maîtrise des savoirs, peut être enrichie par la prise en compte d'activités dont le caractère professionnel fait débat, comme celle des écrivains publics par exemple. Le renouveau de cette activité ancienne a été soutenu par des initiatives, individuelles et collectives, d'écrivains publics pour argumenter l'utilité de leur activité, faire reconnaître sa légitimité, mais aussi développer des formations spécialisées sanctionnant des compétences spécifiques (Ollivier). Mais ces tentatives de régulation se heurtent à la difficulté récurrente pour les écrivains publics de trouver une clientèle et finalement de vivre d'une activité qui demeure aux marges du fait professionnel, et marchand.

L'analyse des mécanismes de contrôle à l'entrée des groupes professionnels pourrait être encore enrichie, ne serait-ce qu'en convoquant d'autres terrains présentés dans ce livre. Elle montre en tous les cas que cette régulation est complexe et protéiforme. Celle-ci n'implique pas uniquement les autorités étatiques et les groupes professionnels : non seulement elle mobilise d'autres acteurs, mais sa compréhension exige de prendre en compte des caractéristiques économiques ou démographiques, et pas seulement politiques, des groupes professionnels. Plus largement, cette régulation apparaît de moins en moins comme une règle stabilisée et codifiée, mais doit être conçue comme une activité sociale, objet de stratégies multiples, plus ou moins formalisée, processuelle.

Le statut des groupes professionnels

D'autres dimensions de l'analyse des groupes professionnels pourraient être encore explorées tant les textes proposés fourmillent de pistes prometteuses et ouvrent des perspectives d'approfondissement. Mais en cette matière l'exhaustivité est un leurre, et l'ajout d'éclairages analytiques supplémentaires ne modifierait pas le tableau d'ensemble : les groupes professionnels sont des composantes majeures du procès de division du travail tout en étant des figures problématiques. Les études de cas sont à cet égard indispensables, car en explorant et précisant ce caractère problématique, elles colorent le tableau et y apportent des nuances. Dans cette perspective la multiplication des scènes d'observation et des angles d'approche est un instrument indispensable à l'avancée des connaissances, car elle permet de préciser ce constat, d'en montrer les traductions, de renseigner ses manifestations. C'est ce que proposent les recherches présentées dans ce livre, qui interrogent les dynamiques professionnelles à partir des rationalisations managériales, des dispositifs de socialisation, des normalisations de l'activité, des parcours biographiques, des relations de service, des luttes pour le leadership, des insécurités individuelles et subjectives, des mesures de performances, des référentiels de valeurs, des inégalités de réussite, des faisceaux de tâches, des négociations en situation, des luttes collectives, des engagements dans le travail, etc.

Pointe à travers cet inventaire incomplet une des forces de la sociologie des groupes professionnels : son enracinement dans l'enquête, sa capacité à explorer des terrains variés, sa richesse descriptive et analytique. Cet ancrage empirique pourrait être considéré comme une limite, mais il faut rappeler qu'il est d'abord une vertu, car il est la condition première de toute analyse sociologique. Plus, l'élargissement des terrains qui a accompagné la prise de distance avec le modèle des professions porte ses fruits, et on peut espérer qu'il sera encore prolongé par l'investigation de terrains étrangers, et l'inclusion de configurations culturelles, techniques et économiques peu étudiées jusqu'ici. Ces potentialités constituent un des attraits les plus puissants de ce domaine de recherche, dont cet ouvrage a pu montrer la richesse et la vitalité.

L'analyse sociologique des groupes professionnels est alimentée par des questionnements de recherche singuliers investis dans des objets empiriques diversifiés, pour aboutir finalement à formuler, fut-ce dans des termes spécifiques des interrogations convergentes sur le travail contemporain. En particulier, il apparaît que la question de la maîtrise du travail, de sa configuration et de son contrôle est au cœur de cette problématisation. Les enquêtes empiriques montrent que cette question se traduit dans des processus de changement multiples, qui ne peuvent être simplement thématisés en termes de monopolisation de territoires ou d'institutionnalisation de groupes. Le cas particulier ne saurait être confondu avec la configuration générale. Au-delà des constats locaux, se dégage un schème analytique, à la fois théorique et méthodologique : les groupes professionnels sont des entités incertaines et évolutives, et la compréhension de leurs dynamiques implique de les saisir en contextes. Plus fondamentalement, il s'agit, en sociologues, de considérer les groupes professionnels comme des entrées analytiques et non comme des objets substantifs.

Liste des auteurs

Anne-Marie Arborio. Maître de conférences en sociologie à l'Université de Provence, chercheur au Laboratoire d'économie et de sociologie du travail (LEST). Ses recherches portent sur les professions de santé, en particulier dans le monde hospitalier.

Céline Béraud. Maître de conférences à l'Université de Caen, membre du CERReV (Université de Caen) et membre associé au CEIFR (EHESS, CNRS). Ses recherches portent sur le catholicisme contemporain et ses permanents (clercs et laïcs). Elles croisent des problématiques propres à la sociologie des religions et certaines relevant de la sociologie du travail et des professions.

Marie Caudal. Doctorante au laboratoire Printemps. Ses travaux portent sur les dynamiques et les recompositions d'un monde de l'art : celui du cirque. Ils interrogent le processus de catégorisation à l'œuvre dans les arts du cirque à travers l'étude des dynamiques esthétique, économique, politique et organisationnelle qu'il connaît depuis trente ans.

Marlaine Cacouault-Bitaud. Professeure de sociologie à l'Université de Poitiers, Faculté des Sciences humaines et Arts. Elle est membre du GRESCO (Groupe de recherches sociologiques de l'Ouest) et chercheuse associée au laboratoire Cultures et sociétés urbaines (CSU-Paris-8). Ses recherches portent sur les personnels de l'éducation nationale, sur la féminisation des professions « supérieures » et sur les problèmes de la comparaison dans un cadre européen.

Florent CHAMPY. Sociologue, chargé de recherches au CNRS (IMM – Centre de sociologie du travail et des arts) travaille sur l'architecture, les théories du travail professionnel et l'histoire de la sociologie des professions.

Pascal Chantelat. Professeur à l'Université de Lyon, Université Claude Bernard Lyon-1, CRIS, EA 647. Ses thèmes de recherche concernent la sociologie du sport, des professions, des organisations et des relations de travail et de service.

Hélène Chéronnet. Docteure en sociologie, membre du CLERSE (centre lillois d'études et de recherches sociologiques et économiques). Elle est formatrice – chercheure à l'ENPJJ (École nationale de protection judiciaire de la jeunesse). Ses travaux portent sur les liens entre politiques publiques, logiques de professionnalisation et professionnalité de l'encadrement dans le secteur de l'éducation spécialisée et dans le domaine de la santé mentale.

Didier Demazière. Sociologue, chercheur au CNRS, membre du laboratoire Printemps (CNRS et Université de Versailles-Saint-Quentin-en-Yvelines). Ses recherches portent sur les marchés du travail (emploi, chômage, carrières, intermédiation) et sur des activités professionnelles articulées à des engagements militants (la politique, les logiciels libres…).

Sophie Devineau. Maître de conférences, à Rouen, chercheure associée au CMH-équipe Dyreso de l'Université de Caen. Ses thèmes de recherche actuels concernent notamment le groupe professionnel des enseignants et l'enjeu éducatif de la féminisation du corps, les politiques régionales dans la promotion de la mixité scolaire.

Christelle Didier. Sociologue, maître de conférences au Département d'éthique de l'Université catholique de Lille et membre associée du Centre Maurice Halbwachs. Elle est co-auteure d'*Éthique industrielle* (De Boeck, 1998), auteure de *Penser l'éthique des ingénieurs* (PUF, 2008) et de *Les Ingénieurs et l'éthique. Pour un regard sociologique* (Hermès, 2008).

Sophie Divay. Sociologue et chargée d'études, membre de l'équipe Matisse, du Centre d'économie de la Sorbonne. Ses recherches s'inscrivent dans le champ de la sociologie des groupes professionnels, et portent notamment sur des « métiers en émergence » dans les domaines de l'aide à la recherche d'emploi et de la médiation sociale.

Pierre François. Chargé de recherches au CNRS (CSO, Sciences-Po) et professeur affilié à l'ESC Rouen. Ses travaux mobilisent les outils de la sociologie économique qu'il applique à l'étude des mondes de l'art (musique et art contemporain notamment).

Charles Gadéa. Professeur de sociologie à l'Université de Versailles Saint-Quentin-en-Yvelines, et directeur du Laboratoire Printemps (Professions – Institutions – Temporalités). Il a conduit des recherches sur des groupes professionnels divers (artisans, travailleurs sociaux, agriculteurs, professions libérales, soignants, étudiants de médecine), mais c'est principalement aux ingénieurs et cadres qu'il s'est consacré.

Sarah Ghaffari. Enseignante-chercheuse en sociologie à l'École des Mines de Nantes, chercheuse au Centre nantais de Sociologie (Université de Nantes). Elle travaille plus particulièrement sur les marchés du travail et la relation formation-emploi en questionnant les dispositifs de médiation à l'œuvre dans les processus de sélection.

André Grelon. Directeur d'études à l'EHESS, il dirige le Centre Maurice Halbwachs. Ses travaux portent sur les ingénieurs et cadres et les professions techniques. Il a notamment publié *Les Ingénieurs de la crise. Titre et profession entre les deux guerres* (1986, Éditions de l'EHESS, Paris).

François Horn. Économiste, maître de conférences à l'université Charles de Gaulle-Lille-III. Il est membre du CLERSE (Centre lillois d'études et de recherches sociologiques et économiques). Il est spécialiste de l'économie des nouvelles technologies de l'information et de la communication et plus particulièrement de l'économie des logiciels.

Irène Jonas. Sociologue indépendante. Ses principaux thèmes de recherche sont l'analyse des rapports sociaux de sexe, en particulier dans les ouvrages « psy » pour le couple, la re-naturalisation des différences hommes-femmes, la photographie de famille.

Nathalie Lapeyre. Maîtresse de conférences en sociologie à l'université de Toulouse et co-responsable du pôle SAGESSE (Savoirs, genre et rapports sociaux de sexe) du CERTOP-CNRS. Ses recherches sont centrées sur la féminisation des groupes professionnels en France et particulièrement sur l'analyse des carrières professionnelles et familiales des femmes (et des hommes) médecins, avocats et architectes.

Emmanuel Lazega. Professeur à l'université Paris-Dauphine. Sa recherche porte sur les processus fondamentaux de l'action collective et de la vie sociale (apprentissages, solidarités, contrôles, régulations, discriminations, etc.) et leur modélisation par l'analyse de réseaux sociaux, en particulier dynamique et multiniveaux. Les terrains d'application de cette approche relèvent de la sociologie des organisations, de la sociologie économique et de la sociologie des professions.

Nicky Le Feuvre. Professeur de sociologie à l'université de Lausanne (Suisse), ses recherches s'inscrivent au croisement de la sociologie du travail et du genre. Elle a participé à plusieurs programmes de recherche sur l'activité professionnelle des femmes en Europe, à la fois sur la féminisation des professions supérieures et libérales et France et en Grande-Bretagne et sur les emplois de service à la personne.

Thomas Le Bianic. Maître de conférences en sociologie à l'université Paris-Dauphine et membre du laboratoire IRISES-CERSO (UMR CNRS). Ses recherches portent sur la professionnalisation de la psychologie en France depuis le début du vingtième siècle et sur la régulation des professions au niveau européen. Il a récemment codirigé avec Antoine Vion *Action publique et légitimités professionnelles* (LGDJ, Paris, 2008).

Yves Lochard. Chercheur à l'Institut de recherches économiques et sociales (IRES). Il conduit notamment des recherches sur les politiques des savoirs et les valeurs du monde associatif.

Elisabeth Longuenesse. Sociologue et arabisante, chargée de recherches au CNRS, membre du Laboratoire Printemps (CNRS, université de Versailles Saint-Quentin-en-Yvelines). Ses recherches portent sur les professions diplômées et supérieures dans les sociétés du Proche-Orient, le syndicalisme professionnel, le travail et la question sociale au Proche-Orient, les mobilités professionnelles à l'international.

Catherine Marry. Sociologue, directrice de recherche au CNRS. Elle est responsable de l'équipe « PRO » (Professions-réseaux-organisations) du Centre Maurice Halbwachs. Elle s'intéresse à la dynamique de féminisation des études et professions supérieures (ingénieurs, chercheurs…).

Alexandre Mathieu-Fritz. Maître de conférences en sociologie à l'université Paris-Est Marne-la-Vallée et chercheur au Laboratoire techniques territoires et sociétés (L.A.T.T.S.). Sociologue du travail et des professions, il s'intéresse principalement aux transformations des groupes professionnels et des activités de travail dans les domaines de la justice, de la santé et du travail social.

Pierre-Michel Menger. Directeur de recherche au CNRS et directeur d'études à l'EHESS. Ses recherches portent actuellement sur les professions, les marchés du travail, les formes d'emploi et les frontières du salariat. Parmi les secteurs étudiés figurent les arts, l'enseignement supérieur et la recherche, et les activités de conseil.

Sylvie Monchatre. Sociologue, ingénieur de recherches au Céreq. Ses travaux portent sur les usages sociaux de la notion de compétence, considérée comme un analyseur des évolutions qui affectent les politiques de mobilisation de la main-d'œuvre et les termes de l'échange salarial.

Lise Mounier. Ingénieur de recherche au Centre Maurice Halbwachs, CNRS, Paris. Sa recherche porte, entre autres, sur la modélisation et l'analyse de réseaux sociaux, notamment dans le domaine de la sociologie économique.

Frédéric Ocqueteau. Sociologue et juriste, il est directeur de recherche au CNRS (CERSA, Université Paris-II). Il est spécialiste des questions policières et de la mise en œuvre des politiques de sécurité.

Carine Ollivier. Doctorante au laboratoire Printemps et ATER à l'université Paris-8. Ses travaux croisent les problématiques de la sociologie économique et de la sociologie des professions et portent principalement sur les professions problématiques et/ou émergentes (architectes d'intérieur, écrivains publics).

Anne Paillet. Maître de conférences à l'université de Versailles-St-Quentin (UVSQ), chercheuse au Laboratoire Printemps (CNRS), sociologue du travail et des professions, de la médecine, de la décision et de l'éthique. Elle est l'auteure de *Sauver la vie, donner la mort. Une sociologie de l'éthique en réanimation néonatale*, La Dispute, 2007 et la co-auteure de *Quelle médecine voulons-nous ?* La Dispute, 2002.

Agnès Pélage. Maître de conférences à l'université de Paris-XII, membre du laboratoire Printemps. Durant une quinzaine d'années ses recherches ont porté sur le processus de transformation du métier de chef d'établissement scolaire secondaire en France. Depuis deux ans, elle mène des travaux sur les catégorisations de l'espace social en France et en Europe.

Claire Perrin. Maître de conférences à l'Université de Lyon, Université Claude Bernard Lyon-1, CRIS, EA 647. Ses recherches portent sur les activités physiques et/ou sportives, la santé et les dynamiques professionnelles.

Geneviève Picot. Sociologue du travail à l'APRACTH (Association pour l'amélioration des conditions de travail à l'hôpital). Ses domaines d'études actuels portent sur les transformations du travail à l'hôpital, la satisfaction des médecins hospitaliers au travail. Dans le cadre d'une thèse elle a étudié les effets de la féminisation de la médecine et de la masculinisation des soins infirmiers.

Sophie Pochic. Chargée de recherche CNRS au CMH. Spécialiste des cadres d'entreprise, elle s'intéresse plus particulièrement à leurs mobilités professionnelles (interne, externe, promotion, déclassement) et à leur engagement syndical, dans une perspective comparatiste (comparaison hommes/femmes et comparaison internationale).

Stéphanie Pryen. Sociologue, maître de conférences à l'Université Charles de Gaulle-Lille-III, et membre du CLERSE (Centre lillois d'études et de recherches sociologiques et économiques). Elle a travaillé sur la prostitution de rue, au croisement d'une sociologie de la déviance et des professions. Ses travaux portent aujourd'hui sur les enjeux et les paradoxes de la mobilisation de l'art et de la culture dans la politique de la ville.

Alain Quemin. Professeur de sociologie à l'université Paris-Est-Marne-la-Vallée et membre de l'Institut Universitaire de France. Sociologue de l'art, ses travaux portent tant sur les professions liées au marché des biens artistiques (commissaires-priseurs, experts) que sur l'internationalisation du marché de l'art ou encore sur la sociologie des œuvres.

Carlos Ramirez. Professeur associé à l'École des hautes études commerciales (HEC). Ses travaux de sociologie et d'histoire des professions analysent, à partir de l'exemple de la comptabilité et de l'audit, l'impact de l'émergence de producteurs transnationaux d'expertise sur la gouvernance des communautés professionnelle nationales.

Emmanuèle Reynaud. Sociologue, chercheur au CNRS, membre de l'IDHE-Paris-X. Ses recherches portent sur l'emploi, les régulations des marchés du travail et les nouvelles formes d'emploi en particulier aux frontières du salariat et de l'indépendance.

Xavier Roux. Docteur en sociologie, agrégé de philosophie, et membre du Laboratoire Printemps (CNRS et université de Versailles-St-Quentin-en-Yvelines). Ses recherches portent sur les relations marchandes, les significations et usages sociaux de l'argent, et les professions bancaires.

Maud Simonet. Sociologue, chargée de recherches au CNRS, membre de l'IDHE-Paris-X. Elle conduit des recherches en France et aux États-Unis sur le travail bénévole.

Pascale Trompette. Directrice de recherche au CNRS et membre du laboratoire PACTE Politique-Organisations (CNRS/ Université de Grenoble). Ses recherches s'inscrivent dans le champ de la connaissance en sociologique économique, en particulier la sociologie du marché et de l'innovation. À partir d'une recherche historique et ethnographique sur le marché funéraire, elle a publié un ouvrage, *Le Marché des défunts*, aux Presses de Sciences Po.

Jean-Marc Weller. Sociologue, chercheur au CNRS, membre du LATTS (université Paris-Est). Dans le cadre d'enquêtes ethnographiques (protection sociale, santé, transport, agriculture, justice) ses recherches portent sur le travail administratif, la modernisation de l'État et les transformations de l'action publique.

Laurent Willemez. Maître de conférences en sociologie à l'université de Poitiers (GRESCO). Il a notamment publié, avec Hélène Michel, *La Justice au risque du profane*, PUF-CURAPP, 2007, *Les Prud'hommes. Actualité d'une justice bicentenaire*, Éditions du Croquant, 2008, ainsi que, avec Antoine Vauchez, *La Justice face à ses réformateurs (1981-2000)*, Paris, PUF, 2007.

Marc Zune. Sociologue, il est professeur de sociologie à l'université de Louvain et chercheur au GIRSEF (Groupe interdisciplinaire de recherche sur la socialisation, l'éducation et la formation). Ses travaux portent sur les processus de configuration des trajectoires professionnelles contemporaines et sur l'influence des technologies de l'information et de la communication sur les formes d'organisation du travail.

Table des matières

II

L'AUTONOMIE DES PROFESSIONNELS
ET LES MÉCANISMES DE RÉGULATION

III

LA FABRICATION DES PROFESSIONNELS
ET LES PROCESSUS DE SOCIALISATION

IV

LES ACTIVITÉS PROFESSIONNELLES
PROBLÉMATIQUES, ÉMERGENTES, HYBRIDES

V

La légitimité des professionnels
et ses modulations face aux clients

VI

LA RECONNAISSANCE DES PROFESSIONNELS ET LES INÉGALITÉS DE CARRIÈRE

Composition : CompoSud
Achevé d'imprimer en août 2009
ar l'Imprimerie France Quercy à Mercuès
Dépôt légal : septembre 2009
N° d'impression : 91411

Imprimé en France